Missionsbräute

Dagmar Konrad

Missionsbräute

Pietistinnen des
19. Jahrhunderts in der
Basler Mission

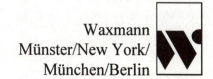

Waxmann
Münster/New York/
München/Berlin

Die Deutsche Bibliothek – CIP-Einheitsaufnahme

Konrad, Dagmar:
Missionsbräute : Pietistinnen des 19. Jahrhunderts
in der Basler Mission / Dagmar Konrad – Münster ;
New York ; München ; Berlin : Waxmann, 2001
   (Internationale Hochschulschriften ; 347)
   Zugl.: Marburg, Univ., Diss., 1999
   ISBN 3-89325-936-8

Gedruckt mit Unterstützung
der Basler Mission

ISBN 3-89325-936-8

© Waxmann Verlag GmbH, 2001
Postfach 8603, D-48046 Münster

Waxmann Publishing Co.
P. O. Box 1318, New York, NY 10028, U. S. A.

Umschlaggestaltung: Pleßmann Kommunikationsdesign
Titelbild: Gruppenphoto im Basler Missionshaus in Hongkong
Photo der Autorin: Hendrik Zwietasch
Satz: Armin Kappel
Druck: Runge GmbH, Cloppenburg
Gedruckt auf alterungsbeständigem Papier, DIN 6738

Alle Rechte vorbehalten
Printed in Germany

HER GECENİN BİR SABAHI VARDIR
Türkisches Sprichwort

Für Peter

INHALTSVERZEICHNIS

AUS DER FERNE - AUS DER NÄHE: VORBEMERKUNGEN 1

IN DER ALTEN HEIMAT

DAS LEITUNGSGREMIUM UND DIE MISSIONARE - MÄNNERSACHE 18

Das 'freiwillige Zölibat' - Vorstufen zu einer Heiratsordnung 21
Die Heiratsordnung der BM: Der „Verlobungsparagraph" 27
„Die Comitee" - Basel vom Feinsten 30
Zwischen Gott und den Missionaren - Das Selbstbild des Komitees 32
Unter Gott und dem Komitee - Die Missionare 33
Die Prüfung 44
Exkurs: Die „Gehilfin" 52

DIE 'GLÄSERNE BRAUT' - FRAUENSACHE? 56

Soziale und familiäre Herkunft der Missionsbräute 56
Die Entscheidung: Wahlfreiheit oder Wahlzwang 60
Die Zusage 61
Die Absage 67
Spielräume 72

PASSAGEN

ABSCHIED UND TRENNUNG ... 79

Brautzeit ohne Bräutigam ... 79
Bräutigamszeit ohne Braut ... 91
Die Bedeutung der Dinge ... 94

AUF DER REISE VOM ALTEN ZUM NEUEN LEBEN ... 108

Zwischenstation Basel ... 108
'Über Land' - Beharren und Festhalten ... 113
Grenzerfahrungen ... 129
Auf dem Schiff: Sich arrangieren ... 139
Ankommen: Akzeptieren und Loslassen ... 161

ERSTE BEGEGNUNG ... 164

„Aug in Aug - Hand in Hand" ... 164

DER BUND FÜRS LEBEN - DIE HOCHZEIT ... 173

Im Hafen der Ehe? ... 173
Hochzeitsbilder ... 180
Exkurs: Stichwort Liebe ... 188

PAARGESCHICHTEN - DER WEITE WEG ... 196

Luise Lohss und Wilhelm Maisch - Irrungen und Wirrungen ... 198
Deborah Pfleiderer und Mark Hoch - Indien-Basel und retour ... 212
Catherine Mulgrave und Johannes Zimmermann - Die 'Vermählung mit Afrika' .. 235

Exkurs: Scheidung - Die Trennung im Leben.. 252

IN DER NEUEN HEIMAT

LEBEN UND ARBEIT - AUF DER STATION... 269

Die Missionsstation: Das Zentrum des Lebens 269
Das Haus von außen.. 272
Das Haus von innen... 276
Das Haus und seine Menschen 283
Das christliche Hauswesen - Ordnung, Fleiß und Sauberkeit............................... 286
Auf der Veranda... 296
Die neue Familie 315
Alte Heimat - Neue Heimat.. 321
Im Geschwisterkreis: Die Missionsfamilie in der neuen Heimat......................... 329
Die Missionsfamilie in der alten Heimat 337

KRANKHEIT UND TOD IM MISSIONSLAND 342

Krankheit in den Tropen... 347
„Der Herr, dein Arzt".. 350
Die 'alltägliche' Krankheit 360
'Leidbilder' im Schatten.. 385
'Teilnehmende Beobachtung' - Die Missionsfamilie.. 392

ALTE HEIMAT - NEUE HEIMAT - EWIGE HEIMAT: LEBEN IN BRIEFEN... 396

EPILOG: ELISE UND FRIEDRICH EISFELDER -
30 JAHRE ZWISCHEN WÜRTTEMBERG UND INDIEN 406

ANHANG 457

Pietismus in Stichworten: Stationen und Personen 457
Erweckungsbewegung und Missionsgedanke 463
Stichworte zur Basler Mission im 19. Jahrhundert 465
Daten zur Geschichte der Basler Mission 467
Kurzbiographien der am häufigsten erwähnten Frauen 468
Ghana, Kamerun, Indien und China: 'Missionsländer' in Stichworten 474
Quellenverzeichnis 481
Abkürzungsverzeichnis 490
Abbildungsverzeichnis 491
Literaturverzeichnis 493
Danksagung 513

AUS DER FERNE - AUS DER NÄHE:
VORBEMERKUNGEN

Neugier und Begegnung

> *„Da stiegen dann immer zweierlei Gefühle in mir auf: Auf der einen Seite, das Heimweh nach der alten Heimat - und auf der anderen Seite, die Sehnsucht nach Afrika zu dem nie gesehenen, aber dennoch geliebten Bräutigam."*[1]

Diese Worte notiert Christiane Burckhardt aus Möttlingen im Jahre 1867 in ihr Tagebuch, während sie sich, fern der Heimat, auf dem Schiff, das sie dem Bräutigam immer näherbringt, befindet.

Ferne und Nähe, Fremdes und Vertrautes: das waren lebensbestimmende Motive der „Missionsbräute". Und eben dies bestimmte auch mein Interesse an ihnen.

Weder im Protestantismus beheimatet, noch mit spezifischen Formen pietistischer Religiosität vertraut, begab ich mich auf ein mir unbekanntes Terrain. Aus der historischen sowie gedanklichen Ferne - der Fremde in gewissem Sinne - versuchte ich eine Annäherung. In einem langsamen Prozeß des Verstehens erkundete ich die mir anfänglich fremde Vorstellungs- und Gedankenwelt der historischen Personen. Der fremde, gleichsam ethnologische Blick, den ich auf die Missionsbräute warf, ermöglichte es mir, das Fremde im Eigenen und das Eigene im Fremden zu entdecken.

Die Spuren, die die Frauen hinterließen, waren Briefe und Tagebücher, die mir einen Einblick in ihr Leben vermittelten. Durch die Lektüre dieser Briefe und Tagebücher kamen sie mir nahe, wurden zu meinen 'Wegbegleiterinnen', wie ich umgekehrt ihre Wege aus der historischen Retrospektive verfolgte. Ihre Spuren führten mich im übertragenen Sinne ins 'württembergische nahe Dorf' und in die außereuropäische Ferne, nach Indien, Afrika und China - das erstere ein Forschungsfeld der Volkskunde, das letztere Arbeitsfeld der Ethnologie. Die Antithesen Nähe und Ferne zwangen somit zu einer Synthese von volkskundlichem Blick auf das Ferne und ethnologischem Blick auf das Nahe. Das Ferne kam mir näher, das Nahe rückte ein wenig in die Ferne.

Nicht die Nähe, sondern die Distanz zum Thema weckte meine Neugier.

Durch die Lektüre der 'Gerlinger Heimatblätter' in denen Biographien pietistischer Handwerker- und Bauernsöhne aus Gerlingen geschildert wurden, die in Basel in der 1815 gegründeten Basler Mission eine Ausbildung zum Missionar

---

[1] ABM: TB Christiane Burckhardt, S. 35.

absolviert hatten und daraufhin nach Übersee gereist waren, wurde ich auf das Phänomen der sogenannten „Missionsbräute" aufmerksam.

Dreh- und Angelpunkt war die Heiratsordnung der Basler Mission, die das Heiraten von Missionaren und auch die Brautsuche bis ins kleinste regelte. Das Procedere - von der Heiratserlaubnis, die die Missionare von Übersee aus bei dem obersten Leitungsgremium der Basler Mission einholen mußten, bis hin zur Suche nach einer passenden Braut, sowie die nachfolgende Überprüfung derselben durch die Mission - lief immer nach einem gewissen Schema ab. Die Reise der Bräute ins Missionsgebiet unterlag ebenfalls gewissen Konstanten, auch das neue Leben im fremden Land gestaltete sich ähnlich, unabhängig davon, ob sich die Frauen in Afrika, China oder Indien befanden.

Bilder: Vorher - Nachher

„Wir alle haben und brauchen Bilder - das sind unsere jeweils eigenen 'falschen' und 'wahren' Bilder. In jedem Falle aber sind es je historisch geprägte, vermittelte Bilder."[2]

Als die Missionsbräute in mein Blickfeld rückten, hatte auch ich vermeintlich eindeutige und klare Bilder, zusammengesetzt aus Versatzstücken verschiedenster Quellen, vor Augen. Dem Bild des rastlosen Missionars, des 'Seelenfängers im Auftrag des Herrn', der - die Bibel in der Hand, das Wort Gottes auf den Lippen - durch die Wildnis streift, um die 'heidnischen Seelen' vor der Verdammnis zu retten, stellte ich ein weibliches Pendant zur Seite: eine Mischung aus religiöser Fanatikerin und glühender Verfechterin moralisch einwandfreier Lebensweise. Literatur, die das einseitige Bild der Missionarsfrau als borniertes Eurozentrikerin zeichnet, die außereuropäischen Frauen ein westliches Frauenideal aufzuzwingen versucht und dadurch zu deren Unterdrückerin wird, verstärkte und bestätigte die bereits vorhandenen Vorstellungen. Mein Bild der Frauen wie Männer gleichermaßen war ein Konstrukt - entstanden aus Klischees, Vorurteilen und medienvermittelter Stereotypen.

Gleichzeitig stellte sich bei mir auch eine gewisse Faszination ein, da es sich um Frauen handelte, die einen Teil ihres Lebens in fernen Ländern verbracht und Grenzen überschritten hatten, in einer Zeit, in der der Grenzstein des Heimatdorfes gewöhnlich die Linie markierte, die den Erfahrungshorizont darstellte. In Kontrast zu diesem positiv besetzten Bild der Missionarsfrau als 'grenzloser Pionierin' stand die empörende und betroffenmachende Vorstellung, daß sie verheiratet worden war - gegen ihren Willen.[3]

Das Bild eines religiös motivierten und von der Missionsgesellschaft organisierten Frauenhandels drängte sich mir auf.

---

[2] C. Köhle-Hezinger: Dorfbilder, Dorfmythen, Dorfrealitäten. 1992, S. 30.

[3] Dies war meine Vermutung. Vorannahmen dieser Art lassen sich übrigens auch bei den heutigen Mitarbeiterinnen der Basler Mission finden, wie sich anläßlich eines Workshops in der Basler Mission herausstellte.

Diese Bilder hielten einer genaueren Überprüfung nicht stand, beispielsweise ist die Hypothese eines organisierten Frauenhandels eine Interpretation aus heutiger Sicht, die auf den spezifischen historischen Kontext nicht übertragbar ist.

So glich das Hinterfragen der Klischees durch die Auswertung von Primärquellen wie Tagebüchern, Briefen und Reiseberichten der Missionsbräute, sowie offiziellen Dokumenten aus dem Archiv der Basler Mission, einer archäologischen Grabung, bei der Schicht um Schicht freigelegt werden konnte, wobei allmählich ein vielschichtiges Bild zu Tage trat. Es bestand aus vielen einzelnen, sich aufeinander beziehenden und zusammengehörenden Mosaiksteinen. Diese Bildelemente in ihrer Vielfalt und Komplexität, in ihren Brechungen und Spiegelungen unter verschiedenen Blickwinkeln zu betrachten, sollte zu einem Leitprinzip der Untersuchung werden.

Ziele und Orte

Die vorliegende Arbeit versteht sich nicht als eine missionsgeschichtliche oder ethnologische, weder als eine Untersuchung außereuropäischer Ethnien, noch als eine frömmigkeitsgeschichtliche Untersuchung mit dem Schwerpunkt Pietismus. Sie kann und will kein Beitrag zur Pietismusforschung im herkömmlichen Sinne sein. Insofern läßt sie sich auch keinem gängigen Forschungsfeld zuordnen. Thema sind zwar 'Pietistinnen', doch soll nicht deren Glauben im Zentrum des Interesses stehen, sondern dieser wird als Basis des fremden Denkens verstanden, das den lebensgeschichtlichen Alltag bestimmte und die Mentalität der historischen Personen formte. Die pietistische Denk- und Lebensweise[4] und die damit verbundene Überzeugung von der Notwendigkeit von Mission soll nicht grundsätzlich in Frage gestellt werden - das wäre ein Thema für sich - ebenso wie es nicht um die Sicht der Missionierten geht, auch nicht um Mission an sich, obwohl die kritische Beleuchtung dieser Punkte parallel gedacht und im Hinterkopf behalten wird.

Thema sind - vorwiegend aus der Sicht von Frauen gesehene - Geschlechterbeziehungen im Kontext von Pietismus und Mission, zwischen religiöser Institution und privater, schwärmerisch-erweckter Frömmigkeit.

„Geschlechterbeziehungen sind ebenso wichtig wie alle sonstigen Beziehungen; sie sind in allen sonstigen Beziehungen wirksam und bestimmen sie mit; umge-

---

[4] Zur 'Kennzeichnung' einer Pietistin, eines Pietisten vgl. M. Scharfe: Die „Stillen im Lande" mit dem lauten Echo. 1989, S. 257-261. Scharfes Definition des Pietismus aus der Sicht des Volkskundlers findet sich in: Die Religion des Volkes. 1980, S. 25 f. „[...] Dieser Subkultur ist ein Werte-Kosmos zugeordnet, der eine eigene rigide Moral beinhaltet. Die ist definiert vor allem durch ihre scharfe Abgrenzung zur 'Welt'; die Definitionen selbst stammen vielfach von theologischen Laien, wobei die Unmittelbarkeit des Individuums zu Gott besonders betont ist, und werden als strenge Auslegung des 'Worts' verstanden. [...]".

kehrt wirken alle sonstigen Beziehungen auch auf die Geschlechterbeziehungen und bestimmen sie mit."⁵

Im Kontext der Geschlechtergeschichte⁶ mit Fokussierung auf den Alltag interessieren besonders die biographischen Aspekte in bezug auf die Motive, die die Frauen für ihr Handeln hatten, auch im Hinblick darauf, daß

„es in der Volkskunde darum geht, die Vielfalt der Gedächtnisse und ihre Eigenwertigkeit zu bewahren, also nicht um die offizielle Historienmalerei, sondern um den Kosmos des erinnerten Erlebens [...]"⁷.

Andere Zugänge und Öffnungen

Untersuchungen, die sich mit dem Thema 'Frauen in der Mission', beziehungsweise speziell mit 'Frauen im Pietismus' im Hinblick auf biographische Aspekte beschäftigen, sind rar.

„In der Frauengeschichtsforschung gelten Religion und Frömmigkeit leider noch weitgehend als obsolet, als Quantité négligeable, als archaisches Relikt oder Marginalie", konstatiert Christel Köhle-Hezinger in ihren Ausführungen zu den „Frauen im Pietismus"⁸. Auch in ihrer Studie „Philipp Matthäus Hahn und die Frauen"⁹ setzt sie sich mit der Rolle der Frau im Pietismus auseinander. Anhand von Tagebuchmaterial Philipp Matthäus Hahns zeigt sie das aus männlicher Sicht und durch männliche Interpretation vermittelte Bild der Pietistin des 18. Jahrhunderts. Männliche Klischees und Vorurteile werden aufgezeigt und hinterfragt.¹⁰

---

5   G. Bock: Geschichte, Frauengeschichte, Geschlechtergeschichte. 1988, S. 390.
6   Es liegt bereits eine Vielzahl von Einzelforschungen vor. Methodenprobleme historischer, sozialwissenschaftlicher und volkskundlicher Frauenforschung diskutieren u.a. C. Lipp: Überlegungen zur Methodendiskussion. 1988, S. 29-46. N. Zemon Davis: „Gesellschaft und Geschlechter. Vorschläge für eine neue Frauengeschichte." 1986, S. 117 f. D. Wierling: „Alltagsgeschichte und Geschichte der Geschlechterbeziehungen." 1989, S. 169-190. J. Scott: „Gender": A useful Category of Historical Analysis. 1988, S. 28-50. K. Hausen: „Patriarchat- Vom Nutzen und Nachteil eines Konzeptes." 1986, S. 12-21. C. Honegger: Die Ordnung der Geschlechter. 1991. G. Bock: Historische Frauenforschung. 1983, S. 22-60. U. Gerhard: Bewegung im Verhältnis der Geschlechter. 1991, S. 418-432. H. Wunder: Er ist die 'Sonn'. 1992. R. Gildemeister, A. Wetterer: Wie Geschlechter gemacht werden. 1992, S. 201-254. L. Nicholson: Was heißt „gender?" 1994, S. 188-220. H. Schissler: Soziale Ungleichheit und historisches Wissen. 1993, S. 9-36. Die forschenden Frauen selbst untersucht C. Köhle-Hezinger: Frühe Frauenforschungen. 1991/92. C. Burckhardt-Seebass: Spuren weiblicher Volkskunde. 1991.
7   U. Jeggle: Auf der Suche nach der Erinnerung. 1989, S. 91.
8   C. Köhle-Hezinger: Frauen im Pietismus. 1994, S. 107-121.
9   C. Köhle-Hezinger: Philipp Matthäus Hahn und die Frauen. 1989, S. 113-135.
10 Zum Thema Frauen und Religion vgl. auch: C. Köhle-Hezinger: Frauen im Pfarrhaus. 1996, S. 176-195. / Fromme Frauen, fromme Bilder. 1998, S. 15-23. / Verborgen, vergessen, unerforscht. Frauenkultur in der Kirche - eine Spurensuche. 1997, S. 13-18. /

Trotz des bis dato eher marginalen 'Erscheinens' protestantischer wie auch katholischer Frauen innerhalb der Forschungsliteratur zeigt sich doch, daß das Interesse an eben diesen Themenbereichen wächst.[11]

Speziell zum Thema der 'Frauen in der Mission'[12] findet sich weniger. Die Schweizer Ethnologin Simone Prodolliet[13] richtet den Blick auf den Aspekt der 'Mittäterschaft'. Sie setzt sich mit der Rolle der Frau in der Basler Mission insofern auseinander, als sie versucht, aus Sicht der missionierten Frauen eine Mitschuld der Missionarinnen an der kolonialen Unterdrückung aufzuzeigen. Dieses Buch regte missionsintern zu kontroversen Diskussionen an und war indirekter Anlaß für die Aufarbeitung von Frauengeschichte innerhalb der Basler Mission.

Waltraud Haas, selbst ehemalige Mitarbeiterin und Archivarin der Basler Mission, befaßt sich seit 1988 mit der Erforschung der Frauengeschichte innerhalb der Basler Mission. Sie verfaßte zwei Studien[14], die sich mit der Missionsgeschichte aus der Sicht der Frau im 19. Jahrhundert und der Entwicklung des Frauenmissionskomitees im 20. Jahrhundert auseinandersetzen. Auch ihre 1994 erschienene Untersuchung[15] zu diesem Thema, eine kritische Analyse, bringt deutlich die

---

[11] „Ich heiße Frech, bin aber nicht frech!" (Die 100 Jahre der Marie Frech). 1996, S. 8-15. / Versuch einer Spurensicherung: Anna Schieber. 1979, S. 187-205. / Zum Thema Adelsfrauen und Pietismus vgl. C. Köhle-Hezinger: „Weibliche Wohltätigkeit" im 19. Jahrhundert. 1993, S. 43-52. / Olga - eine Königin für Württemberg. 1993, S. 3-15.
Belege hierfür sind beispielsweise die seit 1994 erscheinenden Ausstellungsbegleitkataloge des Landeskirchlichen Museums Ludwigsburg, insbesondere: Herd und Himmel / Weib und Seele. 1997/1998. Die Themenvielfalt reicht hier vom 'Tugendkanon der christlichen Jungfrau' bis zu heutiger weiblicher Spiritualität. Der Themenschwerpunkt Frauen und die Institution Kirche findet sich bei Leonore Volz. Sie thematisiert den langen Weg von Theologinnen auf die Kanzel. Vgl. L. Volz: Talar nicht vorgesehen. 1994. Theologinnen in der Männerkirche ist auch der Titel eines Sammelbandes. G. Bartsch u.a. (Hg.): Theologinnen in der Männerkirche. 1996. Weitere Forschungen zum Thema Religion und Geschlecht: E. Saurer: Die Religion der Geschlechter. Historische Aspekte religiöser Mentalitäten. 1995. O. Wiebel-Fanderl: Religion als Heimat? 1993. S. Palatschek: Frauen und Dissens. 1990. Lebensgeschichten von Frauen im kirchlichen Bereich thematisiert der Aufsatzband: 'Im Dunstkreis der rauchenden Brüder'. (Tübinger Projektgruppe „Frauen im Kirchenkampf").1996. Ein erst kürzlich erschienener interdisziplinärer Tagungsband enthält Fallstudien aus verschiedenen Kulturen in Europa, Asien und Lateinamerika. U. Krasberg (Hg.): Religion und weibliche Identität. 1999. Interessante Einblicke gibt auch: R.E. Mohrmann (Hg.): Individuum und Frömmigkeit. 1997.
Der Biographienband von Peter Zimmerling: 'Starke fromme Frauen' thematisiert nur die ohnehin bekannten Frauengestalten und erinnert an 'Hausgeschichtsschreibung.' 1996.

[12] Die interkulturelle und pädagogische Bedeutung von Missionarsfrauen in China untersucht M. Freytag: Frauenmission in China. 1994.

[13] S. Prodolliet: Wider die Schamlosigkeit und das Elend der heidnischen Weiber. 1987.

[14] W. Haas, K. Phin Pang: Missionsgeschichte aus der Sicht der Frau. 1989. W. Haas, H. Gewecke, M. Oduyoye: Frauen tragen mehr als die Hälfte. 1992.

[15] W. Haas: Erlitten und erstritten. 1994.

Abhängigkeiten innerhalb der männlich dominierten Hierarchie der Basler Mission während des 19. und 20. Jahrhunderts zum Ausdruck.

Zum Thema 'Pietismus allgemein' liegt natürlich eine Vielzahl von Untersuchungen vor. Besonders hilfreich für das Verstehen der 'pietistischen Psyche' erwies sich Martin Scharfes scharfsinnige und kontrovers diskutierte Analyse: „Die Religion des Volkes".[16] Interessante Ansätze und Einsichten vermittelte auch Martin Greschat: „Zur neueren Pietismusforschung"[17]. Einen Einblick in die Gemeinschaft der Pietisten eröffnete mir Hans-Volkmar Findeisen[18], der den württembergischen Pietismus in Fellbach zwischen 1750 und 1820 untersuchte.

Viele Arbeiten zum Themenkomplex Pietismus[19] sind innerdisziplinär interessant, oft allerdings sehr spezifisch, in ihrer Sichtweise sehr mikroskopisch. Etliche weitere Arbeiten stammen aus dem theologischen Bereich, haben manchmal den Charakter von Hausgeschichtsschreibung und befassen sich weniger mit sozial- und kulturwissenschaftlichen Aspekten. Sie interessieren sich mehr für den kirchenhistorischen Ansatz - von Pietismusexperten für Pietismusexperten.

Quellen - Orte

Das überwiegend handschriftliche Quellenmaterial, auf welchem die vorliegende Arbeit basiert, stammt aus dem Archiv der Basler Mission, dem Staatsarchiv Basel, dem Stadtarchiv Gerlingen und aus Privatnachlässen schwäbischer Familien. Die Quellen umfassen einen Zeitraum zwischen 1846 und 1914. Innerhalb dieses Zeitraumes wird auch das Phänomen der „Missionsbräute" betrachtet, da sich die Heiratsordnung der Basler Mission während dieses Zeitraumes nicht wesentlich veränderte, in ihren Bestimmungen gleich blieb. Eine Zäsur in historischer, politischer und auch missionsinterner Hinsicht ist der 1. Weltkrieg. Von daher erschien es sinnvoll, die Quellen bis zu diesem Datum zu untersuchen.

Aus dem Stadtarchiv Gerlingen wurden Briefe aus den 'Akten Gerlinger Missionare' verwendet. Im Staatsarchiv Basel fand sich die Korrespondenz zweier „Missionsbräute". Ansonsten finden sich hier Nachlässe pietistischer Basler

---

[16] M. Scharfe: Die Religion des Volkes. 1980.
[17] M. Greschat (Hg.): Zur neueren Pietismusforschung. 1977.
[18] H.-V. Findeisen: Pietismus in Fellbach 1750-1820. 1985.
[19] Aufgrund der Vielzahl von Veröffentlichungen können hier nur einige Arbeiten genannt werden, deren Auswahl keinen Anspruch auf Vollständigkeit erhebt. M. Scharfe: Lebensläufle. 1982. W. Jens; H. Thiersch: Deutsche Lebensläufe. 1987. C. Köhle-Hezinger: Philipp Matthäus Hahn und die Frauen. 1989. C. Hinrichs: Der hallische Pietismus als politisch-soziale Reformbewegung des 18. Jahrhunderts. 1977. E. Beyreuther: Geschichte des Pietismus. 1978. M. Schmidt: Pietismus. 1972. H. Lehmann: Pietismus und weltliche Ordnung in Württemberg vom 17. bis zum 20. Jahrhundert. 1969. A. Ritschl: Geschichte des Pietismus. 1880-1886. J. Trautwein: Religiosität und Sozialstruktur. 1972.

Familien, in der Regel dem Patriziat zugehörig, deren Töchter sich selten als „Missionsbraut" zur Verfügung stellten.

Die mir zur Verfügung stehenden Archivalien aus dem Archiv der Basler Mission gliedern sich in Verordnungen, Satzungen, das interne Reglement betreffende offizielle Dokumente, in Komiteeprotokolle und Korrespondenz, die sich in den Personalakten der Missionare befindet. Das sogenannte Brüderverzeichnis umfaßt sämtliche Personalakten der Basler Missionare. Hierin befindet sich die gesamte offizielle Korrespondenz mit dem Leitungsgremium, vereinzelt finden sich auch Privatbriefe, seltener Briefe von Frauen.

In den Komiteeprotokollen wurde jede Sitzung des Komitees, der Leitung der Basler Mission, festgehalten. Auch heikle Angelegenheiten, wie Fehlverhalten der Missionare wurden in akribischer Weise notiert. Ebenso wurden die jeweiligen Heiratsangelegenheiten vermerkt.

Als weitere Quelle dienten mir Nachrufe, die zwischen 1840 und 1914 in der 'Hauszeitung' der Basler Mission, dem sogenannten „Heidenboten" erschienen. Die Hausgeschichtsschreibung der Basler Mission wurde im Hinblick auf die offizielle Sichtweise ebenfalls berücksichtigt.

Die Hauptschwierigkeit im Hinblick auf den Interessenschwerpunkt Frauen besteht in dem äußerst spärlichen Vorhandensein von authentischen Frauenquellen.

„Das Problem liegt in der Natur der Quellen: Unsere Quellen sind Männer- nicht Frauen-Quellen. [...] So blieb die Möglichkeit, aus Männergeschichte(n), aus Vergleichen, den Tagebüchern, Bekanntem und Entlegenem 'Frauen-Bilder' zusammenzufügen."[20]

Spuren - Wege - Probleme

In diesem Sinne blieb auch mir zu Beginn nichts anderes übrig, als mich auf eine 'Spurensuche' zu begeben. Der Zugang zu den Frauen erschloß sich oftmals nur auf dem indirekten Weg über die Männerquellen, die zum Teil 'gegen den Strich' gelesen werden mußten. Aus dem Nichtvorhanden- beziehungsweise spärlichen Vorhandensein von Frauenquellen lassen sich ebenfalls Rückschlüsse auf Frauenleben schließen. Eine Interpretation wird somit zur 'Interpretation der Lücke'.

Meine 'Spurensuche' führte mich allerdings heraus aus dem Archiv der Basler Mission hin zu den Töchtern und Enkelinnen der „Missionsbräute", die größtenteils im württembergischen Raum leben. Und hier, in den Familien selbst, wurde ich fündig. Die Bereitschaft, mit welcher mir in Privatbesitz befindliches Quellenmaterial zur Verfügung gestellt wurde, war enorm und für mich von unschätzbarem Wert. Diese Briefkonvolute, Tagebücher und Gedichte, die nicht den Weg in öffentliche Archive gefunden hatten, wurden für meine Fragestel-

---

[20] C. Köhle-Hezinger: Philipp Matthäus Hahn und die Frauen. 1989, S. 113.

lungen zur Hauptquelle, da sich in diesen Quellen, anders als im offiziellen Material des Basler Archivs, der Alltag der Frauen und Männer widerspiegelt.

„Wenn alte Menschen sterben, finden sich in ihrem Nachlaß oft Bündel mit Briefen [...]. Die Schrift ist schwer zu entziffern, aber ihre sinnliche Qualität evoziert ebenso wie das spröde gewordene, vergilbte Papier Bilder einer fernen Zeit."[21]

Die Tradition pietistischer Familiengeschichtsschreibung kam mir hierbei ebenfalls zugute, da auch diese 'Selbstdeutungen' beinhaltet.

Eine weitere Quelle, die mir aus Privatnachlässen zur Verfügung gestellt wurde, waren private Photoalben. Dieses Quellenmaterial wird in der vorliegenden Untersuchung nur ergänzend und eher illustrativ verwendet. Die Auswertung und Interpretation dieser Bilddokumente als volkskundliche Quelle[22] soll einer gesonderten Dokumentation vorbehalten bleiben, da dies den Rahmen dieser Arbeit sprengen würde.

Bei der Arbeit mit Selbstzeugnissen, wie Briefen und Tagebüchern tauchen generelle hermeneutische Probleme verschiedenster Art auf, die im Umgang mit derartigen Quellen zu berücksichtigen sind.[23] Es stellt sich die Frage, inwieweit

---

[21] H. Bausinger: Der Brief. 1996, S. 294.

[22] Photographisches Material eignet sich in besonderem Maße zur Interpretation 'geronnener Zeit'. Es vermittelt nicht nur einen visuellen Eindruck, sondern verweist auch auf die Selbstintention der dargestellten Personen, welches Bild vermittelt werden sollte, auf die Beziehung zwischen Photographiertem und Photographierendem, ebenso darauf, welchen Blickwinkel die Betrachtenden einnehmen sollten. Ebenso wie schriftliche Quellen können photographische Quellen einen vordergründigen Eindruck von Authentizität entstehen lassen, der sich bei genauerem Hinsehen als trügerisch erweisen kann. Vgl. hierzu u.a. R. Barthes: Die helle Kammer. Bemerkungen zur Fotografie. 1985. P. Bourdieu: Eine illegitime Kunst. Die Gebrauchsweisen der Photographie. 1983. W. Brückner: Fotodokumentation als kultur- und sozialgeschichtliche Quelle. 1975, S. 11-32. D. Hoffmann: Fotografie als historisches Dokument. 1985, S. 3-14. M. Wiener: Ikonografie des Wilden. 1990. M. Theye: Der geraubte Schatten. 1989. I. Schaber: Gerda Taro. 1994. B. Wolbert gibt ein eindrucksvolles Beispiel des Umgangs mit und der Interpretation von Bildquellen: B. Wolbert: Der Anthropologe als Photograph. 1998, S. 201-216. In der Zeitschrift Fotogeschichte finden sich ebenfalls Beispiele. Die Halbjahresschrift der Deutschen Gesellschaft für Volkskunde 1997/2 widmet sich ausschließlich dem Thema der Photographie. U. Hägele bietet ein kulturwissenschaftliches Modell der Bildanalyse. U. Hägele: Fotodeutsche. Ikonographie einer Nation. 1998. B. Deneke überträgt den Stellenwert des technischen Mediums auf volkskundliche Themen. B. Deneke: Erinnerung und Wirklichkeit - zur Funktion der Fotografie im Alltag. 1983, S. 241-257. U. Jeggle fordert einen kritischen Umgang mit der Bildquelle als volkskundlicher Quelle. U. Jeggle: Das Bild der Forschung. 1984, S. 47-58. Einen interessanten Überblick über verschiedene Themenbereiche der Fotografie und mit ihrem Umgang als Quelle bietet eine jüngst erschienene Publikation. M. Frizot: Neue Geschichte der Fotografie. 1998.

[23] Zum Stellenwert der sogenannten 'Ego-Dokumente' vgl. M. Scharfe: Soll und kann die Erforschung subjektiver Frömmigkeit das Ziel volkskundlich-kulturwissenschaftlicher Tätigkeit sein? 1997, S. 145-151.

Briefe und Tagebücher 'verläßliche' Quellen und inwiefern sie überhaupt repräsentative Quellen sind. Auch Tagebücher sind „subjektiv gefilterte Aneignung von Realität."[24]

Bei Briefen kommt es auf den jeweiligen Adressaten an und darauf, welches Bild der oder die Briefschreiberin von sich vermitteln will. Erschwerend kommt bei der Interpretation der vorliegenden Selbstzeugnisse noch hinzu, daß es sich um 'pietistische Quellen' handelt. Die Briefe enthalten klischeehafte Formulierungen, einen 'pietistischen Code'. Zu unterscheiden, was diesem 'pietistischen Code' zuzuordnen ist, und was unabhängig davon 'tatsächlich' ausgesagt wird, was sich hinter der formelhaften Diktion verbirgt, ist oft nur mittels vorsichtiger Spekulation möglich. Das 'Zwischen - den - Zeilen - Lesen' ermöglicht manchmal den 'Blick hinter die Kulissen'. Hierbei versuchte ich mich möglichst eng an das Vorgegebene zu halten und eine Instrumentalisierung der Quellen zu vermeiden. Die Gefahr einer Fehl- oder Überinterpretation wurde so durch ein behutsames Vorgehen verringert, wenn auch nicht völlig ausgeschlossen.

Beschreiben und Deuten

Mein Ansatz stellt somit eine offene Form dar. Ziel ist die Interpretation der Motive für ein bestimmtes Handeln, der inneren Logik desselben und der daraus resultierenden Verhaltens- beziehungsweise Lebensweisen und Lebenswelten. Im Spannungsfeld von Partnerwahl, anschließender Heirat und von Zusammenleben, wird zugleich der Stellenwert der Religion als konstitutive und normative Kraft[25] untersucht, die an die Kategorien von Glaube und Geschlecht gebunden ist.

Eine „dichte Beschreibung" soll erreicht werden. In der Methode der „dichten Beschreibung" selbst ist der eigentliche theoretische Faden bereits enthalten: „Theorie erweist ihre Qualität nicht mehr im Höhenflug ihrer Abstraktionen, sondern in der Genauigkeit ihrer Einzelbeschreibungen."[26]

Methodisch lehne ich mich an die Interpretative Ethnologie an. Bei dieser Richtung einer qualitativen Sozialforschung geht es darum, eine schlüssige und vor allem nachprüfbare Interpretation zu erreichen.

---

[24] M. Scharfe: Die Religion des Volkes. 1980, S. 40.

[25] Vgl. C. Geertz: Religion als kulturelles System. 1997 (origin. 1983), S. 48. Ich schließe mich inhaltlich der Geertz'schen Definition von Religion an. „Eine Religion ist (1) ein Symbolsystem, das darauf abzielt, (2) starke, umfassende und dauerhafte Stimmungen und Motivationen in den Menschen zu schaffen (3) indem es Vorstellungen einer allgemeinen Seinsordnung formuliert und (4) diese Vorstellungen mit einer solchen Aura von Faktizität umgibt, daß (5) die Stimmungen und Motivationen völlig der Wirklichkeit zu entsprechen scheinen."

[26] C. Geertz: Dichte Beschreibung. Beiträge zum Verstehen kultureller Systeme. 1997 (origin. 1983), S. 35.

Das Ziel der vorliegenden Untersuchung ist, Motivationen, Handlungsweisen und Bedeutungen, die diese für die handelnden Personen, Frauen wie Männer, hatten, zu analysieren und dadurch zu einem Verstehen zu gelangen. Dazu ist es nötig, die Untersuchten im jeweiligen sozialen, kulturellen, politischen und religiösen Kontext zu betrachten. Erst dadurch wird eine Interpretation nachvollziehbar, kann dadurch ihre Gültigkeit belegen.

Es geht mir nicht darum, endgültige Antworten zu geben, sondern darum, mich den historischen Personen weitgehend anzunähern.

Inhalte der Biographieforschung[27] dienten mir ebenfalls als Wegweiser. Im Zentrum des Interesses steht hierbei das Subjekt, das Individuum, wobei natürlich die Vorstellungen, die das Leben des oder der einzelnen bestimmen, ihrerseits wieder durch Normen, Konventionen, internalisierte Wahrnehmungs- und Verhaltensmuster geprägt werden.

Auch in meiner Untersuchung sollen die Einzelpersonen zu Wort kommen, aus dem Dunstkreis der Verallgemeinerung heraustreten.

Gegenstand biographischer Forschung ist nicht die Untersuchung einer Person, die als unabhängige Größe existiert und nur durch die Intuition der Forschenden verstanden werden kann. Es geht vielmehr nach Carlo Ginzburg um eine Analyse „der vielfältigen Fäden, die ein Individuum an eine historisch bestimmte Umwelt und Gesellschaft binden."[28]

Die vorliegende Arbeit stellt in gewissem Sinne auch eine mikrogeschichtliche Forschung[29] dar. Der Mikroraum Basler Mission und das damit verbundene Netzwerk der Pietisten - im Württemberger und Schweizer Raum - bildet den Rahmen für meine Untersuchung. Durch diese Konzentration auf ein gesellschaftliches Kleingebilde können Verbindungen und Wechselbeziehungen, in denen ein Einzelnes in sämtlichen Aspekten seiner geschichtlichen und gesellschaftlichen Wirklichkeit steht, scharf und deutlich gezeigt werden.

Die Arbeit

„In der alten Heimat" - „Passagen" - „In der neuen Heimat": das sind die großen Teile. Diese Trichotomie folgt der Chronologie des Prozesses und der Chronologie des prozessualen In-Erscheinung-Tretens der Personen.

---

[27] A. Gestrich: Sozialhistorische Biographieforschung. 1989, S. 5-28. R.W. Brednich u.a. (Hg.): Lebenslauf und Lebenszusammenhang. Autobiographische Materialien in der volkskundlichen Forschung. 1982. Hierzu auch: B. J. Warneken: „Populare Autobiographik." 1987, S. 119- 124.

[28] C. Ginzburg: Der Käse und die Würmer. Die Welt eines Müllers um 1600. 1983 (1976), S. 19 f.

[29] Zu Vorteilen und Nachteilen der 'Mikrohistoire' vgl. O. Hochstrasser: Ein Haus und seine Menschen. 1993, S. 279-299. C. Ginzburg: Mikrohistoire. Zwei oder drei Dinge, die ich von ihr weiß. 1993, S. 169-192.

Dem Komitee und den Missionaren gilt das erste Kapitel des ersten Teils. Hier geht es einerseits um die offizielle Sichtweise, um die Handlungs-und Denkweise des Komitees, andererseits um ein Sichtbarmachen und ein Verstehen des Denkens der in der Hierarchie am höchsten Stehenden, aus welchem die Heiratsordnung und das nachfolgende Procedere resultieren. Es geht um den Blick nach innen und von innen heraus.

Welche Vorstellung hat das Komitee von der idealen Missionsbraut, nach welchen Kriterien werden die in Frage kommenden Frauen beurteilt, wer beurteilt wie und welchem Zweck dient das? Welche Vorstellung haben die Missionare von der idealen Frau, decken sich ihre Interessen mit denen der Missionsleitung oder weichen sie von diesen ab? Wie wirken sich diese Vorstellungen auf die Beurteilungen von Frauen aus?

In diesem Kapitel sind die Frauen zwar Hauptgegenstand des Interesses, aber nur als Objekt, kommen selbst nicht zu Wort.

Im zweiten Kapitel - „Die Gläserne Braut - Frauensache?" wird von mir das gleiche Ziel, das die Protagonisten des 1. Kapitels hatten, verfolgt: ein Durchleuchten und Transparentmachen der Braut, allerdings aus anderen Beweggründen und vor anderem Hintergrund. Das Komitee, dessen Wunschvorstellung ebenfalls die 'gläserne Braut' war, bezog seine Informationen aus zweiter Hand. Hier aber sollen die Frauen selbst zu Wort kommen: also Informationen aus erster Hand. Eine Annäherung an die Frauen soll versucht werden, um das dahinterstehende Denken aufzuhellen. Welche Beweggründe und Motive veranlaßten sie zu einer bestimmten Entscheidung? Wer beeinflußte sie, wie groß war dieser Einfluß? Wie kam ihre Entscheidung überhaupt zustande? Welche Handlungsspielräume und Ausweichmöglichkeiten standen ihnen zur Verfügung? Wie war ihre Position innerhalb des komplexen Beziehungsgefüges?

Der zweite Teil - „Passagen" beinhaltet den Abschied von der Heimat, die Reise, die erste Begegnung des Paares und die Hochzeit. Bestimmendes Thema beziehungsweise Leitmotiv ist dabei der Übergang. Es handelt sich dabei um den etappenweisen Übergang vom 'alten' ins 'neue Leben'.

Wie gestaltete sich die Vorbereitungszeit und der Abschied? Was bedeutete dies für die Bräute, deren Eltern, Verwandten, die Freundinnen? Welche Gefühle spielten dabei eine Rolle? Wie wurde mit der herannahenden Trennung umgegangen, welche Handlungsmuster zeigen sich dabei?

Welche Bedeutung kam dabei etwa den Dingen zu, die eingepackt, mitgenommen und nach Übersee verschifft wurden? Ein besonderes Augenmerk gilt in diesem Kapitel dem asymmetrischen Verhältnis der Geschlechter. Während die Brautzeit der Frauen eher von negativen Gefühlen bestimmt war, da sie durch die Trennung von der Familie und der Heimat 'etwas verloren', gestaltete sich die Bräutigamszeit der Männer im Missionsgebiet genau umgekehrt - positive Gefühle überwogen, da sie, anders als die Bräute, nichts verloren, sondern 'etwas hinzugewannen'.

In der ursprünglichen Annahme, daß es sich bei der Reise der Bräute nur um die Zeitspanne handelte, die die Frauen brauchten, um von Punkt A nach Punkt B zu gelangen, daß diese Zeit nur mit dem Warten auf die Ankunft zugebracht wurde, sollte dieses Thema ursprünglich nur kurz gestreift werden. Bei der Quellenauswertung stellte sich dann aber heraus, daß mehr 'passierte', als daß Seemeilen zurückgelegt wurden. Und bei dieser Entdeckung stellte sich dann die Frage: „Was geschieht, wenn (scheinbar) nichts geschieht?"[30]

Die Reise der Bräute war es wert, thematisiert zu werden, da sie die Klammer zwischen dem 'Hier' und 'Dort', zwischen dem 'Nicht-mehr' und 'Noch-nicht' bildet. Sie ist der Kristallisationspunkt, an dem sich Vergangenes und Zukünftiges bündelt.

Die verschiedenen Etappen der Reise sollen durchleuchtet werden. Der Aufenthalt im Basler Missionshaus etwa, den die meisten Bräute vor dem eigentlichen Aufbruch erlebten. Wie gestaltete sich die Zeit in Basel, wie begegnete die Institution Basler Mission den Frauen, wie wurden sie in die 'Missionsfamilie' aufgenommen? Auf den verschiedenen Etappen - vor der Einschiffung in der jeweiligen Hafenstadt - wurden sie von den sogenannten Missionsfreunden beherbergt. Welche Bedeutung hatten diese für die Frauen? Besondere Aufmerksamkeit wird der Schiffsreise gewidmet, die die meiste Zeit der Reise in Anspruch nahm. Eine der Fragen, die sich hier stellen, ist: Wie wurde die äußerlich 'stillstehende Zeit' verbracht?

Im Teil „Passagen", in welchem die Übergänge zusammengefaßt sind, interessierte die „Erste Begegnung" des Paares besonders, da auf dieses Ziel alles bisher Geschenene hinauslief.

Bedeutsam in diesem Kapitel ist, daß von nun an das Paar im Zentrum des Interesses steht, wenn auch überwiegend aus der Perspektive der Frauen. In „Passagen" kommen die Subjekte der vorliegenden Untersuchung selbst zu Wort, da ihre 'Deutung von Welt' dargestellt werden sollte.

Die Beschreibung der Hochzeit unter verschieden Aspekten läßt wiederum Deutungen hinsichtlich europäischer Normen und Werte, die alle Beteiligten miteinander teilten, zu.

Im Anschluß an den Teil „Passagen" wird anhand von Fallbeispielen, in denen die Heiratsgeschichte dreier Paare aus Briefen rekonstruiert wird, die Variationsbreite der Handlungsmöglichkeiten innerhalb eines starren Ordnungssystems dargestellt.

Der sich daran anschließende Exkurs über das Mißlingen der Beziehung, das zur Scheidung führt, dient zum einen dazu, darauf hinzuweisen, daß auch diese Variante der Handlungsmöglichkeiten zu finden ist, wenn auch in seltenen Fällen. Zum anderen kann an einem exemplarischen Fallbeispiel der unterschiedliche ‚Stellenwert der Geschlechter' im Kontext Mission verdeutlicht werden.

---

[30] H. Soeffner: Die Ordnung der Rituale. 1992, S. 12 f.

Der letzte Teil „Neue Heimat" hat die 'neuen Verhältnisse' zum Inhalt.

Im Kapitel „Leben und Arbeit - Auf der Station" gilt der Blick den Unwägbarkeiten des Alltags. Wie gestaltete sich die alltägliche 'praxis pietatis' auf der Missionsstation? Ausgehend von der Missionsstation, dem 'Zentrum des neuen Lebens' werden die Räumlichkeiten derselben betrachtet und darauf aufbauend die Freiräume des Paares in seiner Rolle als Arbeits-, Eltern- und Ehepaar.

Das letzte Kapitel beschäftigt sich mit Krankheit und Tod, den täglichen Wegbegleitern des Missionspaares, ein Thema, das in den Quellen vorherrschend ist. Es soll Aufschluß darüber geben, was Krankheit und Tod als existentielle Erfahrung für die Paarbeziehung bedeutete. Welche Funktion hatte zum Beispiel der Körper? Wie wurde Krankheit erfahren? Die Quellen für dieses Kapitel sind indirekter Art, zum großen Teil handelt es sich um Nachrufe, die in der Hauszeitung der Basler Mission erschienen. Das Thema Krankheit läßt Deutungen weit über das eigentliche Phänomen zu. Zum einen läßt sich einiges über das pietistische Selbstverständnis, die religiös begründete Deutung des Seins aussagen, zum anderen wirft der konkrete Umgang, das alltägliche Leben mit der Krankheit ein erhellendes Licht auf die Beziehung des Ehepaares in mehr oder weniger lebensbedrohlichen Krisensituationen.

Die alte Heimat, die neue Heimat und die 'ewige Heimat' sind der rote Faden, der dieses Material und auch diese Arbeit durchzieht.

Ferne und Nähe, Weite und Enge im übertragenen wie konkreten Sinn bestimmten das Leben des Missionspaares im Missionsgebiet. In einer letzten 'Zusammenschau' wird daher nochmals die Hauptquelle neu thematisiert: die Briefe. Gefragt wird nach der Bedeutung für das Paar, zum einen als papierene Nabelschnur, zum anderen als 'papierener Berg', den es schreibend abzutragen galt. Briefe auch als ein Medium, das den Daheimgebliebenen das Leben des Missionspaares ausschnittsweise näherbrachte, Briefe zugleich als die Quelle, die mir die Missionspaare nahebrachte.

Als Epilog steht die Fallstudie des Paares Elise und Friedrich Eisfelder, das 30 Jahre in Indien verbrachte - aus verschiedenen Perspektiven der an diesem Leben beteiligten Personen erzählt. Diese Geschichte ist zwar singulär, dennoch ein exemplarisches Beispiel für ein 'Eheleben in der Mission'. Sie ist einerseits Brennglas, das die vorangegangenen Facetten und Bilder bündelt, aber andererseits Prisma, das das Ganze wieder in einzelne Spektren zerlegt.

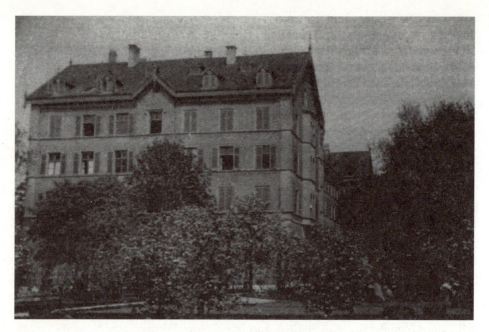

Abb. 1 Teil des Basler Missionshauses

Zürich den 5 Mai 1871.

Hochgeschätzter Hl Inspektor!

Sie haben nach Wunsch des ll Bruder Lechelz die wichtige Anfrage an mich gestellt, ob ich mich dazu entschließen könnte, in die Mission einzutretten u. mit ihm mich zu verbinden!

Die Sache trieb mich recht ins Gebet, ich legte es meinem Heiland kindlich vor, u. ein großer Trost war es mir von der ersten Stunde an daß ich die innere Ueberzeugung hatte:

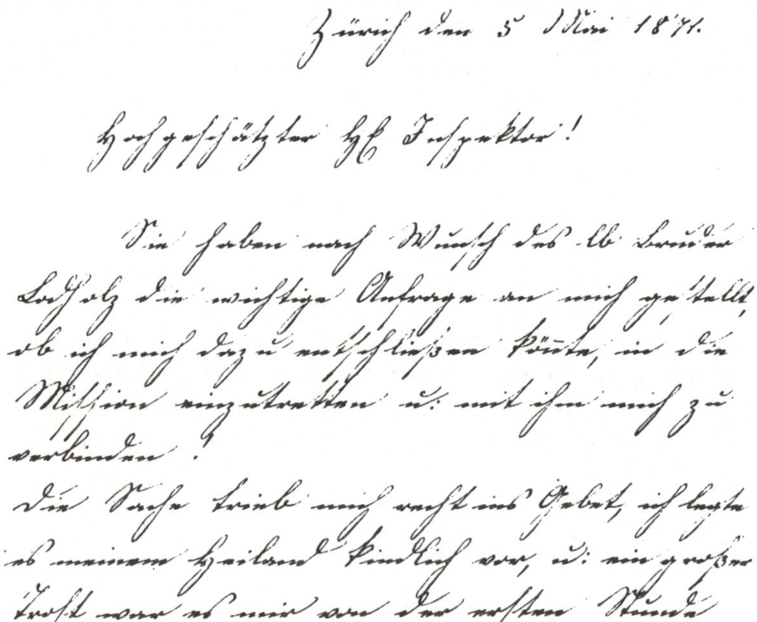

Abb. 2 Briefauszug: Helene Mader an das Komitee 1871.

IN DER ALTEN HEIMAT

Die Beurteilung der Mina Rueff, geboren am 27. Juli 1836 in Stuttgart

„*Ungefähr 26 Jahre alt, ist die Tochter eines hiesigen Flaschnermeisters. Die Eltern sind nicht vermöglich, nähren sich aber durch ihrer Hände Arbeit mit aller Treue und Aufopferung. Ihre Haushaltung ist eine geordnete, die Mutter hauptsächlich christlich gesinnt. Die Tochter ist schon seit mehreren Jahren Ladenjungfer bei Herrn Chevalier, welcher ihr ein gutes Zeugnis ausstellt. Sie gehört nicht zu den besonders begabten Leuten, hat sich aber durch Fleiß und Treue ziemliche Fertigkeiten in ihrem Berufe erworben und sich jederzeit als redlich und brauchbar erwiesen. Sie ist anspruchslos, still, ernst und von festem Charakter und war eine vertraute Freundin von Frau Laisle (in Afrika), durch welche sie auch in die Privaterbauungsstunde eingeführt wurde. Herr Chevalier, sowie andere Freunde, welche sie näher kennen, halten sie für eine Person, die es genau mit sich nimmt und ihrem Christenberufe gemäß würdiglich wandelt. In betreff ihrer Gesundheit soll sie ein wenig zart und auch schon etwas leidend gewesen sein, doch fügte Herr Chevalier hinzu, solche Constitutionen machen sich in einem Tropenlande oft besser als ganz Starke. Ihm würde es leid tun, sie gerade jetzt zu verlieren, doch würde er, wenn sie in der Mission verwendet werden könnte und sollte, kein Hinderniß in den Weg legen. Soviel ich weiß hat sie Missionssinn und würde sich vom Herrn in ihren Fähigkeiten und Gaben entsprechender Stellung gern gebrauchen lassen.*" [31]

Mina Rueff reiste als Missionsbraut nach Afrika. Am 14. August 1860 heiratete sie den Missionar Jakob Heck in Abokobi an der afrikanischen Goldküste. Zwei Jahre später, kurz vor ihrer zweiten Geburt, starb ihr erstes Kind. Bei der Geburt starb sie, kurz darauf das zweite Kind. Heck heiratete darauf ihre zehn Jahre jüngere Schwester Luise.

---

[31] ABM: FR 1847-1890, Bd. 1, BV PF: 404, S. 26. Akte Jakob Heck. Ohne Datum, unterschrieben mit F.M.

Abb. 3 Das Komitee im Jahre 1908

Abb. 4 Missionare in der Ausbildung, Basel 1890. Das Bild veranschaulicht die beruflichen Fertigkeiten, welche die jungen Kandidaten aus ihrer dörflichen Kultur mitbrachten

DAS LEITUNGSGREMIUM UND DIE MISSIONARE MÄNNERSACHE

„Missionsbräute"[32] waren diejenigen Frauen, die seit den 50er Jahren des 19. Jahrhunderts von der Basler Mission ausgesucht oder von Missionaren vorgeschlagen wurden, um in den sogenannten „Heidenländern" Indien, Afrika und China einen Missionar zu heiraten und danach ihre Pflicht als „Gehilfin" des Mannes zu erfüllen. Sie stammten vorwiegend aus dem Württemberger und Schweizer Raum.

Christliche, im Falle der Basler Mission pietistische[33] Gesinnung wurde vorausgesetzt. In der Regel schlugen die Missionare mehrere in Frage kommende Frauen vor. Die Engmaschigkeit des pietistischen Netzwerkes war für die Missionare hier von Vorteil. Man wußte, welche Tochter der „Brüder" zu Hause im heiratsfähigen Alter sein müßte. Man hörte durch „Missionsfreunde" von ledigen Frauen, manchmal gaben auch die Eltern in Briefen Tips oder wiesen auf bestimmte Frauen hin.[34] Oft hatten die Missionare auch schon vor ihrer Ausreise

---

[32] Begriffe wie Missionsbraut, Heidenländer, Gehilfin, Missionsfamilie, Bruder, Schwester, Geschwister, Missionskind sind missionsinterne, teilweise ideologisch geprägte Begriffe, gehören zum Idiolekt der Mission, die eigentlich stets in irgendeiner Form aus dem Fließtext abgehoben werden müßten. Bedingt durch die Häufigkeit des Auftretens der Begriffe wird aus Gründen der Lesbarkeit aber auf eine ständige, typographische Hervorhebung verzichtet. Eine Ausnahme hierbei bildet allerdings das Wortfeld „Heiden". Ebenso sind religiös geprägte Formulierungen, wie „Weinberg des Herrn", „Reich Gottes", „Ruf Gottes" etc. von dieser Regelung ausgenommen. Zitate aus Primärquellen sind kursiv gesetzt, Zitate aus Sekundärliteratur werden mit doppelten Anführungszeichen gekennzeichnet. Wiederholungen aus Primärquellen, die kurz zuvor bereits zitiert wurden, werden im Fließtext ebenfalls mit doppelten Anführungszeichen gekennzeichnet.

[33] Der Autorin ist klar, daß der Ausdruck ‚pietistisch' eine relativ unscharfe und weitgreifende Begrifflichkeit darstellt, zumal er im historischen Kontext nicht selbstreferentiell ist, da sich die ‚Pietisten' in den Primärquellen so gut wie nie als solche bezeichnen. Ich verwende diesen Begriff als Umschreibung für die spezifische soziale und kulturelle Prägung und alltagsstrukturierende Denk- und Weltsicht der historischen Personen. Er stellt somit einen Oberbegriff ohne im Detail zu unterscheiden dar, der für eine bestimmte Denkungsart, Weltsicht und Einstellung steht.

[34] Vgl. dagegen S. Prodolliet: Wider die Schamlosigkeit und das Elend der heidnischen Weiber. 1987, S.30 f. Für die Behauptung, daß die Basler Mission in einschlägigen Missionszeitschriften Inserate aufgegeben habe, in denen für Missionsbräute geworben wurde, fanden sich in dem von mir gesichteten Material keinerlei Hinweise. Ein derartiges Handeln würde im übrigen auch dem Selbstverständnis der Basler Mission

inoffiziell die 'Augen offen gehalten'. Gewöhnlich kannten die Frauen den Mann, den sie heiraten sollten, nicht persönlich, hatten außer einer Photographie, nebst einigen wenigen Briefen, keine genauere Vorstellung von ihrem 'Zukünftigen'. Unter der Obhut mitreisender Missionsleute oder zusammen mit anderen Missionsbräuten traten sie eine wochenlange, oft beschwerliche und abenteuerliche Reise an, um an der Seite eines fremden Mannes am „Ort ihrer Bestimmung" in einem fremden Land ein neues Leben zu beginnen und das „Werk des Herrn" voranzutreiben. Diese Art des 'Verheiratetwerdens' fußte auf dem sogenannten Verlobungsparagraphen[35] der Basler Mission, einer Verordnung, die die „persönlichen Belange", worunter die Heiratswünsche der Missionare verstanden wurden, bis ins kleinste regelte und reglementierte.

So durften die Missionare erst, nachdem sie bereits zwei Jahre in ihrem jeweiligen Missionsgebiet gelebt und gearbeitet, sich also 'bewährt' hatten, an die BM[36] eine „Bitte um Heiratserlaubnis" richten. Wurde diese von der obersten Leitung - dem sogenannten Komitee - gewährt, konnten sie von sich aus eine Frau vorschlagen. War dies nicht möglich, weil sie aufgrund ihres 'Abgeschnittenseins von der Heimat' keinerlei Kontakte zu Frauen hatten, trat die BM in ihre eher ungeliebte Rolle als Heiratsvermittlerin ein und suchte in geeigneten, das heißt christlichen Familien nach heiratsfähigen, nicht immer heiratswilligen Töchtern.

Bis zu diesem Zeitpunkt wußten die Frauen von nichts, weder davon, daß sie 'überprüft' worden waren, noch, wer sie sich zur zukünftigen Ehefrau

---

[35] widersprochen haben, die sich nicht als Heiratsvermittlung sehen konnte und wollte. Es finden sich auch keinerlei Dokumente, in denen sich Frauen auf diese angeblichen Inserate meldeten und sich der Mission als Bräute für die Missionare anboten.

Die Heiratsordnung wurde als Verlobungsparagraph bezeichnet, weil die Verlobung quasi mit der Heirat gleichzusetzen war, indem beide Teile eine bindende Verpflichtung eingingen. Die Bedeutung der Verlobung ist hier eng mit der Vorstellung der Eheschließung nach altem deutschen Recht verknüpft.

„Bis zur Einführung der obligatorischen Zivilehe 1875 galt in Württemberg die Bestimmung aus dem Religionsedikt von 1806, wonach zur Rechtsgültigkeit einer jeden Ehe die Einsegnung durch den Geistlichen gehörte. [...] Ursprünglich war die Eheschließung im alten deutschen Recht ein weltlicher Akt, für dessen rechtliche Gültigkeit gleichgültig war, ob ihm eine kirchliche Handlung folgte oder nicht. Diese alte Form der Eheschließung bestand aus zwei (zeitlich auseinanderliegenden) Akten, der Verlobung und der Trauung. Verlobung war der Vertrag, in dem sich der Bräutigam verpflichtete, die Braut heimzuführen, sie als Ehefrau anzunehmen und einen vereinbarten Brautpreis zu zahlen. Im Gegenzug verpflichtete sich der Vater oder Vormund der Braut, die Braut und die Gewalt über die Braut dem Bräutigam zu übertragen. Dieser Vertrag, das ist die „Verlobung", wurde vollzogen durch die symbolische Zahlung des Kaufpreises einerseits, und durch die Übergabe der Braut, die Trauung andererseits. Die Trauung wurde durch den Vater der Braut vollzogen, ist ursprünglich kein kirchlicher, sondern weltlicher Begriff, im Sinne von anvertrauen, auf Treue übergeben [...]." Zit. nach: W. Unseld: Verliebt, verlobt, verheiratet. 1991, S. 8. Ders. „Die Weiber seien unterthon ihren Männern". 1997, S. 37-45.

[36] BM steht im folgenden als Abkürzung für Basler Mission.

auserkoren hatte. Über alle Frauen wurden zuerst Erkundigungen eingezogen.[37] Fielen diese Beurteilungen günstig aus, das heißt, erfüllten sie die von der BM aufgestellten Kriterien für eine zukünftige Missionarsfrau, wurde den Missionaren die Bitte um Heiratserlaubnis gewährt und an die betreffende Familie, beziehungsweise den Vater der jeweiligen Frau, entweder durch den Missionar selbst, dessen Eltern oder im Namen der BM, eine Heiratsanfrage gerichtet. Dennoch ahnten manche Frauen etwas, vor allem dann, wenn die Familie engeren Kontakt zur BM hatte, zu den sogenannten Missionsfreunden/Unterstützern gehörte oder die Frauen selbst die Privatversammlungen besuchten, in denen unter anderem die neuesten Nachrichten aus der Mission vorgetragen und diskutiert wurden. Dann lag es nahe, daß irgendwann solche Anfragen an sie gerichtet werden würden. Trotzdem 'traf' es die meisten überraschend und unvorbereitet.

Entschieden sie sich dafür abzulehnen, war für sie die 'Sache fürs erste erledigt'. Weitere Anfragen konnten dennoch erfolgen. Entschloß sich eine Frau 'ja' zu sagen, hatte sie einen Lebenslauf einzureichen und einen Hebammenkurs zu absolvieren.[38] Oft lagen zwischen einer Anfrage und dem Zeitpunkt der endgültigen Ausreise nur wenige Wochen oder Monate, so daß die praktischen Vorbereitungen, von der Anschaffung der vorgeschriebenen „Ausrüstung für eine Missionarsfrau" bis hin zur Erledigung sämtlicher Formalitäten, nur wenig Zeit in Anspruch nehmen durften. Hinzu kamen in der Regel zahlreiche Abschiedsbesuche, die gemacht werden mußten. Viele ihrer Verwandten, Freunde und Bekannten sollten die Frauen nie wiedersehen, da Angestellte im Dienst der Basler Mission (worunter die Frauen ab dem Zeitpunkt ihrer Zusage auch fielen) oft erst nach zehn Jahren den ersten Heimaturlaub erhielten.

Dieses 'Sich in den Dienst der Mission Stellen' signalisiert auch der Begriff der „Missionsbraut" - im Gegensatz dazu, was der Begriff der „Missionarsbraut" implizieren würde. Sie heiratet also in erster Linie nicht den Missionar, sondern „in die Mission".

---

[37] Die 'Informanten', das heißt diejenigen, die der Basler Mission Auskunft über die vorgeschlagenen Frauen erteilten, waren meist Personen, die sich im näheren Umfeld der Frauen bewegten und auch die familiären Verhältnisse kannten. Denn nicht nur die Frauen selbst wurden beurteilt, sondern auch ihre Herkunft. Waren die Familien im pietistischen 'inner circle' verwurzelt, war es für die BM ein leichtes, Auskunftswillige zu finden. Das konnten, ebenso wie der Ortspfarrer oder ehemalige Lehrer der Frauen, auch „Stundenleute" sein.

[38] In den Anfangsjahren der BM waren diese Lebensläufe eher unüblich. Ab 1890 häufen sie sich, obwohl sie erst ab 1928 offiziell eingereicht werden mußten. Hier wurde vor allem auf die Darstellung des „inneren Werdegangs" Wert gelegt. - Den Hebammenkurs sollten nach Inspektor Oehler alle Bräute absolvieren, damit sie notfalls einer anderen Missionarsfrau zur Seite stehen konnten. Außerdem wurde die Möglichkeit der Hilfe bei einheimischen Frauen ins Auge gefaßt. Auf diese Art und Weise sollten Missionarsfrauen den Kontakt zu „Heidenfrauen" aufbauen, um von der 'praktischen Liebestätigkeit' zur 'seelisch-geistlichen' übergehen zu können. Frauen sollten Frauen missionieren. Fraglich ist, ob einheimische Frauen überhaupt europäische Hebammen benötigten, da sie wohl ihre eigenen Geburtshelferinnen hatten.

Erst gegen Ende des 19. Jahrhunderts wurden die Frauen vor ihrer Abreise in ihrer Heimatgemeinde eingesegnet, das heißt im Rahmen eines Gottesdienstes offiziell in den Dienst der BM aufgenommen und von dieser für die „Arbeit im Weinberg des Herrn" ausgesandt. Während die Missionsbräute ihrem 'neuen Leben' entgegenreisten - die Reise dauerte mehrere Wochen und war auch nicht ungefährlich - trafen ihre ihnen unbekannten zukünftigen Ehemänner die Vorbereitungen für die Hochzeit.

Diese sollte in der Regel zwei Wochen nach Ankunft der Braut stattfinden. Die kurze Zeitspanne zwischen Ankunft und Hochzeit sollte dem gegenseitigen Kennenlernen dienen. Sie war auch die Frist für einen eventuellen Rückzug des gegebenen Ja-Worts, was allerdings sehr selten vorkam. Im allgemeinen waren mit der Ankunft der Braut 'die Weichen gestellt'. Es mußte schon etwas sehr Schwerwiegendes vorgefallen sein und erforderte darüber hinaus von den Frauen sehr viel Mut, eine einmal getroffene Entscheidung wieder rückgängig zu machen.

Die Hochzeit selbst fand meist im Kreis anderer Missionsleute, die von nahegelegenen Missionsstationen kamen, statt.[39]

Von einer Hochzeitsreise oder einer 'Verschnaufpause' konnte meist keine Rede sein. Am nächsten Tag ging für den Missionar das Leben seinen gewohnten Gang und die frischgebackene Missionarsfrau paßte sich diesem an, denn Ziel und Zweck der neuen Verbindung war das gemeinsame Streben nach Höherem, war die „Bekehrung der Heiden" und der Aufbau einer christlichen Gemeinschaft.

Das 'freiwillige Zölibat' - Vorstufen zu einer Heiratsordnung

Verwirrungen

Ein erstes Missionsgebiet der Basler Mission lag im heutigen Kaukasus, dorthin wurden bereits ab 1821 Missionare ausgesandt. Diese Mission fand im Jahre 1837 ihr Ende durch ein Dekret des Zaren. Ab 1826 sandte die BM Missionare an die Goldküste, 1834 wurde die Missionsarbeit in Indien aufgenommen, 1847 wurden erstmals zwei Missionare nach China gesandt, 1886 kam Kamerun als deutsche Kolonie hinzu.[40] Bis dahin beziehungsweise bis in das Jahr 1826 wurde

---

[39] Vormittags wurde der eigentliche Hochzeitsgottesdienst abgehalten, abends war eine einfache kleine Feier angesagt. Das Brautpaar erhielt einfache Geschenke, es gab ein einfaches Essen, anschließend betete die Hochzeitsgesellschaft und sang religiöse Lieder. Dies war die Idealvorstellung einer pietistischen Hochzeitsfeier. Nicht selten wurde der bescheidene Rahmen aber gesprengt, zumindest was das 'einfache Essen' anbelangte. Siehe dazu Kapitel 'Der Bund fürs Leben'.

[40] Zur Lage der einzelnen Missionsstationen in den Missionsgebieten vgl. beigefügtes Kartenmaterial im Anhang.

aufgrund des Fehlens von eigenen Missionsgebieten vorwiegend eine Art 'Leihmission' betreiben, das heißt, die in Basel ausgebildeten Missionare wurden an englische und holländische Missionsgesellschaften vermittelt. In England war dies vor allem die Church Missionary Society (CMS) und die London Missionary Society (LMS). Erstere missionierte vor allem in Sierra Leone in Westafrika, letztere in Indien. Die englischen Missionsgesellschaften hatten für die Basler Mission teilweise eine Art Modell- und Vorbildfunktion.[41]

Die Missionare, die an diese Missionsgesellschaften vermittelt wurden, waren unverheiratet. Eine 'Heiratsfrage' existierte also vorerst für das Leitungsgremium der BM, „die Comitee" (so lautete die Schreibweise bis ins Jahr 1880) nicht.

Doch im Jahre 1822 wurde diese Frage zu einem Thema, ausgelöst durch vier Missionare. Die Württemberger Gg. W. Mezger, Johann Gerber, Wilhelm Heinrich Schemel, die für Westafrika bestimmt waren und der Schweizer Durs Börlin, der nach Südrussland reisen sollte, hatten beschlossen, sich vor ihrer Ausreise zu verloben und zu heiraten. Durch Vermittlung eines befreundeten Pfarrers hatten die Missionare Kontakt zu den Eltern von in Frage kommenden Frauen aufgenommen und das Ja-Wort derselben erhalten, wobei zumindest zwei der Bräute „ohne Neigung" zusagten. Die Braut Börlins wollte sich „um des Heilands und der Negerlein aufopfern", die Braut Schemels „um ihr Leben dem Dienst des Herrn zu widmen".[42]

Die Reaktion des Leitungsgremiums auf diese vier Fälle macht eine grundsätzlich ablehnende Haltung, was das Thema der Heirat betrifft, deutlich. Im Komiteeprotokoll ist dazu vermerkt:

„[...] *Daß wir durch unsere sichtbare Abneigung gegen die Verheirathung unserer Brüder zu ihrer Verschlossenheit gegen uns in dieser Sache Anlaß gegeben hätten*"[43] Die Comitee beschließt daher:

---

[41] Die Gründung und Entstehung der Basler Mission aus der Deutschen Christentumsgesellschaft ist nicht zuletzt auch auf Einflüsse aus der englischen Erweckungsbewegung zurückzuführen, die sich durch John Wesley (1703-1791), den Begründer des Methodismus, Mitte des 18. Jahrhunderts in ganz England und auch in Teilen Amerikas ausbreitete. Wesley stand während seiner Zeit als Diasporapfarrer in Georgia und auch danach in engem Kontakt mit deutschen Pietisten. Die Deutsche Christentumsgesellschaft in Basel übersetzte beispielsweise Nachrichten der neu entstandenen Englischen Missionsgesellschaften in der Zeitschrift: „Sammlungen für Liebhaber christlicher Wahrheit und Gottseligkeit", einer Vorläuferin des späteren „Evangelischen Missionsmagazins", dem Hauptorgan der Basler Mission. Vgl. P. Jenkins: Kurze Geschichte der Basler Mission. 1989, S. 3-4. Der Gründer der ersten methodistischen Gemeinschaft in Deutschland, die 1832 entstand, Christoph Gottlob Müller, war der Vater einer späteren Missionsbraut der Basler Mission, Jane Claridge Müller, die 1846 den Indienmissionar Georg Friedrich Müller heiratete. Vgl. ABM: C 10.50

[42] Zur Geschichte der Heiratsordnung vgl. W. Ch. Haas: Erlitten und erstritten. 1994, S. 21-26.

[43] ABM: KP 1821 - 1822, Bd. 5, 6, S. 26. Mittwoch, 12. März 1822.

„In dieser dunklen und schwierigen Sache werde Herr Inspektor sich genau erkundigen, wie die Englischen Missionsgesellschaften bey Verheirathung ihrer Missionare verfahren."[44]

Im Grunde genommen vertrat das Leitungsgremium der BM das Ideal eines 'freiwilligen Zölibats'.[45] Das Verbot einer Heirat konnte nach protetantischem

---

[44] Ebd.

[45] Das 'evangelische Zölibat' in Form von strikten Heiratsbeschränkungen einerseits und als propagiertes Ideal in Form von freiwilliger Ehelosigkeit andererseits, zieht sich als roter Faden durch den protestantisch-pietistischen Diskurs. Für Theologinnen des 20. Jahrhunderts, die als sogenannte Pfarrvikarinnen im Dienst der Kirche beschäftigt waren, galt beispielsweise bis 1968 das 'evangelische Zölibat'. Mit Eintritt in den Ehestand war der Austritt aus dem Beschäftigungsverhältnis verbunden, das heißt, eine Pfarrvikarin mußte ledig sein. Vgl. L. Volz: Talar nicht vorgesehen. 1994, S. 112-117, S. 130-133. Um ein weiteres Beispiel für das 19. Jahrhundert zu nennen: Auch die Heirat eines Predigers in den ab 1832 entstandenen methodistischen Gemeinden Deutschlands, die ihren Ursprung in der angelsächsischen Erweckungsbewegung hatten und Verbindungslinien zu deutschen Pietisten aufwiesen, war mit strikten Regeln verbunden. 1864 beschloß die Generalkonferenz, daß kein Prediger vor Ablauf seines vierten Dienstjahres ohne Genehmigung der Konferenz heiraten dürfe. Es wurden ähnliche Argumente ins Feld geführt, wie wir sie auch in den Statuten der Basler Mission finden: erstens sollten sich die Prediger, wie die Missionare der BM, zuerst bewähren, zweitens sollte die Gehaltskasse der 'noch jungen Kirche' vor zu großen Belastungen geschützt werden - wiederum der finanziellen Situation der BM vergleichbar, deren Basis Spendengelder bildeten. Vgl. I. Kraft-Buchmüller: Die Frauen in der Anfangszeit der bischöflichen Methodistenkirche in Deutschland. 1992, S. 29. Das Ideal der freiwilligen Ehelosigkeit, das die Konzentration auf das religiöse Leben ermöglicht, begegnet uns auch bei Marie Frech, Mitglied der 'Hahnischen Gemeinschaft' in Fellbach, die 1995 im Alter von 100 Jahren starb. Marie Frech heiratete erst im Alter von 35 Jahren und blieb kinderlos. Sie unterschied zwischen „ehelos leben" und „wahrhaftig ledig sein", wobei nur letzteres ein „Aufgehen in Jesus" befördere und ersteres besser in eine Heirat münden sollte. Der zölibatäre Gedanke spielt im übrigen in den heute noch bestehenden Hahnischen Gemeinschaften eine Rolle und hat in der 'Hahnischen Tradition' einen festen Platz. Vgl. Die 100 Jahre der Marie Frech. 1996, S. 93-97. Zum Pietismus speziell in Fellbach: H.-V. Findeisen: Pietismus in Fellbach 1750-1820. 1985. C. Köhle-Hezinger konstatiert Ehelosigkeit als häufig anzutreffendes Merkmal bei beiden Geschlechtern in Zusammenhang auch mit Aufbruch- und Ausbruchstendenzen, zumindest für die Zeit Ende des 18. und Anfang des 19. Jahrhunderts. „Michael Hahn, Rapp, Kussmaul, Kolb, Widmann waren ‚ehelos'. Sie und viele andere bekannten sich zu starker, oft lebenslanger Mutterbindung, ja sie übertragen sie - wie ‚der Michele' - auf seine „obere Mutter" Christus." Zit. nach C. Köhle-Hezinger: Frauen im Pietismus. 1994, S. 116. J. Trautwein weist darauf hin, daß die Ehelosigkeit der pietistischen Führer besonders auch auf Frauen beeindruckkend gewirkt habe. Vgl. J. Trautwein: Freiheitsrechte und Gemeinschaftsordnungen um 1800. 1987, S. 335. In RGG findet sich des Stichwort 'Ehelosigkeit' nicht, unter dem Stichwort Zölibat heißt es: „Der Zölibat als rechtlich geforderte Ehelosigkeit der Geistlichen findet sich in den christlichen Kirchen nur bei der katholischen und in engen Grenzen bei den Ostkirchen." Vgl. RGG, Sp. 1924.

Selbstverständnis[46] nicht durchgesetzt werden, doch riet man im allgemeinen den angehenden Missionaren dringend von einer Heirat ab, mit dem Argument, daß die Verbindung mit einer Frau die Zeit und Kraft eines Missionars zu sehr in Anspruch nehmen würde, die er besser in seine Missionsarbeit investieren sollte.

Während der Ausbildungszeit, die mehrere Jahre betrug, war ohnehin eine intensive Kontaktaufnahme zu Frauen, vor allem, wenn eine Heiratsabsicht dahinterstand, untersagt. Auch wurden nur ledige junge Männer zur Ausbildung zugelassen.[47]

Gegen die erwähnten vier Missionare, die ihre Ausbildung bereits abgeschlossen hatten, wurde nichts unternommen, sie erhielten nur eine Rüge. Das Problem erledigte sich gewissermaßen von selbst, da sie für die Englische Missionsgesellschaft bestimmt waren.

Dennoch hatten diese Missionare ein 'Tabu' gebrochen, sie hatten „eine dunkle und schwierige Sache" ans Tageslicht gebracht, sie stellten persönliche Wünsche und Bedürfnisse in den Vordergrund, die nach Basler Verständnis eigentlich dem 'Werk der Mission' untergeordnet werden sollten. Durch das 'eigenmächtige Handeln' dieser Männer war die Comitee überrumpelt und in Verwirrung gestürzt worden, da man sich noch keine konkreten Gedanken hinsichtlich des Heiratsthemas gemacht hatte. Das Resultat dieser Vorkommnisse war jedoch kein dezidiertes Aufstellen von Regeln, sondern drückte sich eher in Hilflosigkeit und einer Art Handlungsunfähigkeit auf seiten der Leitung aus. Der Gedanke des 'freiwilligen Zölibats' ohne feste Regeln wurde hartnäckig weiterverfolgt.

Der Fall Pfander

In den folgenden 15 Jahren, als die BM bereits über eigene Missionsgebiete verfügte, scheint sich an diesem Zustand der 'ungeordneten Ordnung' nicht viel geändert zu haben. Zumindest finden sich in den Komiteeprotokollen keine Aufzeichnungen darüber, daß auch andere Missionare, bevor sie nach Übersee reisten, heiraten wollten. Viele, die in den Anfangsjahren ausgesandt wurden, blieben oft freiwillig ledig. Die Nichtexistenz von verbindlichen Regeln bot den

---

[46] Man konnte und wollte den Missionaren das Recht auf eine Ehe nicht per Dekret absprechen.

[47] Diese Verordnung hat eine lange Tradition, gerade was die Ausbildung von kirchlichen Funktionsträgern betrifft. J. Wahl weist beispielsweise für das 17. Jahrhundert darauf hin, daß auch den Stipendiaten des theologischen Stifts in Tübingen eine Heirat während der Ausbildungszeit verboten war. Dennoch wurde dieses Verbot häufig übertreten, da eine zukünftige 'Gehilfin', die man sich in einer Ehefrau sicherte, bei Amtsantritt enorm wichtig war. Nicht immer sind es religiöse Gründe, pragmatisch-ökonomische Gründe spielten ebenfalls eine Rolle: Erst mit einer eigenen Pfarrstelle waren Theologen imstande, finanziell für eine Familie sorgen zu können. In Handwerkerkreisen etwa wurde mit der Heirat gewartet, bis man Meister geworden war. Vgl. J. Wahl: (unver. Diss.) Karriere, Kinder und Konflikte. 1995, S. 99-105.

anderen Missionaren hingegen eine Art Freiraum, in dem sie ungehindert nach eigenen Vorstellungen agieren konnten. Die Einzelfälle, in denen Missionare in ihrem Einsatzgebiet, vor allem in Indien, europäische Frauen heirateten und das Komitee danach vor vollendete Tatsachen stellten, konnten geduldet beziehungsweise in gewissem Sinne 'übersehen' werden.

Einer, der sich auf eben diese Art und Weise arrangiert hatte, brachte dennoch den Stein ins Rollen.

Carl Gottlieb Pfander, der in Rußland missionierte, verfuhr ähnlich wie andere seiner Glaubensbrüder und suchte sich innerhalb der Deutschen Gemeinde in Moskau eine Frau. Er heiratete 1833 die Tochter eines bekannten Professors. Dazu gratulierte ihm der damalige Inspektor der BM, Blumhardt, herzlich:

> *„ [...] Nun greife ich umso freudiger zur Feder, um Dir im Namen unserer gesamten Comitee unsere innigste Freude über die gnadenreiche Leitung unseres Gottes und Heilandes auszudrücken, welcher Dir in der Tochter unseres herzlich verehrten Freundes, des Herrn Professor Reuss daselbst eine liebende Gattin [...], eine gesegnete Mitgehülfin in ihr zugeführt hat. "*[48]

Vier Jahre später jedoch gelang es Pfander, bei der Leitung in Ungnade zu fallen. Seine Frau war früh gestorben und er wollte sich nun wiederverheiraten. Mittlerweile war er in Indien stationiert und wollte, falls er in Indien keine Frau fand, zur Brautsuche heimkehren. Er bat nicht darum, er bestand darauf. In der Komiteesitzung am 29.11.1837 wurde der Fall Pfander folgendermaßen protokolliert:

> *„Er hätte viel besser daran getan, sein Schicksal Gott und der Zeit zu überlassen, seine scharfe Sprache lasse auf eine gereizte Stimmung schließen. [...] Pfander hätte während seiner Abreise von Schuska (Persien) an andere, wichtigere Sachen denken sollen - ob es nicht vielleicht unter solche Umständen gerathen wäre, Pfander an die Englische Gesellschaft abzugeben. Andererseits wird entgegnet, Pfander spreche nur barscher aus, was andere Missionare besser einzukleiden verstehen, ohne eigentliche Absicht des Trotzes und der Anmaßung. [...] Am Ende verständigte man sich dahingehend: Pfander soll eine ernste Zurechtweisung erhalten und ihm anbey bestimmt bemerkt werden, daß ohne vorhergegangene Erlaubnis eine abermalige Reise von Indien nach Europa nicht die Sache seyn könne. "*[49]

Hier reagierte das Komitee also äußerst verärgert. Es scheint, als ob die BM ein Exempel statuieren wollte. Das Leitungsgremium ging sogar soweit, ihn „über Bord werfen zu wollen."[50]

---

[48] ABM: KP 1833. Brief v. Inspektor Blumhardt, Basel, an Gottlieb Pfander, Rußland. 13. November 1833.
[49] ABM: KP 1833.
[50] Ebd.

Pfander zog seine Konsequenzen. Er trat drei Jahre später freiwillig aus der BM aus und in die Church Missionary Society ein und heiratete eine Engländerin.

Die CMS vertrat im Gegensatz zur BM nicht die freiwillige Ehelosigkeit als Ideal, sondern machte den Zöglingen nur zur Auflage, erst nach der Ausbildung und erfolgten Ordination zu heiraten, nicht zuletzt aus dem Grund, da man sich erhoffte, daß ordinierte Missionare, die durch ihre Ausbildung in der sozialen Hierarchie aufgestiegen waren, auch bessere Chancen haben würden, in höhere soziale Schichten einheiraten zu können.

Im übrigen sah die CMS in einer Heirat der Missionare nur Positives, da diese sie davon abhalten würde, in sexuelle Promiskuität auf dem Missionsfeld zu verfallen und ihnen ermöglichen würde, ein 'normales Familienleben' zu führen.[51]

Das Leitungsgremium der BM wurde erst durch den 'Fall Pfander' dazu gezwungen, dezidiert Stellung zu beziehen, vor allem, da Pfander die nicht existierenden Heiratsregeln zur Sprache gebracht hatte. Die Notiz im Komiteeprotokoll aus dem Jahre 1837 lautet dann auch folgendermaßen:

> „*Was die geforderten Heiratsprincipien betrifft, auf die Pfander in seinem Briefe dringt und die als wünschenswert auch von unserer Seite anerkannt werden, so hat Herr Inspektor verfügt, etwas der Art zu entwerfen. Weil aber dieser Gegenstand unseres Nachdenkens und sorgfältige Prüfung erfordert, so wird beschlossen, den Aufsatz nicht gleich vorzulesen, sondern bis zur nächsten Sitzung bei den Gliedern der Comittee cirkulieren zu lassen.*"[52]

Erst als die 'wilden Heiraten' überhand nahmen und das Komitee nicht mehr die Augen verschließen und darüber hinwegsehen konnte und als der Unmut der Missionare darüber, nicht zu wissen was erlaubt war und was nicht, sich 'Luft machte', wurde die Heiratsfrage zum Thema. Erst dann wurde Handlungsbedarf erzeugt.

---

[51] Vgl. J. Miller: Religious Zeal. 1994, S. 54.
[52] ABM: KP 1837, Bd. 14.

Die Heiratsordnung der BM: Der „Verlobungsparagraph"

Inspektor Blumhardts 12 Heiratsregeln

1837, 22 Jahre nach Gründung der Basler Mission, formulierte „die Comitee" also, auf Drängen der Missionare, die ersten 12 Heiratsregeln.
Sie lauteten wie folgt:

1. Im allgemeinen darf der Missionar vom Ehestand nicht ausgeschlossen werden.

2. Doch kann eine Ehe auch nicht als Pflicht betrachtet werden, sie ist vielmehr eine an Bedingungen geknüpfte Befugnis.

3. Diese Bedingungen vermehren und erweitern sich durch die Natur und die besonderen äusseren Umständlichkeiten, unter welchen die Missionsehe unter einem heidnischen Volke geführt werden soll.

4. Ohne die bestimmte, vorher einzuholende Einwilligung der Comitee darf keine Ehe geschlossen werden.

5. Kein Bruder ist berechtigt, in seinem Missionsberuf ein Mittel zu finden, sich früher zu verehelichen, als es unter anderen Umständen der Fall gewesen wäre.

6. Auch jüngere Kirchendiener in der Heimath können nicht gleich heiraten.

7. Ein Missionar muss seine Neigungen dem Werke Christi unterordnen und nöthigen Falls opfern.

8. Die Einwilligung vom Comitee kann nur in dem Fall ertheilt werden, wenn sie eine genaue Kenntnis von dem christlichen Charakter und der Tauglichkeit einer vorgeschlagenen Missionarin erlangt hat.

9. Die Witwen und Waisen sollen nach Kräften unterstützt werden.

10. Wenn ein Bruder sich der Weisung der Comitee nicht unterziehen will, so steht ihm der Rücktritt offen, doch wer ohne Genehmigung heirathet, ist als entlassen anzusehen.

11. Kein Missionar darf bei einer Verheirathung vergessen, dass unsere Einnahmen, als auf unbestimmten Grundlagen beruhend uns auch keine bestimmtem Pflichtverhältnisse einzugehen gestatten.

12. Diese Grundsätze sind von jedem Missionszögling zu unterschreiben.[53]

---

[53] ABM: KP 1837, Bd. 14. Komiteesitzung vom 27. Dezember 1837. Grundsätze der evangelischen Missions-Gesellschaft zu Basel hinsichtlich der Beurtheilung und Behandlung der Frage über die Verehelichung ihrer Sendboten im Heidenlande.

Trotz dieser Verordnung blieb die Heiratsfrage ein Thema, das Unklarheiten, Irritationen und Unmut schuf. Auch die Behandlung der einzelnen Fälle wurde unterschiedlich gehandhabt. Es kam beispielsweise darauf an, wer zur betreffenden Zeit Inspektor war,[54] welcher Missionar anfragte und welche Frau ausgewählt wurde. So trugen manche Entscheidungen einen gewissen Willkürcharakter. Diese Vorgehensweise verursachte dementsprechend unterschwellige Reibereien zwischen dem Komitee und den Missionaren, und auch innerhalb der Bruderschaft.

Noch 1927, fast 100 Jahre nach der Gründung, trat der damalige Direktor Hartenstein mit dem gleichen Problem an die Rheinische und Berliner Missionsgesellschaft heran. Auch er erkundigte sich, wie sie bei Heiraten von Missionaren verfahren. Ein Merkmal des Umgangs mit der sogenannten Heiratsfrage hatte sich also nach einem Jahrhundert des Kopfzerbrechens nicht geändert - die Ratlosigkeit und Unsicherheit.

Die vorgestellten 12 Regeln bestanden weitgehend in ihrer ursprünglichen Fassung bis 1886. In diesem Jahr wurden die einzelnen Punkte ausführlicher und genauer gefaßt. Spezielle „Bedingungen für die ausreisenden Bräute"[55], eine Art Leitfaden und Orientierungshilfe für die Frauen - bereits unter Inspektor Josenhans in den 60er Jahren formuliert - wurden ebenfalls ausführlicher definiert.[56] Vertrauliche Dinge wie „sittliche Verfehlungen" und hierauf erfolgte Strafmaßnahmen, ebenso wie auch die Heiratswünsche der Missionare wurden in den wöchentlich stattfindenden Komiteesitzungen behandelt und im Komiteeprotokoll festgehalten. Ob Sondersitzungen einberufen wurden, ist schwer zu sagen. Sicher ist, daß sich die Zahl der Missionare und damit auch die Heiratswünsche vermehrten.

1894 führte der damalige Direktor Oehler Hebammenkurse für die Bräute ein, allgemein sollten die künftigen Missionarsfrauen verstärkt in ihre zukünftigen Aufgaben eingewiesen werden, das heißt, sie wurden allmählich als Missions-

---

[54] Der Inspektor hatte eine Schlüsselposition in der Basler Missionshierarchie inne. Er war zugleich Vorsitzender des Komitees und hatte bei Entscheidungen die größte Macht.

[55] ABM: Q-9.21,18. Bedingungen für die in den Dienst der Basler Missionsgesellschaft auszusendenden Bräute.

[56] Darunter fiel beispielsweise das Merkblatt „Die Ausrüstung für eine Missionsfrau auf Basler Stationen", in welchem genau aufgelistet wurde, was eine Missionsbraut alles mitzubringen hatte. Auch praktische Tips wurden hier vermittelt, daß zum Beispiel leichte Baumwollkleidung bevorzugt werden solle, da sich diese für die Tropen am besten eigne. Die anfallenden Reisekosten wurden aufgestellt, wobei darauf hingewiesen wurde, daß die Basler Mission diese übernehmen würde, falls die Eltern der Braut über zu wenig Kapital verfügten. Außerdem wurde hier die juristische Seite der Heirat bis ins Detail geregelt, das heißt, es wurde genau aufgeführt, welche Dokumente die Braut in ihrem Heimatort besorgen mußte, damit die Ehe - die ja im Ausland geschlossen wurde - rechtsgültig war. Vgl. ABM: Q9. 21,19.

mitarbeiterinnen anerkannt, allerdings - so lautete die offizielle Bezeichnung - nur als Gehilfinnen ihrer Männer.[57]

Es gab bereits ab 1842 ein weiblich besetztes Frauenmissionskomitee[58], das zum Ziel hatte, unverheiratete Frauen auszusenden. Diese sollten allerdings nicht eigenständig missionieren, sondern waren als Mitarbeiterinnen für die Missionarsfrauen gedacht. Das ganze Vorhaben ging nur sehr zähflüssig vonstatten. Es scheiterte einerseits daran, daß das Frauenmissionskomitee selbst nicht autonom war, die Hauptentscheidung blieb immer dem 'männlichen' Hauptkomitee vorbehalten. Auch durften nur Gelder der bereits bestehenden Frauenvereine für die Ausrüstung der „ledigen Schwestern" verwendet werden und kein Geld, das der Mission im allgemeinen zugute kam. Andererseits scheiterte es am Widerstand der Missionare, die behaupteten, daß unverheiratete Frauen nur Unruhe auf den Missionsstationen stifteten. Nicht zuletzt scheiterte es am Widerstand einzelner Missionarsfrauen, die ihre Position als 'Ober-Gehilfin' nicht aufgeben wollten.[59]

Zwei Punkte der Heiratsordnung blieben während des 19.Jahrhunderts unverändert. Erstens, daß die Missionare erst, nachdem sie sich zwei Jahre auf dem Missionsfeld bewährt hatten[60], prinzipiell den Wunsch zu heiraten äußern durften, und zweitens, daß das Komitee, nachdem die ausgewählten Frauen überprüft worden waren, die Erlaubnis hierzu erteilen oder verweigern konnte.

---

[57] Zu Beginn des 20. Jahrhunderts wurden die Bräute zu mehrwöchigen Kursen ins Schwesternheim der BM eingeladen, um sich auf ihre künftige Aufgabe vorzubereiten. Darüberhinaus diente die Anwesenheit der Bräute in Basel sicher auch der nochmaligen Kontrolle und Überprüfung durch das Komitee.

[58] Das Frauenmissionskomitee setzte sich aus den Ehefrauen der Komiteemitglieder und deren Freundinnen zusammen.

[59] Zur Geschichte des Frauenmissionskomitees vgl. W. Haas, Erstritten und erlitten. 1994, S. 26-74. Um die Jahrhundertwende befanden sich 11 ledige Mitarbeiterinnen und 151 Ehefrauen in Übersee. Vgl. W. Haas: Erlitten und erstritten. 1994, S. 200.

[60] Prinzipiell war es natürlich möglich, sich während eines Erholungsurlaubes, nach Ablauf der vorgeschriebenen zwei Jahre, persönlich nach einer 'Heiratskandidatin' umzusehen und diese dann möglicherweise in Europa zu heiraten. Allerdings wurde eine Heimkehrerlaubnis nur in gesundheitlichen Notfällen gestattet, das heißt, wenn keine lebensbedrohlichen Krankheiten eintraten, konnte es Jahre dauern, bis man nach Europa zurückkehren konnte. Die Missionare in Indien und China konnten erst nach fünf Jahren auf dem Missionsfeld um eine Heimkehrerlaubnis nachsuchen, auch zum Zweck, eine mögliche Braut zu finden. Solange wollten die meisten Missionare nicht warten, außerdem konnten vielerlei Dinge dazwischenkommen, die trotz dieser Regelung eine Heimkehr unmöglich machten, etwa, wenn sonst die jeweilige Station verwaist gewesen wäre. Es kam also immer auf die Situation vor Ort an. Nur für die Missionare im afrikanischen Missionsgebiet gab es eine Sonderregelung. Diese durften bereits nach dreijähriger Dienstzeit auf Erholungsurlaub in die europäische Heimat zurückkehren, aufgrund der besonders gesundheitsgefährdenden Situation in Afrika. Vgl. ABM: Q9. 21,28. In Afrika gab es während des 19. Jahrhunderts die häufigsten Todesfälle unter den Europäern. An gefährlichen Tropenkrankheiten litten die Missionsleute natürlich auch in den Missionsgebieten in Indien und China. Siehe dazu Kapitel „Krankheit und Tod."

1913 kam es zu einer Revision des Verlobungsparagraphen. Nun erhielten die Missionare die Erlaubnis, nach ihrer Ausbildung im Missionsseminar und kurz vor ihrer ersten Aussendung, Kontakt zu einer Frau aufzunehmen und mit dieser in schriftliche Verbindung zu treten. Bis dahin hatte ein striktes Korrespondenzverbot bestanden, auch Brautleute durften erst dann in schriftliche Verbindung treten, wenn die Heiratszusage der Braut dem Komitee vorlag und dieses den betreffenden Missionar davon in Kenntnis gesetzt hatte. Solange konnte auch die betreffende Frau dem zukünftigen Ehemann nicht schreiben.

Darüber hinaus wurden sogenannte „stille Verlobungen" geduldet, inoffizielle Arrangements, die aber im Hinblick auf die Heirat immer noch vom Wohlwollen des Komitees abhingen. Dieser Stand der Dinge blieb zumindest bis nach Ende des 2. Weltkrieges erhalten, bis sich auch die BM grundlegend veränderte und kirchliche Mitarbeiter nur noch als Berater nach Übersee sandte, die befristete Arbeitsverträge hatten und nicht mehr, wie die Missionare des 19. Jahrhunderts, auf unbestimmte Zeit eingestellt wurden.

Natürlich ist die Geschichte des Verlobungsparagraphen auch bezeichnend für die damals gängige Einstellung Frauen gegenüber. So wurde die Missionarsfrau als „notwendiges Übel"[61] und als Anhängsel, wenn nicht als „Bleiklotz an den Füßen des Mannes"[62] angesehen.[63] Der patriarchale Habitus des Komitees und die darin beinhaltete Geringschätzung der Frau bildete die Basis dafür, daß Frauen überprüft, bewertet und beurteilt werden konnten. Ihnen wurde in gewissem Sinne der Status eines unmündigen Kindes zugewiesen.

„Die Comitee" - Basel vom Feinsten

Wenn wir uns die personelle und soziale Struktur der Zusammensetzung des Komitees im 19. Jahrhundert genauer betrachten, fällt auf, daß die Mehrheit der Mitglieder zum Basler Patriziat gehörte. Sie stammte aus den ältesten Basler Familien, ihre Spuren lassen sich teilweise bis ins 16. Jahrhundert zurückverfolgen. Namen wie Bernouilli, Preiswerk, La Roche sind auch heute noch ein Begriff. Diese Kaufmanns-, Bankiers- und Unternehmerfamilien hatten über Generationen wirtschaftlichen und politischen Einfluß in der Stadt Basel. Hier liefen die Fäden der Macht zusammen - also einerseits Reichtum und damit verbundener Einfluß und Macht, andererseits aber eine wohl auch ernst gemeinte pietisti-

---

[61] Diese Auffassung vertritt W. Haas in ihrer Studie: Missionsgeschichte aus der Sicht der Frau. 1989, S.17 f.

[62] ABM: 40/17: Vermischtes, ungeordnet. Missionar Adolf Vielhauer: Auszug aus einer „Ansprache in der Missionslehre 19.10.1923."

[63] Das männerzentrierte Bild der Frau als 'Hobel', 'Übung' oder 'Prüfung' weist mit umgekehrtem Vorzeichen in eine ähnliche Richtung. Statt ein Bleiklotz zu sein, kann sie im besten Fall zum Hobel werden, der dem Mann zu seiner wahren Gestalt verhilft. Vgl. M. Scharfe: Die Religion des Volkes. 1980, S. 64.

sche Frömmigkeit. Philipp Sarasin[64] geht davon aus, daß diese Frömmigkeit, ausgedrückt im caritativen Engagement, nicht nur, aber auch dazu diente, das schlechte Gewissen angesichts der verarmten Masse der Arbeiter und Emigranten zu beruhigen, und dadurch ein gewisser kathartischer Effekt angestrebt wurde. Dennoch sollte die Ernsthaftigkeit des Engagements nicht einfach in Abrede gestellt werden. Es ist durchaus plausibel, daß dem auch ein echtes Anliegen zugrunde lag, zumal die Tätigkeit im Komitee ehrenamtlich war, ja einige Mitglieder unterstützten die BM auch finanziell, und alle opferten einen Gutteil ihrer Freizeit.[65]

Oft hatten engere Familienmitglieder verschiedenartigste Ämter innerhalb der BM inne. Die Ehefrauen der Komiteemitglieder beschäftigten sich beispielsweise im sogenannten Haushaltungsverein, der sich mit den häuslichen Angelegenheiten innerhalb des Missionshauses befaßte. Überhaupt war Engagement in caritativen Bereichen für Frauen des gehobenen Bürgertums durchaus angemessen und üblich, es wurde geradezu erwartet. Während die Männer also eher in Entscheidungsgremien vertreten waren, fanden ihre Frauen 'die Erfüllung' in der praktischen Caritas.[66] Die Töchter unterrichteten teilweise im Mädchen- oder Knabenhaus. Die Söhne oder Neffen waren Lehrer im Missionsseminar, im Knabenhaus, Mitglied in der Kindererziehungskommission oder im Komitee tätig. Dies könnte einerseits als Ämterhäufung und Nepotismus angesehen werden, andererseits als Beweis für die Autorität des Vaters in seiner Rolle als Familienoberhaupt, und sein Bemühen, auch die restliche Familie ernsthaft in den Prozeß der „praxis pietatis" miteinzubeziehen. Innerhalb des Komitees bestanden daher ebenfalls vielfach verwandschaftliche Bindungen. Doppelnamen wie Preiswerk-Burckhardt, Preiswerk-Lindner, Preiswerk-Imhoff oder La Roche-Bernouilli, Le Grand-La Roche, Lachenal- La Roche oder Ryhiner-Christ, Zellweger-Ryhiner, Christ-Socin sprechen Bände. Innerhalb des 19. Jahrhunderts tauchen immer wieder die altbekannten Namen in neuer Kombination auf. Die Aufnahme neuer Mitglieder, die sich in aller Regel wiederum aus diesem Umfeld rekrutierten, basierte auf dem einstimmigen Beschluß des Komitees. Unter diesen Aspekten erscheinen die Komiteetreffen als 'Familientreffen' des Basler Großbürgertums. Es handelte sich um eine 'geschlossene Gesellschaft'.[67]

---

[64] Philipp Sarasin: Stadt der Bürger. 1990, S. 138 f.

[65] Natürlich könnte man auch hier darüber spekulieren, ob eine auf diese Art und Weise demonstrierte Frömmigkeit nicht vielleicht in anderen Bereichen wiederum Vorteile brachte, da die Mitglieder in vielen wirtschaftlichen und politischen Positionen Funktionen ausübten.

[66] Vgl. hierzu C. Köhle-Hezinger: „Weibliche Wohlthätigkeit" im 19. Jahrhundert. 1993, S. 43-52.

[67] Die Gründungsmitglieder der BM, die das erste Leitungsgremium bildeten, setzten sich folgendermaßen zusammen: Nikolaus von Brunn (1766-1861), Pfarrer zu St. Martin in Basel, erster Präsident der Basler Mission (bis 1838). (Aus dem Basler Patriziat). Carl Friedrich Spittler (1782-1867), ursprünglich Kaufmann, Sekretär der Christentumsgesellschaft, stammte aus Württemberg, aber 1816 in Basel eingebürgert.

Zwischen Gott und den Missionaren
Das Selbstbild des Komitees

Inspektor Josenhans, eine der schillernsten Figuren in der Personalgeschichte des Komitees, prägte den Spruch:
„Du erkennst den Willen Gottes am Willen des Komitees".[68]
Dies ist gewissermaßen der Schlüsselsatz, der sämtliche Beziehungen, die das Komitee unterhielt, strukturierte. Die Stufenelemente der Machtstruktur - Komitee, Missionare, Missionsbräute - waren in einer höheren Macht verwurzelt und leiteten sich von dieser ab. Die Hierarchie war gottgewollt. Die höhere Macht, nämlich Gott/Christus ist eine dem Menschen, im Sinne von rationalem Verstehen nicht zugängliche. Das Komitee war in diesem Sinne die irdische Exekutive des Willen Gottes und somit unanfechtbar. Die Hierarchie der BM baute also auf einer hinlänglich bekannten Art ‚Unfehlbarkeitsdoktrin' auf.

Gründete verschiedene Werke, u.a. Pilgermission St. Chrischona. Simon Emanuel La-Roche-Bernouilli (1786-1861); Pfarrer zu St. Peter in Basel. (Aus dem Basler Patriziat). Samuel Merian-Kuder (1770-1824), Kaufmann aus dem Basler Bürgertum. Kassier bis zu seinem Tode. Friedrich Lachenal-LaRoche (1772-1854), Professor der Philosophie und Mathematik, altes Basler Bürgertum. Er verließ 1824 unter dem Einfluß der Frau von Krüdener die Basler Mission und wurde Mitglied der Kirche der Nazarener. Lukas Wenk-Zäslin (1786-1859), Gemeindehelfer, später Pfarrer in Riehen, altes Basler Bürgertum (Vater war Ratsherr). Erster Aktuar und Freund Spittlers, der jedoch 1816 bereits ausschied, sich Frau von Krüdener anschloß und mit ihr nach Rußland reiste, wo er starb. W. Haas: Erlitten und erstritten, S. 195-196. J. Miller bezeichnet das Komitee des 19. Jahrhunderts als „endogames Netzwerk" - Familie ist für ihn das Schlüsselwort, es handelt sich bei der jeweiligen Zusammensetzung um eine Selbstrekrutierung. Seiner Studie zufolge hatten 33 der insgesamt 40 Männer, die während des 19. Jahrhunderts als Komiteemitglieder fungierten, Verwandte an der Spitze der Basler Mission, während nur sieben über keine derartigen Verbindungen verfügten. Vgl. J. Miller: Religious Zeal. 1994, S. 38. Die Anzahl der Mitglieder lag in der Regel bei 15, wovon die Hälfte aus Theologen bestand, die teilweise auch im Missionshaus unterrichteten.

[68] Josenhans gab diesen Satz beim öffentlichen Examen der Missionsschüler am Jahresfest 1865 als Antwort auf die Frage, woran ein Missionar den Willen Gottes erkennen könne. Joseph Josenhans: Ausgewählte Reden bei verschiedenen Anlässen gehalten. 1886. Joseph Josenhans war von 1850 bis 1879 Inspektor der BM. Während seiner fast dreißigjährigen Amtszeit entstand der größte Teil der zahlreichen Verordnungen. Die BM erhielt durch ihn die Struktur und Gestalt, die sie, leicht modifiziert, zumindest während des 19. Jahrhunderts beibehalten sollte. Trotzdem war „die Comitee" auch eine 'veränderliche Größe' und kein starres Gebilde, das heißt, daß die verschiedenen Führungsstile der jeweiligen Inspektoren, was beispielsweise die Handhabung der Heiratsordnung betrifft, an Kleinigkeiten sichtbar werden, etwa ob auch Frauen von einer Heirat mit bestimmten Missionaren abgeraten wurde oder die Haltung des jeweiligen Inspektors bei sogenannten Verfehlungen. Doch sind diese Unterschiede, was die 'große Linie' betrifft, m.E. eher marginal.

Gleichzeitig sah sich das Komitee selbst aber auch nur als „Werkzeug Gottes", als nicht selbst-verantwortlich, sondern als Gott verantwortlich.

Die Vorstellung der Führung Gottes und das „Werkzeug - Gottes - Sein" ist in der pietistischen Lebenswirklichkeit fest verankert. Der Absolutheitsanspruch des Komitees wurde nicht grundsätzlich in Frage gestellt.

„Das Regiment, welches das Komitee handhabte, war patriarchalisch. Eine geregelte Mitregierung einer organisierten Missionsgemeinde und der Hilfsvereine gab es nicht. Sie hätte in dem aristokratischen Kreise, welchem die Komitee-Mitglieder naturgemäß hauptsächlich entnommen waren und der auch an den erforderlichen Persönlichkeiten in unabhängiger Lebensstellung reich genug war, keinen günstigen Boden zu ihrer Entwicklung gefunden, und es zeigte sich öfter, dass es für die Missionsleitung von Wert war, wenn sie [...] in ihrer Handlungsfreiheit an kein Statut gebunden war."[69]

Das 'unter einer höheren Macht stehen' einerseits und 'für etwas Höheres kämpfen' andererseits, verbindet alle Glieder dieser Hierarchie, wobei die Frauen das letzte Glied in der Kette sind. Das Komitee war nicht nur institutionell, sondern auch im Hinblick auf die personelle Zusammensetzung höherrangig.

Unter Gott und dem Komitee - Die Missionare

Interne Kritik am Verlobungsparagraphen?

Der Machtanspruch des Komitees wurde von seiten der Missionare nicht hinterfragt. Sie stammten fast ausnahmslos aus dem handwerklich-bäuerlichen Dorfmilieu, Strukturen traditioneller Autorität beherrschten ihren Alltag[70]. Der Eintritt ins Missionshaus war für die meisten von ihnen mit sozialem Aufstieg verbunden, hier erhielten sie eine weit höhere Bildung, als es jemals zu Hause möglich gewesen wäre. Dazu kam am Ende der Ausbildung die Ordination, ein Abschluß, der ebenfalls nicht zu ihrem persönlichen Set von Realisierungsmöglichkeiten gehört hätte, da ein akademischer Zugang zum etablierten Klerus nicht möglich war. Diese gesellschaftlichen Vorteile, verbunden mit einer fest verankerten religiösen Identifizierung mit dem Werk der Mission, führten sicher zu einer gewissen Dankbarkeit gegenüber denjenigen, die ihnen das ermöglichten. Hinzu kam der unumstößliche, tief verinnerlichte, von Kindheit an eingetrichterte Glaubenssatz des Gehorsams und der Disziplin. Der Schlüsselbegriff ist Gehorsam. Gehorsam gegenüber Gott, gleichzusetzen mit dem Komitee,

---

[69] W. Schlatter: Geschichte der Basler Mission, Bd.1. 1916, S. 133.
[70] Zu hierarchischen Strukturen in der dörflichen Gesellschaft vgl. U. Jeggle: Kiebingen - Eine Heimatgeschichte. 1977.

Gehorsam im Grunde genommen jeglicher Autorität gegenüber.[71] Auf der Basis des Gehorsams - eines freiwilligen im Gegensatz zum erzwungenen - konnten die Säulen errichtet werden, die dieses hierarchische System der Abhängigkeiten stützten.

Am augenfälligsten wird dies am Beispiel der sogenannten „Hausordnung", die das tägliche Leben der Schüler im Missionshaus bis ins Detail regelte und der sie sich zu fügen hatten. Blumhardt kreierte 1816 eine erste Version, 1860 erfolgte unter dem Inspektorat Josenhans eine Erweiterung einzelne Punkte betreffend, und 1888 wurde die Hausordnung nochmals überarbeitet.

Bis auf graduelle Modifikationen blieben die von Blumhardt aufgestellten Prinzipien und Regeln während des 19. Jahrhunderts konstant. Vom Aufstehen bis zum Schlafengehen wurde der Tag durch diese Ordnung strukturiert, keine Minute blieb dabei dem Zufall überlassen. In der 'Handreichung', die jeder Schüler nach dem Eintritt ins Missionshaus ausgehändigt bekam, findet sich in der Einleitung, die die allgemeinen Grundsätze betrifft, der aufschlußreiche Satz:

> *„Gott ist in der Natur sowohl, als im Gebiete der Bibel- und Menschengeschichte ein Gott der Ordnung. Soll der einzelne Mensch und jede einzelne Verbindung von Menschen zu einem gesellschaftlichen Zwecke Ihm wohlgefallen und Seiner segnenden Gnade theilhaftig werden, so kann dieses nur auf dem Weg der Ordnung geschehen, die Seine Weisheit in lesbaren Zügen in die Natur der Dinge und in das Herz des Menschen eingezeichnet hat."* [72]

Durch die solcherart formulierte Einleitung wird auch der Ursprung der darauffolgenden Verordnungen in eine höhere, göttliche Sphäre verwiesen.

Die Regeln gliederten sich im einzelnen in folgende Bereiche: Tagesordnung, äußerliche Ordnungen, Unterricht, Bewegung und Handarbeit, Essen, 'wie Mißverständnisse im Missionshaus beizulegen sind', Besuch der Kirche und des Heiligen Abendmahls, Privaterbauung in und außer dem Hause, auswärtige Verhältnisse, besuchende Missionsfreunde, Predigtübungen, Verhalten der Brüder zur Missionskommittee.[73]

---

[71] Dies gilt für die Missionare als Gruppe. Natürlich gab es immer auch individuelle Ausnahmen, Abweichler, die eine ambivalente Haltung gegenüber dem Gehorsamkeitsprinzip zeigten.

[72] ABM: Q9.21,1. Die alte Hausordnung. Von Inspektor Blumhardt bearbeitet, soweit sie noch in Kraft ist. Teil A. §1.

[73] Die Reglementierung des Lebens, die sich aus der Basler Hausordnung ergibt, hat eine weitreichende Tradition. Zucht und Ordnung waren auch in den Klosterschulen und Internaten des 18. Jahrhunderts bestimmend. Auch die aus diesen hervorgegangenen späteren Seminare in Maulbronn, Blaubeuren, Urach und Schöntal, die die Vorstufen für ein Theologiestudium in Tübingen und das Leben im Tübinger Stift bildeten, weisen ähnliche Strukturen auf. Das Tübinger Stift selbst war wiederum mit einem 'klösterlichen Internat' vergleichbar. Vgl. E. Gutekunst: Diener des Wortes. 1994, S. 128-140. Nicht nur im militärischen Bereich oder dem Bereich religiös geprägter Erziehungsinstitute sollte die methodische Lebensführung, die sich in Disziplin, Gehorsam

Ein 'normaler' Schultag im Missionshaus sah folgendermaßen aus:

„*Im Sommer, d.h. vom 1. April bis 30. September, wird um fünf Uhr früh mit der Glocke das Zeichen zum Aufstehen gegeben, im Winter, d. h. vom 1. Oktober bis 31. März, um 5 1/2 Uhr. Die Zöglinge waschen sich im Waschsaal. Von sechs bis sieben Uhr ist Bet- und Arbeitszeit. Sieben Uhr Morgenandacht. 7 ½ Uhr Frühstück. 7 ¾ Uhr Runde der Wöchner bei den Lehrern. 8 ¼ Uhr Lektionen bis 12 ¼ Uhr und Arbeitszeit. 12 ¼ Uhr Mittagessen. Nach dem Essen bis 2 ¼ Uhr Freizeit, beziehungsweise arbeiten die Beorderten in den Werkstätten, im Holzschopf, im Garten oder auf dem Acker. 2 ¼ Uhr bis zum Nachtessen Studierzeit oder Lektionen. 7 Uhr im Sommer, 8 Uhr im Winter Nachtessen. Nachher bis 9 Uhr Freizeit oder körperliche Arbeit. 9 Uhr gemeinschaftliche Abendandacht, welche der Inspektor und die Hausväter in derselben Weise wie die Morgenandacht abwechselnd halten. Nach der Abendandacht Studier- und Betzeit. 10 Uhr, spätestens 1/2 11 Uhr Schlafengehen.*"[74]

Jon Miller vergleicht diese Ordnung mit dem Drill in einer preußischen Militärakademie. Er führt für diese These die entsprechende Terminologie an: so war etwa der Innenhof der Basler Mission[75] der sogenannte „Exerzierplatz", das überseeische Missionsfeld das „Schlachtfeld" und die dort wirkenden Missionare wurden als „Streiterschar" bezeichnet[76] - und im Basler 'Volksmund' wurde das Missionshaus als 'Schwabenkaserne' bezeichnet.

---

und Ordnung ausdrückte, verwirklicht werden. Überwachen und Strafen (Foucault) waren die Mittel diese Ziele durchzusetzen. Bis zu einem gewissen Grad findet sich dieses Denken auch bei Unternehmern des 19. Jahrhunderts. Vgl. dazu eine Studie aus kulturwissenschaftlicher Sicht: C. Köhle-Hezinger; W. Ziegler: (Hg.): „Der glorreiche Lebenslauf unserer Fabrik." 1991. Eine weitere Studie, die das Foucaultsche Interpretament des 'Überwachens und Strafens' auf soziale Verhältnisse des 19. Jahrhunderts anlegt, ist H. Treiber; H. Steinert: Die Fabrikation des zuverlässigen Menschen. 1980.

[74] ABM: Q-9.21,18. Hausordnung, Tagesordnung.

[75] Das Missionshaus in Basel wurde erst 1860 bezogen. Es entstand als Neubau vor den Toren der Stadt. Durch eine Spende des Komiteemitgliedes und Ratsherrn Christoph Merian-Burckhardt und Unterstützung durch Karl Sarasin war es möglich, ein großes Grundstück, auf welchem mehrere Gebäude entstanden, zu erwerben. Bis dahin hatte die BM verschiedene Standorte im städtischen Innenbereich von Basel gehabt. Zwischen dem Jahre 1816 und 1882 waren insgesamt 1112 junge Männer aufgenommen worden, davon 505 aus Württemberg, 105 aus Baden, 36 aus dem Elsaß, 173 aus dem übrigen Deutschland, zusammen 819 aus Deutschland, aus der Schweiz 203, aus dem übrigen Europa 50. Vgl. W. Schlatter: Geschichte der Basler Mission, Bd. 1. 1916, S. 260.

[76] Vgl. J. Miller: Religious Zeal. 1994, S. 100. M.E. hat diese Terminologie aber auch mit der biblisch begründeten Formel vom „Heiligen Krieg" zu tun. So sangen die ausziehenden Missionare häufig gemeinsam das Lied: „Zieht fröhlich hinaus zum heiligen Krieg". Auch den Missionsbräuten wurde dieses Lied von den Zöglingen der Basler Mission zum Abschied gesungen. Vgl. ABM: TB Adelheid Faul, S. 4. Außerdem wird es im Gesangbuch für die evangelische Kirche in Württemberg aus dem Jahre 1912 unter dem Kapitel:'Ausbreitung des Evangeliums, Mission' geführt.

Weniger mit den Verhaltensregeln innerhalb einer Militärakademie als vielmehr mit denen innerhalb der Kirchenkonvente[77] des 18. Jahrhunderts vergleichbar ist das vorgeschriebene Verhalten der Missionszöglinge untereinander. § 6 der Hausordnung setzt sich damit auseinander, wie „Mißverständnisse im Hause beizulegen sind", hierunter finden sich 'Benimm-Regeln', die unter den Begriffen 'gegenseitige Überwachung und Denunziation' subsumiert werden könnten. Schlüsselpositionen innerhalb des internen Kontrollsystems hatten dabei die sogenannten Wöchner und der Senior einer Klasse inne. Der Wöchner legte einen sogenannten Wochenzettel an, in dem sämtliche Vorfälle der vergangenen Woche protokolliert wurden, also auch Streitigkeiten unter den Brüdern. Dieser Wochenzettel wurde jeweils am Sonntag vom Inspektor und den Lehrern abgezeichnet und dem Komitee vorgelegt. Kam es zu Streitigkeiten oder auch nur zu Spannungen zwischen zwei Schülern, so waren diese verpflichtet, ihren Konflikt unter Berufung auf die Bibelstellen Matth. 18,15 und Ephes. 4,26 beizulegen. Taten sie dies nicht, so war

---

Die Studie von J. Miller untersucht die interne Struktur der Basler Mission am Beispiel des Verhältnisses Komitee - Missionare, wobei Miller vor allem die internen Widersprüche, die sich aus dem Herrschaftsanspruch des Komitees und der 'freiwilligen Subordination' der Missionare ergeben, berücksichtigt.

Eine These Millers ist u.a., daß aufgrund der Verankerung im pietistischen Glaubenssystem Widersprüche innerhalb der Organisation, die sich vor allem in Abweichungen von der vorgeschriebenen Norm zeigten, für die Mehrheit der Mitglieder dieser Organisation 'ertragbar' waren. Widerständiges Verhalten war nicht darauf angelegt, Veränderungen innerhalb des Systems herbeizuführen. Veränderungen wurden nicht einmal gefordert. Eine These, die durchaus auch auf den Umgang mit der Heiratsordnung übertragbar ist: auch hier gibt es immer wieder Kritik, die aber nicht zu grundsätzlichen Änderungen führt.

Das paramilitärische Vokabular, das Jon Miller erwähnt, findet sich auch bei anderen Organisationen, die Verbindungslinien zur pietistischen Erweckungsbewegung aufweisen, etwa in der von William Booth, einem ehemaligen Methodistenprediger, begründeten Heilsarmee, die in den 70er Jahren des 19. Jahrhunderts entstand. Uniform und Fahne verstärkten das Gemeinschaftsgefühl innerhalb der Gruppe und dienten als Distinktionszeichen nach außen. Booth verdeutlichte den Namen Armee folgendermaßen: „Weil sie nach demselben Muster geordnet ist und regiert wird wie die großen stehenden Heere eines irdischen Reiches, jedoch mit dem Unterschied, daß ihr Zweck und Ziel ist, Männer und Frauen zu Gott zu führen." Zit. nach: D. Gnewekow, T. Hermsen: Die Geschichte der Heilsarmee. 1993, S. 124. Gnewekow und Hermsen sprechen in diesem Zusammenhang vom 'agressiven Christentum', S. 53.

Basel war im übrigen ein wichtiger Standort der Heilsarmee, hier befand und befindet sich die 1882 von Bramwell Booth gegründete sogenannte Zentrale Offiziersschule, die Heilsarmisten ausbildet, S.200. Daß das Thema Heilsarmee durchaus relevant war, zeigt sich etwa auch daran, daß die 'Missionsschriftstellerin Elisabeth Oehler-Heimerdinger die Biographie eines 'Soldaten der Heilsarmee' veröffentlichte. Vgl. E. Oehler-Heimerdinger: Paul Bettex. Lebensfahrt eines Abenteurers Christi. 1926.

[77] Zu den Kirchenkonventen als einem System gegenseitiger Denunziation vgl. C. Köhle-Hezinger: Religion in bäuerlichen Gemeinden - Wegbereiter der Industrialisierung? 1985, S. 193-208.

"jeder Bruder, der um die Sache weiß, um des Herrn willen ernstlich verpflichtet, auch nöthigenfalls in Verbindung mit dem Senior, beide Theile mit Ernst und Liebe brüderlich zu ermahnen, sich miteinander als Erlöste Christi ohne Aufschub auszusöhnen. Bleibt dieses ohne Erfolg, so wird hievon dem Inspektor die Anzeige gemacht, der beide Theile zu sich beruft und ihre Wiedervereinigung im heiligen Geist der Liebe versucht."[78]

Jedes noch so geringe Vergehen konnte also vor das Komitee gelangen, wobei die Zöglinge durch ihre 'freiwillige Subordination' zum Erhalt dieses Systems beitrugen. Ihre Fortsetzung fand diese Praxis dann später auf dem Missionsfeld, wo ältere Missionare, Stationsvorsteher und der sogenannte Distriktspräses ähnliche Rollen einnahmen, die der Kontrolle und eventuellen Sanktion der anderen Missionare dienten. In den vierteljährlichen Berichten, die an das Basler Komitee gesandt werden mußten, wurde ebenso detailliert über Vorkommnisse auf der jeweiligen Missionsstation berichtet.

Wie erwähnt, ist in diesem Zusammenhang die 'Freiwilligkeit' im Gegensatz zum 'Zwang' von Bedeutung. Man hält sich an die Ordnung, nicht weil sie verordnet ist, sondern weil man an sie 'glaubt', wie man auch an den 'Gott der Ordnung' glaubt, und weil man von der Richtigkeit derselben überzeugt ist.

Inwieweit dies in der sozialen historischen Realität 'tatsächlich' gelebt wurde, ist schwer zu sagen. Abweichungen fallen erst dann ins Auge, wenn sie aktenkundig wurden. So wird beispielsweise die Übertretung des § 6 der Hausordnung, im Brüderverzeichnis, in dem unter anderem auch Austritte und Entlassungen[79] verzeichnet sind, immer wieder als Grund für eine Entlassung genannt.

---

[78] ABM: Q9. 21,18. Die alte Hausordnung. § 6. Diese Verfahrensweise ist ebenfalls biblisch abgesichert, da sie sich im Grunde genommen auf die Bibelstellen Matth. 18, 16 und 18, 17 bezieht, in denen es wörtlich heißt: „Hört er nicht auf dich, so nimm noch einen oder zwei zu dir, damit jede Sache durch den Mund von zwei oder drei Zeugen bestätigt werde. Hört er auf die nicht, so sage es der Gemeinde. Hört er auch auf die Gemeinde nicht, so sei er für dich wie ein Heide und Zöllner."

[79] Die Gründe, die zu einer vorzeitigen Entlassung führten, waren vielfältiger Natur. Das Leitungsgremium versuchte offenbar bereits im Vorfeld auszusortieren, das heißt, unliebsame Missionare bereits während der Ausbildung zu entlassen. Diese wurde insgesamt als Prüfungszeit verstanden, in der man sich zu bewähren hatte.
Doch auch auf dem Missionsfeld kamen Entlassungen vor, manchmal schon in den ersten Wochen nach der Aussendung. Allerdings waren damit erhöhte Kosten verbunden, da die Reise dieser Missionare bereits finanziert worden war.
Entlassungsgründe waren, in unsystematischer Reihenfolge, etwa folgende: „mangelnde Begabung, Untüchtigkeit, Mangel an Gaben und Willen, Kränklichkeit, körperliche Schwäche, mangelnde religiöse Reife, zu wenig praktisches Geschick, ungebührliches Benehmen gegen die Lehrer, Geisteskrankheit, Grobheit, Taktlosigkeit, Wunderlichkeit, mangelnde sittliche Garantie, unerlaubtes Verlöbnis". Vgl. ABM: Brüderverzeichnis der BM, 1850-1913.
Ein Zögling, der es zu einiger Prominenz brachte, war Bernhard Schifterling, der 1838 in die Basler Mission eintrat und bereits 1839 entlassen wurde. Der Grund hierfür war seine Freundschaft mit dem an der Basler Universität lehrenden Professor Johann Tobias Beck, der auch Unterricht im Missionshaus erteilte. Dieser hatte auf dem Missi-

Vor allem dann, wenn sich der 'Schuldige' nicht einsichtig zeigt und die Konfrontation sucht. Denn zum 'freiwilligen Gehorsam' gehörte andererseits bei Mißachtung der Ordnung das 'freiwillige Geständnis' und die 'aufrichtige Reue'. Erst dann konnte man sich eine milde Be- und Verurteilung durch das Komitee erhoffen. Es ging also in gewissem Sinne nicht einmal so sehr um die 'Verfehlung' selbst, als um das Wissen darum und das daraus resultierende 'schlechte Gewissen'. Es genügte nicht, sich aus rationalen Gründen unterzuordnen, sondern die Ordnungsprinzipien sollten verinnerlicht werden. Eine Art Selbstkonditionierung war gefordert. In diese Richtung weist auch die Verhaltensregel, die im Hinblick auf die Heiratsordnung aufgestellt wurde:

„Überzeugt euch innerlich davon, daß der Verlobungsparagraph richtig ist, faßt ihn nicht auf als eine willkürliche Ordnung, als Last, sondern als einen Schutz"[80],

In der Vorstellung des Komitees waren die Missionare, in Bezug auf diese Regeln, eine homogene, nicht individuell gesehene Gruppe. Diese existierte so in Wirklichkeit aber nicht, denn trotz der von den meisten Missionaren geteilten Überzeugung, daß die Regeln einzuhalten seien, kam es dennoch immer wieder zu Übertretungen derselben, zu einer subtilen Unterwanderung, zu einer stillen Renitenz. Die Reaktionen auf den Verlobungsparagraphen reichten von einer leise geäußerten Kritik bei Einhaltung der Vorschriften, bis hin zur offenen Übertretung. Diese Übertretungen hatten nicht unbedingt etwas mit revolutionärem Widerstandsgeist zu tun, sondern waren eher Ausdruck eines individuellen emotionalen Leidens unter der Verfahrensweise bezüglich einer zukünftigen Heirat.

Der Missionar Wilhelm Maisch, der in der Deutlichkeit seiner Kritik allerdings eine Ausnahme darstellte, schrieb 1922 eigens ein Votum zur Verlobungsordnung und sprach damit vermutlich vielen seiner 'Leidensgenossen' aus dem Herzen.

„Die Kämpfe und die Ängste auf beiden Seiten, ob es auch klappen werde, ob sich das Herz zum Herzen findet, das sind Aufregungen, die nicht nur

---

onsfest 1838 bestimmte Personen des Missionshauses in einer polemischen Rede angegriffen und sich den Unmut des Komitees zugezogen. Obwohl später die Streitigkeiten behoben wurden, wurden die Zöglinge, die in engerem Kontakt mit Beck gestanden hatten, unter fadenscheinigen Gründen entlassen. Außer Schifterling wurden zwei weitere Missionszöglinge entlassen. Schifterling studierte daraufhin Theologie in Basel und Tübingen. Von 1843 bis 1845 war er im württembergischen Kirchendienst, wurde dann aber von der Pfarrkandidatenliste gestrichen und verdingte sich als Hauslehrer nach Ulm. Hier war er Redakteur des Arbeiter- und Demokratenvereins, wurde als Revolutionär mehrmals inhaftiert und zu acht Jahren Zuchthaus verurteilt. Es gelang ihm die Flucht in die Schweiz nach St. Gallen. 1849 wanderte er nach Amerika aus. Vgl hierzu auch : U. Schmidt: Georg Bernhard Schifterling - Taglöhner, Pfarrer, Journalist und Revolutionär. 1998, S. 175-186.

80 ABM: 40/17. Vermischtes, ungeordnet. Missionar Adolf Vielhauer: Auszug aus einer „Ansprache in der Missionslehre 19.10.1923."

einem Mädchen und seinen Eltern, sondern besonders auch dem Missionar auf dem Felde erspart werden sollten."

Er schloß sein Votum mit der Bemerkung:

"Die Basler Verlobungsordnung schließt für Europäer eine starke Unnatur in sich, indem Mann und Frau sich heiraten sollen, ohne sich persönlich zu kennen. Man verlangt dabei von beiden einen Glauben, der sonst auch von den frömmsten Christen nicht verlangt wird." [81]

Wilhelm Maisch schrieb diese Sätze erst kurz vor seinem Tod. Als junger Missionar hatte er sich selbst streng an die Ordnung gehalten. Erst seine Vorrangstellung, die er als Distriktspräses in China einnahm, gab ihm die Freiheit, sich derart offen zu äußern.

Die Kritik, die Balthasar Groh, Missionar in Akropong an der afrikanischen Goldküste, bereits 1890 in einem Brief an Inspektor Oehler formulierte, hatte nicht den offiziellen Charakter eines Memorandums, ist aber in ihrer Offenheit ebenso ungewöhnlich, da die meisten Missionare sich 'still verhielten'. Das 'männliche Leiden' unter der Heiratsordnung wird häufiger in der Privatkorrespondenz thematisiert.

Balthasar Groh schrieb:

"Es ist mein Vertrauen nicht zunächst zu Ihrer Stellung, sondern zu Ihrem väterlichen Vertrauen, was mir den Muth gibt, mich frei und rückhaltlos Ihnen gegenüber zu äußern. Verzeihen Sie, wenn ich Ihnen das Geständnis mache, daß ich mit der Heiratsordnung des verehrten Komitees nie ganz einverstanden war. Ich konnte nämlich immer die Furcht nicht unterdrücken, daß, nachdem man einem Bruder den Weg abgeschnitten habe seine zukünftige Lebensgefährtin selber zu wählen, nicht etwas geschehen müßte, was Gott in dieser Sache der persönlichen Sympathie und dem gesunden Menschenverstand überlassen hat. Ferner erschien es mir immer als etwas zu Großes, an eine Jungfrau das Ansinnen zu stellen, einem ihr persönlich unbekannten Mann die Hand zu reichen zum unauflöslichen Bunde. Verlangt Gott solche Opfer von mir? - Ja, wir halten ja alles Ihm zu Seiner Ehre, aber der Missionar heiratet doch zunächst nicht um der Mission willen, sondern um seiner selbst willen. Nun muß ich gestehen, daß ich wenig Freudigkeit verspüren würde einer Person die Hand zu reichen, welche die Überzeugung hätte: Ja ich gehe nicht um des Br. Groh's willen nach Afrika, sondern um des Herrn willen. Da müßte ich doch sagen: dem Herrn kannst du auch in Europa dienen." [82]

Balthasar Groh argumentiert ähnlich wie Wilhelm Maisch 30 Jahre später. Beide betonen die Individualität, die emotionalen Bedürfnisse - sie zielen auf das Indi-

---

[81] ABM: 40/16. Vermischtes, ungeordnet. Wilhelm Maisch: Votum zur Verlobungsordnung der Basler Mission, 18.2.1922.

[82] ABM: KP 1890, § 342, § 409. Brief v. Balthasar Groh, Akropong/Afrika, an Inspektor Oehler. 1. April 1890.

viduelle und Persönliche beim Zustandekommen einer Beziehung ab, das nicht 'verordnet' werden kann. Diese Betonung des Individuums ist missionsintern im Hinblick auf die Missionsarbeit nicht erwünscht, hier geht es ja gerade darum, als Kollektiv zu agieren. Der oder die Einzelne sind 'Werkzeuge für einen höheren Zweck', dem auch persönliche Wünsche geopfert werden müssen. Balthasar Groh aber stellt seine Wünsche in den Vordergrund, er 'fordert' sogar, daß eine Frau ihm zuliebe und „nicht um des Herrn willen" nach Afrika geht. Damit verschiebt er die Prioritäten, er pocht auf sein Recht der 'Erfüllung persönlichen Glücks'. Was ihm offensichtlich nicht bewußt war, ist, daß es sich für viele Frauen genau umgekehrt verhielt: für sie mag genau darin der Grund und der Sinn gelegen haben, eben nicht um eines 'bestimmten Bruder willens' nach Afrika, China oder Indien zu gehen, sondern vor allem um 'des Herrn willen.' Die grundsätzliche Diskrepanz zwischen den Motiven der Frauen, sich für eine Heirat mit einem Missionar zu entscheiden und den Motiven der Männer, sich nach einer zukünftigen Ehefrau umzusehen, kommt hier deutlich zum Ausdruck. Eine gewisse Asymmetrie, was das ‚Wollen und Wünschen' der beiden Partner anbelangt, ist so schon zu Beginn charakteristisch für die jeweilige Beziehung. Abgesehen von diesen Beispielen offen geäußerter Kritik, finden sich im vorliegenden Quellenmaterial keine weiteren Exempel.

Beim Betrachten der internen Machtstrukturen wird deutlich, daß es eine klare Rollenverteilung gab: das Komitee als Vorgesetzter, die Missionare als Untergebene. Die Beziehung zwischen den beiden Gruppen kann als Patronage im soziologischen Sinn beschrieben werden, das heißt in unserem Fall, als Vater-Sohn-Beziehung, wobei das Komitee die Rolle des strengen, aber fürsorglichen Vaters und der Missionar die Rolle des gehorsamen, vertrauensvollen Sohnes einnahm. Nicht selten ist von seiten des Komitees von „väterlichem Wohlwollen" die Rede, nicht selten schreiben die Missionare in „kindlichem Vertrauen" an das Komitee. Dennoch und ungeachtet dieses Ungleichheitsverhältnisses war eine Zusammenarbeit möglich, weil der Glaube an das Werk der Mission und das Vorantreiben derselben ein gemeinsames Ziel war, das über allem stand. Trotz des deutlichen Hierarchiegefälles bildeten die Missionare mit dem Komitee gegenüber den Frauen in einem Punkt doch eine gewisse Einheit: nämlich in der Zugehörigkeit zur gleichen Geschlechtskategorie. Die Frauen hingegen hatten sich in jedem Fall der doppelten männlichen Vormundschaft unterzuordnen. Von männlicher Seite wurden die 'Kriterien, die eine Missionarsfrau erfüllen soll', aufgestellt. Durch die Männer wurde die Institution der Gehilfin erst definiert.

Pro und Contra: „Die Wahl der Frau"

Über Jahre gab es eine immer wiederkehrende Diskussion darüber, ob eine Heirat für einen Missionar von Nachteil oder von Vorteil sei. Führende Köpfe machten sich lautstark Gedanken darüber. Für beide Standpunkte wurden ökonomische und ideologische Argumente ins Feld geführt. Diejenigen, die in der

Missionarsehe einen Nachteil sahen, befürchteten, daß der Unterhalt einer Familie für die Mission zu teuer sei, darüberhinaus würde die Mobilität des Missionars eingeschränkt. Die zukünftige Frau wurde als „Klotz am Bein" bezeichnet, die der persönlichen Heiligung des Missionars entgegenwirken und der Mission im allgemeinen schaden könnte.

Die Befürworter führten ähnliche Argumente an, allerdings mit umgekehrtem Vorzeichen. Sie hielten einen Missionshaushalt, dem eine Frau vorstand, für billiger, da die Frauen schon von Kindheit an darauf trainiert seien, einen Haushalt ökonomisch zu führen. Außerdem vertraten sie die Theorie, daß die Missionarsfrauen der Mission nutzen konnten, da sie zu einheimischen Frauen, die ja auch missioniert werden sollten, leichteren Zugang hätten als Männer. Etliche dieser sehr pragmatischen Motive kamen in den Leitsätzen zur „Wahl der Frau" deutlich zum Ausdruck.

„Wenn du dich unpassend gebunden hast, so hast du dich zugleich an der Missionsgemeinde versündigt, einen Raub begangen, denn das auf dich verwandte Geld ist ja dann verloren."

„Von mancher Missionsfrau geht mehr Einfluß aus als von ihrem Mann".

„Die Frau muß a) gesund sein, b) begabt, c) gebildet, d) hauswirtschaftlich. Die Hauptsache ist: geistliches Leben."

„Die Frau muß demütig, sanftmütig, geduldig, nicht ehrsüchtig sein."

„Der Missionsdienst erfordert nicht nur volle körperliche und seelische Gesundheit der Frau, sondern auch lebendigen und bewährten Glauben und die rechte Dienstbereitschaft zur Missionsarbeit. Das Komitee erachtet es als seine Pflicht darüber zu wachen, daß Mädchen, denen solche Fähigkeiten abgehen, nicht in die Mission kommen."

„Mindestens werden wir uns der hygienischen Tauglichkeit der Braut vergewissern, ebenso werden wir uns die Bürgschaft einer inneren Tauglichkeit verschaffen."[83]

---

[83] ABM: 40/15. Vermischtes, ungeordnet. Pfarrer G. Weissmann: Die künftige Gattin des Missionars. Es handelt sich hierbei entweder um eine Ansprache oder ein Protokoll anläßlich einer Missionslehrerkonferenz im Sommer 1930. Obwohl diese Quelle von 1930 stammt, kommen hier explizit Gedanken und Haltungen zum Ausdruck, die Spiegelbild und Ergebnis der geistigen Einstellung des Komitees des 19. Jahrhunderts sind. Auch die autoritäre Diktion korrespondiert mit dem Absolutheitsanspruch des Komitees des 19. Jahrhunderts.

Heiratswünsche

In den Bitten um Heiratserlaubnis wurden eben diese Kriterien, die die offiziellen Richtlinien vorschrieben, als gewünschte Attribute einer zukünftigen Frau betont. Inwieweit sich natürlich diese Begründungen mit den wahren Wünschen der Missionare deckten, ist schwer festzustellen. Vermutlich war es eine Mischung aus beidem. Ob bei der Bitte um Heiratserlaubnis oder dann bei der Entscheidung für eine bestimmte Frau - meist spielen die häuslichen Fähigkeiten die größte Rolle.

So entsteht der Eindruck, daß vordergründig eine Ehefrau gesucht wurde, dahinter aber nicht selten der Wunsch nach einer Haushälterin stand. Immer wieder wird der Wunsch nach einer „eigenen Haushaltung" ausgesprochen. Missionar Bauer aus Akropong, Afrika, begründet seine Bitte um Heiratserlaubnis damit, daß

„[...]er mit Br. Pfister allein sein werde, da sei eine zweckmäßige Ernährung nur mit viel Zeitaufwand möglich. Ferner sehne er sich, nachdem er so lange an fremden Tisch gesessen, nach einem eigenen Herd."[84]

Hier spielt offensichtlich auch die Sehnsucht nach 'heimischer Kost' eine Rolle, vor allem im Hinblick darauf, daß die Krankheitsgefahr, die oft auch auf den Genuß einheimischer Speisen zurückgeführt wurde, in Afrika sehr hoch war.

Auch Missionar Bächle kommt mit seinem Alltag nicht mehr zurecht und braucht eine Haushälterin:

„So ist diese Männerwirtschaft doppelt drückend. Der 'Haushaltungskram' will oft nicht mehr vorwärts gehen."[85]

Die gleichen Wünsche hat Missionar Heck, der bei seiner Zukünftigen besonders hervorhebt, daß sie „bekehrt und in häuslichen Geschäften bewandert" ist.[86]

Bei der Entscheidung für eine bestimmte Frau konnten Gefühle nur eine untergeordnete Rolle spielen, sie waren nicht das bestimmende Moment, denn, die Missionare kannten ihre zukünftigen Frauen zum Zeitpunkt ihrer Werbung meist nur über Informationen Dritter, vom Hörensagen. So ist aus der Sicht der Missionare der Wunsch nach einer 'guten Hausfrau' verständlich, denn das war zumindest die Garantie dafür, daß das Leben in einem Punkt in 'geordneten Bahnen' verlaufen konnte, daß der häusliche Bereich von vornherein geregelt war, vor allem auch im Hinblick auf die spätere Gründung einer Familie. Im Grunde genommen reduzierten sie ihre eigenen Wünsche und Erwartungen an die zukünftige Ehefrau auf ein Minimum, mit dessen Erfüllung sie rechnen konnten,

---

[84] ABM: KP 1882-1901: Komiteesitzung vom 26. August 1891.
[85] ABM: FR 1890-1913, Bd 2. BVPF: 1216, S.79. Akte Johannes Bächle. Brief v. Johannes Bächle, Mulki/Indien, an Inspektor Oehler, Basel. 1. August 1896.
[86] ABM: FR 1847-1890 Bd. 1. BVPF: 404, S.26. Akte Jakob Heck. Brief v. Jakob Heck, Abokobi/ Afrika, an Inspektor Josenhans. 26. März 1860.

ohne enttäuscht zu werden. Andererseits war diese vergleichsweise 'harmlose' Begründung auch die unverfänglichste im Hinblick auf die Basler Leitung: Dem Missionar war es nicht um die 'grobe Sinnlichkeit' zu tun, er hatte einwandfreie, moralisch nicht verwerfliche Gründe vorzuweisen. Daß es in Wirklichkeit natürlich auch um eine Sexualpartnerin und Kindsgebärerin ging - dieser Aspekt vermutlich eine große Rolle spielte - ist klar, wird aber niemals angedeutet, geschweige denn ausgesprochen. Die Gefährtin wird immer nur in Zusammenhang mit der seelischen Liebe gebracht.

Abgesehen von der immer expliziten Erwartung, daß die Braut eine aufrechte Christin sein möge, wurde ein zweiter Punkt häufig erwähnt, die „körperliche Konstitution". An diesem Punkt geraten manche Heiratsgesuche zu wahren Kuhhändeln. Es ist die Rede davon, daß die Frau stark und kräftig sein und gut arbeiten können solle. „Zarte Gesundheit" war nicht gefragt, denn das brachte nur Probleme mit sich, im Hinblick auf das Leben in tropischen Ländern überhaupt und auch im Hinblick auf spätere Schwangerschaften.

Missionar Lodholz beispielsweise konnte sich *„doch nicht recht entschließen zuzugreifen",*[87] da die von ihm Auserwählte, wie sich später herausstellte, von „schwacher Gesundheit" war. Die Kraft, die eine Missionarsfrau körperlich auszeichnen sollte, sollte im übertragenen Sinn auch ihre Frömmigkeit auszeichnen. Die Frömmigkeit sollte

„[...] etwas Muskulöses haben [...] sie muß tapfer und fröhlich machen, leiden können ohne zu klagen [...] helfen und dienen ohne zu ermüden."[88]

Von entscheidender Bedeutung war das Alter der Zukünftigen. Die Mehrheit der Missionare war zum Zeitpunkt des Heiratsgesuches 30 Jahre oder älter, doch die meisten wollten eine wesentlich jüngere Frau.[89]

Missionar Lodholz, derselbe, der eine Frau wegen ihrer „ungenügenden Gesundheit" abgelehnt hatte, ist sich auch bei einem zweiten Vorschlag des Komitees nicht sicher. Die Auserwählte, Helene Mader, ist nach seiner Information bereits 30 Jahre alt, allerdings weiß er es nicht genau. So formuliert er seine Werbung folgendermaßen:

„[...] daß Sie für mich um ihre Hand bitten möchten, natürlich möchte ich diese Bitte um so mehr zur Geltung bringen, wenn sie erst 25 wäre."[90]

---

[87] ABM: FR 1847-1890 Bd 1. BVPF: 623, S.125. Akte Gottlieb Imanuel Lodholz. Brief v. Gottlieb Imanuel Lodholz, Kyebi/Afrika, an Inspektor Josenhans. 9.März 1871.
[88] G. Warneck: Evangelische Missionslehre. 1892, S. 231 f.
[89] 'Die Sehnsucht nach der jungen Frau' findet sich als Motiv etwa auch bei Philipp Matthäus Hahn: Vgl. dazu C. Köhle-Hezinger: Philipp Matthäus Hahn und die Frauen. 1989, S.126. Als 'Männermotiv' ist diese Sehnsucht allerdings nicht nur auf den Pietismus beschränkt. Innerhalb der christlichen Tradition steht die Jungfrau als Symbol für Unschuld und Reinheit. In anderen Kontexten symbolisiert die junge Frau, anders als die Jungfrau und anders als die ältere Frau immer auch Fruchtbarkeit. Inwieweit dies mit der 'Männersehnsucht' korrespondiert, wäre zu fragen.

Gottlieb Lodholz war zu diesem Zeitpunkt 32 Jahre alt. Er heiratete Helene Mader, bei ihrer Hochzeit war sie 26 Jahre alt.

Auch Missionar Börlin - einer der ersten Missionare in der Basler Mission - verspürt den Drang nach einer jüngeren Frau, doch in seinem Fall will es 'das Schicksal' anders.

> *„Seine Neigung hätte die jüngere gewählt, um aber nicht eigenwillig zu handeln, habe er mit den Leuten gebetet und das Los gebraucht, welches für die ältere entschieden hätte, womit er sich vollkommen beruhigte."*[91]

Einem Missionar, der ausnahmsweise eine Frau, die älter als er war, heiraten wollte, die 36jährige Lydia Josenhans, wurde vom Komitee aufs dringendste abgeraten. Die Gründe hierfür waren:

> *„die Gefährlichkeit einer ersten Geburt im Alter von mindestens 36 Jahren und das Mißverhältnis, daß die Frau 7 Jahre älter wäre als der Mann und also möglicherweise zu altern begänne zu einer Zeit, wo der Mann noch in voller Frische stünde."*[92]

Abgesehen davon, daß die meisten Männer eine ziemlich genaue Vorstellung davon hatten, wie ihre zukünftige Frau sein sollte, könnte dennoch in manchen Fällen in der Ungewißheit der 'Heiratslotterie' auch ein lustvoller Nervenkitzel gelegen haben - boshaft formuliert - 'Niete oder Hauptgewinn'?

Doch kam es in aller Regel äußerst selten vor, daß eine Braut wieder zurückgeschickt wurde, oder daß sie von sich aus in die Heimat zurückkehrte. Interessanterweise funktionierten die meisten Ehen anscheinend vordergründig gut. Hier wäre natürlich zu fragen, ob eventuelle Schwierigkeiten der Ehepartner auch deshalb oft nicht an die Öffentlichkeit gelangten, weil ein Gesichts- und Prestigeverlust in der Missionsgemeinde befürchtet wurde.

Die Prüfung

Die Auskunftswilligen

Bevor die Frauen davon erfuhren, daß sie auserwählt worden waren, war über sie bereits eine Akte angelegt worden, waren sie kein 'unbeschriebenes Blatt' mehr. Verschiedenste Personen hatten sich über sie geäußert, sie beurteilt und / oder verurteilt. Diese Personen waren mit der BM in irgendeiner Form vertraut und verbunden. Sie hatten einen guten Leumund und die Basler Leitung vertraute ihrem Urteil. Die pietistischen Kreise, denen sie entstammten, bildeten ein Netzwerk, das in seiner Form einer riesigen Großfamilie, einer Art Klan gleich-

---

[90] ABM: FR 1847-1890, Bd. 1, BVPF: 623. Akte Gottlieb Lodholz. Brief v. Gottlieb Lodholz an Inspektor Josenhans. 10. April 1870.
[91] ABM: KP 1821/22. Komiteesitzung vom 12.3.1822.
[92] ABM: KP 1882-1901. Komiteesitzung vom 12.10.1892.

kam. Die Vorstellung einer familiären Bindung drückte sich auch in der gegenseitigen Anrede „Bruder" und „Schwester" aus. Unter den Informanten befanden sich beispielsweise sogenannte Amtspersonen.

So war etwa Pfarrer Staudt, der von 1832 bis 1843 als theologischer Lehrer im Missionshaus weilte und später eine Pfarrstelle in Korntal bekleidete, eine beliebte Informationsquelle. Er verfaßte nicht nur Beurteilungen, sondern nahm auch eine Vermittlerrolle ein, indem er beispielsweise bei den Eltern der betreffenden Frauen 'vorfühlte'.

Rudolf Werner, von 1831 bis 1834 Repetent im Missionshaus, später Pfarrer in Effringen und Fellbach, fiel ebenfalls die Rolle des 'Observierers' zu. Im vorliegenden Quellenmaterial findet sich von ihm eine Beurteilung über Auguste Nordstädt[93], die 1854 den Chinamissionar Rudolf Lechler heiratete und bereits einen Monat nach der Hochzeit an Dysenterie verstarb. Auf Pfarrer Werner wurde 20 Jahre nach seiner Zeit im Basler Missionshaus immer noch zurückgegriffen, er wurde vermutlich aufgrund seiner lange währenden Amtszeit als Pfarrer als verläßliche und kompetente Informationsquelle angesehen.

Es wurden aber auch Privatpersonen befragt, und hier fällt auf, daß es sich dabei nicht selten um Missionarsfrauen oder Missionarswitwen handelte, die wieder in die Heimat zurückgekehrt waren. Sie nahmen die Rolle der 'heimlichen Ehestifterinnen' ein. Mit negativem Vorzeichen könnten sie auch als eine Art Kupplerinnen bezeichnet werden. Manchmal waren sie fast Vertraute oder Verbündete der Missionare, die sie um Hilfe bei der Werbung um eine bestimmte Frau baten oder um Hinweise, wie die Chancen bei der Auserwählten stünden. In diesem Zusammenhang wird im Komiteeprotokoll aus den 90er Jahren des öfteren eine gewisse Frau Schöller erwähnt, die offenbar als eine Autorität auf diesem Gebiet angesehen wurde.

> „Br. Haasis erhält Heiratserlaubnis. Die Gewinnung einer Braut für ihn wird auf seinen Wunsch in die Hände der Frau Schöller gelegt."[94]

> „Br. Schuler erhält Heiratserlaubnis und darf die Sache unter derselben Bedingung wie Br. Haasis der Frau Schöller in die Hand geben."[95]

Auch Pfarrfrau Mögling aus Aldingen, zweite Stiefmutter des Indienmissionars Hermann Mögling, betätigte sich offenbar häufig und mit Erfolg als Ehestifterin. Als der Stiefsohn im Jahre 1840 von Indien aus seine Eltern darum bittet, für einen anderen Missionar, namens Greiner eine Frau zu suchen, wird dieser 'Auftrag' prompt ausgeführt. Eine 'Jungfrau' aus Missionskreisen wird ausgesucht, sogar als Adoptivkind angenommen und im Pfarrhaus in Aldingen auf ihren 'Beruf' vorbereitet, um dann mit Billigung des Basler Komitees als Missionsbraut nach Indien zu reisen. Nachdem diese Frau kurze Zeit später in Indien

---

[93] ABM: Q-3-4: Brief v. Pfarrer R. Werner, Fellbach, an Inspektor Josenhans. Januar 1853.
[94] ABM: K P 1882-1901. Komiteesitzung vom 17. Mai 1893
[95] ABM: K P 1882-1901. Komiteesitzung vom 26. Mai 1893.

stirbt, übernehmen die Eltern Mögling es, die Schwester der Verstorbenen dazu zu überreden, die zweite Frau des Missionars Greiner zu werden, was auch gelingt. Dies sind nicht die einzigen Heiratsvermittlungen, auch die eigene Tochter namens Lotte wird als Missionsbraut für einen Missionar in Indien vermittelt. Sogar der 'Problemfall' des Inders Hermann Kaundinja, der sich zum Christentum 'bekehrte', in Basel eine Ausbildung zum Missionar absolvierte und später den Wunsch äußerte, eine deutsche Frau heiraten zu wollen, wird im Aldinger Pfarrhaus 'gelöst'. Nach mehreren fehlgeschlagenen Versuchen, erklärt sich Marie Reinhardt aus Waldenbuch, die als 'Haustochter' bei Möglings lebt und arbeitet, dazu bereit, Hermann Kaundinja zu heiraten.[96]

Die Frauen, die sich in den Heiratsangelegenheiten engagierten, hatten wahrscheinlich nicht das Gefühl, hinter den Kulissen zu agieren und die eventuellen Bräute zu bespitzeln. Im Gegenteil, sie sahen es vermutlich als Ehre an, von der Basler Leitung zu einem Urteil aufgefordert zu werden. Das verlieh ihnen sicher eine gute Portion Selbstbestätigung, und das Zustandekommen einer Ehe konnte als persönlicher Erfolg verbucht werden. Im Grunde genommen wurde ihnen damit die Rolle einer Spezialistin auf einem Gebiet zuerkannt, das traditionell sowieso im Mittelpunkt ihres persönlichen Lebens lag und dadurch eine Aufwertung erfuhr. Die Missionsbräute hingegen hatten eine Prüfung absolviert, ohne ihr eigentliches Mitwirken und ohne daß sie davon wußten.

'Durchgefallen'

Die Gründe, die zu einer Ablehnung einer Heiratserlaubnis durch das Komitee führten, wurden ebenfalls im Komiteeprotokoll festgehalten. Hier wird deutlich, wie eine Missionsbraut nicht zu sein hatte und was andererseits von ihr erwartet

---

[96] Vgl. H. Gundert: Hermann Mögling. Ein Missionsleben in der Mitte des Jahrhunderts. 1882.
Diese zeitgenössische Quelle schildert auch Heiratsarrangements, die außerhalb der Mission stattfinden. So ist etwa die Tochter des Kameralverwalters Romig aus Herrrenberg im Jahre 1809 ohne Rücksicht auf ihren Widerstand einem reichen älteren Bewerber versprochen worden. Dieses Arrangement kommt durch die Intervention der Mutter jedoch nicht zustande, die im 'Stillen', also im Geheimen die 'Fäden zieht'. Sie bietet ihrem Ehemann, der zu dieser Zeit ja noch die Vormundschaft über sie ausüben kann, nicht offen Paroli, sondern arrangiert ein Zusammentreffen mit den Eltern eines jungen Mannes, den sie als Schwiegersohn auserkoren hat. Beim Würfelspiel zwischen den beiden Vätern entscheidet sich das weitere Schicksal des jungen Mädchens, da der Gewinner sich die Tochter als Braut für seinen Sohn erbittet. Nachdem dies gelungen ist, wird erst der Sohn, der sich im Tübinger Stift als Student der Theologie aufhält, darüber informiert, daß er nun Bräutigam ist, ebenso wie die Tochter Kenntnis von ihrem neuen Bräutigam erhält. Diese Geschichte, ein singuläres Beispiel zwar, zeigt dennoch, wie wenig Mitspracherecht Frauen wie Männer bei ihrer Verheiratung teilweise hatten. Für den freundlichen Hinweis auf diese Quelle danke ich Jennifer Jenkins.

wurde. Die folgenden Zitate sind diesem Protokoll entnommen. Verschiedene Punkte wurden bemängelt und führten zu einer Ablehnung.

„Mangelnde Gesundheit"

Immer wieder finden sich Hinweise darauf, daß manche Frauen in gesundheitlicher Hinsicht für den Missionsdienst als nicht tauglich erklärt wurden. Hierbei mußte es sich nicht etwa um wirklich schwere Erkrankungen handeln, es genügte, daß die Auserwählte von „besonders zarter Konstitution" war; man befürchtete, daß solch eine Frau dauernd kränkeln und Schwierigkeiten verursachen würde und dadurch den Missionar in seiner Arbeit behindern werde. Bei ernsteren Erkrankungen, wie zum Beispiel Asthma oder ähnlichem, standen handfeste finanzielle Gründe im Hintergrund, die zu einer Ablehnung führten, denn chronische Krankheiten hätten zahlreiche Erholungsurlaube zur Folge gehabt, für die die BM hätte aufkommen müssen.

„Mangelnde Bildung"

Die BM sah für die Missionare eine 'Heirat nach oben' vor. Sie hatten sich durch ihr langjähriges Verweilen im Missionsseminar eine Bildung erworben, mit der die Missionsbräute mithalten können mußten, sollte die Heirat für die Männer nicht einen gesellschaftlichen Abstieg bedeuten.
Die Ausbildung im Missionshaus in Basel war einem fortschreitenden Prozeß unterworfen. Hatte diese in den Anfangsjahren nur drei Jahre gedauert, wobei größter Wert auf ein solides Bibelstudium gelegt wurde, so dauerte sie gegen Ende des 19. Jahrhunderts zwischen fünf und sieben Jahren, wobei außer der Fremdsprache Englisch auch Hebräisch und Griechisch auf dem Lehrplan stand.[97] Das Credo der BM bestand zu Beginn darin, gerade und vor allem Handwerker und Bauern zur Ausbildung zuzulassen, also keinen bestimmten Bildungsabschluß zu verlangen. In späteren Jahren bestanden die Missionsschüler aus eben diesen, aber auch aus ehemaligen Gymnasiasten, jungen Kaufleuten, teils aus akademisch gebildeten Theologen. Handwerker und Bauern waren dennoch in der Mehrheit. Die BM verortete sich in puncto Ausbildung der Missionare zwischen der Halleschen Mission, die nur Männer mit Universitätsausbildung, also Theologen aussandte, und der Herrnhuter Brüdergemeine, die als Ideal das Gegenteil vertrat und bewußt gerade Männer mit einfacher Bildung förderte. Die BM wollte beides bewerkstelligen.[98] Was die Ausbildung an sich betrifft, so sollte diese theoretische wie handwerkliche Fächer abdecken. Es wäre zu prüfen, inwieweit diese Ausbildung derjenigen an anderen Schulanstalten glich. Aus den Quellen geht beispielsweise hervor, daß die Fremdsprache Eng-

---

[97] Vgl. ABM: Q-9.21,6.
[98] Vgl. W. Schlatter: Die Geschichte der Basler Mission, Bd. 1. 1916, S. 30-31, S. 152 f., 210, 214, 250 f.

lisch, die die Missionare in Basel erlernten, nur von wenigen wirklich beherrscht wurde.

Doch war innerhalb dieses Kontextes die Bemerkung, daß eine Frau nur eine „ganz einfache Bildung" genossen habe, gleichbedeutend mit einer sozialen und geistigen Unterlegenheit gegenüber ihrem zukünftigen Mann und damit unannehmbar. Über Walburga Schmid, die immerhin Tochter eines Schultheißen in Thailfingen ist, wurde folgendes bemerkt:

> *„[...] noch bedenklicher ist aber der Umstand, dass es ihr an dem nötigen Maß von Bildung fehlt und daher nicht gehofft werden könnte, sie werde einem Mann genug geistige Anregung bieten oder Takt genug für den Verkehr mit Geschwistern besitzen."*[99]

Dieses vernichtende Urteil besiegelte die Ablehnung durch das Komitee. Auch folgendes Zitat über eine gewisse Catharina Schmid weist in dieselbe Richtung:

> *„Die Verheiratung eines Missionars mit einem ganz ungebildeten Bauernmädchen hat prinzipielle Bedenken gegen sich."*[100]

Gerade der Bildungsaspekt ist besonders interessant und soll an anderer Stelle noch Erwähnung finden.

„Mangelnde Religiosität"

Frauen, denen der Ruf nicht christlich genug zu sein, anhaftete, wurden ebenfalls abgelehnt. Oft wurde von seiten des Komitees mit einer Art 'Sippenhaft' reagiert. Es war nicht nur ausschlaggebend, ob die spezielle Frau erweckt war, das heißt im pietistischen Sinn einen inneren Wandel vollzogen hatte: Die Verhältnisse, das soziale Umfeld, dem sie entstammte, waren in diesem Punkt von ebensogroßer Bedeutung. Die bereits erwähnten Auskunftspersonen legten großen Wert darauf, vor allem über die jeweiligen familiären Verhältnisse Bescheid zu wissen. Eine Frau aus einem gänzlich unchristlichen Haus hatte es besonders schwer, in den Missionsdienst aufgenommen zu werden. Berta Landenberger aus Heidenheim war ein Fall, der in diese Kategorie fiel. Das Komitee bemängelte:

> *„Die Tochter, die auf Fernerstehende einen guten Eindruck macht, stammt allerdings aus einem Hause, wo das geistliche Leben nicht sehr entwickelt scheint, und das diejenige Frömmigkeit vermissen läßt, die sich in den Kreisen unserer Mission kundthut."*[101]

Missionar Bächle baut schon bei der Werbung um ein gewisses Fräulein Mader vor, indem er dem Komitee gegenüber gleich zugibt:

---

[99] ABM: K P 1882-1901. Komiteesitzung vom 2. September 1891.
[100] ABM: KP 1882-1901. Komiteesitzung vom 7. März 1888.
[101] ABM: KP 1882-1901. Komiteesitzung vom 13. Juni 1899.

„[...] daß man eine Pietistin in ihr nicht sofort entdeckt, aber man muß auch bedenken, daß sie aus keinem christlichen Haus stammt."[102]

Das Komitee war auch über die Auskunft, die es über Fräulein Weißhart aus Sindelfingen durch den dortigen Ortspfarrer erhielt, nicht besonders befriedigt.

„[...] gibt dieser keine recht ermutigende Auskunft, bezweifelt, ob sie erweckt sei, ob sie Missionssinn habe [...]"[103]

Missionssinn, christliche Gesinnung und der „innere Werdegang"[104] waren natürlich das A und O für die Erfüllung des missionarischen Auftrags. Diese Werte wurden grundsätzlich vorausgesetzt, was im pietistischen Sinne nicht gleichbedeutend damit war, daß die jeweilige Frau nicht selbst Zweifel an ihrer „Berufung" haben durfte. Diese manchmal masochistisch anmutenden Selbstanklagen waren erwünscht, wurden in der Beschreibung des „inneren Werdegangs" geradezu erwartet. Allerdings erhielten dieselben Zweifel einen negativen Charakter, wenn sie von einer dritten Person, in unserem Fall von den Informanten geäußert wurden.

'Das falsche Alter'

Wie ebenfalls erwähnt, spielte das Alter der Missionsbräute eine große Rolle. Im Idealfall sollten sie Mitte Zwanzig sein. Ansonsten waren sie in den Augen des Komitees entweder zu jung oder zu alt, zumindest wurden Bedenken geäußert.

Diese Bedenken bezogen sich allerdings meist auf 'zu alte Frauen', auf Frauen über dreißig. Bei zu jungen Frauen hatte man wenigstens noch den Vorteil, daß sie formbar waren, daß aus ihnen noch etwas werden könnte. Außerdem konnten sie noch etliche Kinder gebären, was angesichts der Tatsache, daß meist nicht alle Kinder überlebten, von einiger Bedeutung war. Frauen über dreißig hatten aus diesem Grunde schlechte Chancen, wurden meist unter Vorbehalt angenommen oder waren zweite oder dritte Wahl, wenn alle anderen bereits abgesagt hatten.

---

[102] ABM: FR 1890-1913 Bd 2, BVPF: 1216, S.79. Akte Johannes Bächle. Brief v. Johannes Bächle, Mulki/Indien, an Inspektor Oehler. 22. März 1897.

[103] ABM: KP 1882-1901. Komiteesitzung vom 23. März 1887.

[104] Vereinzelt finden sich Lebensläufe, die von den zukünftigen Bräuten eingereicht wurden. Erst ab den 90er Jahren tauchen diese vermehrt auf, obwohl keine ausdrückliche Verpflichtung dazu bestand, so zumindest der Eindruck, der aus dem vorliegenden Quellenmaterial entsteht. Diese Lebensläufe beschreiben detailliert den 'inneren Werdegang', wobei sich bestimmte Punkte grundsätzlich wiederholen. Das 'sündige Leben' bis zum Wendepunkt, der 'Bekehrung' wird ausführlich geschildert. Die Lebensläufe der Frauen unterscheiden sich in dieser Hinsicht von den Lebensläufen der Männer kaum, die diese grundsätzlich vor ihrer Aufnahme einreichen mußten. Zur Stilisierung pietistischer Biographien vgl. M. Scharfe: „Lebensläufle". 1982, S. 123.

Auch Marie Löffler aus Frankfurt wird mit 31 Jahren als *„schon etwas alt"* bezeichnet.[105]

Außer den Gründen mangelnde Gesundheit, mangelnde Bildung, mangelnde Religiosität, falsches Alter gab es natürlich noch zahlreiche weitere Gründe, die zu einer Ablehnung führten. Diese waren von Fall zu Fall verschieden, könnten aber doch meistens unter einem der genannten Oberpunkte subsumiert werden. Ein Punkt, der seltener vorkam und aus diesem Schema etwas herausfällt, war der der falschen Schichtzugehörigkeit, in dem Sinne, daß manche Frauen - beispielsweise Fabrikantentöchter - zur Oberschicht gehörten. Die Heirat 'nach oben' war für die Missionare zwar erwünscht, doch durfte die Kluft nicht zu groß sein, da man befürchtete, daß Frauen aus der Oberschicht mit dem Leben auf einer einfachen Missionsstation nicht zurechtkämen, was wohl manchmal seine Berechtigung hatte.

'Bestanden'

Die Kriterien, die eine Missionsbraut erfüllen sollte, sind bereits erwähnt worden. Die Komiteeprotokolle geben Auskunft über die Gründe, die zu einer Ablehnung führten, bei einer Zusage hingegen wurde meist nur lapidar bemerkt, daß die Beurteilung günstig ausgefallen und die Heiratserlaubnis hiermit erteilt sei. Dennoch finden sich teilweise Charaktereigenschaften, die hervorgehoben wurden und Frauen offenbar zur Missionsbraut prädestinierten. Die 'Siegerinnen' waren nach Auskunft der Informanten:

still, demütig, bescheiden, brav, fleißig, geschickt und erfahren in häuslichen Geschäften, aufgeweckt, kräftig, energisch(!), ernst, fromm, gebildet, gottergeben, zuvorkommend, kindlich(!), kinderlieb, tüchtig.[106]

Ihr Äußeres wurde meist als *„nicht unangenehm"* beschrieben.[107]

---

[105] ABM: KP 1882-1901. Komiteesitzung vom 3. Dezember 1890.

[106] Zusammengestellt nach Durchsicht des Komiteeprotokolls 1882-1901. Die Kluft zwischen den Charaktereigenschaften kindlich einerseits, energisch andererseits wird aufgehoben, wenn wir davon ausgehen, daß diese entgegengesetzten Eigenschaften vermutlich für je verschiedene Bereiche gelten sollten. Energisch sollte eine Frau in ihrer zukünftigen Rolle als 'Haushaltsvorsteherin' sein, hier mußte sie zielstrebig und entschlossen das zukünftige Gesinde befehligen können, der Haushalt sollte reibungslos funktionieren. Kindlich sollte sie vermutlich in der privaten Beziehung zu ihrem Ehemann bleiben, ihn als Oberhaupt der zukünftigen Familie anerkennen und als Führungsperson akzeptieren. Kindlich bedeutet in diesem Zusammenhang zugleich formbar und erziehbar. Innerhalb des religiösen Kontextes ist beispielsweise der 'kindliche Glaube' immer wieder Synonym für das 'Reine' und 'Unverfälschte', für die 'wahre Hingabe'.

[107] In diesem Zusammenhang fühlte sich das Komitee bemüßigt, einen Missionar vor dem Äußeren seiner Braut zu warnen. Im Komiteeprotokoll wird in der Sitzung vom 30. März 1898 erwähnt: *„Nur teilen wir Br. Lengle noch mit, dass Frl. Schmid schielt, um*

Ob die jeweiligen Frauen wirklich all diese Eigenschaften in sich vereinten oder ob sie diesen Eindruck nur auf Außenstehende machten, können wir nicht beurteilen. Im übrigen wirft diese Aufzählung weniger ein Licht auf die Frauen selbst, als vielmehr auf diejenigen, die sie be- oder aburteilten. Für Frauen, die eine Ehe mit einem Missionar eingehen wollten, war ein günstiges Zeugnis natürlich vorteilhaft, für diejenigen unter ihnen, die das nicht wollten, konnte eine positive Beurteilung verheerend sein. Allen gemeinsam war jedenfalls, daß sie es nicht in der Hand hatten, sich einer Überprüfung bewußt zu unterziehen, auch wenn sie vielleicht davon ahnten. Sie hatten zumindest an dieser Stelle des vorgesehenen Procederes kaum Möglichkeiten, aus ihrer Objekt-Rolle herauszutreten. Erst die nächste Stufe, die Anfrage, die nach der Beurteilung erfolgte, bot ihnen die Chance, vom fremdbestimmten Objekt zum handelnden Subjekt zu werden, sich zu entscheiden.

Die Heiratsgesuche der Basler Missionare und die Reaktionen des Komitees sind ein eindrucksvolles Dokument für die traditionelle Haltung Frauen gegenüber. Man machte sich Gedanken, und das durchaus nicht nur im negativen Sinn. Das Komitee wandte das „väterliche Wohlwollen" auch auf die Bräute an, war sich einer gewissen Sorgfaltspflicht bewußt und bemühte sich auch, Verständnis für manche Probleme der einzelnen Frauen zu zeigen. Komitee und Missionare waren sich der gesellschaftlichen Legitimation, Frauen beurteilen und überprüfen zu dürfen, sicher. Für sie waren diese Maßnahmen nicht frauenfeindlich, wie es uns heute erscheint, sondern natürlich und notwendig, vergleichbar mit der Erziehung eines unmündigen Kindes.

Natürlich war eine strenge Auswahl der Frauen aus der Sicht des Komitees auch ein Gebot der Pragmatik und Vernunft. Es mußte versucht werden, bei der Zusammenführung zweier sich völlig fremder Menschen, die nachher unter extremen Bedingungen im Feld miteinander auskommen und arbeiten mußten, vorab so viele Imponderabilien, potentielle Hindernisse, Fehlkombinationen und Probleme wie möglich zu vermeiden, um die Weichen für eine funktionierende und effektive Paarung zu stellen. Alles immer sowohl unter dem Aspekt einer möglichst effektiven und reibungslosen Missionsarbeit, als auch einer möglichst ökonomischen Verwendung der Basler Mittel. Scheidungen und Rückreisen waren nicht nur peinlich, sondern auch teuer.

---

ihm im Augenblick des Zusammentreffens einen unangenehmen Eindruck zu ersparen."

Exkurs: Die „Gehilfin"

In vielen Wörterbüchern taucht der Begriff der „Gehilfin" als eigenständiges Substantiv nicht auf. Lediglich das männliche Gegenstück, der „Gehilfe" findet Erwähnung: immer in Abhängigkeit und im Gegensatz zum Beruf des „Meisters". Beispielsweise der Geselle als Gehilfe des Handwerkmeisters.

Einzig in Grimms Wörterbuch finden sich weitreichendere Erklärungen, hier wird auch der Begriff der „Gehilfin" gesondert behandelt.

Lutherzitate werden in Zusammenhang mit der „Gehülfin" - das war die ursprüngliche Schreibweise - aufgelistet.

„Die Weiber sind nirgend umb geschaffen, denn das sie dem Man dienen und ein Gehülfe seine Frucht zu zeugen. (Luther 1556)"

„Wer ein Hausfrawen hat, der bringet sein Gut in Rat und hat ein trewen Gehülfen."

Endlich wird auch auf das entsprechende Bibelzitat verwiesen, wo es heißt:

„Eine Gehelfen machen wir im. (ihm A.d.V.) Gen. 12,3 D."

„So noch bei Luther: es ist nicht gut das der Mensch allein sei, ich will im ein Gehülfen machen [..]"[108]

Speziell unter dem Stichwort „Gehülfin" findet sich der Hinweis auf die „Ehegehülfin". In diesem Sinne wurden auch die Missionsbräute und Missionarsfrauen als „Gehilfinnen" ihrer Ehemänner, der Missionare tituliert. Abgesehen von der biblischen Ableitung des Begriffes der Gehilfin[109], steckt in der Worthülle

---

[108] Deutsches Wörterbuch von Jacob und Wilhelm Grimm, 4. Bd., Leipzig 1897, Sp. 2555-2556.

[109] Zur 'Geschichte der Gehilfin' vgl. S. Schäfer-Bossert: Von der Ebenbürtigkeit zur Gehilfin - und zurück! 1997, S. 67-71. Schäfer-Bossert führt unter anderem aus, daß die Gehilfin bei Luther ursprünglich durchaus positiv besetzt war, nämlich als gleichwertige Gefährtin des Mannes, der sich ohne sie hilflos fühlen würde. Diese im Kern aufklärerische Vorstellung wich dennoch männlichen Argumentationslinien, die die Gehilfin wieder auf den zweiten Platz verwiesen, wie es im 19. Jahrhundert etwa auch von Wilhelm Löhe, dem Begründer des Neuendettelsauer Diakonissenhauses, angestrebt wurde. Schäfer-Bossert macht auf die verschiedenen Bibelübersetzungen aufmerksam, die je verschiedene Bedeutungsnuancen beinhalten und aus diesem Grunde auch als Belege für verschiedene Interpretationen, die den Stellenwert der Gehilfin betrafen, genutzt werden konnten. Sie verweist auf die Übersetzung der Bibelstelle 1. Mose 2,18, die in der Lutherbibel folgendermaßen übersetzt wird: „Es ist nicht gut, daß der Mensch allein sei, ich will ihm eine Gehilfin machen, die um ihn sei." Die Übersetzung aus dem hebräischen Urtext lautet hingegen: „Es ist nicht gut, daß der Mensch (Adam) allein ist, ich will ihm eine Hilfe machen als sein gleiches Gegenüber." Während in der ersteren Übersetzung die Gehilfin also die Bedeutung eines 'Beiwerks' hat, wird sie in der letzteren zur gleichwertigen Partnerin.

ein vielschichtigeres Bedeutungs-Inneres. Ein untergeordneter Status wird damit assoziiert. Die Position der Missionarsfrau innerhalb der Hierarchie der BM wurde dadurch offiziell eindeutig festgelegt.

Das Hauptaugenmerk wurde auf die wichtige Arbeit des Mannes gerichtet, der Frauenarbeit eine Nebenrolle zugewiesen - wobei der Aspekt des Helfens in den Vordergrund gerückt wurde. Ihre Arbeit war als Zusatz, war marginal gedacht, die Essenz sollte dem Mann vorbehalten bleiben, denn in ihn und nicht in ‚sie' hatte die BM ja viel investiert!

Im häuslichen Bereich wurde aus der Gehilfin das 'Herz des Heims', sie sollte Fürsorge und Wärme spenden. Sie hatte in sich verschiedene Funktionen zu vereinen, die alle im Grunde dem Wohl des Mannes dienen sollten. Sie war seine Haushälterin, seine geistige und moralische Stütze, war in gewissem Sinn sein Mutterersatz und zugleich die Mutter seiner Kinder. Im Gegensatz zum öffentlichen Bereich, in dem sie eine untergeordnete Stellung hatte, sollte sie im privaten Bereich eine gleichwertige Partnerin und im Bereich der Gefühlskategorien seine 'Seelenfreundin' sein.

Mit der Besorgung des Haushalts befreite sie ihn vom Alltag, auf der geistigen Ebene war sie für ihn eine gleichwertige Gesprächspartnerin.

Wie ausgeführt, legte die Basler Mission bei der Auswahl der Frauen besonders großen Wert auf die Bildung. Was auf den ersten Blick als erstaunlicher Versuch der bildungsmäßigen Gleichstellung von Frau und Mann erscheint, erweist sich bei genauerem Hinsehen doch wieder nur als 'Serviceleistung' für den Mann, der sich einerseits privat nicht mit einer ungebildeten Frau 'langweilen', andererseits offiziell, beispielsweise bei Besuchen anderer Missionsleute oder bei Visitationen höherer Amtspersonen, nicht 'blamieren' soll. Daraufhin weist auch die Forderung, daß eine Missionarsfrau genügend Takt und Bildung für den Verkehr mit Besuchern haben solle. Den gleichen Ton schlägt Pfarrer G. Weismann noch 1930 an, als er die „Künftige Gattin des Missionars" beschreibt.

> *„Das Normale ist, daß sie schon im Besitz einer genügenden Bildung ist, jedenfalls muß sie bildungsfähig und geistig regsam sein. Ist doch die Gattin auf einsamem Posten der einzige gebildete Umgang des Mannes, der geistige Bedürfnisse hat."*[110]

Was den sexuellen Bereich betrifft, war sie der Garant für seine moralische Integrität, sie bewahrte ihn davor, sich mit „Heidenfrauen" einzulassen und so der 'Sünde anheimzufallen'. Sie lebte mit ihm zusammen das christliche Eheideal vor. Als 'Mutterersatz' hörte sie sich seine Sorgen und Nöte an, spendete Trost

---

Zur Rolle der Pfarrfrauen als 'Gefährtin und Gehilfin', die sich auf die Missionarsfrauen direkt übertragen läßt, vgl.: C. Köhle-Hezinger: Frauen im Pfarrhaus, 1996, S. 186-189. Vgl. auch: L. Schorn-Schütte: „Gefährtin" und „Mitregentin" 1991, S. 109-153. Vgl. B. Beuys: Die Pfarrfrau: Kopie oder Original? 1984, S. 47-61.

[110] ABM: 40/15. Vermischtes, ungeordnet. Pfarrer G. Weismann. Die künftige Gattin des Missionars. Auszug aus einer Rede, gehalten auf einer Missionslehrerkonferenz. Sommer 1930.

und Wärme. Als biologische Mutter seiner Kinder war sie für deren Pflege, Aufzucht und Ernährung verantwortlich. Zusätzlich zu diesen 'privaten Aufgaben' sollte sie im öffentlichen Bereich - inoffiziell, denn sie war ja nur Gehilfin - eigenverantwortlich missionarisch arbeiten. Sie hatte gewissermaßen ein 'Allroundtalent' auf der Missionsstation zu sein.

Missionarsfrauen hatten umfangreiche, vielfältige Aufgaben zu erfüllen. Vor allem waren sie für Bereiche zuständig, zu denen den Missionaren oft der Zugang verwehrt wurde. Missionarsfrauen hatten leichteren Zugang zu den einheimischen Frauen, so trugen sie ihren nicht unbeträchtlichen Teil zur Missionierung von Frauen durch Frauen bei. Auf der Missionsstation fungierten sie als Lehrerinnen in den Mädchenschulen, erteilten Handarbeitsunterricht, Kochunterricht. Sie unterwiesen die Mädchen in europäischer Morallehre, vermittelten ihnen europäische Hygienevorstellungen, versuchten sie zu idealen Hausfrauen zu erziehen. Teilweise leiteten sie auch Waisenhäuser, waren für Pflege, Ernährung und Erziehung - nicht nur ihrer eigenen Kinder - verantwortlich. Innerhalb der Missionsgemeinde pflegten sie die Alten und Kranken, leisteten Hebammendienste bei den erwachsenen Frauen. Sie führten alles andere als 'ein koloniales Leben auf der Veranda'.

Offiziell wurde ihnen für diese Arbeit als eigenständiger Person die Anerkennung verweigert. Nur als Mitarbeiterin ihres Mannes konnten sie auf Lob und Zuspruch hoffen. Ein Indiz dafür ist die Forderung Adolf Vielhauers, eines Missionars der BM, daß die zukünftigen Missionarsfrauen „Demut zeigen"[111] und vor allem „nicht ehrsüchtig"[112] sein sollen. Die Ehrsucht ist in diesem Zusammenhang ein Synonym für Sich-in-den-Vordergund-drängen und Lorbeeren-einheimsen-wollen. Die Lorbeeren sollten dem Mann vorbehalten bleiben. Selbst bei Berücksichtigung dessen, daß auch der Mann nicht für 'Lob und Ehre', sondern für Gott arbeiten sollte, war die Frauenarbeit weniger wert, wenn auch nicht weniger wichtig. An eine Missionarsfrau wurden ungleich höhere Anforderungen als an den Missionar gestellt, wenn man bedenkt, daß sie nie eine ähnlich umfassende Ausbildung in der Missionsarbeit erhalten hatte.

An die Gehilfin wurden Ansprüche gestellt, die der eigentliche Begriff - Helfen als Zusatzarbeit - in keiner Weise abdeckt. Es war 'der Dienst der Geringsten' mit den höchsten Anforderungen.

ABM: 40/17: Adolf Vielhauer. Auszug aus einer Ansprache in der Missionslehre. 19.10.1923.
Ebd.

Abb. 5 Faksimile der Beurteilung von Mina Rueff, geboren am 27. Juli 1836 in Stuttgart

DIE 'GLÄSERNE BRAUT' - FRAUENSACHE?

'Romeo und Julia - pietistische Lesart'

Verschiedene Personen hatten also die Hand im Spiel. Wenn wir uns das ganze Geschehen als Theaterstück vorstellen, so spielt sich folgendes ab:
Bis die Frauen zu Wort kommen, ist der größte Teil bereits ohne sie 'über die Bühne gegangen'. Bis dahin handelt es sich um eine reine Männersache.
Die ersten Akteure sind Männer, die Missionare. Sie stellen eine prinzipielle Anfrage um Heiratserlaubnis an das Komitee. Nach Erhalt der Erlaubnis besprechen sich die Missionare brieflich mit den eigenen Eltern oder mit befreundeten Missionaren, um zu entscheiden, bei wem geworben werden könnte. Sie teilen ihre Entscheidung dem Komitee mit. Nachdem sie den 'Stein ins Rollen gebracht haben', treten sie von der Bildfläche ab und verharren in 'Warteposition'. Nun tritt das Komitee in Erscheinung. Wurde eine bestimmte Frau genannt, oder auch mehrere - was häufig der Fall ist - werden Erkundigungen eingezogen. Die Informanten, Personen, die die Frauen und deren Verhältnisse näher kennen, treten auf. Im anderen Fall, wenn der Missionar keine bestimmte Frau vorgeschlagen hat, fungiert das Komitee als Heiratsvermittlung - eine Rolle, die es nicht gern einnimmt - und sucht mit „väterlichem Wohlwollen" eine passende Frau aus.
Wenn zum Schluß eine positive Beurteilung über die Frau vorliegt, tritt die Hauptperson ins Rampenlicht.

Soziale und familiäre Herkunft der Missionsbräute

Wie bereits mehrfach erwähnt, war für die Handwerker- und Bauernsöhne die Ausbildung in Basel mit sozialem Aufstieg verbunden. Dementsprechend achtete die BM darauf, daß ihre Zöglinge 'nach oben' heirateten. Das bedeutete, daß die Bräute nicht aus 'einfachen Kreisen' kommen sollten, wobei vor allem der Bildungsaspekt, der in der Regel mit der sozialen Herkunft korrelierte, eine Rolle spielte.
Bei der Durchsicht des Familienregisters im Archiv der BM ergab sich folgendes Bild:

Von insgesamt 415 Frauen waren ein Viertel Pfarrerstöchter,[113] ein weiteres Viertel Missionarstöchter, die Hälfte stammte also aus 'Pfarrhäusern'[114], darauf folgten nach Häufigkeit an dritter Stelle Lehrerstöchter, an vierter Stelle ließ sich als Beruf des Vaters Kaufmann oder Handwerker ausmachen. Unter den Missionsbräuten befanden sich nur zwölf Fabrikantentöchter und zwei Taglöhnertöchter.[115]

Die oberste und die unterste gesellschaftliche Schicht war also am schwächsten vertreten. Vermutlich handelte es sich bei den Fabrikantentöchtern um Frauen, die mit dem Komitee in irgendeiner Weise verwandtschaftlich verbunden waren, das Komitee rekrutierte sich ja aus eben diesen Kreisen. Es lag nahe, daß Töchter oder Nichten von Komiteemitgliedern manchmal als Missionsbräute in Frage kamen. Bei den Taglöhnerstöchtern könnte vermutet werden, daß hier unter anderem ökonomische Gründe eine Rolle gespielt haben, die Aussteuer wurde bei ärmeren Leuten von der BM übernommen. Ob das der ausschlaggebende Grund für die Heirat mit einem Missionar war, ist fraglich. Deutlich wird an diesem Punkt eher die grundsätzliche Haltung der BM, keine Frauen aus unteren Kreisen aufzunehmen.[116]

Dieser Überblick bestätigt die Aussage, daß viele der Frauen aus dem handwerklich-bürgerlichen Milieu stammten und, indem sie einen Missionar zum Mann nahmen – soziologisch betrachtet - eigentlich nach 'unten heirateten'. Die Mehrzahl der Frauen kam aus pietistischen Familien, die Erziehung war streng, vermutlich um einiges rigider, als dies ohnehin bei den Söhnen der Fall war. Dem Vater als religiösem Führer und Patriarchen hatten sie unbedingt zu gehorchen. Hausandachten, gemeinsame Gebetsstunden waren an der Tagesordnung. Die Frauen genossen außer der religiösen Erziehung meist eine dem bürgerli-

---

[113] Zur gesellschaftlichen Funktion des Pfarrers und Lehrers als Sittenrichter innerhalb der Dorfgemeinschaft, vgl. C. Köhle-Hezinger: Lokale Honoratioren. 1978, S. 61-63.

[114] Über die soziale Herkunft der Pfarrfrauen, also der Mütter von etlichen Missionsbräuten läßt sich wenig aussagen. S. Borman-Heischkeil widmet den Ehefrauen von Pfarrern in ihrem Aufsatz über deren soziale Herkunft lediglich einen Satz: „Pfarrfrauen stammten seltener aus Pfarrhäusern und trotzdem aus höheren Schichten als Pfarrer." Zit. nach S. Borman-Heischkeil: Die soziale Herkunft der Pfarrer und ihrer Ehefrauen. 1984, S. 167.

[115] Dieses Ergebnis basiert auf einfachem Addieren der jeweils aufgelisteten Berufe der Väter. Das Ergebnis sagt hingegen nichts darüber aus, ob während eines bestimmten Zeitraums etwa vermehrt Missionarstöchter 'in die Mission' heirateten. J. Miller hat für Ghana eine statistische Auswertung vorgelegt. Hier zeigt sich, daß die Töchter der ersten Missionarsfrauengeneration vermehrt (bis zu 48 %) wieder einen Missionar heirateten und auch die Söhne relativ häufig Missionar wurden. Dagegen ändert sich dies in der zweiten Generation dahingehend, daß nun vermindert Missionarstöchter wieder einen Missionar heiraten und Missionarssöhne vermindert selbst Missionar werden. Die Tendenz ist sogar die, daß Kinder der Missionsangehörigen sich eher von der Mission abwenden. Vgl. J. Miller: Religious Zeal. 1994, S. 59-63.

[116] Für Württemberg ist allerdings sehr verwunderlich, daß Weingärtnertöchter so gut wie ganz fehlen.

chen Mädchenbildungsideal entsprechende Ausbildung, das heißt eine Schulbildung, bei der einerseits auf das Erlernen von Fremdsprachen und eines Musikinstrumentes Wert gelegt wurde, und andererseits typisch hausfrauliche Fähigkeiten wie Kochen, Nähen und ähnliches trainiert wurden. Diese Fähigkeiten wurden im Hinblick auf den späteren Status der Hausfrau und Mutter erlernt.

Ein typisches Beispiel für eine derartige Mädchenerziehung ist die Missionarstochter Deborah Pfleiderer, die nach einem mehrjährigen Aufenthalt im Basler Mädchenhaus, der Ausbildungsanstalt der Basler Mission, als 16jährige nach Württemberg zu Verwandten kommt.

> *„Im Frühjahr 1875 eröffnete mir Tante Scholz, daß ich auf Wunsch meiner Eltern zu Onkel Villingers kommen solle. Onkel war Pfarrer in Hopfau und mir von früheren Ferienzeiten bekannt, so freute ich mich dorthin. Bei Tante Villinger, die einzige Schwester meines Vaters, eine sehr tüchtige Hausfrau, hätte ich viel lernen können, aber die Zeit meines Aufenthaltes dort war nur kurz. Im Winter 1875/76 sind Onkel V's nach Schornbach bei Schorndorf umgezogen. Von dort aus durfte ich Großmutter Werner an ihrem Geburtstag 01. März besuchen. Ich reise über Stuttgart und besuchte Onkel Neefs, um mit ihnen zusammen nach Ludwigsburg zu reisen. Kaum war ich dort, sagte Onkel Neef: Du kommst uns wie gerufen, unser Bäbeli ist krank und wir brauchen notwendig Hilfe, nun bleibst du bei uns. Nach Rücksprache mit Onkel Villingers, die nichts dagegen hatten, blieb ich in Stuttgart und wurde mir das liebe Haus in den nächsten vier Jahren zur 2. Heimat. Die l. Tante war leidend, Onkel abends viel fort in Jünglingsvereinen und da waren sie froh jemand Eigenes zu haben. In ruhigeren Zeiten durfte ich zu meiner weiteren Ausbildung Kurse besuchen, so z.B. einen im Katharinenstift, wo ich Englisch, Französich, Geschichte und Geographie nehmen durfte. Dann Kurse wie Weiss- und Maschinennähen, auch Kleidernähen und schließlich auch noch einen Kochkurs. "*[117]

Deborah Pfleiderer besucht also Kurse im 1818 gegründeten Katharinenstift.

„Im 'Königlichen Katharinenstift', auf das man in Württemberg sehr stolz war, wurde ausdrücklich von 'gelehrter Bildung' Abstand genommen - diese sollte weiterhin den Männern vorbehalten sein. Das Katharinenstift diente als Vorbild für zahlreiche Töchterschulen, die in den 30er Jahren durch die Initiativen von Privatleuten und Elternvereinen gegründet wurden. [...] Die privaten Töchterschulen wurden innerhalb des württembergischen Schulsystems als Alternative zur Volksschule anerkannt und setzten sich als gängige Bildungsinstitutionen für Mädchen der mittleren und höheren Stände durch."[118]

---

[117] ABM: Q- 10.15,9. Erinnerungen aus meinem Leben. Deborah Hoch-Pfleiderer, S. 3.
[118] Andrea Kittel: „sondern auch Döchterlin zur Schul geschickt...". 1997, S. 31-35. A. Kittel beschreibt die Erziehungsvorstellungen des 19. Jahrhunderts und verweist auf weitere Institute, so etwa auf die Korntaler Erziehungsanstalten, die besonders von Mädchen und Jungen pietistischer Herkunft frequentiert wurden.

Ihre Hauptaufgabe besteht allerdings in der Mithilfe im Haushalt und der Beaufsichtigung der Kinder. Doch die Erlaubnis, Kurse im Katharinenstift besuchen zu dürfen, belegt die Annahme, daß ihr die Verwandten eine 'höhere Töchter-Erziehung' zukommen lassen wollten. Für Missionarstöchter, die während ihrer Jugendzeit oft bei verschiedenen Verwandten unterkommen mußten und finanziell nicht besonders abgesichert waren, war dies vermutlich bedeutsamer als etwa für Pfarrerstöchter. Bei ersteren hing die Finanzierung derartiger Kurse vom Wohlwollen dieser entfernten Verwandten ab, bei letzteren übernahmen vermutlich die Eltern die Kosten.

Aus den Quellen wird ersichtlich, daß es in Württemberg offenbar, wie im vorliegenden Beispiel, üblich war, hin und wieder an bestimmten 'Fortbildungsveranstaltungen' teilzunehmen, ansonsten aber im 'Haushalt etwas dazuzulernen.' Für 'höhere Töchter' in der Schweiz war es - wie es scheint - hingegen üblicher, ein Jahr oder länger in einem Mädchenpensionat in Neuchatel[119] oder Dombresson zu verbringen. Elisabeth Beutinger, die 1886 in Heilbronn geboren ist, dann aber einen Teil der Jugendzeit in Basel verbringt, schildert ihre Weiterbildungszeit folgendermaßen:

> *„Nach der Schulzeit folgte die damals übliche Ausbildung in der Frauenarbeitsschule, der sich wieder ein Jahr wissenschaftlicher Arbeit anschloß in der französischen Schweiz und zwar in Dombresson und Neuchatel. Nicht nur sprachlich habe ich dort viel gewonnen. Das Wertvollste gab mir unsere verehrte Pensionsmutter, Madame Marchand, mit, die eine kluge fromme Frau war. Jeden Tag begann sie mit den ihr anvertrauten Töchtern, wir waren durchschnittlich 12 Pensionärinnen mit einer lebendigen Morgenandacht."*[120]

Ob es sich nun um Schweizerinnen oder Württembergerinnen handelte, die meisten dieser Frauen waren in der Familie fest verankert, diese war ihr einziger Bezugsrahmen. Manche von ihnen gingen für einige Zeit in fremde Haushalte, manche besuchten auch weiterführende Schulen in traditionellen Frauenarbeitsbereichen. Dennoch waren sie im allgemeinen, ob von der eigenen Familie oder fremden Bezugspersonen, streng bewacht und unter Kontrolle. Vergleichen wir das mit Frauen aus nicht - christlichen Elternhäusern, so ist, was Kontrolle und Gehorsam betrifft, kein großer Unterschied sichtbar. Eine junge Frau des 19. Jahrhunderts hatte sich immer den Vorschriften des Vaters unterzuordnen, also im Extremfall auch den Mann zu heiraten, den er ihr vorschlug. Die Eltern konnten auch eine Ehe verbieten. Lange Zeit standen die Frauen unter der Vormundschaft ihres Vaters, die dann bei der Heirat auf den Ehemann überging. Ebenso waren Heiratsvermittlungen, auch sogenannte Kuppeleien an der Tages-

---

Zur Mädchenerziehung vgl. u.a H. Staib: Mädchenkindheiten-Frauenleitbilder: 1993, S. 31-43.
[119] Vgl. U. Gyr: Lektion fürs Leben. 1987, S. 141-150.
[120] PN: Elisabeth Beutinger-Schmid. Erinnerungen aus meinem Leben.

ordnung, gesellschaftlich etabliert und allgemein üblich. Die Frau wurde hier, wenn überhaupt, zuletzt gefragt.

Trotzdem dürfte das 'Korsett' für die jungen Frauen und Mädchen im pietistischen Umfeld noch um einiges enger geschnürt gewesen sein als in 'weltlichen' Familien.

Die Entscheidung: Wahlfreiheit oder Wahlzwang

Wurde eine Frau mit der Heiratsanfrage eines Missionars konfrontiert, folgte ein 'Prozeß der inneren Selbstbefragung', eine Zeit des In-Sich-Gehens, die Phase der 'pietistischen Nabelschau'.

Theoretisch konnten die Eltern, vor allem der Vater, der Tochter befehlen, einen Missionar zu heiraten, ohne 'Wenn und Aber', doch so rigide gestaltete sich das in den seltensten Fällen.

Nach dem pietistischen Selbstverständnis konnte nur Gott diesen 'Befehl' geben, die Tochter hatte also im Grunde genommen eher auf die Stimme Gottes als auf die Stimme des Vaters zu hören.

So ist in Briefen der Frauen häufig von „inneren Kämpfen" und von „dem Warten darauf, daß Gott die innere Freudigkeit zu solch einem Schritt schenken möge", die Rede.

Der Begriff des „inneren Kampfes" ist einerseits eine pietistische Floskel, die bei Entscheidungsfindungen oft auftaucht und geradezu erwartet wird, ist andererseits aber auch die einzig legitime Möglichkeit für eine Frau, in akzeptierter Form ihre Ängste auszudrücken. Dieser pietistische 'Code' erschwert dementsprechend eine zuverlässige Interpretation des Denkens und der Gefühle, der 'wahren Motive', die sich hinter den stereotypen Formulierungen verbergen.

Daß sie auf die „innere Freudigkeit" hofft, hängt mit der pietistischen Vorstellung der Führung Gottes zusammen. Das Warten auf göttliche Zeichen und Gebetserhörungen, die Fingerzeige Gottes und das Lauschen auf die innere Stimme, die von Gott eingegeben wird, sind wichtige Elemente in der Lebensgestaltung, bieten Hilfe bei der Lebensbewältigung.[121] In diese Vorstellung gehört auch das sogenannte „Däumeln", das beispielsweise bei der Herrnhuter Brüdergemeine sehr beliebt war und täglich praktiziert wurde. Es handelt sich dabei um das zufällige Aufschlagen einer Seite der Bibel, um in den jeweiligen Bibelzitaten Wegweiser und Lebenshilfen zu finden. Aus Briefen wird ersichtlich, daß manche Frauen diese Praktiken, die durchaus den Charakter eines 'Gottesurteils' hatten, als Entscheidungshilfe in Anspruch nahmen.

Es geht also offiziell nicht darum, tatsächlich eine Entscheidung zu fällen, denn das hieße Für und Wider abzuwägen, als Individuum zu handeln und der Ratio

---

[121] Vgl. hierzu M. Scharfe: Die Religion des Volkes. 1980, S.28-29.

die Führung zu überlassen, sondern sich vielmehr passiv der Führung Gottes zu überlassen und Gottes Ruf zu vernehmen.

Das 'Nicht-Hören' dieses Rufes ist offiziell auch die einzig akzeptierte Form und einzig legitimer Grund für eine Ablehnung. Also Eingebung statt Entscheidung. Wir können allerdings davon ausgehen, daß in Wirklichkeit bei der Entscheidung auch viele profane und nüchterne Erwägungen eine Rolle spielten.

Eine Zusage oder eine Ablehnung kann auf den verschiedensten Motiven gründen, sie läßt sich meist nicht auf ein Motiv reduzieren, sondern ist ein Konglomerat von Motiven. Trotzdem läßt sich doch meist ein Motiv als entscheidungsbestimmender Schwerpunkt ausmachen.

Die Zusage

Ratschläge

Da der Entschluß auch von größter gesellschaftlicher Relevanz ist, entscheidet die Frau nicht allein, das heißt 'im luftleeren, bezugslosen Raum', sondern ist der Beeinflussung im negativen wie positiven Sinn durch verschiedene Personen ausgesetzt. Die Eltern, Verwandte und Bekannte beeinflussen sie. Da die Beeinflussung meist auf sehr subtile Art und Weise geschieht, die Frauen also nicht offen unter Druck gesetzt werden, ist die Wirkung oft umso größer.[122] So üben auch die sogenannten „Missionsfreunde" manch subtilen Druck auf die Familie der Frauen aus. Der Einfluß wiegt umso schwerer, je näher die Familie der Frau der Mission steht. So im Fall der Luise Lohss, deren Mutter „keinen größeren Wunsch hatte", als die Tochter „in der Mission zu sehen". Die Mutter wollte darin den „Willen Gottes" erkennen, und so tat es die Tochter gezwungenermaßen auch.[123] Hier spielte die Vorstellung des von 'Gott-Auserwählt-Seins' und die damit verbundenen Eitelkeiten ebenfalls eine große Rolle.

Sind die Eltern selbst Missionsleute, ist der Weg der Tochter in den meisten Fällen bereits vorgezeichnet. Darauf weist das Beispiel der Auguste Hirner hin, einer Missionarstochter, deren Eltern von Indien aus einer Anfrage um ihre Tochter ohne deren Wissen - allerdings unter Vorbehalt ihrer „freien Entscheidung" - zustimmen.

> *„Sie muß wissen, was wir Eltern denken, wenn Sie bei ihr anfragen und bei ihrer Jugend ist es besonders nötig, daß wir ihr mit elterlichem Rat*

---

[122] Zur pietistischen 'Sitte', auch persönliche Themen zur öffentlichen Diskussion zu stellen, erbetene und unerbetene Tips zu erhalten - sich zu beraten. Vgl. C. Köhle-Hezinger: Philipp Matthäus Hahn und die Frauen. 1989, S. 125.

[123] ABM: FR 1890-1913, Bd 2, BVPF: 1507. Akte Wilhelm Maisch. Brief v. Luise Lohss, London, an Inspektor Oehler. 5. Juli 1906.

beistehen, wir beeinflußen sie nicht, sagten ihr, daß sie ganz ihren freien Willen und Wahl habe."[124]

Hier wird die Tochter vor vollendete Tatsachen gestellt. Zwar hat sie theoretisch immer noch die Möglichkeit abzusagen, aber - konnte sie überhaupt noch ablehnen, wenn die Eltern bereits mit dem Komitee korrespondiert hatten? Bei diesem Beispiel kommt noch das missionsinterne Prestige hinzu. Lehnt eine Tochter häufig Anträge ab, so kommt es zu 'Gerede' innerhalb der Missionskreise.

Es darf auch nicht übersehen werden, daß es vielen Missionsleuten ein echtes Anliegen ist, die Kinder in die Fußstapfen der Eltern treten zu sehen. So kann sich die ganze Familie für das „Werk des Herrn" opfern.

Die Idealisierung des 'Opfer-Bringens' ist im Pietismus tief verwurzelt. So bringt man zwar schweren Herzens, aber dennoch freudig auch die eigene Tochter zum Opfer. Sie ist dann nicht mehr nur die Tochter, sondern in erster Linie ein „Werkzeug Gottes".

Finanzen

Inwieweit ökonomische Gründe eine Rolle spielten, ist schwer zu sagen. Interessant ist, daß die BM bei „nicht vermöglichen Leuten", wie im Fall der Mina Rueff, die 20jährig nach Afrika ausreist und aus einfachen Verhältnissen stammt - der Vater ist Flaschnermeister - die Aussteuer bezahlt.

Hat eine Familie mehrere Töchter im heiratsfähigen Alter, bietet dies vielleicht eine Möglichkeit, die Kosten bei einer Heirat zu senken, da wenigstens die Ausgaben für die Hochzeitsfeier wegfallen.

Für viele Familien, beispielsweise im schwäbischen Realteilungsgebiet[125], war es umgekehrt aus wirtschaftlichen Gründen von Vorteil, wenn ein Sohn Missionar wurde und als Miterbe entfiel. Zusätzlich kam noch das gesellschaftliche Prestige zum Tragen, da in den pietistischen Kreisen Missionare hoch angesehen waren, sich gewissermaßen durch die langjährige Ausbildung in der Basler Mission über ihren eigenen Stand erhoben hatten. Dazu meint Paul Jenkins:

„[...] der Missionsgedanke sei ein derart fester Bestandteil der pietistischen 'Szene' geworden, daß der Eltern sehnlichster Wunsch der gewesen sei, ein Sohn möge doch Missionar werden (was natürlich in einem Land mit Realteilung, Kleinbauernwirtschaft und überbesetztem Gewerbe auch schwierige Versorgungsprobleme lösen konnte)."[126]

So fiel natürlich auch auf die Tochter, sofern sie aus bäuerlichen Kreisen stammte, bei der Heirat mit einem Missionar ein entsprechender Glanz. Außer-

---

[124] ABM: FR 1890-1913, Bd 2, BVPF: 1216, S. 79. Akte Johannes Bächle. Brief v. G. Hirner, Mangalore/Indien, an Inspektor Oehler. 17. August 1897.
[125] Zu den schwäbischen Realteilungsgebieten und einem daraus resultierenden „Sozialcharakter" vgl. G. Korff: Funktionszusammenhang der Kultur. 1989, S. 46-49.
[126] Zit. nach M. Scharfe: Die Religion des Volkes. 1980, S. 148.

dem waren dann auch eventuelle Versorgungsprobleme, die die Tochter betrafen, gelöst.

Was uns heute als grausam und gefühllos erscheinen mag, nämlich, daß von den Eltern bewußt die Möglichkeit in Kauf genommen wurde, die Tochter möglicherweise nie wiederzusehen, ist historisch nicht unbedingt so zu bewerten.[127] Wir müssen uns vor Augen halten, daß die damaligen Verhältnisse mit heutigen nicht vergleichbar sind. In einer Familie waren oft zehn oder mehr Kinder vorhanden, wovon ein Teil oft noch im Kindesalter starb. Der Verlust von Kindern war gewissermaßen schon vorprogrammiert. Diese Erfahrungen trugen vielleicht dazu bei, daß es allgemein nicht so schwer genommen wurde, wenn die Tochter die Heimat verließ, denn die Eltern verloren sie an ein anderes Land und nicht an den Tod.

Die 'normale' Beziehung zwischen Eltern und Kindern war zudem in pietistischen Kreisen nicht unbedingt von Nähe, Vertrauen und Gefühlen bestimmt, sondern eher von Strenge, die nicht mit fehlender elterlicher Liebe gleichgesetzt werden muß, und von Gehorsam auf seiten der Kinder. So konnte sich eine wirklich intime Beziehung zwischen Eltern und Kindern wohl manchmal erst gar nicht entwickeln.[128]

Andererseits können wir auch nicht heute geltende psychologische Kriterien der Kindererziehung und das heutige Individualitätsideal als Maßstab für die Beurteilung damaliger Beziehungen anwenden.

Persönliche Motive für eine Zusage

In jedem Motivbündel steckt im Kern ein persönliches, ein privates Motiv, das so nicht ausgesprochen werden konnte, oft vielleicht nicht einmal als solches erkannt wurde, da es nicht in den pietistischen Rahmen paßte. Der Anspruch, der aus der religiösen Erziehung resultierte, überlagerte sämtliche Motive. Dennoch ist es möglich - durch 'das Lesen zwischen den Zeilen' - die Gründe, die zu einer bestimmten Entscheidung führten, herauszufiltern.

Wichtig ist, daß die von den Frauen offiziell angegebenen Gründe und Motive immer in historischer Relation und im zeitgenössischen, kulturellen und sozialen Kontext gesehen werden müssen, gleichsam in der historischen Introspektive. Die angegebenen Motive, besonders im Hinblick auf die - aus heutiger Sicht - zum Teil befremdliche religiöse Schwärmerei, müssen nicht immer nur pietistische Sprachklischees gewesen, sondern können wahren und echten Gefühlen entsprungen sein.

---

[127] Die Problematik der Missionsbräute, was den möglichen endgültigen Abschied von den Eltern betrifft, ist in katholischen Regionen vergleichbar mit dem Eintritt junger Frauen in ein Kloster. Auch hier handelte es sich um einen in aller Regel ‚endgültigen Schritt', der den Verlust der Ursprungsfamilie nach sich zog.

[128] Vgl. dazu L. Schücking: Die puritanische Familie in literarisch-soziologischer Sicht. 1964.

Ein persönliches Motiv kann durchaus in religiösem Sendungsbewußtsein, gepaart mit dem Gefühl des Auserwähltseins bestehen.

Die Hälfte der Frauen, die im 19. Jahrhundert in der BM Missionsbräute wurden, stammte - wie bereits erwähnt - aus Pfarrers- sowie aus Missionarsfamilien, sie waren bereits christlich geprägt. So ist der Wunsch, selbst etwas für das „Reich des Herrn" tun zu können, plausibel. Da es während des 19. Jahrhunderts relativ wenige eigenständige Missionsschwestern - zumindest in der BM - gab, ist für diese Frauen der ‚Umweg' über die Ehe eine Möglichkeit, ihre „geringen Dienste" als Gehilfin ihrer Männer einzubringen.

Dabei spielt der Mann dann eine untergeordnete und der Dienst in der Mission die übergeordnete Rolle. Der Mann wird für ein höheres Ziel 'in Kauf genommen'.

Das 'Verheiratetwerden mit einem ungeliebten Mann' hätte einer Frau auch in der Heimat passieren können. So kann eine Heirat mit einem Missionar, den man ebenfalls nicht liebt, da man ihn ja noch gar nicht kennt, als eine Alternative hierzu angesehen werden, da man dann wenigstens die Möglichkeit hatte, fremde Länder kennenzulernen und sich bei der Arbeit für das „Reich des Herrn", selbst zu verwirklichen.

Hinweise für die Bestätigung dieser Vermutung könnten folgende Zitate sein.

> *„Kann dem lieben Heiland immer noch nicht genug danken für die große Gnade, daß ich in den Missionsdienst eintreten durfte, es helfe mir vollends über den manch schweren Abschied hindurch."*[129]

Oder über den zukünftigen Ehemann:

> *„Die Hauptsache ist mir, daß er ein aufrichtiger Christ und ein treuer Arbeiter im Weinberg des Herrn ist."*[130]

Je pragmatischer sich die Gefühle für den zukünftigen Ehemann äußerten, desto schwärmerischer gerieten sie bei der Aussicht auf die Arbeit als 'Dienstleisterin im Reich des Herrn'. Inwieweit dies auch als Kompensation für fehlende Liebe gesehen werden kann, wäre zu fragen.

Sätze, wie sie Helene Mader aus Mägerkingen, Kreis Reutlingen, formuliert, die 1871 in Afrika Gottlieb Lodholz heiratet, zeigen, daß auf Gottes Führung gehofft und vertraut wurde.

> *„Die Sache trieb mich reichlich ins Gebet, ich legte es meinem Heiland kindlich vor."*[131]

Möglicherweise kamen manche Frauen gar nicht auf die Idee, sich einer Anfrage zu widersetzen. So könnte ein weiteres Motiv in einer Art Schicksalsergeben-

---

[129] ABM: Brief v. Auguste Hirner an Inspektor Oehler. Ohne Datum.
[130] ABM: FR 1847-1890, Bd 1, BVPF: 623, S. 125. Brief v. Helene Mader, Zürich, an Inspektor Josenhans. 05. Mai 1871.
[131] ABM: FR 1847-1890 Bd. 1. BVPF: 623, S.125. Akte Gootlieb Imanuel Lodholz. Brief v. Helene Mader, Mägerkingen, an Inspektor Josenhans. Ohne Datum.

heit, im christlichen Fatalismus, als einem verinnerlichten Gehorsamkeitsprinzip, zu finden sein.

Catharina Vollmer, gebürtig aus Dusslingen, fleht beispielsweise, bevor sie 1860 den Missionar Jacob Lauffer in Indien heiratet, *„Der Heiland möge ein Hindernis in den Weg legen."*[132] Da selbiges offenbar nicht passiert, fügt sie sich dem Heiland und ergibt sich in ihr Schicksal. In ihrem Fall endet das Flehen negativ, ihr wird „kein Hindernis" als Zeichen für eine Absage „in den Weg gelegt."

Die Bitte um 'Befreiung von Ängsten' kann aber auch ein positives Ende nehmen, wie im Fall der Pauline Schächterle aus Fellbach, die 1890 Philipp Rösler in Akkra, im heutigen Ghana heiratet.

> *„So nahm mir der Herr doch die Bedenken wegen meiner Unwürdigkeit und das Grauen vor den Schwierigkeiten hinweg."*[133]

Sendungsbewußtsein, das Gefühl des Auserwähltseins und Schicksalsergebenheit sind Motive, die schwerpunktmäßig dem religiösen Aspekt zuzuordnen sind. Anders stellen sich vorwiegend weltliche Motive dar, die durch den 'pietistischen Code' hindurchschimmern.

So könnte die Ehe mit einem Missionar auch als ein Schritt in die Freiheit interpretiert werden. Friederike Pfleiderer aus Basel zog es beispielsweise vor, einen Witwer mit fünf Kindern im fernen Indien zu heiraten, als 'lebenslang' den Haushalt der Eltern zu führen und sich darüber hinaus vom Großvater 'herumkommandieren' zu lassen. Hier hatte sie die Möglichkeit, zu einem eigenen Haushalt ohne fremde Einmischung zu kommen.[134]

Für ältere Frauen, das heißt für die damalige Zeit für Frauen über dreißig, bot die Missionarsehe ebenfalls Vorteile aus obengenannten Gründen. Diese Frauen wären sonst mit dem Spott, der mit dem Status der 'alten Jungfer' einherging, belegt worden und wären auf die Gnade der Väter oder der verheirateten Geschwister angewiesen gewesen, bei denen sie dann als billige Dienstmagd untergekommen wären.

Für manche Frauen war die Missionarsehe eine Chance, aus der heimatlichen Enge[135] auszubrechen. Missionarsfrauen leiteten nicht selten Waisenhäuser, Schulen und gaben auch selbst Unterricht. Es war ein 'selbstbestimmtes' Arbeiten, das ihr in der Heimat so nie möglich gewesen wäre. Das könnte also ebenfalls ein persönliches Motiv für eine Zusage gewesen sein.

---

[132] ABM: FR 1847-1890 Bd. 1. BVPF: 452, S. 40. Akte Jacob Lauffer. Brief v. Catharina Vollmer, Dusslingen, an Inspektor Josenhans. 10. Juli 1859.

[133] ABM: FR 1890-1913 Bd 2. BVPF: 1047, S. 1. Akte Philipp Rösler. Brief v. Pauline Schächterle an Inspektor Oehler. Datum nicht lesbar.

[134] PN: TB Deborah Pfleiderer, 29. Oktober 1891.

[135] Zur Enge als Merkmal dörflicher Lebenswelt vgl. C. Köhle-Hezinger: Die enge und die weite Welt. 1996, S. 45-51.

Tatsächlich gab es den Begriff des 'selbstbestimmten Lebens und Arbeitens' im 19. Jahrhundert nicht, schon gar nicht für eine Frau. Die Wünsche waren möglicherweise vorhanden, wurden aber nicht bewußt artikuliert. Für Karoline Breuninger, die 1859 den Missionar Christian Aldinger in Telitscheri - Indien - heiratet, war das vielleicht mit ein Grund, einer Ehe zuzustimmen. Sie besucht regelmäßig die Missionsstunden, liest eifrig die Missionsblätter und lernt privat Englisch. Die Ehe mit einem Lehrer aus Brackenheim, ihrem Heimatort, lehnt sie entschieden ab. Sie wendet sich bewußt und zielstrebig der Mission zu.[136]

Da es den Prototyp der Missionsbraut nicht gibt und diese Frauen nicht immer nur 'allein vom Heiland beseelt' waren, können durchaus auch Neugier auf Exotik und Abenteuerlust als Motiv bei der Zusage eine Rolle gespielt haben. So bricht es bei Sophie Schweickhardts Zusage, den Afrika-Missionar Jakob Lindenmeyer zu heiraten, förmlich aus ihr heraus:

> *„Als Missionar Finck und Hauff eingesegnet wurden, erwachte in mir eine solche Sehnsucht, daß ich mir nichts wünschte, als daß ich ein Jüngling wär und auch hinausgehen dürfte in den Weinberg des Herrn."*[137]

Mit dem In-die-Ferne-Ziehen hingen einerseits viele Ängste und Hilflosigkeiten zusammen, andererseits war das Reisen für viele sicher auch spannend und aufregend. So bezeichnet Lea Hofmann ihre Reise als *„recht interessant und genußreich"*[138] und zeigt, daß die 'hehre Aufgabe der Pflichterfüllung' auch einer persönlichen, sinnlichen Befriedigung dienen konnte.

Die Zukunft im heimatlichen Dorf konnten sich die Frauen sicher sehr genau ausmalen, die Abenteuer beschränkten sich auf Feste wie Heiraten und Kindstaufen. Das Leben in einem fremden Land dagegen bot die Chance auf Neues, anderes. Schon die Haushaltung in einem tropischen Klima war grundlegend verschieden von der Führung eines Haushalts in einem schwäbischen Dorf, und wenn es sich nur darum handelte, 'mit fremden Gewürzen zu kochen.' Es konnte auch noch 'etwas passieren', unvorhergesehene Ereignisse konnten eintreten, es war die Chance, aus einem vorgegebenen Rahmen auszubrechen. Symbolisch gesehen, war das Leben in der Heimat vergleichbar mit einem trägen Fluß, der sich im Gegensatz dazu im Ausland zu einem reißenden Wasserfall entwickeln konnte.

Die Nachrichten aus der Mission, die in den Missionsstunden diskutiert wurden, übten sicher auf viele Frauen einen besonderen Reiz aus und weckten das Interesse für diese fremdartigen, fernen Länder. Andererseits wurde das Risiko, in die Fremde zu gehen, dadurch relativiert, daß vor Ort ja auch die - vom dörflichen, pietistischen Zuhause her - gewohnte soziale Infrastruktur in etwa vorhanden war, die die Ankommende bis zu einem gewissen Grad auffangen konnte.

---

[136] ABM: BVPF: 368. Akte Christian Aldinger.
[137] ABM: FR 1847-1890 Bd 1. BVPF: 512, S. 41. Akte Jacob Lindenmeyer. Brief v. Sophie Schweikhardt, Nürtingen, an Inspektor Josenhans. 25. April 1859.
[138] ABM: Schwesternverzeichnis. SV 26. Akte Lea Hofmann. Brief v. Lea Hofmann, Mangalore/Indien, an Pfarrer Römer, Basel. Ohne Datum.

Allerdings, wie zu Hause, eine ambivalente, da diese Gemeinschaft als eventuelles Kontroll- und Sanktionsorgan fungieren konnte.[139] Möglicherweise wurde hier die Braut noch viel kritischer 'unter die Lupe genommen' als in der Heimat, mußte sich doppelt bewähren.

Eine Missionsbraut, die im Begriff war auszureisen, wurde für ihre Mitmenschen zu etwas Besonderem. Sie stand für kurze Zeit im Rampenlicht, war von Glanz umgeben, war wichtig. Sie wurde zum VIP. Von Verwandten, Freundinnen und Bekannten wurde ihr Bewunderung und Respekt für ihren Mut und ihre Stärke gezollt. Das stärkte das Selbstbewußtsein sicher immens.

Außerdem hatte die 'verhohlene Abenteuerlust' immer einen legitimen Grund, war nicht Selbstzweck wie bei anderen reisenden Frauen des 19. Jahrhunderts. Hier war es ja mit einer guten Tat, nämlich „das Werk des Herrn voranzutreiben", gekoppelt. So konnten sich die Missionsbräute im wahrsten Sinne des Wortes als Pionierinnen für eine bessere Welt fühlen.

Die Absage

Die Gründe, die zu einer Absage führten, waren ebenfalls vielfältiger Natur. Allerdings ist schwer zu sagen, welches die 'wahren' Motive für diese Entscheidung sind, denn die Hinweise, die in den Komiteeprotokollen zu finden sind, sind sehr knapp gehalten und geben keine genauere Auskunft. Ebenso wird in persönlichen Absagebriefen durch den Vater oder die Tochter selbst häufig nur Bedauern ausgedrückt, aber keine ausführliche Erklärung abgegeben. So entsteht der Eindruck, daß die 'Sache' möglichst schnell erledigt sein sollte, damit Gras darüber wachsen konnte.

Eine Absage war für alle Beteiligten peinlich, da es in den pietistischen Kreisen, aus denen die meisten Frauen stammten, zuerst einmal als Ehre angesehen wurde, überhaupt eine Anfrage zu erhalten. Dazu kam, daß man sich in diesen Kreisen ‚kannte', es also innerhalb derselben auch zu ‚Gerede' kommen konnte.

Einer Institution, deren Grundsätze und Ziele allgemein anerkannt und auch bewundert wurden, der Respekt gezollt wurde, eine 'Abfuhr zu erteilen', war etwas äußerst Unangenehmes und Heikles. Die Frauen, die dies taten, offenbarten und entblößten sich in dem Sinne, daß ihr Engagement für das „Reich Gottes" in Frage gestellt wurde. Sie mußten sich den Vorwurf gefallen lassen, eben doch nicht voll und ganz hinter der 'guten Sache' zu stehen und keine Opfer bringen zu wollen. Zusätzlich zu diesen von außen an sie herangetragenen Vorwürfen wurden sie noch mit dem persönlichen Gefühl des Versagens belastet. Sie gerieten in den Zwiespalt, sich möglicherweise 'gegen den Willen Gottes' entschieden zu haben, was sie in Konflikt mit ihrem Glauben bringen konnte. Es

---

[139] Zum Thema 'dörfliche Überwachungsgesellschaft' vgl. U. Jeggle; A. Ilien: Die Dorfgemeinschaft als Not- und Terrorzusammenhang. 1978, S. 38-53.

war vermutlich noch schwerer, sich zu einer Absage durchzuringen, verursachte wahrscheinlich noch größere „innere Kämpfe", als dies bei einer Zusage der Fall war.

Eine Absage wurde also nicht leichthin erteilt, es kann davon ausgegangen werden, daß das erst nach längerem Nachdenken geschah und dann auch tiefe und wichtige Gründe hatte.

Auch hier spielt wieder die Beeinflussung seitens der Eltern und anderer Verwandten eine nicht unerhebliche Rolle. Waren die Eltern selbst gegen eine Zustimmung - was auch vorkam - so hatte die Frau einen Rückhalt, sie boten ihr Schutz. Sie hatte ihre Entscheidung nicht allein zu verantworten. Anders sah es aus, wenn die Eltern ihr das Gefühl gaben, daß sie eigentlich eine Zusage befürworten würden, daß sie es gern sähen, wenn sie 'dieses Opfer' brächte. Dann war sie allein gelassen, konnte die Erwartungen, die an sie gerichtet wurden, nicht erfüllen und stand vermutlich unter einem immensen Druck, denn sie hatte sich gegen drei 'Mächte' zur Wehr zu setzen - gegen den Missionar, der um ihre Hand anhielt, gegen das Komitee, das die Anfrage an sie weiterleitete und nicht zuletzt gegen die eigenen Eltern.

Noch komplizierter wurde es, wenn die Eltern ablehnten, obwohl die Tochter vielleicht gern Missionsbraut geworden wäre. Auch das kam vor. In diesem Fall hatte sie sich dem Willen der Eltern zu fügen. Die Motive, die die Eltern dazu veranlaßten, einen Antrag an ihre Tochter abzulehnen, lassen sich teilweise aus Briefen erschließen.

Oft ist es einfach 'elterlicher Egoismus'. Sie wollen die Tochter nicht verlieren, sie nicht ins 'Ungewisse schicken'. So lesen wir im Komiteeprotokoll vom 8. Mai 1891:

> „Die Absicht Bruder Kehrers auf Fräulein Julie Heckmann scheitert nach einem Brief des Herrn Neff in Mannheim an der unzureichenden Gesundheit des Mädchens und an dem Willen ihrer Mutter, welche sie nicht ziehen lassen will."[140]

Im allgemeinen scheint allerdings die persönliche Sorge um das Wohlergehen der Tochter nicht die zentrale Rolle gespielt zu haben, denn im Komiteeprotokoll aus den Jahren 1886 bis 1899 ist nur ein Fall dokumentiert, in welchem die Eltern den Missionar, der um ihre Tochter anhielt, persönlich kennenlernen wollten, bevor sie ihre Einwilligung gaben.

In der Sitzung vom 9.Mai 1899 wird besprochen:

> „*Herr Pfarrer Hugendubel* (der Vater der Auserwählten, D.K.) *schreibt aber, es wäre ihnen allen eine große Beruhigung, wenn Bruder Maier* (der voraussichtliche Bräutigam, D.K.) *in die Heimat kommen könnte, wäre es auch nur für 10 bis 12 Wochen, damit man sich persönlich könne kennen lernen. Sie möchten aber doch nicht, daß die jungen Leute hernach 10 Jahre lang keinen Urlaub mehr erhielten. Die Kosten einer jetzigen Heim-*

---

140 ABM: KP 1882-1901. Komiteesitzung vom 8. Mai 1891.

reise Bruder Maiers etc. würden Hugendubels selbstverständlich tragen."[141]

Dieser Antrag der Familie Hugendubel wurde nach langem Hin und Her schließlich abgelehnt, und zwar aus 'prinzipiellen Gründen', da es einem Missionar nur erlaubt war, auf Erholungsurlaub in die Heimat zurückzukehren und nicht, um seine zukünftige Frau näher kennenzulernen. Im Endeffekt fügten Hugendubels sich und ließen ihre Tochter ziehen. Bemerkenswert an diesem Beispiel ist, daß sich die Eltern überhaupt für den Menschen, mit dem ihre Tochter ihr restliches Leben verbringen mußte, persönlich interessierten. Daß es ihnen wirklich wichtig war, zeigt, daß sie für die Reise des Missionars finanziell selbst aufkommen wollten, was nicht unerhebliche Kosten verursacht hätte und das war ihnen wiederum nur möglich, da sie einer höheren sozialen Schicht angehörten. Die BM ihrerseits statuierte hier ein Exempel und festigte ihre Machtposition noch stärker, als es ohnehin schon der Fall war.

Ein weiterer Fall, bei dem sich der Vater einer Missionsbraut genauer erkundigt, findet sich im Brüderfaszikel, das die Akten der Missionare beinhaltet. 1846 schreibt Gottlob Müller, der sich nur ungern von seiner Tochter Jane trennt, da sie ihm auch eine wertvolle Hilfe bei seiner 'Arbeit an der weiblichen Jugend' in der methodistischen Gemeinde war, die er gegründet hatte, an den damaligen Inspektor Hoffmann:

„Ich bitte um Rat und Bericht an einen in Verlegenheit gesetzten Vater. [...] Wie wird sie gesandt? Wie wird es sein, wenn die Heiratschaft nicht sein sollte? Kann sie auf dieses Risiko hin Dienste bekommen in ihren Schulen oder sonst etwas unter ihrer Kontrolle? Kann sie sonst im Reiche Gottes gebraucht werden?"[142]

An diesem Beispiel ist vor allem bemerkenswert, daß der Vater von Jane Müller ein mögliches Scheitern der Hochzeit bereits im Vorfeld überhaupt in Betracht zieht und sich prophylaktisch um die Zukunft seiner Tochter sorgt.

Oft wird auch die Jugend der Tochter als Grund für eine Ablehnung angegeben, meist dann, wenn die Mädchen zwanzig Jahre und jünger sind.

Ein weiteres Motiv ist die 'Entschuldigung', daß die Tochter im Moment „nicht entbehrlich" ist. Das war dann der Fall, wenn viele jüngere Geschwister vorhanden waren und die älteren Schwestern sich um diese kümmern und der Mutter in einem großen Haushalt zur Hand gehen mußten.

Die Gründe für eine Absage seitens der Eltern konnten also auch rein praktischer Natur sein. Zumindest war das die Version, die das Komitee zu lesen bekam. Ob das natürlich im Einzelfall wirklich der Wahrheit entsprach oder vielleicht nur vorgeschoben wurde, um die Tochter zu schützen, ist nicht nachprüf-

---

141	ABM: KP 1882-1901. Komiteesitzung vom 9. Mai 1899.
142	ABM: C 10.50. Christoph Müllers Briefwechsel vom September 1846 mit dem Direktor der BM wegen der Heirat seiner Tochter Jane mit dem Indien-Missionar Georg Friedrich Müller, S. 34.

bar. Wahrscheinlich traf häufig beides zu. Auch hier spielt wieder, wie bei den Zusagen, eine Rolle, wieviel die Eltern mit der Mission zu tun hatten, und inwieweit sie sich überhaupt im Vorfeld mit einer eventuellen Anfrage auseinandergesetzt hatten.

Persönliche Motive für eine Absage

Ein persönlicher Grund für eine Absage könnte in dem sogenannten Überraschungsmoment zu finden sein. Oft genug wurde von seiten der Frauen zum betreffenden Zeitpunkt überhaupt nicht mit einer Heiratsanfrage gerechnet. So fühlten sich viele im ersten Moment wohl einfach überfordert, ihr bisheriges Leben aufzugeben und eine völlig neue Perspektive ins Auge zu fassen.

Die Angst vor einer radikalen Änderung ihres Lebens, ihrer Zukunft, denn diese war bis dahin relativ vorhersehbar gewesen, saß vermutlich zu tief und konnte nicht überwunden werden, was sicher schwere Qualen bereitete, da das ein 'Hadern mit sich selbst' und ein Gefühl des Versagens bedeutete. Bei manchen Frauen baute sich gegen diese Anfragen eine Art 'innerer Sperre' auf, wie im Fall der Hanna Pfleiderer, deren Vater in einem Absagebrief an das Komitee schreibt:

> [...] *Unsere Hanna kann sich nicht entschließen auf die an sie gerichtete Anfrage näher einzugehen.*"[143]

Aus der Formulierung „unsere" könnte geschlossen werden, daß die Eltern liebevoll hinter ihr stehen und ihre Entscheidung nicht verurteilen.

Wir könnten vermuten, daß Hanna aus einer 'inneren Abwehrhaltung' heraus handelte, die es ihr unmöglich machte, sich mit der ganzen Angelegenheit eingehender zu befassen.

Ein weiterer ganzer Komplex von Konflikten, in die die Mädchen und Frauen gestürzt werden konnten, wenn sie mit derlei Anfragen konfrontiert wurden, kommt in einem Brief des Missionars Johannes Bächle zum Ausdruck, der an das Komitee schreibt, daß die von ihm Auserwählte sich nicht entschließen konnte, „*einem ihr ganz fremden Mann die Hand zu reichen.*"[144]

Während des 19. Jahrhunderts war es nicht unbedingt üblich, daß Brautleute vor der Heirat bereits eine Liebesbeziehung hatten, ja daß Liebe überhaupt bei der Eheschließung eine Rolle spielte.[145] Aber man kannte sich zumindest vom Sehen, traf im Beisein der Eltern zusammen, hatte Kontakt. Die Missionsbräute

---

[143] ABM: FR 1890-1913 Bd 2. BVPF: 1216, S. 79. Akte Johannes Bächle. Brief v. W. Pfleiderer, Basel, an Inspektor Oehler. 18. Dezember 1896.

[144] ABM: FR 1890-1913 Bd 2. BVPF: 1216, S. 79. Akte Johannes Bächle. Brief v. Johannes Bächle, Mulki/Indien, an Inspektor Oehler. 11. Januar 1897.

[145] „Eheliche Liebe im alten Sinne war ein Verhaltensgebot aufgrund der Eheschließung und nicht unbedingt die Fortsetzung einer innigen Zuneigung, auf der eine Ehe errichtet wurde. [...] Als Grundlage einer lebenslangen Verbindung schien die Liebe nicht geeignet." Zit. nach P. Borscheid: Geld und Liebe. 1983, S.113.

dagegen heirateten 'fremde Männer', mit denen sie eine intime Beziehung eingehen mußten.[146] Das Thema Sexualität wird im Pietismus weitgehend ausgeblendet. Martin Scharfe spricht in diesem Zusammenhang von „zurückgeschluckter Sinnlichkeit".[147]

Für viele Frauen muß daher dieser Bereich etwas Erschreckendes und Bedrohliches gehabt haben, die meisten von ihnen gingen vermutlich unaufgeklärt in die Ehe oder hatten eine eher vage Vorstellung von dem, was sie erwartete. Diese 'Dinge' konnten natürlich auch nicht offen zur Sprache gebracht werden, so mußten die Frauen allein mit ihren Ängsten fertigwerden, für manch eine war das sicher mit ein wichtiger Grund, sich gegen eine Zusage zu entscheiden.

Das Thema Sexualität spielte auch, obwohl unaufhörlich verdrängt, eine große Rolle in den Reihen des Komitees. Wie verschämt damit umgegangen wurde, welche Phantasien sich in den Köpfen breitmachten, welche Vorurteile zum Beispiel hinsichtlich der Potenz vor allem schwarzer Männer zum Tragen kamen, zeigt folgende Notiz im Komiteeprotokoll, die bezüglich der Heiratsanfrage Bruder Rottmanns, der als 'Halb-Afrikaner' in die BM aufgenommen worden war, protokolliert wurde.

> „[...] worin nachdrücklich hervorgehoben wird, daß es für eine Gattin Bruder Rottmanns, der als Sohn einer afrikanischen Mutter an Afrika auf besondere Weise gebunden ist, noch mehr als sonst auf körperliche und moralische Widerstandskraft ankommt."[148]

Ein weiterer Beweggrund, eine Anfrage abzulehnen, war die Ferne, das Verlieren der Heimat, der sozialen Bindungen, des 'sicheren Bodens'. Was bei einer Zusage positiv gewertet werden konnte, hatte in diesem Fall einen negativen Effekt, das heißt, für eine eher abenteuerlustige Frau konnte die Ausreise einen Ausbruch aus der heimatlichen Enge bedeuten, für eine eher ängstliche Frau traf das Gegenteil zu, für sie bedeutete Ferne nicht Abenteuer, sondern Gefahr. Viele hatten ihr Heimatdorf nie oder selten verlassen, hatten höchstens kleinere Reisen zu Verwandten unternommen, waren vielleicht nicht einmal über die Grenzen Württembergs hinausgekommen. So wählten diese Frauen den Weg der Absage, der sie zwar nicht über die Grenzen Europas brachte, auf dem sie aber ihre eigenen Grenzen erkannten, was sie möglicherweise vor einem unglücklichen Leben in der Fremde bewahrte.

---

[146] In diesem Zusammenhang wird manchmal als Grund für eine Absage eine bereits bestehende 'Neigung' zu einem Mann, den die Frau persönlich kennt, angegeben. Es liegt nahe, daß es sich hierbei wohl öfters auch einfach nur um eine Ausrede handelte.
[147] M. Scharfe: Die Religion des Volkes. 1980, S. 67.
[148] ABM: KP 1882-1901. Komiteesitzung vom 10. Juni 1899.

Spielräume

Auf eine Anfrage konnte eine Frau also mit einer Zusage oder einer Absage reagieren. Manchmal konnte es aber auch zu Situationen kommen, die eine Revision der einmal getroffenen Entscheidung nötig machte. Es kam - wenn auch nur sehr selten - vor, daß eine Frau eine bereits gegebene Zusage wieder rückgängig machte oder daß sie, obwohl die Umstände dagegen sprachen, an dieser festhielt. In beiden Fällen traten Frauen aus ihrer 'Objekt-Rolle' heraus und handelten als Subjekt, als selbstbestimmendes Individuum.

Julie Ziegler zieht am 11. Juli 1897 ihre Zusage zurück, als Grund gibt sie ein Augenleiden an, das bei einem Arztbesuch diagnostiziert wurde. Sie weist auf den Rat ihres Arztes, nicht nach Indien zu ziehen, hin:

> *„Er meint, daß meinen Augen das indische Klima schädlich sei, der starken Sonnenblendung wegen [...] hätte ich in Indien, überhaupt im tropischen Klima fortwährend mit einem kräftigen Augenleiden zu thun. Der Arzt hat mir daher sehr davon abgeraten. [...] Noch ist es mir unverständlich, warum dieser Ruf durch Gottes Fügung an mich gekommen, wenn es doch scheinbar nicht sein Wille ist."*[149]

Aus diesem Brief geht nicht eindeutig hervor, ob sie es bedauerte, nicht als Missionsbraut ausziehen zu können oder ob es ihr vielleicht ganz recht war, durch Gottes Fügung ihre Zusage wieder zurückziehen zu können. Aus dem Zusatz, daß sie überhaupt im tropischen Klima mit ihren Augen zu kämpfen hätte, könnte gefolgert werden, daß sie bewußt oder unbewußt weiteren eventuellen Anfragen vorbauen, daß sie klarmachen wollte, daß auch andere Anfragen in ihrem Fall zwecklos seien. Das Komitee reagierte auf ihren Rückzug mit Verständnis. Dies geschah freilich nicht nur aus reiner Menschenfreundlichkeit, sondern hatte auch ganz pragmatische, finanzielle Gründe. Eine kränkelnde Frau zog in den Augen des Komitees unweigerlich unzählige Erholungsurlaube nach sich, die die BM bezahlen mußte. Außerdem wurde befürchtet, daß der Missionar dadurch in seiner Arbeit behindert würde und dann für die Mission von keinem großen Nutzen mehr wäre. So kam Julie mit ihrem Rückzug den Erwartungen der BM eigentlich entgegen, eben indem sie von vornherein keine Schwierigkeiten machte.

Ganz anders gelagert ist der Fall der Luise Friederike Däuble, Schullehrerstochter aus Gerlingen. Sie reist als Braut eines in Indien eingesetzten Missionars aus. Kurz vor ihrer Ankunft in Indien stirbt ihr Bräutigam. Statt, wie zu erwarten wäre, das nächste Schiff in die Heimat zu besteigen, beschließt sie, in Indien zu bleiben und wird Lehrerin an dem Waisenhaus in Mangalore, einer Station der BM. Ihre Entscheidung, als 'Alleinstehende' in Indien zu bleiben, ist für die damalige Zeit ein ungewöhnlicher und mutiger Schritt.

---

[149] ABM: FR 1890-1913 Bd. 2. BVPF: 1216, S. 79. Akte Johannes Bächle. Brief v. Julie Ziegler, Stuttgart, an Inspektor Oehler. 11. Juni 1897.

Wenn man allerdings annimmt, daß sie den 'Umweg über die Ehe' gewählt hatte, um in die Mission zu kommen, dann wäre ihre Entscheidung, ohne Mann weiterzumachen, nur folgerichtig gewesen. 1859 verlobt sie sich mit dem Missionar August Finck, der sich ihr bereits „ziemlich genähert"[150] hat, wie er dem Komitee berichtet. Beide befinden sich auf der selben Missionsstation in Indien.

Luise wird also über Umwege doch noch Missionsbraut mit dem Unterschied, daß sie den Mann auf 'natürliche Weise' kennenlernt und sich wohl auch in ihn verliebt hat.

Ein drastisches Beispiel für das Lösen einer Verlobung finden wir in dem Fall Elise Kocherhans.

Sie reist 1877 nach Indien, um die Frau Missionar Wagners zu werden. Am 10. Januar 1877 schreibt sie aus Indien einen vertraulichen Brief an die Hausmutter der Basler Mission, in dem sie voll Verzweiflung schildert, was sich zugetragen hat:

> „Ich betrat ohne mir eigentlich bewusstem Grunde den indischen Boden mit schwerem Herzen. [...] Ich erhielt auch zugleich einen Brief von Br. Wagner, in welchem Charakterzüge sich aussprachen, die mich erschreckten [...] machte Br. Wagners Schreiben einen Eindruck auf mich, gegen den ich mich mit aller Kraft wehrte, der mich ängstigte und viel ins Gebet trieb. Die Wartetage in Bombay waren für mich heisse, innere Kampftage [...] betrat ich das Ufer von Cannanore, wo mich meine l. Schwester mit ihrem Kinde wiedersah - und Br. Wagner als meinen Bräutigam begrüßte. Je mehr ich den Umgang mit Br. Wagner pflegte, umso mehr schreckte mich sein Wesen und Charakter ab. Ich war in einer Lage, für die zu beschreiben ich keine Worte finde. Ich konnte weder Liebe noch Vertrauen zu ihm fassen und sollte in wenigen Tagen mit ihm getraut werden. Ich erbat sie mir von meinem Heiland, in Tränen und Ringen, aber vergeblich. Bruder Wagner wurde mir immer fremder. Menschlichen Rath und Hülfe hatte ich keinen."

Elise beschreibt weiter, daß sie sich dann doch noch ihrer Schwester anvertraut habe, diese ihr aber anscheinend nicht abgeraten hatte, Br. Wagners Frau zu werden. Jemand anderem wagte sie sich nicht anzuvertrauen. So kam der Hochzeitstag.

> „Am Dienstag, den 31. Oktober, der unser Trauungstag hätte sein sollen, konnte ich den Entschluß fassen, mich zu opfern, denn ich wollte es thun, ohne die erbetene Liebe zu besitzen, weil ich von außen gedrängt war und innerlich eigene Wege befürchtete. Es war ein Tag, der mir zeitlebens im Gedächtnis bleiben wird. Ich war mir nichts mehr, d.h. ich legte mich zerschlagen vor die Füße meines Heilands. Und gab Br. Wagner das Jawort. Mein Inneres musste äußerlich erkennbar sein, denn Br. Wagner wurde

---

[150] ABM: FR 1849-1890. Bd. 1.-BVPF 537, Akte August Finck. Brief v. August Finck, Mangalore/Indien, an Inspektor Josenhans. Ohne Datum.

aufgefordert, die Sache aufzuheben, bis ich ihm freudig meine Hand biete."[151]

Elise Kocherhans arbeitete als ledige Lehrerin in Calicut, bis sie 1879 Missionar Ruhland heiratete.

Der Fall der Elise Kocherhans ging 'gut aus', aber nur, weil die anderen Missionare einschritten, nachdem sie ihre Verzweiflung erkannt hatten. Elise ist ein Beispiel dafür, wie schwer es einer Frau gemacht werden konnte, ihre Entscheidung zurückzunehmen. Denn, daß sie einen Fehler gemacht hatte, war Elise ja schon klar, als sie in Indien ankam, sie hatte aber letztendlich nicht die Kraft, sich gegen den äußeren Druck durchzusetzen. Sie legte zwar ihre 'Objekt-Rolle' ab, mußte dann aber einfach kapitulieren, sie sah keinen anderen Ausweg, als sich „zu opfern". Aber, und das wiederum zeigt sie als starke Frau, sie gab Br. Wagner nicht „freudig" ihr Jawort, sondern heiratete einen anderen Mann.

Eine weitere Variante, die das Überprüfen einer Entscheidung nötig machte, bestand darin, daß das Komitee persönlich die Frau vor einem bestimmten Mann warnte, beziehungsweise sie über eventuell zu erwartende Schwierigkeiten informierte. Hier nahm das Komitee die Vaterrolle ein und stellte bewußt Verantwortung den Frauen gegenüber zur Schau. Das Komitee gab damit offiziell die Chance zu einem Rückzug, der allerdings nicht wirklich erwartet wurde oder vorgesehen war.

Im Komiteeprotokoll aus dem Jahr 1891 lesen wir:

„Ein Schreiben des ostindischen Generalpräses berichtet über den Gesundheitszustand des Br. Götz, über seine Hypochondrie und Wunderlichkeit in der Gesundheitspflege. Es fragt sich nun, ob man dem Vater der Braut über diese Dinge Mitteilung machen soll. Das Komitee entscheidet sich dafür, weil man nicht weiß, was bei dem Charakter des Bruders aus diesen krankhaften Zuständen mit den Jahren werden soll."[152]

Am Ende fügte das Komitee hinzu, daß aber eine Lösung der Verlobung nicht ins Auge gefasst werden solle, da dies eine verheerende Wirkung auf den Zustand des Bruders haben könnte. Aus dem Komiteeprotokoll geht nicht hervor, wie der Vater reagierte, es läßt sich aber vermuten, daß die Heirat dennoch zustandekam.

Die Haltung der BM, die Missionsbräute nicht nur, aber auch als Seelentrösterinnen und Krankenschwestern für die 'Männer draußen' anzusehen, ihnen diese Funktion als persönliche Herausforderung zu verkaufen, indem auf die 'angeborene größere Leidens- und Opferungsfähigkeit von Frauen' hingewiesen wurde, macht der folgende Nachruf der 1882 verstorbenen Marie Gauger, der im „Heidenboten", dem Publikationsorgan der Basler Mission erschien, deutlich. Hier heißt es wörtlich:

---

[151]   ABM: QT-7-2,5. (Kinderhausakten). Brief v. Elise Kocherhans, Calicut/Indien, an die Hausmutter C. Scholz, Basel. 10. Januar 1877.
[152]   ABM: KP 1882-1901. Komiteesitzung vom 8. Juli 1891.

„Sie traf ihren Bräutigam todtkrank an. Ihr Bräutigam, dessen Pflege ihr nun oblag, erholte sich langsam, so daß die Trauung erst am 21. Februar in aller Stille vollzogen werden konnte. Pflege ihres kranken Bräutigams war vor der Hochzeit ihre Arbeit und Pflege ihres schwachen Mannes war nachher ihre Aufgabe, die sie mit großer Treue und Hingabe verrichtete. Leiden war also ihr Geschäft in Afrika und sie war ganz damit zufrieden."[153]

All diese Beispiele zeigen, daß es eine bestimmte Bandbreite von Handlungsspielräumen für die Frauen gab. Verlobungen konnten gelöst werden, Zusagen konnten zurückgezogen werden, aber eben immer nur innerhalb der Grenzen, die das Komitee bestimmte. Der Spielraum, den die einzelne Frau zur Verfügung hatte, konnte je nach den Umständen variieren, aber er konnte nie den vorgegebenen Rahmen sprengen.

---

[153] ABM: HB Juni 1882, S. 45.

Heinrich
Fernseh
Entrüst
Entpendung
___

Else Terra Flex
___
eusp. Pheolose i Berlin
Bessere publ.

PASSAGEN

Abb. 6　Lydia Schrempf, kurz vor ihrer Ausreise nach Indien im Jahre 1907 bei ihrer ersten und gleichzeitig letzen Begegnung mit ihrer zukünftigen Schwiegermutter Sophie Bommer. Besigheim 1907.

ABSCHIED UND TRENNUNG

Brautzeit ohne Bräutigam

Vorschau

> *„Hätts einen Pfarrer genommen - im lieben Schwabenland*
> *hätts etwas Rechtes Du bekommen - wie Dir ja wohl bekannt*
> *doch weil nach Indien Du begehrst*
> *damit Du Hindu dort bekehrst*
> *mußt selber Du Dir wählen - was dorten Dir mag fehlen."*[154]

Dieses Gedicht erhielt die Missionsbraut Deborah Pfleiderer von der befreundeten Familie Winterlin im August 1881 als Erinnerungs- und Abschiedsgeschenk.

Der herzlich-ironische Ton des Gedichtes täuscht dennoch nicht über die tieferliegende Botschaft hinweg - dem Gefühl eines Verlustes - als „Fehlen" umschrieben, der die scheidenden Missionsbräute ebenso wie die Zurückbleibenden gleichermaßen betraf und berührte.

Das Ja-Wort zum 'Bund für ein unbekanntes Leben mit einem in aller Regel unbekannten Mann' bedeutete zugleich Trennung und Abschied - den Verlust und den äußeren Bruch mit der Herkunftsfamilie und die Trennung und den Abschied vom bisherigen Leben. Eine Zeit des Übergangs, der Transformation und Transgression brach an, an deren Ende der Wechsel von einer Identität in die andere, von einem Ort zu einem anderen und von verwandten und bekannten Menschen zu einem unbekannten Mann und fremden Menschen stand. Diese Zwischenzeit war gekennzeichnet von widersprüchlichsten emotionalen Befindlichkeiten.

Der Übergang vollzog sich etappenweise, nicht abrupt. Die Vorbereitungen für die Reise, das Zusammenstellen der Aussteuer - vom Kauf fehlender Haushaltsgegenstände über die Anfertigung von Reisegarderobe und tropentauglicher Kleidung bis hin zum Verpacken und Absenden der Kisten, wurden nach und nach erledigt. Abschiedsbesuche zu den näherstehenden Verwandten und Freundinnen wurden unternommen, die sich über Tage und Wochen hinziehen konnten. Manch eine Braut begab sich auf eine regelrechte 'Abschiedstournee'. Verlobungsanzeigen wurden versandt, Abschiedsbriefe geschrieben und empfangen.

---

[154] Staatsarchiv Basel-Stadt, im folgenden mit StABS bezeichnet: PA 771 11.05.01. Gedicht von Familie Winterlin. 28. August 1881.

Die 'Brautzeit ohne Bräutigam' konnte mehrere Wochen oder auch Monate dauern, da die Basler Mission die Reise so zu organisieren versuchte, daß entweder mehrere Bräute zusammen reisen konnten oder wenigstens ein Missionspaar als Reisebegleitung vorhanden war. Den endgültigen Termin der Abreise erhielt man somit meist recht kurzfristig. Äußere Fixpunkte waren zum einen das private Verlobungsfest in der Heimat, bei welchem meist der Schwiegervater als Stellvertreter des Bräutigams fungierte, und das offenbar gleichzeitig auch Abschiedsfeier für die Anverwandten war - zum anderen die offizielle Verabschiedung der Missionsbräute im Basler Missionshaus durch das Komitee. Das wiederum korrespondierte mit bestimmten Fixpunkten der darauffolgenden Reise nach Übersee, die sich ebenso etappenweise wie der Abschied vollzog.

In den vorliegenden Quellen, den Reisebeschreibungen und Reisebriefen, werden fast immer das Überschreiten der heimatlichen Grenze, das Verlassen des 'deutschen Bodens', vor allem des deutschen Sprachgebietes und das Verlassen des 'europäischen Bodens', das mit der Schiffsreise einsetzt, als markante Einschnitte thematisiert. Die solcherart ins Blickfeld gerückten Konstanten des Übergangs und der Umgang mit denselben ist konstitutiv für die „liminale Phase", in der sich die Bräute befinden.[155]

Die Interimsphase bis zur endgültigen Abreise und darüber hinaus hatte also ihre äußeren Konstanten, ansonsten aber war es - wie bereits erwähnt - eine Zeit voll komplexer, auch widersprüchlicher emotionaler Befindlichkeiten, die heterogene Verhaltensmuster nach sich zogen. Die Frauen versuchten auf unterschiedliche Art und Weise, die Anforderungen zu bewältigen.

Vor dem eigentlichen Abschied, der sogenannten „Abschiedsstunde", begann das langsame innerliche Sich - Einstellen auf den Verlust - auf das 'Fehlen des Vertrauten und Bekannten' - der Versuch einer emotionalen Loslösung. Bei manchen mündete dieser Versuch teilweise aber wiederum in das Gegenteil, in die Bekräftigung und Betonung der familiären Verbindung. Bei anderen fand eine Art Verdrängung statt, eine Strategie, die gerade durch die rege äußere Betriebsamkeit, die die Vorbereitungen für die Reise mit sich brachten, sehr gut ‚funktionierte'.

Deborah Pfleiderer schreibt in einem Brief an ihren Bräutigam, nachdem sie mehrere Wochen Abschiedsbesuche bei den Verwandten gemacht hatte:

> „Die drei Wochen sind mir so lang vorgekommen und ich habe mich recht darauf gefreut wieder heimzukommen. Und wie schnell werden die wenigen Wochen hinter uns sein. Doch ich will jetzt nicht an das denken."[156]

---

[155] Zum Konzept der Liminalität: vgl. V. Turner: Das Ritual. 1989. Die Reise der Missionsbräute kann in Anlehnung v. V. Turner als liminale Phase, als Schwellenzustand zwischen dem 'alten' und dem 'neuen' Leben, zwischen dem 'Nicht Mehr' und 'Noch nicht' interpretiert werden.

[156] PN: Brief v. Deborah Pfleiderer, Basel, an Mark Hoch, Mangalore/Indien. 25. Oktober 1881.

Auch Elise Hauff, die nach Indien reist, versucht die baldige Trennung von ihrer Familie zu verdrängen:

"An das darf ich noch gar nicht denken - daß ich für so lange von ihnen scheide."[157]

Elisabeth Heimerdinger, Braut des Chinamissionars Wilhelm Oehler, beschreibt ihre Gefühlslage am eindrücklichsten. Der Wunsch, sich nicht mit der Situation auseinandersetzen zu wollen, wird durch die folgenden Sätze transparent:

"Könnte ich doch eines Abends hier einschlafen und am anderen Morgen in China erwachen, hinüberschlafen in die neue Heimat. Mir ist manchmal bange vor den nächsten Wochen."[158]

Das 'Alle - Brücken - hinter - sich - Abbrechen' und das Bewußtsein von der möglichen Endgültigkeit ängstigte viele Frauen. Sie fürchteten, ihre Eltern nie wiederzusehen oder selbst vorzeitig auf dem Missionsfeld zu sterben.

So war der Abschied immer direkt oder indirekt mit Gedanken an den Tod verbunden - er war das wiederkehrende Thema bei den Abschiedsbesuchen und in den Abschiedsbriefen. Und er war ebenfalls Thema in manchen Briefen, die die zukünftigen Ehemänner den Eltern der Braut oder ihr selbst schrieben.

Was aber als Kompensation und Hoffnung all denjenigen blieb, die in diesen Prozeß miteinbezogen wurden, den Scheidenden und den Zurückbleibenden, war die Hoffnung auf ein Wiedersehen - wenn nicht 'hienieden', so doch im Jenseits. Der momentane Verlust der 'irdischen Heimat' erhöhte die Option des Gewinns der 'ewigen Heimat' - sie erschien unter diesen Voraussetzungen umso verlockender, da sie eben ein Wiedersehen mit denen garantierte, die es zu verlassen galt.

Pauline Ecklin, die im Herbst 1851 nach Indien reiste, schrieb in einem Abschiedsbrief an ihre Eltern:

"Im Himmel, herrlich und ohne Sünde, sehen wir uns, wills Gott, wieder."[159]

Freud und Leid

Die bevorstehende Trennung von den Eltern wird in den Briefen der zukünftigen Ehemänner häufig thematisiert. In Verbindung mit der Vorstellung von Abschied als 'symbolischem Tod' etwa, wenn Wilhelm Maisch der Mutter seiner Braut Luise prophezeit:

"Es mag ihr leichter fallen als damals mir, aber ein Sterben kostets eben doch auch."[160]

---

[157] PN: Brief v. Elise Hauff, Basel, an Friedrich Eisfelder, Hubli/Indien. 1885.
[158] PN: Brief v. Elisabeth Heimerdinger, Cannstatt, an Wilhelm Oehler, Hoschuwan/China. 15. Januar 1909.
[159] StABS. PA 770. 5.02.05. Ohne Datum.

Umgekehrt wird die Trennung auch von seiten der Eltern manches Mal als 'lebensbedrohlich' empfunden. So schreibt Marie Hauff an den Bräutigam ihrer Tochter Elise, sie schicke ihm „ein Stück ihres Herzens".[161] Überspitzt formuliert, könnte man den Verlust der Tochter als den symbolischen Verlust eines lebenswichtigen Organs für sie interpretieren.

Der Indienmissionar Eugen Bommer spricht gleich in seinem ersten Brief an die Eltern seiner Braut Lydia Schrempf deren bevorstehenden Trennungsschmerz an:

> *„Ihnen wird es freilich schwer fallen und es soll mich nicht wundern, wenn in Ihre Freude sich doch ein gewisser Schmerz mischt im Gedenken, die liebe Tochter hergeben zu müssen."*[162]

Die Missionare befanden sich, ebenso wie die Bräute und auch deren Eltern, in einer widersprüchlichen Situation. Einerseits waren sie die eigentlichen Verursacher des Schmerzes und der Traurigkeit, andererseits konnten sie ihre Freude darüber, endlich eine Braut gefunden zu haben, meist nicht verhehlen. So wechseln in vielen Quellen Gefühle der Schuld und solche der Dankbarkeit - den Schwiegereltern gegenüber, die Tochter ziehen zu lassen - mit persönlichen Glücksgefühlen ab.

Friedrich Eisfelder, Missionar in Indien, kompensierte dieses Konglomerat zwiespältiger Befindlichkeiten auf ironische Art und Weise:

> *„In gewissem Sinn muß es sich jeder Bräutigam gefallen lassen - als Räuber angesehen zu werden."*[163]

Geraubt im eigentlichen Sinne wird den Eltern die Tochter jedoch nicht. Um im Bild zu bleiben - es ist eher ein vorgetäuschter Diebstahl, denn sie selbst öffneten ja Tür und Tor, indem sie ihre Einwilligung dazu gaben. Daraus folgt, daß sie für die Trauer, die sie dann in der Stunde des Abschieds überwältigt, selbst verantwortlich sind, sie teilweise selbst herbeigeführt haben, etwa wenn der unschlüssigen Tochter zu einer Heiratszusage geraten wurde. So verschleiert beispielsweise der Satz „doch weil nach Indien du begehrst" in obigem Abschiedsgedicht an Deborah Pfleiderer die offensichtliche Tatsache, daß es weniger Deborahs Begehren, als vielmehr das ihrer Mutter war, einen Missionar in Indien zu heiraten. In ihren Lebenserinnerungen beschreibt sie rückblickend:

> *„Ich begehrte nichts weiter als nach so langem Entbehren des lieben Elternhauses, in dem mir so wohl war, bleiben zu dürfen. Dank dem freund-*

---

[160] PN: Brief v. Wilhelm Maisch, Hoschuwan/China, an Luises Mutter, Welzheim. Ohne Datum. Zum Abschied als 'ein bißchen Sterben' vgl. C. Köhle-Hezinger: Willkommen und Abschied. 1996, S. 16.

[161] PN: Brief v. Marie Hauff, Nufringen, an Friedrich Eisfelder, Hubli/Indien. Ohne Datum.

[162] PN: Brief v. Eugen Bommer, Mercara/Indien, an Herrn u. Frau Schrempf, Besigheim. 26. Dezember 1906.

[163] PN: Brief v. Friedrich Eisfelder, Hubli/Indien, an Elise Hauff, Bibersfeld. 6. Februar 1885.

lichen liebevollen Zureden meiner lieben Mama fing ich an, mir die Sache zu überlegen. Von Tag zu Tag wuchs der Mut und die Freudigkeit, bis es dann bald zu einem freudigen Ja kam, obgleich ich ja den Mark Hoch absolut nicht kannte."[164]

Aus dem vorhandenen reichhaltigen Quellenkorpus läßt sich jedoch interpretieren, daß Deborah Pfleiderer sich nicht willenlos zu einer Ehe überreden ließ, sondern wohl nach und nach tatsächlich „die Freudigkeit" dazu erhielt. Dennoch - ohne den Einfluß der Mutter hätte sie vermutlich die Heiratsanfrage des Missionars Hoch ignoriert und sich für einen anderen Weg entschieden. Das „liebevolle Zureden" der Mutter, die die Tochter zu überzeugen suchte, bedeutet andererseits wiederum nicht, daß Johanna Pfleiderer keinen echten Schmerz darüber empfand, die Tochter nach Indien ziehen zu lassen. Selbst ehemalige Missionarsfrau, wußte sie allzugut, welche Belastungen und Schwierigkeiten auf ihre Tochter Deborah zukommen konnten.

Doch nicht nur Schmerz ist ein Thema, auch die Freude wird erwähnt, wenn auch in Zusammenhang mit der Trauer. So bemerkt Eugen Bommer in einem Schreiben an die Eltern seiner Braut:

„Wenn in ihre Freude sich doch ein gewisser Schmerz mischt [...]."[165]

Damit ist nicht nur das freudige Ereignis einer Hochzeit gemeint, sondern die hier angesprochene Freude ist Ausdruck für den Stolz, daß die Tochter auserwählt wurde für den „Dienst im Reich des Herrn."

In der Heiratseinwilligung, die die Eltern von Elisabeth Heimerdinger an den Chinamissionar Wilhelm Oehler senden, kommt eben dieser Aspekt deutlich zum Ausdruck.

„Lieber Sohn! So begrüße ich Dich und heiße Dich von ganzem Herzen willkommen in unserer Familie auf Grund Deiner lieben Zeilen vom 4. September durch die wir uns ebenso hoch erfreut als geehrt fühlen. [...] Wir sehen die Werbung um unser Kind als einen Ruf Gottes an, der es in Seinen, manchmal zwar schweren aber dennoch seligen Dienst ziehen und es fähig machen möchte, dem ihm vom Herrn beschiedenen Mann eine treue Gehilfin zu werden. [...] Das, daß wir wir in dieser Führung die Hand unseres Gottes erkennen, läßt uns auch das unausbleiblich Schmerzliche und Betrübende des Abschieds und was er im Gefolge hat, in einem freundlicheren Licht erscheinen."[166]

Und in einem anderen Brief an Inspektor Oehler heißt es:

---

[164] ABM: Q 10.15,5. TB Deborah Pfleiderer.
[165] PN: Brief v. Eugen Bommer, Mercara/Indien, an Eltern Schrempf, Besigheim. Ohne Datum.
[166] PN: Brief v. Eduard Heimerdinger, Cannstatt, an Wilhelm Oehler, Tschonhangkang/China. 11. September 1908.

> *"[...] Wir werden sie wohl mit Thränen ziehen lassen [...]. Doch als Braut und geliebte Gattin eines lieben Sohnes im Reiche Gottes zu arbeiten, läßt uns unsere Wünsche mit dem Ruf des Herrn vereinen."*[167]

Das Motiv des Auserwähltseins, das sich bei den Missionsbräuten selbst immer wieder finden läßt, ist offenbar für die Eltern ebenfalls von entscheidender Bedeutung: auch sie sind auserwählt, wenn sie die Tochter als „Werkzeug Gottes" hergeben. Anders formuliert: die Familie der Braut ist nicht frei von Eitelkeiten, denn der 'Auszug' der Tochter bedeutet offenbar eine Erhöhung des gesellschaftlichen Status innerhalb der religiösen Gemeinschaft, der sie angehören. So schreibt Friederike Genähr, die 1853 als Missionsbraut nach China reist, über ihre Schwester Emilie:

> *"Oh möge der heilige Geist ihr junges Herz ganz und gar bekehren zu unserem lieben Heiland. Dann, wer weiß, wird sie vielleicht auch noch gewürdigt werden unter die Heiden zu gehen"*[168],

Marie Hauff argumentiert ähnlich, als sie ihre Tochter Elise 'hergibt':

> *"Wir haben unsere Töchter nicht eben für uns, sondern für den Herrn und seinen Dienst zu erziehen uns bemüht und es ist ja eine Anerkennung dessen, wenn der liebe Herr sie nun zu seinem speziellen Dienste ruft."*[169]

Die Anerkennung, von der sie spricht, ist in der Realität nicht nur die des „Herrn", sondern auch die, die die Missionsgemeinschaft der Familie zollt, die ihre Tochter für den Dienst in der Mission 'opfert'.

Dies alles zusammengenommen manövriert also auch die Eltern der Bräute in der Interimszeit in eine ambivalente Situation. Schmerz und Trauer über den Verlust der Tochter, aber auch Freude über die Wahl und Stolz auf die Tochter und daraus resultierendes erhöhtes Selbstbewußtsein wechseln sich ab.

Obwohl die Eltern den Ausschlag für die Heirat mit einem Missionar gaben, eben indem sie in die Heirat einwilligten, scheinen sich bei manchen Missionsbräuten Schuldgefühle zu entwickeln, weil die Eltern allein gelassen werden.[170] So ist eine Missionsbraut froh, daß ihre Schwester demnächst selbst heiratet und dann in der Nähe der Eltern bleibt:

> *"Ich sehe es als eine besonders freundliche Fügung Gottes an, daß die lb. Eltern ihre Tochter nun so nahe haben und mich jedenfalls viel leichter ziehen lassen."*[171]

---

[167] PN: Ebd.: eine Seite ist von Mathilde Heimerdinger geschrieben.
[168] ABM: TB Friederike Genähr, S. 30.
[169] PN: Brief v. Marie Hauff, Ebersfeld, an Friedrich Eisfelder, Hubli/Indien. 3. Februar 1885.
[170] Vgl. hierzu auch: P. Assion: Von Hessen in die Neue Welt. 1987. Zwar hat die Auswandererproblematik weniger mit dem Phänomen der Missionsbräute zu tun, dennoch lassen sich manche Parallelen in einzelnen Aspekten ziehen.
[171] PN: Brief v. Lydia Schrempf, Besigheim, an Eugen Bommer, Mercara/Indien. 25. März 1907.

Für Rosina Binder, die als 20jährige Missionsbraut im Jahre 1846 nach Afrika reist, gestaltet sich der reale Abschied von den Eltern geradezu traumatisch. Die Mutter liegt nach einer schweren Geburt geschwächt im Kindbett, als für Rosina die Abschiedsstunde schlägt:

> *„Ich ging dann zu meiner inniggeliebten Mutter, welche sich in ihrem Bette unter heissen Thränen aufrichtete und nicht weiter reden konnte so viel ich mich erinnere, als: So jetzt willst du gehen. - Sie küßte und umarmte mich noch einmal. Ich legte sie wieder hin und machte ihrer Schwäche halben so wenig als möglich Worte um recht schnell aus dem Zimmer zu kommen, was die Ursache war, daß ich nicht von meinem kleinen 14tägichen Schwesterchen Sophie Abschied nahm. [...] Dem lieben Vater dankte ich noch für alles was er an mir that [...]. Auf die Bitte mir alles zu verzeihen, womit ich ihn beleidigt, versicherte er mir fest, daß ich dessen gewiß sein dürfe."*[172]

Hier wird ein weiteres Bedürfnis mancher Missionsbraut sichtbar: im Guten von den Eltern zu scheiden, das alte Leben frei von Schuld zu beenden, um dadurch freier und unbelasteter das neue Leben beginnen zu können und sich dadurch vielleicht eines emotionalen Haltes innerhalb der Familie, die verlassen wird, rückzuversichern. In diesem speziellen Kontext ist solches Verhalten natürlich auch in den christlich-pietistischen Glaubenskanon eingebunden, in welchem Motive der Schuld, des schlechten Gewissens, der Sühne und des liebevollen Verzeihens eine wichtige Rolle spielen. So könnte man sagen, daß dieses Verhalten zugleich auch einer Erwartungshaltung der Eltern entspricht und bis zu einem gewissen Grad normativ ist.

Pauline Ecklin ist dafür ein Beispiel. Sie ergeht sich in Selbstanklagen - nicht nur was ihr vermeintliches (Fehl -) Verhalten betrifft, sondern auch, was ihre Gedanken den Eltern gegenüber betrifft. Sie bittet um Verzeihung und bietet Sühne in der Zukunft an:

> *„Ich fühle tief wie sehr ich zurückgeblieben bin in der Liebe und Ehrfurcht, die ich als Eure Tochter Euch hätte beweisen sollen. Vergebt mir liebe Eltern, wenn ich auch nur in Gedanken mich gegen Euch verfehlt habe, so fühle ich tief, daß die Liebe auch in Thaten und Worten gar oft bei mir gefehlt hat. [...] Es soll in dem fernen Indien auch mein Bestreben sein, Euch zu erfreuen; und womit kann ich Euch wohl mehr Freude machen, als wenn ich in der Wahrheit wandle. [...]"*[173]

---

[172] ABM: D 10. 4,9. TB Rosina Widmann, S. 3-5.
[173] StABS: PA 770.05.02.05. Ohne Datum.

Teilnahme: Die Freundinnen

Nicht nur die eigene Familie und näheren Verwandten bestimmten die heimatliche Lebenswelt der Frauen, sondern auch die Freundinnen. Sogenannte Arbeits-, Gesangs- und Jungfrauenvereine[174] bildeten oft den Rahmen für diese Frauenfreundschaften. Frauen, die der Mission nahestanden, besuchten gemeinsam die Missionsstunden, in denen Berichte aus der Mission, die wiederum von Missionarsfrauen verfaßt worden waren, vorgetragen wurden. Man traf sich auch in sogenannten Unterstützerinnenkreisen, in welchen Handarbeiten und Spielsachen für die „Heidenkinder" in Übersee angefertigt wurden. Einen anderen Schwerpunkt hatte der von der späteren Missionsbraut Elisabeth Heimerdinger ins Leben gerufene Treffpunkt junger Mädchen, das sogenannte Kränzchen „Immergrün", in welchem selbstverfaßte Gedichte vorgetragen und eine eigene „Kränzleszeitung" als 'hausinterne Vereinszeitung' herausgegeben wurde. Schöngeistige Unterhaltung bestimmte diesen 'literarischen Salon en miniature'. Natürlich gab es auch die rein privaten Mädchen- und Frauenfreundschaften, die nicht von speziellen Zusammenkünften abhingen.

In den eher spärlichen Quellen, die dieses Thema streifen, fällt bei genauerem Hinsehen auf, daß es unter den vielen Freundinnen immer die beste Freundin, die „Herzensfreundin" gab, von der die Trennung naturgemäß am schwersten fiel, da sie nicht selten die einzige Vertraute für die Missionsbräute außerhalb der Familie war.[175]

Die Abschiedsbriefe von den entfernt lebenden Freundinnen stehen oftmals im Zeichen der Trauer und der Teilnahme. Manch ein Brief, als Glückwunsch zur bevorstehenden Hochzeit gedacht, erinnert bei näherer Betrachtung an eine Art Kondolenzschreiben.

Für die zurückbleibenden Freundinnen ist die Nachricht von dem Entschluß der Frauen, einen Missionar zu heiraten, gleichzeitig der Abschied und die Trennung von der Freundin im Sinne von einer Art 'Zu - Grabe - Tragen' der

---

[174] Vgl. W. Unseld: Zeit der Versuchungen, Versuchungen der Zeit. 1997, S. 28-29. „1890 gab es 65 Jungfrauenvereine im Land." Die Jungfrauenvereine, ebenso wie die Jünglingsvereine waren christlich ausgerichtet. In der christlichen Ratgeberliteratur werden sie ausdrücklich als wünschenswert bezeichnet, da sie ein Gegengewicht zu den 'weltlichen Lichtstuben' bilden sollten. Zu der Funktion und der Bedeutung von Lichtstuben auf dem Dorf als Streitpunkt zwischen säkularen und kirchlichen Würdenträgern: vgl. C. Köhle-Hezinger: Das alte Dorf. 1991. S. 47-52. Nur im christlichen Jungfrauenverein konnten christliche Jungfrauen ihre Tugend bewahren, so die Überzeugung der 'Ratgeber für Jungfrauen'. Etwa: E. Schrenk: Das Jungfrauenleben im Lichte des Evangeliums. 1909-1911. Bis 1875 war Elias Schrenk Missionar der Basler Mission. Zum Thema Frauenvereine vgl. Gisela Hengstenberg: „Für Gott und die Menschen". 1997, S. 131-142.

[175] Zur romantisch-verklärten Mädchenfreundschaft des 19. Jahrhunderts vgl. u.a. Carol Smith-Rosenberg: „Meine innig geliebte Freundin!". 1981, S. 357-393.

Freundschaft, wie sie bis dato bestand. Und es ist zugleich eine 'symbolische Beerdigung' des bekannten jungen Mädchens, das nun in eine andere Position wechselt, eine andere Identität gewinnt und, was vielleicht am schwersten wiegt und von größter Bedeutung dabei ist, ist, daß die Freundinnen an eben diesem Wechsel nicht teilnehmen, nicht dabeisein können.

Das Ereignis - die Hochzeit, der gravierende Einschnitt, der diesen Statuswechsel mit sich bringt, findet ohne sie statt. Später kann die Freundschaft auch nur in reduzierter Form weiterbestehen. Doch nicht allein dieser Statuswechsel, der mit der Heirat an sich einhergeht - und den die zurückbleibenden Freundinnen im Falle einer Heirat ja ebenfalls erleben werden - ist es, der offenbar Probleme schafft. Die Freundin, die zur Missionsbraut wird, ist keine normale Braut, sie ist eine Braut von 'höheren Gnaden' und versetzt dadurch die anderen Frauen in eine inferiore Position.

Sophie, die Herzensfreundin Elise Hauffs, schreibt dieser anläßlich der angekündigten Heirat mit dem Indienmissionar Friedrich Eisfelder:

> *„Und schließlich komme ich mir auch so erbärmlich vor, so kindisch und unerfahren gegenüber den Schritten und Aufgaben, die Deiner warten."*[176]

Nicht nur Minderwertigkeitskomplexe spielen eine Rolle, auch Trauer über den Verlust der „geliebten Freundin" und Angst und Besorgnis kommen deutlich zum Ausdruck. Aus manchen Briefen wird ersichtlich, daß die möglichen Gefahren, denen sich eine Missionsbraut in Übersee aussetzte, durchaus realistisch eingeschätzt wurden. Das Wurzeln im selben religiösen Glaubenskontext erleichterte es den Freundinnen vermutlich, sich - trotz mancher Vorbehalte - in die Lage der Missionsbraut versetzen zu können. So formuliert eine Freundin:

> *„Aber doch wird gerade bei dieser Verlobung das Herz bewegt, wenn man an das Scheiden und deinen ferneren Lebensweg denkt, der doch gewiß oft mühevoll und sauer sein wird.*[177]*"*

Eine unbekannte Größe bleibt der Bräutigam. Obwohl die Heirat mit einem fremden Mann nicht als völlig abwegig beurteilt wird, scheint dieser Schritt für die Freundinnen nicht faßbar und daher vielleicht umso bedrohlicher. Einen Hinweis darauf gibt die Textstelle eines Briefes, den Marie Knausenberger aus Indien an ihre beste Freundin Salome in Colmar schreibt, nachdem sie bereits mehrere Monate verheiratet ist:

> *„Du brauchst dich vor dem edlen geehrten Herrn nicht zu fürchten, er ist gar nicht so grausam, sondern er hat Dich als meine beste Freundin herzlich lieb und läßt Deinen und der Deinen Grüße bestens erwidern."*[178]

In der Regel sind nur die Briefe im Quellenmaterial erhalten, die an die Missionsbräute geschrieben wurden. Eine Ausnahme bildet der Fall der Marie Rein-

---

[176] PN: Brief v. Sophie M., Gotha, an Elise Hauff, Bibersfeld. 20. März 1885.
[177] PN: Brief v. Emilie (kein Nachname), Lübeck an Elise Hauff. 30. Januar 1885.
[178] ABM: FR I/20. Brief v. Marie Knausenberger, Hubli/Indien, an Salome Harder, Colmar. 26. März 1882.

hardt aus Waldenbuch, die 1860 den Inder Hermann Kaundinya heiratet, der als Jugendlicher eine pietistische Sozialisation durchgemacht und sich „bekehrt" hatte und danach in Basel zum Missionar ausgebildet worden war. Ein Brief an die Freundin Lotte Kraus, in dem sie ihr von ihrer bevorstehenden Heirat erzählt, und deren Antwortbrief sind erhalten. Doch auch hier werden die oben beschriebenen Verhaltensmuster deutlich. So schreibt Marie Reinhardt an die Freundin:

„Liebes Lottchen. [...] Es drängte mich schon seit ich hier bin Dir zu schreiben, umso mehr, da sich in dieser Zeit so sehr viel in und mit mir zugetragen hat. [...] Was wirst Du liebe Freundin sagen, wenn ich Dir mittheile, was mich veranlaßt hat schnell von Sielmingen nach „Haus" zu gehen, wenn ich Dir sage, daß ich seit einigen Wochen Braut bin mit einem Missionar in Indien."[179]

In diesem Brief an die Freundin spricht Marie auch das 'Kernproblem' vieler Missionsbräute an, um es daraufhin sofort abzuschwächen:

„Das Schwerste bei diesem Schritt wurde mir, daß ich ihn noch nie gesehen, wohl aber kenne ich seine prächtigen Eigenschaften so genau, daß ich mich jetzt glücklich fühle an die Seite eines so entschieden gläubigen mit Verstand und warmem liebevollen Gemüth begabten Mannes zu kommen."[180]

Lotte Kraus aus Altdorf reagiert verständisvoll, weist auf den Abschiedsschmerz der Eltern hin, spricht Marie aber Mut zu und bestärkt sie in ihren Vorsätzen. Auch sie hebt Marie heraus aus der alltäglichen Normalität weiblicher vorgegebener Lebensmuster.

„Wer Dich von Herzen lieb hat, <u>muß</u> sich ja darüber freuen. [...] Oh liebe Marie, wie schwer es auch Deinen lieben Angehörigen im engen und weiteren Sinn werden muß, Dich, wenigstens für den äußeren Umgang, herzugeben, so kann man sich auf der anderen Seite nur darüber freuen und dem lieben Gott von Herzen danken, daß er Dich für würdig erfunden hat, die Lebensgefährtin eines solchen ausgezeichneten Mannes zu werden. [...] Alle Deine Eigenschaften, Dein liebes frommes Gemüth, besonders auch Deine Lernbegierde und Deine geschickte Hand, - ja Du paßt ausgezeichnet zu diesem Beruf!"[181] Sie schließt mit der Bitte:

„Daß Du auch ferner lieb behälst Deine aufrichtige Freundin Lottle Kraus."

Die Aufzählung der Begabungen Maries spiegeln das Idealbild einer Missionsbraut wieder, wie es dem Missionskomitee vorschwebte. Die Übernahme dieser

---

[179] ABM: Ohne Signatur. Brief v. Marie Reinhardt, Waldenbuch, an Lotte Kraus, Altdorf. 20. Mai 1860.
[180] Ebd.
[181] ABM: Ohne Signatur. Brief v. Lotte Kraus, Altdorf, an Marie Reinhardt, Waldenbuch. 24. März 1860.

zeittypischen Werte könnten darauf schließen lassen, daß Lotte Kraus offenbar eine enge Verbindung zur Mission hatte.

Gegenseitige briefliche Herzenserklärungen, Fotos und vor allem Gedichte wurden ausgetauscht - als 'Treuezeichen'[182] und Symbole der seelischen Verbundenheit. Die Gedichte fungieren auch als „Beziehungszeichen" im Sinne Erving Goffmanns[183]: der Wert, der der Freundschaft beigemessen wird, findet in ihnen seinen Ausdruck. Sie sind teils rührende Dokumente romantisch-verklärter, tief empfundener Frauenfreundschaften dieser Zeit.

Elisabeth Heimerdinger schenkt ihrer besten Freundin Marie Oehler, der Schwester ihres Bräutigams, folgende Zeilen zum Abschied:

„Du bist die Tür zu meinem Herzen

da trat durch diese Tür ein andrer ein

und nahm Besitz von meinem ganzen Sein

sag zürnst du ihm?" [184]

Die Freundin, die durch den Bräutigam gewissermaßen ersetzt wurde, empfand wohl auch so etwas wie Eifersucht auf diesen, obwohl es hier ja der eigene Bruder war. Sie, die als einzige Zugang zu dem Seelenleben der Freundin hatte, mußte nun dem Bruder und gleichzeitigem Bräutigam Elisabeths den Vortritt überlassen. Mit dem Abfassen dieses Gedichtes, das Elisabeth der Freundin schenkte, strebte die scheidende Missionsbraut sozusagen eine symbolische Wiedergutmachung an.[185]

In einem anderen Gedicht wird die Welt und das Leben durch die Metapher des Gartens versinnbildlicht, in dem Gott als großer Gärtner die beiden Freundinnen, die wiederum durch Blumen symbolisiert werden, an die Stellen des Gartens verpflanzt, die ihrem Gedeihen vermeintlich am zuträglichsten seien. Dieses

---

[182] Vgl. hierzu in Zusammenhang mit Treuegelöbnissen der Amerikaauswanderer: P. Assion: Von Hessen in die Neue Welt. 1987, S. 196 f.

[183] Vgl. E. Goffmann: Das Individuum im öffentlichen Austausch. 1982, S. 262-269.

[184] PN: Gedichte. Elisabeth Heimerdinger.

[185] Funktion und Bedeutung des Schenkens in nicht-europäischen Gesellschaften erforschte der französische Ethnologe Marcel Mauss. Aufbauend auf den Studien von Bronislaw Malinowski entwickelte er eine 'Theorie der gegenseitigen Reziprozität'. Gebende wie Nehmende werden durch Geschenke emotional aneinander gebunden, Geschenke sind nicht nur individuelle Zeichen der Freundschaft, sondern tragen zum Erhalt der ganzen Gemeinschaft bei, da sie Zeichen des gegenseitigen 'good will' sind. Obwohl freiwillig, werden sie dennoch erwartet, die Gabe unterliegt also einem 'Zwang des Gebens'. Vgl. M. Mauss: Die Gabe. 1968 (origin. 1925). Auch die Missionsbräute und späteren Missionarsfrauen unterlagen offenbar diesem 'Zwang des Gebens'. Aus etlichen Quellen geht beispielsweise hervor, daß viele bestrebt waren, außer Briefen, auch Geschenke in die Heimat zu senden, auch, wenn es sich um nur um Kleinigkeiten handelte. Umgekehrt wurden von den Verwandten, aber auch von den 'Unterstützerinnen der Mission' in Europa regelmäßig Pakete ins Missionsland gesandt. Das gegenseitige Geben und Nehmen trug so wohl auch zum 'Erhalt der Missionsgemeinschaft' bei.

Gedicht widmete Marie Knausenberger in Indien „in inniger Liebe" der Freundin in der Heimat zu deren Hochzeit. Und hierbei kommt das Schicksalhafte, Vorherbestimmte und Unvermeidliche im Hinblick auf die räumliche Trennung voll zum Tragen. Die Freundinnen trennten sich nicht voneinander, sie wurden getrennt und sind daher 'schuldlos' an dieser Entwicklung.

„*In einem trauten Städtchen - im lieben Elsaßland*
da wuchsen auf 2 Mädchen - im inn'gen Freundschaftsband
Die ein' ein zartes Veilchen - blüht stille auf der Semm
Die andre ein Gänsblümchen - studiert zum Examen.
Die Jahre schwinden und bringen - manch frohen Sonnenschein,
die Jahre schwinden und knicken - manch frischen Hoffnungskeim.
Doch beide Blümchen haben - den rechten Gärtner treu
Er führt sie rechte Pfaden - er stärkt ihren Glauben neu.
Das Gänseblümchen pflanzt er - ins ferne Heidenland
den armen Hindukindern - zu zeigen den Heiland.
Das Gänseblümchen freut sich - ob dieser Arbeit sehr
Obgleich es ganz untüchtig - zu diesem Werk so sehr.
Das liebe süße Veilchen - es blühte stille fort
bis einst ein schwarzer Knabe - entdeckte seinen Ort.
der freuet sich des Blümleins - und fühlt sich wohl bei ihm,
denn seine blauen Äuglein - verraten treuen Sinn.
Er nimmt das kleine Veilchen - und trägt es in sein Haus,
dort soll es weiter blühen - im Heim der Krautenaus.
O blühe liebes Veilchen - noch lange fort und fort,
erfreu mit deinem Dufte - die Lieben hier und dort,
und kommen viele Stürme - so beug getrost dein Haupt,
denn in des Vaters Schirme - ist sicher, der da glaubt.[186]

---

[186] ABM: FR/20. Brief v. Marie Knausenberger, Hubli/Indien, an Salome Harder, Colmar. 14. August 1883. Die Blume im Garten als ein Sinnbild für Weiblichkeit, als poetisches Symbol, findet sich häufig in der Emblematik des 16. und 17. Jahrhunderts. Vgl. A. Henkel; A. Schöne (Hg.): Emblemata. 1996 (1. Aufl. 1967), S. 290, S. 298-300.

Bräutigamszeit ohne Braut

Während die Brautzeit der Frauen also eher im Zeichen der Trauer, der Teilnahme, der bevorstehenden Trennung und des Abschieds steht, obwohl natürlich auch positive Emotionen benannt werden - ist die Situation der Bräutigame eine vollständig andere. Und gerade im Vergleich der getrennten Verlobungszeit wird das Ungleichgewicht, das die Paarbeziehung von Anfang an bestimmt, klar. Der am häufigsten gebrauchte Ausdruck in den Briefen der verlobten Männer im Hinblick auf ihre Gefühlslage ist der der *„kolossalen Spannung und Erwartung".*

Die Missionare haben den Abschied von der Heimat bereits seit längerer Zeit hinter sich, sie verlieren nichts, sondern gewinnen etwas hinzu. So sind die Reaktionen, ihre bevorstehende Heirat betreffend, innerhalb der Missionsfamilie, ihrer Ersatzfamilie in Übersee, durchweg positiv. In aller Regel werden sie zum Ende ihrer Junggesellenzeit beglückwünscht, oft auch mit Rat und Tat gerade der älteren Missionarsfrauen - die meist die Rolle einer Ersatzmutter übernehmen - unterstützt, was die Vorbereitungen für die Ankunft der Braut betrifft. Auch die anderen ledigen Missionare nehmen positiven Anteil.

Das wird deutlich an einem Gedicht, das ein befreundeter Missionar dem Bräutigam Wilhelm Oehler in China zusendet, als er von dessen bevorstehender Heirat erfährt. Diese Form des Glückwunsches ist innerhalb des vorliegenden Quellenmaterials allerdings einzigartig, handelt es sich gewissermaßen um eine Art freundschaftliches Spottgedicht, dessen jungenhafte Frozzelei eher an heutige Polterabendschmähungen erinnert.

> *„Elisabeth, oh eile*
> *mit Volldampf an mein Herz*
> *mit einem Kusse heile*
> *der Sehnsucht heißen Schmerz.*
> *Ich heiße Wilhelm Oehler*
> *bin groß und stark und lang*
> *daß ich mich fühle wöhler,*
> *komm du nach Tschonhangkang.*[187]

Auf dem dazugehörigen Briefumschlag findet sich noch folgendes Gedicht:

> *„Noch einige Liebesbriefe*
> *In meines Herzenstiefe*
> *zu Liebesschmerzgefühlen*

---

[187] PN: J.H. Däumel, Ort? / China, an Wilhelm Oehler, Tschonghangkang/China. 25. Februar 1909.

> *die Brust mir aufzuwühlen*
> *bis dann vom Peak ein dumpfer Schuß*
> *meldet Schluß, meldet Schluß.* "[188]

Dieses Dokument ist äußerst aufschlußreich im Hinblick auf die in allen anderen männlichen Quellen - die die Verbindung mit einer Frau betreffen, ob es sich um die Begründung für eine Heiratserlaubnis handelt oder die Korrespondenz mit der Braut - nicht in dieser Deutlichkeit thematisierten und verschleierten Wünsche und Sehnsüchte.

Es ist quasi das fehlende Bindeglied, das 'missing link' oder auch die Kehrseite: das, was in anderen Quellen fehlt, wird thematisiert, - und was in diesen anderen Quellen Thema ist, fehlt dafür.

'Pietistische Topoi' kommen hier explizit nicht vor: das Geschenk Gottes etwa, wie die Braut häufig bezeichnet wird, die himmlische Führung und Fügung, die tiefempfundene Dankbarkeit, die Frau als Mitträgerin von Lasten auf dem gemeinsamen Weg ins Jenseits. Nicht Religion, sondern Eros ist das Thema. Der körperliche und damit sexuelle Aspekt ist inhaltlicher Schwerpunkt: dies macht die Aneinanderreihung der verwendeten Metaphern und Begriffe deutlich. Herz, Kuß, heißer Schmerz, wohlfühlen, Stärke, Herzenstiefe, Liebesschmerzgefühle, aufgewühlte Brust. Und als Erlösung dann der Schuß. Die Sprache dieses Gedichtes ist relativ derb, sie erinnert an den Sprachduktus von Männerbünden. Doch nicht dies ist das Bemerkenswerte, sondern, daß es ein erhellendes Licht auf die Phantasien des Verfassers als Missionar wirft.

Außerdem vermittelt es eine Ahnung davon, wie unterschiedlich die Verlobungszeit und aus welch unterschiedlichen Warten das 'Verhältnis der Geschlechter' erlebt wurde. Pointiert formuliert: Während manch eine Missionsbraut die Erfüllung einer großen geistigen Aufgabe anstrebt, hat manch ein Missionar eher die Erfüllung seiner körperlichen Sehnsüchte, die nur durch einen Kuß geheilt werden können, vor Augen.

Unbekannte Schwiegereltern

In die Zeit des Abschieds und der Trennung fiel für die Bräute auch das Kennenlernen der jeweiligen Schwiegereltern. Dabei konnte die Aufnahme der Beziehung zugleich deren Ende sein. Gehörten die Schwiegereltern nicht zum Bekanntenkreis der Eltern - auch das kam vor - war eine persönliche Begegnung in der Regel auf wenige Male beschränkt. Oft war es nur ein einziges Mal, beispielsweise bei der bereits erwähnten Verlobung, die in der Heimat stattfand und zugleich Abschiedsfest der Braut sein konnte.

---

[188] Wenn die Überseedampfer in Hongkong im Hafen einliefen, wurde vom Peak, dem höchsten Berg, ein Salutschuß abgefeuert. Dieser Schuß verband sich somit immer zum Zeichen für die Ankunft der Braut in Hongkong.

Luise Lohss, die nach China reist, sieht ihre Schwiegereltern zweimal, das zweite und letzte Mal bei ihrer Verlobung, als ihr der Schwiegervater den Ring an den Finger steckt. Im Unterschied zu ihrem Bräutigam Wilhelm stellt sie sich ihren Schwiegereltern persönlich vor, setzt sich also auch in weit höherem Maße einer direkten Beurteilung aus. Die Schwiegereltern äußern sich in einem Brief an ihren Sohn dazu: *"Wir waren natürlich nicht wenig gespannt auf den ersten Eindruck."*[189]

Der erste Eindruck war ein wichtiger Moment, dem sich diejenigen Missionsbräute, die zum ersten Mal fremde Menschen als Schwiegereltern besuchen, allein, ohne die Unterstützung des Bräutigams stellen mußten. In der Regel hatte vor diesen Zusammentreffen ein brieflicher Kontakt stattgefunden. Aus den Quellen ergibt sich der Eindruck, daß dabei gleichsam im Vorfeld behutsam der Weg für einen 'guten ersten Eindruck' geebnet wurde.

Luise Lohss formulierte dieses Bestreben so:

"Liebe Eltern. Eigentlich weiß ich nicht so recht, ob ich wirklich auch so sagen darf und ob ich mir die Erlaubnis hiezu nicht hätte erst mündlich einholen müssen, aber es will mir so unnatürlich vorkommen anders zu schreiben und so bitte ich Euch herzlich mich als Eure Tochter anzunehmen. Als die Eltern meines geliebten Wilhelm seid Ihr mir, obwohl ich Euch nie gesehen, doch nicht unbekannt."[190]

Die Schwiegereltern spielten also offenbar auch insofern eine Rolle, als sie als greifbarer Ersatz für den unbekannten Bräutigam begriffen wurden - denn sie waren es schließlich, die ihn am längsten kannten.

Die Missionare hingegen können sich den neuen (Schwieger -) Eltern nur brieflich vorstellen. Auch hier herrscht in den Quellen ein Ton der Dankbarkeit, des Respektes und vor allem der Versuch der Selbstdarstellung als vertrauenswürdigem Menschen vor. Dies geschieht natürlich unter dem Gesichtspunkt, daß den Schwiegereltern die Tochter weggenommen wird und daß diese den zukünftigen Schwiegersohn ja ebenfalls nicht persönlich kennen. Beteuerungen, diese Tochter zu lieben, zu ehren, gut zu behandeln, kehren daher immer wieder.

Daß man sich persönlich nicht vorstellen mußte, wenn man von Übersee aus um die Hand der Frau anhielt, konnte auch seine Vorteile haben. Wilhelm Maisch bringt es in einem Brief, in dem es um eine 'fiktive' Braut für ihn geht, deren Eltern seiner Mutter nicht sympathisch sind, auf den Punkt:

"Auffallend war mir aber immerhin, daß bei meiner Abschiedsrunde in Gerlingen Mutter und zwei Tanten von Frl. M. Sch. anwesend waren. Ich konnte mir nicht erklären womit ich das verdient habe. [...] Übrigens wäre der Gedanke an M. Sch. auch meinerseits keine so arge Ungeheuerlichkeit. Sie stammt aus einer angesehenen Missionsfamilie, hat die nötige

---

[189] Vgl. Paargeschichte „Maisch-Lohss".
[190] PN: Brief v. Luise Lohss, Stuttgart, an Eltern Maisch, Gerlingen. Charlottenheim Stuttgart, 13. Juni 1907.

Begabung und Bildung, ohne Zweifel auch die nötige Energie, die für eine chinesische Missionarsfrau erforderlich ist, und die besonders meine Frau einmal haben muß, um mir die Leviten besser lesen zu können - warum also nicht zugreifen? - Oder werdet Ihr dann meiner Frau Schwiegermama das Haus verbieten? - Ich hätte ja das nicht nötig, nach China würde sie schwerlich kommen."[191]

Die räumliche Distanz, das Hauptproblem bei einer Heirat mit einem Missionar, der Umstand, der den meisten Missionsbräuten während der Vorbereitungszeit im Hinblick auf die eigenen Eltern am meisten zu schaffen machte, konnte also in bezug auf die Schwiegereltern durchaus auch von Vorteil sein.[192]

Die Bedeutung der Dinge

Erinnerungsstücke

Das Zurücklassen von Menschen war mit dem Mitnehmen von Dingen verbunden, die mit diesen in direkter Beziehung standen. Im Kontext von Trennung und Abschied kam gerade denjenigen Dingen eine besondere Bedeutung zu, deren Funktion es war, in der neuen Heimat die symbolische Verbindung zu den verlassenen Menschen aufrechtzuerhalten. Die Dingbedeutsamkeit[193] lag dabei im Erinnerungswert, im symbolischen Mitnehmen eines Stückchens Heimat als der symbolischen Versicherung von Verbindlichkeiten.

Andrea Hauser spricht von einer „Mehrdeutigkeit bei Gegenständen, die als persönliche Erinnerungsobjekte fungieren" und konstatiert, daß „diese emotionale Besetzung von Gegenständen den jeweils subjektiven Umgang mit Sachen am deutlichsten zeigt."[194]

So fungierten besonders Photographien der Eltern, der Geschwister und Freundinnen als 'Mittel gegen das Vergessen'. Sie bestückten das private Erinne-

---

[191] PN: Brief v. Wilhelm Maisch, Hoschuwan/China, an seine Mutter, Gerlingen. 31. August 1906.

[192] Sicherheit und Geborgenheit waren die eine Seite des Eingebundenseins in den Familienverband, zu dem die eigenen Eltern, wie auch die Schwiegereltern zählen konnten. Einmischung, Überwachung und Kontrolle kennzeichneten die andere Seite. Durch die räumliche Distanz war dieser Einmischung, ob von seiten der Familie der Frau oder der des Mannes 'natürliche Grenzen' gesetzt. Ein zeitgenössisches Beispiel für die permanente Einmischung und Kritik durch die eigene Familie findet sich etwa in: C. Paulus: Göttliche Führungen 1811-1893. 1994, S. 38 f. Hier wird u. a. das Leben der 'vorbildlichen Mutter' Beate Paulus, einer 'pietistischen Heiligen' beschrieben. Dabei fällt auf, daß sie sich, als es um die schulische Ausbildung der Kinder geht, permanent gegen die Vorstellungen des Ehemannes und der eigenen Familie zur Wehr setzen muß.

[193] K. S. Kramer: Zum Verhältnis zwischen Mensch und Ding, S. 100.

[194] A. Hauser: Dinge des Alltags. 1994, S. 24.

rungsarchiv[195] der Missionsbräute am nachhaltigsten. Diese Photographien erhielten - wie auf etlichen Bildquellen zu erkennen ist und in manchen Briefpassagen erwähnt wird - auf der Missionsstation oft einen Ehrenplatz, umgeben von frischen Blumen oder umkränzt mit Zweigen oder ähnlichem. Auf heutige Betrachter wirken die Arrangements eher wie Gedächnisorte für Verstorbene oder erinnern an eine Art Ahnenschrein.

Die Missionsbraut Christiane Beate Burkhardt bezeichnete in einem Brief an die Eltern das Bild ihres Bräutigams als *„totes Photographiebild"*.[196]

Das 'tote Bild' als schwacher Ersatz für den lebenden Menschen - möglicherweise rührt von daher die Einbindung dieser Bilder in den Kontext von Trauer. Frische Blumen, die um die Bilder gewunden oder in Vasen davor aufgestellt wurden, einer Grabpflege ähnlich, sollten vermutlich die Erinnerung frisch und am Leben erhalten und das 'tote Bild' mit Leben füllen.

Gleichzeitig könnten die Bilderarrangements auch die zeitliche und räumliche Trennung symbolisieren, also Blumen und Zweige als eine Art Trennungszeichen. Dafür spricht, daß Bilder der Braut, die die Missionare auf der Missionsstation aufstellten, ebenfalls geschmückt wurden - auch dabei steht ja die noch andauernde Trennung im Vordergrund.

So bemerkt ein Missionar in Zusammenhang mit einer Predigtreise, die er unternommen hatte, in einem Brief an seine Braut: *„ Und beim Zurückkehren fand ich Deine Photographie auf meinem Schreibtisch bekränzt."*[197]

Doch Photographien dienten nicht nur als Erinnerungsstück, sondern auch dazu, die Herkunftsfamilie dem Ehemann bildlich vorzustellen.

Georg Hoch, Missionar in Afrika, schreibt in einem Brief an seine Schwiegereltern:

„Im Geiste sind wir allerdings viel bei Euch und das mir so theure Bild, welches die liebe Nane mitbrachte, macht es mir leichter mich Euch zu vergegenwärtigen."[198]

Nicht nur das 'Bild der Heimat' in Form von Photographien - auch der 'Geschmack der Heimat' konnte Abschieds - wie Ankunftsgeschenk sein: das Glas Marmelade etwa, das Marie Knausenberger von ihrer Freundin Salome, nebst Spielsachen für die „Heidenkinder" in Indien, erhielt:

„Dein Confiture-Gläschen wurde leider zerdrückt, so daß alle meine Spielwaren gewaschen werden mußten."[199]

---

[195] Die Baudelairesche Metapher vom Erinnerungsarchiv wird thematisiert in: U. Hägele: Fotodeutsche. 1998, S. 9 f.
[196] ABM: TB Christiane Burckhardt, S. 13.
[197] PN: Brief v. Mark Hoch, Mangalore/Indien, an Deborah Pfleiderer, Basel. 23. September 1881.
[198] ABM: TB Christiane Burckhardt, S. 15.

Auch das deutsche Weihnachtsgebäck, mit dem Adelheid Faul begrüßt wird, die im Dezember 1877 in Indien ankommt, sich aber noch auf einer Zwischenstation im Hafen von Mangalore an Bord eines Schiffes befindet, ist für sie 'Ankunftsgeschenk' und eine Erinnerung an den 'Geschmack der Heimat'.

> *„Und da es gerade Christtag war, brachte mir Bruder Hirner einige Lebkuchen und Sprengerle, was mir ungemein wohltuend war, deutsche Sprengerle, ein deutscher Liebesbeweis in fernem Lande auf dem Ozean."*[200]

Weitere 'Liebesbeweise', die mit in die neue Heimat genommen wurden, waren Gedichte. Als Abschiedsgeschenk für die Freundin hatten diese einen hohen Wert. Ein wichtiger Anlaß für das Verfassen von Gedichten war offenbar auch das Verlobungsfest, bei welchem die Eltern ihre Segenswünsche für die Tochter und deren zukünftiges Leben in Reimform brachten. Es waren in gewissem Sinne Beschwörungsformeln, deren Funktion die Sicherung des Wohlergehens des Paares sein sollte. Dies wird an einem Gedicht recht deutlich, das der Vater der Missionsbraut Elisabeth Heimerdinger verfaßte:

> *„Freudig wollen wir drum heut'*
> *feiern den Verlobungstag,*
> *Ob der Bräut'gam gleich so weit*
> *In der Ferne weilen mag -*
> *Er ist nah - denn Meer und Land*
> *Überbrückt der Liebe Band!*
> *Möge dies erweisen sich*
> *als die wundervolle Kraft,*
> *die dem Paare innerlich*
> *und nach außen Segen schafft*
> *als ein Abbild jener Lieb,*
> *die im Tod selbst treu sich blieb. [...]"*[201]

Hier vermengen sich die Segenswünsche des Vaters mit der Vorstellung des Segens Gottes, der ohnehin auf der Beziehung liegt, da durch ihn das Paar zusammengeführt wurde.

Die Abwesenheit des Bräutigams, der „nah ist durch der Liebe Band", wird am Verlobungstag am spürbarsten und am deutlichsten - für die Missionsbräute und die anderen Anwesenden. Allerdings fällt auf, daß in den Quellen, die die Verlobung thematisieren, oftmals von einer imaginären Anwesenheit des Bräuti-

---

[199] ABM: FR/I 20, Brief v. Marie Knausenberger, an Bord des Schiffes „Singapore" an Salome Harder, Colmar. Datiert: an Bord der „Singapore" in der Nähe von Neapel, 29. November 1881.
[200] ABM: C-10,42-0. TB Adelheid Faul, S. 12.
[201] PN: „Zur Verlobung unserer Kinder. Wilhelm und Elisabeth am 22. November 1908. Vom Vater der Braut."

gams ausgegangen wird, der in Gedanken und Gefühlen an der Verlobung teilnimmt.

Eugen Bommer ist ein Beispiel dafür, wie sehr diese Vorannahme das Wahrnehmungsvermögen beeinflussen konnte. In einem Brief an seine Braut beschreibt er ihr eine Art Vision, die er am vermeintlichen Verlobungstag hatte:

> *„Denke, an jenem Sonntag (also 3. Advent) saß ich in T. auf der Veranda des Hauses um meine Predigt noch einmal zu überdenken. Und wie ich da an meiner Predigt beschäftigt war, durchzog mich so plötzlich eine unerklärliche Freude und Du tratest so lebhaft mir vor die Seele wie noch nie. Als ich andern Tags zu Herrn Richters kam, sagte ich ihnen, unsere Verlobung sei nun jedenfalls festgemacht und Du müßtest Dich an diesem Morgen besonders gefreut haben und ich erzählte ihnen wie es mir in T. ergangen war. Ist dies so?"*[202]

Eugen Bommer stellt dabei eine fast mystisch anmutende Verbindung zu seiner Braut her.

Und dies, obwohl er, wie auch manch anderer Missionar, das genaue Datum der Verlobung nicht kannte und erst im nachhinein darüber informiert wurde - ebenso wie umgekehrt das genaue Datum der Hochzeit in Übersee den Eltern in der Heimat nicht immer bekannt war.

Der Chinamissionar Wilhelm Maisch beispielsweise sandte, bevor er überhaupt wußte, ob und von welcher der beiden Frauen, die er vorgeschlagen hatte, er ein Ja-Wort bekommen würde, eine Namensliste von insgesamt 118 Personen in Württemberg, Afrika, Indien und China an seine Eltern nach Gerlingen, denen sie im Fall seiner Verlobung eine Verlobungsanzeige schicken sollten.

> *„Da es früher oder später wie wir hoffen zu einer Verlobung kommt, so sende ich Euch hier ein Formular einer Verlobungskarte, wie ich sie ungefähr wünsche. Laßt etwas Nettes machen. [...] Also sobald die Verlobung fest ist, d.h. Ihr von Herrn Inspektor oder der Braut selbst Nachricht habt, so laßt sofort die Karten drucken und ausgehen an folgende Adressen."*[203]

In einem Zusatz baute er auch eventuellen Peinlichkeiten vor. Falls seine zukünftige Braut Luise Lohss sein sollte, die eine frühere Verlobung mit einem Indienmissionar gelöst hatte, dann *„dürft Ihr an diese Adresse keine Karte schicken."*[204]

Die Verlobungsanzeigen waren ein sichtbarer Beweis für die Verbindung mit dem 'unsichtbaren' Bräutigam.

---

[202] PN: Brief v. Eugen Bommer, Cannanore/Indien, an Lydia Schrempf, Besigheim. 19. Februar 1907.
[203] PN: Brief v. Wilhelm Maisch, Hoschuwan/China, an seine Eltern, Gerlingen. 16. April 1907.
[204] PN: Ebd.

Aufgeladen mit hohem Bedeutungsgehalt war für manch eine Missionsbraut auch das Verlobungsgeschenk des Bräutigams - sofern sie eines erhielt. Es war nicht immer der Fall, beziehungsweise wird dieser Sachverhalt in den 'Verlobungsquellen' nur sporadisch erwähnt. Manche Missionare beauftragen Verwandte in der Heimat damit, der Braut in ihrem Namen ein passendes Geschenk zu besorgen. Diese Geschenke scheinen nicht nur sichtbarer, sondern vor allem greifbarer Beweis der Existenz und der Liebe eines Mannes für manche Frau zu sein. So lauten die Dankesworte einer Missionsbraut an ihren Bräutigam:

> *"Innigst herzlichen Dank für das wunderschöne goldene Ührlein, das ich von Dir, mein Liebster, als erstes handgreifliches Grüßlein bekommen habe. Es soll jetzt überall sein mein kleiner Begleiter, damit ich wie Mariele schreibt, mich immer erinnere, erstens daß Du mich lieb habest, zweitens daß ich Dir ein Geschenk aus Gottes Hand sei nach I Könige 3,5 und endlich was die Uhr jedem Menschen sagt, daß die Zeit vergeht, daß sie kurz ist, daß, wenn erst einmal unser Uhrwerk stille steht."* [205]

„Jedes Ding kann zum Symbol werden"[206] formuliert Gottfried Korff. In diesem Fall ist das Ding bereits Symbol und zusätzlich ein Beispiel für eine „Transgression ins Himmlische", wie Martin Scharfe sie definiert: „Von einer 'Transgression' spricht man dann, wenn ein Gegenstand, ein Vorgang oder ein Zustand der realen Umwelt zum Ausgangspunkt einer geistlichen Betrachtung gemacht wird; dabei scheint eine gewisse Schroffheit und Kürze des Schlusses vom Irdischen aufs Geistliche die Regel zu sein."[207]

Doch nicht nur wertvolle Dinge, sondern auch vermeintlich nebensächliche Kleinigkeiten wurden übers Meer geschickt.

> *"Für das zarte Zweigchen danke ich Dir besonders. Ich habe schon viele Jahre ein Heft mit Andenken von Gepreßtem, das findet dann seinen schönsten Abschluß durch diese lieben Grüße."* [208]

Das Heft der Missionsbraut Lydia Schrempf, das vermutlich bis dahin nur heimische Pflanzen enthielt, schließt mit einem Zweig aus Indien, den sie von ihrem Bräutigam erhält, als sie sich bereits in Basel im Missionshaus befindet, wo sie vermutlich offiziell verabschiedet wurde. Das „Zweigchen" symbolisiert so im Grunde genommen die neue Heimat, es ist Symbol für Abschluß und Anfang zugleich.

---

[205] StABS: PA 771.11.05.01. Brief v. Deborah Pfleiderer, Basel, an Mark Hoch, Hubli/Indien. 6. September 1881.
[206] G. Korff: Notizen zur Dingbedeutsamkeit. 1992, S. 9.
[207] M. Scharfe: Die Religion des Volkes. 1980, S. 97.
[208] PN: Brief v. Lydia Schrempf, Basel, an Eugen Bommer; Mercara/Indien. 25. März 1907.

Die Aussteuer

Die Vorbereitungszeit und Verlobungszeit war also nicht nur von Gefühlen, sondern auch von äußeren Dingen geprägt: doch nicht nur von Dingen, die für das 'Erinnerungsarchiv' bestimmt waren, sondern ebenso von den Dingen, die zur Aussteuer gehörten. Die Bräute brachten das meiste an den Dingen, die für den neuen Haushalt benötigt wurden, aus der Heimat mit. Die verschiedenen Haushaltsgegenstände, oftmals Küchenutensilien, aber auch Möbel, die extra angefertigt werden mußten, wurden Wochen vor der Abreise verschickt.

Die Aussteuer war während des 19. Jahrhunderts wichtiges Statussymbol der Braut.[209] In ländlichen Gegenden war es allgemein üblich, daß der gesamte Hausrat einer Braut, die Tisch- und Bettwäsche und diverse Möbelstücke, kurz das 'Hab und Gut', das diese in die Ehe einbrachte, für alle sichtbar auf einen Pferdewagen, den sogenannten Brautwagen geladen und unverdeckt, also offen, durch das Dorf zum Haus des Bräutigams oder in das Dorf, in welches die Frau einheiratete, gefahren wurde. Christel Köhle-Hezinger spricht davon, daß „der Brautwagen - auch realiter - die Annäherung an die Schwelle des Neuen (auch die Schwelle des Hauses) war, die nun überschritten werden sollte, daß er Spiegel des Mitgebrachten, der Güter und des Lebens, der weiblichen Fertigkeiten und Rollen, der Angemessenheit und Rechtmäßigkeit war."[210]

Die Aussteuer der Missionsbräute hingegen wurde - statt für alle sichtbar auf den Brautwagen geladen und ins nächste Dorf gefahren - blickdicht und luftdicht in Kisten verpackt und nach Übersee verschifft.

In den „Bedingungen für die in den Dienst der Basler Missionsgesellschaft auszusendenden Bräute" lesen wir unter Punkt 3, der die Aussteuer betrifft:

„Die Aussteuer der Braut, von der ein gedrucktes Verzeichnis beiliegt, bestreitet die Braut selbst, falls die Eltern oder sie selbst die dazu erforderlichen Mittel besitzen; für den Fall, daß die Mittel dazu nicht vollständig vorhanden sind, reicht die Missionsgesellschaft das Fehlende dar, ist gar kein Vermögen vorhanden, so schafft die Missionsverhandlung das Ganze auf ihre Kosten herbei."[211]

---

[209] Vgl. S. Heiler: Aussteuer - Zur Geschichte eines Symbols. 1993, S. 219-227.

[210] C. Köhle-Hezinger: Willkommen und Abschied. 1996, S. 11. Zum Brauch des Bestükkens des Brautwagens vgl. W. Unseld: Verliebt, verlobt, verheiratet. 1991, S. 11-19. Zum Repräsentationswert von Bräuchen in der dörflichen Hierarchie vgl. I. Weber-Kellermann: Saure Wochen, frohe Feste. 1985; S. 21-39. Für Weber-Kellermann ist gerade der Brautwagen ein Zeichen für den zukünftigen Status des Paares innerhalb der Dorfgesellschaft. Er hat auch deshalb Zeichencharakter, da er auf die Bedeutung des Materiellen innerhalb bäuerlicher Heiratsstrategien verweist. Zum 'Inhalt' des Brautwagens vgl. J. C. Reuter; Fr. W. Uferhard: Specification dessen, was zu einem Brautwagen und der Aussteuer gehört, S. 265. Zit. nach I. Weber-Kellermann: Saure Wochen, frohe Feste, S. 232.

[211] ABM: Q-9.21,18: Bedingungen für die in den Dienst der Basler Missionsgesellschaft auszusendenden Bräute.

Diese Verordnung schuf im Grunde genommen Missionsbräute erster, zweiter und dritter Klasse. Mina Ruoff, Tochter eines Flaschnermeisters aus Stuttgart und für Afrika bestimmt, scheint m. E. der dritten Klasse zugeordnet zu sein.

> *„Herzlich dankend für das mir Geschenkte und den Betrag für die Ausstattung. Ihre dankbare geringe Mina Ruoff."*[212]

So schließt ein Brief von ihr, den sie im April 1860 an den „Hochgeehrten Inspektor" schreibt. In ihrer Familie scheint „gar kein Vermögen" vorhanden gewesen zu sein.

Auch ihre Schwester Luise, die nach Minas Tod - sie überlebte nur vier Jahre in Afrika - die zweite Frau des Missionars Jacob Heck wird, schickt einen Dankesbrief an die „verehrte Comittee".

> *„Hochgeehrter Herr Inspektor. [...] Schon längst fühle ich mich verpflichtet Ihnen und der theuren Comittee zu danken für die gütige Verwilligung der Gegenstände, um die wir gebeten haben. [...] Noch eine Bitte hätte ich, daß ich mir einen wollenen Teppich kaufen dürfte, was doch ein Hauptbedürfnis für die Winterreise ist. Bitte nun herzlich, mir diese meine Freiheit nicht übel zu nehmen."*[213]

Mina und Luise Ruoff, die beiden unvermögenden Schwestern, hatten vermutlich aus finanziellen Gründen nicht die Möglichkeit, über das Nötigste hinaus etwas für den neuen Haushalt anzuschaffen. Sie mußten sich mit dem begnügen, was die „Mobiliarordnung"[214] der Basler Mission als Basiseinrichtung eines Missionshaushaltes für ausreichend erachtete.

Vor diesem Hintergrund ist es nicht erstaunlich, daß die finanziellen Verhältnisse der Bräute doch von einem gewissen Interesse waren, vor allem im Hinblick auf Anschaffungen, die über das Nötigste hinausgingen. Eugen Bommer spricht bereits in den ersten Briefen die Aussteuer seiner Braut an:

> *„Ich möchte auch gleich mitteilen, daß Lydia an Hausgeräten nichts zu bringen hat, ebenso ist für Küche nichts nötig, auch kein Geschirr. Nur wenn Lydia gerne ein schönes Tafelservice hätte, so könnte sie das mitbringen, ebenso ein schönes Besteck."*[215]

In einem weiteren Brief die Aussteuer betreffend schreibt er:

> *„Auch sagte mir Frau Richter, daß Lydia, wenn irgendwelche Freunde ein Geschenk geben wollen, sich einige Bilder wünschen könnte, da das*

---

[212] ABM: Brief v. Mina Ruoff, Stuttgart, an Inspektor Josenhans. 5. April 1860.
[213] ABM: F R. 1847-1890, Bd 1. BVPF: 404, S. 26. Akte Jacob Heck. Brief v. Luise Ruoff, Stuttgart, an Inspektor Josenhans. 7. November 1864.
[214] ABM: Q9, 1b, 1867. Verordnungen für die Basler Missionsstationen. VIII. Verwaltungsordung. Viertes Stück. Mobiliar-Ordnung.
[215] PN: Brief v. Eugen Bommer, Anandapur/Indien, an Eltern Schrempf, Besigheim. 21. Januar 1907.

Haus sehr groß ist und die kahlen Wände einen etwas unfreundlichen Anblick bieten."[216]

Lydia war also für die 'schönen Dinge des Lebens' zuständig. Es wäre interessant zu erfahren, welche Art Bilder[217] sie sich wünschen sollte - mit religiösen Motiven oder weltliche Varianten. Interessanter aber ist, daß der Missionar überhaupt - über Umwege, nämlich den über Frau Richter - sein Bedürfnis nach Verschönerung der Wände artikuliert. Frau Richter, eine ältere Missionarsfrau und sein Mutterersatz in Indien, hat ihm das als erfahrene Missionarsfrau geraten, er gibt diesen Vorschlag nur weiter, doch es ist eigentlich sein eigener Wunsch, der zum Vorschein kommt.

Die Verschönerung des zukünftigen Heims, diese Aufgabe hatten Frauen nicht nur während des 19. Jahrhunderts. Innerhalb des Kontextes der Mission bedeutete diese Aufgabe aber noch mehr. Denn zur Verschönerung, für die schönen, nicht nur nötigen Dinge, für den 'Luxus' eines schönen Services etwa, mußte das entsprechende Kapital vorhanden sein. Das Ansehen der Frauen bei der Missionsfamilie in Übersee und beim Bräutigam stieg vermutlich mit der Anzahl und Schönheit der Dinge, die sie mitbringen konnten.[218] Ein Indiz dafür könnte sein, daß beispielsweise Frauen, deren Familien imstande waren, die Aussteuer selbst zu bezahlen, in Briefen an den Bräutigam diese Aussteuer detailliert beschreiben, fast als ob auch sie selbst den ökonomischen Wert ihrer Person vermitteln wollten.

Nicht nur die Aussteuer, auch Hochzeitsgeschenke, die die Bräute im Vorfeld erhalten, sind in den Briefen an den Bräutigam ein Thema. Elisabeth Heimerdinger erwähnt etwa:

„Zwei silberne Kaffeelöffel, schon graviert, die ich täglich zu benützen versprach."[219]

Das Geschenk von ihren Geschwistern freut sie am meisten, da dieses von hoher emotionaler Bedeutung und im historischen Kontext von hohem Wert ist:

„Und weißt Du, was meine Geschwister miteinander uns als Hochzeitsgeschenk gaben? [...] Einen sehr guten photographischen Apparat (Kodak)."[220]

---

216 PN: Ebd.
217 Zu Bildbesitz im pietistischen Haushalt vgl. M. Scharfe: Evangelische Andachtsbilder. 1968, S. 301 f. - Vgl. W. Unseld: Bilder im evangelischen Haus. 1994, S. 32-48.
218 Dies trotz des Ideals der 'Einfachheit und Genügsamkeit'. Diese Überschrift trägt ein Kapitel eines 'Bestsellers' des 20. Jahrhunderts, der 1910 festschreibt, was sich während des 19. Jahrhunderts bereits verfestigte. Vgl. F. Baun: Das schwäbische Gemeinschaftsleben. 1910, S. 91-102.
219 PN: Brief v. Elisabeth Heimerdinger, Cannstatt, an Wilhelm Oehler, Tschonghangkang/China. 19. Januar 1909.
220 Eastmans Erfindung des Rollfilms (1885), die Kodak-Kamera, begründete die Amateurphotographie. Die Filmentwicklung und die schwierige Herstellung der Abzüge wurde in Spezialfirmen verlagert, die diese Arbeit den Amateuren abnahmen. Das sagt

Ein Photoapparat war unter Missionsleuten ein 'Gegenstand des Begehrens', den sich aber nur die wenigsten leisten konnten. Seine emotionale Bedeutung lag unter anderem darin, daß er das Mittel und Medium war, mit dem die neue Heimat für die Verwandten in der alten Heimat visuell dokumentiert werden konnte. Die Ferne wurde so in greifbare Nähe gerückt und für die Zurückbleibenden erfahrbarer gemacht.[221]

Ein weiterer Gesichtspunkt, der in den Quellen nicht explizit erwähnt wird, aber dennoch ins Auge fällt, ist, daß es sich bei manchen Gegenständen, die die Bräute mitbringen oder neu anschaffen, um Dinge handelt, die im 'Zeichen der Modernität' stehen. Mit einem Photoapparat etwa befand man sich 'auf der Höhe der Zeit', war modern. Auch das *„wunderschöne, ganz neu herausgegebene Brockhaus'sche Conversationslexikon"*,

das Elisabeth Heimerdinger ebenfalls erhält, kann als ein Zeichen für Weltoffenheit und Modernität gewertet werden.

Luise Lohss etwa, kauft sich von ihrem Brautgeld einen „Weck'schen Apparat"[222], wie sie in ihrem Tagebuch im Jahre 1908 notiert. Damit gehörte sie für die damalige Zeit zu den 'modernen Hausfrauen',[223] da „die neue Methode mit Einkochgläsern einzukochen, nicht so schnell übernommen wurde, wie ihre Vertreter aus der einschlägigen Industrie glauben machen möchten."[224] Außerdem war solch ein „Apparat" nicht ganz billig und nur in wenigen Haushalten zu finden. Für ihren Bräutigam Wilhelm Maisch könnte dies mit ein Zeichen dafür gewesen sein, eine 'gute Partie' gemacht zu haben, hatte für ihn doch einer der

---

[221] wenig darüber aus, in wieviel Haushalten sich um die Jahrhundertwende tatsächlich eine Kodak-Kamera befand. Offensichtlich war der Besitz einer solchen Kamera zumindest für die Missionsleute auch um 1909 noch etwas Besonderes. Außer dem Hinweis bei Elisabeth Heimerdinger findet sich in meinen Quellen kein weiterer Hinweis auf die Mitnahme eines Photoapparates. Vgl. zum Besitz von Photoapparaten: P. Herzog: Die Photographie als Mittel bürgerlicher Selbstdarstellung. 1995, S. 181.
Die meisten Missionare waren außerdem von der Basler Missionsgesellschaft dazu angehalten, 'Vorher-Nachher-Bilder' von den „Heiden" anzufertigen. Auch Alltag und Leben der „Heiden" sollten aufgenommen werden. Das hatte verschiedene Gründe. Zum einen erhöhten interessant gestaltete Diavorträge in der Heimat die Spendenbereitschaft für die Mission. Zum anderen mußte das Leben der „Heiden" genau untersucht werden, um verändert werden zu können. Dabei entwickelten sich viele Missionare zu 'christlichen Ethnologen'. Es scheint allerdings so, daß die Missionare von der BM nicht mit einem Photoapparat ausgestattet wurden, die Anschaffung eines solchen war 'Privatsache'. Vgl. A. Kittel: Missionsphotographie - das Ferne wird nah. 1996, S. 139-150.

[222] PN: TB Luise Lohss, 18. April 1908.

[223] Die Beobachtung, daß durchaus Interesse für technische Innovationen und praktische Neuerungen vorhanden war, gilt natürlich erst für die Bräute Ende des 19. und Anfang des 20. Jahrhunderts, als auch der Prozeß der Industrialisierung weit fortgeschritten war.

[224] M. L. Hopf-Droste: Von Konservendosen und Einmachgläsern. 1988, S. 489.

Gründe, bei einer anderen Frau, Auguste Schenkel, von einer Heiratsanfrage abzusehen, darin gelegen, daß diese *„gänzlich mittellos ist"*[225].

Über die diversen Sachen, von denen manche Bräute in ihren Briefen erzählen, waren die 'Ersatzmütter' der Bräutigame im Missionsgebiet, die Missionarsfrauen, bei denen sie als sogenannte Kostgänger lebten, bestens informiert. So wird die Kiste, die nach Übersee geschickt wird - im übertragenen Sinne - doch wieder zum Brautwagen: für alle sichtbar.

Symbole der Zweisamkeit

Drei Dinge, die als Bedeutungsträger einen überaus hohen Konnotationsgehalt aufweisen, waren es, für die die Bräute immer von der Heimat aus zu sorgen hatten, und deren Besorgung oder Herstellung in ihren Händen lag.

Die goldenen Eheringe, die Roßhaarmatratzen für das Ehebett und das Harmonium, eines der begehrtesten Gegenstände überhaupt, können innerhalb des spezifischen Kontextes als die Symbole der Zweisamkeit schlechthin interpretiert werden.

Die Eheringe als wichtigstes Zeichen der Verbindung waren in den Brautbriefen bereits frühzeitiger Gesprächsgegenstand. Obwohl es beispielsweise in Indien ebenfalls Goldschmuck gab - die Missionare also auch die Möglichkeit gehabt hätten, Eheringe herstellen zu lassen - , scheint es doch üblich gewesen zu sein, daß die Bräute diese Ringe in der Heimat besorgten. Möglicherweise wurde das 'heidnische Gold' als ehrenrührig betrachtet, wahrscheinlicher ist aber, daß die Besorgung der Ringe Frauensache war[226], weil sie anläßlich der Verlobung, die in der Heimat der Braut gefeiert wurde, dieser über den Finger gestreift wurden.[227] Die Maße für den Ehering teilten die Missionare der Braut oder deren Eltern brieflich mit. Häufig geschah das in ähnlicher Weise wie im vorliegenden Fall:

„Wenn Sie dann die Ringe besorgen wollen, so wäre es mir sehr lieb, da ich es von hier aus nicht gut tun kann. Ich lege die Weite meines Fingers

---

[225] PN: Brief v. Wilhelm Maisch, Hoschuwan/China, an seine Eltern, Gerlingen. 16. April 1907.

[226] Traditionell war dies Männersache. Vgl. I. Weber-Kellermann: Saure Wochen, frohe Feste. 1985, S.143.

[227] Die Verlobung in der Heimat wird nicht in allen Quellen, die die Abschieds- und Trennungszeit thematisieren, erwähnt. Dennoch können wir davon ausgehen, daß, wenn überhaupt ein Verlobungsfest gefeiert wurde, dieses im Elternhaus der Braut stattfand und nicht etwa im Elternhaus des abwesenden Bräutigams. Es war ein rein pragmatischer Grund, daß die Braut die Ringe besorgte und in ihrem Besitz hatte, da sie ihr anläßlich der Verlobung vom Schwiegervater über den Finger gestreift wurden.

bei, indem ich in einen Karton ein rundes Loch ausschneide, so daß der Karton gerade in meinen Finger geht."[228]

Der Umfang des Ringfingers wird für die Bräute somit zur ersten handgreiflichen Information über einen Teil des unbekannten Körpers des Mannes, dem sie die 'Hand zum Bund fürs Leben' reichen sollten.

Einen hohen Symbolwert wiesen nicht nur die Eheringe an sich auf. Ein fast noch höherer Stellenwert wurde der eingravierten Inschrift als religiösem Motto für die gemeinsame Zukunft beigemessen. Die Auswahl dieses 'Mottos' in Form eines bestimmten Bibelverses wurde entweder den Bräuten überlassen - oder es wurde brieflich beratschlagt, welcher Vers in Betracht gezogen werden sollte.

Außer den Eheringen war die Ausstattung des zukünftigen Ehebettes in Form von Roßhaarmatratzen ebenfalls pränuptiales Thema. Anhand dieser Thematik wird die 'verkehrte Welt' des Brautpaares evident. Die Roßhaarmatratzen könnten als Art Symbol für diese 'verkehrte Welt' gedeutet werden. 'Verkehrt' beziehungsweise umgekehrt deshalb, weil die Annäherung der Paare aneinander in umgekehrter Form - in 'verkehrter Reihenfolge' - stattfand. Die indirekte Beziehung des Brautpaares, die nur auf dem Papier beziehungsweise aus Briefen besteht, die immer mit 'indirekten Küssen im Namen Gottes' enden, mündet in die 'direkte Rede' über die gemeinsamen Betten, dem Ort der zukünftigen sexuellen Begegnung. Assoziationen, dieses Thema betreffend, sollten vermutlich vermieden werden. Es ist auffällig und bezeichnend, mit welcher Beiläufigkeit das Thema zur Sprache gebracht wurde.

In einem Brief an die Eltern seiner Braut erwähnt Eugen Bommer die Matratzen nebenbei:

„Für Betten wären gewiß zwei dünne Roßhaarmatratzen gut, die in Ballast geschickt werden könnten und zwei Steppdecken. Es hat freilich noch Zeit darüber zu berichten, aber es ist vielleicht doch gut, wenn Lydia dieses bald erfährt.[...]."[229]

Interessant ist hierbei, daß Eugen Bommer nicht von 'unseren Betten', sondern von den gleichsam neutralen Betten schreibt.

Sehr viel unbefangener und auch direkter geht dagegen die Missionsbraut Deborah Pfleiderer mit dem Thema der Matratzen um:

„Gleich nach dem Frühstück ging Mama mit mir in die Stadt um allerlei zu besorgen - unter anderem bestellten wir unsere Kissen, d.h. zwei Roßhaarmatratzen, die jetzt in Arbeit sind. Zu Matratzen werde ich nur den Stoff und das Roßhaar mitbringen, um sie dann in Mangalore selbst erst

---

[228] PN: Brief v. Eugen Bommer, Mercara/Indien, an die Eltern seiner Braut Lydia Schrempf, Besigheim. 14. Januar 1907.

[229] PN: Brief v. Eugen Bommer, Mercara/Indien, an die Eltern seiner Braut Lydia Schrempf. 21.Januar 1907.

machen zu lassen. Denk nur - jetzt soll oder darf ich vielmehr noch Matratzen machen lernen."[230]

Ganz nebenbei wird auch der soziale Status von Deborah Pfleiderer sichtbar, die als höhere Tochter erzogen wurde. Sie läßt die Matratzen anfertigen.

Ihre Unbefangenheit oder Naivität kommt auch an einer anderen Textstelle zum Ausdruck - als sie ihren Bräutigam davon unterrichtet, welchen Platz seine Photographie, die er ihr zugesandt hatte, nun in ihrem Zimmer einnimmt.

„Es ist mir immer eine große Freude dasselbe anzusehen und bei mir haben zu dürfen. Ich habe Dich jetzt über meinem Bett hängen und bin Dir also bei Nacht am nächsten. [...] Deshalb bist Du am genannten Ort am sichersten und da kann ich Dich auch zu jeder Zeit besuchen."[231]

Ob Deborah Pfleiderer sich wohl bewußt war, wie doppeldeutig diese Zeilen wirken können, ist fraglich. Vermutlich hätte sie andere Formulierungen gebraucht, wenn sie sich über die Doppeldeutigkeit im klaren gewesen wäre.

Anzunehmen ist, daß die angesprochene Thematik bei den Beteiligten sicher bestimmte Assoziationen hervorrief, diese jedoch in Briefen niemals artikuliert werden konnten.

Das Harmonium war ein Gegenstand, der weniger mit sexuellen Assoziationen verknüpft war, als vielmehr mit Vorstellungen von harmonischer Zweisamkeit verbunden wurde. Offenbar war es ein Gegenstand des Begehrens - denn nur wenige der finanziell nicht eben gut gestellten Missionsleute konnten sich solch ein Musikinstrument überhaupt leisten. In den vorliegenden Quellen taucht die Sehnsucht nach diesem Instrument oder die Freude darüber, ein solches zu besitzen, immer wieder auf.

So konstatiert ein Chinamissionar im Hinblick auf die harmonische Zukunft mit seiner Braut:

„Sehr dankbar bin ich auch, daß sie musikalisch ist, schon einmal wegen der chinesischen Sprache. Und dann freue ich mich sehr, bis wir morgens und abends bei der Andacht ein Lied miteinander singen können mit Harmoniumbegleitung."[232]

Seine Ehefrau erklärt in einem Brief an die Eltern später:

„Unser Harmonium ist sehr schön und hat einen prächtigen Ton. Ich bin so froh, daß es da ist."[233]

---

[230] StABS: PA 771.11.05.01. Brief von Deborah Pfleiderer, Basel, an Mark Hoch, Mangalore/Indien. 23. August 1881.

[231] StABS: PA 771 11.05.01. Brief v. Deborah Pfleiderer, Basel, an Mark Hoch, Mangalore/Indien. 25.Oktober 1881.

[232] PN: Brief v. Wilhelm Maisch, Hoschuwan/China, an seine Schwiegermutter, Welzheim. 3. August 1907.

[233] PN: Brief v. Luise Maisch, Hoschuwan/China, an Wilhelms Eltern, Gerlingen. 18. April 1908.

Die Sehnsucht nach diesem Instrument scheint in einer weiteren Quelle indirekt auf:

> *„Ein Harmonium habe ich auch nicht, Lydia wird jedenfalls gerne eines haben."*[234]

Elisabeth Heimerdinger, Missionsbraut für China, beschreibt ihre Zukunftsvision im Hinblick auf die spätere Zweisamkeit so:

> *„Wenn dann Feierabend ist und wir beieinander sind, wirst Du vielleicht etwas Schönes vorlesen und ich setze mich dann zu Dir mit einer Arbeit. Oder wir werden miteinander musizieren. Viel schöne Lieder habe ich eingepackt und auch Noten, auch einige vierhändige, die man auf dem Harmonium spielen kann. es ist ein recht gutes Instrument und nicht zu klein. Wir hoffen, daß es Dir gefallen wird."*[235]

Hier kommen einerseits Versatzstücke bürgerlicher Pfarrhauskultur des 19. Jahrhunderts[236] zum Tragen, andererseits stilisierte und standardisierte Idealbilder der fortwährend tätigen Frau, die auch am Feierabend ihre Hände nicht müßig in den Schoß legt[237], und des geistig tätigen Mannes, der am Feierabend immer noch für das Geistige zuständig ist - indem er vorliest. Doch diese in der Zeit vorherrschenden und vom Zeitgeist geprägten Idealvorstellungen verweisen darüber hinaus auch auf den persönlichen und individuellen Wunsch nach Eintracht, Einklang und Harmonie innerhalb der späteren Partnerschaft. Das „Einpacken der vierhändigen Noten" signalisiert diesen Wunsch geradezu beispielhaft. Allerdings ist nicht nur das gemeinsame Musizieren von Bedeutung, sondern auch der gemeinsame Gesang. Dieser bezieht sich vor allem auf das Absingen religiösen Liedgutes bezieht, das wiederum dazu dient, 'dem Herrn gemeinsam zu loben und zu huldigen', durch dessen 'Fügung' die Beziehung des Paares ja überhaupt erst entstehen konnte und auf dessen Führung sie gegründet ist. So fügt sich wiederum eins ins andere, die harmonische Zweisamkeit mündet im Einssein mit der göttlichen Harmonie.

---

[234] PN: Brief v. Eugen Bommer, Mercara/Indien, an Eltern Schrempf, Besigheim. 21. März 1907.

[235] PN: Brief v. Elisabeth Heimerdinger, Cannstatt, an Wilhelm Oehler, Tschonhangkang/China. 15. Januar 190?.

[236] Zur Bedeutung von Musik speziell im evangelischen Pfarrhaus vgl. O. Söhngen: Die Musik im evangelischen Pfarrhaus. 1984, S. 295-311. Das Harmonium ist im übrigen die 'Orgel' der Pietisten. Eine Forschungslücke stellt die noch nicht geschriebene Kulturgeschichte des Harmoniums dar. Ein anderes wichtiges Instrument der Erweckungsbewegung war die Posaune. Posaunenchöre entstanden zur 'Untermalung' der Erbauungsstunden. Vgl. R. Gießelmann; R. Krull: Posaunenchöre in der Erweckungsbewegung. 1989, S. 288-338. Eugen Schwarz, der im ersten Drittel des 20. Jahrhunderts Missionar in Kamerun war, gründete in Fumban einen Jünglingsverein und einen Posaunenchor. Eine Photographie, auf welcher er mit den Posaunisten zusammen abgebildet ist, belegt dies auch visuell. Die Bildunterschrift lautet: „Posaunenchor des christlichen Jünglingsverein, Fumban, Bamum". In: Der ferne Nächste. 1996, S. 105.

[237] Innerhalb des religiösen Kontextes drängt sich hier geradezu das Bild der Missionarsfrau als 'emsiger Martha' auf.

Abb. 7   Zeitgenössisches Souvenirphoto. Suez-Kanal, Eingang in den Kanal in Port Said. Jahr unbekannt.

AUF DER REISE VOM ALTEN ZUM NEUEN LEBEN

Zwischenstation Basel

Am Ende aller Vorbereitungen und des privaten Abschiednehmens steht der Aufbruch ins neue Leben, das heißt der Beginn der Reise. Ein Abschnitt des Überganges, der aus mehreren 'Passagen' besteht und den die Missionsbräute vom Zeitpunkt ihrer Heiratszusage bis zur endgültigen Ankunft im jeweiligen Missionsland und der darauf folgenden Hochzeit vollziehen, ist damit beendet. Die Reise ist ein weiterer wichtiger und bedeutsamer Teil des Übergangsprozesses. Sie stellt für sich genommen einen 'eigenen Übergang' dar, der sich wieder in einzelne Phasen unterteilen läßt.

Die erste Etappe dieser Reise ist in aller Regel die Stadt Basel und die Institution der Basler Mission, von welcher die Bräute offiziell verabschiedet werden. Basel ist somit die Schnittstelle und die Verbindung zwischen dem Abschied und der Trennung vom heimatlichen Dorf und dem endgültigen Aufbruch ins Missionsland. Der Aufenthalt in Basel bildet so die 'Vorphase' der eigentlichen Reise der Missionsbräute.

Oftmals ist es die erste direkte Konfrontation mit dem Ursprungsort, an dem die Weichen für das zukünftige Leben der Frauen gestellt worden waren. Von hier aus wurde der Heiratsantrag weitergeleitet, hier ist die Zentrale der Mächte, die dafür verantwortlich sind, daß sich die Frauen nun in der Rolle einer Missionsbraut wiederfinden.

Die Aufenthaltszeit in Basel variierte von Fall zu Fall. Manche Missionsbraut nahm an den ab 1886 stattfindenen Hebammenkursen teil, die sich über mehrere Wochen hinzogen, andere verbrachten nur wenige Tage im Missionshaus. Manche Bräute reisten in Begleitung ihrer Eltern nach Basel, manche Frauen wurden von näheren Verwandten begleitet, wieder andere reisten allein.

Dennoch hatte Basel beziehungsweise die Institution Basler Mission für die Missionsbräute die gleiche Bedeutung. An diesem Ort traten sie gleichsam aus der Anonymität ihrer heimatlichen Privatheit hinaus, um 'im Rampenlicht zu stehen', hier fand die offizielle Verabschiedung im Kreise des Komitees oder zumindest im Missionsfrauenverein statt. Basel war somit auch der Ort, an welchem das Private mit dem Öffentlichen - natürlich nur im Sinne der 'Missionsöffentlichkeit' - verzahnt wurde. Basel war die Klammer, die das württembergische oder Schweizer Dorf, aus welchem die Missionsbräute in der Mehrheit stammten, und die ferne überseeische Welt zusammenhielt. Basel ist so auch die Schnittstelle zwischen einer vertrauten engen, vergangenen und einer unbekannten weiten, zukünftigen Welt.

Dies wird durch den Begriff des „draußen" symbolisiert, mit welchem immer die überseeische Welt gemeint ist. In diesem Sinne waren die Missionsbräute im Begriff, nach „draußen" zu gehen - so kann die Basler Mission auch als die Verbindungstür oder als der Durchgang zwischen dem 'drinnen' und „draußen" gedeutet werden.

Der Aufenthalt in Basel war geprägt von der offiziellen Aufnahme in die Missionsgemeinschaft, in deren Dienst sich die Missionsbräute durch ihre Heirat stellten, und von der Aufnahme in die Missionsfamilie, der alle Missionsmitarbeiter angehörten und der sie sich in Zukunft verbunden fühlen sollten. Die Funktion der Ehefrauen der Komiteemitglieder als vorübergehende Ersatzmütter für die Bräute wird hierbei besonders deutlich.

> *„Ein Zögling, der mich vor der Pforte empfing, führte mich sogleich zu Frau Pfarrer Hager, die mir und uns allen recht herzlich und freundlich entgegenkam. Wie eine Mutter sorgte sie für uns. Mit allen unseren großen und kleinen Anliegen flüchteten wir uns zu ihr und wurden immer aufs beste beraten."*[238]

So beschreibt Adelheid Faul, die 1877 nach Indien reiste, diese Aufnahme.

Auch die Bekanntschaft mit denjenigen, die im 'selben Boot sitzen', das Kennenlernen anderer Missionsbräute, die vorübergehend die verlassenen Freundinnen in der Heimat ersetzen, ist signifikant.

> *„Mit der lieben Julie bewohnte ich im Missionshaus ein Zimmer, daher wir bald miteinander vertraut wurden. Den anderen sind wir durch 1 1/2 tägige und nächtliche gemeinschaftliche Leiden und Freuden auch so nahe gekommen, daß wir auch mit Nanele Ziegler und Frau Müller Schwesternschaft geschlossen."*[239]

So fand der Abschied vom Vertrauten in der Heimat seine Entsprechung in der Verbindung mit Neuem in Basel. Hier traf die Reisegesellschaft zusammen, die in dieser Zusammensetzung den größten Teil der Reise zusammen machen sollte. In den vorliegenden Reisebriefen fehlt selten die genaue Beschreibung der eigenen Reisegruppe.

> *„So bilden wir eine eigene Familie für uns und hatten schon vergnügte Stunden miteinander"*[240],

schreibt Deborah Pfleiderer etwa in einem Brief an ihren Bräutigam, als sie sich bereits an Bord des Schiffes 'Singapore' befindet.

Die Reisegesellschaft fungierte für die Bräute oftmals als schützender Kokon, als Übergangsfamilie, mit der eine Übergangszeit und eine Übergangsheimat - in Form der verschiedenen Reisemittel wie Postkutsche, Eisenbahn und vor allem dem Schiff als 'schwimmendem Zuhause' - geteilt wurde. Auch die Funk-

---

[238] ABM: C-10,42-0. TB Adelheid Faul, S. 2.
[239] Ebd.
[240] StABS: PA 771.11.05.01. Brief v. Deborah Pfleiderer, an Bord des Schiffes 'Singapore' an Mark Hoch, Mangalore/Indien. 2. Dezember 1881.

tion der Reisegefährten als Ersatzfamilie wird in den Quellen oftmals thematisiert.

Das pietistische Netzwerk in Basel bot den reisenden Frauen Schutz und Sicherheit. Hier begegnete man ihnen mit Wohlwollen und Aufmerksamkeit. Die Bräute waren für diese Form der Aufmerksamkeit und des Sorgens dankbar und fühlten sich in gewisser Weise auch geehrt. In fast keinem Bericht fehlt beispielsweise die Schilderung der Begegnung mit dem jeweiligen Inspektor, der zumeist während der offiziellen Verabschiedung zugegen war. Diese Begegnung machte einen entsprechenden Eindruck auf die Frauen. Der Inhalt der Abschiedsreden wurde minutiös in Briefen an die Verwandten in der Heimat wiederholt. Erst jetzt wurde vielen Missionsbräuten offensichtlich die Entscheidung, die sie getroffen hatten, vollends bewußt.

Der 'Ernst des Lebens' wurde ihnen in eben diesen Abschiedsreden vor Augen gehalten. Dabei wurde ein bestimmtes Muster angewandt. Christiane Burckhardt, die als Missionsbraut 1867 nach Afrika reist, verweist in ihrer Schilderung der Abschiedsstunden auf die beiden Pole der angewandten 'pietistischen Dialektik':

> *„Ernst und bedenklich waren die Reden, daß uns (wie überhaupt in Basel) der Muth hätte sinken können; aber wunderbar: wir wurden alle dennoch statt entmutigt, immer mehr ermutigt, alles für den Herrn und sein Reich, so wie für unsere Lieben welche draussen unserer harren, einzusetzen und zu wagen. Doch ich muß auch beifügen, daß es die lieben werten Herren auch nicht an Trost fehlen ließen. Aber Hebich nahm uns vollends hart mit nachher im Speisezimmer. Er las all unsere Fehler aus unseren Gesichtern ab und posaunte sie dann in den stärksten Ausdrücken vor der ganzen Tafel voll Leuten aus! Doch das genierte uns gar nicht, sondern im Gegenteil - wir hatten mit den anderen auch unsere helle Freude daran - wußten wir doch, dass es nicht böse, vielmehr herzlich gut gemeint war. [...] Er hieß uns auch - neben dem starken Klopfen an unsere eingeschüchterten Herzen - immer wieder seine lieben Kinder."*[241]

An diesem Beispiel werden bestimmte Rollen aller Beteiligten evident. Die Herren des Komitee, hier durch Hebich vertreten - der eigentlich Missionar ist, aber bereits altgedient und daher innerhalb der Rangfolge etwas höher gestuft - in der Rolle des strengen, aber liebevollen Vaters, ganz den Regeln pietistischen Erziehungsstiles entsprechend; die Bräute in der Rolle der gehorsamen und dankbaren Töchter - dies ganz den Regeln pietistischer Verhaltensanforderungen dem Vater gegenüber entsprechend. Denn - die Bräute sind von der Missionsfamilie im übertragenen Sinne als Töchter 'adoptiert' worden, ebenso wie die Missionare im übertragenen Sinne als Söhne gelten können. Daß Töchter dennoch etwas weniger zählen als die Söhne, also die Missionarszöglinge, wird an

---

[241] ABM: Ohne Sign. TB Christiane Burckhardt, S. 10.

einem bestimmten Detail augenscheinlich. Bräute und Missionare werden getrennt verabschiedet in jeweils verschiedenen Räumlichkeiten:

> *„Dienstag mittags ½ 3 Uhr begann die Verabschiedung im Frauenverein, d.h. nur die Frauen und Bräute werden verabschiedet und beiwohnen dürfen nur diejenigen Frauen, die durch Beiträge oder auf andere Weise der Mission entsprechende Dienste geleistet haben, und wer extra eingeladen ist, weil nämlich dieser Akt nicht im Großen Saal, sondern im Committeezimmer vor sich ging, wo der Raum für eine große Menge zu beschränkt ist. Wir vier saßen an der Seite des Tisches, Herr Inspektor und Herr Pfarrer Schott oben, die Damen unten. [...] Dienstag abend ½ 7 Uhr war dann die Verabschiedung der Männer im Saal, der wir auch beiwohnten. Nachdem Herr Inspektor gesprochen, sprach auch jeder der drei Herren noch ein Abschiedswort."*[242]

Interessant ist, daß vier Frauen - zwei Missionsbräute und zwei wiederausreisende Ehefrauen - im engen Komiteezimmer verabschiedet wurden, während für drei Missionare der Große Saal benötigt wurde!

Zum Konzept der 'Einschüchterung' einerseits und dem 'Mutmachen' andererseits - wie es Christiane Burkhardt beschreibt - gehörte die 'Aufklärung' über das zukünftige Leben, auch im Hinblick auf die Ehe.

Fanny Würth, die 1853 nach Indien reist, werden eventuelle Illusionen, die sie in Zusammenhang mit diesem Thema haben könnte, genommen:

> *„Hierauf wandte sich Pfarrer Ostertag an jedes einzelne. Er berührte unter anderem, daß ich nicht nur den Beruf als Hausfrau, sondern den zugleich im Auge haben soll, Missionarsfrau zu sein. Er gab mir wichtige Ermahnungen, besonders auch mich vor einer idealen Vorstellung von einem Missionar zu hüten und nicht zu glauben, daß die Missionare Heilige seien, sondern auch sie ihre großen Mängel und Schwächen haben."*[243]

Interessant ist hierbei, daß explizit auf sie als Ehefrau des Missionars Bezug genommen wird, was die Formulierung „Missionarsfrau" im Gegensatz zu „Missionsfrau" verdeutlicht. Sie wird gerade nicht auf die ihr ansonsten von seiten des Komitees zugedachte Rolle als Missionsfrau, als zukünftige Gehilfin des Missionars angesprochen, sondern der Schwerpunkt liegt hier auf der persönlichen Beziehung zu ihrem Ehemann, der „nicht frei von Schwächen ist." Es ist also nicht nur von den 'hausfraulichen Pflichten', sondern - wenn auch in verschleierter Form' - von den 'ehelichen Pflichten' die Rede.

Adelheid Faul wird ebenfalls auf bestimmte Tatsachen hingewiesen:

> *„Man sprach uns Mut zu zum Glauben und Vertrauen, warnte aber auch vor Illusionen. Man mache sich in der Regel allerlei Missionsideale, die dann aber von der rauhen, nackten Wirklichkeit bald zerstört würden.*

---

[242] ABM: C-10,42-0. TB Adelheid Faul, S. 2, 3.
[243] ABM: C 10.42,7b. TB Fanny Würth, S.1. Neu überarbeitet und interpretiert von Jennifer. Jenkins: „Travelling to India in the 1850s. 1998.

Das sei aber auch gut und notwendig für den inneren Menschen, denn vom Phantasieren und Träumen werde man nicht reif für das Reich Gottes".[244]

Sie wird im Gegensatz zu Fanny Würth auf ihre Rolle als zukünftige Missionsfrau angesprochen, auf ihre Funktion als Gehilfin in der Missionsarbeit. Auch sie wird bereits im Vorfeld darauf vorbereitet, nicht zuviel zu erwarten.

Diese beiden Beispiele verdeutlichen die Strategie des Komitees, die Frauen, wenn auch gewissermaßen in 'letzter Minute', mit den 'wahren Verhältnissen' zu konfrontieren. Sie sollten sich weder von dem Leben mit einem Missionar, noch von dem Leben in der Mission eine Idealvorstellung machen. Inwieweit dies mit einer moralischen Absicherung des Komitees im Hinblick auf ein mögliches Scheitern der 'eingefädelten Beziehungen' zu tun haben mochte oder inwieweit es mit dem Selbstbild des Komitees als ein 'fürsorglicher Vater', der die Frauen nicht völlig 'unaufgeklärt' in ein unbekanntes Leben entlassen möchte, zusammenhing, ist schwer zu sagen. Vermutlich basierten die Beweggründe für dieses Verhalten den Bräuten gegenüber auf einer Mischung aus beidem.

Nicht nur das Komitee, auch die anwesenden Missionsschüler wurden bei der Verabschiedung der Bräute in die 'Fürsorgepflicht' genommen. Ihre Aufgabe bestand darin, dieselben unter lautem Absingen von 'Missionsliedern' zur wartenden Postkutsche oder, in späteren Zeiten, zum Bahnhof in Basel zu begleiten. Sinn und Zweck war es, den Frauen einen Segen mit auf den Weg zu geben. Dieses Ritual wird in den Quellen, die die Reise zum Thema haben, gewöhnlich besonders erwähnt.

Als Abschiedslied schlechthin galt offenbar: „Zieht fröhlich hinaus zum heiligen Krieg! Durch Nacht und Graus erglänzet der Sieg. Ob Wetter auch toben, erschrecket nur nicht, blickt immer nach oben! Bei Jesus ist Licht."[245] In den vorliegenden Quellen wird explizit dieses Lied als Abschiedslied erwähnt, und zwar von den ausreisenden Frauen und Männern gleichermaßen. Es gab also innerhalb des Gesangsrituals keinen geschlechtsspezifischen Unterschied. Der Ritus des Singens hob die Geschlechterunterschiede somit kurzfristig auf.

Das Missionshaus in Basel hatte also als Aufenthaltsort und Durchgangsstation auf dem Weg in die überseeische Welt für die Bräute eine wichtige Funktion im Hinblick auf die weitere Reise, beziehungsweise auf den Beginn der eigentlichen Reise. Obwohl Basel die erste Etappe dieser Reise darstellte, die mit dem Abschied vom Heimatort ihren Anfang genommen hatte, waren die Bräute bis dahin nicht eigentlich Reisende - nicht eigentlich unterwegs. Manche wurden von den Eltern begleitet, sie befanden sich also teilweise in vertrauter Obhut, die „Brücken waren noch nicht vollständig abgebrochen".[246]

---

[244] ABM: C-10,42-0. TB Adelheid Faul, S. 2.
[245] Zit. nach Gesangbuch für die evangelische Kirche in Württemberg, 1912.
[246] „Alle Brücken sind hinter mir abgebrochen", dieses Zitat findet sich häufig in den Briefen in Zusammenhang mit dem Beginn der Reise nach Übersee.

Erst die Abschiedsgesänge, die die Bräute beim Verlassen Basels begleiteten, markierten den Beginn des Unterwegsseins.

'Über Land' - Beharren und Festhalten

Die Bedeutung des 'Unterwegsseins'

Mit der äußeren Reise ging eine innere Reise einher: äußere Grenzen wurden überschritten, innere Grenzen erfahren. Die Zeit der Transition hatte nur eine Konstante - Gott, der führte und beschützte. So war die religiöse Identität, die spirituelle Verortung im Gegensatz zur physischen Verortung gleichsam das einzige, das unverändert blieb und damit auch sinnstiftende Instanz des Geschehens war.

Der Übergang als der Prozeß der Veränderung läßt sich anhand des Quellenmaterials gliedern in drei Phasen, die durchschritten und durchlebt wurden - wobei diese wiederum fließende Übergänge darstellen und nicht starr und schematisch verlaufen. [247]

In der ersten Phase überwiegt das 'Beharren und Festhalten' am Vergangenen. Die zweite Phase ist angefüllt mit der Anstrengung, sich mit den 'Gegebenheiten zu arrangieren'. In der dritten Phase beginnt das allmähliche 'Akzeptieren und Loslassen'.

Die erste Phase betont die Angst vor dem Kommenden, die Haltung mancher Missionsbraut ist der eines verwaisten Kindes vergleichbar. Die Nähe zur Heimat und der Vergangenheit spielt eine große Rolle.

Die zweite Phase beginnt meist auf dem Schiff, auf dem die längste Zeit der Reise verbracht wird. Hier kommt es zu einer 'Normalisierung des Außergewöhnlichen', zu einem 'geregelten Alltag'. Man arrangiert sich mit den Gegebenheiten.

Die dritte Phase ist die zeitlich kürzeste, die unmittelbare Zeit vor der Ankunft. Jetzt steht der Bräutigam im Zentrum des Interesses, Gefühle wie Aufregung, Neugier, Vorfreude überwiegen. Die Zukunft hat die größte Bedeutung. Damit verbunden ist aber oft ein zeitweiliges Zurückfallen in den Zustand der ersten

---

[247] Die vorliegenden Quellen bestehen aus Reisebeschreibungen, Tagebuchnotizen und Briefen. Manches ist im Rückblick verfaßt, manches während der Reise notiert worden.
Obwohl das zur Verfügung stehende Quellenmaterial einen Zeitraum von ca. 50 Jahren umfaßt, die älteste Reisebeschreibung stammt aus dem Jahr 1846, die jüngste aus dem Jahre 1909, und sich natürlich auch die Art des Reisens veränderte, lassen sich dennoch Konstanten und Kontinuitäten im Denken und Empfinden der Frauen herausfiltern, unabhängig davon in welches Land sie reisten - die m. E. auf die grundlegend gleiche Situation, in der sie sich befanden, auf die 'gleichen Verhältnisse', zurückzuführen sind.

Phase, der von Ängsten und Zweifeln, Trauer und Sehnsucht nach dem Vergangenen gekennzeichnet ist.

Die drei Phasen sind nicht starr voneinander abgegrenzt, sie werden auch nicht eigens durch etwaige Rituale markiert - wie es beispielsweise bei der Verabschiedung in Basel in Form von Abschiedsreden und Gesängen der Fall war. Innerhalb der Phasen finden sich allerdings ritualisierte Verhaltensweisen, wenn man beispielsweise das gemeinsame Beten und Singen der Reisegesellschaft oder das Tagebuchschreiben der Missionsbräute oder Gottesdienste, die auf dem Schiff organisiert werden, in diesem Sinne begreift.[248]

Frauen als Reisende

Als das „Jahrhundert der reisenden Frauen" wird das 19. Jahrhundert häufig beschrieben.[249] Die reisende Frau, vor allem die nicht unter männlicher Obhut oder in männlicher Begleitung reisende Frau war ein Novum. Für viele der in der Mehrheit bürgerlichen reisenden Frauen war der 'Schritt in die Welt' ein Akt der Selbstbefreiung, ein Auf- und Ausbruch aus der traditionellen Frauenrolle, die sie in der Regel bereits erfüllt hatten. Bis auf wenige Ausnahmen[250] waren sie nicht mehr ganz jung, oft in den Vierzigern, die Kinder hatten bereits das Elternhaus verlassen, manche Frauen waren sogar schon Witwen. Oft führte das Reisen zu einer schriftstellerischen Tätigkeit oder war der Auslöser dafür.[251]

---

[248] Es sei darauf hingewiesen, daß es sich hierbei um eine theoretische Überlegung handelt und das Modell der drei Phasen ein Konstrukt ist, dessen sich die Bräute sicher nicht bewußt waren. Dennoch lassen sich in den Quellen etliche Belege dafür finden, daß dieses Modell der 'historischen Realität', wie sie sich im Material präsentiert, weitgehend entspricht.
Die Reisen der Amerikaauswandernden des 19. Jahrhunderts weisen ebenfalls immer wiederkehrende Markierungspunkte auf. Vgl. P. Assion: Abschied - Überfahrt und Ankunft. 1985, S. 125-150.

[249] Vgl. zum Thema Frauenreiseforschung u.a. D. Jedamski, H. Jehle, U. Siebert (Hg.): „Und tät das Reisen wählen!" 1993. Zu Reisen allgemein liegt eine Vielzahl von Untersuchungen vor u.a. H. Bausinger, K. Beyrer, G. Korff (Hg.): Reisekultur. 1991. Zum Thema Fremderfahrung aus persönlicher Sicht u.a. D. Krusche: Reisen. Verabredung mit der Fremde. 1994.

[250] Um die bekannteste zu nennen: Isabelle Eberhardt, die 1897 bereits als 20jährige zu reisen begann und bis zu ihrem frühen Tod als Reisende lebte. Isabelle Eberhardt stellt allerdings in vielerlei Hinsicht eine Ausnahme dar, was die zeitgenössischen Konventionen betrifft. So reiste sie vornehmlich als Mann verkleidet: Das Spiel mit der Androgynität als einer Facette ihres Lebens, war für sie zugleich eine Schutzmaßnahme. Unkonventionell waren auch ihre Beziehungen zum anderen Geschlecht, beispielsweise lebte sie unverheiratet mit einem Mann zusammen, den sie auf ihren Reisen kennengelernt hatte. Auch ihr früher Tod war alles andere als ‚konventionell'. Als 26jährige ertrinkt sie im Schlaf, als ihre Lehmhütte, die in der Nähe eines Flusses mitten in der Wüste steht, von den Fluten, die ein Wolkenbruch verursacht hat, mitgerissen wird.

[251] Vgl. A. Pytlik. Die schöne Fremde - Frauen entdecken die Welt. 1991.

Auch die Missionsbräute sind reisende Frauen des 19. Jahrhunderts, und dennoch gibt es zwischen ihnen und dieser anderen Gruppe von reisenden Frauen, die wiederum nur einen Teil der Gesamtheit reisender Frauen ausmachte,[252] signifikante Unterschiede im Hinblick auf Anlaß und Funktion der Reise.

Missionsbräute reisen, um in eben jene Rolle, die viele der 'anderen' bereits abgelegt haben, hineinzuschlüpfen. Sie haben das Ehefrau- und Muttersein noch vor sich. Ihre Reise ist sendungsgebunden, sie sehen einen höheren göttlichen Sinn darin. Sie reisen nicht um des Reisens willen, die Reise ist zweckorientiert: eine Notwendigkeit, um ans Ziel zu kommen, während bei den 'anderen' das Ziel im Reisen selbst liegt. Die Reise ist für die Missionsbräute - wie erwähnt - eine Übergangsphase, die Schnittstelle und gleichzeitiges Verbindungsstück zwischen Vergangenheit und Zukunft, der Übergang vom alten zum neuen Leben, von einer Identität in die andere, weg von der Familie, hin zu einem Mann. Sie ist kein Zwischenspiel im Alltag, sondern der grundlegende Schritt in ein neues Leben. Manche dieser Aspekte mögen für die anderen reisenden Frauen ebenfalls zutreffen, dennoch scheint es, als ob diese die Reise nicht als Übergang zwischen altem und neuem Leben begriffen, sondern das Reisen selbst das neue Leben war.[253]

Fanny Würth, die 1877 nach Indien reist, verweist in ihrer Reisebeschreibung auf den für sie bedeutsamsten Unterschied im Hinblick auf die Funktion ihrer Reise im Gegensatz zur Vergnügungsreise einer Holländerin, mit der sie auf dem Weg von Cairo nach Suez in einer der 16 Paßstationen entlang der Wüstenroute, zusammentrifft. Sie schreibt:

> *„Hier trafen wir mit einer Holländerin zusammen, die mit ihrem Mann eine Vergnügungsreise nach Europa gemacht hatte und nach Madras zurückkehrte, woselbst sie große Besitzungen haben soll. Sie stellte uns das Horoskop, daß wir in Indien gewiß sehr glücklich sein werden. „Es ist ein so schönes Land!" wie sie sagte. Unser Glück in dem Genuß des schönen*

---

[252] Frauen, die nach Amerika auswanderten, sind beispielsweise wieder eine andere Gruppe: Zu den finanziell abgesicherten bürgerlichen Frauen, die um des 'Vergnügen willens' reisten, im Hinblick auf Funktion und Anlaß der Reise, weisen sie ebenfalls markante Unterschiede auf. Vgl. M. Blaschke, C. Harzig (Hg.): Frauen wandern aus: Deutsche Migrantinnen im 19. und 20. Jahrhundert. 1990.

[253] „Goethes beflügeltes Reisemotto - 'Man reist ja nicht um anzukommen' - liefert auch dafür die Legitimation. Auf die traditionelle Rechtfertigung durch geschäftliche oder religiöse Motive kann man verzichten." Was W. Kaschuba für das Reisen im 19. Jahrhundert als „neues bürgerliches Bewegungs- und Erfahrungsmodell" konstatiert, kann so auch auf das Reisen der bürgerlichen Frauen übertragen werden, was sie in diametralen Gegensatz zu den Missionsbräuten stellt. Die Missionsbräute reisen 'um anzukommen'. Sie ähneln dann in bezug auf die Funktion der Reise eher den von Kaschuba beschriebenen Handwerksgesellen des 17. Jahrhunderts, für die „der Raum dazwischen und das Leben unterwegs zunächst eine Kette beschwerlicher und bedrohlicher Situationen, die selten zu genießen, sondern einfach zu überwinden waren, bedeutete." W. Kaschuba: Die Fußreise. 1991, S. 165 - 173.

Landes, überhaupt in irdischen Gütern zu suchen, gingen wir ja aber nicht aus!"[254]

Fanny Würth zieht hiermit eine klare und präzise Trennungslinie zwischen sich und der europäischen Kolonialfrau, für die „irdische Güter und ein schönes Land" zu erstrebende Werte sind. Gleichzeitig kommt bei Fanny Würth auch deutlich eine Art Überlegenheitsgefühl der Holländerin gegenüber zum Ausdruck, da für sie selbst andere, höhere Werte von Bedeutung sind. Diese höheren Werte, die nicht im Genuß eines schönen Landes und irdischer Güter, sondern allein im Evangelium zu finden sind, das sie als zukünftige Missionarsfrau mit zu verbreiten gedenkt, sind der Anlaß für ihr „Hinausgehen". Bezeichnend ist dabei auch, daß sie in diesem Zusammenhang mit keinem Wort den zukünftigen Ehemann erwähnt - was wiederum nur folgerichtig ist, da die Beziehung zu diesem ebenfalls den 'höheren Werten' untergeordnet wird. Deutlich macht dieses Zitat auch eine Diskrepanz zwischen den Worten der Holländerin - aufmunternd gemeint - und der distanziert-überlegenen Haltung Fanny Würths. Diese fast schon arrogante Haltung teilt Fanny Würth im übrigen mit anderen Missionsbräuten und Missionarsfrauen. Sie stigmatisieren Britinnen, die als Kolonialfrauen in Indien leben, häufig als 'müßige Engländerinnen'.[255]

---

[254] ABM: C 10.42,7b. TB Fanny Würth, S. 17.
[255] Es lassen sich in etlichen Quellen versteckte Hinweise auf ein zumindest ambivalentes Verhältnis zwischen britischen Kolonialfrauen und Missionarsfrauen v.a. in Indien finden. Im allgemeinen wird die 'tüchtige arbeitsame' Missionarsfrau der trägen Engländerin, die sich bedienen läßt, gegenübergestellt. Inwieweit dies nun mit Neid, Schichtgrenzen etc. zu tun hatte, läßt sich schwer feststellen, da es nur verstreute Bemerkungen sind. Auffallend ist immerhin, daß von Engländerinnen, die sich für die Mission interessieren - und deren gab es etliche - mit größtem Respekt und auch Wohlwollen gesprochen wird.

Das Missionsschiff

Seht das Schiff! - auf blauen Wogen
Schneeweiß kommts einhergezogen,
majestätisch wie ein Schwan,
die besonnten Segel spreitend,
lautlos gleitend
furchts den stillen Ozean.

Engel, führts am Rosenbande
Sichern Laufs zum Palmenstrande,
schützet es vor Sturm und Riff;
Winde, weht mit weichem Flügel,
Wellenhügel,
wieget sanft dies heilge Schiff.

Denn es ist die Noahstaube,
mit des Oelzweigs grünem Laube,
ist das Schiff der Mission,
trägt fünf reine, gottgeweihte
Predgerbräute
Nach der Negerstation.

Seht, vom Morgenrot beschienen,
sitzen sie mit heitern Mienen
Hand in Hand am Borde da,
südwärts ihre Blicke wendend,
Seufzer sendend,
nach dem fernen Afrika.

Saget, bangt euch nicht, ihr Lieben?
Will sich euer Blick nicht trüben,
klopft nicht plötzlich euch das Herz?
„Ja uns tropft ob heilger Führung,
oft in Rührung
still das Aug, doch nicht von Schmerz."

Ist euch nicht vor Löw und Schlange,
vor des Fiebers Gifthauch bange,
vor des Negers Nachtgesicht?
„Nein, ich sperre zu den Rachen,
Leun und Drachen,
Spricht der Herr - uns banget nicht."

Lechzt ihr nicht nach Heimatlüften,
nach des Neckars grünen Triften,
in der Wüste heißem Sand?
„Jesus führt auf grünen Auen
die da trauen
seiner treuen Hirtenhand."

Sprecht ihr lieben Christusbräute,
Sprecht, was zieht euch in die Weite?
Welcher Sehnsucht süße Glut?
„Nicht die leichte Lust der Sinne,
Gottesminne
Führt uns durch die Meeresflut.

Welcher Werber kam gegangen,
Euer Jawort zu empfangen
für den niegesehnen Mann?
„Christus klopfte an die Pforte,
sprach die Worte:
"Denk, was ich für dich gethan!"

Wer wird euch mit Myrthen zieren,
zum Altar euch segnend führen
an der fernen Eltern Statt?
Jesus wird die Hand auflegen,
Jesu Segen
Macht beim ärmsten Brautmahl satt.

Wer wird euer Schifflein schirmen,
wenn die wilden Winde stürmen
und die See in Wogen geht?
„Er, der Wind und Meer gescholten,
als sie grollten
dort im See Genezareth!"

Bangt euch nicht um eure Lieben,
die daheim in Thränen blieben,
wohl viel tausend Meilen fern?
„Nein, es schlingt um Meer und Lande
heilge Bande
die Gemeinschaft in dem Herrn."

Nun so zieht dem Bräutigame,
In den Lampen Oel und Flamme,
als fünf kluge Jungfraun zu:
Gebt euch Gott zum heißen Werke
Muth und Stärke,
und am Sabbath süße Ruh!

Engel, führt am Rosenbande
diesen Kiel zum Palmenstrande,
schützet ihn vor Sturm und Riff;
Winde, weht mit weichem Flügel,
Wellenhügel,
wieget sanft dies heilge Schiff![256]

---

[256] K. v. Gerok: Palmblätter. Dank an Andrea Kittel, die mich auf dieses Gedicht aufmerksam machte.

Dieses Gedicht, das einer Missionsbraut „zum Abschied im Frühling 1860" gewidmet wurde, verdeutlicht exemplarisch den Sonderstatus der Missionsbräuten zugeschrieben wurde: eine Einschätzung, die sie auch selbst teilweise übernahmen.

Das Gedicht enthält sämtliche Versatzstücke der Trennungs-, Abschieds- und Reiseproblematik in Verbindung mit dem „Ruf Gottes". Im Hinblick auf die zu erfüllende hohe Aufgabe sind diese Probleme allerdings unbedeutend, so dessen vordergründige Aussage, was auf Wahrnehmung, Erleben und Deuten des Verfassers beruht. Das Bild der fünf Bräute, das hier gezeichnet wird, ist ästhetisiert und idealisiert und verklärt in gekonnter Manier die vermeintliche Opferbereitschaft, Demut und Glaubensstärke der Frauen.

Bei den „fünf reinen, gottgeweihten Predgerbräuten" handelt es sich im übrigen um eine Analogie, da sich dieses Gedicht eindeutig auf das 'Gleichnis von den klugen und törichten Jungfrauen' im Matthäusevangelium bezieht. Deutlich wird dies besonders an der 14. Strophe „Nun so zieht dem Bräutigame, in den Lampen Oel und Flamme, als fünf kluge Jungfraun zu".[257] Die Doppeldeutigkeit liegt darin, daß in diesem Gedicht mit dem Bräutigam auch der zukünftige Ehemann gemeint ist, während sich das Gleichnis im Matthäusevangelium nur auf den göttlichen Bräutigam, also Jesus bezieht.

Das Bild von den 'fünf klugen und törichten Jungfrauen', das hier in einem Gedicht aufgegriffen wurde, hatte als allegorische Darstellung in den evangelischen Andachtsbildern ebenfalls eine Funktion in bezug auf die Heilsgewißheit. Darauf weist Martin Scharfe hin: „Man liebte es, verstorbene fromme Frauen als eine der von Christus willkommen geheißenen fünf klugen Jungfrauen (nach dem Gleichnis Matth. 25) darzustellen."[258] In Strophe fünf findet sich eine allegorische Denkfigur, eine „Transgression auf das Himmlische", die nach Martin Scharfe „geradezu zu einem Charakteristikum pietistischer Geisteshaltung wurde".[259] Die Augen tropfen „ob heilger Führung, oft in Rührung, doch nicht von Schmerz." Hier finden sich sämtliche Merkmale, die eine „Transgression ins Himmlische"[260] ausmachen.

---

[257] Vgl. Matth. 25. Das Gleichnis unterscheidet zwischen fünf klugen und fünf törichten Jungfrauen, die dem Bräutigam entgegengehen, wobei mit Bräutigam Jesus Christus gemeint ist. Die Törichten nehmen Lampen, aber kein Öl mit, während die Klugen beides bei sich haben. Der Bräutigam läßt sich aber Zeit, und währenddessen schlafen die Jungfrauen ein. Als der Bräutigam, also Jesus Christus, erscheint, wachen sie auf und eilen ihm entgegen. Die klugen Jungfrauen, die Lampen und Öl bei sich haben, sind den törichten gegenüber im Vorteil, da sie schneller bei Jesus sind und sich nicht erst noch Lampenöl besorgen müssen. Somit bleiben die törichten Jungfrauen im wahrsten Sinne des Wortes draußen vor der Tür, da sie zu spät kommen - während die klugen von Jesus willkommen geheißen werden.

[258] M. Scharfe: Evangelische Andachtsbilder. 1968, S. 289.

[259] Ebd., S. 241. Vgl. M. Scharfe: Die Religion des Volkes. 1980, S. 97.

[260] M. Scharfe: Evangelische Andachtsbilder. 1968, S. 241-242.

Offenbar handelte es sich bei den „fünf klugen und törichten Jungfrauen" um ein generell außerordentlich beliebtes Motiv. Im vorliegenden Quellenmaterial findet sich in einer privaten Quellensammlung ein weiterer 'Jungfrauenreim'. Anläßlich der Rückkehr von Johanna und Gottlob Pfleiderer, in Indien stationiert und Eltern von zehn Söhnen sowie fünf Töchtern, dichtet die befreundete Missionarsfrau Gräter zu ihrem Abschied von Indien im Jahre 1879 folgenden Vers:

„Fünf Töchter! Fünf Blumen im Gartenland,

von der Sonne der Liebe beschienen;

fünf Finger einer fleißigen Hand,

voll Lust den Eltern zu dienen.

Sie mögen, der klugen Jungfrau'n Bild,

dem Bräut'gam begegnen, die Lampen gefüllt!."[261]

Hier fällt außer der biblischen Jungfrauensymbolik eine weitere ins Auge: die Blumensymbolik. Blumen im Garten als Sinnbild für Weiblichkeit, für Jungfräulichkeit, aber auch als Symbol der Verführung, waren ein beliebtes Motiv in der Emblematik des 17. und 18. Jahrhunderts und fanden augenscheinlich Eingang in die 'Volkskunst'.

Aufbrüche

„Die Wasserstraße zwischen Mittelmeer und Rotem Meer erspart dem Schiffsverkehr zwischen Europa und Asien sowie Australien den zeitraubenden Umweg um das Kap der Guten Hoffnung an der Südspitze Afrikas. Während der Seeweg von Hamburg nach Bombay über das Kap 11200 Seemeilen lang ist, verkürzt er sich dank des 160 km langen Kanals um fast die Hälfte auf 6420 Seemeilen. Dies bedeutet eine Zeitersparnis von 24 Tagen. Von Marseille aus sind die Schiffe nach Bombay nur noch 4368 Seemeilen unterwegs. Bisher sind es 10560 Seemeilen gewesen."[262]

Der Bau des Suez-Kanals bedeutete für Indien- und Chinareisende eine spürbare Erleichterung. Dennoch waren die meisten Missionsbräute, bis sie an den „Ort ihrer Bestimmung" kamen, bis zu zwei Monate unterwegs - wobei die Aufenthaltsdauer in den verschiedenen Städten variieren konnte und was zu unterschiedlichen Reiseverzögerungen führte. So war Rosina Binder gezwungen, sechs Wochen in London zu verbringen, da das Auslaufen des Schiffes, das sie nach Westafrika bringen sollte, immer wieder verschoben wurde. Das nächste Ziel nach dem Aufenthalt in Basel war die jeweilige Hafenstadt, in der man sich einschiffen sollte. Für Indien- und Chinareisende waren das Genua oder Marseille, für Afrikareisende bestand das nächste Ziel in London. Bis zur Ankunft in diesen Städten galt es allerdings etliche Strapazen und oft auch Unannehmlichkeiten zu überwinden, wie fehlendes Gepäck, verpaßte Anschlüsse, diverse

---

[261] PN: TB Gottlob Pfleiderer, S. 73.
[262] I. Geiss (Hg.): Chronik des 19. Jahrhunderts, S. 558.

Radbrüche - sofern mit der Postkutsche gereist wurde.²⁶³ Die Reise verlief selten glatt und reibungslos.

In den Quellen, die die Zeitspanne bis zur Ankunft in der jeweiligen Hafenstadt beschreiben, wird der Wunsch am Beharren und Festhalten dessen, was verlassen wurde, immer wieder sichtbar.

Eindrücklich schildert Fanny Würth den Aufbruch von Basel:

> *„Der Postwagen wurde bestiegen, ein letzter Scheidegruß der Lieben - ein Abschiedsruf der guten Stadt Basel, als wir ihre Tore hinter uns hatten und fort gings in die dunkle Nacht. Tief bewegt im Innersten sagte wohl jedes noch ein Lebewohl der immer ferner rückenden Heimath und denen, die wir zurückliessen, den geliebten Angehörigen, die jetzt gewiß auch unser gedachten und denen wir nun stille ein Tribut der Dankbarkeit zollten."*²⁶⁴

In Flüelen angekommen, dem ersten Etappenziel, notiert sie:

> *„Es war mir wie später noch manchmal kaum möglich den Gedanken richtig zu fassen, daß ich mich immer weiter und weiter von meiner Heimath entferne. Die Eindrücke sind so gewaltig, so neu und fremd, daß es mir oft ist, ich träume. Es war an diesem Abend mein Herz so sehr beklommen."*²⁶⁵

Die erste Phase der Reise besteht für viele Bräute aus einer Mischung von Faszination des Neuen und Sehnsucht nach dem Alten, Vertrauten, das sich in einem Auf und Ab der Gefühle äußert. Die Vorstellung, etwas Unwirkliches zu erleben, ist dominant. Fanny Würth verwendet dafür das Bild des Traumes.

Auch Elisabeth Heimerdinger hat anfangs Schwierigkeiten damit, das Erlebnis der Reise sich 'selbst bewußt' zu machen und zu verarbeiten. Bei ihr kommt ebenfalls die Vorstellung von Traum oder Schlaf - also etwas Unbewußtem - zum Ausdruck, wenn sie etwa schreibt, daß sie befürchtet: *„Auf dem Meer wird dann das Erwachen folgen."*²⁶⁶

Ihr Wunsch nach Festhalten und Beharren beim Abschied von den Eltern, die sie nach Genua begleiten, bricht sich mit folgenden Worten Bahn:

> *„Wie gern hätte ich die Zeit anhalten mögen."*²⁶⁷

Auf der ersten Seite ihres Tagebuches formuliert sie noch präziser ihre innere Zerissenheit und Irritation über das, was ihr widerfährt, wobei ihre Hellsichtigkeit beeindruckend ist. Formulierungen in dieser Offenheit lassen sich in anderen Quellen nur selten finden.

---

263 Zur 'fehlenden' Kulturgeschichte der Straße, auch in bezug auf die 'alte Straße' als 'Gefahrenraum', auf der sich häufig Unfälle mit der Postkutsche ereigneten, siehe M. Scharfe. Die alte Straße. 1991, S. 11- 22.
264 ABM: C-10.42,7. TB Fanny Würth-Leitner, S. 2.
265 Ebd.
266 PN: TB Elisabeth Oehler-Heimerdinger. Ohne Seitenangabe.
267 Ebd.

„Erstens, wie es anders ging, zweitens als man dachte. Ja, wer hätte das gedacht! [...] Und dann kam der Abschied! Und die Liebsten, die Nächsten waren mir genommen und ich konnte es kaum fassen. Ja, da muß man einen Mann von Herzensgrund lieb haben, wenn man um seinetwillen so unendlich viel aufgibt! Doch ich weiß, daß ich nicht selber diesen Weg gewählt habe. [...] Da stand ich nun allein. Alles was ich liebe, war zurückgeblieben, ich habe alles, alles hingegeben und weiß doch nicht, was ich dafür haben werde, - vielleicht Frieden, Frieden, etwas Besseres und Beständigeres können wir für diese Welt nicht beanspruchen. Glück? - In diesem Sinne werden wir es hier vielleicht nie voll und ganz besitzen, es wird mit zu schweren Opfern erkauft."[268]

Sie ist eine der wenigen Bräute, die es wagen, eine Art Kosten-Nutzen-Rechnug aufzustellen und sogar die vielgepriesene weibliche Opferbereitschaft in Frage zu stellen. Freilich äußert sie diese Gedanken nicht in einem Brief an die Eltern oder in einer offiziellen Reisebeschreibung, sondern in ihrem persönlichen Tagebuch.

Die fremde Wahrnehmung

Das Gefühl des Träumens und die daraus resultierende Vorstellung, etwas Unwirkliches zu erleben - diese veränderte Wahrnehmung hing ursächlich damit zusammen, daß tatsächlich alles anders als bisher war: nicht vertraut und bekannt, sondern fremd. Diese Fremde wird auf unterschiedliche Art und Weise erlebt. Auch hier scheinen widersprüchliche Verhaltens- und Denkmuster auf. Die Fremde kann schön und faszinierend, aber auch bedrohlich sein. Der Ausdruck „schauerlich-schön", der sich häufig in Naturbeschreibungen vor allem der Alpen findet, bildet sprachlich die Synthese dieser widersprüchlichen Gefühle. Die Alpen bedeuten für die Bräute oft eine Art Grenzwall, der die Rückkehr in die Heimat blockiert.

„Einen Anblick wirklich schauerlich schön, bietet die Teufelsbrücke, unter deren Bogen die Reuss sich von Fels zu Fels herab in ein tiefes Becken stürzt.[...] Hier sahen wir den letzten Schnee für lange Zeit! Vielleicht für immer. Tiefe Wehmut ergriff mich, als ich einen letzten Blick zurückwarf aufs liebe Deutschland - einen letzten Blick hinübersandte über die Berge. Welch Gefühle da das Herz durchziehen - es läßt sich dieses nicht beschreiben , nur empfinden. Es ist das Zusammenströmen der verschiedensten Empfindungen, Schmerz und Dank und Sehnsucht und Freudigkeit, die aber sich einen in dem Gefühl, das zur Anbetung der Gnade und Treue des Herrn treibt."[269]

---

[268] Ebd.
[269] ABM: C-10.42,7. TB Fanny Würth, S. 3-4.

Enthusiastische Naturbeschreibungen finden sich immer wieder, die zugleich auch immer die „Schöpferkraft des Herrn" preisen. So auch bei Elisabeth Heimerdinger, die die Reise durch die Alpen mit ihren Eltern macht.

> „Der Vierwaldstädtersee See mit seinen Alpen lag im Morgensonnenschein. Das war ein Anblick! Ich wollte, ich könnte sie festhalten. All die herrlichen Orte, die ich da mit meinen Eltern sehen durfte. [...] Das Rückwärtsfahren hat für mich einen besonderen Reiz, Großes und Schönes habe ich schon erlebt, mein Weg hat mich schon durch lichte Gefilde geführt, so daß ich oft still sitzen muß und rückwärts schauen und alles im Geist noch einmal sehen. [...] Danken will ich und mich freuen an dem was Gott mir gegeben."[270]

Das reale Rückwärtsfahren im Zug, das Elisabeth Heimerdinger beschreibt, führt bei ihr direkt zum 'Rückwärtsschauen', das durchaus doppelsinnig gemeint ist und wiederum auf die widersprüchlichen Gefühle, die sie verspürt, hindeutet. Sie bewegt sich vorwärts, indem sie rückwärts fährt und rückwärts schaut.

Die Natur - vor allem die Alpen als imposante, gewaltige Erscheinung[271] - wird meist in direkter Beziehung zur Allmacht Gottes stehend, gesehen und durch diese gedankliche Verbindung zu einer Art Heilmittel gegen Heimweh, Sehnsucht und Traurigkeit.

Gerade beim Anblick der Alpen schreibt eine Missionsbraut:

> „Es predigt hier das stumme todte Gestein von der Größe und Macht des Herrn."[272]

Und fährt weiter fort:

> „Und man bekommt so einen rechten Eindruck von sich, dass wir sind wie ein Tropfen am Eimer."[273]

Gott, der sich in der Natur offenbart,[274] die er geschaffen hat und den Bräuten deren eigene Inferiorität - der etwas prosaische Vergleich des „Tropfens am Eimer" macht dies deutlich - vor Augen führt, ist für viele während der Reise Zufluchtsort, Trostspender und innerer Halt.

---

[270] PN: TB Elisabeth Heimerdinger. Ohne Seitenangabe.

[271] Die Beschreibung der Reise durch die Alpen spiegelt in gewissem Sinne die 'Alpenromantik' wie sie uns seit dem 18. Jahrhundert begegnet. Die Missionsbräute folgen damit auch einer 'literarischen Tradition', die das sich wandelnde Naturgefühl thematisiert, wie wir es etwa bei Albrecht von Haller („Die Alpen") , Goethe („Briefe aus der Schweiz" 1779) etc. finden. Im 19. Jahrhundert findet eine Art 'kleinbürgerlicher Absinkprozeß' dieser Alpenromantik statt. Zur Schweiz als 'literarischem Topos' vgl. P. Faessler: Reiseziel Schweiz - Freiheit zwischen Idylle und „großer Natur". 1991, S. 237-243.

[272] ABM: C-10.42,7. TB Fanny Würth, S. 3-4.

[273] Ebd.

[274] Intensive Natur- und gleichzeitige Gotteserfahrung blieb nicht allein den Missionsbräuten vorbehalten. Auch Ida Pfeiffer, Weltreisende des 19. Jahrhunderts und nicht als überaus religiös einzustufen, machte diese Erfahrung öfters. Siehe dazu: H. Jehle: Ida Pfeiffer - Weltreisende im 19. Jahrhundert. 1989, S. 167-177.

Diese 'göttliche Reisebegleitung' wird in etlichen Quellen thematisiert, wobei gerade dem Festhalten besondere Wichtigkeit zukommt.

Christiane Burckhardt, auf der Reise nach Afrika, ist ein Beispiel dafür. Sie schreibt:

> *„Es ist mir eine ganz besondere Angelegenheit, daß der Herr mein Herz durch seine Gnade festmache und ich auch auf dem Meere schwebend an Ihm einen festen Anker habe."*[275]

Der hier verwendete Begriff des „Schwebens", der sich auf das Meer bezieht, zeigt zusätzlich im übertragenen Sinne ein Gefühl des 'Ort-los-Seins', ein Gefühl 'zwischen den Welten zu wandern', weder in der alten noch in der neuen Heimat zu sein, als einen fließenden Prozeß der Veränderung. Innerhalb dieser instabilen Phase der Reise, insbesondere auf dem Wasser, ist Gott und die Beziehung zu ihm der einzige Ort, der unverändert ist. Die Glaubensmaxime von der „Führung Gottes" erfährt eine weitere tiefere Dimension - Gott führt nicht nur in geistige neue Welten, sondern in eine reale neue Welt über Kontinente und Ozeane hinweg.

Manches Mal erreicht die Verbindung zu Gott in dieser 'Zwischenzeit' eine Intensität, die fast erotisch anmutet. Rosina Binder, die 1846 über London nach Afrika reist, hat in den ersten Wochen ihrer Reise eine innige, fast sinnliche Beziehung zu Gott. Sie notiert kurz nach ihrer Ankunft in London:

> *„Die sonderbaren Bettstätten oder kleinen Gemächer - wie man sagen will - waren mir etwas ganz Neues und ich hatte Stoff und Ursache genug meinen l. Heiland zu umfassen. Weil er sich aber finden läßt von denen, die ihn suchen, legte ich mich ziemlich getrost in seine Arme."*[276]

Während ihres sechswöchigen Aufenthaltes wird sie dann aber von schwersten Glaubenszweifeln geplagt und erlebt quälende Ängste, die Verbindung zu Gott zu verlieren. Sie bemüht sich mit einer Verzweiflung, die an unglücklich Liebende erinnert, wieder zu Gott zu finden.

> *„Ich bat den Herrn inständig, mich nun zu Hause zu stärken, daß mir doch nicht vollends aller Muth und Glauben ausgehe, denn zu diesen äußeren Trübsalen [...] kam noch die größte innere Seelennot. Der Friede Gottes und die Freude im Hl. Geist machten mir das Äußere nicht leichter. Im Gegenteil, weil ich von Letzterem nun fast gar nichts verspürte, wurde meine Herzensangst nur umso größer."*[277]

In der Phase des Unterwegsseins, die gekennzeichnet ist von fremden Erfahrungen, neuen Eindrücken und äußerer Ruhelosigkeit, ist die Beziehung zu Gott konstant, da er der einzige Fix- und Haltepunkt ist. In der zweiten Phase aber, in

---

[275] ABM: TB Christiane Burckhardt, S. 5.
[276] ABM: D.10.4,9a. TB Rosina Binder, S. 8. Mit den „sonderbaren Bettstätten oder kleinen Gemächern" ist vermutlich ein Himmelbett gemeint.
[277] ABM: D.10.4,9a. TB Rosina Binder, S. 20.

der die Reizüberflutung versiegt - etwa später auf dem Schiff[278] - die eher eine Zeit äußerer Trägheit im Gegensatz zur Ruhelosigkeit der ersten Phase darstellt, wird die Beziehung zu Gott häufig in Frage gestellt und Glaubenszweifeln Raum gegeben. Die äußere Ruhelosigkeit der ersten Phase der Reise verkehrt sich so in eine innere Ruhelosigkeit während der zweiten Phase, die auf dem Schiff beginnt.

Fremde Freunde

Außer Gott, der als innere Zufluchtsstätte und Wegweiser dienen konnte, gab es auch äußere Zufluchten, die für die Bräute auf ihrem Weg durch die Fremde wichtig waren. Es waren dies einmal die Reisegefährten und die sogenannten „Missionsfreunde", auch Agenten[279] genannt, die den Bräuten behilflich waren. Sie beherbergten sie, halfen ihnen mit dem in aller Regel zahlreichen Gepäck, erledigten noch ausstehende Formalitäten. Das pietistische Netzwerk in Form der Agenten kam den Frauen zustatten, da sie durch diese in den fremden Ländern und Städten eine Art „homogenes kulturelles und vor allem religiöses Bezugssystem"[280] vorfanden.

Diese Ruhepole, die sich oft in denjenigen Städten befanden, in denen die Bräute das Schiff nach Übersee besteigen sollten, hatten teilweise auch einen gegenteiligen Effekt, denn die äußere Ruhepause konnte - wie auch später auf dem Meer - wiederum zu innerem Aufruhr führen. Dies beschreibt Christiane Burckhardt während ihres Zwischenaufenthaltes in Bremen bei der Familie Boedecker.

> *„Halb drei Uhr aß man zu Mittag; aber oh Jammer! - nicht einmal eine Suppe kam auf den Tisch, und wir - besonders ich - hätten so nötig eine haben sollen, da es in meinem Magen so gar nicht geheuer war von der letzten Zeit und der Reise her. [...] Während des Essens wurde uns gesagt wir seien noch zu früh gekommen - es müsse noch manches an der „Palme" ausgebessert werden, damit nicht wieder so viele Klagen sich erheben von seiten der Passagiere wie voriges Mal [...] Ach, dies war uns al-*

---

[278] Entsprechend dieser Vermutung beginnt für Rosina Binder bereits in London die 'Zweifelsphase', da sie hier schon eine Zeit äußeren Stillstandes, eine Zeit des Wartens erfährt. Sie sitzt sechs Wochen fest.

[279] Aus den Quellen geht nicht hervor, ob diese als Agenten der Schiffahrtsgesellschaften arbeiteten und daher diese Bezeichnung verwendet wurde oder ob sie als 'Agenten der Basler Mission' verstanden wurden, die sich aus Interesse an der Missionssache um die Reisenden kümmerten. P. Assion verweist in Zusammenhang mit Amerikaauswanderern auf die Funktion der Agenten, die für die Schiffahrtsgesellschaften arbeiteten. Vgl. P. Assion: Von Hessen in die Neue Welt. 1987, S. 197-201.

[280] Vgl. D. Richter: Die Angst des Reisenden. 1991, S. 103. Richter weist auf dieses Bezugssystem vor allem für adlige Reisende des 18. Jahrhunderts hin, die auf ihrer 'Grand Tour' in den jeweiligen Städten und an den verschiedenen Höfen die vertrauten, vor allem französisch geprägten, Lebensformen wiederfanden.

> *len eine rechte Hiobsbotschaft, denn obgleich wir hier äußerst liebreich aufgenommen sind, so bekommen wir doch sehr Heimweh, wir fühlen uns eben doch in der Fremde - auf einmal in einem so ungewohnten Leben und Treiben - die Sprache so unverständlich, daß ich den ersten Tag vor lauter Horchen und Aufpassen um die Leute nur ein bißchen zu verstehen, ordentlich Kopfweh bekam. Auch wir müssen ganz hochdeutsch reden, sonst verstehen sie uns ebensowenig wie wir sie, was uns einfachen Leutlein aber gar bald entleidet und wir freuen uns schon auf die Zeit, wenn wir wieder allein - unter uns - sind, wo wir wieder nach Herzenslust schwäbeln dürfen und können."*[281]

Christiane Burckhardt sehnt das Ende der Unterbrechung herbei, sie wünscht sich eine Rückkehr des Vertrauten. „Unter uns" ist hier das Synonym für die 'peer group', in Form der Reisegruppe. Die Exklusivität dieser Gruppe macht das gemeinsame Ziel und die gemeinsame Sprache aus - wobei dies auch im metaphysischen Sinne auf den pietistischen Kontext übertragbar ist, innerhalb dessen das gemeinsame Ziel die Verbreitung des Evangeliums und die gemeinsame Sprache die der 'Glaubensfamilie' ist.

Dadurch wird eine enge Verbindung nach innen und eine gewisse Abgrenzung nach außen erreicht. Für Christiane Burckhardt wie auch für andere Bräute - das geht aus den Quellen hervor - ist vor allem die Verbindung zu einer mitreisenden Missionsbraut als Ersatz für die zurückbleibenden Freundinnen von Wichtigkeit, da mit dieser eine gemeinsame 'Sprache der Gefühle' geteilt werden kann. Das wird an einer Bemerkung deutlich, die sie macht, nachdem sie zusammen mit Friederike Zluhahn, die ebenfalls nach Afrika reist, an Bord des Missionsschiffes „Palme" geht:

> *„Traurig weinend gingen wir in unser Logis und nahmen unser Abendbrot zu uns."*[282]

Gemeinsames Weinen ist in diesem Fall die geteilte 'Sprache der Trauer'.

Fanny Würth, die in Begleitung zweier Missionare und einer Missionslehrerin nach Indien reist, also nicht von einer weiteren Braut begleitet wird, erwähnt ebenfalls die für sie wichtige Bindung an eine Person des gleichen Geschlechts. Als sie sich von einem Missionspaar trennen muß, das seine Reise in eine andere Richtung fortsetzt, bemerkt sie:

> *„Es war uns leid diese lieben Leute zu verlieren, besonders mir, da sich während des Reisens an eine Frau anschließen zu können viel werth ist.*[283]*"*

Das Fehlen einer solchen Verbindung wird ebenfalls thematisiert. Rosina Binder, die, wie erwähnt, einen sechswöchigen Aufenthalt in London 'durchleiden' muß und durch äußere Schwierigkeiten und innere Verzweiflung zermürbt ist,

---

[281] ABM: TB Christiane Burckhardt, S. 12.
[282] ABM: TB Christiane Burckhardt, S. 21.
[283] ABM: C-10.42,7b. TB Fanny Würth, S. 19.

macht auf das Fehlen einer Freundin und auf eine weitere Diskrepanz zwischen der Reise von Missionaren und Missionsbräuten aufmerksam. So sind die Bräute und Missionare zwar eine geschlossene Gruppe, die sich als Familie begreift. Dennoch machen sie unter je verschiedenen Voraussetzungen die gleiche Reise.

> *„Zudem stellte es sich nach und nach immer gewisser heraus, daß ich nun gegen meine Erwartung und Hoffnung das einzige Frauenzimmer auf dem Schiff sein werde.[...] Ach es entfällt mir aller Glaube und Freudigkeit. Alles steht wie Berge vor meiner Seele. Bruder Stanger begleitete mich heim. Da sich aber diese lieben Brüder alle so glücklich fühlen im Dienste des Herrn stehen zu dürfen, wage ich es nicht, einem unter ihnen mein Herz ganz auszuleeren. Und eine Herzensfreundin habe ich nun nicht mehr.[...] Diesen Abend sprach ich zu Frau Young den Wunsch aus, der mir gegenwärtig sehr nahe liegt: Ich möchte nur auch eine deutsche Freundin kennenlernen. Sie nahm es mir aber sehr übel und es hatte keine guten Folgen. Diese gute Frau konnte sich von dem Zustand meines Herzens natürlich keine Vorstellung machen und fragte mich oft was ich mich immer so lange und allein in meinem Zimmer aufhalte."*[284]

Hier wird ihre Sehnsucht nach der Freundin deutlich, die sie nun „nicht mehr hat." In dem Wunsch nach einer Art Wiederherstellung des alten Zustandes in Form einer deutschen Freundin - wobei deutsch für die Heimat und das Vertraute steht - drückt sich ein Verlustgefühl aus, das sie vergeblich versucht einer Vertreterin des eigenen Geschlechts gegenüber zu artikulieren. So bleibt ihr nur der Rückzug in ihr Zimmer, dem einzigen vertrauten Terrain in der Fremde, in dem sie dann den Dialog mit Gott sucht, der ihr aber während vieler Stunden ebenfalls versagt bleibt.

> *„Des Abends hatte ich in meinem Stübchen entsetzliche Stunden. Daß es niemand hören sollte und weil ich mich nicht mehr enthalten konnte, schrie ich in mein Bett hinein."* [285]

Es ist dasselbe Bett, in welchem sie sich kurz nach ihrer Ankunft noch „getrost in seine Arme" gelegt hatte.

Die bereits erwähnte Diskrepanz zwischen den unterschiedlichen Gefühlsmustern, die die beiden Geschlechter auf der Reise ins Missionsgebiet auszeichnet, wird an dieser Geschichte sichtbar: eher will sie sich einer fremden Frau anvertrauen als einem bekannten Mann ihrer Reisegruppe, da sie dessen überwiegend positive Gefühle, die in krassem Gegensatz zu ihrem eigenen Gemütszustand stehen, nicht zerstören will. Rosina Binders Tagebuch weist an dieser Stelle weit über den Einzelfall hinaus - hier wird eine grundlegende Differenz deutlich hinsichtlich der Voraussetzung und des Zieles der Reise, die die erstmals ausgesandten Missionare und die Missionsbräute machen.

---

[284] ABM: D.10.4,9a. TB Rosina Binder, S. 21, 22, 30.
[285] Ebd., S. 28.

Von den Missionaren - das taucht in Quellen, die die 'männliche Reise' betreffen, immer wieder auf - wird der Übergang als weit weniger schmerzhaft erlebt. Die Trennung und Loslösung vom Elternhaus hat für sie bereits Jahre, bevor sie sich auf die Reise begeben, stattgefunden. Sie hatten - im Gegensatz zu den Bräuten - seit ihrem freiwilligen Entschluß, in die Basler Mission als Missionszögling einzutreten, Zeit für die Vorbereitung und den Übergang, der mit dem Eintritt ins Missionshaus bereits begonnen hatte und sich langsam vollzog.

So ist für die Missionare die Reise gleichsam das Ende dieses Überganges, während sie für die Bräute den Beginn markiert. Auch steht am Anfang des neuen Lebens der Männer eine Aufgabe, auf die sie hingearbeitet und hingelebt haben - quasi die Erfüllung eines einmal ins Auge gefaßten Zieles. Die Bräute aber erwartet am Anfang ihres neuen Lebens eine Aufgabe, die sie in gewissem Sinne zugeteilt bekommen haben und auf die sie sich in aller Regel nicht vorbereiten konnten. Das Leben, das die Männer in Übersee erwartet, bedeutet für diese keinen Bruch im lebensgeschichtlichen Kontext, eher die kontinuierliche Fort- und Umsetzung eines einmal gefaßten Entschlusses in einer anderen sozialen Umwelt. Auch ist es kein Statuswechsel im Sinne eines Identitätswechsels - sie reisen als Ledige und bleiben erst einmal ledig. Für die Frauen aber ist eben dieser Statuswechsel eine Bedingung für das neue Leben und bedeutet den Bruch mit ihrer Identität als ledige Tochter. Die Männer reisen als Vertreter der Mission, die Frauen als Vertreterinnen ihres Geschlechts. Was für die Männer ein Stück Freiheit bedeuten kann - sie entkommen mit ihrer Abreise auch dem Drill des Missionshauses - kann für manche Braut ein Zwang sein, dem sie sich aus Glaubens- und Gehorsamkeitsgründen unterworfen hat. Und, um die 'Ungleichzeitigkeit der Gleichzeitigkeit' weiter zu verdeutlichen: während für die Missionare - auch das geht aus den Quellen hervor - Zuversicht und Hoffnung prägend sind, Zweifel und Ängste nur zuweilen aufscheinen, sind für manche, nicht alle, Frauen Zweifel und Ängste zumindest in der ersten Phase der Reise prägend, die oft erst gegen Ende der Reise teilweise von Zuversicht und Hoffnung abgelöst werden.

Rosina Binder hat während ihres Aufenthaltes bei Familie Young nicht nur mit der Sorge um ihre schwerkranke Mutter, die sich nach einer Geburt nur schwer erholt, zu kämpfen. Angst und Zweifel über ihre Entscheidung, einen Mann zu heiraten, der zu diesem Zeitpunkt nicht einmal ihren Namen kennt, kommen hinzu. Was aber ebenfalls äußerst belastend für sie ist, ist die offensichtliche Zudringlichkeit des 'Missionsfreundes Young', die von dessen Ehefrau offenbar bemerkt und dann Rosina angelastet wird.

> *„Bey Herrn Young ist es für Frauenzimmer in anderer Hinsicht etwas schwierig. Sonst ist er ein rechtschaffener bereitwilliger Mann. Frau Young sieht gar nicht gerne, daß ich darin* (im Tagebuch, D.K.) *schreibe. Bey Tag hatte ich für sie zu stricken, nähen und dergleichen und bey*

> *Nacht fürchtete ich mich, lange ein Licht zu brennen. Frau Young sagte auch, als ich gestern eines wünschte, es sei noch zu hell."*[286]

Frau Young fürchtete wohl, daß die vermeintliche Rechtschaffenheit ihres Ehemannes in ein 'falsches Licht' gerückt werden könnte.

Die Quellen geben über Belästigungen männlicher Missionsfreunde Bräuten gegenüber keine weiteren Auskünfte. Hierüber kann nur spekuliert werden. Rosina Binders Tagebuch ist außerdem ein sehr persönliches Dokument, das sich in dieser Offenheit nur selten finden läßt. Es bleibt also nur zu spekulieren, ob sich Ähnliches auch bei anderen Bräuten zugetragen haben mag. Gehen wir davon aus, daß die sogenannten Missionsfreunde meist männlichen Geschlechts und oft im vorgerückten Alter waren, während ihre Schutzbefohlenen weitaus jünger und unerfahrener und noch ledig waren, also eine Annäherung an diese keine 'echte Sünde gegen das sechste Gebot' war, liegt die Vermutung nahe, daß ein Agent diesen Sachverhalt wohl leicht zu seinem Vorteil ausnutzen konnte.

Der Missionsfreund Young zumindest kümmerte sich offenbar jahrelang speziell um durchreisende Missionsbräute und Missionare. In einem Brief der Clothilde Dörr, die Tochter des Tübinger Universitätsmalers Christoph Friedrich Dörr, die 1854 in Islington den Missionar Karl Friedrich Schwarz[287] heiratete und mit ihm zusammen nach Indien reiste, ist wiederum die Rede von dem 'Agenten' Young. Auf den ersten Blick unverständlich erscheint die Begeisterung und tiefe Dankbarkeit, die sie ihm entgegenbringt, wenn wir an Rosina Binders angedeutete Erfahrung denken. Der tiefere Grund für die unterschiedliche Wahrnehmung der beiden Frauen in bezug auf Mr. Young mag in der Tatsache gelegen haben, daß Chlothilde Dörr ihm als verheiratete Frau - also tabu - begegnete, während Rosina Binder als 'hilfsbedürftige alleinstehende Missionsbraut' mit ihm zu tun hatte und auf ihn angewiesen war.

> *„L. Mutter, was der gute theure H. Young an uns getan hat, ich könnte einen ganzen Brief damit füllen. Ich bin ihm mehr Dank schuldig als je in meinen Kräften steht ihm auf irgendeine Weise an den Tag zu legen. Noch an dem letzten Tag hat er mir gesagt ich dürfe ihn nicht mehr anders heißen als Papa, er wolle alles für mein Wohlergehen mit Freuden tun, nicht genug, daß ich 9 Tage umsonst in seinem Hause logierte, er mir alle Sehenswürdigkeiten der Stadt zeigte, allerlei Unkosten mit uns hatte - nach dem Tag nach unserer Abreise schickte er uns einen Pack mit sehr theuren Büchern, darunter eins für mich, worin er geschrieben hatte with papa's kind love. Beinah alle Nächte blieb er auf, schrieb für uns, ja unglaublich viel hat er für uns gethan. [...]*

---

[286] Ebd., S. 31.

[287] Karl Friedrich Schwarz war in Basel ausgebildet worden, dann von der englischen Church Mission Society übernommen und daraufhin zur Barmer Mission übergewechselt.

Der l. Gott hat uns diesen theuren Freund und Vater auf engl. Boden finden lassen, das ist eine große Wohltat."[288]

Wie auch immer die historische Realität ausgesehen haben mag - Clothilde Dörrs subjektive Wahrnehmung ist ein Beleg dafür, wie wichtig für die Frauen die Unterstützung durch freiwillige Helfer und die Einbindung in ein soziales Netzwerk in der Fremde war, obwohl diese Hilfe auch - wie im Fall Rosina Binders - ins Gegenteil umschlagen konnte.[289]

Grenzerfahrungen

Sprachgrenzen

Mit dem Überschreiten geographischer Grenzen gerieten etliche Bräute recht schnell an ihre eigenen Grenzen - so beispielsweise auch an ihre Sprachgrenzen, die sich dann oftmals als wahre Barrieren auftürmten. So hat die erwähnte Christiane Burckhardt bereits Schwierigkeiten damit, einen fremden deutschen Dialekt zu verstehen. Die Heimat nicht nur als geographischer Raum, sondern vor allem als sprachliche Ver-Ortung ist für die Bräute von immenser Bedeutung. Der imaginäre Verlust der deutschen Sprache findet in den Quellen oftmals Erwähnung. Fanny Würth notiert in Italien:

„Abends 7 Uhr kamen wir wohlbehalten in Airolo an, dem ersten italienischen Dorfe, am Fuße des Gotthard. [...] Hier gab es einen neuen Abschied, den von der deutschen Sprache. Berge und Thäler scheiden nicht so sehr, als die Verschiedenheit der Sprachen, das lernten wir später noch mehr erfahren."[290]

Um diesen Verlust teilweise auszugleichen, ist wiederum Hilfe von außen wichtig.

Adelheid Faul erwähnt diese in Zusammenhang mit Einkäufen:

---

[288] PN: Brief v. Clothilde Dörr an ihre Mutter, Korntal. An Bord des Schiffes „Earl Ballearas". 9. September 1854.

[289] Ein Ausbleiben solcher Hilfe vor Ort konnte dementsprechend die gänzliche Handlungsunfähigkeit bewirken. Jane Müller, die1846 ihre Heimat in Winnenden verläßt und mit der Postkutsche bis Lyon reist, macht diese gegensätzliche Erfahrung. *„Ich stand einen halben Tag in den Straßen Lyons und wartete umsonst auf jemand, der mich abholen würde, wobei michs sehr fror und hungerte. Meine drei Reisegefährten irrten in Lyons Straßen umher bis spät in die Nacht."* Diese Art Grenzerfahrung, die Jane Müller in dieser Situation machte, zeigt abermals die Bedeutung der Betreuung durch die Agenten.

[290] ABM: C-10.42,7b. TB Fanny Würth, S. 4.

> „*Unser guter Herr Mohr, der uns schon in Genua an der Bahn erwartete, führte uns überall herum, half uns Einkäufe machen, da man ungeheuer übervorteilt wird, wenn man nicht Italienisch spricht.*"[291]

Herr Mohr, der offenbar Italienisch sprach, fungierte hier als sprachliche Brücke. Für Elise Hauff, die 1885 auf ihrer Reise nach Indien ebenfalls in Genua Zwischenstation macht, ist die 'sprachlose' Kommunikation mit der Frau eines italienischen Pastors in Form von Gesten und Blicken Anlaß für Dankbarkeit und umfassende Begeisterung darüber, in ihrer Sprachlosigkeit doch verstanden worden zu sein.

> „*Endlich fanden wirs, aber leider war kein Gottesdienst und auch Pastor Turino nicht zu Hause. Dagegen war seine Frau äußerst freundlich gegen uns. Wie wohl thut einem doch im fremden Lande ein freundlicher Blick, ein herzlicher Händruck. Vergesset auch Ihr unsere Brüder in Italien nicht!*"[292]

Die Fremden in Italien werden für sie zu „unseren Brüdern" - auch aus dem Grund natürlich, da es sich hier um die Frau eines Pastors handelt.

Wir können davon ausgehen, daß die Bräute in der Mehrheit eher marginale Fremdsprachenkenntnisse besaßen, die Minderheit, die um die Jahrhundertwende im Ausland eine Ausbildung zur Lehrerin absolvierte, ausgenommen. Für die Schweizerinnen war das französische Neuchâtel mit einer Art Mädchenpensionat ein beliebter Unterrichtsort.[293] Für die Württembergerinnen waren Aufenthalte im Ausland, wie aus den Quellen hervorgeht, eher unüblich. Sie mußten sich ihre Fremdsprachenkenntnisse mittels Privatunterricht aneignen. Auch hier hatten ihre Bräutigame einen Vorsprung durch die Ausbildung im Missionshaus, bei der auf Fremdsprachenkenntnisse Wert gelegt wurde.

Doch nicht nur die soziale und kulturelle, sondern auch die religiöse Heimat manifestiert sich für die Missionsbräute in der deutschen Sprache.[294] Das wird augenscheinlich an der Bedeutung, die dem deutschen Gottesdienst beigemessen wird. Der deutsche Gottesdienst wird zum Symbol für die deutsche Heimat und umgekehrt. Dem Abschied von der deutschen Heimat entsprechend wird auch dem letzten Gottesdienst, der in deutscher Sprache stattfindet, Bedeutung beigemessen. Wenn irgend möglich, wird der Versuch unternommen, auch im Ausland wenigstens an Andachten, die von Missionsfreunden in Deutsch gehalten werden, teilzunehmen.

> „*Diesen Abend verbrachten wir bey Herrn Ottes, Mitgliedern der Brüdergemeine. Es sind Deutsche und recht liebe Leute. Wir sangen nach*

---

[291] ABM: C-10.42,3. TB Adelheid Faul, S. 4
[292] PN: Elise Hauff. Reisebericht 1885. Ohne Datum.
[293] Vgl. hierzu: U. Gyr: Lektion fürs Leben. 1987, S. 146-150.
[294] Wobei ich in diesem Fall Deutsch auch als Synonym für den Schweizer Dialekt der Schweizerinnen verstehe.

dem Tee: Himmelan, nur himmelan. Und nach diesem und einem Gebet wurde von Hartmann eine Predigt gelesen."[295]

So beschreibt Rosina Binder einen Abend in London. Oder aber - wie es Rosina Binder in London ebenfalls handhabt - es werden Gottesdienste, die in englischer Sprache gehalten werden, besucht. Doch werden diese fremdsprachlichen Andachten aufgrund von Verständigungsproblemen oft als unvollkommen erlebt. Es bleibt ein emotionales Defizit, das aber offenbar durch die Tatsache, daß diese Gottesdienste wenigstens in 'christlichen' Ländern stattfinden, wieder ausgeglichen wird.

> *„Es war mir eine große Herzensangelegenheit, daß mir der Herr doch dieses Abendmahl, das wohl das letzte in einem christlichen Lande seyn würde, reich gesegnet mache."*[296]

Dies wünscht sich eine Missionsbraut während der Reise nach Afrika. Mit dem Besuch von religiösen Zusammenkünften und auch Gottesdiensten wappnen sich die Frauen und Männer der Reisegruppe mental gegen die „heidnische Finsternis", der sie entgegenreisen und welcher sie nur durch das 'Festhalten am christlichen Glauben' begegnen können.

So ist es nicht erstaunlich, daß später auf dem Schiff, der schwimmenden Übergangsheimat, von den Missionsleuten deutsche Gottesdienste organisiert werden - obwohl häufig auch englische Andachten, vor allem auf Schiffen, die nach Indien unterwegs sind, stattfinden. Die Andachten in deutscher Sprache sind wieder ein Stück Heimat, das über den Ozean gerettet wird. Darüber hinaus sind sie Ausdruck der religiösen Identität, die es zu bewahren gilt. Deutsch ist für die Missionsbräute die Sprache, in der sie Zwiesprache mit Gott halten und in der sie sich am besten auszudrücken wissen - gerade in einer fremden Umgebung. Emma Handmann bringt es auf den Punkt, indem sie schreibt:

> *„Der Herr ist in Einsamkeit mein Sprachgesell gewesen."*[297]

Hygienegrenzen

> *„Am Dienstag, den 27. November (1877) sahen wir den Vesuv rauchen und abends 6 Uhr fuhren wir in den Hafen von Neapel ein. [...] Die Stadt hat colossale Skulpturen. Auch Dantes Denkmal sahen wir, prachtvolle Paläste - aber auch schrecklich viel Schmutz und ein verkommenes Volk. [...] Um 8 Uhr landete der steamer in Messina, das im Vordergrund von der Sonne beleuchtet, im Hintergrund theils im Nebelschein die herrlichen sizilianischen Berge zeigte, übersät mit Palästen, Burgen und Kirchen. Diese Landschaften sind wirklich unbeschreiblich, entzückend schön."*[298]

---

[295] ABM: D-10.4,9a. TB Rosina Binder, S. 35.
[296] Ebd., S.19.
[297] ABM: C-10.42,1. TB Emma Handmann, S. 3.
[298] ABM: C-10.42,3. TB Adelheid Faul, S.7.

Diese Sätze notiert Adelheid Faul, als sie 1877 Italien durchreist.

Viele Bräute stoßen einerseits durch mangelnde Sprachkenntnisse an äußere objektive Grenzen, andererseits werden an diesem Beispiel subjektive, individuell gezogene Grenzen sichtbar, die sich in anderen Reisequellen ebenfalls finden lassen. Scharfe Trennungslinien werden zwischen den prachtvollen Palästen als 'unbelebter Materie' und dem Schmutz, der zugleich für eine 'verdorbene Bevölkerung' steht, gezogen. Diese wird mit einem weiteren Trennungsstrich von der Landschaft als von Gott geschaffener Natur abgegrenzt, die kritiklos bewundert werden kann.[299]

Diese gebrochene Wahrnehmung der Fremde findet sich auch bei Fanny Würth. Über ihren Aufenthalt in Bellinzona im Jahre 1854 notiert sie:

„Ein Mann, der gebrochen Deutsch sprach kam uns zu Hilfe, indem er uns anbot uns zum Gasthof zu führen. [...] Er führte uns in das erste Hotel der Stadt, dessen Eingang uns schon verkündete, daß hier Unreinlichkeit Meister ist und ich muß sagen Bellinzona ist derjenige Ort, mit dessen Schmutz nur unser Quartier in Suez in Vergleich kam." Auch sie schließt vom Schmutz auf das 'Volk':

„Das gemeine Volk trägt Holzschuhe und keine Strümpfe, die Kleidung übervoll zerissen und dazu denke man sich den unheimlichen Gesichtsausdruck und man hat ein Bild großer Verkommenheit."[300]

Italien als abstoßende Fremde in bezug auf die Bevölkerung, und als anziehende Fremde in bezug auf die göttliche Natur - diese Bewertung wird an den nächsten Sätzen deutlich:

„Neu gestärkt erwachte ich und mein erster Blick fiel auf die herrliche Gegend, die von den Frühlingsstrahlen der Sonne vergoldet vor uns lag. Während mein Auge hinüberschweifte über die Berge zog es mein Herz hinauf zu dem treuen Gott. [...] Es war Sonntagmorgen, der erste auf unserer Reise. Man hätte glauben können, die Natur habe es gefühlt, so still, so feierlich lag sie da. Wir stimmten Sonntagslieder an und fühlten, daß sich unser hochgelobter Herr nicht allein in den Räumen der Kirche, daß er sich auch draußen finden läßt."[301]

---

[299] Christlicher Ethnozentrismus und Xenophobie bei der Beurteilung fremder Menschen wechseln sich ab mit Euphorie und Entzücken beim Betrachten und Durchqueren fremder Landschaften. Mit xenophobischen oder exotischen Bildern des Fremden setzt sich Mario Erdheim aus ethnopsychoanalytischer Sicht auseinander. Die Ethnopsychoanalyse, die diese Bilder des Fremden als Bewußtseinsphänomene interpretiert, die ihren Ursprung u.a. in der frühkindlichen Phase haben, versucht deren unbewußte Dimension aufzudecken „und zwar sowohl diejenige, die mit dem Individuum und seiner Geschichte, als auch diejenige, die mit der Kultur und ihrer Geschichte zusammenhängt." M. Erdheim: Zur Ethnopsychoanalyse von Exotismus und Xenophobie. 1982, S. 48-53.

[300] ABM: C-10.4,2.7b. TB Fanny Würth, S. 5.

[301] Ebd.

Elisabeth Heimerdinger, die in Neapels Hafen vom Schiff aus das Leben und Treiben um sie herum beobachtet, gibt weitere Beispiele für die negative Beurteilung der fremden Menschen:

> *„Unten tummelten sich kleine Boote und in denselben saßen Weiber, kleine Kinder, verkommene Burschen, ganz traurige Menschen. Sie sangen zur Mandoline, sie schrien und johlten und warfen, wenn sie etwas bekamen, Kußhände hinauf.*[302]*"*

„Ganz traurige Menschen" meint in diesem Zusammenhang vermutlich 'gottlose, unchristliche' Menschen, womit bei Elisabeth Heimerdinger deutlich ein christlicher Ethnozentrismus zum Ausdruck kommt. Eine Stadtrundfahrt, die sie in der Kutsche unternimmt, belegt wie auch in anderen Quellen die Grenzziehung zwischen Unbelebtem und Lebendigem.

> *„Und wir fünf fuhren im Triumph durch die Stadt, an den schönsten Plätzen ließ er uns aussteigen. Die Humbertushalle, ein großer Bau mit Läden, ähnlich der Kaiserpassage in Berlin, zeigte uns der menschenfreundliche Führer. Und weils ein billiges Vergnügen war, stiegen wir da und dort aus: am Schloß, an der schönen katholischen Kirche, wo unser Führer entschlossen nach den Bettelbuben schlug [...]. Die Hauptstraßen sind schön. Aber was für Gestalten sieht man da! Was für Aussatz."*[303]

Es ließen sich noch etliche Beispiele anführen, die diesen Grundtenor anstimmen. „Verkommen", diese gebetsmühlenartig wiederholte Einschätzung der italienischen Bevölkerung, war von zweifacher Bedeutung. Einerseits verkommen im Sinne von schmutzig und abgerissen, und andererseits im Sinne von 'sittlich verdorben'.

Das Festhalten und Beharren am heimatlichen, bekannten Wertesystem, die kulturelle, soziale und religiöse Prägung manch einer Missionsbraut wird am sichtbarsten, wenn sich der 'schwäbisch-pietistische Blickwinkel' auf den Kristallisationspunkt Sauberkeit und Hygiene verengt.

Diese Gleichsetzung kann m. E. auf einen vor allem gegen Ende des 19. Jahrhunderts verbreiteten öffentlichen Hygienediskurs zurückgeführt werden. Im Rahmen einer allmählich fortschreitenden Medikalisierung wurde das Thema der Hygiene durch die Verbreitung populärmedizinischer Artikel in weite Bevölkerungskreise hineingetragen.

„Hygiene wurde nicht nur mit Gesundheit gleichgesetzt, sondern auch mit Leistung, Sittlichkeit und sozialer Integration. Wer nicht gesund lebte, war nach Auffassung der Hygiene-Befürworter selbst schuld, wenn Armut, Krankheit und Verwahrlosung in sein Leben einzogen." formuliert Christa Diemel für das späte 19. Jahrhundert.[304] Diese Auffassungen sind einer christlichen Vorstellung innerer Reinheit, die sich auch im Äußeren zeigt, kongruent. Diese Ideologie kann

---

[302] PN:TB Elisabeth Heimerdinger. Ohne Seitenangabe.
[303] Ebd.
[304] C. Diemel: Die Erziehung zu „vernünftiger" Lebensweise. 1993, S. 96.

dazu beigetragen haben, daß in den Texten der Missionsbräute der Schmutz, mit dem sie in Italien konfroniert wurden, als äußeres Indiz für die 'innere Verkommenheit' der südländischen Menschen gedeutet wurde. Dazu kam, daß es sich bei Italien um ein katholisches Land handelte und die sogenannten 'Südländer' Katholiken waren. So wird quasi über den Umweg der Hygienekritik der Katholizismus angegriffen und diffarmiert. Die 'longue duree' „konfessioneller Konflikt- und Vorurteilstraditionen" wird hier sichtbar.

„Katholiken sind faul, schlampig, dreckig. Aus dem katholischen 'Hang zur Trägheit' und der 'Gewohnheit des Müßigganges', so wird argumentiert, erkläre sich das in vielen katholischen Gegenden vorfindliche Elend der Armut, der Verwahrlosung und der Unreinlichkeit."[305] So faßt Christel Köhle-Hezinger ein soziales Stereotyp von protestantischer Seite zusammen. Die Briefe etlicher Missionsbräute bestätigen diese Bilder. Interessant ist hierbei, daß die Polarisierung evangelisch - katholisch in christlichen Ländern vorgenommen wird, während beim späteren Durchqueren der „Heidenländer" dieser Gegensatz an Relevanz verliert, da hier eine erneute Polarisierung, nämlich christlich - „heidnisch" stattfindet, wobei dann das Katholische und Evangelische im Christlichen 'verschmelzen'.

Doch erklärt das 'religiöse Vorurteil' wohl wiederum nur zum Teil die in etlichen Quellen zutage tretende abwertende Beurteilung von Fremden. Möglicherweise diente sie, psychologisch gewendet, auch als Abwehrstrategie gegen Angst und Irritation vor diesen.[306]

Als Fanny Würth zusammen mit ihren drei Reisegefährten an der italienischen Grenze in Sestre Levante in eine Zollkontrolle gerät, bei der sämtliche Gepäckstücke durchsucht werden, kommt dieser Aspekt sehr plastisch zum Ausdruck:

„Das Hoftor wurde geschlossen. Da standen wir unter einem Haufen gaffender, lärmender Menschen und mögen mit unseren Angstgesichtern uns wirklich possierlich ausgenommen haben. [...] Unterdessen war es

---

[305] C. Köhle-Hezinger: Evangelisch-Katholisch. 1976, S.102. Konfessionelle Vorurteile und Konflikte in paritätischen Dörfern Württembergs sind Thema der Untersuchung. Diese werden als soziale Phänomene in ihrer historischen, regionalen und gegenwärtigen Gestalt aufgedeckt.
Während bei den Missionsbräuten auf ihrer Reise durch 'christliche Länder' 'nur' die Dichotomisierung 'evangelisch-katholisch' eine Rolle spielt, verkehrt sich diese später beim Durchqueren der 'Heidenländer'. P. J. Brenner formuliert für das nachantike okzidentale Verhältnis zum Fremden: „Innerkulturell wie interkulturell wird die Christianitas zur Kategorie, die eine dualistische Ordnung des Weltbildes auf der religiösen, politischen, kulturellen und regionalen Ebene nach dem Schema von 'Gut' und 'Böse' erlaubt." P. J. Brenner: Erfahrung des Fremden. 1989, S. 19.

[306] Vgl. D. Richter: Die Angst des Reisenden. 1991, S. 100-108. Richter verweist ebenfalls darauf, daß die Vorurteile protestantisch Reisender, unter anderem auch aus Berührungsängsten entstanden gegenüber dem Andersartigen, worunter auch der Katholizimus und die Äußerungsform katholischer Volksfrömmigkeit fiel. Außerdem hatten bestimmte Ängste reale Ursachen, etwa in Italien als Protestant zu sterben. Protestanten wurde noch 1806 ein Friedhofsbegräbnis verweigert. Richter, S. 103.

tiefe Nacht geworden, mein kleines Wachsstöcklein war die ganze Beleuchtung zu diesem unheilvollen Geschäft und zugleich unsere vor Angstschweiss triefenden Gesichter."[307]

Dieses Beispiel zeigt eine bedrohliche Fremde, in der man gefangen ist, aus der man nicht entfliehen kann, umzingelt von andersartigen Fremden, die man nicht versteht. Dazu ist es „tiefe Nacht" und „Unheil" liegt in der Luft. Es ist das perfekte 'setting' für eine gefährliche Situation. Fanny Würth schildert diese Kofferdurchsuchung überaus effektvoll, vielleicht um die Verwandten in der Heimat, die die Adressaten sind, zu beeindrucken - und doch wird daran ein grundsätzliches Unbehagen dem Fremden gegenüber spürbar.

Geschlechtergrenzen?

Der Blick auf die Fremden, der sich zu einem Blick auf die Geschlechter ausdifferenziert, läßt sich seltener finden. Doch belegen zwei Beispiele im vorliegenden Quellenmaterial, daß die fremden Frauen sehr wohl Thema der Betrachtung sein konnten. Die Schärfe und Deutlichkeit dieser Beschreibungen zeigen eine Trennungslinie, die innerhalb des eigenen Geschlechts gezogen wurde.[308]

Fanny Würth äußert sich über die Italienerinnen folgendermaßen:

„Nach den berühmten weiblichen Schönheiten Italiens suchte ich vergeblich. Was den Frauen das Interessante verleiht, ist außer den schwarzen Haaren und dunklen Augen der Schleyer, den sie über den Kopf geworfen tragen und welcher vorne in langen Enden übereinander fällt. Diejenigen, welche keinen Schleier tragen, haben ein leichtes Tuch über den Kopf gezogen. Die Haare verzieren sie auch mit Silbernadeln oder sonstigem Schmuck."[309]

Es scheint, daß es sie mit einer gewissen Genugtuung erfüllt, daß sich die Bedrohung durch die vielgepriesenene Schönheit der Südländerinnen in ihren Augen als Mythos entpuppt. Auch eine Missionsbraut des 19. Jahrhunderts war also nicht frei von einer gewissen Art von Neid und Konkurrenzdenken anderen Frauen gegenüber. Ein Indiz dafür mag die detaillierte Beschreibung der fremden Frauen sein - sie hat sie sich offensichtlich genau angesehen. Was aber zusätzlich in ihren Äußerungen mitschwingt, ist eine gewisse Art von 'pietistischem Dünkel' gegenüber dem 'schmucken Äußeren' der Frauen. Sie selbst legt anscheinend Wert auf 'Schmucklosigkeit', entsprechend der pietistischen Abneigung gegen jeglichen 'Tand', der zu den sogenannten 'Mitteldingen' ge-

---

[307] ABM: C-10.4,2.7b. TB Fanny Würth, S.6.
[308] H. Jehle konstatiert bei Ida Pfeiffer ebenfalls eine überwiegend negative Beurteilung fremder Frauen, vor allem auf ihrer Reise durch Persien. Vgl. H. Jehle: Ida Pfeiffer. 1989, S. 188.
[309] Ebd., S. 8.

hört und dem man mit Mißtrauen zu begegnen hat.[310] Außerdem zeigt sich im Äußeren der Italienerinnen für sie vermutlich wiederum die 'katholische Prunksucht'. Fanny Würth betont in ihrem Reisebericht anläßlich der Hochzeit als eine der wenigen Bräute das Kleid, das sie anhatte: *„ Im einfachen schwarzen Kleid ging ich an der Hand meines Bräutigams [...]"*[311], wobei der Schwerpunkt auf „einfach" liegt.

Pauline Ecklin, die 1851 an die Malabarküste zu ihrem Bräutigam reist, fällt gleich mehrere vernichtende Urteile über Frauen fremder Kulturen:

> *„Es war auch ein Beduine auf dem Schiff, mit seiner 14jährigen Frau, einer Negerin, die ganz abscheulich gekleidet und geschmückt war. [...] Wir ergötzten uns an der seltsamen Tracht der Frauen; sie tragen eine schwarze Schürze über den Kopf, in der etwas Steifes angebracht ist, damit das Ganze einen Halt habe. Die Leute sind sehr zudringlich. [...] Die Frauen, die ich sehen konnte sind häßlich, ja recht häßlich."*[312]

Auch hier findet sich eine gewisse Befriedigung darüber, daß die Frauen nicht schön, sondern häßlich, sogar „recht häßlich" seien, wie sie eigens betont. Über die gewiß nicht weniger exotische Kleidung des Mannes mokiert sie sich auffälligerweise nicht. Überhaupt fällt bei ihr die wohlwollende Beurteilung des männlichen Geschlechtes auf. Arabische Männer, die sie bei der Ankunft in Aden sieht, beschreibt sie auf diese Art und Weise:

> *„ Wir stiegen in Aden aus, umgeben von einer Menge nur um die Lenden mit einem Tuch bekleideter Araber. Sie sind braun, aber wohlgebildeten starken Baus. Ihre prachtvollen weißen Zähne nehmen sich sehr gut aus. Ihre Haare sind schwarz gekräuselt, einige färben sie rot, bei anderen haben sie schon von Natur diese Farbe."*[313]

Wohlgebildete nackte fremde Männer versus abscheulich bekleidete fremde Frauen: diese Dichotomisierung findet sich bei Pauline Ecklin häufig.

Auch für Elise Hauff, die 1885 Indien erreicht, ist der Anblick halbnackter indischer Knechte nichts Negatives.

---

[310] Vgl. dazu: G. Weitbrecht: Maria und Martha. Ein Buch für Jungfrauen. 1890, S.41-55. Das dritte Kapitel, das sich mit dem 'Leibesleben' befaßt, formuliert u.a. zwei Leitsätze : „Kleide Dich so, daß die Leute, welche mit Dir zusammen waren, sich nacher nicht mehr daran erinnern was Du anhattest." Diese Worte werden einem liebenden Vater in den Mund gelegt, S. 44. Ein weiterer Leitsatz lautet: „Kleide Dich so, daß Du nicht auffällst", S. 45. Dieses Buch für Jungfrauen, eine Art 'Lebensführer', in Form des Monologes eines 'väterlichen Freundes' ist eine Festschreibung dessen, was sich bereits ein Jahrhundert früher im Hinblick auf die 'bürgerlichen Werte' wie Arbeitsamkeit, Fleiß, Bescheidenheit, Moral und Wohlanständigkeit herauskristalliserte. Hier jedoch noch pietistisch und geschlechtsspezifisch gewendet.

[311] ABM: C-10.42,7b. TB Fanny Würth, S. 32.

[312] StABS: PA 770.05.02.07. Reise nach Ostindien im Herbst 1851, S. 215.

[313] Ebd. S. 219.

> „Mir machte es eigentlich gar nichts aus - der Anblick der schwarzen, besser braunen Leute. Selbst ihre teilweise Nacktheit geniert einen bei der dunklen Farbe und dieser Hitze nicht viel."[314]

Schamgrenzen nackten fremden Männern gegenüber waren manchmal offenbar leichter zu überwinden als Grenzen, entstanden aus kulturell geprägten und sozial definierten Ansprüchen und Zuschreibungen, die sich auf das Verhalten und die Kleidung fremder Frauen bezogen. Anforderungen an Moral, Schicklichkeit und Anstand fremder Menschen wurden offensichtlich mit zweierlei Maß bemessen.[315]

Heimatgrenzen

Bevor sich die Frauen dem Anblick der nackten fremden Männer aber hingeben oder stellen konnten, mußte eine weitere äußere Grenze durchschritten werden, die den Eintritt in die zweite Phase der Reise markierte, die unter den Stichworten 'arrangieren und loslassen', subsumiert werden kann.
Der Abschied von Europa, - als Verlassen des europäischen Bodens in fast jeder Quelle, die die Reise zum Inhalt hat, thematisiert, vollzog sich mit dem An-Bord-Gehen auf das jeweilige Schiff. Deborah Pfleiderer schließt den ersten Brief, den sie aus Genua an ihre Eltern in Basel schreibt, mit folgenden Worten:

> „Und nun nehmt auch ihr theuerste Eltern nochmals von europäischem Boden tausend Grüße und seid nochmals umarmt von eurem Euch liebenden Kind Deborah."[316]

Jane Müller notierte im Rückblick:

> „Am Sonntag, 3. Januar 1846 , nachmittags vier Uhr verließen wir Europas Festland und bestiegen unser Schiff 'Le Nil'."[317]

Christiane Burckhardt schreibt in ihr Tagebuch:

> „Mir wurde besonders dieser Abschied schwer und ich konnte zu weinen fast nicht aufhören - es war eben so mancherlei, das mein Herz bewegte - jetzt, da wir uns von allem Europäischen Festland trennen mußten."[318]

---

[314] PN: Reisebericht Elise Hauff, 1885.

[315] U. Siebert weist daraufhin, daß innerhalb der Frauenreiseforschung Themen wie Rassismus und Ethnozentrismus, die reisenden Frauen betreffend, weitgehend ausgeblendet werden. In der Regel überwiegt die Darstellung der reisenden Frauen als Heldinnen, Pionierinnen, Vorreiterinnen der Emanzipation. Siebert deckt dabei die Verstrickung der Forscherinnen in ihr Forschungssujet auf, die den Blick für 'Unangenehmes' verstellen kann. Vgl. U. Siebert: Frauenreiseforschung als Kulturkritik. 1994, S. 148-173. In diesem Zusammenhang ist es mir wichtig zu betonen, daß die Missionsbräute in ihrer Wahrnehmung der Fremde nicht nur an Grenzen von außen stießen, sondern diese bewußt selbst zogen und dabei sehr wohl auch rassistische und ethnozentrische Positionen einnahmen. Vgl. U. Siebert: Grenzlinien. 1998.

[316] ABM: Konvolut, unsortiert.

[317] ABM: C-10.50. TB Jane Müller, S. 45.

Auch Fanny Würth, die beim Anblick des Meeres in andächtige Entzückung versinkt, thematisiert den Abschied von Europa auf eindrückliche Weise:

> „*Zum ersten Male ein Meer. Wie mir zumute war, kann ich nicht beschreiben, als ich zum ersten Male eine solche Wasserfläche vor mir sah, so spiegelglatt. Es war ein Anblick, groß und majestätisch, der zur Bewunderung der Allmacht Gottes, dessen Schöpferwort den Meeren ihre Ufer gab, hinführen mußte. [...] Wir hörten tiefbewegt, waren es doch die letzten europäischen Lieder, die wir hörten und der letzte Abend auf europäischem Boden. Eins ums andere begab sich still hinweg, die Tränen, die ihm im Auge standen, vor den anderen zu verbergen.*"[319]

Interessant ist am Ende dieser Phase, wie sich im Fortschreiten der Reise und zunehmender Entfernung vom Heimatort der Heimatbegriff erweitert. Das erste Verlassen der Heimat ist die Abfahrt aus dem Heimatort, dem württembergischen oder Schweizer Dorf, in die nächstgrößere Stadt.[320] Mit der Überquerung der Alpen wird dann ganz Deutschland als Heimat verlassen. Mit dem Verlassen europäischen Bodens wird, was vorher Fremde war - Italien in diesem Falle -, plötzlich zur Heimat, die verlassen wird. Mit der Abfahrt aus einem Mittelmeerhafen wird die europäische Heimat verlassen. So bildet schließlich irgendeine europäische Hafenstadt die letzte heimatliche Grenze, die überschritten wird. Was vorher Fremde war, wird im Moment des Verlassens zur Heimat. Heimat wird relativ.

---

[318] ABM: TB Christiane Burckhardt, S. 18.
[319] ABM: TB C-10.4,2.7b. TB Fanny Würth, S. 10.
[320] Zur Bedeutung der dörflichen Enge als Lebenswelt in Zusammenhang auch mit Aus- und Aufbruch vgl. C. Köhle-Hezinger: Die enge und die weite Welt. 1996, S. 45-51. „Ferne und Nähe, Enge und Weite sind Begriffe, die auf diesem Hintergrund (der ländlich-traditionalen agrarischen Welt) gesehen werden müssen: in ihrer traditionalen Bindung und kulturellen Ausformung, ihren Veränderungen und den damit verbundenen Gefühlen, den fördernden und hemmenden Faktoren, die Sicherheit, Ängste oder Neugier bewirkten [...] und entschieden über „Hockenbleiben im Nest" oder Weggehen, den Aufbruch in neue, unbekannte Welten [...]", S. 45.

Auf dem Schiff: Sich arrangieren

> *„Den 20. gingen wir in einem Boot unter Gesang zu unserem ½ Stunde entfernten Schiff. Der Gesang wollte jedoch nicht recht gehen. Es war uns der Eintritt in diesen neuen Aufenthaltsort zuerst schwer".*[321]

So schildert Rosine Binder den Beginn ihrer Schiffsreise.
Die widersprüchlichen, komplexen Empfindungen und Gefühle, die die Missionsbräute in den Augenblicken des endgültigen Abschieds von Europa durchleben, werden auch an der Schilderung Elisabeth Heimerdingers sichtbar.

> *„Endlich, endlich ging unser Schiff ab. Am Ufer balgten sich noch die Buben um die Kupfermünzen, die ihnen zugeworfen worden waren. Es regnete stark auf den weißen Schnee, der auf Genuas Hügeln lag. Unsere Musik spielte und weiter gings hinaus ins Meer."*[322]

Beklemmung, Angst und Trauer, aber auch Erleichterung und eine Art Entspannung beim „Eintritt in den neuen Aufenthaltsort" kennzeichnen den Beginn der zweiten Phase der Reise. Jane Müller schreibt im Rückblick:

> *„Solange wir noch auf dem Lande waren, war es uns wehmütig ums Herz. Als wir auf dem Schiff waren, wurde es uns leichter".*[323]

Die Landreise war eine Zeit neuer Eindrücke, neuer Begegnungen und innerer Ruhelosigkeit. Die Schiffsreise hingegen bot den Frauen die Chance, innerlich

---

[321] ABM: D.10.4,9a. TB Rosina Binder, S. 43. Das Tagebuch der Rosina Binder ist eine Quelle aus dem Basler Missionsarchiv, die in missionshistorischen Studien, die sich am Rande, in Nebenkapiteln, auch mit dem Leben von Missionarsfrauen beschäftigen, meist Erwähnung findet. Die ausschließliche Untersuchung dieser Quelle könnte suggerieren, daß sich außer dieser keine weiteren 'Frauenquellen' im Archiv befinden, was nicht den Tatsachen entspricht. Die Konzentration auf dieses Tagebuch ist m. E. darauf zurückzuführen, daß es sich vor allem dazu anbietet, Belege für eine explizit theologische Interpretation zu liefern. Diese 'eingeengte Perspektive' wird etwa bei W. Bieder sichtbar. Obiges Zitat: „Es war uns der Eintritt in diesen neuen Aufenthaltsort zuerst schwer", wird von ihm in Verbindung mit Rosina Binders Herkunft aus Korntal und der dortigen eschatologischen Erwartung der Wiederkunft Christi im Jahre 1836 interpretiert. Rosina Binders Reise findet erst 10 Jahre später, im Jahre 1846 statt. Die Erlösung durch Jesus Christus ist nicht eingetreten, ihre Bedenken hinsichtlich des 'neuen Aufenthaltsortes' lassen sich m. E. weniger damit in Zusammenhang bringen, daß sie sich bei der möglichen Wiederkunft von Christus nicht in einem sogenannten 'Bergungsort' befindet, als vielmehr damit, daß das offenene Meer für sie eine grundsätzliche Bedrohung und das Verlieren eines sicheren Haltes im konkreten wie übertragenen Sinne darstellt. So gesehen halte ich Bieders Interpretation für eine Überinterpretation und eine Instrumentalisierung dieser Quelle. Vgl. W. Bieder: Erfahrungen mit der Basler Mission. 1991.
[322] PN: TB Elisabeth Heimerdinger. 1909. Ohne Seitenangabe.
[323] ABM: C-10.50. TB Jane Müller, S. 45.

zur Besinnung zu kommen: die Weite des Meeres bot dem Auge nicht laufend neue Bilder. Auch die Passagiere des Schiffes blieben während einer längeren Zeit dieselben. Das gleichbleibende äußere Setting bot den Raum, sich in demselben einzurichten und darin heimisch zu werden.

Grundsätzlich wird in den Briefen und Reiseberichten der Name des Schiffes, mit dem man reist, genannt, häufig in Verbindung mit einem Possesivpronomen. Dieses Detail - nicht die Erwähnung des Schiffsnamens an sich - mag ein Indiz dafür sein, daß das Schiff als 'schwimmende Heimat' und dadurch als sichere 'Ver-Ortung' auf der unsicheren Meeresoberfläche begriffen wurde. An Stelle der Identifikation mit dem Namen des Heimatdorfes, dem man entstammt, tritt nun die Identifikation mit dem Namen des Schiffes, des momentanen Heimatortes. Elisabeth Heimerdinger schreibt nach einem Landaufenthalt: *"Als wir wieder auf unserer 'Prinz Ludwig' waren[...]."*[324] Emma Handmann spricht geradezu liebevoll von dem Überseeschiff, auf dem sie sich aufhält als *"von unserer kleinen 'Nile'"*.[325] Christiane Burckhardt besteigt in Port Said ein Schiff, wobei auch sie es nicht unterläßt, dessen Namen zu erwähnen:

"Den 27. Januar 12 Uhr verließen wir Suez. Der Name des Schiffes ist Atalanda."[326] Adelheid Faul berichtet nach einem Landaufenthalt in Pompeji:

"Leider ging unsere Assyria um 11 Uhr schon wieder ab, so daß wir schnell zurückeilen mußten."[327]

Das Schiff[328] als Heimat auf dem Meer, aber auch als Symbol für das „Umschlossen- und Behütetsein in der christlichen Gemeinschaft", wird im spezifischen Kontext der Mission zum Sinnbild für den göttlichen Missionsauftrag, der

---

[324] PN: TB Elisabeth Heimerdinger. Ohne Seitenangabe.
[325] ABM: C-10.42,1. TB Emma Handmann, S. 6.
[326] ABM: TB Christiane Burckhardt, S. 47.
[327] ABM: C-10.42,3. TB Adelheid Faul, S. 7.
[328] Auf das Schiff auch als wichtigen Bedeutungsträger innerhalb der christlichen Symbolik, die ohnehin gern nautische Begriffe entlehnt (z.B. der Fisch als Symbol für Christ-Sein, der Anker als Halt an Christus, das Schiff und der Hafen als Symbol für die Gemeinschaft der Christen), weist A. Kittel hin: „Seit frühchristlicher Zeit ist es das Symbol der Kirche." A. Kittel: Aufbruch zu neuen Ufern. 1996, S. S. 175- 184. M. Scharfe bestätigt die vielfältige Verwendung der Schiffsmetaphorik, wenn auch mit Einschränkungen, vor allem für das Luthertum: „Bilder, die allzu eindeutig auf die katholische Kirche bezogen waren, wurden abgelehnt; das Schiff, das nur Platz für die geistliche Hierarchie hatte, während die Laien im Wasser schwimmen mußten und sich bestenfalls außen an das Schiff anklammern durften, konnte nicht auch als Allegorie des Luthertums gelten. [...] Das Motiv des Schiffes indessen wurde nach wie vor häufig benützt, sei es in Metaphern, sei es in Bildern. In individualistischer Interpretation erschien das Schiff als Sinnbild christlicher Aktivität, des Lebens, des Glaubens, der Seele und des christlichen Lebens." M. Scharfe: Evangelische Andachtsbilder. 1968, S. 282-283. Die dreizehnte Auflage der Broschüre: Geheimniß des christlichen Haushalts oder Hausregeln von Inspektor Zeller und Pfarrer Flattich, zeigt etwa ein 'Dampfschiff als allegorische Titelvignette (Das Glaubensschiff). Vgl. M. Scharfe: Evangelische Andachtsbilder. 1968, Bild 143, S. LXXXIII.

darin besteht, Meere und Kontinente zu durchqueren, um den Völkern, die „in Finsternis leben" das 'Licht des Evangeliums' zu bringen. Dieser Zusammenhang ist augenscheinlich. Darüber hinaus steht das fahrende Schiff im christlichen Glaubenskontext unter anderem auch als Sinnbild für den Lebensweg,[329] dessen Ziel der sichere Hafen Jesus Christus ist. Im Umkehrschluß sind Meer und Ozean Bilder für die vielfältigen Gefahren, Unwägbarkeiten und Bedrohungen des Lebens.

An Deck

Das allmähliche Heimischwerden auf dem Schiff zeigt sich unter anderem darin, daß sich während dieser Zeit eine Art Alltag einstellt und sich ein bestimmter regelmäßiger Tagesablauf herauskristallisiert. Man arrangiert sich und richtet sich für länger ein. Emma Handmann bemerkt in diesem Zusammenhang: *„So ist nun meine Zeit ganz ordentlich eingeteilt."*[330] Sie gibt uns eine anschauliche Schilderung ihrer Tageseinteilung:

„Vor dem Frühstück, ½ 9 Uhr, beschäftige ich mich in der Kabine, singe auch viel mit meinen beiden Gefährtinnen und von 8 bis ½ 9 Uhr gehe ich aufs Deck, wo ich mit Herrn Oachterlony (ein Missionar) einen Spaziergang mache. Wir sprechen nur Englisch. Nach dem Frühstück halte ich meine Morgenandacht. Die Zeit, die mir dann noch übrig ist, benutze ich, um mich auf die tamulische Stunde zu präparieren. Von 10 bis 11 Uhr tamulische Stunde. Von 11 bis 12 Uhr englisches Lesen mit Lydia Wolff. Von 12 bis ½ 1 Uhr zweites Frühstück. Danach gehe ich aufs Deck und mache Handarbeit bis um ¼ 3 Uhr und unterhalte mich dabei mit einigen der englischen Damen, da mir meine beiden jungen Mädchen gewöhnlich entschlüpfen und Lydia auch mehr als ihr guttut und mehr als mir lieb ist hinter den Büchern sitzt. Von ¾ bis um 3 mache ich mich ready for dinner, gehe an Deck und mache einen zweiten Spaziergang mit Herrn Oachterlony. Das dinner nimmt viel Zeit weg. Vor 5 stehen wir nie auf und ich bedaure die viele schöne Zeit, die ich dabei verschwenden muß, da ich unmöglich 1 1/2 Stunden in einem fort essen kann. [...] Nach dem dinner bleibe ich gewöhnlich in der Kabine, mache meine Arbeiten für die Stunde oder lese, wenn dazu Zeit bleibt. Um 7 Uhr wird zum Tee geläutet.

---

[329] Schiff und Schiffsgerät waren ebenfalls beliebte Motive in der Emblematik des 16. und 17. Jahrhunderts. Ein Emblem, das das Schiff als Lebensfahrt symbolisiert, verweist explizit auf eine Bibelstelle innerhalb des Matthäusevangeliums: Matth.8, 23 f. („Und er trat in das Schiff und seine Jünger folgten ihm. Und siehe, da erhob sich ein großes Ungetüm im Meer, also daß auch das Schifflein mit Wellen bedeckt ward; und er schlief. Und die Jünger traten zu ihm und weckten ihn auf und sprachen: Herr hilf uns wir verderben! Da sagt er zu ihnen: „Ihr Kleingläubigen, warum seid ihr so furchtsam?" Und stand auf und bedrohte den Wind und das Meer, da ward es ganz stille."). Vgl. A. Henkel, A. Schöne (Hg.): Emblemata. 1967/1996, S. 1463.

[330] ABM: C-10.42,1. TB Emma Handmann, S. 15.

Der wird schnell getrunken, weil man da nicht genötigt ist sitzen zu bleiben bis alle fertig sind. Nach dem Tee gehts wieder hinauf an Deck, wo ich nähe so lange ich sehen kann. Dann mache ich mit Lydia Wolff einen Spaziergang. [...] Sobald wir das Deck verlassen haben, eilen die jungen Mädchen nach der caddy, da ist es kurzweilig. Ich bin genötigt ihnen bald zu folgen, damit sie nicht allein oder doch ohne Bedeckung unter der sehr gemischten Gesellschaft sitzen. Da wird Handarbeit gemacht, Rum, Wein oder Himbeerlimonade getrunken. Letztere ist mein stehendes Abendgetränk. Um ½ 10 gehen wir in die Kabine zurück, halten unsere Andacht und gehen dann zu Bett. [...] Ganz zuletzt singen wir uns in den Schlaf mit irgendeinem unserer lieben heimatlichen Abendlieder."[331]

Emma Handmann hat sich ihren Tag strikt eingeteilt, jede Minute scheint sorgfältig verplant. Dazu kommt noch die selbstauferlegte Aufgabe, die Tugendwächterin über ihre mitreisenden Gefährtinnen zu sein. Zeit zum Nachdenken scheint sie bei dieser Tageseinteilung nicht mehr viel zu haben - doch vielleicht liegt gerade darin ein tieferer Sinn: durch äußere Betriebsamkeit innere Unruhe vermeiden zu wollen.

Wie an diesem Beispiel deutlich wird, spielt sich der Alltag vorwiegend an Deck ab - außer den Mahlzeiten, die in den Speiseräumen eingenommen werden. Die Kabinen sind meist zu eng und, je weiter es Richtung Süden zugeht, auch zu stickig, um länger als nötig darin zu verweilen. So wird das Schiffsdeck zum bevorzugten Aufenthaltsort - ähnlich der Veranda, die auf den Missionsstationen rings um das Haus läuft und später ebenfalls Aufenthaltsort und 'öffentlicher Schauplatz des alltäglichen Lebens' sein wird.

Das Deck ist zugleich der Ort, an dem man regelmäßig mit den Mitgliedern der 'Übergangsfamilie', also der Reisegesellschaft, zusammentrifft. Dies dient unter anderem auch einer Demonstration innerer Verbundenheit und Geschlossenheit den anderen Passagieren gegenüber - sofern das Schiff kein missionseigenes Schiff ist.[332] Diese Demonstration der Zusammengehörigkeit wird an Emma Handmanns Beispiel ebenfalls deutlich. Aus eben diesem Grund eilt sie den beiden jungen Mädchen nach, die das Deck im doppelten Sinne verlassen haben

---

[331] Ebd.

[332] Die Basler Mission verfügte über eigene Segelschiffe, die hauptsächlich für Export- und Importsendungen der Missionshandlungsgesellschaft genutzt wurden und natürlich auch ausreisende Missionare und Missionsbräute beförderten. Das erste missionseigene Schiff war die „Palme", 1866 aus Spendengeldern erworben, 1873 kam der Schoner „Eintracht" hinzu, 1874 ein drittes Segelschiff, die „Agnes". Die „Palme", die nach ihrer 14. Reise verkauft worden war, ersetzte ein weiteres Segelschiff, die „Asante". Des weiteren besaß die Missionshandlung einen Flußdampfer namens „Pionier", der die Volta im afrikanischen Missionsgebiet befuhr. Durch den sich verbessernden Dampferverkehr auf den Weltmeeren lohnte sich der Einsatz der Segelschiffe ab 1885 für die Basler Mission nicht mehr. Nur ein Schleppdampfer wurde zurückbehalten, der am Voltastrom in Ghana eingesetzt wurde. Vgl. W. Schlatter: Geschichte der Basler Mission, Bd. 1916, S. 392-393.

und sich unter andere Passagiere mischen. Durch die Anwesenheit Emma Handmanns wird der „sehr gemischten Gesellschaft" zeichenhaft verdeutlicht, daß die beiden Mädchen einer 'anderen Gesellschaft' angehören.

Das Schiffsdeck dient zusätzlich als Bühne für die Zurschaustellung gemeinsam geteilter Religiosität etwa, wenn Gottesdienste in deutscher Sprache auf Deck organisiert werden. Doch ist dies nicht der einzige Sinn und Zweck des Gottesdienstes. Vielmehr liegt m. E. die tiefere Bedeutung darin, daß zum einen der Gottesdienst in deutscher Sprache als Symbol für die deutsche Heimat angesehen wird, die auf diese Art und Weise 'an Deck geholt wird'. Zum anderen ist die Organisation dieses Gottesdienstes ein Indiz dafür, daß das Schiff tatsächlich als Art Heimat angesehen wird, da der Schiffsalltag ebenso wie der Alltag in der Heimat eine positive Zäsur durch den wiederkehrenden sonntäglichen Gottesdienst erfährt.

Christiane Burckhardt beschreibt dieses religiöse Leben an Bord:

> *„Bruder Lodholz konnte täglich mit uns Morgenandacht halten, wobei zuerst die Losung, dann die Tagesbetrachtung aus dem lieben Gossner gelesen wurde, worauf er mit einem Herzensgebet schloß. Sonntag Vormittags hielt er einen förmlichen Gottesdienst mit uns und der gesamten Schiffsmannschaft [...] Anfangs geschah es in der Kajüte, später als es wärmer wurde an Deck."*[333]

Auch Emma Handmann schildert einen deutschen Gottesdienst an Bord, der allerdings gegen den Willen des britischen Kapitäns stattfindet:

> *„Nach dem Frühstück haben wir einen deutschen Gottesdienst gehalten. [...] Bald nachdem wir fertig waren wurde das Deck für den englischen Gottesdienst hergerichtet. [...] Wir wenigen, die wir dem Herrn Christo wenigstens angehören möchten, ihn lieben, wenn auch in Schwachheit, sind die Unterdrückten, die Verspotteten etc. Ich erwähnte wohl eine Singstunde, die wir eingerichtet hatten? Sie ist gesprengt. Sobald wir in Miss Fallers Kabine sangen, ließ the captain seine Spieldose gehen, daß wir nicht singen konnten."*[334]

Emma Handmann wird mit Ausgrenzung und Verspottung konfrontiert, was ihr aber dazu dient, auf die 'Höherwertigkeit' des Glaubens der Missionsleute und auf ihr 'Märtyrertum' hinzuweisen. Auch zieht sie die Grenze zwischen sich und den Briten. In ihren Augen sind sie keine gläubigen Menschen.

Fanny Würth, die auf dem Schiff eine englische Predigt hört, macht bei dieser Gelegenheit nochmals auf die Bedeutung des deutschen Gottesdienstes aufmerksam:

> *„Nachdem ein Tisch gleichfalls mit einem Tuch umhängt und so zur Kanzel zugerichtet war, erschien der Kapitän als Prediger. Nach einem aus dem englischen prayerbook gelesenen Gebet, las er ein Kapitel aus dem*

---

[333] ABM: TB Christiane Burckhardt, S.33-34.
[334] ABM: C-10.42,1. TB Emma Handmann, S. 6.

alten und ein Kapitel aus dem neuen Testament und ein weiteres Gebet aus dem prayerbook bildete den Schluß. Ich gestehe! Es war mir sehr schwer ums Herz bei diesem ersten Gottesdienst in fremder Sprache und bei dem Gedanken nun nie wieder eine Predigt in der Muttersprache zu hören! Und für lange Zeit gar keine mehr."[335]

Die Predigt in der Muttersprache ist für sie ein Stück Heimat, deren Verlust am spürbarsten wird beim Hören einer Predigt in fremder Sprache.

Rosina Binder muß ebenfalls mit englischen Gebeten vorlieb nehmen und ist daher umso erfreuter, als ein mitreisender Missionar ein deutsches Gebet spricht:

„Und dann nach mehreren englischen Gebeten betete einer unserer Brüder auch Deutsch. Das war mir wie Balsam, denn seit mehreren Wochen hörte ich kein deutsches Gebet mehr. Obwohl ich das meiste verstehe, habe ich doch nicht das von einem englischen Gottesdienst was ich von einem deutschen habe."[336]

Auch Elise Hauff unterscheidet zwischen englischen und deutschen Predigten. Über das Osterfest, das sie auf dem Schiff verbringt, schreibt sie im Rückblick:

„[...] Vermissten wir freilich sehr den schönen heimatlichen Gottesdienst. Aber wir freuten uns, wenigstens mit den Engländern zusammen beten und singen zu können, wenngleich wir Bräute wenig davon verstanden."[337]

Demnach ist für Elise Hauff die gemeinsam erlebte Predigt - ohne Ansehen der jeweiligen religiösen Ausrichtung - das verbindende Element zwischen den Deutschen und Briten.

Fanny Würth hingegen betont die gleiche Nationalität als verbindendes Element. Auch sie sieht gnädig über den Konfessionsunterschied hinweg, doch unter einem völlig anderen Aspekt:

„Die Passagiere waren meistens Engländer und außer uns noch 7 Deutsche, drei katholische Patres und vier Nonnen, die ihre Kirche zur Verstärkung ihrer Mission in Indien aussandte. Daß sich Deutsch zu Deutsch fand, trotz des Religions-Unterschiedes steht wohl nicht in Frage."[338]

Britische und deutsche Protestanten haben demnach für sie weniger gemeinsam als beispielsweise deutsche Pietisten und deutsche Katholiken. Dies ist äußerst interessant im Hinblick auf den Stellenwert von Konfession und Nationalität bei Fanny Würth. Ihre subjektive Haltung weist an dieser Stelle dennoch über sich selbst hinaus, denn sie ist symptomatisch für das Leben der Missionarinnen und Missionare in Übersee, die sich ebenfalls zuallererst mit Deutschen verbunden fühlten.[339] Die unterschiedliche Konfession, die in der Heimat oftmals als tren-

---

[335] ABM: C-10.42,7b. TB Fanny Würth, S.21.
[336] ABM: D.10.4,9a. TB Rosine Binder, S. 53.
[337] PN: Elise Hauff. Reisebericht. Ohne Seitenangabe.
[338] ABM: C-10.42,7. TB Fanny Würth, S. 20.
[339] Die zu 'bekehrende' einheimische Bevölkerung natürlich ausgenommen.

nendes Element begriffen wurde - in etlichen Quellen wird beispielsweise die 'Bigotterie der Katholiken' thematisiert, konfessionelle Vorurteile und Stereotypen dieser Art[340] tauchen häufig auf - wird in der Fremde negiert durch die gemeinsame Nationalität als verbindendes Element. So genügt also in fremder Umgebung der 'kleinste gemeinsame Nenner', das 'Deutsch-Sein' zur Konstruktion eines 'Wir-Gefühls', was zumindest nach außen den Eindruck einer Einheit vermittelt.

Im Stillen

> *„Auf dem Schiff habe ich manch stille Stunde, nach dem bewegten Leben der letzten Monate eine Wohltat - Zeit! Zeit zum Nachdenken und zur Einkehr. Die Heimat liegt hinter mir, die Brücken sind abgebrochen und ich frage mich oft zweierlei: habe ich wirklich die Kraft es hinauszuführen? Habe ich kein zu großes Opfer gebracht, als ich Ja gesagt habe und verlassen was mir das Theuerste war: die Heimat, Eltern, Geschwister, Freundinnen? Und dann das andere: bin ich's wert, Gottes Arbeit zu treiben? Bin ich's auch wert hinauszureisen zu meinem Bräutigam, der mir an jedem Hafenplatz ein Zeichen seiner Liebe zukommen läßt?"*[341]

Diese Fragen stellt sich Elisabeth Heimerdinger auf ihrer Schiffsreise. Es sind dies grundsätzliche Gedanken und Zweifel, die die Bräute, verbunden mit dem Wiederaufflackern von Heimweh, während der Schiffsreise umtreiben.

Auch wenn es auf den ersten Blick - etwa bei Emma Handmanns Beschreibung ihres straff organisierten Alltags, der Ähnlichkeit auch zu dem anderer Bräute aufweist - so aussieht, als bliebe keine Zeit mehr, scheint es eher so zu sein, daß gerade der gleichförmig wiederkehrende und sich wiederholende Tagesablauf den Freiraum und die Zeit für die 'innere Nabelschau', für die Beschäftigung mit sich selbst bereitstellt. Der äußere Stillstand wird intensiv empfunden. Fanny Würth beschreibt ihn auf diese Weise:

> *„So glich ein Tag dem anderen, unser Leben war also höchst eintönig."*[342]

Emma Handmann wird noch deutlicher. Sie klagt:

> *„Das Leben hier auf dem Schiffe habe ich herzlich satt, obgleich wir alle Tage herrlich und in Freuden leben und ich in meinem Leben wohl nie wieder so viel Wein trinken werde."*[343]

Adelheid Faul betont ebenfalls den 'Zustand des Stillstands', wenn sie schreibt:

> *„Denn, Du glaubst nicht, wir wundern uns alle darüber, wie man hier auf dem Meer vom Nichtstun müde wird, namentlich im Kopf."*[344]

---

[340] Konfessionelle Vorurteile und daraus resultierende Konflikte reichen bis weit ins 20. Jahrhundert hinein. Vgl. C. Köhle-Hezinger: Evangelisch-Katholisch. 1976.
[341] PN: TB Elisabeth Heimerdinger. Ohne Seitenangabe.
[342] ABM: C-10.42,7. TB Fanny Würth, S.23.
[343] ABM: C-10.42,1. TB Emma Handmann, S. 12.

In der äußeren Sicherheit wird die innere Unsicherheit erst recht spürbar. Während äußerlich 'nichts geschieht', geschieht innerlich einiges - besonders in den Abendstunden, wenn das Schiffsleben zur Ruhe kommt. Dann kehren Gedanken an die Heimat, Sehnsucht, Zweifel und Ängste zurück. Die Reisegesellschaft macht es sich - vor allem, je heißer es wird und je näher die Tropen heranrücken - spätabends an Deck gemütlich. Man liegt im Liegestuhl, blickt zu den Sternen hinauf und singt heimatliche Lieder und Kirchenlieder. Diese abendlichen Zusammenkünfte werden in den Quellen häufig erwähnt, oft in Verbindung mit zwiespältigen wehmütigen Gefühlen. Die im Schutze der Dunkelheit vereinte Gemeinschaft regt einerseits zu Gefühlen tiefer Verbundenheit an - man fühlt sich „wie eine Familie"[345]. Andererseits erhöht diese Verbundenheit, die nur eine vorübergehende ist, die Trauer um Verlorenes, um die verlassene Heimat und die Menschen.

> *„Der Abend war prächtig. Überhaupt waren mir die Abende die liebste und gesegnetste Zeit auf dem Schiff. Es war der Himmel so hell und klar, besät mit glänzenden Sternen. [...] Wir Deutschen saßen in traulichem Kreise beisammen und stimmten aus vollem Herzen ein Lied ums andere an."*[346]

So klingt es bei Fanny Würth, wobei sie zum Ausdruck bringt, daß alle Deutschen an Bord des Schiffes ihre Ersatzfamilie sind.

> *„Nach dem Abendessen liefen wir gewöhnlich an Deck auf und ab und sangen schöne Lieder, auch hatten wir unsere Freude an dem Leuchten des Meeres."*[347]

So schildert Jane Müller die Abende an Deck.

Der nächtliche Sternenhimmel, das Firmament, das die alte und neue Heimat gleichermaßen umspannt, ist oftmals Thema der Betrachtungen.

> *„Der Sternhimmel ist jetzt auch ganz prächtig und zeigt uns Nordländern allerlei Neues. Doch muß ich sagen, wie andere vor mir, daß der Unterschied keineswegs so groß ist, wie man das meist hört. An deutschen schönen Winternächten funkeln die Sterne fast ebenso hell und der Mond macht auch dasselbe Gesicht."*[348]

Emma Handmann 'verteidigt' mit diesen Sätzen fast trotzig die Schönheit der Heimat, die sie verlassen hat und gibt sich für die Daheimgebliebenen als erfahrene Reisende aus, die sich mit den „anderen vor ihr" in eine Reihe stellt.

Fanny Würth spricht die Bedeutung des nächtlichen Himmels in Zusammenhang mit der Heimat ebenfalls an:

---

[344] ABM: C-10.42,3. TB Adelheid Faul, S. 12.
[345] PN: Brief v. Deborah Pfleiderer Bräutigam Mark Hoch; Mangalore: „wir fühlen uns ganz wie eine Familie". An Bord der 'Singapore'. 1882.
[346] ABM: C-10.42,7. TB Fanny Würth, S. 21.
[347] ABM: C-10.50. TB Jane Müller, S. 45.
[348] ABM: C-10.42,1. TB Emma Handmann, S. 13.

> *"Dir liebe Mutter füge ich besonders bei, daß ich zu dem freundlichen Mond und den schönen Sternen auch deshalb so gerne hinaufsah, weil ich mir dachte, daß jetzt derselbe Mond und dieselben Sterne Dir blinken - vor allem aber dachte ich und tröstete mich, daß derselbe Gott, der über ihnen thront, ist mit uns, derselbe treue Herr, mit Dir und mir."*[349]

Die Gestirne am Firmament[350] dienen Fanny Würth - und damit bildet sie keine Ausnahme unter den Bräuten - immer wieder auch als ein Sinnbild für die Allmacht Gottes. Diese Allmacht Gottes, die dieselben Sterne blinken läßt - über dem Meer wie auch über ihrem Heimatort - ermöglicht es Fanny Würth, eine 'spirituelle' Verbindung mit der verlassenen Heimat aufrechtzuerhalten, was ihr Sehnsuchtsgefühl nach dieser Heimat mildert. Christiane Burckhardt erfährt beim Anblick des nächtlichen Sternenhimmels gleichfalls diese spirituelle gedankliche Verbindung mit der Heimat. Doch wirkt diese auf sie nicht tröstend, sondern eher schmerzhaft.

> *"Wenn aber der Abend kam und wir noch so lange - bis tief in die Nacht - auf Deck waren und ich so im schönen hellen Mondscheine in die wogende und leuchtende See hinaussah und auf die lieben Sterne hinaufblickte, die auch bei Euch glänzen, dann mußte ich mit Schmerz und heißer Sehnsucht an die liebe Heimat, an meine dortigen Lieben, an all das Schöne und Gute, daß ich verlassen und vielleicht auf immer hinter mir habe, gedenken."*[351]

Innere Einkehr, finden die Frauen nicht nur in dem 'Umschlossensein' in der Gruppe wie bei den nächtlichen Zusammenkünften, sondern auch von sich aus im Alleinsein. Emma Handmann zieht sich abends, offenbar aus eigenem Antrieb, oft zurück:

> *"Oh und wieviel gibt es auch hier auf dem Wasser zu rühmen von Gottes Güte und Allmacht, wenn man nur die Augen und Herzen dafür offen hat. Am liebsten sitze ich des Abends aber allein und denke dem nach."*[352]

Auch Deborah Pfleiderer hat anscheinend das Bedürfnis, sich manchmal abzusondern und allein ihren Gedanken nachzuhängen.

> *"Wenn ich allein still auf einem Plätzlein sitze - träume ich auch gern von Vergangenheit und Zukunft. In Basel verfolge ich die Lieben alle bei ihren Arbeiten, den lieben Papa auf seiner Bauern-Reise, von der er wohl wieder zurückgekehrt sein wird und Dich meinen lieben Mark begleite ich natürlich auch auf Deinen Reisen."*[353]

---

[349] ABM: C-10.42,7. TB Fanny Würth, S.12.
[350] Das Emblem 'Astra Deus Regit' (Gott lenkt die Sterne), war ein Sinnbild für die Allmacht Gottes in der Emblematik des 16. und 17. Jahrhunderts. Vgl. A. Henkel, A. Schöne (Hg.): Emblemata. 1964/1996, S. 41.
[351] ABM: TB Christiane Burckhardt, S. 35.
[352] ABM: C-10.42,1. TB Emma Handmann, S. 11.
[353] StABS: PA 770.11.01.05. Deborah Pfleiderer an Bord der 'Singapore'. Im Hafen von Port Said. 2. Dezember 1881.

Je weiter sich das Schiff von der Heimat entfernt, desto näher rückt sie im Geiste, und je mehr sich das Schiff der neuen Heimat nähert, desto stärker rückt auch diese ins Bewußtsein.

Adelheid Faul thematisiert dies, wenn sie schreibt:

> *„Ich bin sehr oft in Ulm mit meinen Gedanken, bald bei diesen, bald bei jenen. Natürlich auch oft in Cannanore."*[354]

Christiane Beate Burckhardt konkretisiert den Zwischenzustand am deutlichsten:

> *„Da stiegen dann immer zweierlei Gefühle in meinem beklommenem Herzen auf: auf der einen Seite das Heimweh nach der alten Heimat - auf der anderen Seite, die Sehnsucht nach Afrika zu dem nie gesehenen, aber dennoch geliebten Bräutigam."*[355]

Auch Elise Gundert aus Calw, die 1901 nach Mangalur in Indien reist, um Deborah Pfleiderers jüngsten Bruder Immanuel zu heiraten, hegt ähnliche Gedanken:

> *„Jetzt bin ich von der Heimat schon durch ein Meer getrennt und jede Minute trägt mich weiter weg davon, aber - auch jede Stunde näher zu Mangalur. Es ist doch merkwürdig, was dieses Mangalur auf einmal für eine magnetische Kraft für mich hat. Wenn mir das jemand vor vier Monaten gesagt hätte, hätte ich ihn ausgelacht."*[356]

In Emma Handmanns Reisebericht finden sich wiederum die beiden Pole Vergangenheit und Zukunft, zwischen denen die Gedanken der Bräute fortwährend hin und her wandern.

> *„Wenn ich nicht schlafen kann, von einer Seite auf die andere fliege, dann denke ich heimwärts, aber doch, je näher ich nach Indien komme, noch viel mehr indienwärts und dann weiß ich mich vor Freude nicht zu fassen, daß ich nun bald in vier bis fünf Wochen in dieser meiner neuen Heimat ankommen und finden soll, was mir Gott der Herr gegeben aus lauter Gnade."*[357]

---

[354] ABM: C-10.42,3. TB Adelheid Faul, S. 10.
[355] ABM: TB Christiane Burckhardt, S. 35.
[356] PN: TB Lis Pfleiderer-Gundert, S. 24.
[357] ABM: C-10.42,1. TB Emma Handmann, S. 13.

Ver-Störungen

> *"Wie es aber in dieser Nacht bei uns Schwestern herging, mit Erbrechen, Seufzen und Stöhnen, kann die Feder Euch nicht beschreiben. Dies war die schlimmste Nacht, die wir zeitlebens erlebten. Die Wellen schlugen überall hinein."*[358]

Die Beschreibung dieser Nacht, die aus Christiane Burckhardts Feder stammt, ist das Gegenstück zu den gemütlichen, melancholischen Nächten an Deck mit den blinkenden Sternen. Die Seekrankheit, mit welcher die Frauen wie auch die Männer oftmals bereits nach kürzester Zeit auf dem Schiff konfrontiert wurden, brachte viele an den Rand der Verzweiflung und wirkte auf die gesamte Gemütsverfassung äußerst destabilisierend. Je aufgewühlter das Meer war, desto aufgewühlter waren die Frauen in ihrem Inneren. Zweifel, Ängste und Widerstände, denen sie in ruhigen Phasen Stand hielten, brachen dann mit Gewalt über sie herein. Die 'innere Reise' der Missionsbräute korrespondierte nicht nur mit den positiven, sondern auch mit den negativen Erscheinungen der äußeren Reise. Die körperliche Schwäche und Angegriffenheit während dieser Phasen beeinflußte die seelische Verfassung. Mutlosigkeit, Hoffnungslosigkeit und Traurigkeit bemächtigte sich manch einer Braut. Im Zusammenhang mit dem Thema der Seekrankheit, das in keiner Reisequelle fehlt, werden die negativen Gefühle hinsichtlich des Entschlusses, nach Übersee zu reisen, um einen unbekannten Mann zu heiraten, wie in einer Art Brennglas gebündelt und treten scharf und deutlich zu Tage.

Christiane Burckhardt schreibt beispielsweise:

> *"[...] Denn das schlechte Wetter und das sonstige Übelsein wirkte doch zuweilen in solcher Weise auf unsere Gemüter, daß wir uns erlaubten zu sagen: „Oh, wären wir doch daheim, wir gingen nimmer, nimmer mit."*[359]

Emma Handmann spricht wiederum die Verbindung zwischen äußerer und 'innerer' Reise an:

> *"In der Nacht zuvor hatte sich aber bei mir die Seekrankheit eingestellt. Fatale Tage insonderheit zum Heimweh geneigt machend."*[360]

Im Gegensatz dazu fehlen aber auch humorvolle Schilderungen nicht, eine Art Selbstironie, die vielleicht über die aufkeimenden Zweifel hinweghelfen konnte. Rosina Binder, die mit der Seekrankheit große Probleme hatte, bemerkt trocken: *"Auf dem Schiff sah es der Seekrankheit wegen nicht gerade sonntäglich aus."*[361]

Emma Handmann schildert die Reisegesellschaft bei Tisch:

---

[358] ABM: TB Christiane Burckhardt, S.30.
[359] Ebd., S. 29.
[360] ABM: C-10.42,1. TB Emma Handmann, S. 20.
[361] ABM: D.10.4,9a: TB Rosina Binder, S. 44.

„Vorgestern als die Diener eben zum dinner läuten wollten, hörten wir einen furchtbaren Krach. Zu gleicher Zeit flogen wir alle drei gegen die andere Seite der Kabine und dann eilten wir in die caddy. Da lagen sämtliche Teller in Scherben an der Erde, Messer, Gabeln, kurz alles dabei. Die Braten waren von den Schüsseln gerutscht, die Sauce ausgegossen, pickles, Brot, alles über den Haufen geworfen. [...] So ist es nun jedes Mal. Wie oft aber dennoch dies und jenes unter den Tisch fliegt, wie oft man sein eigen Fleisch auf dem Teller seines Nachbarn findet, könnt ihr Euch denken. Gelacht wird genug, ebensoviel gekreischt und geschrien."[362]

Lachen, Schreien und Kreischen dient hier als Mittel, einer bedrohlichen Situation die Schärfe zu nehmen und sie in eine komische umzuwandeln. Und das wiederum wirkt befreiend und entlastend.[363]

Die Seekrankheit gewinnt eine eigene Bedeutung - zum einen als ein Kristallisationspunkt, an dem sich negative Gefühle bündeln, zum anderen als eine Ausnahmesituation in der ohnehin besonderen Situation, in der sich die Frauen befinden, die diese wiederum zusammenschweißt, indem sie sich gegenseitige Hilfeleistungen gewähren.

„Unsere liebe Schwester Reusch, welche von diesem Übel am empfindlichsten getroffen wurde, war sich am Anfang zu weich und legte sich gleich am ersten Tag zu Bett - und wurde dann so schwach und elend, daß sie 8 Tage nachher, als sie wieder aufzustehen probierte, keinen Schritt mehr allein zu gehen vermochte. Wir waren oft sehr in Sorgen um das gute Mädchen. [...] Erst in den letzten Tagen, ehe wir ans Land kamen, konnte sie sich ein wenig erholen, was uns sehr zum Dank wurde, da es uns gar leid gewesen wäre, wenn wir sie so sehr abgemattet und abgelebt wie sie war, hätten ihrem Bräutigam überbringen müssen."[364]

An diesen Sätzen der Christiane Burckhardt wird deutlich, daß sich die mitreisenden anderen Frauen auf kollektive Art und Weise für die Missionsbraut Reusch verantwortlich fühlten, obwohl ihr zum Vorwurf gemacht wurde, daß sie sich aus übergroßer Empfindlichkeit zu früh ins Bett gelegt habe und daher für ihren Zustand selbst verantwortlich sei.[365]

---

[362] ABM: C-10.42,1. TB Emma Handmann, S. 12.
[363] Es stellt sich hier natürlich auch die Frage, inwieweit Emma Handmann diesen Bericht 'schönte' für die Verwandten zu Hause, an die diese Reisebeschreibung gerichtet war. Doch diese grundsätzliche Frage muß bei jeder Quelle berücksichtigt werden.
[364] ABM: TB Christiane Burckhardt, S. 27.
[365] In Untersuchungen zur Medikalkultur des 18. und 19. Jahrhunderts wird oft darauf verwiesen, daß Bettruhe erst bei sehr ernstzunehmenden Krankheiten verordnet wurde. Es war nicht üblich, wegen kleinerer Befindlichkeitsstörungen im Bett zu bleiben, tat man es dennoch, so war dies ein Zeichen für eine ernste Erkrankung. Vgl. u.a. R. Jütte: Ärzte, Heiler und Patienten. 1991, S. 163-168.

Ähnlich wie die Seekrankheit, hat auch die 'tosende See', die eigentliche Verursacherin der Seekrankheit, zwei Seiten: zum einen wird sie als Bedrohung erlebt, zum anderen finden sich auch Hinweise darauf, daß von ihr eine gewisse Faszination ausgeht.

Adelheid Faul berichtet:

> *„Von oben ist es ein prächtiges Schauspiel, wenn sich die Wellen so hoch auftürmen und schäumend niederfallen. Heute habe ich einmal gebadet, das Rote Meer hatte etwa 22° C, war aber ein wenig schmutzig."*[366]

Dies ist das einzige und ungewöhnliche Beispiel einer Missionsbraut, die während der Überfahrt ein Bad im Meer nimmt. Den Quellen lassen sich keine Hinweise dafür entnehmen, daß dies auch andere Bräute taten. Elise Hauff badet nicht, ist von dem stürmischen Ozean aber gleichermaßen angetan:

> *„Die Wellen gingen haushoch und ich war ganz entzückt von dem herrlichen Schauspiel, als plötzlich die Seekrankheit ihr Recht forderte."*[367]

In gewissem Sinne findet die Beschreibung des steinernen Alpengebirges als 'schaurig-schön' später ihr Pendant in der Beschreibung der Wasserberge, die sich ebenso 'prächtig', aber auch gefährlich vor den Frauen auftürmen. Und ebenso wie die Alpen als 'machtvolle Natur' mit dem 'Schöpfergott' in Verbindung gebracht werden, fehlt in den Quellen, die die Seekrankheit und damit verbundenen äußeren Naturgewalten ansprechen, nie der Hinweis auf den 'göttlichen Steuermann', der das Schiff sicher geleiten möge - trotz der Unwürdigkeit seiner Insassen oder trotz der Unfähigkeit des 'menschlichen Steuermannes'. So konstatiert Rosina Binder:

> *„Hätte der Wind etwas stärker geblasen, wären wir vielleicht auf die Sandbank St. Anna südwestlich der Insel Scharbro gestoßen ehe letztere jemand wahrnahm. Das Wasser war an manchen Orten nur drei Klafter tief. Wir sind froh Gott als unseren Führer zu wissen. Denn unser Capitain war mit Vorsichtsmitteln schlecht versehen und wußte öfter nicht wo wir sind."*[368]

Konflikte

Die Tage und Wochen, die die Bräute auf dem Schiff zubringen, sind trotz mancher Strapazen eine Art Orientierungsphase, um sich im Dickicht von Zweifeln zurecht - und wenn möglich auch wieder aus diesem herauszufinden. Die Schwellenzeit bietet, wie mehrfach angesprochen, Freiräume dafür, über die Entscheidung, eine Ehe mit einem wenig bekannten Mann einzugehen, nachzudenken. Sie bietet letztlich, wie es scheint, die Möglichkeit dazu, eine positive Haltung gegenüber der nahen Zukunft einzunehmen und so die innere Zerissen-

---

[366] ABM: C-10.42,3. TB Adelheid Faul, S. 10.
[367] PN: Elise Hauff. Reisebericht 1885.
[368] ABM: D.10.4,9a. TB Rosina Binder, S. 49.

heit zu überwinden. Es ist also auch die Zeit einer möglichen 'inneren Klärung'. Frei von äußerer Beeinflussung, zumindest was die familiären Bezugspersonen in der Heimat betrifft, kann es, wie im nachfolgenden Beispiel der Elise Kocherhans, aber auch zu einer grundsätzlichen Änderung der einmal getroffenen Entscheidung kommen. Pointiert ausgedrückt: der innere Konflikt der Elise Kocherhans erreicht auf dem Schiff seinen dramatischen Höhepunkt. So findet der entscheidende Moment gewissermaßen zeitverzögert erst nach der eigentlichen Entscheidung statt - im Fall Kocherhans ist der Auslöser für die nachfolgende 'Krisis' eine mitreisende Missionarsfrau namens Luise Roth. Diese schreibt am 23. April 1877 einen Brief aus Hubli/Indien an den „geehrten Herrn Inspektor", in welchem sie die vorgefallenen Dinge aus ihrer Sicht schildert.

> *„Unsere Reise war, wie bekannt, eine sehr gute. Eines Tages saßen wir alle beisammen auf dem Verdeck in heiterer Stimmung, die Bräute hatten Photographien und Briefe vor sich. Fräulein Kocherhans sagte zu mir: mein Bräutigam ist groß und korpulent. Da erwiderte ich, aber soeben sagte mir Br. Schönthal, Br. Wagner, der Bräutigam von Elise Kocherhans sei klein und dünn, habe ziemlich dieselbe Figur wie er, denn sie könnten gut die Kleider voneinander tragen. Fräulein Kocherhans fuhr etwas ärgerlich auf, sagte aber mit Lachen: einen kleinen Mann will ich nicht. Ich hielt dieses für einen Scherz und machte mir nicht viel Gedanken darüber. Später kommt Fräulein Specht zu mir und sagt: Elisabeth steht an der Brustwehr des Schiffes und ist sehr traurig. Ich eilte zu ihr und frug sie nach der Ursache ihrer Traurigkeit. Es ist mir eben so schwer, antwortete sie. [...] Sie sagte einmal: sie glaube gewiß, daß sie für Br. Wagner bestimmt sei. [...] Ich sprach ihr zu, dies recht fest zu glauben und ja nie einen Zweifel aufkommen zu lassen. Sobald man Zweifel Raum gebe, trage man alles viel schwerer."* [369]

In Bombay erhält Elise die Nachricht vom Tode ihres Schwagers, der zusammen mit ihrer Schwester ebenfalls in Indien im Missionsdienst steht.

> *„Die arme Elisabeth war untröstlich, wir bedauerten sie aufrichtig [...] Als wir uns wieder auf dem Schiff befanden war Frl. Kocherhans ziemlich ruhig, sie sagte zu mir: bei der Todesnachricht meines Schwagers kam es mir erst zu Bewußtsein, daß ich mich mehr auf meinen Schwager und meine Schwester gefreut habe, als auf meinen Bräutigam. Wir näherten uns dem Hafen von Cannanore und somit der Abschiedsstunde, die wir in ernstem Gespräch an Verdeck zubrachten. Nochmals ermahnte ich Elisabeth an ihrer Bestimmung festzuhalten. [...] Bald nach unserer Ankunft in Hubli meldete uns Frl. Specht ihre Hochzeitsfeier und bemerkte: Elisabeth ist nicht so glücklich wie ich, sie kann ihren Bräutigam scheint's nicht lieben, die Hochzeit ist hinausgeschoben. Nicht lange darnach kam die Nachricht: Br. Wagner hat einen Korb bekommen, Frl Kocherhans*

---

[369] ABM: II 56. Brief v. Luise Roth, Hubli/Indien, an Inspektor Josenhans. 23. April 1877.

hat das Verlöbnis ganz gelöst. Lange Zeit erfuhren wir nichts mehr. Da auf einmal bekam ich aus dritter Hand die Nachricht: Frl. Kocherhans habe gesagt, Äußerungen von Frau Roth hätten sie bestimmt das Verlöbnis zu lösen."[370]

An anderer Stelle dieser Arbeit ist beschrieben, daß Elise Kocherhans Missionar Wagner bis zum Traualtar folgte und erst kurz vor der Trauungszeremonie durch Intervention der anwesenden Missionare das Verlöbnis gelöst wurde, da diese von Elises Abneigung und Widerwillen gegen Br. Wagner wußten. Dessen ungeachtet wird aus dem Brief der Luise Roth, die empört und beleidigt ist, sich mißverstanden fühlt und sich vor dem Komitee in Basel rechtfertigen will, doch unmißverständlich klar, daß Elises eigentliche innere Entscheidung gegen ihren zukünftigen Bräutigam während der Schiffsreise fiel. Hier wird ihr bewußt, daß ihre Zusage falsch war. Den ersten Anstoß gibt die äußere Beschreibung ihres Bräutigams, der nicht ihr 'Typ' ist und gegen den sie so von vornherein bereits eine negative Haltung einnimmt. Der zweite Auslöser ist daraufhin die Todesnachricht des Schwagers, die ihr deutlich macht, daß sie, wie sie selbst sagt, sich mehr auf diesen als auf den zukünftigen Ehemann gefreut habe. Der Hinweis darauf, daß Äußerungen Luise Roths Elise in ihrer Entscheidung beeinflußt haben, mag vielleicht mit Luise Roths Sätzen über aufkommende Zweifel, an denen man schwer zu tragen habe, zusammenhängen. Elise Kocherhans interpretiert diese Sätze, die dazu bestimmt waren, sie an ihrer Zusage festhalten zu lassen, für sich sozusagen um, indem sie diese Zweifel nicht unterdrückt, sondern zuläßt. Obwohl sie vor Ort nicht mutig genug ist, ihre Zusage sofort zurückzunehmen und sich eigentlich opfern will, was erst durch fremde Hilfe verhindert wird, hat sie sich innerlich bereits entschieden. Doch gerade das Wissen darum bringt sie dazu, doch vor den Traualtar zu treten. Diese Vermutung belegt ein Nebensatz in einem Schreiben an Constantia Scholz, die damalige Hausmutter der Basler Mission, der sich Elise später anvertraut:

„Denn ich wollte es tun, ohne die erbetene Liebe zu besitzen, weil ich von außen gedrängt war und innerlich eigene Wege befürchtete."[371]

Die „innerlich eigenen Wege" waren es, die sie beunruhigten, da sie befürchten mußte, sich damit gegen die Führung Gottes gewandt zu haben. Abschließend zeigt sich jedoch, daß sie die 'ersten Schritte' auf den „innerlich eigenen Wegen" bereits während der Schiffsreise unternommen hatte.[372]

---

[370] Ebd.

[371] ABM: QT-7-2,5. (Kinderhausakten). Brief v. Elise Kocherhans Calicut/Indien, an die Hausmutter Constantia Scholz, Basel. 10. Januar 1877.

[372] Der Fall Elise Kocherhans könnte als ein besonders wirkungsvolles Beispiel für die Kraft der Veränderung während der liminalen Phase gedeutet werden. Ein prominentes Beispiel ist die Missionarstochter Marie Hesse, die sich als Fünfzehnjährige während der Überfahrt nach Indien zu ihren dort lebenden Eltern, in einen Engländer verliebt und sich von diesem einen Heiratsantrag machen läßt. Sanktionen von seiten der Missionsleute, unter deren Obhut sie reist und später das 'Einschreiten' des Vaters, Hermann Gundert, machen eine Heirat unmöglich. Vgl. A. Gundert: Marie Hesse. Ein

Brautbriefe - „eine Erquickung im Stilleben des Schiffes"

Besonders bedeutsam waren für die Bräute die Briefe der Bräutigame, die sie in den jeweiligen Häfen, in denen das Schiff anlegte, erhielten. Von den Bräutigamen erforderte es ein gewisses Organisationstalent, die Briefe so zu schreiben, daß sie dem jeweiligen Postschiff, das meist nur einmal pro Woche verkehrte, mitgegeben werden konnten und so rechtzeitig in den verschiedenen Häfen ankamen. Der Ausbau des Schiffverkehrs[373] war mit entscheidend dafür, ob und in welcher Regelmäßigkeit die Frauen während ihrer Reise Briefe erhielten, nicht nur vom Bräutigam, auch von der Familie in der Heimat. Rosina Binder, die bereits 1846 nach Afrika reiste, erhielt erst kurz vor ihrer Ankunft einen Brief ihres Bräutigams, während Adelheid Faul, die 1877, also 30 Jahre später, nach Indien reiste, über 10 Briefe von Missionar Schönthal, ihrem zukünftigen Ehemann, auf der Reise empfing. Aus den Quellen geht hervor, daß die Anzahl der erhaltenen Briefe offenbar als Gradmesser für die Zuneigung des zukünftigen Ehemannes diente, und zwar im Vergleich zu den anderen Bräuten, die 'im selben Boot' saßen. Auf die Bedeutung der empfangenen Briefe als 'Distinktionszeichen' den anderen gegenüber, macht Adelheid Faul in einem Brief an ihre Mutter aufmerksam:

> *„In Messina erhielt ich auch wieder einen Brief von meinem lieben Bräutigam. Ich kann Dir gar nicht genug sagen wie lieb und getreulich mein Bräutigam für mich sorgte und mir alle Wege ebnete wo es nur möglich war. Wenn ich die liebe Julie dagegen sehe, wie sie in allem auf sich selbst angewiesen ist, kann ich ihm gar nicht genug dankbar dafür sein."*[374]

Das Warten auf Briefe nimmt einen zentralen Stellenwert während der Reise ein. Emma Handmann schreibt enttäuscht während ihres kurzen Aufenthaltes in London:

> *„[...] Wir fanden dort freundliche Aufnahme, wenn auch nicht den erhofften Brief aus Indien, der nach des Agenten Meinung dort für mich lie-*

Lebensbild. Doch nicht die Reaktionen auf diesen Fall sind bemerkenswert, sondern, daß er sich überhaupt ereignet, insbesondere, daß er sich auf der Reise ereignet. Dies könnte als ein weiteres Indiz für die These gelten, daß die Reise als Phase des Überganges eigene 'Gesetzmäßigkeiten' hatte, die von den 'normalen Regeln' abwichen, das heißt, daß die besondere Ausnahmesituation auch besonderes abweichendes Verhalten hervorrufen konnte. Marie Hesse hätte es beispielsweise in ihrem Heimatort vermutlich nicht gewagt, einen engeren Kontakt zu einem Mann aufzubauen.

[373] „Das letzte Drittel des 19. Jahrhunderts bringt für die Entwicklung der Handelsschifffahrt, insbesondere der Dampfschiffahrt, weltweit einen großen Aufschwung. Obwohl die Segelschiffahrt in manchen Bereichen des Gütertransports noch rentabel ist, sinkt ihr Anteil immer weiter. Mit der zunehmenden Verbreitung des Stahlschiffbaus und den mannigfaltigen Verbesserungen in der Antriebs- und Maschinentechnik seit den 80er Jahren werden die Schiffe insgesamt größer, sicherer und schneller." Zit. n. I. Geiss (Hg.): Chronik des 19. Jahrhunderts, S. 788.

[374] ABM: C-10.42,3. TB Adelheid Faul, S. 7.

gen sollte. Die letzte Hoffnung, noch einen zu bekommen, war nun für mich geschwunden. "[375],

Elise Hauff, die in Suez Briefe von Indien erhält, bezeichnet diese als „*Erquikkung in dem Stilleben des Schiffes*".[376]

Die Quellen, die uns einen Einblick in Form und Inhalt der sogenannten „Brautbriefe"[377] vermitteln können, sind rar. Dennoch läßt sich ein bestimmter Verlauf erkennen, der vermutlich auch für andere Paare zutreffend ist. Zu Beginn der Beziehung sind die Briefe zurückhaltend, fast distanziert. Je näher die Abreise der Braut rückt, desto mehr wird meist von seiten der Männer die anfängliche Zurückhaltung zugunsten intensiver Annäherung aufgegeben. Teilweise zeugen diese Briefe von der allmählichen Erotisierung einer Beziehung, die im Wunsch, einander auch körperlich nahe zu sein, ihren Ausdruck findet.

Als ein Beispiel für diesen Prozeß können die Briefe des Indienmissionars Mark Hoch gelten, die er 1881 an seine Braut schreibt. In einem Brief vom 9. August 1881 lesen wir:

> „*Wenn nur die Briefe so schnell gingen wie die Gedanken. Aber nun sind wir denn nun einmal auf die Briefe angewiesen, die allerdings keinen Ersatz bieten für den persönlichen Verkehr von Angesicht zu Angesicht, aber doch ein Mittel sind, das uns einander ins Herz und Auge schauen läßt und auch das woran unser Herz gegeneinander voll ist, uns gegenseitig übermittelt. Brautbriefe, ach das ist etwas so zartes und liebliches, wie die Blümlein des Frühlings, an denen man sich nicht satt sehen kann und die immer aufs Neue das Herz erquicken und erfreuen. Aber sollen sie etwas sein von bleibendem Wert, so müssen auch sie, wie unser Bund überhaupt, geheiligt sein durch des Heilands Liebe.*"[378]:

Deborah Pfleiderer antwortet ihm auf diesen 'Herzensausbruch' ebenfalls mit einem Eingeständnis:

> „*Oh - l. Mark, ich finde oft nur nicht die rechten Worte meine Gefühle und Gedanken auszusprechen, aber das darfst Du versichert sein, daß ich mich oft auch sehne auf dem mündlichen Liebesaustausch, den ja der briefliche Verkehr nur stückweise ersetzen kann. Es wäre freilich schön, wenn wir in der Beziehung auch dann und wann einander haben könnten - um wie Du sagst - Aug in Aug, Hand in Hand miteinander verkehren zu dürfen.*"[379]

---

[375] ABM: C-10.42,1. TB Emma Handmann, S. 2.
[376] PN: Elise Hauff. Reisebericht 1885.
[377] Diesen Ausdruck übernahm ich aus einer zeitgenössischen Quelle. Mark Hoch bezeichnete die Briefe zwischen sich und seiner Braut als „Brautbriefe".
[378] StABS: PA 771.A 2.2. Brief v. Mark Hoch, Mangalore/Indien, an Deborah Pfleiderer, Basel. 9. August 1881.
[379] Ebd. Brief v. Deborah Pfleiderer, Basel, an Mark Hoch, Mangalore/Indien. 14. September 1881.

Interessant ist hierbei, daß Deborah Pfleiderer ihre Zurückhaltung, anders als Mark Hoch nur teilweise aufgibt, indem sie die körperliche Nähe in Zusammenhang mit dem „mündlichen Liebesaustausch" anspricht und den Wunsch nach gegenseitiger Berührung, hier als 'Händchenhalten' umschrieben, mit dem Zusatz „wie Du sagst" versieht. Damit bleibt eine gewisse Zurückhaltung gewahrt. Dennoch geht Deborah mit diesen Sätzen offenbar sehr aus sich heraus, denn in einem anderen Brief kommt sie auf ihre anfängliche Zurückhaltung zu sprechen:

> *„Meinem ersten Brief besonders hast Du gewiß eine gewisse Geniertheit abgelesen, aber weißt, das kam nur davon, weil ich ja damals noch nichts eigenes von Dir in Händen hatte."*[380]

Je näher Deborahs Abreise heranrückt, desto weiter wagt sich Mark hervor:

> *„Oh meine l. Deborah, ich kann Dir nicht sagen wie sehr ich mich auf Deine Ankunft freue, wie allerliebst und lieblich ich es mir vorstelle, wenn wir hier in Mangalore zusammen hausen dürfen. [...] So viel in meiner Kraft steht will ich auch unterwegs Brieftäublein mit Ölzweiglein im Schnäbelchen Dir entgegenschicken, damit Du in Deiner Seele auch weißt, ob das Land auch bald wieder sichtbar wird und Du aussteigen darfst."*[381]

Es scheint, als ob in diesen letzten Briefen auch nochmals letzte Dinge und Standpunkte zur Sprache kommen und geklärt werden. So erläutert Mark Hoch seiner Braut Deborah ausführlich seine Vorstellung von einer 'rechten Missionarsfrau' und 'Missionarsehe':

> *„Er sprach (Inspektor Schott, D. K.) so nett davon, wie die Frauen in der Mission zugleich Missionarsfrauen und Missionsfrauen seien, wie ja auch zu Haus die Frau Pfarrer nicht bloß Frau des Pfarrers sei, sondern auch am Mut des Mannes in ihrer Art teilnehme. Dich l. Deborah, das möchte ich zunächst als ungemein freundliche und gnadenreiche Fügung des Herrn greifen, daß er Dich zunächst <u>mir</u> gegeben hat, zur Gefährtin, die <u>um mich</u> sei, wie es im Wort Gottes so schön heißt, zur Stütze und Freude und Theilnahme an Freud und Leid nach innen und außen. Der Inspektor sah in seiner Hochzeitsrede auch diesen Beruf der Missionarsfrau im Haus zur Seite ihres Mannes als Genossin sehr nett dargestellt und er bezeichnete es als große Gnade des Herrn, daß wir in der Mission auch Frauen haben dürfen. Ist sie aber so Frau des Missionars als solche schon eine Quelle des Segens und der Freude, so ists auch noch eine weitere Gnade, wenn sie auch da und dort selber eingreifen darf und arbeiten an Heidenmädchen und Heidenfrauen, wie auch in der Gemeinde, je nachdem der Herr Gelegenheit und Gesundheit schenkt. Auch wäre letzteres - nämlich die Missionsarbeit ihr nicht gegeben, so ist sie doch*

---

[380] Ebd. Brief v. Deborah Pfleiderer, Basel, an Mark Hoch, Mangalore/Indien. 19. Oktober 1881.

[381] Ebd. Brief v. Mark Hoch; Indien an Deborah Pfleiderer, auf der Reise. 24. August 1881.

Missionarsfrau, indem sie an der Arbeit ihres Mannes Teil nimmt als seine Gefährtin, ihm zu derselben die Hand stärke. Nun der Herr gebe es uns, daß wir ein rechtes Missionspaar werden."[382]

Mit diesen Sätzen macht Mark Hoch seiner Braut seinen Standpunkt unmißverständlich klar, nämlich, daß es ihm zunächst um eine Ehefrau zu tun ist und nicht um eine Gehilfin bei seiner Missionsarbeit. Er versteht es, seine eigenen Anschauungen in die Worte des Inspektors zu kleiden und diese dadurch zu rechtfertigen. Kurz vor Deborahs Ankunft gibt er dann sämtliche Zurückhaltung auf und schickt ihr einen sehnsüchtigen Willkommensgruß:

„*Wie wollen wir einander begrüßen? Als solche, die der Heiland selbst miteinander verlobt hat und die er einander gegeben hat, daß eins dem anderen auch zur Stütze, Hilfe, Trost, Freude und zum Segen wird. So sinds vielleicht noch 24 Stunden, daß Du da bist, wohin Dein Herz sich sehnt, ach wie auch mein Herz sich Dir entgegensehnt. Zum letzten Mal denn, ehe wir es wirklich tun können, sei, meine l. Deborah, recht innig und herzlich umarmt und geküßt von Deinem sich innigst auf Dich freuenden Bräutigam Mark Hoch.*"[383]

Diese Dokumente zeigen einem Zeitraffer gleich, die rasante Annäherung zweier Menschen, die sich persönlich nicht kennen. Was sich in der persönlichen Begegnung allmählich entwickeln kann, muß hier gleichsam im Schnellverfahren vollzogen werden. Doch dient diese konstruierte Annäherung m.E. eigentlich dazu, daß beide an ihre Sehnsucht nach dem anderen glauben und sich dann im Moment des Begegnens auch tatsächlich in 'die Arme fallen' und küssen können.

Der Briefwechsel zwischen Elisabeth Heimerdinger und ihrem Bräutigam Wilhelm Oehler weist eine gegenläufige Entwicklung auf, er ist eher die Ausnahme von der Regel. In den letzten Briefen, die unmittelbar vor Elisabeths Reise geschrieben werden, ist die gegenseitige Annäherung immerhin auch so weit gediehen, daß es ebenfalls zu einer brieflichen 'letzten Klärung der Dinge' kommt. Wilhelm Oehler hatte in einem Brief an seine Braut - ähnlich wie Mark Hoch - offenbar seine Vorstellung von einer christlichen Ehe angesprochen, wobei er zur Untermauerung auf eine Bibelstelle, Eph. 5, verwies. Das 5. Kapitel Epheser ist überschrieben mit den Sätzen: Ermahnung zu einem heiligen Wandel. Pflichten der Ehegatten. Hier heißt es wörtlich: „Doch auch ihr, ja ein jeglicher habe lieb sein Weib als sich selbst, das Weib aber fürchte den Mann."[384]

Elisabeths Reaktion explizit auf diese Stelle ist äußerst aufschlußreich. In einem Antwortbrief an Wilhelm ist sie diejenige, die sich um eine für sie angemessene Auslegung dieses Bibelzitats bemüht, wobei sie ihre eigene Position deutlich macht. Sie schreibt:

---

[382] Ebd.
[383] StABS: PA 771 11.05.01. Brief v. Mark Hoch, Mangalore/Indien, an Deborah Pfleiderer; auf der Reise. 19. Dezember 1882.
[384] Vgl. Eph. 5,33.

> *„Ich habe mich sehr gefreut über das was Du mir über Eph. 5,2/33 schriebst, anders kann ich mir eine wahrhaft glückliche Ehe nicht denken. Gott wolle mir auch helfen, daß ich mich Dir mit ganzer Liebe hingeben kann! - Nur über den Schluß des Eph. konnte ich nicht gleich hinwegkommen: „Das Weib aber fürchte den Mann." Da ließ ich mir von unserem l. Vater sagen, daß da doch eben die Ehrfurcht gemeint ist (was sich von selbst verstehen sollte bei einer Frau, die an ihren Mann hineinsehen kann und muß). Wenn wirkliche Furcht gemeint wäre, müßte ich ja Angst haben, aber: völlige Liebe treibt die Furcht aus."*[385]

Elisabeth Heimerdinger betreibt hier eine Art Gratwanderung, die zweierlei zum Ausdruck bringt. Zum einen erkennt sie vordergründig den Führungsanspruch des Mannes an, auch indem sie ihren Vater um Rat fragt - zum anderen gibt sie sich als eigenständige Person mit einer eigenen Meinung zu erkennen. Wir können davon ausgehen, daß sie den Begriff Ehrfurcht wohl im heutigen Sinne von Respekt begriff, der für sie aber vermutlich auf Gegenseitigkeit gegründet sein sollte.

Die Briefe aber, die Wilhelm Oehler seiner Braut auf der Reise, die sie ihm immer näher bringt, entgegenschickt, sind dagegen von auffallender Zurückhaltung, einer gewissen Scheu und sogar Angst. Angst hat er offenbar davor, möglichen Erwartungen, die seine Braut an ihn hat, nicht gerecht werden zu können. Diese Briefe sind ein Beispiel dafür, daß die Männer wohl mit ähnlichen Zweifeln und Ängsten zu kämpfen hatten wie die Frauen, nur wurden diese eben weit weniger offen an- und ausgesprochen.

Nach Neapel schreibt er seiner Braut: *„Ja, wenns Ernst wird, wirds uns beiden ein bißchen bange."*[386] Wobei die Betonung auf 'beiden' liegt.

Die weiteren Briefe, die er ihr nach Aden, Suez, Port Said, Colombo, Penang und Singapore sendet, schildern im Grunde genommen den Prozeß seiner 'Selbstfindung als Bräutigam', sie sind gespickt mit Bekenntnissen und Geständnissen. Zu berücksichtigen ist dabei noch, daß er diese Briefe an sie verfaßt, während sie sich noch in Cannstatt befindet und ihre Reise noch gar nicht angetreten hat. Um sicherzustellen, daß sie in den verschiedenen Anlegehäfen seine Briefe termingerecht erhalten wird, muß er quasi in die Zukunft schreiben, das heißt konkret, daß er Briefe, die sie erst im Februar und März 1909 empfangen wird, spätestens im Januar absenden muß. Möglicherweise wirken diese auch deshalb wie ein fortlaufender innerer Monolog. Aus einem Brief, den seine Braut in Suez erhält, geht beispielsweise hervor, daß ihm die 'Fernvermittlung', bei der seine Schwester Maria als Freundin von Elisabeth eine entscheidende Rolle spielte, Probleme bereitete.

---

[385] PN: Brief v. Elisabeth Heimerdinger, Cannstatt, an Wilhelm Oehler, Tschonhangkang/China. 15. Januar 1909.

[386] PN: Brief v. Wilhelm Oehler, Hoschuwan/China, an Elisabeth Heimerdinger, passenger on the German Mail, P.S. 'Prinz Ludwig' outward bound. 6. Januar.1909.

"Mein Fundament ist eben, daß Gott uns zusammengeführt hat, und darum alles recht werden muß. [...] Es fehlte das Unmittelbare besonders auf meiner Seite und das kann nicht ganz hergestellt werden, bis wir uns wirklich persönlich kennen und lieben. Darum bitte vergiß nicht meine Einsamkeit während unserer ganzen Brautzeit und habe Geduld mit mir. Ich habe Dich immer gerne gehabt, aber Dich nie mit Augen des Bräutigams angesehen, so lange wir beisammen waren, sonst wäre das alles so ganz anders, so viel leichter."[387]

Immer wieder wird der Bruch zwischen dem Idealbild des 'liebenden Bräutigams', dem er zu entsprechen sucht, und seiner Lebenswirklichkeit deutlich. Er greift auf ein Zitat eines früheren Briefes zurück und fügt diesem noch eine weitere Anmerkung bei.

"Ich freue mich Deines Glücks, aber habe selbst so wenig von Bräutigamsstimmung. [...] Ich bin glücklich, daß ich Dich habe, was auch ein Glück noch mehr im Glauben und Hoffen ist, und meine Sorge ist vor allem, daß Du glücklich wirst."[388]

Was auf den ersten Blick paradox wirkt, er freut sich über ihr Glück, fast als ob er ein Außenstehender und nicht der Bräutigam ist, und seine eigene Zurücknahme in 'Sachen Glück', fast masochistisch anmutend, ist auf den zweiten Blick eher einer 'magischen Praktik' vergleichbar, die alles 'zum Guten' wenden soll. Er ist sich seines Glückes eben nicht sicher, was daran erkennbar wird, daß sich dieses in Kategorien von Glauben und Hoffen bewegt. Auch nimmt er Elisabeth wie durch einen Filter wahr, es fällt ihm außerordentlich schwer, die Photographie seiner Braut mit der realen Person in Einklang zu bringen. Sie bleibt ihm in gewissem Grade fremd.

"Briefe und Bild sind eben kein Ersatz für die Person und die kann man eben doch erst lieben, wenn man sie hat. Hat es Dir wehe getan, wenn ich von Deinem Bild schrieb, daß es mir den lebendigen Eindruck nicht ganz wieder hervorrufen könne? Mein Auge ruht oft darauf, aber es will mir doch noch nicht recht gelingen. Aber Deine Briefe sprechen alle unmittelbar zu meinem Herzen und lassen keinen Zweifel aufkommen, daß ich Dich auch werde lieben können wie ein Bräutigam seine Braut lieben soll und darf. Aber ich muß es doch vor allem in Gottes Hand legen."[389]

---

[387] PN: Brief v. Wilhelm Oehler, Hoschuwan/China, an Elisabeth Heimerdinger, Suez, an Bord der 'Prinz Ludwig'. 5. Januar 1909.
[388] PN: Brief v. Wilhelm Oehler, Hoschuwan/China, an Elisabeth Heimerdinger, Suez, an Bord der 'Prinz Ludwig'. 18. Januar 1909.
[389] Brief v. Wilhelm Oehler, Hoschuwan/China, an Elisabeth Heimerdinger an Bord der 'Prinz Ludwig' in Aden. 22. Januar 1909.

Die 'Sprache des Herzens' spricht ihn also mehr an als ihr Bild.[390] Die Unsicherheit, die er im Hinblick auf Elisabeth empfindet, hat offenbar noch eine andere Ursache.

Obwohl er als einer der wenigen Missionare Theologie studiert hat, also akademisch gebildet ist, scheint er sich doch seiner Braut gegenüber, was die anderen 'Künste' betrifft, etwas unterlegen zu fühlen. Elisabeth Heimerdinger ist ein 'Schöngeist', an Malerei, Musik und Literatur gleichermaßen interessiert. Seit ihrer frühesten Jugend schreibt sie Gedichte, später avanciert sie zur bekannten Missionsschriftstellerin.

In einem der letzten Briefe während ihrer Reise schreibt Wilhelm:

> „[...] *Martin (der Bruder, D.K.) schreibt, Papa stelle sich mich Dir natürlich scheußlich ideal dar, so daß sie, die Geschwister, immer bemüht sein müssen, die 'weltliche' Seite von mir herauszukehren. Das ist gut. Wenn ich wenig 'modern' im Leben erscheine, so ists mehr, weil ich noch nicht viel Gelegenheit dazu hatte, mich mit dem zu beschäftigen, was in unserer Zeit gerade neu und schön und groß ist, als daß ich nicht auch etwas davon empfände. An einzelnem merke ichs doch. Ich weiß, was ich an Herrn Hesse habe oder z. B. den einzelnen Bildern Uhdes, die beide gewiß modern sind. Also nur keine Angst.*"[391]

Die Aufmunterung, an Elisabeth gerichtet, könnte auch für ihn selbst gelten. Er versucht einem etwaigen Vorurteil seitens seiner Braut vorzubeugen und sich nicht in die Rolle eines 'Hinterwäldlers im weltabgeschiedenen China' drängen zu lassen und führt sogleich konkrete Belege für seine Modernität an. Was aber für diese Modernität steht, ist Ausdruck 'pietistisch begrenzter Fortschrittlichkeit', in dem Sinne, daß seine Beispiele sich innerhalb eines bestimmten, im weitesten Sinne eher religiös besetzten Themenspektrums bewegen und nicht außerhalb. Der Schriftsteller Hermann Hesse, Leidender an der Religion, aber auch fasziniert von dieser, dazu selbst aus schwäbisch-pietistischen Missionskreisen stammend, und der Maler Fritz von Uhde, bekannt vor allem für neutestamentliche, ins zeitgenössische Milieu versetzte Szenen, sind seine Exempel für Modernität.[392] Abgesehen davon zeigen diese Anmerkungen vor allem Wilhelms Bestreben, sich als intellektuell ebenbürtiger Partner zu präsentieren.

---

[390] Pietistisch gewendet setzt sich hier sozusagen die 'Wortgläubigkeit' gegen das Bild durch.

[391] Brief v. Wilhelm Oehler, Hoschuwan/China, an Elisabeth Heimerdinger, Penang. 13. Februar 1909.

[392] Der Schriftsteller Hermann Hesse und der Maler Fritz von Uhde sind natürlich keine Beispiele für 'konservative' Lebenshaltungen. Uhde beispielsweise rief den zeitgenössischen Protest eben deshalb hervor, weil er neutestamentliche Szenen in Zusammenhang mit dem 'einfachen Volk' darstellte. Hesse war mit seiner konfliktbeladenen Haltung der pietistischen Erziehung gegenüber ebenfalls nicht unumstritten. Dennoch führt Wilhelm Oehler Beispiele aus dem 'nicht-religiösen Bereich' nicht an. Es wäre naheliegend gewesen, den Schriftsteller Jakob Wassermann, Autor des 'Caspar Hauser' als Beispiel für 'moderne' Literatur zu nennen. Dieser zählte 1908 zu den bedeu-

An anderer Stelle kommt er auf einen weiteren bedeutsamen Umstand zu sprechen, der ihn, wie offenbar auch seine Braut, im Hinblick auf das neue gemeinsame Leben beschäftigt: den Abschied von der Jugendzeit, der mit dem Übergang ins Eheleben vollzogen ist.

> *„Du schreibst, daß das Paradies der Mädchenjahre sich nun für Dich geschlossen. Auch mir geht es ähnlich. Du weißt, daß ich auch viel der Freundschaft gelebt habe [...] Nun ist mir, als ob ich nun erst voll ins Leben einträte mit seinem tiefsten Glück und tiefsten Weh und ganzem Ernst. In etwas gehört jene Freundschaft dann auch zu den Jünglingsjahren, die vergangen sein werden, wenn ich Dich habe und Dein Mann geworden bin."*[393]

Während sich für die Bräute der Abschied von der Jugendzeit auf der Reise vollzieht, vollzieht er sich für die Bräutigame vor Ort.

Ankommen: Akzeptieren und Loslassen

Je mehr sich das Schiff dem Bestimmungsort nähert, desto näher rückt die Zukunft in der neuen Welt mit dem unbekannten Mann, der im Vordergrund des Denkens steht. Diese dritte und letzte Phase der Reise läßt sich rein äußerlich schwer festlegen, ihr Ende markiert die Ankunft. Sie ist die kürzeste Zeitspanne. Das Ende der Reise wird herbeigesehnt. Der Wunsch, endlich wieder 'Land zu sehen', wieder festen Boden unter den Füßen zu haben, der oftmals erwähnt wird, könnte als Symbol für den herbeigesehnten Beginn des neuen Lebens stehen. Ungeduld und Vorfreude wechseln sich mit Angst und Herzklopfen ab. Die letzten Tage vor der Ankunft werden oft in größter Anspannung verbracht.

Fanny Würth beschreibt dies eindrucksvoll:

> *„Mit jedem Tag steigt die Sehnsucht nach Land. Es ist eine Spannung mit welcher man hinausblickt, von welcher man sich keinen Begriff macht. Ein Hoffen und Erwarten - Sichfreuen - das ganz eigentümlich die Brust schwellt."*[394]

Christiane Burckhardt äußert sich im Rückblick in ähnlicher Weise:

> *„Nachdem wir bereits sechs Wochen auf See waren, brachte uns der Captain die Nachricht, wenn es so fort gehe, so seien wir in acht bis zehn Tagen an der afrikanischen Küste. Oh wie uns diese Botschaft freudig ergriff - dabei uns das Herz auch zitterte vor banger Erwartung der Dinge,*

---

tendsten Neuerscheinungen in der deutschen Literatur. Oder etwa den Maler Max Pechstein, der zusammen mit anderen Malern der Künstlervereinigung 'Brücke' zur künstlerischen Avantgarde gehörte.

[393] PN: Brief v. Wilhelm Oehler, Hoschuwan/China, an Elisabeth Heimerdinger, Penang. 13. Februar 1909.
[394] ABM: C-10.42,7. TB Fanny Würth, S. 23.

> *die da kommen sollten. [...] Pfeilschnell dampfte unsere 'Palme', als wollte sie heute noch in Christiansborg einlaufen, das Wasser peitschend durch die Wellen. Und immer stärker klopfte uns das Herz."*[395]

Die bevorstehende Ankunft bewirkt bei Emma Handmann, daß Gedanken an diese sie nicht nur im Wachzustand beschäftigen. Sie gesteht:

> *„[...] daß ich auch das erste Mal sehr lebhaft von meinem Bräutigam geträumt habe."*[396]

Anfang und Ende der Schiffsreise sind auf der emotionalen Ebene in gewissem Sinne analog. Der Wehmut beim Verlassen des heimatlichen europäischen Festlandes entspricht die Wehmut beim Verlassen des zur temporären Heimat gewordenen Schiffes. Elise Hauff bemerkt zum Ende der Schiffsreise:

> *„Endlich um 2 Uhr verließen wir das Schiff aber auch mit Wehmut im Gefühle eine wichtige Lebenserfahrung hinter uns zu haben. Eine noch wichtigere Zeit stand aber noch vor uns."*[397]

Fanny Würth verfaßt angesichts der bevorstehenden Ankunft folgendes Gedicht:

> *„Land! Land!, das klingt wie Zauberlaut, den Schiffenden nach langen, bangen Tagen, in denen spähend sie hinausgeschaut - ob nicht zum Port die Welle sie möchte tragen. Und an des Horizontes fernstem Rand nun endlich aufleucht das ersehnte Land!*
>
> *Wie wird es einst der Seele sein so bang, wenn auf des Lebens sturmbewegten Meere nach langer Fahrt ein letzter Wellenschlag zum heimatlichen Ufer bringt die Fähre. Wenn nur herüberwinkt der helle Strand- der Lootse naht, Du jubelnd rufst Land! Land!"*

Mit der zweiten Strophe greift Fanny Würth auf das biblische Motiv von der Schiffahrt als Sinnbild für die Lebensfahrt zurück. Doch ist dies in Zusammenhang mit der Schiffsreise naheliegend, nicht weiter bemerkenswert. Interessanter ist hierbei, daß das eigentliche Thema des Gedichtes der Übergang ist - in gewissem Sinne Übergang I und Übergang II. Die erste Strophe zeichnet das Bild des Überganges vom alten ins neue Leben. Die letzte Strophe schließt folgerichtig mit dem Bild des Überganges von diesem ins ewige Leben. Mit dem Ende der Reise ist sozusagen der erste Übergang vollbracht, ab da gilt es, sich auf den endgültigen Übergang vorzubereiten. So zeichnet dieses Gedicht auch ein Bild christlich-pietistischer Vorstellungen vom Sein, das im Vorübergehenden-Vergänglichen gründet und im lebenslangen Übergang beheimatet ist, dessen Ziel das 'heimatliche Ufer' und damit das Erlangen der 'ewigen Heimat' darstellt.

---

[395] ABM: TB Christiane Burckhardt, S. 39.
[396] ABM: C-10.42,1. TB Emma Handmann, S. 6.
[397] PN: Elise Hauff. Reisebericht 1885.

Abb. 8
Lydia Schrempf und Eugen Bommer, kurz nach der ersten Begegnung in Indien 1907.

Abb. 9 Für die Ankunft der Braut geschmückte Missionsstation in Indien. Vermutlich Mangalur 1885.

ERSTE BEGEGNUNG

„Aug in Aug - Hand in Hand"

Nicht jede Missionsbraut traf am Anlegehafen im jeweiligen Missionsland schon mit ihrem Bräutigam zusammen. Manche hatten noch eine tagelange Reise bis zur Missionsstation vor sich. Diejenigen Frauen, die nach China reisten, konnten allerdings damit rechnen, daß ihre Bräutigame in Hongkong, dem 'Zielhafen' für China, auf sie warteten, denn in aller Regel fand auch hier die Hochzeit statt - anders als in Indien oder Afrika, wo es eher üblich war, auf der jeweiligen Missionsstation zu heiraten. Für die Missionare, gerade in Hongkong, bestand somit die Möglichkeit, ihre Bräute bereits auf dem Schiff, mit welchem sie ankamen, zu begrüßen.

Offenbar stellte sich hierbei die Frage, ob man sich in aller Öffentlichkeit auf dem Verdeck begegnen sollte oder allein in einer Kabine. Die Meinungen gingen dabei auseinander, die Missionsleitung äußerte sich dazu nicht - es bleibt aber zu vermuten, daß von dieser Seite eine öffentliche Begegnung bevorzugt wurde. Zumindest wird in den Quellen, die die Begrüßung auf dem Schiff thematisieren, immer extra darauf hingewiesen, wenn diese in der Kabine stattgefunden hatte - unter Ausschluß der Öffentlichkeit. Elisabeth Heimerdinger schreibt an ihren Bräutigam vor ihrer Abreise dazu das folgende:

> *„[...] Wir saßen noch lang gemütlich beisammen mit der Familie. Da gabs eine lebhafte Debatte. Man sprach von Abschied und Ankunft in Hongkong. Ich sagte, daß ich Dich in der Cabine erwarten wolle, worauf alle fest protestierten und sagten, ob ich wirklich das tun könne und Dir nicht vom Deck aus zuwinke, wenn Du aufs Schiff kommst? Und als der l. Papa noch ein wenig bei uns war, wurde die Lage von neuem erörtert und von neuem entsetzten sich Eltern und Geschwister über mich. Ich dachte, ein solches Wiedersehen gehöre nicht an die Öffentlichkeit, doch ich wurde eines Besseren belehrt und Selma meinte: Weißt Mama, das ist nichts mit der Liese, da sollte ich mitgehen, ich würde mit einem Leintuch winken."*[398]

---

[398] PN: Brief v. Elisabeth Heimerdinger; Cannstatt, an Wilhelm Oehler, Hoschuwan/China. 15. Januar 1909.

Er ist mit ihr in diesem Punkt einer Meinung:

> *"Wie Du mich empfangen wirst? Da bin ich auch ganz mit Dir einig. Das gehört nicht vor die Augen neugieriger Menschen, auch nicht lieber Freunde. Da wollen wir doch am liebsten allein sein."*[399]

Elise Hauffs Reisebericht, den sie an die Verwandten in Württemberg sandte, schließt mit den Worten:

> *"So kamen wir wohlbehalten am 22. April 1882 in Hubli an. Da könnte ich freilich noch viel erzählen - wie schön das Haus geschmückt war von dem l. Friedrich und von den Christen hier, von unserer Hochzeit, Wohnung, Leben und Treiben, von den Knechten und so fort, was ihr Lieben wohl noch gerne hören möchtet. Aber für dieses Mal ist es genug."*[400]

Der wichtigste Moment im Leben der Bräute, die erste Begegnung mit dem zukünftigen Ehemann, auf die sie sich brieflich, gedanklich und praktisch vorbereitet haben und worauf letztendlich alles bisher Geschehene, vom Entschluß einer Heiratszusage über den Abschied von der Heimat bis hin zur Reise hinausläuft, das, wovon auch wir 'gerne hören möchten', wird in den meisten Quellen überraschenderweise nur kurz gestreift und nicht eigentlich thematisiert. Wir erfahren von den Gefühlen und Stimmungen der Frauen davor und danach. Beschreibungen der eigentlichen Begegnung aber, die sich nicht in religiös konnotierter formelhafter Diktion erschöpfen, fehlen. Doch sind eben diese Auslassungen besonders vielsagend. Dadurch werden aus den schweigenden Quellen beredte Zeugnisse hinsichtlich der Bedeutung, die die erste Begegnung für die Paare hatte.

Elise Hauff informiert uns über ihre Ankunft folgendermaßen:

> *"Da kam auch der Missionar Warth und begrüßte uns herzlich. Wie heimatlich klang sein Schwäbisch, wenn er berichtete, unsere Bräutigämer hätten gebruttelt wie'd Rohrspatza, daß wir von Bombay aus nicht mehr geschrieben."*

In Bidjapur, einer Missionsstation, die sich noch im baulichen Rohzustand befindet - besagter Missionar Warth und weitere Missionare nächtigen vorerst noch in Zelten - ruht sie sich einige Tage aus, bevor sie nach Hubli weiterreist. Sie schreibt:

> *"Sogar eine Veranda war hergerichtet, wo wir miteinander aßen. Diese hatten unsere l. Herren schön geschmückt, so daß wir ein Laubhüttenfest feierten. Ja, wir waren alle sehr glücklich beieinander - hatte uns der l. Gott reich gesegnet."*[401]

Die Feier eines sogenannten „Laubhüttenfestes" ist von Elise Hauff ironisch gemeint und beinhaltet eine Anspielung auf die provisorische Unterbringung der

---

[399] PN: Elise Hauff. Reisebericht 1885.
[400] Ebd.
[401] Ebd.

Missionare[402], die sie offenbar an die 'Hütten der Israeliten' erinnert. Die Begegnung mit ihrem Bräutigam Friedrich Eisfelder dagegen wird nicht ausdrücklich erwähnt.

Christiane Burckhardts Ankunft an der afrikanischen Küste im ehemaligen Christiansborg, dem heutigen Accra, liest sich so:

„Mit wehmütigem Herzen verließen wir unsere 'Palme' und ließen uns in zwei Booten von den Schwarzen, die eine große Freude an uns hatten - wir uns aber kaum getrauten sie recht anzusehen, da sie alle nur ein kleines Tuch um die Lenden hatten, ans Land führen. [...] Da sprangen die Neger nur geschwind aus den Booten und jeder nahm flugs eine von uns auf den kräftigen Arm und trugen uns schnell, als hätten sie irgendetwas erbeutet, etwa 10 Schritte weit ans Land. Das ging alles so rasch, daß ich mich gar nicht besinnen konnte, was mit mir nur vorging. [...] Bruder Zerweck kam auf mich zugelaufen und sagte, er habe den Auftrag von meinem lieben Bräutigam mich zu ihm zu führen. Er führte mich nun ins Missionshaus in sein Zimmer. Dort fragte er, ob er meinen Bräutigam rufen dürfe. Ich sagte, nur einen Augenblick möchte er doch verzeihen, daß ich mich noch ein wenig fassen könne. Er ging. Ich schickte noch einige Seufzer gen Himmel und der liebe Gott schenkte mir Kraft, daß ich mich schnell beruhigen konnte. Es war auch nötig, denn nach 10 Minuten kam Bruder Zerweck wieder, fragend ob er ihn jetzt rufen dürfe. Ich sagte „ja". Er kam, grüßte mich herzlich und betete kniend mit mir. Hierauf setzten wir uns noch ein wenig zusammen und erzählten was jedem gerade zunächst lag. Es war bald, als ob wir uns schon lange kannten."[403]

Rosina Binders Ankunft in Afrika im Jahre 1846, 20 Jahre vor Christiane Burckhardt, verlief auf diese Weise:

„Ich glaubte mich in einer ganz anderen Welt. Menschen, Tiere, Pflanzen und Häuser, alles war mir fremd. Mein Gemüt war ziemlich angegriffen. Ein Gedanke um den anderen stieg beim ersten Eintritt auf afrikanischem Boden in meiner Seele auf." [404]

Nach einem kurzen Zwischenaufenthalt in Cape Coast reist sie auf einem kleineren Schiff nach Ussu weiter, die Missionsstation, auf der sich ihr Bräutigam befindet.

„Später sahen wir auf der ziemlich unruhigen See zwei Canoes kommen. Wie mir mein Herz pochte, als sie näher kamen, läßt sich wohl denken.

---

[402] Zur alttestamentarischen Bedeutung des Laubhüttenfestes vgl. Stuttgarter Biblisches Nachschlagewerk. Wortkonkordanz, S. 179-180. „Laubhüttenfest, an welchem als am großen Ernte- und Dankfest, die Israeliten in Hütten wohnten, die aus grünen Zweigen geflochten und mit Maien geschmückt waren. Sie sollten zugleich an den Wüstenauszug erinnern und an den göttlichen Schutz, den das Volk dabei erfahren hatte. (3. Mose 23, 42.43)."

[403] ABM: TB Christiane Burckhardt, S.41.

[404] ABM: D.10.4,9a. TB Rosina Binder, S. 55.

> *Allein mein geliebter Bräutigam kam aus weislichen Gründen nicht an Bord, obwohl er, wie ich aus einem mir zugeschickten Briefchen ersah, mich schon seit gestern Abend in Ussu erwartete [...]. Am Ufer, daß ich unter Gebet und Seufzen erreichte, empfingen uns die lieben Brüder Dieterle und Stanger. Weil ich meinen lieben Bräutigam noch nie gesehen hatte und ihn also nicht kennen konnte, fragte ich, um mir aus der Verlegenheit zu helfen, sogleich nach ihm. Es hieß Bruder Widmann sei im Missionshaus zurückgeblieben und dies sei Bruder Schiedt. Ein ganzer Haufen von Schwarzen begleitete uns in das Missionshaus. Welche Gefühle mich hier und besonders bei der Zusammenkunft mit meinem lieben Bräutigam bewegten, kann meine Feder nicht beschreiben. Es muß so etwas erlebt sein. - Noch ehe wir das Zimmer verließen, indem wir uns begrüßten, fielen wir beide miteinander auf unsere Knie nieder und dankten dem Herrn, der uns so glücklich zusammengeführt hatte. Wir sahen uns nicht an, als sähen wir uns zum ersten Male, denn der Herr, der unseren Bund geschlossen, was wir in Wahrheit glauben dürfen, verband unsere Herzen, noch ehe wir uns kannten in inniger Liebe."*[405]

Die Schilderung des Zusammentreffens mit Johannes Georg Widmann, ihrem Bräutigam, ähnelt in Form und Inhalt der Beschreibung Christiane Burckhardts.

Emma Handmann und Adelheid Faul, die nach Indien reisen, empfangen ihre Bräutigame an Bord des Schiffes. Emma Handmann schreibt dazu:

> *„Hatte mich schon seit einigen Nächten der Schlaf geflohen, so war besonders die Nacht vom 7. auf den 8. Oktober eine recht unruhige für mich. Jeden Augenblick meinte ich gerufen zu werden, die Ankerkette rasseln zu hören [...]. Wir hatten noch nicht geankert, als schon vom Lande aus die ersten Boote uns entgegenkamen. Das erste Boot brachte Herrn Beierlein und das letzte brachte auch meinen ersehnten Bräutigam. Herr Kremmer kam auch mit und ihn sowohl Herrn Beierlein erkannte ich schon von ferne durchs Glas, aber nicht so meinen lieben Mann. Daher wagte ich auch nur ganz zaghaft mit meinem Taschentuch zu winken. Er hatte mich aber sogleich aus der Menge heraus erkannt und es währte nicht lange, so wurde er mir zugeführt in unsere Kabine, wohin ich mich geflüchtet hatte um den Blicken anderer zu entgehen. Da haben wir Wiedersehen gefeiert. Oh welch ein Wiedersehen."*[406]

Adelheid Faul schreibt an ihre Mutter über ihre Ankunft:

> *„Morgens um sechs Uhr stand der Steamer im Hafen von Cannanore. Mein lieber Bräutigam war schon einige Stunden vorher auf der See herumgefahren, in Erwartung der Dinge, und war deshalb sogleich an Bord. Herr Schauffler führte ihn mir zu. Den Augenblick des Wiedersehens kann und will ich Dir nicht beschreiben. Du kannst ihn Dir selbst denken. Als*

---

[405] Ebd., S. 57
[406] ABM: C-10.42,1. TB Emma Handmann, S. 15.

wir endlich an Deck kamen, stellte mir mein lieber Bräutigam auch Missionar Dietz vor, der mich sehr bewillkommnete."[407]

Elisabeth Heimerdinger, die spätere Missionsschriftstellerin, gibt uns in ihrem Band: „Wie mir die Chinesen Freunde wurden", der das erste Jahr ihres Chinaaufenthaltes zum Inhalt hat, Auskunft über ihr erstes Zusammentreffen mit Wilhelm Oehler:

„Heute kommen wir ans Ziel! Ich habe mir die ganze Zeit gewünscht, das Zusammentreffen möchte am Abend stattfinden, unbeachtet von den anderen. Am Tag der Ankunft hatte ich schon zeitig meine Sachen gepackt und mich fertig gemacht. Dann lag ich noch eine Stunde auf meinem Liegestuhl wartend [...]. Da - ein tiefes Brummen: unser Schiff fuhr in den Hongkonger Hafen ein. Die Krahnen fingen zu arbeiten an, die Ankerketten rasselten, ein dickes Seil wurde auf die Landungsbrücke geworfen und festgebunden und langsam, langsam wurde unser stolzer Dampfer an Land gezogen. Dort stand unter einem schützenden Vordach zusammengedrängt eine ungeduldig harrende Menge, nur durch einen Strick von der Landungsbrücke getrennt. [...] Und aus der Menge heraus grüßte ein weißer Strohhut. Da zog ich mein Tüchlein heraus und winkte hinunter. Und mein Bräutigam erkannte mich. Fast eine halbe Stunde standen wir so: wir Passagiere an der Brüstung, die anderen hinter dem trennnenden Seil. Plötzlich fiel das dicke Tau, und alles rannte, nein stürzte über den Landungssteg die Schiffstreppe hinauf. Ich wartete. Ich sah nicht mehr die Mitreisenden, ich hörte auch nicht den Lärm ringsum. Ich weiß nur noch, daß auf einmal als einer der ersten jemand auf mich zukam mit einem Strauß weißer Rosen in der Hand und sich zu mir neigte. Als wir eine Viertelstunde später aus der Kabine traten, waren die Basler Freunde da und grüßten mich so herzlich. [...] Zu Fuß gingen wir durch den Westen Hongkongs hinauf zum Basler Haus. [...] Wie verzaubert schritt ich am Arm meines Bräutigams unter den schattigen Arkaden der Häuser durch dieses bunte Gewoge. Alles schien mir unwirklich, märchenhaft. Nur daß ich an seinem Arm ging, das war Wirklichkeit."[408]

Wilhelm Maisch, der seine Braut Luise Lohss ebenfalls in Hongkong erwartet, schildert deren Ankunft aus männlicher Sicht:

„Da als wir um 10 ½ ahnungslos in Ottos Bureau standen, fiel auf dem Peak von Hongkong der Postschuß und wurde an der Signalstange die deutsche Flagge hochgezogen, die uns sagte: „Princess Alice" in Sicht. Das ließ die Herzen höher schlagen. Wir pflanzten am Missionshaus ebenfalls die deutsche Fahne auf, dann gings auf den Blumenmarkt und von dort hinüber aufs Festland, wo die Lloyd-Dampfer anlegen. Bald kam dann auch die „Alice" in Sicht, fuhr majestätisch durch den ganzen Hafen

---

[407] ABM: C-10.42,3. TB Adelheid Faul, S. 13.
[408] Elisabeth Oehler-Heimerdinger: Wie mir die Chinesen Freunde wurden, S. 13-17.

> *unter den Klängen der Schiffskapelle. [...] Luise fand mich und Otto sofort, während wir unter der Menschenmenge an der Brüstung der zweiten Klasse vergeblich suchten [...] dann waren auch wir so glücklich sie zu finden. Luise mußte nun aber rasch verschwinden als „Basler Braut". Ich sandte Otto als Liebesboten voraus und fünf Minuten später durfte ich in der Kabine mein geliebtes Lieschen begrüßen."*[409]

Eine äußerst knappe Beschreibung des ersten Zusammentreffens mit ihrem Bräutigam gibt uns Jane Müller:

> *„Wohl klopfte mir das Herze, als wir uns Mangalore näherten und ich mir meinen Schritt recht vorstellte. Wie es mir zumute war, läßt sich nicht beschreiben. Aber es war mir so klar als je, daß der Herr mich geführt habe. Ihm danke ich dafür. Nach reifer Überlegung wurde unsere Trauung auf den nächsten Tag festgesetzt."*[410]

Übertroffen an 'Einsilbigkeit' in bezug auf das Thema der ersten Begegnung wird sie nur noch von Fanny Würth, die abschließend zitiert werden soll, da sie diese 'Einsilbigkeit' am deutlichsten rechtfertigt:

> *„Da es sich hier eigentlich nicht um eine Beschreibung von inneren Erfahrungen und Empfindungen handelt, so will ich kurz sagen, daß mein l. Bräutigam am genannten Tage eintraf und es uns beiden gewiß wurde, daß der Herr es ist, der uns zusammenführte."*[411]

Bei genauer Betrachtung der vorgestellten Quellen fällt auf, daß das 'Drumherum' der ersten Begegnung bis hin zum Herzklopfen vor derselben durchaus detailliert und plastisch beschrieben wird. Erst das eigentliche Zusammentreffen fällt einer unüberhörbaren Sprachlosigkeit[412] anheim, die Wiedergabe der *„inneren Erfahrungen und Empfindungen"*, von denen auch Fanny Würth nicht spricht, werden bewußt ausgeblendet und hinter der erwähnten formelhaften Ausdrucksweise versteckt. Man fällt auf die Knie, betet zusammen und weiß, daß man zusammengehört. Das 'Eigentliche' *„kann die Feder nicht beschreiben"*. Dabei wird - wie beispielsweise bei Adelheid Faul - an die Phantasie und auch das Verständnis der Leserin, in diesem Fall ihrer Mutter, appelliert:

> *„Das Wiedersehen kann und will ich Dir nicht beschreiben, Du kannst es Dir selbst denken."*[413]

Hier ist der Satz „kann und will ich nicht" von Bedeutung. Die bewußte Entscheidung, etwas nicht erzählen zu wollen, könnte dahingehend interpretiert werden, daß dieses Etwas von zu großer Bedeutung ist, als daß es preisgegeben werden könnte. Elisabeth Heimerdinger, die sich wünscht, daß das Treffen am

---

[409] PN: Brief v. Wilhelm Maisch, Hongkong, an seine Mutter und Geschwister, Gerlingen. 6. November 1907.
[410] ABM: C-10.50. TB Jane Müller, S. 48.
[411] ABM: C-10,42,7. TB Fanny Würth, S. 31.
[412] Manch einer 'verschlug' es vielleicht auch einfach die Sprache. Ob aus Schock oder aus Freude, sei dahin gestellt.
[413] ABM: C-10.42,3. TB Adelheid Faul, S. 13.

Abend stattfinden möge, also im Schutze der Dunkelheit, verweist ebenfalls darauf, daß es im Verborgenen geschehen soll, unbemerkt vor den 'Blicken der anderen'. Manche Paare versuchen offensichtlich Raum für eine 'Intimsphäre' zu schaffen, der nicht von der Neugier anderer durchdrungen werden kann - eben weil diese Begegnung von besonderer Bedeutung ist. Die Diskussion darüber, ob man sich an Deck oder in der Kabine, also im 'intimen Raum' begrüßen soll, die einige Paare miteinander führen, ist dafür bezeichnend. In der Regel soll die 'Öffentlichkeit' ‚draußen' vor bleiben. Emma Handmann flüchtet sich beispielsweise „vor den Blicken der anderen in die Cabine".

So wird auch unserem Blick die Einsicht verwehrt, wodurch sich diesem aber vielleicht umso genauer offenbart, was sich dahinter verbergen könnte. Entweder war dieser Moment zu intim und persönlich, um beschrieben zu werden - vor allem vor dem Hintergrund, daß die gesamten Ereignisse, Anstrengungen und emotionalen Befindlichkeiten der vergangenen Wochen und Monate auf diesen Höhepunkt zusteuerten - oder aber, und auch das ist nicht auszuschließen, war die Erwartungshaltung und Anspannung in bezug auf diesen Höhepunkt so hoch, daß auch Enttäuschungen vorstellbar wären, die wiederum nicht beschrieben werden konnten. Die Nichtbeschreibung, die Ellipse, zeigt uns auf jeden Fall, daß es ein Moment von großer emotionaler Bedeutung gewesen sein muß.

Abb. 10 Hochzeit Schneewied / Schwarz. Indien (undatiert)

Abb. 11   Hochzeit Elisabeth Heimerdinger und Wilhelm Oehler, Hongkong 1909.

Abb. 12   Hochzeitsbild Lydia und Eugen Bommer. Merkara, Indien 1907.

DER BUND FÜRS LEBEN - DIE HOCHZEIT

Im Hafen der Ehe?

Mißlungen

> *"Von Bruder Büchner in Hubli und Frl. Hild in Dharwar liegen Briefe vor, wonach es den beiden unmöglich erscheint, den Ehebund miteinander zu schließen. L. Hild ist schon mit sehr starken Bedenken gegen ihren Verlobten nach Indien gegangen und draußen zeigte es sich bald, daß sie ihr Verlöbnis auflösen müßten. Frl Hild bietet sich an, als Missionsschwester in Indien zu bleiben, sie war früher Lehrerin."*[414]

Diese Notiz, die unter § 460 im Komiteeprotokoll aus dem Jahre 1899 festgehalten wurde, besagt, daß das erste und auch weitere Zusammentreffen zwischen Fräulein Hild und Missionar Büchner in Indien offenbar so negativ ausfielen, daß es beide für besser hielten, die Verlobung zu lösen und die Hochzeit nicht stattfinden zu lassen. Aus diesem Vermerk geht nicht hervor - die besagten Briefe waren leider nicht auffindbar -, ob Fräulein Hild in Indien blieb oder nicht. Es ist zu vermuten, daß sie es tat, da eine Rückreise das Basler Komitee vermutlich teurer zustatten gekommen wäre, als sie als Lehrerin anzustellen. Es wird ebenfalls nicht klar, was es für die Missionsbraut Hild bedeutete, diesen Entschluß zu fassen, denn leicht fiel es ihr sicher nicht, wenn wir bedenken, daß auch sie die Anstrengungen und Strapazen des Abschieds von daheim und der nachfolgenden Reise auf sich genommen hatte. Da sie bereits „mit starken Bedenken gegen ihren Verlobten nach Indien ging", können wir vermuten, daß sie zu diesem Schritt wohl in der einen oder anderen Weise genötigt worden war, es also nicht ganz ihre freie Entscheidung gewesen sein kann. Was sich für sie dann aber womöglich positiv auswirkte, war zum einen, daß das Lösen des Verlöbnisses nicht allein von ihr ausging, sondern in beiderseitigem Einverständis, entstanden durch die gegenseitige Abneigung - zum anderen ermöglichte ihr ihre Ausbildung als Lehrerin, doch noch eine 'Verwendung' in der Mission zu finden.

Wenn sie allerdings den Umweg über eine 'nicht stattgefundene Ehe' gewählt hatte, um in der Mission arbeiten zu können, was zwar spekulativ wäre, aber dennoch im Bereich des Möglichen läge, dann wäre ihre Rechnung voll aufgegangen. Daß dieser Fall um die Jahrhundertwende spielt, ist ebenfalls nicht unwichtig, ist er somit natürlich auch eingebunden in veränderte Strukturen, was beispielsweise die verbesserte Mädchenschulbildung betrifft[415], die es manch ei-

---

[414] ABM: KP 1899, § 460. 22. November 1899.
[415] Vgl. E. Kleinau, C. Opitz (Hg.): Geschichte der Mädchen- und Frauenbildung. 1996.

ner Frau ermöglichte, den Beruf der Lehrerin oder Krankenschwester zu erlernen und dadurch über ein gewisses Maß an Autonomie zu verfügen. Veränderte Strukturen auch innerhalb der Basler Mission, die allmählich dazu überging, in den Missionsgebieten vereinzelt ledige Lehrerinnen einzusetzen, nach jahrelang geäußerten Bedenken, können ebenfalls dazu beigetragen haben, daß der Fall Hild, ähnlich wie der Fall Kocherhans, relativ liberal gehandhabt wurde.

Es bleibt nur zu vermuten, wieviele Missionsbräute nach der ersten Begegnung mit dem Zukünftigen vielleicht doch lieber einen anderen Weg gewählt hätten - dies aber wegen fehlender Qualifikationen nicht tun konnten und sich doch auf eine Ehe einließen.

'Geplatzte Hochzeiten' werden in dem vorliegenden Quellenmaterial sehr selten erwähnt und können nur vereinzelt recherchiert werden. Das sagt allerdings im Grunde genommen weniger über die Qualität der eingegangenen Beziehungen aus, als vielmehr darüber, was es bedeutete, ein Heiratsversprechen tatsächlich wieder zurückzunehmen, vor allem den Mut dazu aufzubringen, dieses erst nach der Ankunft im jeweiligen Land zu tun. Der Grund dafür, eine derartige Entscheidung zu treffen, kann m. E. nur in einem enormen 'Leidensdruck' gelegen haben.

Eine weitere Variante, eine Hochzeit erst einmal nicht stattfinden zu lassen, bestand darin, sich nicht endgültig entscheiden zu können und beim Komitee in Basel um Bedenkzeit nachzusuchen. Damit ging nicht immer ein endgültiger Bruch einher.

Luise Schüle, Braut des Afrikamissionars Stanger, schreibt am 3. September 1860 an den „geehrten Herrn Inspektor":

„*Es erscheint mir als Pflicht, Ihnen mitzuteilen, daß der Herr für gut fand, mir gleich nach meiner Ankunft in Afrika eine harte Prüfung aufzulegen. [...] Bald nachdem ich hier angekommen war und meinen Bräutigam begrüßt hatte, überfiel mich eine große Bangigkeit, so daß ich nicht nur die Freudigkeit diesen Schritt zu tun verlor, es entschwand mir auch die Gewißheit, daß ich vom Herrn dazu berufen sei, gänzlich. [...] Unser Hochzeitstag wurde mit dem der Geschwister Heck, auf den 14. August bestimmt, je näher er herankam, desto größer wurde meine Bangigkeit und innere Seelennot und ihres Ausspruchs, geehrter Herr Inspektor, daß wir auch hier wohl noch bedenken sollten, ob es gewiß der Wille Gottes sei, ehe wir einen solchen wichtigen Schritt tun und daß wir, wenn wir die Gewißheit nicht hätten, nicht gebunden seien, gedenkend, erbitte ich mir, meinen Bräutigam noch um vier Wochen Bedenkzeit zu bitten. In dieser inneren Aufregung und ohne Gewißheit des Willen Gottes, in den Ehestand zu treten hätte ich für gewissenlos gehalten. Ich hoffe der treue Heiland werde mir dann auch noch Freudigkeit geben, ich darf bereits fühlen, wie Er sein Licht in meiner Dunkelheit aufgehen läßt. Über manches, was mir bis jetzt sehr schwer war, vermag ich leichter hinwegzublicken. [...] In der Erziehung der Mädchen im Institut arbeiten zu dürfen, wäre so ganz nach meinem Wunsche und ich halte es für eine große Gnade vom Herrn, darin gewürdigt zu werden."*[416]

Luise Schüle, 27jährige Lehrerstochter aus Nellingen bei Eßlingen, die die zweite Frau des um 13 Jahre älteren Missionars Johannes Stanger werden soll, entscheidet sich erst einmal für einen temporären Rückzug. Ihre Begründung für die Bedenkzeit formuliert sie in der einzig angemessenen und vom Komitee und der Missionsgemeinde akzeptierten Form. Sie führt nicht aus, was ihr Angst macht, sondern verweist einzig und allein auf die fehlende „Gewißheit des göttlichen Willens". Damit bleibt sie im Rahmen dessen, das ihr letztendlich den Freiraum für die eigene Entscheidung gibt. Denn so ist sie nicht selbst verantwortlich für ihr Tun, sie geht keine 'egoistischen inneren Wege' - im Gegenteil: sie nimmt die „fehlende Gewißheit" als Prüfung auf sich. Damit zeigt sie sich 'gewissenhafter', als wenn sie der Heirat sofort 'gewissenlos' zugestimmt hätte. Sie unterwirft sich dem Willen Gottes, indem sie nichts gegen seinen Willen unternimmt, und sie unterwirft sich dem Willen des Inspektors, der ja - wie sie extra anmerkt - ausdrücklich auf diese nochmalige Gewissensprüfung hingewiesen habe: *„daß wir auch hier noch wohl bedenken sollten, ob es der Wille Gottes sei."*[417]*,* Obwohl sie die Befürchtung ausspricht: *„es möchte von anderen unrecht angesehen und beurteilt werden"*[418], weshalb sie an den geehrten Inspektor schreibt, scheint sie diesem doch das Bild einer nicht für die Situation verantwortlichen, aber insgesamt verantwortungsbewußten zukünftigen Missionarsfrau vermittelt zu haben. Das machen einige Sätze aus einem Schreiben von Inspektor Josenhans an Missionar Stanger deutlich. Er schreibt unter anderem:

> *„Hoffentlich ist die Bedenklichkeit der Jungfer Schüle überwunden und sind sie nun wieder verheiratet geliebter Bruder Stanger. Es war das eine schwere Erfahrung für Sie und uns, namentlich für mich, dem ich so manchem Bruder für eine Frau sorgen mußte. Aber es war auch das gut. Man darf sich wohl mehr Mal besinnen, ehe man in die Ehe tritt und ich lobe mir jeden Bruder und jede Schwester, die sich vor der Hochzeit besinnen, nicht nachher."*[419]

Die Hoffnung, die Inspektor Josenhans in diesem Brief ausspricht, hatte sich bereits erfüllt. Zwei Monate zuvor, am 13. September 1860, vier Wochen nach Luises Bitte um Bedenkzeit, hatte die Hochzeit stattgefunden. Und Missionar Stanger kämpfte darum, daß seine Frau in dem von ihr erwähnten Mädcheninstitut arbeiten konnte.

Wiederum keine besonders glückliche Hand hatte Inspektor Josenhans bei der Vermittlung einer Braut für Matthäus Klaiber, ebenfalls Missionar in Afrika. Rebekka Bienzle aus Möhringen, die mehrere Jahre in der Basler Mission als

---

[416] ABM: D-1,11 Aprokong Nr. 26. Brief v. Luise Schüle, Akropong/Afrika, an Inspektor Josenhans. 3. September 1860.
[417] Ebd.
[418] Ebd.
[419] ABM: Kopierbuch D-2,5. S. 36. 3. November 1860.

Aufsichtsperson im Kinderhaus gearbeitet hatte und in Basel sehr glücklich war, wie sie in ihrem Lebenslauf selbst schreibt, wird 1864 seine Braut. Von dem Fall Klaiber/Bienzle erfahren wir indirekt durch Johannes Stanger. Rebekka Bienzle hat ihren Bräutigam nach der ersten Begenung anscheinend ebenfalls um Bedenkzeit gebeten und hält sich seither auf der Missionsstation des Ehepaares Stanger auf. Stanger schreibt an das Komitee in Basel folgendes:

> *„Schon einige Tage nach ihrer Ankunft auf der Station sagte sie mir, daß sie keine innere Ruhe habe, sie habe daher Bruder Klaiber wieder geschrieben, daß, wenn er ihr das Seitherige verzeihen könnte, sie ihn jetzt lieben könnte und glaube, sie würden glücklich werden. Seine bald darauf erfolgte Antwort zeigte wenig Zutrauen mehr zu ihrer Liebe, aber es schien mir doch, auch er sey nicht ganz los von ihr."*[420]

Missionar Stanger versucht zwischen dem Paar zu vermitteln. Er reist beispielsweise auf die Missionsstation, auf der sich Matthäus Klaiber befindet. Nach seiner Rückkehr schreibt er:

> *„Vorher sprach ich noch mit ihr und suchte mich namentlich davon zu überzeugen, ob sie nicht vielleicht doch das Herz an einem anderen Ort habe, in welchem Falle ich hätte müssen abraten, weiter zu gehen, überzeugte mich aber, daß das doch nicht der Fall ist."*[421]

Daran schließt er seine psychologische Beurteilung der Sachlage:

> *„Es scheint mir vielmehr ein gewisses jungfräuliches Grauen vor dem Eintritt in den Ehestand habe dieses Durcheinander bei ihr hervorgerufen. [...] Stieß sie seine Liebe von sich, beleidigte ihn bitter und suchte die Ursache nicht wo sie zu finden gewesen wäre, nämlich bei sich selbst, obgleich wieder auf der anderen Seite beobachtet wurde, daß sie ihn im Ganzen nicht so ungern hat."*[422]

Aus den letzten beiden Sätzen spricht überdeutlich Stanger selbst, der eben diese Erfahrung Jahre zuvor gemacht hatte und offensichtlich recht verletzt gewesen war. Vielleicht im Blick auf seinen eigenen Fall schließt er mit den Worten:

> *„Mir kommt es vor, die Sache gebe sich und sie werden noch zusammen glückliche Eheleute und nützliche Arbeiter in der Mission werden."*

Ein weiterer Missionar, Johannes Georg Widmann, der auf der Missionsstation Akropong lebt und von Stanger über die Ereignisse auf dem laufenden gehalten wird, schreibt ebenfalls an das Komitee in Basel, wobei er Vermutungen formuliert, die der Grund für das Verhalten der „Jungfer Bienzle" sein könnten.

> *„Bei Br. Klaiber hat es Schwierigkeiten gegeben, da die Braut Bienzle bekannte und erklärte, sie könne Klaiber nicht lieben und daher nicht heiraten. [...] Sie kam schon mit einer ziemlichen Abneigung ans Land. Es*

---

[420] ABM: Kopierbuch D-1,16. Brief v. Johannes Stanger, Abokobi/Afrika, an Inspektor Josenhans, Basel. 11. März 1864.
[421] Ebd.
[422] Ebd.

> *kann sein, daß sie schon zu Hause etwas Nachtheiliges über Klaiber gehört hat. Erzwingen kann und darf man natürlich nichts, d.h., daß sie einander doch heirathen, aber man hätte ihr doch sollen mehr Bedenkzeit geben.*[423]

Auch Rebekka Bienzle und Matthäus Klaiber heirateten schließlich am 29. März 1864, drei Wochen, nachdem Missionar Widmann dieses Schreiben an das Komittee gesandt hatte. Post, die nach Europa gesandt wurde, war jedoch mindestens sechs Wochen unterwegs, so hatte sich die Lage bereits grundlegend verändert, bis das Komitee von der 'Vorgeschichte' Nachricht erhielt. Diese beiden Fallbeispiele enden, anders als der Fall Kocherhans und der Fall Hild/Büchner, mit einer Heirat.

Aus welchem Grunde sich Rebekka Bienzle und, vier Jahre zuvor, Luise Schüle doch noch entschlossen, den 'ungeliebten' Missionar zu heiraten, kann nicht eindeutig geklärt werden.

Deutlich wird an diesen Beispielen etwas anderes: die grundsätzlichen strukturellen Zwänge, in die die Bräute, Bräutigame wie auch die anderen Missionsmitglieder eingebunden waren. Obwohl, wie aus den Quellen hervorgeht, die Missionare, die über die Probleme der Bräute informiert sind, diesen ein gewisses Maß an Verständis entgegenbringen, sie nicht sofort verurteilen, sondern - innerhalb des eigenen Wertesystems - eigentlich eher versuchen, zu einer 'gerechten' Einschätzung zu gelangen, sind sie dennoch genötigt, das Leitungsgremium in Basel unverzüglich davon in Kenntnis zu setzen, wenn eine Braut einen 'Rückzieher' machen will.[424] Die allen übergeordnete Instanz des Komitees in Basel, die sich Tausende von Kilometern entfernt befindet, bewirkt so, daß eine Verlagerung von der persönlich-privaten auf die öffentliche Ebene - im Sinne der Missionsöffentlichkeit - stattfindet.

Was zuvor unter Ausschluß der Öffentlichkeit geschehen konnte, beispielsweise die erste Zusammenkunft des Paares, wird beim Scheitern ans Licht dieser Öffentlichkeit gebracht und ihr preisgegeben. Bleibt die Braut während der Übergangszeit ihrer Überfahrt gewissermaßen unbeobachtet und vom 'langen Arm des Komitees' verschont, so wird sie beim Eintritt in die Missionsgemeinschaft in Übersee wieder zur 'gläsernen Braut' und zusammen mit ihrem Bräutigam zum 'gläsernen Paar', das im Rampenlicht steht.

---

[423] ABM: D-1,16. Brief v. Johannes Georg Widmann; Akropong/Afrika, an Inspektor Josenhans, Basel. 9. März 1864.

[424] Das hatte natürlich pragmatische Gründe. Es mußte entschieden werden, ob eine Braut weiter im Missionsland bleiben konnte oder ihr die Rückreise finanziert werden sollte. Diese Entscheidung konnte nur das Leitungsgremium fällen, das an der Spitze der Missionshierarchie stand. Doch die Bedeutung, die diese Regelung für die Betroffenen und die übrigen Mitglieder der Missionsgemeinschaft hatte, reichte eben weit über die rein finanziellen Belange hinaus.

Gelungen

Die Zurückhaltung, die die Beschreibung des ersten Zusammentreffens betrifft, findet sich in den Quellen, die die stattgefundene Hochzeit schildern, nicht im selben Maße. Vielleicht, weil die Hochzeit ja das 'öffentliche Ereignis schlechthin' war und daher auch der 'Öffentlichkeit' in der Heimat zugänglich gemacht werden sollte.

Zwischen der ersten Kontaktaufnahme und diesem Ereignis lagen meist zwei Wochen, die, wie mehrfach erwähnt, dem gegenseitigen Kennenlernen dienen sollten, das aber auch, wie in den geschilderten Fällen, den Effekt haben konnte, von einer Heirat abzusehen oder diese zu verschieben. Doch bilden diese Fälle die Ausnahme. In der Regel versuchten die Paare diese Zeit tatsächlich für eine gegenseitige Annäherung zu nutzen, die aber unter dem wachsamen Auge der 'Missionsöffentlichkeit' stattfand. Allein war das Paar nur selten. Nach Einbruch der Dunkelheit hatten sich die Paare in den Tagen vor der Hochzeit zu trennen und wurden in entfernt liegenden Räumlichkeiten untergebracht, das geht aus den Quellen hervor. Christiane Burckhardt schildert die ersten Tage in Afrika:

> *„Bei Bruder Klaibers wurden wir einquartiert bis zur Hochzeit, das heißt, wir waren mit unseren lieben Bräutigamen den Tag über und zum Essen. Bei Nacht aber schliefen wir, Rickele Zluhan und ich in Bruder Leimenstolls Haus und die beiden Bräutigame logierten in unserem zukünftigen Haus. Die Zeit bis zu unserer Hochzeit eilte schnell vorüber. Sie diente, neben dem, daß wir gar mancherlei zu tun fanden und wir durch Besuch machen und Besuch empfangen ziemlich in Anspruch genommen wurden, hauptsächlich auch dazu, daß wir Brautleute, die wir nun unsere Bräutigame auch um uns und bei uns hatten, einander immer besser kennen und verstehen lernten. Ich entdeckte an meinem lieben Georg täglich wieder neue schätzenswerte Tugenden, während er vielleicht an mir[...] täglich neue Untugenden fand. Doch war er immer sehr lieb und freundlich gegen mich und wie mirs schien - auch glücklich. Natürlich, ich hatte eben auch das Sonntagsröckle noch an."*[425]

Das gegenseitige Bemühen, dem anderen zu gefallen, kommt hier deutlich zum Ausdruck.

Elisabeth Heimerdinger genießt die Tage mit ihrem Bräutigam im Basler Missionshaus in Hongkong, wo auch die Hochzeit stattfinden wird:

> *„Ich segne die langen stillen Abende der Brautzeit. Um neun Uhr sagen wir den anderen gute Nacht, dann suchen wir das große Gastzimmer auf und setzen uns auf das Sofa. Wir haben uns noch viel zu erzählen und zu sagen. Am liebsten aber sitzen wir ganz still nebeneinander und vergessen Zeit und Stunde. Um zehn Uhr schlürft es vor der Tür: En fuk-bak, der*

---

[425] ABM: TB Christiane Burckhardt, S. 43.

alte Torhüter des Hauses, kommt in seinen Schlappschuhen den Gang hinauf und löscht die Flurampel aus, die von der Decke hängt. Wir aber bleiben noch eine Weile zusammen und halten unsere Abendandacht. [...] Und aus dem Getöse drunten tönt deutlich der Ruf: schlaf wohl, du mein Sohn, schlaf wohl. Wir wissen, es ist die Stimme eines Limonadenverkäufers. Man glaubt nicht, daß es chinesische Laute sind, man versteht nur den deutschen einschläfernden Singsang. Jeden Abend wünsche ich, mein Bräutigam möchte diesen Ruf überhören. Er tut es auch bisweilen, doch lange nicht jedesmal. Und so müssen wir uns trennen. Mit der Lampe leuchte ich ihm den dunklen Gang hinunter - er hat sein Zimmer im Anbau - und riegle dann die schwere Haustüre zu."[426]

Wilhelm Oehler, der, wie wir aus den Brautbriefen wissen, nicht der Typ eines Draufgängers ist, sondern seine Braut im Vorfeld davor warnte, zuviel von ihm zu erwarten - gibt auch in der Situation des Alleinseins keinen Anstoß für 'ungebührliches Benehmen'. Vielleicht ist er sich deutlicher als Elisabeth, die ja gern das Signal zum Abschied überhören würde, darüber im klaren, daß sie als Brautpaar, gerade nach Einbruch der Dunkelheit im 'Rampenlicht' stehen.
Hier kommt die Funktion der Missionsfamilie als Überwachungs- und Kontrollinstanz und daraus resultierend als Ersatz für das Elternhaus der Bräute deutlich zum Ausdruck. Elise Gundert bemerkt am Tag ihrer Hochzeit in Mangalur folgendes:

"Wär ich daheim, so würde ich heute mit dem Hochzeitstag das Elternhaus verlassen, so hab ichs schon getan - tu es aber heute sozusagen noch einmal."[427]

Dieses Elternhaus, das sie und andere Missionsbräute bereits verlassen haben, findet seine Entsprechung, was Fürsorge, aber auch Aufsicht und Kontrolle betrifft, in der Missionsfamilie durch fortwährende Präsenz der einzelnen Mitglieder.

Nicht jedes Paar aus den vorliegenden Quellen erlebte die Tage zwischen Ankunft der Braut und der Hochzeit als nur angenehm, der Streß und die Strapazen der Reise hatten manch eine Frau überanstrengt, manche Bräutigame hingegen waren von den Vorbereitungen und den verschiedenen Arbeiten, die vor der Hochzeit erledigt werden mußten, oder auch durch Krankheiten ebenfalls geschwächt. Wilhelm Maisch beschreibt dies in Zusammenhang mit seiner Hochzeit in Hongkong. Er reist zusammen mit Missionar Zimmer nach Hongkong, der seine Braut dort ebenfalls erwartet.

"Nun wurde gepackt für die Reise. Um halb drei Uhr nachts legten wir uns zu kurzer Ruhe bis fünf Uhr. Dann stiegen wir zu Pferd. Es ging auf die Brautfahrt nach Hongkong. Dies erste Jahr in Hoschuwan mit all sei-

---

[426] PN: Elisabeth Heimerdinger. Wie mir die Chinesen Freunde wurden. 1925, S. 18-19.
[427] PN: TB Elise Gundert, S. 27.

ner Arbeitslast und Verantwortung hatte mich körperlich sehr mitgenommen, so daß ich in ziemlich angegriffenem Zustand nach Hongkong kam."

Auch seiner Braut Luise erging es nicht viel besser.

„So schiffte sie sich halbkrank in Genua ein um dann die ganze Reise bis Hongkong seekrank zu sein [...]. Von einem Genießen der Brautzeit in Hongkong konnte kaum die Rede sein. Meine Braut erholte sich zwar bald so weit, daß die notwendigen Einkäufe gemacht werden konnten, so mußten wir fast jeden Tag hinunter in das Geschäftszentrum der Stadt. Auch Besuche gabs zu machen. [...] Kaum, daß abends noch eine Stunde sich bot zum ungestörten Alleinsein. Im Handumdrehen war der Hochzeitstag da."[428]

Er wünscht sich, anders als Wilhelm Oehler, mehr Zeit für das Zusammensein mit seiner Braut. Spürbar wird auch, daß er die vielen Besuche 'satt' hatte, was wiederum im Kontext seines und Luises schlechten körperlichen Allgemeinzustandes zu sehen ist.

Wie unterschiedlich auch immer sich diese Zeit für die verschiedenen Paare gestaltete, bei der Lektüre des vorliegenden Quellenmaterials zeigt sich zwischen den Zeilen immer wieder, daß mit der Ankunft der Bräute auf beiden Seiten eine Art Entspannung eintrat und allmählich der Erwartungsdruck oder auch die Angst nachließen: Die Hochzeit wird meist viel entspannter geschildert als die Ereignisse vorher, und sie scheint - zumindest, was das vorliegende Quellenmaterial betrifft - im allgemeinen den Erwartungen entsprochen zu haben, auch unter Berücksichtigung dessen, daß es sich dabei um internalisierte Verhaltensanforderungen handelte. Das Bild des glücklichen Hochzeitpaares mußte natürlich für die Daheimgebliebenen erschaffen, die Hochzeit selbst als Ersatz für deren Abwesenheit in schillernden Farben gemalt werden.

Hochzeitsbilder

Auf zeitgenössischen Photographien, die Hochzeitspaare der Basler Mission abbilden, fällt auf, daß es sich tatsächlich des öfteren um zwei oder mehrere Paare handelt, die auf einer Photographie abgebildet sind. Doppel- oder Dreifach-Hochzeiten kamen zwar nicht häufig, aber doch hin und wieder vor. Nicht nur in Hongkong, wo dies nahe lag, da hier alle Bräute für China ankamen, sondern auch in anderen Missionsgebieten. Der Gedanke, daß eine Doppel- oder Mehrfachhochzeit möglicherweise die Singularität oder Superiorität, das Einzigartige der eigenen Hochzeit in irgendeiner Form mindern könnte, wird in keiner Quelle geäußert. Im Gegenteil: Der Umstand, daß zwei oder mehrere Brautpaare gemeinsam vor den Altar traten, war ein besonders erwähnenswerter Glücksfall.

---

[428] PN: TB Wilhelm Maisch, S. 24-25.

Carl Leimenstoll, der Bräutigam von Rickele Zluhan, der späteren Friederike Leimenstoll, berichtet über die Dreifachhochzeit, bei der Friederikes Reisegefährtin Christiane Burckhardt eine der drei Bräute ist:

> *"Getraut wurden wir von E. Schrenk den 25. Juli 1867. Text 1 Thess. 5,17. „Seid allezeit fröhlich. Betet ohne Unterlaß." Es war eine schöne und seltene Feier, drei Brautpaare vor dem Altar knieend und den Segen des Herrn empfangend zu sehen. Nämlich: Rehfuß, Hoch und Leimenstoll. Das Mahl wurde hier in Salem in Geschw. Hochs Haus gefeiert, woran sämtliche Geschwister, 24 an der Zahl, teilnahmen. Geschwister K. bereiteten das einfache gute Essen und es verlief in stiller christlicher Ordnung. Br. Weiß und Zerweck sangen am Abend fröhlich auf dem Harmonium. Nach acht Uhr gingen wir in lieblicher Stimmung. Den 30. Mai 1868 wurde uns ein liebliches Mädchen geboren, welches [...] den Namen Martha erhielt."*[429]

Carl Leimenstoll war sich vermutlich während dieser Niederschrift nicht bewußt, welche Assoziationen die letzten beiden Sätze bei der Leserschaft auslösen. Daß diese, höchstwahrscheinlich unfreiwillige, Komik zustandekommt, liegt eher daran, daß das Tagebuch, in dem sich diese Lebensbeschreibung für seine Nachkommen befindet, in einer Art 'Telegramm-Stil' abgefaßt ist. Die prägnanten Punkte im Lebenslauf werden nacheinander abgehakt: Hochzeit, Geburt, Tod - zwei Sätze später schildert er bereits den baldigen Tod der kleinen Martha. Abgesehen davon, finden wir in der Beschreibung der Hochzeit die erwähnte positive Haltung der Tatsache gegenüber, daß drei Paare zugleich heirateten. Die eigene Hochzeit wird dadurch nicht ab -, sondern aufgewertet.

Christiane Burckhardt, eine der drei Bräute, gibt eine detailliertere Aufzeichnung dieser 'Hochzeiten':

> *"Ja, fürwahr! Es war ein schöner Freudentag, der 25 Juli 1867 (gerade auch am Kornthaler Jakobi-Fest). Morgens halb zehn Uhr fuhren wir in Gottes Namen in unserem und Bruder Leimenstolls in ihrem Wagen hinein nach Christiansborg, wo wir bei Bruder Rehfuss abstiegen, um von da aus in einem Festzug mit den daselbst versammelten Geschwistern zur Kirche zu gehen. Bruder Schrenk hielt in seiner ernsten anziehenden Weise eine vortreffliche Predigt über den Text: „Betet ohne Unterlaß", natürlich Deutsch. [...] Nach der Trauung ließen wir drei Brautpaare uns alsbald wieder nach Salem fahren. [...] In Salem versammelte sich so nach und nach die ganze Gesellschaft in unserem Haus, wo wir schon Tags zuvor in unserem Saal, in dem mittleren unserer drei Zimmer eine große Tafel der Länge nach, das heißt, je eine auf beiden Seiten, daß also die ganze Stellung ein Hufeisen bildete, gedeckt und aufs Schönste zu einem Essen für 25 Personen herrichteten. [...] Ich will sie einmal aufzählen: [...] Das sind also sechs Persönlichkeiten (die drei Brautpaare),*

---

[429] ABM: D-10.34,3. TB Carl und Friederike Leimenstoll 1864-1881, S. 3.

dann die Geschwister Klaiber, unsere Nachbarn mit ihrem zwei Jahre alten Töchterchen, die Geschwister Schrenk, Geschwister Wollmann, Geschwister Müller und die Geschwister Schoenhuth, dann die vier ledigen Brüder (Zerweck, Weiß, Kühner und Bohner) und noch zwei Herren aus Accra. Und der Capitain Abbes. Oh, wir waren alle ohne irgend eine Ausnahme den ganzen Tag so heiteren Sinnes und rechten Herzens vergnügt. Es war eine Harmonie unter allen, wie man sie gewiß nicht oft trifft, wo so viele Leute beieinander sind. Und das allerbeste war noch, daß jedes fühlen konnte, der Herr, den wir vor allem zu Gast geladen, sei bei uns eingekehrt. [...] Ich weiß, daß einige meiner Lieben, die dieses lesen, sich für alles interessieren, auch des Untergeordneten, zum Beispiel das Hochzeitsessen, wie wirs nun in Afrika hatten. Vor allem will ich dem lieben Vetter Christoph sagen, daß kein 'altes dürres Kühle' geschlachtet werden mußte, um eine gute Suppe zu fabrizieren. [...] Also - zuerst kam in den schönsten Porzellanschüsseln eine äußerst gute kräftige Nudelsuppe auf den Tisch, dann guter Hammelbraten und von den Bergen hergebrachten Spinat, und Geflügel. Zum Nachtisch kam mein mitgebrachtes Konfekt. Auch wurden Ananas und Bananen aufgestellt. Ja, sogar Wein und Bier wurde aufgetragen - wobei auch verschiedene Trinksprüche auf die Brautpaare ausgebracht wurden, etliche heitere und zugleich ernste Gedichte vorgetragen [...] Als das Essen vorüber war, lief man noch ein wenig auseinander. Bald aber versammelte man sich wieder zu einem recht guten Kaffee, zu welchem sich die Herren ihre Cigarren und wir etwas Gebackenes uns schmecken ließen. Oh, wie war doch alles seelenvergnügt und wie oft sagten wir zusammen: 'Ach könnten doch unsere Lieben zu Hause auch dabei sein.' Das war es, was einem doch manch wehmütigen stillen Seufzer auspreßte. Abends wurden wir während des Teetrinkens noch freudig überrascht durch einen wunderschönen vierstimmigen Gesang vor der Türe von der Galerie. (Wir haben nämlich um das ganze Haus herum eine bedeckte Galerie, wo es besonders abends sehr angenehm zum Spazierengehen und zum Sitzen ist.) Es war der l. Bruder Zerweck, der seine Schüler nach Salem beschied und [...] mit ihnen sang. Hierauf stimmten auch wir im Zimmer einen Gesang an. Bruder Zerweck spielte das Harmonium und zwar unser eigenes. Mein lieber Mann hat ein ganz neues von Bruder Schönhuth gekauft. Nachher sprach Bruder Schrenk noch ein ernstes und eindringliches Gebet. Bald zogen etliche Geschwister der Heimat zu. Die anderen blieben noch bis neun Uhr. Es wurde gesungen, und gespielt, zusammen geredet usw., so daß wir sämtlich bekennen mußten: Ach welch einen herrlichen Hochzeitstag hatten wir doch!"

Sie endet mit den Worten:

„Und nun, seid allesamt gebeten nicht aufzuhören unserer fürbittend vor dem Thron Gottes zu gedenken und nehmt noch die herzlichsten Grüße von mir und meinem lieben Georg, die Ihr, nebst diesem Brief auch nach

> *Korntal gelangen lassen möget, von Eurer Euch zärtlich liebenden und Euch im Geiste immer nahen Tochter, Sohn (!), Nichte, Cousine und Freundin Nane Hoch."*[430]

Dieser Bericht vereint in sich bestimmte Motive, die - obgleich in unterschiedlichen Varianten - in nahezu allen Hochzeitsbeschreibungen, die das vorliegende Archivmaterial bereithält, wiederholt auftauchen.

Von großer Bedeutung ist die jeweilige Hochzeitspredigt, die mit genauer Angabe der bestimmten Bibelstelle einhergeht. Auch Adelheid Faul erwähnt dies gleich zu Beginn:

> *"Unser Hochzeitstext ist Psalm 27,1. Mein lieber Bräutigam überließ mir die Wahl und ich bat ihn diesen zu nehmen, da ich machmal verzagten Herzens vor meiner Aufgabe stehe."*[431]

Dabei wird Wert darauf gelegt, diesen Text als Leitspruch für das zukünftige Leben zu verstehen. So sind diese Texte „von allgemeiner Bedeutung und haben zugleich höchst individuellen Sinn."[432] Im Falle Adelheid Fauls lautete die leitmotivische Bibelstelle:

> *"Der Herr ist mein Licht und mein Heil; vor wem sollte ich mich fürchten! Der Herr ist meines Lebens Kraft; vor wem sollte mir grauen!"*[433]

Elisabeth Heimerdinger und Wilhelm Oehler wählten den Text: *"Der Herr hat Großes an uns getan, des sind wir fröhlich"*[434], der als Leitspruch bis zu ihrem Lebensende über dem Ehebett hing.[435]

Die Anfangszeilen des jeweiligen Psalms wurden zusätzlich in die Eheringe graviert, was die Symbolkraft noch erhöhte.

Elise Gundert zitiert ebenfalls den Psalm, der als Hochzeitstext ausgesucht worden war:

> *"Unser Hochzeitstext, der auch in unseren Ringen angeführt ist, steht Psalm 63,4: „Deine Güte ist besser denn Leben."*[436]

---

[430] ABM: TB Christiane Burckhardt, S. 47-54.
[431] ABM: C-10.42,3. TB Adelheid Faul, S. 14.
[432] W. Unseld: Bilder im evangelischen Haus. 1994, S. 44.
[433] Psalm 27,1.
[434] PN: Lebenslauf Elisabeth Heimerdinger.
[435] Auf den Hochzeitstext als Hochzeitsandenken, der einen gewissen Dokumentationswert hat, weist auch Martin Scharfe hin: „Bei einer besonderen Gattung solcher Andenken, die in der ersten Hälfte des 19. Jahrhunderts auf der Schwäbischen Alb beliebt war und einen ganz spezifischen Stil volkstümlicher Dekorationskunst erkennen läßt, steht der Text durchaus im Mittelpunkt, während figürliche Bildmotive kaum erscheinen. Dafür ist der aus Blumen, Kranzgewinden und Herzen bestehende Ornamentalschmuck so reich ausgebildet, daß ein ausgesprochen bildmäßiger Eindruck entsteht." M. Scharfe: Evangelische Andachtsbilder. 1968; S. 237. W. Unseld spricht in diesem Zusammenhang von „einem latenten Widerstreit zwischen Orientierungen an einem bürgerlichen 'Schöner Wohnen' und einer christlichen Heiligung des Lebens, von repräsentativer Zier und asketischer Gottgefälligkeit." W. Unseld: Bilder im evangelischen Haus. 1994, S. 41.

Der Rest des Psalms: „meine Lippen preisen Dich" bedurfte offenbar keiner Erwähnung, da die Adressaten ihres Berichtes mit dem Inhalt dieser Bibelstelle vermutlich vertraut waren.

Ein weiteres wichtiges Thema, das in enger Kohärenz zur Hochzeitspredigt steht, betrifft die konkrete Nennung der jeweiligen Lieder, die gesungen wurden - ob in der Kirche oder später im Geschwisterkreis. Dabei wird meist das Harmonium als begleitendes Instrument erwähnt. Für Christiane Burckhardt stellt es geradezu ein Statussymbol dar, da sie extra darauf verweist, daß das Harmonium neu ist und sich in ihrem Besitz befindet. Auch Emma Handmann, die in Indien eine Doppelhochzeit feiert, hält es für nötig, darauf hinzuweisen, daß sich in der Kirche ein Harmonium befindet:

> „Wir sangen erst unter Begleitung des Harmoniums, das ein Sohn des Katecheten spielt : Wie schön leuchtet der Morgenstern."[437]

Adelheid Faul bringt das Harmonium ebenfalls ins Spiel:

> „Nach dem dinner wurde gesungen in Begleitung eines Harmoniums, auf dem besonders Frohnmeyer ausgezeichnet spielte."[438]

Das Harmonium, das, wie beschrieben, während der Verlobungszeit bereits zum 'Symbol der Zweisamkeit' werden konnte - etwa, wenn Braut und Bräutigam sich brieflich ausmalen, wie sie in der Zukunft des Abends mit Harmoniumbegleitung gemeinsam Lieder singen werden - wird am Hochzeitstag geradezu zum Symbol für die Einheit in der Gemeinschaft der Missionsfamilie, die mit Unterstützung des Harmoniums zum 'Gleichklang' findet.

Zwei weitere Punkte werden in den meisten Hochzeitsschilderungen ebenfalls angeführt: die Zahl der Hochzeitsgäste und das europäische Hochzeitsessen schwäbischer oder Schweizer Art.

> „Wir tranken Frankenberger Schokolade, aßen Schweizer Honigkuchen und auch Doberaner Rotwein half unsere Hochzeit veredeln."[439]

So berichtet Emma Handmann über das Hochzeitsfrühstück, das „ihre liebe Hochzeitsmutter" zubereitet hatte. Die sogenannte Hochzeitsmutter war die Missionarsfrau, auf deren Station die Hochzeit gefeiert wurde. Diese Bezeichnung zeigt wieder auf plastische Art und Weise die Bedeutung, die die Missionsgemeinschaft für das Brautpaar hatte. Die Missionarsfrau fungiert hier als Mutterersatz, was mit der Funktion der übrigen Gäste als Verwandtenersatz korrespondiert. Auch Fanny Würth findet am Hochzeitstag ihre Ersatzmutter:

> „Im einfachen schwarzen Kleid ging ich an meines Bräutigams Seite in den Betsaal, nachdem die l. Schwester Müller aus vollem, ich darf sagen Mutterherzen in heißem Gebet mir des Herrn Segens erfleht hatte."[440]

---

[436] PN: TB Elise Gundert, S. 27.
[437] ABM: C-10.42,1. TB Emma Handmann, S. 13.
[438] ABM: C-10.42,3. TB Adelheid Faul, S. 15.
[439] ABM: C-10.42,1. TB Emma Handmann, S. 15.
[440] ABM: C-10.42,7. TB Fanny Würth, S. 32.

Demzufolge fehlt meist der Hinweis auf die Sehnsucht nach den Eltern und Geschwistern, deren Abwesenheit gerade am Hochzeitstag am spürbarsten wird, in keiner Quelle.

Das Bild, das Christiane Burckhardt von ihrer Hochzeit entwirft, beinhaltet sämtliche dieser Motive und noch mehr. Wenn wir ihre Schilderung genauer betrachten, sticht besonders die detaillierte Beschreibung des Hochzeitsessens ins Auge, die sie mit einem verbalen Seitenhieb für ihren Vetter Christoph eröffnet. Wir folgern aus ihrer Betonung der *„äußerst guten Nudelsuppe"* in den *„schönsten Porzellanschüsseln"*, daß sie damit offenbar Vorurteile und Spott, die ihr von der heimischen Verwandtschaft möglicherweise entgegengebracht worden waren, entkräften wollte.[441]

Im Kontext der Mission galten die 'armen Neger, die in heidnischer Finsternis lebten' als gänzlich kulturlos, im Gegensatz beispielsweise zur indischen oder chinesischen Bevölkerung, der eine eigene Kultur doch nicht abgesprochen wurde, wenn es auch die falsche in den Augen der Mission war. Vor diesem Hintergrund gewinnt Christiane Burckhardts Bericht eine weitere Dimension. Ihre Botschaft zwischen den Zeilen lautet, daß sie, obwohl und gerade weil sie nun außerhalb der 'europäischen Zivilisation' lebt, die auch für sie das Maß aller Dinge ist, nicht in der 'Barbarei' versinkt, sondern einen zivilisierten Lebensstil, der sich unter anderem in schönen Porzellanschüsseln manifestiert, pflegt.

Der Inhalt der Porzellanschüsseln deutet auf ähnliches hin. Bei dieser Hochzeitsfeier wird europäisch, wohl schwäbisch, gegessen. Auch andere Quellen beschreiben, daß das Hochzeitsessen aus Gerichten der regionalen heimatlichen Gegend bestand und nicht aus landesüblichen Speisen. Nudelsuppe, Braten, Nachtisch war die übliche Reihenfolge - analog einer Hochzeit, die in Schwaben gefeiert wurde.[442] Es ist ein sinnliches Stück Heimat, das dadurch auf den Tisch kommt, und nicht nur das. In Christiane Burckhardts Bericht wird eigentlich nur durch den Zusatz, daß die Hochzeit in Christiansborg und Salem stattfindet, klar, daß der Schauplatz Afrika ist. Sie feiert eine schwäbisch-pietistische Hochzeit in

---

[441] Evolutionistische Theorien, die den Hintergrund europäischer Denk- und Wahrnehmungskategorien des 19. Jahrhunderts bildeten, kamen besonders in Zusammenhang mit außereuropäischen Kulturen zum Tragen, und gerade Afrika als der 'schwarze Kontinent' war während des 19. Jahrhunderts Sinnbild für 'primitive unzivilisierte Wildnis und Wildheit'. Rousseaus' edler Wilder' hatte im Zeitalter des Kolonialismus eine Verschiebung hin zum 'unzivilisierten Barbaren' erfahren. Vgl. M. Wiener: Ikonographie des Wilden. 1990. Auf Denktraditionen, die vermeintliche Unzivilisiertheit und Promiskuität der 'Afrikaner' betreffend, die sich bis heute erhalten haben und sich im zeitgenössischen Aids-Diskurs wiederspiegeln, weist A. Schmidt hin. A. Schmidt: Aids auf dem schwarzen Kontinent. 1997.

[442] Zu Hochzeitsbräuchen in Württemberg vgl. W. Unseld: Verliebt, verlobt, verheiratet. 1991, S. 19 f.

Afrika, die Elemente auch der bürgerlichen Festtagskultur des 19. Jahrhunderts enthält.[443]

Ebenso feiern Adelheid Faul in Indien und Luise Lohss in China schwäbische Hochzeiten. Das gesamte Spektrum oder Szenario einer europäischen Hochzeitsfeier, speziell einer pietistischen 'stillen Feier', wird in unterschiedlichen Variationen an verschiedenen Schauplätzen aufgeführt. Die Inszenierung wechselt, das Stück bleibt dasselbe.

Stellen wir uns das Ganze als Theaterstück vor, so sind am Beispiel Burckhardt die Rollen im Vergleich zur 'heimatlichen Aufführung' folgendermaßen besetzt: Die Eltern des Brautpaares ersetzen die Missionsleute Klaiber, die auch das Essen vorbereitet haben. Die vier „ledigen Brüder" übernehmen die Rolle der (leiblichen) Geschwister, die anderen Verwandten werden von den übrigen Gästen, den Missionsgeschwistern, ersetzt. Statisten am Rande sind die Einheimischen, die das Publikum für den Festzug bilden, analog den Dorfbewohnern in Württemberg oder der Schweiz. Darbietungen, die vielleicht Kinder aus der Sonntagsschule wie im Falle Adelheid Faul, übernommen hätten, werden stattdessen von einheimischen Missionsschülern aufgeführt, und finden vor 'verschlossenen Türen', auf der Veranda oder draußen vor dem Haus statt. Während

---

[443] Vgl. I. Weber-Kellermann: Die deutsche Familie. 1978, S. 162-175. In ihrem Exkurs zu Hochzeit und Hochzeitsstaat vergleicht Weber-Kellermann unter anderem bürgerliche Hochzeitsbräuche mit ländlichen, was das Thema der Kleidung betrifft. Dementsprechend sind die Missionsbräute den 'bürgerlichen Bräuten', was die Kleidung anbelangt, gleichzusetzen. In der Regel heirateten die Frauen im weißen Kleid mit Schleier. Dies zeigt sich auch an den zeitgenössischen Photographien. Beispiele, in denen ein 'einfaches schwarzes Kleid' getragen wird, sind seltener. Die Betonung liegt dann im Einfachen, was im pietistisch-religiösen Kontext zu interpretieren ist. 'Zur stillen Feier ein einfaches schwarzes Kleid' - wie es im Beispiel der Fanny Würth angedeutet wird. Wenn wir davon ausgehen, daß das Tragen eines weißen Hochzeitskleides zwar mit christlichen Attributen der Unschuld und Reinheit verbunden, aber nicht zwingend notwendig und im Kontext Dorf bis ins 20. Jahrhundert eher unüblich war, läßt sich für die Missionsbräute folgern, daß deren Hochzeitsverhalten eher im bürgerlichen Kontext einzuordnen ist, sie sind von ihrer Herkunft auch eher einer dörflichen Oberschicht zuzurechnen. H. Hager führt für das Tragen speziell eines weißen Hochzeitskleides aus, daß dieses in den drei von ihr untersuchten württembergischen Dörfern bis zum Ende des II. Weltkrieges die Ausnahme darstellte. Meist trug man Schwarz. „Schwarz besaß eine sozialräumliche Qualität. Im ländlich-traditionalen Kleidungsstil war es die Farbe der hohen kirchlichen und privaten Feier- und Festtage, Weiß kam nur bei den ledigen Frauen und in der Hochzeitsgarnitur vor. Die Farbe Weiß geht stilgeschichtlich wie auch in ihrer symbolischen Bedeutung auf das bürgerliche Hochzeitsritual zurück und stellt im ländlich-traditionalen Kleidungsstil ein relativ junges Element dar." H. Hager: Hochzeitskleidung – Biographie, Körper und Geschlecht. 1999, S. 40. Zur Geschichte des weißen Hochzeitskleides und der Hochzeitskleidung im allgemeinen: E. Höränder: 'Ganz in Weiß'. 1985, S. 330-335. H. Nixdorf, H. Müller: Weiße Westen - Rote Roben. 1983, S. 93-97. M. Bringemeier: Die Brautkleidung in Weiß. 1978, S. 300-320. I. Weber-Kellermann: Saure Wochen, frohe Feste. 1985, S. 143-145.

der Feier bleibt man unter sich - einer 'geschlossenen Gesellschaft' vergleichbar - ein Verhalten, das allerdings im zeitgenössischen Kontext kein dörfliches Äquivalent hat, sondern eher mit heutigen Verhaltensmustern anläßlich von Hochzeitsfeierlichkeiten vergleichbar ist.[444] Diese Geschlossenheit demonstrieren in hohem Maße erwähnte Photographien, auf denen nie Angehörige der 'fremden Gesellschaft' zu sehen sind. Das Ende des Übergangs, der Beginn des neuen Lebens, den die Hochzeit markiert, wurzelt so im 'Althergebrachten'.

Das subjektive Ende des Übergangs, der Wechsel von einer Identität in die andere, von der Missionsbraut zur Missionarsfrau fokussiert für die Frauen im Namenswechsel.

>>*Das Wichtigste Ereignis, das sich seit unserem letzten Briefe zugetragen hat, ist natürlich, daß ich nicht mehr Adelheid Faul, sondern Adelheid Schönthal bin.*<<[445].

So schreibt Adelheid Faul stolz an die Eltern. Auch die Missionsbraut Elise Gundert betont in einem Brief, den sie kurz vor ihrer Hochzeit an ihre Eltern schreibt:

>>*Ich schließe heute - und für immer als Braut und Eure Tochter Elise Gundert.*<<[446]

Aus Elise Gundert wurde in Indien Elise Pfleiderer, Christiane Burckhardt wurde in Afrika zu Christiane Hoch, Fanny Würth erhielt in Indien den neuen Namen Leitner, aus Rickele Zluhan wurde in Afrika Friederike Leimenstoll, Deborah Pfleiderer verwandelte sich in Indien in Deborah Hoch, Elisabeth Heimerdinger wurde in China zu Elisabeth Oehler-Heimerdinger, Luise Lohss erhielt, ebenfalls in China, den Namen Maisch und Rosina Binder wurde in Afrika zu Rosina Widmann.[447] Und alle verband wohl, was Emma Handmann an ihre Verwandten schrieb:

>>*Und so fangen wir denn ein ganz Neues miteinander an.*<<[448]

---

[444] Eine Dorfhochzeit schloß die Dorfbewohner mit ein und nicht aus.
[445] ABM: C-10.42,3. TB Adelheid Faul, S. 14.
[446] PN: TB Elise Gundert, S. 27.
[447] Im folgenden wird zur besseren Identifizierung der Frauen entweder der angeheiratete Name oder der Doppelname, also Mädchenname und Familienname, verwendet.
[448] ABM: C-10.42,1. TB Emma Handmann, S. 16.

Exkurs: Stichwort Liebe

„Das Geschenk Gottes"

Die Vereinigung des Paares, die durch die Hochzeit besiegelt wird, hat innerhalb des religiösen Glaubenskontextes ihren Ursprung weniger in der Liebe zwischen Frau und Mann, als vielmehr in der Liebe Gottes zu Frau und Mann. Die Briefe, die die Paare einander schreiben, zeigen, daß die Partnerin und auch der Partner als „Geschenk Gottes" interpretiert wird, das 'aus den Händen Gottes' dankbar angenommen wird. Das sinnstiftende Element der Beziehung wird also in eine höhere Sphäre verwiesen, jenseits menschlichen Denkens und Fühlens. Das wiederum verleiht dieser eine besondere Qualität im Gegensatz zu Beziehungen, die 'nur' auf der Liebe zwischen Mann und Frau basieren.[449]

Der 'pietistische Code', mittels dessen vieles umschrieben werden konnte, spielt zu Beginn der Beziehung eine wichtige Rolle,. Die Bezeichnung „Geschenk Gottes" für den zukünftigen Partner und die zukünftige Partnerin etwa, ist ein feststehender Begriff, der in vielen 'ersten Briefen' verwendet wird, um mit einer außergewöhnlichen Situation umgehen zu können: einen Brief an einen Menschen zu schreiben, den man nicht kennt und mit dem man in aller Regel den Rest seines Lebens verbringen wird. Der pietistische Code, der sich in der 'Rede vom Geschenk Gottes' offenbart, bildet das Hilfs- und Handwerkszeug dafür, sich überhaupt artikulieren zu können.

Ähnlich verhält es sich mit dem Thema Liebe, das zuvorderst in Zusammenhang mit Gott gedacht wird. Die Liebe zu Gott, der sich beide verschrieben haben, bildet ein zentrales wiederkehrendes Motiv. Diese Liebe kann durchaus schwärmerische Züge annehmen, hier ist viel von Hingabe, Inbrunst und Verlangen die Rede. So mutet die Liebe zu Gott schon fast erotisch an[450], die wiederholte 'Rede über diese Gottesliebe' könnte als eine Art Übertragung angesehen werden: auf Gott wurden alle Sehnsüchte und Bedürfnisse projiziert und

---

[449] Die 'Gottesliebe' adelt die 'Menschenliebe', deshalb wird eine Beziehung, die durch Gottes Führung zustandekommt, qualitativ höher bewertet.

[450] Auf sinnliche Spielarten und Varianten, die Verehrung Gottes betreffend, vor allem im separatistischen Pietismus weist M. Scharfe hin. Vgl. M. Scharfe: Die Religion des Volkes. 1980, S. 67-74. Zur komplexen Thematik Eros und Religion, Christusmystik und Liebesmystik vgl. S. Schäfer-Bossert: Weibliche Bilder des Geistlichen und Göttlichen. 1998, S. 113-125. S. Schäfer-Bossert setzt der These einer 'spezifisch weiblichen' Erotisierung Gottes als 'Mann-Ersatz' die These entgegen, daß auch Männer mit diesem Aspekt der 'Gottesbeziehung' umgingen und, daß vor allem verheiratete Frauen diese spirituelle Form der Gottesbeziehung lebten, wobei ihrer Meinung nach dabei mehr die Suche nach der 'zärtlichen Seite' des Mannes, die Vorstellung eines anderen Männerbildes, das als Ausgleich zum real existierenden genutzt werden konnte, ausgedrückt wurde; S. 120.

durften dann auch verbalisiert werden - wohingegen die sinnliche Liebe zwischen Frau und Mann zumindest offiziell kein Thema sein durfte. Die gemeinsame Hingabe, nicht aneinander, sondern an ein höheres Ziel, das über allem steht, sollte die Verbindung begründen, und Gott sollte die größte Liebe vorbehalten bleiben.[451]

Vor diesem Hintergrund läßt sich fragen, welchen Stellenwert dann eine mögliche 'irdische' Liebe zwischen den Partnern haben kann? Theologisch - dogmatisch bereits beantwortet, indem dieser Liebe der zweite Platz zugewiesen werden sollte, löste diese Frage auf der subjektiven Ebene jedoch manchen Konflikt aus, wie er im Quellenmaterial hin und wieder aufscheint. Der Konflikt, in den manch ein Paar geriet, entstand offenbar dann, wenn sich 'Liebesgefühle' und 'romantische Empfindungen' einstellten, die von der Liebe zu Gott ablenken konnten. Bereits in der Verlobungsphase, in der eher eine romantisierte Vorstellung von Verliebtsein[452], denn 'echte' Verliebtheit vorhanden sein konnte - da man sich noch nicht kannte -, zeigt sich manchesmal dieses Dilemma.

Mark Hoch gibt zwischen den Zeilen in einem Brief, den er an seine Braut Deborah Pfleiderer schreibt, einen Hinweis für einen Konflikt dieser Art. Er erläutert Deborah seine Auffassung von der ersten Liebe, die während des ganzen weiteren Lebens immer die erste Liebe eines Menschen sein und bleiben sollte, nämlich die Liebe zu Gott. Die Vehemenz, mit welcher er diesen Sachverhalt seiner Braut auseinandersetzt, zeigt deutlich den Konflikt, in dem er sich befindet. Er hat eigentlich Angst davor, daß Deborah, die zu einer wichtigen Person in seinem Leben geworden ist, an diese erste Stelle treten könnte, womit Gott auf die zweite Stelle verwiesen würde.

> „Ja, Er mache mich treu - in meinem ganzen Hause und demütig besonders in gegenwärtiger Zeit, wo ich von Liebesbeweisen so überhäuft wurde - auch Du mußt das für mich erbitten, nicht wahr, liebe Deborah? Denn in der Arbeit für den Herrn ist Treue so unerläßlich, [...] nicht nur Pünktlichkeit und Gewissenhaftigkeit in den äußeren Geschäften, sondern vor allem darin, daß man die Arbeit vor dem Herrn um seinetwillen, im Geist der „ersten Liebe" verquicket, wo man sich ihm täglich aufs Neue mit Leib und Seele ganz zum Opfer hingibt."[453]

Doch seine Braut zerstreut seine Befürchtungen, indem sie betont, daß auch ihre 'erste Liebe' Gott gehört:

---

[451] L. Schücking weist für die Ehe im Puritanismus, der im Kern pietistische Züge aufweist, darauf hin, daß auch hier dem Verhältnis zu Gott die größte Bedeutung zukomme, dem „alle rein menschlichen Bande untergeordnet" werden sollten. Vgl. L. Schücking: Die puritanische Familie in literarisch-soziologischer Sicht. 1964 (origin. 1929), S. 56. Allgemein zum Thema Ehe im Pietismus, allerdings aus theologischer Sicht, vgl. F. Tanner: Die Ehe im Pietismus. 1952.

[452] Pointiert ausgedrückt: man ist nicht verlobt, weil man verliebt ist, sondern man ist verliebt, weil man verlobt ist.

[453] StABS: PA 770.11.01.05. Brief v. Mark Hoch, Mangalore/Indien an Deborah Pfleiderer, Basel. 9. August 1881.

> *Die Hauptsache spürst Du mir doch ab, daß ich Dich meinen lieben Mark von Herzen lieb habe und mich freue, nächst dem lieben Heiland ganz Dir angehören zu dürfen."*[454]

Der Konflikt, der sich zu einem 'Loyalitätskonflikt gegenüber Gott' ausdifferenziert, hat zur Folge, daß umso mehr auf die Priorität der Bindung zu Gott verwiesen wird. Dieses Verhaltensmuster findet sich bei Frauen wie bei Männern.

> *„Meine Liebe soll an keiner Kreatur hängen, nur an Ihm allein."*[455]

Dieser Satz von Emma Handmann, während der Reise niedergeschrieben, läßt die Folgerung zu, daß ihr Bräutigam Richard, als 'menschliche Kreatur' ebenfalls keinen Anspruch auf ihre Liebe haben kann.

Traugott Reusch, Missionar in Indien, faßt 1897 Martha Ensinger, die Tochter des Verwaltungsleiters der Basler Mission, als potentielle Braut ins Auge, weil sie überhaupt nicht an ihm interessiert ist. Noch während seiner Ausbildungszeit im Basler Missionshaus lernte er Martha kennen, die Lehrerin werden wollte und der er, da seine Schwester Lehrerin war, hin und wieder Ratschläge erteilte. An Inspektor Oehler schreibt er in seinem Heiratsgesuch folgendes:

> *„Allein sie wurde mit jedem Jahr reservierter, zurückgezogener, gesetzter und stiller und gegen mich war sie einsilbig und kurz, kühl und uninteressiert. [...]. Ich darf Sie versichern, daß ich von Liebe oder dergleichen nie mit ihr redete, schon wegen ihres Berufs nicht und ebenso wegen meiner Stellung als Missionszögling nicht, aber auch aus dem Grunde nicht, weil sie nie besondere Sympathie und Interesse für mich zeigte. Wenn ich mit ihr redete, so tat ich das offen und gemessen, denn ich hatte ein gutes Gewissen und war mir von jeher streng was Liebe anbelangt."*[456]

Die versteckte Absicht des Autors wird deutlich, wenn wir bedenken, daß den Missionszöglingen während ihrer Ausbildungszeit in Basel engere Kontakte zu Frauen streng untersagt waren. So ließe sich dieses Schreiben zum einen als Plädoyer für die beiderseitige Unschuld lesen. Martha hat ihm nie Anlaß dazu gegeben zu glauben, daß sie an ihm interessiert sein könne. Zum anderen aber könnte die wohl zumindest im Ansatz tatsächlich vorhandene Reserviertheit der Martha Ensinger für den Missionar Reusch persönlich die Bedeutung gehabt haben, daß er keine Gefahr lief, - wie beispielsweise Mark Hoch befürchtete - von Gott und seiner Arbeit für Gott abgelenkt zu werden.

Ein sehr deutliches Beispiel für die These eines entstehenden inneren Konfliktes in Zusammenhang mit der Liebe zu Gott und der Liebe zu einem Mann, bieten Auszüge aus dem Tagebuch der Valerie Ziegler, Missionsschwester in China, die sich auf dem Missionsfeld in den Chinamissionar Hermann Maurer verliebt.

---

[454] StABS: PA 770.11.01.05. Brief v. Deborah Pfleiderer, Kupferzell, an Mark Hoch, Mangalore/Indien. 19. Oktober 1881.

[455] ABM: C-10.42,1. TB Emma Handmann, S. 6.

[456] PN: Brief v. Traugott Reusch, Dharwar/Indien, an Inspektor Oehler, Basel. 15. Februar 1897.

Nach Basler Verordnung durften die wenigen Frauen, die um die Jahrhundertwende als Lehrerinnen und Krankenschwestern in den Dienst der Basler Mission getreten waren, nicht vor Ablauf von drei Jahren, die sie auf dem Missionsgebiet verbracht hatten, heiraten.[457] Für sie galten dieselben Regeln wie für die Missionare. Hatte das Komitee nicht offiziell die Heiratserlaubnis erteilt, war es nicht erlaubt, sich mit der betreffenden Person zu treffen oder miteinander zu korrespondieren.

In dieser Situation befindet sich Valerie Ziegler im Jahre 1911. Zusammen mit ihrem heimlichen Verlobten Hermann hat sie beschlossen, sich an die Verordnung zu halten und auf die Erlaubnis des Komitees zu warten. Doch ihre Gedanken sind bei Hermann, und das stürzt sie in einen Konflikt:

„Und ich möchte nun Gottes Willen tun und auch darin ganz klar seinen Willen sehen, aber es kämpft in mir zwischen Liebe und Aufgabe, es ist ja nur ein irdisches Liebesband und wird mich nicht trennen von meinem Herrn, in dessen Dienst ich doch mein ganzes Leben stellen will. [...] Es ist so leicht gesagt: ja der Mensch ist zum Lieben geschaffen und es ist dies doch der natürlichste Beruf einer Frau und es ist so herrlich zusammen zu arbeiten, man kann noch mehr leisten, als allein. Ja wohl, aber wenn man sich so ganz dem Herrn hingibt und ihm als Schwester dienen will, sollte man da nicht hart gegen sich sein und sollte da nicht die Liebe zum Herrn alle irdische Liebe ersetzen?"[458]

Hier kommt der quasi zölibatäre Anspruch[459] deutlich zum Vorschein, der eigentlich dem Gedanken einer Heirat, die eben diese Gefahr in sich birgt, daß „die Liebe zum Herrn von einer irdischen Liebe ersetzt wird", entgegengesetzt ist. Diese Einstellung deckt sich im übrigen mit der ursprünglichen Idealvorstellung der Basler Missionsgesellschaft, die es ebenfalls am liebsten gesehen

---

[457] ABM: Q9, 24. Verordnungen. 27. April 1888: „An die lieben Brüder in Indien. Liebe Brüder, die Comittee kommt mehr und mehr zu der Überzeugung, daß ein Gedeihen solcher Schulen, an denen eine Jungfrau steht unmöglich ist, wenn die Vorsteherin nicht wenigstens einige Jahre auf ihrem Posten bleibt. Die Comittee sieht sich daher genötigt zu erklären, daß künftig einem Bruder die Genehmigung zur Verlobung mit einer im Missionsdienst an einer Schule stehenden Jungfrau nicht erteilt wird, ehe die letztere wenigstens drei Dienstjahre hinter sich hat. Inspektor Oehler." Diese Verordnung betraf explizit die Missionare in Indien, doch fand sie auch in den anderen Missionsländern Anwendung und bezog sich ebenfalls auf die Missionsschwestern.

[458] ABM: C-10.42, 7b. TB Valerie Maurer Ziegler. Begonnen Juni 1911. 22. Juni 1911.

[459] Als Ideal auch biblisch formuliert in 1. Kor. 7, 28: „Wenn Du aber doch heiratest, sündigst Du nicht, und wenn eine Jungfrau heiratet, sündigt sie nicht; doch werden solche in äußere Bedrängnis kommen." Diese Bedrängnis wird in 1. Kor. 7, 33,34 genauer ausgeführt: „Wer aber verheiratet ist, der sorgt sich um die Dinge der Welt, wie er der Frau gefalle, und so ist er geteilten Herzens. Und die Frau, die keinen Mann hat, und die Jungfrau sorgen sich um die Sache des Herrn, daß sie heilig seien am Leib und auch am Geist; aber die verheiratete Frau sorgt sich um die Dinge der Welt, wie sie dem Mann gefalle."

hätte, wenn die Missionare ledig geblieben wären und ihre Energie ohne Ablenkung ganz auf das „Werk des Herrn" konzentriert hätten.

Als Valerie Zieglers Verlobter Hermann an seinem Geburtstag auf die Missionsstation kommt, auf der sie arbeitet, bricht es aus ihr heraus. Sie schreibt:

> „Morgen kommt er zum Mittagessen und Kaffee. Was soll ich ihm denn mehr geben an seinem Geburtstag als mein Alles, mein Ganzes, soweit ich es einem Menschen geben kann, denn Gott ist und bleibt der Erste, dem ich gehöre."[460]

Wenige Tage nach der Trennung von Hermann gerät sie erneut ins Wanken und Zweifeln:

> „Oh, ich muß immer an ihn denken, er begleitet mich bei allem Tun. Ich muß nun aber doch versuchen, es weniger zu tun. Gott sollte doch diesen ersten Platz haben."

Und wieder bekräftigt sie für sich selbst ihre Verbundenheit mit Gott, die ihr zu guter Letzt auch eine Lösung für den Konflikt bietet:

> „Und doch bringt mich der Gedanke an meinen lieben Hermann nicht von Ihm weg, Er ist verbunden und eingeschlossen darin."[461]

'Menage à trois' - 'der Dritte im Bunde'

Einen scheinbaren Ausweg aus dem Dilemma bietet Valerie Zieglers Weg, den auch die anderen Missionspaare beschreiten. Ihre Liebe zu Gott und ihre Liebe zu Hermann ist nichts voneinander Getrenntes, das miteinander konkurriert, sondern bedingt sich gegenseitig. Die Verbindung mit Gott ist gleichzeitig die Verbindung mit Hermann - Gott steht nicht dazwischen, sondern in der Mitte. Er ist der 'Dritte im Bunde', der diesen Bund zusammenhält.

Ebendies wünscht sich auch die Missionsbraut Rosina Binder an ihrem Hochzeitstag:

> „Aber es drängt sich mir heute noch wie vor anderthalb Jahren, durch die mir der Große Gott bereits so herrlich hindurchgeholfen, der Wunsch auf, daß doch dieser Tag ein Anfang des Segens und der Freude für Zeit und Ewigkeit für uns beide werden möge und daß der liebe Heiland der Dritte in unserem Bunde mit bei uns sein und bleiben wolle, damit wir einander Gehilfen zur eigenen Seelen Seligkeit seien und Gehilfen zur Seligkeit vieler armer Neger werden mögen."[462]

Gott als der Dritte im Bunde, der den Zweierbund zu einem Dreierbund erweitert und ihn dadurch erst vervollständigt, diese Vorstellung kommt hier deutlich zum Ausdruck.

---

[460] ABM: C-10.42,7b. TB Valerie Ziegler. 11. Juli 1911.
[461] ABM: C-10.42,7b. TB Valerie Ziegler. Undatiert. „Sonntagabend".
[462] ABM: D.10.4,9a. TB Rosina Binder-Widmann, S. 55.

Johannes Wahl, Missionar in Kamerun, der 1905 Marie Ackermann aus Cannstatt heiratet, greift in einem Brief, den er ihr schreibt, ebenfalls das Thema des Dreierbundes auf:

> *So behält dieser Schritt und diese Verbindung, vor der wir nun stehen, insbesondere, da wir uns unserem Gott für die Mission mit Leib und Leben ergeben wollen, stets etwas Wichtiges und Ernstes. Darum sollen diese Tage stillen Gebeten geweiht sein, damit wir nicht in eigenem natürlichen Sinne liebestrunken uns die Hand zum Leben reichen, sondern mit unserem Gott in unseren Brautstand treten, wohl mit reinem Herzen gegenseitiger reiner, zarter, heiliger von Gott geadelten und geläuterten Liebe, wo uns aber stets bewußt bleibt, weß Geistes Kind wir sind, welche Lebensaufgabe uns bevorsteht und welches Lebensziel uns gesetzt ist."*[463]

Nicht „liebestrunken" soll die Ehe beginnen, denn das würde bedeuten, daß Gott 'im Rausch der Gefühle' vergessen werden könnte und kein Platz mehr für ihn vorhanden wäre, wenn das Paar zu nahe zusammenrückte. Im Gegensatz dazu steht die reine, zarte, heilige Liebe, die genug Raum auch für den 'Dritten im Bunde' läßt, der durch seine Anwesenheit diese Liebe adelt und läutert und ihr so alles 'Schmutzige' und 'Selbstvergessene' nimmt.[464]

Doch der Widerspruch zwischen pietistischem Ideal und der emotionalen Wirklichkeit scheint manchesmal durch das Dreiermodell eben nicht vollständig gelöst worden zu sein. Als Beleg für diese These könnten folgende Zitate gelten. So schreibt Missionar Eisenschmid in einem Nachruf auf seine Frau:

> *„Es konnte ihr Tränen auspressen, daß sie nicht wisse, wen, den Heiland oder mich sie lieber habe.*[465]"

Mit dem Tod eines der Partner endet im Prinzip der Dreierbund, so daß die Liebe, die vorher durch zwei geteilt wurde, sich nun wieder ganz auf Gott konzentrieren kann. So sieht Missionar Kies im Tod seiner Frau, die 1865 in Afrika an Typhus stirbt, einen letzten Liebesbeweis. Sie macht quasi Platz, damit er sich enger an Gott binden kann.

> *„Denn der Geist Gottes machte es mir klar, daß mich mein himmlischer Erzieher durch diese schwere Heimsuchung in eine neue Schule führen will, um vor meinem eigenen Lebensende noch wegzuschmelzen und auszuwirken, was Er beim Fortdauern unseres bisherigen ungetrübten ehelichen Glücks hätte vielleicht nicht an mir erreichen können."*[466]

---

[463] PN: Brief v. Johannes Wahl, Helpertshofen, an Marie Ackermann, Bad Cannstatt. 27. März 1905.
[464] Zu Sexualität im Pietismus vgl. G. Beyreuther: Sexualtheorien im Pietismus. 1963. Kulturhistorisch-soziologisch nur bedingt hilfreich, da der Schwerpunkt auf dem medizinischen Ansatz liegt.
[465] ABM: HB, September 1867, S. 116.
[466] ABM: HB, November 1865, S.145.

Der gemeinsame Lebensweg als 'Weg ins Jenseits'

Die gegenseitige Liebe, die sich in der gemeinsamen Liebe zu Gott definierte, hatte innerhalb dieses Kontextes eine bestimmte Aufgabe. Gegenseitige Hilfe im Leben beziehungsweise im Glaubensleben, gemeinsames Beten, das 'geistige Sich - Ausziehen vor dem anderen', gegenseitige Schuld- und Sündenbekenntnisse: all das hatte ein Ziel, nämlich mit Hilfe des Partners 'geläutert ins Jenseits gelangen' zu können. Da der Blick im Leben zumeist auf das Jenseits gerichtet sein sollte, in dem die Erfüllung wartet, ist auch die gegenseitige Vorbereitung für einen würdigen Empfang dieser Erfüllung ein zentrales Moment in der Partnerschaft. Doch auch hierbei klaffte Anspruch und Wirklichkeit oft auseinander: dann, wenn beispielsweise einer der beiden Partner 'frömmer'[467] als der andere war und diesen Aspekt der Beziehung in den Vordergrund rückte. Frieda Bürgi etwa, seit 1899 Missionarsfrau in Afrika, scheint sich um das Seelenheil ihres Ehemannes Ernst gesorgt zu haben, da er ihrer Meinung nach offenbar zu wenig betete. In ihr Tagebuch notierte sie:

„Heute, als ich noch nicht fertig war, kniete Ernst allein nieder, betete für sich und ging nicht wie früher ohne Gebet herunter. Der Herr hat mein Gebet erhört, laß mich Dir weiter vertrauen."[468]

Ihre 'Liebesaufgabe im Dienst des Herrn' hat sie erfüllt, sie interpretiert das Beten ihres Ehemannes als Erhörung ihrer Gebete.

Auch Indienmissionar Mark Hoch hat die 'Erziehung fürs Jenseits' in der diesseitigen Beziehung im Auge, wenn er seiner Braut schreibt:

„Es gibt auch für uns kein höheres Ziel der Liebe, als daß wir so einander gegenseitig zu bewahren suchen - und einander helfen und die Hand reichen auf unsere Reise zum himmlischen Vaterland."[469]

Daß „Liebe und Tod nicht unbedingt Gegensätze sein müssen"[470], dafür wird ein Satz in einem Nachruf auf Missionarsfrau Elisabeth Krayl, die in China starb, zur ausdrucksstarken Metapher:

„Und sie lag in ihrem Brautkleide gleich einem Bild des Friedens da."[471]

„In vielen Gegenden ist das Hochzeitskleid identisch mit dem Totenkleid"[472], wie Utz Jeggle für das traditionale Dorf beschreibt, was vor allem ökonomisch-praktische Gründe hatte, weil das Hochzeitskleid das einzig 'gute Kleidungs-

---

[467] Zum Begriff 'fromm' in Verbindung mit dem Topos der 'frommen Frau' vgl. C. Köhle-Hezinger: Fromme Frauen, fromme Bilder. 1998, S. 9-22. „Der Kanon der frommen, starken, wohltätigen pietistischen Frauen wurde und wird repetiert, die Bilder werden retuschiert, je nach Zeit und Erwartung." S. 17-18.

[468] ABM: D-10.20. TB Frieda Bürgi, S.68.

[469] StABS: PA 770.11.05.01. Brief v. Mark Hoch, Mangalore/Indien, an Deborah Pfleiderer, Basel. 13. Juli 1881.

[470] U. Jeggle: Die Angst vor dem Sterben. 1988, S. 164.

[471] ABM: HB, Dezember 1916, S. 193.

[472] U. Jeggle: Die Angst vor dem Sterben. 1988, S. 164.

stück' im Besitz der Frauen war und das Tragen dieses Kleidungsstückes den wichtigen Ereignissen im Leben vorbehalten blieb, wozu letztendlich auch der Tod gehörte.

Die Verstorbene in ihrem Brautkleid: dennoch sind die Assoziationen, die dieses Bild hervorruft, vielschichtig. Das Brautkleid als Totenkleid gerät gewissermaßen zum symbolischen Zeichen der Verbindung vom Diesseits zum Jenseits. Die Heirat einer Missionsbraut konnte zugleich ein 'Todesurteil' sein, manch Frau starb bereits nach wenigen Monaten auf dem Missionsfeld. Und um im Bild des Dreierbundes zu bleiben: Die Braut des Missionars ist immer zugleich auch die 'Braut Christi'. Im selben Gewand, in dem sie an der Seite ihres Bräutigams vor dem Altar stand, auf die Erfüllung irdischen Glücks hoffend, liegt sie nun „im Frieden", bereit für die Erfüllung 'himmlischen Glücks' und in Erwartung des 'himmlischen Bräutigams'. Das Brautkleid, das zum Totenkleid wird - das Totenkleid, das einst Brautkleid war, ist ein Symbol für den Übergang. Im Brautkleid vollzieht sich so der Übergang von der alten in die neue Heimat und der Übergang von der neuen in die 'ewige' Heimat.

Abb. 13   Hochzeit Luise Lohss und Wilhelm Maisch (rechtes Paar). Das linke Paar vermutlich Missionar Zimmer mit Braut. Hongkong 1907.

PAARGESCHICHTEN - DER WEITE WEG

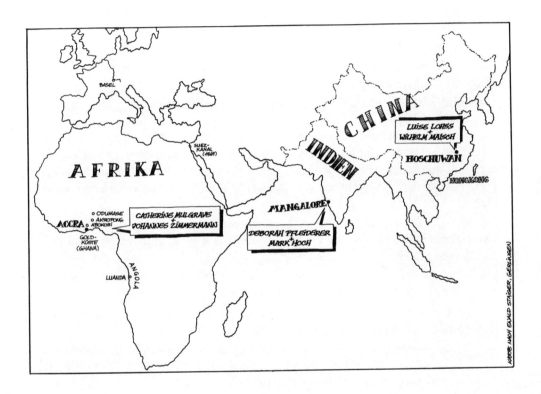

Luise Lohss und Wilhelm Maisch
Irrungen und Wirrungen'

> *„Meine Heimat ist ein kleines Städtchen in einer der lieblichsten Gegenden des Württemberger Landes, wo ich am 13. August 1876 als ältestes Kind meiner Eltern, des Kaufmannes Max Lohss und Luise Lohss, geb. Breuninger geboren bin."*[473]

Mit diesen Worten beginnt die 30jährige Luise Lohss ihren Lebenslauf, den sie an die Basler Mission schickt.

Über ihre Kindheit können wir uns kein 'eigenes Bild' machen, weil Originalquellen, wie Briefe oder Tagebuchaufzeichnungen nicht vorhanden sind. So müssen wir uns auf das, was sie im Rückblick selbst erzählt, verlassen, wobei Erinnerungen natürlich oft verklärt werden, vor allem dann, wenn es sich um die eigene Kindheit handelt. Außerdem ist ihre Erinnerung durch den 'pietistischen Filter' gewandert, Luise liefert die stereotype pietistische Innerlichkeitsbiographie, sie weiß, was von ihr erwartet wird.

Andererseits ist es fraglich, ob es bei heutigen Interpretationen berechtigt ist, ihre eigene Beschreibung in Zweifel zu ziehen, nur weil andere Interpretationsgrundlagen fehlen.

Luise verlebt eine *„fröhliche, sonnige Kindheit, erhellt von treuester Elternliebe, umgeben von einem zahlreichen Geschwisterkreis."*

Sie hat acht Geschwister, von denen der fünf Jahre jüngere Otto später in die BM eintreten wird. Über ihre Eltern schreibt sie:

> *„Sie waren eins, ihre Kinder nicht nur zu äusserlich tüchtigen und brauchbaren Menschen zu erziehen, sondern die Furcht Gottes, der Weisheit Anfang, in ihre Herzen zu pflanzen."*

Hier wird deutlich, daß sie aus einem pietistisch geprägten Elternhaus stammt, zum Alltag gehören ebenso Hausandachten, wie die Unterweisung in Glaubensfragen durch den Vater. Daß sie ihren Vater sehr geliebt hat, schimmert in der enthusiastischen Beschreibung der zahlreichen Spaziergänge, die sie und ihre Geschwister als Kinder mit ihm gemacht haben, hindurch.

Es muß ein harter Schlag für sie sein, als sie ihn mit 17 Jahren verliert. Sie schreibt:

---

[473] Das verwendete Quellenmaterial stammt aus dem Stadtarchiv Gerlingen und aus dem Archiv der Basler Mission. Es handelt sich hierbei um ein Briefkonvolut und ein Tagebuch von Wilhelm Maisch, das von ihm im Rückblick, als eine Art Nachlaß verfaßt wurde.

> *"Eine Zeit voll Hoffen und Bangen war das Frühjahr 1893. Eine schwere Krankheit warf Vater darnieder."*

Und über seinen Tod schreibt sie:

> *"Da schien es, als ob die Freude für immer Abschied genommen und an ihrer Statt die Sorge durch die trauten Räume des Elternhauses schreiten würde."*

Die Mutter ist mit 46 Jahren Witwe, ein Schicksal, das auch Luise später teilen sollte. Es folgt eine harte Zeit. Die Mutter führt mit acht Kindern das kleine Kurzwarengeschäft in Welzheim weiter. Luise hilft ihr dabei. Ihr Bruder Max[474] schreibt über diese Jahre:

> *"Vaters früher Tod warf auf unsere Jugend einen tiefen Schatten. Es folgten schwere Jahre. Wir sahen unsere gute Mutter oft in Tränen, viel öfter aber noch in stillem Gebet."*

Erst als sich Luise als freiwillige Hilfsschwester ins Stuttgarter Diakonissenhaus meldet, geht es aufwärts und es bricht für sie *"eine Zeit des Segens und der Erquickung"* an.

Mittlerweilen ist ihr jüngerer Bruder Otto ins Missionsseminar der Basler Mission eingetreten. Dort lernt er Wilhelm Maisch kennen.

Wilhelm Maisch wird am 13. Januar 1878 in Gerlingen als Sohn des Schreinermeisters und späteren Waldmeisters Christoph Maisch und Marie, geb. Zimmermann, geboren. Mit fünf Jahren geht er bereits in die Schule, ist nicht nur der jüngste, sondern bald auch der beste Schüler. Er wird Bau- und Möbelschreiner. Während seiner Lehre besucht er begeistert den Zeichenunterricht. Der Jünglingsverein, eine pietistische Vereinigung in Gerlingen, prägt ihn. 1897 beschließt er, ins Missionsseminar in Basel einzutreten. Er wird ohne weiteres aufgenommen und nach seiner Ausbildung für China bestimmt.

1904, kurz vor seiner Ausreise macht er noch Abschiedsbesuche in Württemberg, so auch bei seinem Freund Otto, in dessen Elternhaus er eineinhalb Tage verbringt.

Hier begegnen sich Wilhelm und Luise zum ersten Mal. Als Wilhelm abreist, hat sich Luise heimlich in ihn verliebt.

Auch sie scheint Eindruck bei ihm hinterlassen zu haben, Wilhelm schreibt später über ihre erste Begegnung:

> *"Ich schied mit dem stillen Vorsatz, das Haus unter den Linden am Kirchplatz in Welzheim nicht ganz zu vergessen."*

Über seinen Abschied von seinem Heimatort schreibt Wilhelm folgendes:

---

[474] Max Lohss wird später als Volkskundler bekannt. „Tatsächlich erlängt Max Lohss 1932 mit dem Erscheinen seines Buches: „Vom Bauernhaus in Württemberg und angrenzenden Gebieten" Rang und Namen in Volkskundlerkreisen. [...] So legt Lohss damit auch den Grundstein für seine vorrangige Position als Haus- und Sachforscher für diese Region." Zit. nach M. Rexer: Eine quellenkritische Analyse volkskundlicher Bilder. 1991.

> *"Es war am Morgen des 7. September, als eine Chaise mit zwei munteren Rappen bespannt die Straße heraufgefahren kam. Nachdem ich all den lieben Verwandten, Freunden und Nachbarn die Hand gedrückt hatte, stieg ich auf, ein letztes „Behüt dich Gott" herüber und hinüber und fort gings [..] Eine halbe Stunde später stand ich in den Straßen von Stuttgart - allein, die Brücke war hinter mir abgebrochen."*

In seinem Gepäck befindet sich die vom Missionshaus vorgeschriebene „Aussteuer eines ausreisenden Missionars":

> *"Ein schwarzer Tuchanzug, ein Kammgarnanzug extra, ein grauer Sommeranzug, ein Popelinanzug, ein Talar, ein Schlafrock, vier Tropenanzüge, drei Schlafanzüge, 36 Paar Socken, ein heller Filzhut, eine Schiffsmütze, den Tropenhelm kauft man erst in Port Said."*

Aus Briefen geht hervor, daß Luise, die zurückbleibt, versucht, Wilhelm zu vergessen. Ihr muß ihre Zuneigung zu Wilhelm als hoffnungslos erscheinen, sie hat ihn nur einmal in ihrem Leben gesehen und weiß nicht, ob sie ihn je wiedersehen wird. Trotzdem korrespondiert sie, allerdings im Namen der Familie, eine Zeitlang mit Wilhelm. Da die Basler Heiratsordnung dies aber eigentlich verbietet, reagiert Wilhelm so:

> *"Durch die erwiesene Gastfreundschaft blieb ich in flüchtiger Verbindung mit Fräulein Lohss, als ich aber merkte, daß die Tochter im Namen der Familie mit mir korrespondierte, brach ich ab, denn ich wollte keine Veranlassung zu irgendwelchen Gedanken der Hoffnungen geben, ehe ich nicht genaue Erkundigungen über Fräulein Lohss eingezogen hatte."*

Otto, Luises Bruder, reist 1906 ebenfalls nach China aus.

Luise geht im Sommer dieses Jahres für ein paar Monate nach London an den Stammsitz der „China Inland Mission". Hier erwacht, wie sie selbst schildert, durch das Lesen eines Buches über einen Chinamissionar und durch den Kontakt zu den dortigen Missionsschwestern, die alle nach China ausreisen, ihre Liebe zu diesem Land. Ob ihre Liebe zu China wirklich nur damit zusammenhängt, wie sie immer wieder beteuert, ist fraglich. Wir könnten uns ihre Arbeit in der „China Inland Mission" auch als eine Art Kompensation ihrer 'unerfüllten Liebe' zu Wilhelm denken.

Sie spielt mit dem Gedanken, sich von der CIM für den Dienst in einem Krankenhaus in Kayin - China - zu melden, denn :

> *"Ich habe heute mehr denn je den Wunsch, daß Jesus mache mein Leben zu einem Leben der Selbstverleugnung, des Gebets und der Liebe im Dienst der Mission."*

Doch ihr ist klar, daß aus diesem Vorhaben nichts werden kann, denn als sich Luise im Sommer 1906 in London aufhält, ist sie bereits seit wenigen Wochen mit dem Indienmissionar Eugen Bommer von der Basler Mission verlobt.

Interessant ist, daß diese Verlobung vier Wochen, nachdem Wilhelm den Kontakt zu ihr abgebrochen hat, zustandekam. Daß Luise Eugen Bommer das Ja-

Wort gegeben hat, könnte als eine Art Trotzreaktion auf das Verhalten von Wilhelm interpretiert werden. Wahrscheinlich ist sie enttäuscht, fühlt sich 'verschmäht'. Wir könnten es aber auch als Hinweis darauf deuten, daß sie es endgültig aufgegeben hat, an ihrer „Neigung" zu Wilhelm festzuhalten.

Was bei ihrer Entscheidung aber noch schwerer gewogen hat, war der Einfluß ihrer Mutter. Licht in das Dunkel bringt ein Brief, den sie am 5. Juli 1906 von London aus an Inspektor Oehler schreibt, nachdem sie bereits ein halbes Jahr mit Eugen Bommer verlobt ist.

> *„Aus Mutters Brief gestern spricht so deutlich, wie sehr sie wünscht, dass ich nach Indien gehe, dass ich nicht anders kann, als Ihnen alles zu schreiben. Ich fühle diese inneren Kämpfe seit mehr als einem halben Jahr bringen mich ganz herunter. In der langen Zeit, während Otto im Missionshaus war, verkehrten viele M.Brüder in unserem Hause, aber für keinen hatte ich je wärmeres Interesse empfunden, als für Bruder Maisch. Ich habe nicht die geringste Veranlassung zu denken, daß es auch auf seiner Seite der Fall war, ich weiss nur, daß ich als Eugen mich fragte, in schlaflosen Nächten wieder und wieder diese Neigung auf den Altar legte. Mutter sah in Eugens Werbung den Willen Gottes für mich und ich wollte Gottes Willen thun und im Gehorsam seinen Weg gehen, so sagte ich 'ja'. [..] dachte ich, du wirst ihm eine treue Gattin sein und dein eigenes Ich vergessen über dem großen 'Dein Reich komme'. Aber in der stillen Zeit hier in England ist mir klar geworden, daß ich Eugen alles schreiben müsse, um nicht ein Unrecht an ihm und mir zu begehen. Ich bete viel und oft mit heißer Angst im Herzen. Es wird mich nicht unglücklich machen, wenn dieser Bruder in China sich heute verlobt, aber ich habe damit, daß ich Jesu diese Liebe gegeben habe, dieselbe für einen anderen nicht gerade so, Eugen kann doch wohl mit Recht erwarten, daß ich nicht nur mit Freuden in die Mission gehe, sondern auch mit Freuden seine Frau werde. Mutter schreibt: „der Weg kommt mir so geebnet vor für Dich. Ich habe keinen lieberen Wunsch als dich in der Mission zu wissen", ich habe auch keinen lieberen, als in die Mission zu gehen, denken Sie auch so, daß das der einzige Weg ist und der gottgewollte Weg?"*

Mit diesem verzeifelten Brief löst Luise ihre Verlobung mit Eugen Bommer.

Bei Luise siegt das Gefühl, sie hat soviel Mut, sich an Oehler selbst zu wenden und ihm ehrlich ihre Lage zu schildern, wagt es sogar einzugestehen, daß sie sich in Wilhelm verliebt hat, obwohl sie dann, vermutlich um 'das Gesicht zu wahren', behauptet, daß diese Verliebtheit jetzt vorüber sei. Interessant ist auch, daß sie anscheinend mehr Mut hat, sich bei Oehler, als bei ihrer eigenen Mutter auszusprechen. An den Sätzen, daß sie „ihrem zukünftigen Mann eine treue Gattin sein und ihr eigenes Selbst vergessen wolle", wird ein Konflikt sichtbar, den Luise auf ihre Art löst.

Anders als viele Frauen, die nach „schlaflosen Nächten" doch 'freudlos' eine Ehe eingehen und versuchen „ihr eigenes Selbst zu vergessen", nimmt Luise ihr Schicksal von nun an, so scheint es jedenfalls, selbst in die Hand.

Sie entscheidet sich, wieder ungebunden, Missionsschwester zu werden. Am 1. August 1906 bewirbt sie sich um Aufnahme in die Basler Mission. Aus diesem Anlaß schreibt sie auch den Lebenslauf, aus dem eingangs zitiert wurde.

Über Luise liegt zu dieser Zeit in der Basler Mission bereits eine Beurteilung vor, die angesichts der Anfrage Eugen Bommers angefertigt worden war. Hier heißt es:

> *„Steht allerdings schon im 30. Lebensjahr. [...] hat ein feines und edles Gemüt. Sie hat zwar nur Volksschulbildung genossen, ist aber in geistlicher Literatur belesen, hat ihre natürliche Lesegabe durch langjährige Mitarbeit in der Sonntagsschule, neuerdings im Jungfrauenverein schon entfaltet [..] Klein, etwas zart gebaut, aber stets gesund, ist sie eine anmutige und gänzlich jugendliche Erscheinung. [...]"*

In ihrem Bewerbungsschreiben bittet sie darum, als Missionsschwester nach China ausgesandt zu werden, obwohl dort zu dieser Zeit keine Schwestern benötigt werden. Sie nimmt auch gleich etwaige Vermutungen vorweg und schreibt:

> *„[...] aber der Gedanke an jenen Bruder dort hat mich gewiss nicht im geringsten beeinflusst, deshalb könnte ich vor Gott und den Menschen mit gutem Gewissen dorthin gehen, denn dazu wären ich und mein Bruder zu stolz, auch nur einen Finger zu regen in einer Sache, die nicht mehr unser, sondern sein ist. Auch hat Otto nie correspondiert mit jenem Bruder, seit er in China ist. O nein, sondern Bruder Schultzes Büchlein hat meine Liebe geweckt. [...] Und ja, natürlich, ich liebe meinen Bruder, dessen Ziel dieses Land ist und ich denke es ist ein Stück Heimat gegenseitig, wenn auch vielleicht getrennt durch Hunderte von Meilen, doch auf einem Missionsfelde zu stehen."*

Diese Zeilen lassen tief blicken, denn die Vehemenz mit der sie beteuert, überhaupt nicht mehr an Wilhelm zu denken, deutet eher auf das Gegenteil. Vielleicht glaubt sie aber auch wirklich, ihre unglückliche Liebe überwunden zu haben und sucht trotzdem unbewußt die Nähe zu Wilhelm, denn die Sätze, die sie über ihren Bruder Otto schreibt, könnten auch auf Wilhelm übertragen werden: „getrennt durch Hunderte von Meilen, doch auf einem Missionsfeld stehen."

Das Komitee in Basel erklärt sich in der Sitzung vom 29. August 1906 bereit, Luise in den Missionsdienst aufzunehmen, wenn sie einen Hebammenkurs absolviert habe. Es wird erwogen, sie dann nach Indien auszusenden.

Während Luise ihre Ausbildung an der Landeshebammenanstalt in Stuttgart beginnt, trägt sich Wilhelm in China mit dem Gedanken zu heiraten.

In seinem Tagebuch erläutert er die näheren Umstände, die ihn in diesem Entschluß bestärken. Hauptsächlich ist seine Entscheidung pragmatischer Natur.

Auf seiner Missionsstation 'fehlt' eine Missionarsfrau. Das Ehepaar Lutz, das bis dahin auf der gleichen Station gelebt hat, hat die Heimreise angetreten. Er bleibt mit einem anderen unverheirateten Missionar zurück und sie sehen ein, daß:

„[...] eine Missionsküche ohne eine europäische Frau eigentlich ein Unding ist [...] sie wurde immer einfacher und einförmiger. Und mit der Wäsche gings einen ähnlichen Weg."

Am vierten April 1907 bittet er offiziell um Heiratserlaubnis. In dieser Bitte begründet er ausführlich, warum er eine Lebensgefährtin braucht. Er schreibt unter anderem, daß es für ihn eine Erleichterung wäre,

„[...] wenn ich bei der Last, die auf mir liegt, ein liebes fröhliches Wesen um mich habe."

Wilhelm muß in der Tat oft regelrecht überlastet gewesen sein. Als er mit 26 Jahren in China ankommt, beginnt er mit dem Bau einer Knabenschule und einer neuen Kapelle in Hoschuwan, da *„die alte Anlage in keiner Beziehung genüge"*, wie er in einem Brief an die Eltern in Gerlingen bemerkt. Das bedeutet, daß die eigentliche Missionsarbeit, die „Bekehrung der Heiden", zu Anfang den kleinsten Teil seiner Arbeit ausmacht und er sich die meiste Zeit mit 'weltlichen Dingen herumschlagen' muß.

„Außer den Bauten habe ich die Knabenanstalt mit 30 Schülern. Früher hatte ich nie mit der Leitung einer Schule etwas zu tun gehabt. Alles böhmische Dörfer für mich [...]. Dabei mußte ich für die leiblichen Bedürfnisse der Schüler sorgen, für Wohnung und Essen [...] Und nun kommt die eigentliche Missionsarbeit, d.h., vorher noch die Verwaltung der vier Gemeinden, deren jede einen Kirchen- und Armenfond hat in der Verwaltung des Missionars. Außerdem bin ich auch Arzt. Die Leute kommen oft weit her, um sich verbinden zu lassen oder Arznei zu kaufen."

Er ist also Lehrer, Baumeister, technischer Leiter, Verwalter und Missionar in einem. Von seiner Sicht aus ist es verständlich, daß der Druck, der auf ihm lastet, zu groß wird, er sich vor allem nicht auch noch mit seinem 'eigenen Alltag' - wie zum Beispiel dem Haushalt - beschäftigen will. So sieht er in einer Heirat eine für alle befriedigende Lösung. Wilhelm Maisch hält sich streng an die Heiratsordnung, obwohl er später massiv gegen diese vorgehen wird und ihr auch schon zur Zeit seiner Heiratsanfrage kritisch, wenn nicht ablehnend gegenübersteht. Er verfaßt Jahre später sogar eigens ein „Memorandum zum Basler Verlobungsparagraphen", in welchem er sämtliche Punkte kritisch beleuchtet und mit Gegenargumenten überzeugt.

In seinem Heiratsgesuch nennt er drei Frauen, die für ihn in Frage kommen könnten. Bei der erstgenannten bezweifelt er allerdings, ob sie die wünschenswerte Wärme und Begeisterung für die Mission habe, außerdem sei sie mittellos, was für ihn kein unwichtiger Punkt ist, denn:

„Es sollte etwas dasein zum Draufgehen, ist das nicht der Fall, so muß eben oft manches unterbleiben, was im Interesse des Werkes geschehen

sollte und wird andererseits ein gut Teil der Kraft durch äußeres Sorgen in Anspruch genommen."

Grundsätzlich stellt er sich seine zukünftige Frau so vor:

"Ich ziehe eine häuslich praktische Frau der gelehrten und feingebildeten vor, aber ein gewisser Grad an Bildung sollte eben doch da sein, man kann sich dann in geistiger Beziehung näher sein."

Die zweite Frau, die er nennt, ist Luise Lohss. Er schreibt:

"[...] daß mir ihre Person sympathisch war und in ihrer Person und in ihren Verhältnissen keinerlei Hindernisse zu liegen schienen. Betreffs häuslichen Sinnes, Gesundheit und Bildung würde ich auch keinen Zweifel in ihrer Tüchtigkeit sehen. Was mir an ihr wohlgetan hat, war die Wärme und Begeisterung für die Mission, die ich wahrnahm."

Wilhelm ist bereits informiert über die Lösung der Verlobung mit Eugen Bommer und er deutet in seiner Bitte um Heiratserlaubnis an, daß er wohl nicht ganz unschuldig an dieser Lösung sei. Er scheint also allmählich etwas zu ahnen. Was wirklich passiert ist, erfahren wir aus seinem Tagebuch.

Luise hatte ihm, vielleicht um sich zu rächen oder um ihm zu zeigen, daß ihr an ihm nichts mehr liegt oder als letztes Signal, eine Anzeige ihrer Verlobung mit Eugen Bommer geschickt. Bis allerdings seine Gratulation an sie ankam, Briefe dauerten ja oft Wochen, war die Verlobung bereits wieder gelöst. Auch das teilte ihm Luise in ihrem Dankschreiben für seine Gratulation gleichzeitig mit. Außerdem schrieb sie ihm, daß sie als Missionsschwester in die BM aufgenommen und für Indien bestimmt worden sei.

Luise ist also, um mit heutigem Vokabular zu sprechen, recht raffiniert zu Werke gegangen. Sie muß sich aus Höflichkeitsgründen für seine Gratulation bedanken, tut dies auch und kann ihm auf diesem Wege einen Fingerzeig geben, daß sie wieder frei ist. Sie 'verliert ihm gegenüber aber nicht das Gesicht', da sie ja schon für Indien bestimmt wurde.

Wilhelm steht vor einem Rätsel. Er weiß nicht, wer die Verlobung gelöst hat. Allmählich kommt ihm der Gedanke, daß es um seinetwillen geschehen sein könnte, doch er kommt sich bei diesem Gedanken eitel und eingebildet vor. Er könnte Otto, ihren Bruder fragen, doch das wagt er aus Schüchternheit nicht. Er überlegt ein halbes Jahr hin und her, während Luise still vor sich 'hinleidet'. Endlich erhält Wilhelm einen Brief aus Europa, der ihm Klarheit bringt.

Ein früherer Freund, der nun Missionar in Afrika ist, schreibt ihm, daß er sich im Heimaturlaub in Stuttgart aufgehalten und dort Luise kennengelernt habe, die in der Landeshebammenschule einen Kurs mache. Er habe sie gebeten, seine Frau zu werden, und zwar mehrere Male, sie habe ihn aber jedesmal abgewiesen. Er habe sich ihre Ablehnung nicht erklären können, ahnte allerdings, daß „ihr Herz einem anderen gehöre". Um ihm die Aussichtslosigkeit seiner Bemühungen klar zu machen, habe ihn eine Freundin Luises aufgeklärt, ohne daß Luise davon wisse. Wilhelm äußert sich im Rückblick dazu so:

> *"Er wurde dadurch das Werkzeug in Gottes Hand, zwei Menschen zusammenzuführen, die füreinander bestimmt waren und einander liebten, ohne, daß eines von der Neigung des anderen wußte."*

Luise hat sich einer Freundin anvertraut, sie hat ihre „Neigung" zu Wilhelm keineswegs überwunden, sie hat vermutlich wirklich gelitten und zwar so sehr, daß sie ihr Geheimnis preisgibt. Wilhelm hingegen ist:

> *"in einer kolossalen Spannung. Es war gut, daß mich die Bauarbeit den Tag über nicht zur Besinnung kommen ließ."*

Wilhelm muß schnell handeln, er weiß nun, daß Luise die von Gott für ihn Bestimmte ist, aber Luise stand an zweiter Stelle der von ihm genannten Frauen. Er hat Angst, daß bereits an die von ihm erstgenannte eine Anfrage gegangen sein könnte. Um dem vorzubeugen, telegraphiert er nach Basel die Worte: „Luise Lohss - Maisch". Vier Wochen später hält er die Antwort in den Händen: „Maisch - Luise Lohss".

Wilhelms Tagebuch gibt Aufschluß darüber, wie Luise die Anfrage erhält:

> *"Eines Mittags kam sie abgehetzt von der Hebammenschule nach dem Charlottenheim, wo sie in Pension war, und als sie sich an den Tisch setzen wollte, fand sie Herrn Direktor Oehlers Brief mit meiner Anfrage. Das Herz stand ihr fast still, als sie Herrn Direktors Handschrift auf dem Umschlag erkannte und ohne weiteres wußte sie: das ists. Sie stürzte dann auf ihr Zimmer, riß den Brief auf und brach in einen Strom von Tränen aus. Die schweren Seelenkämpfe zweier Jahre, verursacht durch die Torheit der Menschen, hatten ihr Ende gefunden."*

Daß Luise überglücklich ist, als sie die Anfrage erhält, wird an ihrer Zusage, die sie an die BM schickt, deutlich:

> *"Vielen vielen Dank für Ihren Brief vom 30. Mai. Es kam mir ja fast zu wunderbar und herrlich vor, als dass es wirklich wahr sein könnte [...] Ja gewiss will ich ihm angehören für alle Zeit und der Herr helfe mir, ihm eine treue Gehilfin zu sein und setze uns beide nach seiner großen Gnade zum Segen für andere."*

Im Juni besucht Luise ihre zukünftigen Schwiegereltern. In einem Brief an Wilhelm schreiben sie:

> *"Als wir vom Inspektor die Gewißheit bekamen, da sagten wir: jetzt was? Wir wissen nicht einmal ihre Adresse, wir wissen nur, daß sie gegenwärtig einen Kurs macht in der Hebammenschule. Wir schickten dann Ludwig ans Telefon und ließen Luise einladen zu den Eltern ihres Bräutigams Wilhelm."*

Luise kommt nicht allein, sondern in Begleitung ihrer Brüder Max und Ludwig. Sie bleibt nur wenige Stunden. Dennoch scheint es ein angenehmer Nachmittag gewesen zu sein. Wilhelms Vater schreibt ihm nach China von diesem ersten Besuch:

> *„Wir waren natürlich nicht wenig gespannt auf den ersten Eindruck. Dieser Eindruck war aber ein guter. Luise und Mutter küßten sich und als Luise mich grüßte, hatte ich den Eindruck, als fragte sie mich: Wenn du der Vater bist, warum küßest du mich nicht auch? Ich war aber doch nicht so frei und tat nichts dergleichen. Als wir aber dann eine Weile beisammen waren, thaute alles auf, namentlich auch durch Vermittlung von Max. Nach dem Essen gingen wir ins 'Reifle'. Max stieg auf den Kirschenbaum und Luise auf die Bockleiter. Du kannst dir nicht denken, wie michs freute, als alle Augenblicke Luise rief: „Vater, da lang danach" und mir immer wieder eine Handvoll Kirschen herunterbot."*

Luise scheint sich bei diesem Besuch bewährt zu haben. Obwohl es für sie eine seltsame Situation gewesen sein muß, wildfremde Menschen zu besuchen. Es könnte natürlich auch so gewesen sein, daß ihr durch ihre jahrelange Liebe zu Wilhelm auch seine Eltern rein gefühlsmäßig nicht mehr fremd waren. Sie begegnet ihren Schwiegereltern mit einer Herzlichkeit, die für sie einnimmt. Auch, daß sie Wilhelms Vater sofort Vater nennt, zeigt, daß sie bemüht ist, Vertrauen und Intimität aufzubauen und eventuelle Bedenken gegen sie abzubauen. Und vielleicht ist es auch ein Hinweis auf die Sehnsucht nach dem Vater, den sie selbst ja nicht mehr hat. Luise schreibt über diesen Besuch:

> *„Heute war ich bei meinen lieben Schwiegereltern. Ich fühlte mich so wohl und glücklich bei ihnen und ich glaube, ich werde nie fertig werden können, dem Herrn zu danken für diese liebliche Führung in meinem Leben."*

Im Juni 1907 wird über Länder und Meere hinweg in Welzheim und Hoschuwan Verlobung gefeiert. Wilhelms Vater steckt Luise stellvertretend für Wilhelm den Ring an den Finger. Unterdessen hat Wilhelm in China immer noch alle Hände voll zu tun. Er schreibt:

> *„Es tut mir oft weh für Luise, daß ich so wenig an sie denken kann. Die Arbeit hält mich bis heute wie mit eisernen Klammern umschlossen und der Gedanke an meine l. Braut kann sich nur wie ein verstohlener Sonnenstrahl eindrängen [...]"*

Immer wieder drückt er in Briefen an seine Eltern seine Freude darüber aus, endlich heiraten zu können.

> *„Daß ich mich unaussprechlich freue bis sie kommt, und ich sie einmal in die Arme schließen darf, das könnt ihr Euch denken."*

Daß ihm allerdings auch ein wenig mulmig zumute ist, formuliert er so:

> *„Andererseits ist mir auch ein wenig bange, wie das Zusammenleben sich gestalten wird, hoffe aber, die Liebe wird die beste Lehrmeisterin sein."*

Seine häuslichen Angelegenheiten scheinen ihm immer mehr über den Kopf zu wachsen.

> *„Hintendreingehinkt als leidiges Stiefkind kommt die eigene Haushaltung mit den Pflichten der 'Hausfrau'. Mit meiner Wasch stehts jetzt so, daß es*

höchste Zeit ist, daß eine Frau kommt. Ich kann mich auch nicht mehr drum kümmern."

Immer häufiger kommt seine Erleichterung darüber, endlich eine Frau, die mit ihm die 'Last' gemeinsam trägt, gefunden zu haben, zum Vorschein.

„Ihr werdet begreifen, wie ich mich freue, bis ich ein Herz habe, das mit mir trägt."

Er malt sich immer wieder ihre gemeinsame Zukunft aus und preist Luises Vorzüge in höchsten Tönen.

„Es ist sehr gut, daß sie auch medizinische Kenntnisse mitbringt, sie sind in der Mission unentbehrlich. Ferner freue ich mich sehr, daß sie in England war und gut Englisch spricht. Da wird mir Luise auch einmal eine Hilfe sein. [...] Als ich in Welzheim war, führte sie, soviel ich sehen konnte, hauptsächlich die Haushaltung. Was ich dort gegessen habe, war von ihr gekocht. Sehr dankbar bin ich auch, daß sie musikalisch ist, einmal schon wegen der chinesischen Sprache. [...]"

Er schließt den Brief mit den Worten:

„Bitte um gelegentliche Zusendung von ein Paar Hosenträgern und zwei guten Haarkämmen. Der, den Ihr mir seinerzeit sandtet ist zerbrochen, und ich muß mich schämen, wenn Luise kommt und ich mich mit einem Stück Kamm kämme."

Luise hat mittlerweilen nur noch einen Monat Zeit bis zu ihrer Abreise. Es muß alles sehr schnell gehen, Kisten müssen gepackt, sämtliche Vorbereitungen getroffen werden. Wilhelm hofft: *"Wenn Luise nur frisch und kräftig nach China kommt."*

Über ihren bevorstehenden Abschied von der Mutter schreibt er:

„Es mag ihr leichter fallen als damals mir, aber ein Sterben kostets eben doch auch."

Leichter fällt Luise der Abschied vielleicht wirklich, denn nach ihren eigenen Worten:

„Ist mein Platz jetzt doch so bald als möglich bei Wilhelm"

Für Luise ist ein Traum, an den sie eigentlich nicht mehr glaubte, in Erfüllung gegangen. Außerdem hatte sie sich schon vor der Anfrage entschieden, als Missionsschwester die Heimat zu verlassen und in einem fremden Land zu leben. Sie ist also auf den Schmerz des Abschied-Nehmen-Müssens schon länger vorbereitet. Darüber hinaus erscheint ihr vermutlich die glückliche Wendung, die ihr Schicksal genommen hat, als göttliche Fügung, als Hinweis darauf, daß das, was sie sich wünschte, auch Gottes Wille war. So kann sie 'eins mit sich und Gott' sein.

Es wird Luise nicht gestattet, den Hebammenkurs abzubrechen, obwohl ihre Abreise immer näher rückt. Sie soll am 8. Oktober 1907 ausreisen. Sie hat nach Abschluß der Hebammenschule nur noch wenige Wochen Zeit, um Verwandtschaftsbesuche zu machen und alle Vorbereitungen zu treffen. Es ist ihr auch nicht möglich, Wilhelms Eltern öfters zu besuchen. Vor ihrer Abreise sieht sie sie nur zweimal, kann sie also gar nicht wirklich kennenlernen.

Luise ist am Ende aller Vorbereitungen erschöpft und ausgelaugt, und so tritt sie auch ihre Reise an.

Während Luise übers Meer nach China reist, kommt ihr Wilhelm zusammen mit Missionar Zimmer, dessen Braut ebenfalls auf dem Weg nach China ist, entgegen. Wilhelm und Luise haben beschlossen, sich in Hongkong zu treffen, hier ist Otto, Luises Bruder, stationiert. Er wird sie auch trauen.

Wilhelm erzählt im Rückblick:

„Die Braut von Missionar Zimmer sollte auch mit ihr kommen. So beschlossen wir miteinander nach Hongkong zur Hochzeit zu reisen. Ende November sollten unsere Bräute in Hongkong eintreffen, so setzten wir unsere Abreise auf Ende Oktober fest. Nachts elf Uhr konnte ich alles übergeben an Bruder Mayer, der mich während der mindestens siebenwöchigen Abwesenheit vertreten sollte. Dann wurde gepackt für die Hochzeitsreise, was bis zwei Uhr glücklich vollendet war. Wir legten uns noch zur Ruhe bis fünf Uhr, dann stiegen wir zu Pferd."

Über Luises Reise sind keine Aufzeichnungen vorhanden, wir erfahren davon indirekt durch Wilhelm.

„Wie wichtig wäre es aber gewesen, daß sie sich erholt hätte und körperlich kräftig ihre Reise nach China hätte antreten können. Anstatt dessen kam sie sehr angegriffen nach Basel, die Bahnreise nach Genua, wo der Reisemarschall leider die nötige Fürsorge vermissen ließ, gab ihr vollends den Rest. So schiffte sie sich halbkrank in Genua ein, um dann die ganze Reise bis Hongkong seekrank zu sein."

Luise kommt völlig erschöpft in Honkong an. Sie und Wilhelm haben sich einmal im Leben gesehen und zwei Briefe geschrieben. Am 6. November 1907 schreibt Wilhelm über das erste Zusammentreffen:

„Man kann sich denken, mit welchen Gefühlen ich sie in Hongkong in Empfang nahm, und wie es mich empörte als ich vernahm, wie es ihr in den letzten Wochen daheim und auf der Reise ergangen."

Mit Luise sind zwei weitere Bräute von einer anderen Mission gereist, die ihre Bräutigame bereits kennen und mit diesen seit zwei Jahren in Kontakt stehen. Sie wollen Wilhelm und Luise dazu überreden, mit ihnen zusammen in vier Tagen zu heiraten. Die Basler Verlobungsordnung sieht aber eine Frist von zwei Wochen zwischen Ankunft der Braut und der Hochzeit vor. So lehnen Wilhelm und Luise dieses Angebot ab, nicht nur, weil sie die Ordnung einhalten wollen, sondern weil ihnen eine frühere Trauung wie „ein seelischer Gewaltakt" vorkäme.

Über die nachfolgenden zwei Wochen in Hongkong schreibt Wilhelm:

„Von einem Genießen der Brautzeit in Hongkong konnte kaum die Rede sein. Meine Braut erholte sich bald soweit, daß die notwendigen Einkäufe

gemacht werden konnten, so mußten wir fast jeden Tag hinunter in das Geschäftszentrum der Stadt. Auch Besuche gabs zu machen bei den Bremern, im Findelhaus und Blindenheim, im Basler Haus über dem Hafen. Man wußte nicht wo die Zeit hinkam, kaum daß abends noch eine Stunde sich bot zum ungestörten Alleinsein. Im Handumdrehn war der Hochzeitstag da." (13.12.1907).

Die Schilderung der Hochzeit fällt recht nüchtern aus.

„Wir hatten die große Freude vom Bruder meiner Frau, der damals Generalskassiers- und Spediteursdienste in Hongkong tat, getraut zu werden. Überhaupt war es für uns beide, besonders für meine Frau, eine freundliche Fügung Gottes, daß der Schwager und Bruder da war. Es war bei der Hochzeit wenigstens der einzige leibliche Verwandte, der anwesend sein konnte. Es ist ein eigentümliches Gefühl am Hochzeitstag lauter fremde Leute um sich zu haben. Die Eltern und nächsten Angehörigen wissen nicht einmal, an welchem Tag die Hochzeit stattfindet und ein Telegramm ist oft so teuer, daß es für den Geldbeutel von Missionsleuten nicht recht passen will."

Nachdem der 'große Tag' stattgefunden hat, reisen sie ab nach Honyen auf die Missionsstation.

„Das war unsere Hochzeitsreise. Sie hatte ihre besonderen Reize, landschaftlich und auch die Räuberromantik kam zu ihrem Recht. In Wanglok sollte eines Nachts das Boot überfallen werden. Passiert ist gottlob nichts."

Luise und Wilhelm Maisch blieben 13 Jahre in China. Sie bekamen fünf Kinder.

Luise starb 1965 im Alter von 89 Jahren in Ravensburg. Wilhelm erlag mit 46 Jahren in Kutschuk (China) der Ruhr.

Abb. 14   Eingang zur Missionsstation in Hoschuwan, China.

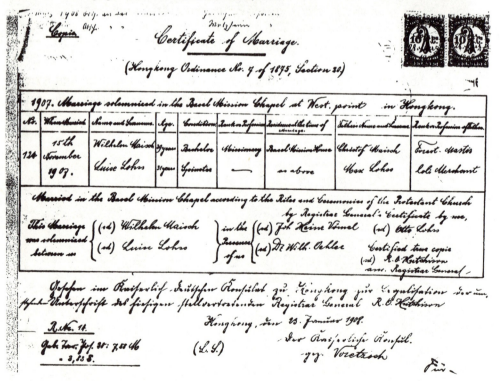

Abb. 15   Heiratszertifikat Maisch - Lohss, Hongkong 1907.

Abb. 16　Deborah und Mark Hoch mit ihren Kindern Dorle (r.), Else (m.), Thilde (r. u.) und Hedwig (l. u.). (undatiert)

Abb. 17　Ihre Hochzeitskirche in Indien. Die Hauptkirche der BM in Balmattha, Mangalore.

Deborah Pfleiderer und Mark Hoch
'Indien - Basel und retour'

Kindheit

Am 23. September 1860 kommt Deborah als erste Tochter der Missionsleute Pfleiderer auf der Missionsstation Mangalore in Ostindien zur Welt. Über ihre Kindheit in Indien wissen wir nichts, wir könnten sie uns aber ähnlich vorstellen wie die einer Missionarstochter, die auf der gleichen Station gelebt hat.[475]

„Die luftige Veranda war tagsüber unser Aufenthaltsort. Hier spielten wir, hier stand auch der Esstisch, an dem wir unsere Mahlzeiten einnahmen. Mittags gab es immer Reis und eine gute Sauce mit Gemüsen dazu, die Erwachsenen zogen den scharfen Curry vor. Um den großen Tisch auf der Veranda versammelte Mama auch ab und zu ihre braunen Schülerinnen, die gerne nähen und stricken lernen wollten, dabei aber auch biblische Geschichten zu hören bekamen. Papa hatte ein Zimmer, ganz für sich, sein Studierzimmer. Wir durften ihn dort nicht stören."

Im Alter von sechs Jahren wird sie zusammen mit ihrer dreizehn Monate jüngeren Schwester Friederike in der Obhut fremder Missionsleute nach Europa geschickt. Die Eltern haben die Koffer der beiden Mädchen vermutlich nach Basler Anweisung gepackt. Die „Ausrüstung der Kinder, die aus Missionsgebieten heimgesandt werden" sah folgendes vor:

8 Taghemden, 12 Sacktücher, 4 Paar baumwollene Strümpfe, 4 Paar wollene Strümpfe, 12 Paar weiße Hosen, 6 Hosenleibchen, 4 Nachtkittel, 3 Flanelleibchen, 2 Flanellunterröcke, 1 Leibbinde, 1 Mantel, 1 Jäckchen, 1 wollenes Kleid, 2 baumwollenene Kleider, 1 wollener Unterrock, 2 Paar Unterärmel, 1 Shawl, 1 Hut, 2 Paar Schuhe, 1 Paar Pantoffeln, 2 Kämme, 1 Schwamm.

Ihren Abschied von den Eltern könnten wir uns ebenfalls analog zur Beschreibung der anderen Missionarstochter vorstellen.

„Eines Tages stand ein Blechkoffer auf der Veranda. Er wurde mit meinen Habseligkeiten vollbepackt. Man erzählte mir viel von dem großen Schiff, auf dem ich über das weite Meer fahren sollte, in ein Land, wo andere Bäume wüchsen, mit anderen Blüten und Früchten, wo es nicht so heiß sei. Als es endlich soweit war, bestieg ich an der Hand meines Vaters

---

[475] Das verwendete Quellenmaterial stammt aus dem Archiv der Basler Mission. Es handelt sich dabei um ein Briefkonvolut, das der Basler Mission aus Familienbesitz überlassen wurde. Noch nicht archiviert.

den riesigen Dampfer. Wir Kinder vertieften uns sogleich in ein Spiel. Als ich später wieder nach meinem Vater Ausschau hielt, war er nicht mehr da. Das war ein bitterer Augenblick, alle Freude war jäh ausgelöscht, die Tränen flossen reichlich."

Die beiden Schwestern kommen ins großelterliche Haus nach Ludwigsburg, wo sie von 1867 bis 1870 leben. Als die Eltern 1870 auf Heimaturlaub nach Hause kommen, zieht die Familie nach Basel, zuerst in die Missionsstraße und dann in das neu erbaute Haus der Missionshandlungsgesellschaft. Deborah und Friederike besuchen die Stadtschule. 1872 kehren die Eltern wieder nach Indien zurück und bringen die Töchter ins Missionsmädchenhaus, in dem Strenge und Drill vorherrschen. Damit beginnt für Deborah der wohl unglücklichste Teil ihrer Kindheit.

Deborah hat insgesamt 14 Geschwister, die nach und nach von den Eltern nach Europa geschickt werden. So ist über die Jahre ein Teil der Geschwister in Indien, die sie noch nie gesehen hat, ein Teil bei den Großeltern oder anderen Verwandten in Württemberg und ein Teil im Knaben- oder Mädchenhaus in Basel. Deborah schildert häufig die Besuche, die sie reihum bei den Verwandten in Ludwigsburg oder Stuttgart - vermutlich in den Ferien - macht, und bei denen sie dann jeweils eine Schwester oder einen Bruder für ein paar Tage sieht. Es sind für sie immer „sehr vergnügte Tage."

'Vergnügt' ist im pietistischen Jargon schlicht der Superlativ für positive Gemütsbewegungen.

An diesen Tagen werden Ausflüge gemacht, wird gesungen - religiöse Lieder - und gespielt. Hier hat sie wohl für kurze Dauer die Illusion von Familienleben. 1875 schlägt sie beispielsweise der Mutter vor:

„Da wir Geschwister nun so auseinander sind, könnte es dir l. Mama vielleicht zu viel werden, überall hin besonders zu schreiben. Nun hab ich gedacht, du könntest vielleicht an Hermann und mich zusammen schreiben, da wir ja doch nicht so sehr weit voneinander sind."[476]

Vielleicht hat sie Angst, daß die Mutter sonst womöglich nur noch selten dazu käme, ihr zu schreiben. Überhaupt vermißt Deborah ihre Geschwister schmerzlich, auch diejenigen, die sie noch gar nicht kennt. Vor allem ihre kleinen Geschwister Martha und Imanuel, die beide noch bei den Eltern in Indien sind. Sie schreibt:

„Gelt Marthale und Imanuele, das wäre nett, wenn ihr geschwind hierher fliegen könntet, um einige Körble voll Erdbeeren zu suchen. Diese könntet ihr dann wieder mit nach Indien nehmen und auch der l. Mama und dem l. Papa davon geben. Die wären wahrscheinlich auch so gut, wie eure indischen Früchte."

Die Briefe, die sie von Basel aus an die Eltern nach Indien schreibt, lassen nur ahnen, wie sie sich gefühlt haben muß. Höchstwahrscheinlich wurden die Briefe

---

[476] Mit l., Abkürzung für 'lieb', wird jede etwas näherstehende Person bezeichnet.

der Kinder zensiert, es war vermutlich nicht möglich, den Eltern zu schreiben, daß es einem schlecht geht, daß man einsam ist, und im übrigen hätten die Kinder das auch gar nicht gewagt, da bei ihnen der pietistische Erziehungsstil sicher seine Früchte trug. Klagen oder gar Jammern war verpönt, die Eltern taten im „fernen Heidenlande" ihren aufopferungsvollen Dienst für das „Reich Gottes", und unter diesem Aspekt mußten kindliche Erwartungen und Hoffnungen zurückgestellt werden. So wurde vermutlich argumentiert.

Deborahs Briefe sind dennoch ein Zeugnis einerseits für ihre Sehnsucht nach den Eltern, Sehnsucht nach Geborgenheit, für ihr Gefühl der Verlassenheit, und andererseits Ausdruck einer gewissen kindlichen Stärke, eines Versuchs des 'Unbekümmertseins'. Der Wille, mit dieser Situation fertigzuwerden und sich in die 'gottgewollte Ordung' zu finden, schimmert in ihren Briefen hindurch.

Sie hält die Eltern über ihre schulischen Leistungen auf dem laufenden, die Zeugnisse werden fein säuberlich abgeschrieben, viel Raum nehmen die Schilderungen von Besuchen ein. An ihren Geburtstagen und an Weihnachten schickt sie den Eltern eine detaillierte Aufzählung aller erhaltenen Geschenke. Diese akribischen Beschreibungen könnten vielleicht als Kompensation für 'fehlende elterliche Liebe' gesehen werden. Das muß nicht bedeuten, daß sie von ihren Eltern nicht geliebt wird, nur ist für sie diese Liebe nicht 'greifbar'.

Weihnachten ist für sie nicht nur wegen der Geschenke immer besonders wichtig, auch die Vorbereitungen und das Fest an sich beeindrucken sie sehr. Bei der Beschreibung des Heiligen Abends in der Basler Mission gerät sie ins Schwärmen.

Der Ton ihrer Briefe verändert sich, je näher die Konfirmation rückt. Unvermittelt tauchen Selbstanklagen auf, in einem der Briefe bittet sie die Eltern, ihr ihre Unarten zu verzeihen. Deborah, die jeden Brief mit der Anrede „Innig geliebte Eltern" oder „Geliebte Eltern" beginnt und mit „Eure Euch liebende Tochter" beendet, sollte Grund haben, ihre Eltern um Verzeihung zu bitten? Die Erklärung hierfür liegt wohl in dem Umstand, daß vor der Konfirmation die religiöse Schulung am intensivsten ist und Deborah lernt, daß die 'pietistische Nabelschau', das Erkennen der eigenen Sündhaftigkeit, die Voraussetzung für die geistige Wiedergeburt ist. Die an den Haaren herbeigezogenen Selbstvorwürfe des jungen Mädchens haben etwas Tragisches und Rührendes zugleich.

Als sie mit 14 Jahren das Missionshaus verlassen soll, weil ihre Ausbildung beendet ist, bittet sie die Eltern flehentlich, sie noch ein weiteres Jahr in Basel zu lassen.

Obwohl sie hier nicht glücklich war - sie spricht sogar noch im Alter mit einer gewissen Bitterkeit über diese Zeit - möchte sie auch nicht weg, vielleicht aus einer diffusen Angst heraus vor dem Kommenden, vor dem 'Herumgeschobenwerden' als 'elternloses Mädchen'. Die Eltern willigen ein.

Die meisten Briefe erhält Deborah von der Mutter, der Vater schreibt viel seltener. Die Briefe der Mutter zeigen deutlich die Sehnsucht nach der Tochter, ihre Angst, die Verbindung zu ihr zu verlieren und ihr Bemühen, diese zu stärken, etwa indem sie ihr eine Zeichnung des Hauses in Mangalore beilegt und sie fragt, ob sie sich noch daran erinnern könne. Oder, wenn sie ihr Briefe und Nachrichten der ehemaligen indischen Spielkameradinnen zuschickt, wie wir aus Antwortbriefen Deborahs wissen.

Mit 15 ist es allerdings dann doch soweit. Deborah verläßt das Basler Mädchenhaus und wird bei den verschiedenen Verwandten in Württemberg jeweils für ein gewisse Zeit - wie lange, geht aus den Briefen nicht eindeutig hervor - auch in Familien, bei denen ihre Geschwister leben, untergebracht, bei denen sie im Haushalt hilft, Kinder betreut und dergleichen. Lassen wir sie einen typischen Tag ihres neuen Lebens selbst beschreiben.

„Morgens nach dem Frühstück räume ich die Wohnstube und unser Stübchen auf, worauf es dann auch hie und da etwas in der Küche zu tun gibt. Dann übe ich mich auch auf dem Klavier und treibe ein wenig Englisch, Französisch, Geschichte oder sonst etwas. Nachmittags setze ich mich auch mit Elise in den Garten oder zu der l.Tante mit meiner Handarbeit".

Wie wir sehen, genießt Deborah eine Bildung, die ganz vom bürgerlichen Mädchenerziehungsideal geprägt ist.

Wiedersehensfreude

1879 wird für die 19jährige Deborah ein langgehegter Wunsch endlich Wirklichkeit. Die Eltern wollen für immer heimkehren. Beide sind nach über 20jähriger Arbeit in Indien ausgelaugt, vor allem Deborahs Mutter, die 15 Kinder geboren hat und sich von diesen Strapazen auch nicht mehr erholen wird. Deborah ist überglücklich. Briefe gehen hin und her, in denen die Vorbereitungen für die Ankunft der Eltern besprochen werden. Die Eltern schlagen vor, eines der Kinder solle ihnen bis Genua entgegenreisen. In einem Brief von Friederike an die Eltern heißt es:

„Ich wäre entweder unterwegs im schönen Tyrol steckengeblieben, oder hätte ich mir unterwegs nicht zu helfen gewußt bei den fremden Leuten. [...] Nun Deborah hat also Muth und ich laß' ihr recht gern ihr Vorrecht als Älteste."

Doch diese Idee wird wieder verworfen, denn:

„Bis Genua allein zu reisen, das würde nicht gut gehen, so gern ichs gethan hätte."

Immer wieder wünscht Deborah ihnen Glück für die Reise, die mehrere Wochen dauern soll und bei dem angegriffenen Gesundheitszustand der Mutter nicht ungefährlich ist.

„Ja das Jahr 1880 bringt viele Sorgen und Veränderungen, aber auch viel Freude mit sich. Gebe Gott, daß, nachdem wir uns schon so lange darauf freuen, wir ein fröhliches, ungetrübtes Wiedersehen erleben dürfen. Er,

> *der treue Helfer und Heiland wolle Euch mit Kraft und Gesundheit ausrüsten, die große Reise mit ihren Schwierigkeiten zurück zu legen."*

Und in einem anderen Brief aus dem Jahre 1880 heißt es:

> *"Bald sollen die lang gehegten Wünsche und Hoffnungen erfüllt werden und wir dürfen ein frohes Wiedersehen feiern. Muß viel an Euch denken, wie Ihr Euch jetzt mit Zurüstungen auf die Reise abplagt, wenn ich könnte, ich würde zu Euch fliegen, um auch ein wenig beizusteuern."*

Am 20. April ist es dann endlich soweit. Deborah reist ihren Eltern entgegen, um sie in München, worauf man sich geeinigt hat, zu treffen. Wie das Wiedersehen ausfiel, wissen wir nicht, es war wohl 'recht vergnügt und fröhlich'.

Deborah hat nun das wieder, was ihr während ihrer Kindheit und Jugend versagt blieb - eine 'richtige Familie'.

Es wäre nun natürlich sehr interessant zu erfahren, ob diese Vermutung wirklich zutrifft. Vielleicht hatten die Eltern Schwierigkeiten damit, sich in Europa wieder einzuleben, vielleicht war es auch zu einer gewissen Entfremdung zwischen den Eltern und den mittlerweile erwachsenen Kindern gekommen. Diese Fragen bleiben offen, hierüber liegen uns keine Aufzeichnungen vor.

Die Familie zieht nun nach Basel in den Nonnenweg, wo Deborahs Vater als Geschäftsführer der Basler Missionshandlungsgesellschaft arbeitet. Deborah und Friederike kümmern sich um die zahlreichen Geschwister im elterlichen Haushalt, was für die Mutter eine große Erleichterung ist, da sie fast dauernd kränkelt. So fließt das Leben recht ruhig dahin, unterbrochen von mehrtägigen oder mehrwöchigen Aufenthalten bei den Verwandten, die Deborah besucht und bei denen sie auch weiterhin im Haushalt hilft.

Am 30. Januar 1881 erhalten Deborahs Eltern einen Brief von ihr aus Stuttgart.

> *"Theuerste Eltern. O! wie habe ich heute schon gewünscht bei Euch Lieben zu sein, um mündlich meine Gedanken mit Euch auszutauschen über diese neue Angelegenheit, die nun über mich kommt, nachdem ich das erste kaum überstanden und überwunden zu haben glaubte. O, liebe Eltern, ich weiß nicht, was ich schreiben soll, ich will mich zwar bemühen offen und gerade heraus Euch zu sagen, wie mirs ums Herz ist. Eure lieben Briefe, für die ich herzlich danke, erhielt ich heute Mittag, als wir noch am Mittagessen saßen. Ich hatte zum Glück gerade den letzten Löffel gereicht, als ihn Kathi herein brachte. Sogleich machte ich ihn auf, nichts ahnend, merkte aber bald, um was es sich handelte, so schob ich die Eurigen samt dem Eingeschlossenen wieder ein. [...] Ich saß, wie Ihr Euch wohl denken könnt, wie auf Nadeln und sehnte mich danach, mich in die Stille zurückziehen zu können. [...] So schwer mirs auch diesmal wieder ist, schon wieder eine solche Anfrage zu bekommen, so konnte ich sie doch ruhiger an mich herantreten lassen, ist es mir doch leider kein fremder Gegenstand mehr. Erschrocken bin ich sehr und mußte ich mich gleich fragen 'Warum schickt der liebe Gott diese harte Prüfung jetzt schon wieder über mich!?', denn auch diesmal kann ich unmöglich ‚ja'*

sagen. Der Grund, der mich zu dem bestimmt, ist, abgesehen von allem, was andere Leute sagen, der: Ich kann mich mit dem Gedanken nicht vertraut machen, jetzt, wo wir Euch liebe Eltern kaum haben und genießen dürfen, schon wieder zu verlassen und zwar so weit fort, daß man wieder so wenig von einander hat wie bisher.- Ich weiß ja wohl, daß wenns einmal ans Heiraten geht, das ja auf jeden Fall sein muß, daß man Eltern und Geschwister verläßt und seinem Mann anhängt, aber ich denke mirs eben noch viel netter, wenn keine so große Kluft zwischen einem ist und man auch noch die Aussicht hat auf einen l. Besuch und dgl. O, lacht mich nur nicht aus, aber das sind so meine Gedanken, die ich habe und aus denen ich nicht hinauskomme ohne, daß der l. Gott noch etwas ganz Besonderes mit mir vornimmt. Tante Martha merkte mirs bald an und durfte ich ihrs dann auch rückhaltlos sagen, worauf sie mich ihre mütterliche Teilnahme recht fühlen ließ. - Vom allgemeinen Spaziergang bat ich die l. Tante mich zu disgoutieren, was sie wohl begreifen konnte. Und so benützte ich dann das stille Stündchen, um meinem l. Heiland die Sache und mich selbst ans Herz zu legen und bat ihn auch weiter, daß er mir die Freudigkeit dazu schenken möge. Möchte er mir doch zur rechten Zeit die Gewißheit schenken, was ich thun soll. Dem l. Onkel hatte die l. Tante unterwegs gesagt, und so war dann der l. Onkel so freundlich, mir auch noch einige liebevolle Worte zu sagen. Er sagte mir zwar gleich zum Voraus, daß er, von dem Standpunkt aus, den er nun einmal dieser Sache gegenüber einnehme, mir keinen Rath geben könne, aber wenn ich ihm irgendetwas gern sage, so möchte ich mich doch nicht abschrecken lassen. Nun hat mich das schon beunruhigt, ob dies nicht selbstsüchtig und eigenliebig bei mir ist, daß ich an das Hinausgehen selbst so schwer hinsehe? Allein Onkel beruhigte mich in dieser Hinsicht und sagte, daß dies durchaus nicht der Fall sei, da ich es in Gedanken, wenn es bestimmt von mir gefordert würde, wohl über mich bringen könnte. Auch das billigte er, als ich ihm noch sagte, daß ichs von dem abhängig machen möchte, ob mir der l.Gott die Freudigkeit schenkt oder nicht. Weit abgesehen davon, daß ich dem l.Gott da etwas vorschreiben wollte, als ich ein Zeichen von ihm forderte, nein gewiß nicht, sondern nur die natürliche Freudigkeit. So habe ich mich dann vor der Hand zu dem entschlossen: dem l. Gott es anheimzustellen und Ihn zu bitten, daß Er es mache wie Er es will. Sein Wille geschehe!

[...] Ich erklärte Ihnen, daß, obgleich ichs vermisse, nicht mit Euch darüber reden zu können, ich bis jetzt es nicht einmal möchte, nur um des Aufsehens willen. [...]"

Dieser Brief enthüllt eine Deborah, die uns in den vorangegangenen Briefen nie begegnete. Hier tritt sie gewissermaßen aus dem vorgegebenen Rahmen heraus, sie tritt als eigene Persönlichkeit auf, sie wagt es, in aller Entschiedenheit 'nein' zu sagen. Diese Entschlossenheit, mit der sie die Anfrage ablehnt - „ich kann unmöglich ja sagen" (wobei im Originalbrief das Wort „unmöglich" unterstrichen ist) - zeigt deutlich ihr verzweifeltes Bemühen, sich die Lebenssituation, in der sie glücklich ist, das Leben mit den Eltern - der eigenen Familie - zu erhalten.

Bis auf einen kurzen Absatz in einem Brief vom 6. Februar 1881, ebenfalls aus Stuttgart, erwähnt sie die Anfrage nicht mehr.

> „[...] aber, wie Ihr sehet, l. Eltern, habe ich mich noch nicht entschließen können mich anders zur Sache zu stellen. Im Gegentheil, bin ich Dir l. Vater dankbar für den Schritt, den Du gethan. Obgleich es mir für. Br. Krapf leid thut, nun diese Antwort zu bekommen, anstatt der von ihm schon fest erwarteten Zusage, so kann ichs eben nicht ändern. Ich glaubs ja gern, daß er ein rechter Mann ist - aber, wenn nun nicht das Hinausgehen nach Indien dabei wäre! Es ist mir auch wieder viel wohler, seitdem ich weiß, daß ichs beiseite legen darf, überdies entnehme ich Euren Zeilen, daß Ihr mir diesmal auch nicht mit beiden Händen zurathen könnt, was mich vollends ruhig und gewiß macht."

Offensichtlich ist das nicht die erste Anfrage, die Deborah erhalten hat. Es gab wohl vorher bereits Bewerber, denen sie ebenfalls eine Absage erteilt hat, obwohl die Eltern offenbar nicht jedesmal damit einverstanden waren. Auch der Onkel, den Deborah erwähnt, scheint für ihr 'Hinausziehen' zu sein, obwohl er sie zumindest nicht offen unter Druck setzt. Deborah hat keinen leichten Weg vor sich, wenn sie sich gegen den 'subtilen Widerstand' der Eltern und anderer Verwandten 'weigern' will, den ihr 'vorbestimmten Weg' zu gehen. Daß Deborah auf gar keinen Fall die Frau eines Missionars werden will, ja, daß sie auch ans Heiraten an sich, zumindest bis jetzt noch nicht denken will, zeigen die beiden Briefe recht deutlich.

Fünf Monate später ist Deborah mit Mark Hoch, Missionar in Indien - Mangalore - verlobt.

Mark Hoch

Mark wird 1854 als Sohn der Missionsleute Johanna Pauline und Georg Wilhelm Hoch in Mangalore - Indien - geboren. Die Familie bleibt bis 1862 in Indien und kehrt dann mit den Kindern nach Basel, in die Heimat zurück. Marks Vater wird eine Stelle als Reiseprediger in Frankfurt angeboten, die Eltern ziehen mit den drei jüngsten Kindern nach Frankfurt, Mark und zwei seiner Brüder werden im Basler Knabenhaus zurückgelassen. Nur in den Ferien sehen sie die Eltern.

Mark und Deborah haben manches gemeinsam. Beide sind Missionarskinder, beide werden in den Missionskinderhäusern erzogen, sind mit der Mission bereits von Kindheit an verbunden - ein Umstand, der ihre weitere Entwicklung entscheidend prägt.

1865, als Mark elf Jahre alt ist, stirbt sein Vater. Die Mutter kehrt wieder nach Basel zurück, wo sie sich vor allem karitativen Aufgaben widmet. Mark bleibt weiter im Knabenhaus. Nach dem Maturitätsexamen (Abitur) meldet er sich zum Dienst in die BM. Inspektor Josenhans bestimmt, daß er Theologie in Basel und Tübingen studieren solle. Bewerbern mit Abitur ließ man oft eine höhere Bildung angedeihen, wohingegen die 'normalen Bewerber', Handwerker- und Bauernsöhne, die reguläre Ausbildung im Missionsseminar durchliefen.

Nach seinem Theologiestudium (und vermutlich einer zusätzlichen Ausbildung im Missionshaus) reist Mark 1876 im Alter von 22 Jahren als Missionar nach Indien - Mangalore - aus. Hier lernt er mit großer Sicherheit Deborahs Eltern kennen, die bis 1880 ebenfalls in Mangalore sind. 1880 stirbt Marks Mutter in Basel. Er ist im Alter von 26 Jahren Vollwaise.

Verlobung

Am 15. Dezember 1880, zwei Wochen vor dem Tod von Marks Mutter, schreibt Wilhelm Ecklin, stadtbekannter Pfarrer Basels und Komiteemitglied, einen Brief an seinen Neffen Mark.

„[...] Dieses Mal schreibe ich Dir im Namen Deiner lieben Mama, die dazu ganz unfähig ist. [...] Sie hat mich gebeten, es für sie zu tun in der wichtigen Angelegenheit, die Dich und Deine Mama so sehr beschäftigt. [...] Ich billige, daß Du Dich ernstlich mit Deiner Heirat beschäftigst und soll Dir im Namen Deiner lieben Mama sagen, daß sie denkt, es sei das Beste, wenn Du sofort den Inspektor Schott bittest, Dein Gesuch um Heiratserlaubnis dem Komitee empfehlend vorzulegen."

Offensichtlich hat Mark seinem Onkel bereits eine bestimmte Frau, auf die seine Wahl gefallen ist, genannt. Ihr Name wird mit L.St. abgekürzt. Wilhelm rät seinem Neffen, dem Komitee noch keinen bestimmten Namen zu nennen, er selbst werde die Angelegenheit übernehmen und mit Einverständnis des Komitees, ohne diesem den Namen der Betreffenden zu nennen, bei L.St. anfragen.

„Die Comitee wird mir gewiss Zutrauen schenken, recht zu handeln [...] ohne, daß ein Name genannt wird. [...] Ich halte es für wichtig, daß die Comiteemitglieder keine stadtbekannten Namen vor der Zeit hören, einmal, weil doch leider aus Versehen etwas durchsickern könnte und sodann, weil es für den Fall eines ablehnenden Entscheids seine missliche Seite hat. [...] Deine Mama meint, man solle vielleicht sondieren, ob ein Ja zu erhoffen, aber das geht nicht. Es ist gegen unsere Grundsätze, und wenn es auch hie und da von Brüdern getan wird, kommt es fast immer an den Tag, macht auf die Comitee einen fatalen Eindruck und zieht denen, die es tun, eine nachhaltige Rüge zu. Nein, man tut nichts und fällt zu seiner Zeit mit der Tür ins Haus und läßt es darauf ankommen, obs ein Ja oder Nein gibt."

Über die Auserwählte äußert er sich so:

> *„Ich halte L.St. für eine Christin, die Missionssinn hat und für eine nach Herz und Geist gut ausgerüstete Tochter, zudem von guter Gesundheit und frischer, jugendlicher Munterkeit."*

Drei Monate später, am 21. März 1881, Marks Mutter ist vor drei Monaten gestorben, schreibt Wilhelm Ecklin wieder nach Indien.

> *„[...] mit L.St. ist es nichts, sie hat abgelehnt. Sie lehnt ab, weil ihr Herz noch verwundet sei von einer Neigung, der keine weitere Folge habe gegeben werden können. Unter diesen Umständen könne sie sich nicht aufs Neue binden, besonders nicht, ohne vorhergegangene Bekanntschaft. [...] Am liebsten wäre ich nun gleich an die zweite Werbung gegangen (D.P.) und bedauerte, daß Dein Brief mir dieselbe untersagt. Jetzt wird die Sache hinausgeschoben und es gewinnt den Anschein, es habe, wer weiß wieviele Abschläge gegeben, während, wenn ich gleich zu Inspektor S. hätte gehen dürfen, die erste verfehlte Werbung gar nicht bemerkt worden wäre. [...] Ich glaube sogar, daß [...] Du wahrscheinlich der D. vor der L. den Vorzug gegeben hättest. L. war nur die Erste der Zeit nach, D. scheint Dir im Grunde besser eingeleuchtet zu haben. [..] Pfr. Künzler, den ich wagte ins Vetrauen zu ziehen, sagte von D.P., sie sei innen und aussen ein liebenswürdiges Mädchen und frommen Sinnes. Sie weilt gegenwärtig in Ludwigsburg, sehnt sich aber sehr zu ihren Eltern zurück - es ist wohl möglich, daß ihr ein Heiratsantrag nicht eben recht kommt".*

Zwei Monate später ist zwischen Mark und seinem Onkel bereits 'alles geregelt' und Wilhelm Ecklin ist zu Deborahs Eltern gegangen, um die Anfrage persönlich zu überbringen. Er kommt allerdings zu einem schlechten Zeitpunkt, Deborahs Mutter wurde an diesem Tag von einem toten Kind entbunden. Die Sorge und Aufregung ist groß und Deborahs Vater sieht sich außerstande, Wilhelm Ecklin gleich eine Antwort zu geben. So vergeht ein weiterer Monat bis Mark am 16. Juni 1881 den 'erlösenden Brief' seines Onkels erhält.

> *„Lieber Mark, nun sind wir denn Gott sei Dank vorläufig am Ziel. Gestern brachte uns Pfr. Pfleiderer das Ja-Wort seiner Deborah. [...] Da abends fünf Uhr Comitee-Sitzung war [...] so ging ich direkt ins Missionshaus, ohne zu wissen, daß Pfr. Pfleiderer unterdessen mit meiner Frau geredet hatte. Während der Sitzung bekam ich dann ein Billet meiner Frau und konnte dem mir gegenübersitzenden Pfr. Pfleiderer meinen Dank still und in Eile aussprechen [...] Das nächste Geschäft war, die Comitee selbst in Kenntnis zu setzen und sie um die Bestätigung dieser Verbindung zu bitten. Es war dann eine große Freude. [...]"*

Im Januar 1881 lehnt Deborah noch strikt die Anfrage Missionar Krapfs ab, fünf Monate später gibt sie Mark Hoch ihre Zusage. Was ist in dieser Zeit mit ihr passiert?

Über die Gründe, die Deborah dazu bewogen, nun doch die Frau eines Missionars zu werden, doch in das ferne Indien zu ziehen, alles das zu tun, was sie eigentlich nicht wollte, wissen wir wenig. Leider liegen auch keine Briefe Deborahs vor, die über ihren Entschluß nähere Auskunft geben könnten, außer, daß sie darauf hinweist, durch ein Gespräch mit ihrer Mutter in dem Entschluß bestärkt worden zu sein, die Frau eines Missionars werden zu wollen. Wir können nur versuchen, ausgehend von den vorhandenen 'Fakten', Spekulationen anzustellen.

Wir wissen, daß Deborah bereits mehrere Anfragen abgelehnt hat, bei dieser Anfrage liegen die Dinge allerdings ein wenig anders. Marks Onkel, Wilhelm Ecklin, der die Anfrage überbringt, ist, wie bereits erwähnt, stadtbekannter Pfarrer Basels, ein Mann der Öffentlichkeit und Komiteemitglied. Diese beiden Punkte dürften einen nicht zu unterschätzenden Einfluß auf Deborahs Eltern gehabt haben. Außerdem kennen die Eltern Mark persönlich. Möglicherweise wird ihr die ganze Sache 'schmackhaft' gemacht, sicher wird sie nicht gewaltsam, sondern eher sehr subtil unter Druck gesetzt, wird dazu überredet, Marks Anfrage zuzustimmen. Versetzen wir uns in Deborahs Eltern, so können wir uns vorstellen, daß auch für sie die Lage nicht ganz einfach ist.

Deborah schreibt in einem Brief *„abgesehen von allem, was andere Leute sagen. [...]"*. Wir können also davon ausgehen, daß es innerhalb der Missionskreise schon Gerede darüber gegeben haben muß, daß 'Pfleiderers Tochter' nicht bereit ist, ein Opfer für das „Reich Gottes zu bringen." Das ist umso schlimmer, als Deborahs Vater selbst sehr enge Beziehungen zum Komitee unterhält, er nimmt an einer Sitzung des Komitees teil, als Wilhelm Ecklin Deborahs Zusage überbracht wird. Aus dem Brief Wilhelm Ecklins an seinen Neffen Mark geht nicht klar hervor, ob Pfleiderer zu diesem Zeitpunkt schon Komiteemitglied war oder nicht. Einer offiziellen Liste der BM zufolge, ist Deborahs Vater ab 1884 vollwertiges Komiteemitglied, das heißt, er hat in einem der höchsten Gremien der Basler Mission eine Position inne. Bei einer wiederholten Absage würden Deborahs Eltern endgültig an Ansehen verlieren. Außerdem handeln sie vermutlich gegen ihre innerste Überzeugung, wenn sie Deborah von einer Heirat mit einem Missionar abraten, denn sie betrachten es als Pflicht, sich den Führungen Gottes zu überlassen. Das „Werk" ist allem übergeordnet, dafür müssen Opfer gebracht werden, auch wenn es die eigene Tochter ist. Zwar muß die Tochter nicht dem 'Erstbesten' ihr Ja-Wort geben, sich aber grundsätzlich der 'Herausforderung' eines Dienstes im „Heidenlande" zu entziehen, ist in Deborahs Fall wohl schlichtweg unmöglich.

Diesen gesellschaftlichen, in unserem Fall religiös befrachteten Zwängen wird Deborah zum Opfer gebracht.

Dies alles mag zu ihrem Entschluß beigetragen haben, vielleicht ist aber auch das eingetreten, was Deborah sich wünschte und worauf sie wartete: daß „Gott ihr die Freudigkeit schenken möge, diesen Schritt zu tun." Deborah wurde ihr ganzes Leben von pietistischen Wertvorstellungen und Maßstäben bestimmt und hat diese sicher auch verinnerlicht. Wir könnten uns ihre Entscheidung, sofern es ihre eigene war, als ein Bündel von Motiven denken. Gehorsam gegenüber

Gott, das Ganze als Zeichen Gottes interpretieren, Gehorsam gegenüber den Eltern, respektive gegenüber dem Vater, vielleicht auch das bewußte oder unbewußte Einsehen der eigenen Schwäche, das Akzeptieren des Unabänderlichen. Sie tut eigentlich das, was sie seit ihrer Kindheit tut, was sie gelernt hat - sie arrangiert sich mit dem Gegebenem.

Die Situation des 28jährigen Mark Hoch

Wir wissen, daß er sich seit Anfang Dezember 1880 mit dem Gedanken trägt, zu heiraten. Vermutlich hat der bevorstehende Tod der Mutter etwas mit seinen Heiratswünschen zu tun, denn es war ihr sehnlichster Wunsch, daß ihr Sohn heiratet, vielleicht um ihn nach ihrem Tod 'versorgt' zu wissen.

Am 14. Juli 1881 erhalten Deborahs Eltern einen Brief von ihm, aus dem hervorgeht, daß seine Mutter ursprünglich eine andere Frau für ihn „im Sinn" hatte, weshalb er sich „genötigt sah, erst in diese Richtung vorzugehen". Vermutlich L.St. Deren Absage sei für ihn ein „Fingerzeig Gottes" gewesen, sich weiter um Deborah zu bemühen. Deborah ist eigentlich 'zweite Wahl'. Dennoch bezeichnet er das Ja-Wort Deborahs als „Freudenbotschaft". Er bedankt sich für Verlobungsanzeigen, die Deborahs Eltern bereits an alle Verwandten und Bekannten in der Heimat geschickt haben und nun ihm zusenden, damit er sie seinerseits an die verschiedenen Stationen in Indien schicken kann. Er schließt mit den Worten:

„[...] und nun möchte ich Euch meinen herzlichen Dank aussprechen für die Liebe mit der Ihr mich als Sohn aufgenommen und Eure liebe älteste Tochter Deborah mir als Braut zugeführt habt. Besonders danke ich für den warmen, väterlichen Brief [...] und ich darfs ja wohl hier nochmals sagen, daß ich Eure l. Tochter nicht anders entgegennehme, denn als eine vom Herrn selbst mir gegebene Gabe und daß meines Herzens Sinn der ist, ihr mit des Herrn Gnade das zu sein, was nach den Worten Gottes ein Ehemann seiner Lebensgefährtin sein soll".

Bereits acht Tage später schreibt Mark den zweiten Brief an Deborahs Eltern. Dieser Brief und die weiteren, die nun in regelmäßigen Abständen folgen, sind durchdrungen von Lobeshymnen auf den Herrn, der „nie nimmt ohne etwas zu geben", da er ihm zwar die Mutter genommen, aber in Deborah eine Lebensgefährtin, die an seiner Seite durch „dies Leben wandern will", gegeben habe. Seine Briefe sind ebenfalls durchdrungen von Lobeshymnen auf Deborah. Er ist voller Begeisterung über den ersten Brief, den er von ihr erhält, es erfüllt ihn mit Bewunderung, daß „sie überhaupt den Muth gefunden hat" an ihn zu schreiben - und sie sind durchdrungen von Lobeshymnen auf die Eltern Pfleiderer, die ihn als Sohn aufnehmen. In seinen Briefen ist heute noch spürbar, wie erleichtert Mark war - daß er sich in Hochstimmung befand.

Wenn wir versuchen, uns in Mark hineinzuversetzen, ist seine Stimmung vielleicht zum Teil verständlich. Seine Mutter, an der er offenbar sehr hing, die zumindest einen großen Einfluß auf ihn ausübte, ist gestorben, während er in Indien ist. Von ihrem Tod erfährt er erst einen Monat später. Nun erlebt sie also die Heirat ihres Sohnes, an der ihr soviel lag, nicht mehr. Mark muß in dieser Zeit recht unglücklich gewesen sein, dazu kommen noch seine häufigen Kopfschmerzen, wahrscheinlich eine Art Migräne, die ihn sein Leben lang begleiten sollte. Daß Deborah ihm eine Zusage gibt, daß also der 'letzte Wunsch' seiner Mutter in Erfüllung geht, muß für ihn ein Zeichen dafür sein, daß es wieder aufwärts geht, daß seine bevorstehende Heirat unter Gottes besonderer Führung steht. Für Mark ist die Tatsache, daß er Deborah nicht kennt und er darüber hinaus nicht weiß, ob sie gern ihr Ja-Wort gab oder nicht, offenbar kein Problem. Er hat sich an die bestehenden Regeln gehalten, ist den vorgeschriebenen Weg gegangen - und hat Erfolg gehabt. Ihn plagen, im Gegensatz zu Deborah, keine Zweifel. Er hadert nicht mit sich selbst, für ihn ist Gottes Wille geschehen. In einem Brief vom 4. August 1882 bezeichnet er sich stolz als „glücklichen Bräutigam" und wünscht sich, „der Herr gebe, daß wir einander recht zur Freude und zum Segen werden".

Er fiebert Deborahs Abreise von Basel entgegen. Immer wieder betont er, wie vorgerückt die Zeit schon sei und freut sich, als er erfährt, daß Deborah so abreisen wird, daß sie um Weihnachten herum in Indien ankommen wird. Er bezeichnet sie als „willkommenes Christkindle". Andererseits spricht er immer wieder den Eltern, die ihre „Tochter hergeben", sein Mitgefühl aus.

„Besonders oft denke ich an Euch liebe Eltern im Blick auf die Zeit, wo die l. Deborah nun auch wird Abschied nehmen müssen."

Am 30. August erwähnt er ein Bild von Deborah, das er bald erhalten soll. Bis jetzt kennt er ihr Aussehen nur von einem Familienbild, das bei einer befreundeten Missionarsfamilie stand und das ihm überlassen worden war. Aber nun soll er sein eigenes erhalten.

„Doch freue ich mich recht darauf, bald ein eigenes Bild von der l. Deborah besitzen zu dürfen. Thut mir leid, daß ich kein eigenes schicken kann, aber es ja sehr zweifelhaft ist, ob es besser ausfallen würde, als das, welches die l. Deborah besitzt."

Deborahs Abreise rückt immer näher. Zu ihrem Geburtstag, Ende September, schreibt er an die Eltern :

„Freilich denke ich auch daran, daß es der letzte Geburtstag ist, den die l. Deborah in Europa, im Elternhause mitfeiern darf und da bitte ich den l. Heiland, daß Er Dir und der l. Mama alle Liebe vergelten möge, die Ihr mir erwiesen habt und dann Euch auch nahe sein, wenn es an den Abschied von der erstgeborenen Tochter geht."

Trotz allem Mitgefühl für die Eltern Deborahs wird er immer wieder von seinem „eigenen Glück" überwältigt. Immer wieder betont er seine Freude darüber, wieder Eltern zu haben.

„Es ist mir ganz wunderbar, wenn ich daran denke, wie ich auch nun an Eltern schreiben darf, und doch, als ihr in Mangalur wart, hatte ich noch

keine Idee davon; aber zu herzlichem Dank fühle ich mich verpflichtet für die Liebe, die ihr mir gegeben habt und mich als Sohn aufgenommen habt."

Vorbereitung und Abschied

Von Deborah hören wir erst wieder im Oktober 1881, es sind nur noch ein paar Wochen bis zu ihrer Abreise. Letzte Vorbereitungen müssen getroffen werden, in den „Bedingungen für die in dem Dienst der Missionsgesellschaft auszusendenden Bräute" ist alles bis ins kleinste geregelt.

„3a) Die Frauen stellen sich wie die Männer der Gesellschaft zur Verfügung. Die Comittee beachtet aber die besonderen Gaben und Kräfte der Frau.

b) Die Passage der Braut und ebenso die Fracht für ihre Effekten (bis höchstens 30 Kubikfuß oder 400 kg) bezahlt die Missionskasse. Beides besorgt unsere Verwaltung, die auch Anleitung gibt, wie es mit der Verpackung und Versendung der Effekten soll gehalten werden.

c) Mobiliar erhalten die Geschwister von der Missionsgesellschaft draußen auf dem Missionsgebiete. Die Ausrüstung der Braut an Weißzeug, Kleidern usw., bestreitet die Braut, wenn sie Vermögen besitzt selbst, reicht ihr Vermögen nicht, so tritt die Missionskasse ein.

Die staatsrechtliche Seite der Ehe betreffend, ist folgendes zu beachten:

4a) Ein Deutscher kann seine Trauung im Ausland entweder vom deutschen Reichsgesetz in der vorgesehenen Weise durch ein dazu ermächtigtes deutsches Konsulat vollziehen lassen oder aber steht seine Eheschließung unter dem Grundsatz „locus regit actum", d.h, die im Ausland nach der dort geltenden Gesetzgebung abgeschlossene Ehe wird auch vor dem heimatlichen Gesetze als rechtsgültige Ehe anerkannt. [...] Sofort nach der Trauung soll der Trauschein nach Basel an das Sekretariat geschickt werden, auf welchem bezeugt ist, daß die Eheschließung in der vom betreffenden Ehegesetzbuch beschriebenen Form durch die dazu ermächtigte Behörde, bzw. durch einen dazu staatlich bevollmächtigten Geistlichen vollzogen worden ist."

Ebenso vorgeschrieben sind die „persönlichen Effekten", die eine Missionsbraut mitzunehmen hat:

„Ausrüstungsnorm für eine Missionarsfrau auf Basler Stationen an Weißzeug:

30 Hemden, baumwollene, 6 Unterleibchen von feinem Flanell, 2 Paar Beinkleider von feinem Flanell, 6 Paar Beinkleider von baumwollenem Zeug, 12 weiße Handtücher, 24 Taschentücher, 12 baumwollene Leintücher, 6 Tischtücher, 12 Servietten, 12 Küchentücher, 12 Kissenüberzüge,

24 Paar baumwollene Strümpfe, 12 Paar feine wollene Strümpfe, 2 wollene Bettdecken.

An Kleidern: 1 schwarzes Kleid, 5 Zitz Kleider, 2 geringe baumwollene Kleider, 2 wollene Kleider, 2 leichtere wollene Kleider, 2 wollene Unterröcke, 4 baumwollene Unterröcke, 6 Bettkittel oder Nachthemden, 12 Schlafhauben, 12 Chemisetten, 6 Schürzen, 12 Hausschürzen, 1 großes Halstuch für die Reise, 1 Hut, 1 leichter Mantel, 4 Paar Handschuhe, 1 Paar Galoschen, 6 Paar Schuhe, teils Zeug, teils Leder, Zeug zu einer Matratze und Kissen.

Allerlei: 1 Sonnenschirm, 1 Regenschirm, 1 Klystierspritze, 1 Bettschüssel, 1 Bettflasche, 1 Wärmemaschine, 1 Glätteisen von Messing, 1 Bürste, 1 Taschenmesser, 1 Nähzeug, 1 Reisetasche zum Schließen, 1 Koffer aus Blech für Kabine, 1 Hutschachtel, 1 Schatulle mit Spiegel, 1 Reisesack oder Handkoffer, Vorrat an Faden, Wolle, Seide, Waschschwamm, Schwammbeutel, Kämme."[477]

Deborah macht den ganzen Oktober hindurch Abschiedsbesuche bei den Verwandten in Württemberg, viele wird sie nie wiedersehen. Von Schornbach schreibt sie an die Eltern in Basel:

"Ich bin Gott Lob jetzt mit den ferner stehenden Besuchen fertig."

Es folgt eine ausführliche Beschreibung eines Reisekoffers, den sie zu kaufen beabsichtigt. Sie schließt mit den Worten:

"Die Zeit, seitdem ich von Basel fort bin, kommt mir schon schrecklich lang vor."

Noch ist sie nur in Württemberg. In einem weiteren Brief erwähnt sie - für uns das erste Mal - Mark.

"Herzlichen Dank für Euren l. Brief l. Mama, sowie die Zusendung meines lieben Marks Brief. Ich wartete mit Sehnsucht darauf, als endlich Mose ihn mir Mittwoch Abend brachte."

Ob Deborah das Adjektiv 'lieb' auch nur als zeitübliche und in diesen Kreisen gängige Höflichkeitsformel gemeint hat oder, ob darin eine tiefere Bedeutung lag, wissen wir nicht. Auffallend ist, daß das Wort an dieser Stelle ausgeschrieben und nicht, wie allgemein üblich, mit l. abgekürzt wurde.

Reise

Ende Oktober reist Deborah zusammen mit vier anderen Bräuten und in Begleitung weiterer Missionsleute, die nach Indien zurückkehren, von Basel ab. Sie wird die gleiche Reise, die sie bereits als 6jährige gemacht hat, nun in entgegengesetzter Richtung wiederholen. In gewissem Sinn kehrt sie gleichzeitig an die Stätte ihrer Kindheit zurück, wieder allein, und wieder muß sie die Trennung

---

[477] ABM: Q-9.21,19.

von den Eltern, mit denen sie nur anderthalb Jahre zusammen war, verkraften. Ihre Mutter wird sie nicht wiedersehen, sie stirbt sieben Wochen nach Deborahs Ankunft in Indien.

Mit Deborahs Abreise geht ein 'reger Dreiecksbriefwechsel' einher, in den verschiedensten Häfen warten Begleitbriefe von Mark auf sie. Während sie ihm entgegenfährt, schreibt Mark auch mehrere Briefe an ihre Eltern. Die Eltern wiederum schreiben an Mark und an Deborah.

Ihre Reise führt sie von Basel über Genf und Lausanne nach Genua, wo sie am 22. November 1881 ankommt, um das Schiff „Singapore" zu besteigen, das sie über den zu diesem Zeitpunkt bereits eröffneten Suez-Kanal nach Indien bringen wird. Während der Reise schreibt sie an die Eltern. Diese Briefe sind ein einmaliges Zeitdokument, auch im Hinblick auf die damalige - beschwerliche und abenteuerliche - Art des Reisens, wie wir es uns heute kaum mehr vorstellen können.

Darüber hinaus erfahren wir auch ein wenig von Deborahs Hoffnungen, Ängsten und Erwartungen. Zu Beginn der Reise strahlen ihre Briefe noch eine verhaltene Sehnsucht nach den Eltern, den Geschwistern, der Heimat aus - sie hat Heimweh und fühlt sich vermutlich, trotz der Menschen um sie herum, recht einsam und verloren. Deborah ist gerade 20 Jahre alt, für damalige Verhältnisse zwar eine 'erwachsene Frau im heiratsfähigen Alter', in Wirklichkeit aber eben doch noch ein sehr junges Mädchen.

Besonders auffallend ist, daß sie den ersten Brief an die Eltern mit „Euer euch liebendes Kind" unterschreibt. Die Briefe, die sie als Kind an die Eltern schrieb, waren mit „Eure dankbare Tochter", „Eure gehorsame Tochter" unterzeichnet. Nun als Braut, die einem ungewissen Schicksal entgegenfährt, wird sie wieder zum 'Kind'.

„Nachdem der Zug in Basel abgefahren war, wurde es bei uns stille, jedes dachte seinem Schicksal nach."

Ihre Schilderungen der Reise werden aber bald farbiger, sie beobachtet genau. Die neuen, aufregenden Eindrücke nehmen sie gefangen, oft schildert sie durchaus humorvoll kleine alltägliche Begebenheiten. Beispielsweise die Durchsuchung sämtlicher Koffer am Zoll in Modena, worüber sie sich ärgert und amüsiert:

„Vergebens stierte er lange darin herum, ohne etwas zu entdecken".

Auf den Bahnhöfen in Turin und zuvor in Modena wundert sie sich jedesmal über die „Masse Italiener".

Von Mark hat sie einen Brief in Genua erhalten. Sie schließt den ersten Brief von Genua an die Eltern mit den Worten:

„Und nun nehmt auch Ihr theuerste Eltern nochmals auf europäischen Boden tausend Grüße und seid nochmals umarmt von Eurem Euch liebenden Kind Deborah."

In Genua muß die Reisegesellschaft zwei Tage auf die Abfahrt der „Singapore" warten. Herr Schmolk, ein mitreisender Missionar, und dessen Frau, sowie Herr Molo, der sie in Genua erwartet, nehmen sich der Frauen an. Eine Stadtführung wird organisiert. Deborah wundert sich dauernd über die vielen Ochsen- und Eselskarren, die vielen Menschen beeindrucken sie ungemein. Auf diesem Gang durch die Stadt kauft jede der Bräute einen Briefbeschwerer als Geschenk für den Zukünftigen.

Immer wieder gibt es Ärger mit dem Gepäck. Die Koffer und Kisten einer der mitreisenden Bräute sind nicht rechtzeitig in Genua angekommen, sie muß, nur mit dem Nötigsten versehen, die Schiffsreise antreten. Als sie an Bord gehen, treffen sie auf Missionar Deuble mit einer Reisegesellschaft, die ebenfalls auf dem Weg nach Indien ist. Endlich am 5. November, mittags 12 Uhr, legt die „Singapore" ab. Über ihre Mitreisenden schreibt Deborah:

> „Herr Missionar Deuble hat sechs Fräulein bei sich, zwei eigene Töchter, dann Frl. Hopfner, von welcher M. Pfleiderer einmal schrieb, auch ein freundliches Geschöpf, Frl. Stählin aus Schorndorf und noch zwei andere Frl., zwei Schwestern, die wieder zu ihren Eltern zurückkehren".

Den Schiffsalltag beschreibt sie so:

> „Wir sind soviel als möglich auf dem Verdeck und sehen uns das Schiffsleben an. [...] heute abend haben die Deublischen mit uns verschiedene Lieder aus dem Dölker gesungen, es war mir eine ganze Erquickung so mitten auf dem Meer Loblieder zu singen. [...] Neben uns stand gestern ein Auswandererschiff, darin eine Masse Leute, Kopf an Kopf. Wie die Platz zum Schlafen finden, weiß ich nicht."

In Neapel haben sie kurzen Aufenthalt und gehen an Land.

> „Abends 8 Uhr kamen wir dort an. Schon lang vorher sahen wir große Streifen Lichter, die uns die Nähe der Stadt meldeten. Die Luft war kalt, weshalb wir im Mantel und Schal eingehüllt auf dem Verdeck uns an dem schönen Anblick der Umgebung Neapels ergötzten. [...] Wir machten uns bald auf den Weg ans Land zu gehen, dort angekommen, wurden wir umringt von den Kutschern und angeschrien von denselben. Wir gehen weiter, sie von uns abweisend, diese aber fahren uns nach, beständig uns anschreiend, wir sollten einsteigen."

Die Stadt Messina beschreibt sie folgendermaßen:

> „Eine Masse Italiener in zerlumpten Kleidern standen in den Sraßen, fast noch mehr als in Genua, auch ist der Schmutz in den Straßen womöglich noch in größerem Maßstab zu finden, als in Genua. Da und dort sah man einzelne Kirchgänger, was einem wohlthat."

Als die See rauher wird und das Schiff zu schwanken beginnt, stellt sich die 'Seekrankheit' bei allen ein.

> „Heute den 29. November sahen wir gar kein Land mehr, den ganzen Tag bedeckten Himmel. [...] in den Speisesaal konnte ich mich gar nicht wa-

gen, oben auf dem Verdeck konnte ich eher durch eigenen Zwang etwas genießen."

Weiter geht die Fahrt Richtung Port Said.

"Jetzt den 2. Dezember liegen wir im Suez-Kanal. Die Gegend hier interessiert mich sehr, es ist so etwas ganz anderes als bisher. [...] Wir sind Euch in der Zeit bereits um zweieinviertel Stunden voraus. Ich lasse meine Uhr absichtlich auf Schweizer Zeit, den Zeit-Unterschied zu beobachten."

Die Fahrt durch den Suez-Kanal dauert mehrere Tage.

"Da man nur bei Tag im Canal fahren darf, mußten wir schon an der zweiten Station halten und dort übernachten. Diese Stationen bestehen nur aus einzelnen Häusern, wo jedesmal ein Beamter wohnt, der den vorüberfahrenden Schiffen meldet, ob sie weiter dürfen und nicht etwa wegen Begegnung eines anderen Schiffes warten müssen".

Auf dieser Fahrt ärgert sich Deborah über die lebenslustigen mitreisenden Engländer.

"Abends nach dem Dinner wird oben auf das Verdeck das Pianino hinaufgetragen und nun fing eine Tanzmusik an und die Engländer wußten sich einen rechten Tanzabend daraus zu machen. Die zwei Fräulein Hannak wollten sie auch dazu, aber als es Missionar Deuble bestimmt ablehnte, wagten sie nicht mehr weiter zu fragen. Wir konnten nirgends anders hin aus dem Weg gehen, als hinunter in den Salon, wo wir aber das beständige Hüpfen über uns hatten."

Die Abende der Missionsgesellschaft sehen so aus:

"Abends vor dem Schlafengehen sangen wir nochmals gemeinschaftlich einige Lieder und lasen noch eine Predigt. [...] Mit der Gesellschaft des H. Deuble befreunden wir uns sehr, wir gehören ganz zueinander, sind wie eine Familie miteinander."

Indem sich die Missionsgesellschaft sozusagen 'von der Welt abwendet und Frieden im 'religiösen Beisammensein' sucht, demonstriert sie das pietistische Abgrenzungsbestreben.

Unterdessen steht Mark weiter in Briefkontakt mit Deborahs Eltern. Das Hauptthema ist natürlich Deborah, die sie in Gedanken auf ihrer Reise begleiten.

"Wie oft werden sich in diesen Tagen unsere Gedanken und Gebete auf der Singapore begegnen."

Die anderen Gedanken gelten der bevorstehenden Hochzeit, die am 3. Januar 1882 stattfinden soll. Mark denkt schon an die Vorbereitungen für die Feier. Sie soll, ganz nach 'pietistischen Maßstäben', sehr einfach gehalten werden.

"Was Du schreibst über mögliche Einfachheit bei der Hochzeit, so ist das auch mein Wunsch, und ich will tun, was ich kann, damit es einfach hergehe. Ich habe Bruder Gräter gebeten die Hochzeitsrede zu halten."

Der letzte Teil der Reise beginnt. Am 13. Dezember erreicht Deborah Aden. Von hier geht es weiter nach Bombay, wieder eine sehr stürmische Überfahrt.

> *„Vier bis fünf Tage haben wir nun das Vergnügen beständig auf und ab geschaukelt zu werden und zwar der Länge nach, daß also einmal der Kopf und einmal der Schwanz des Schiffes in der Höhe war. [...] Ich fühlte mich einige Tage gar nicht wohl, mußte jedoch nur einmal Tribut bezahlen!"*

In Bombay steigen sie auf die „Madura" um, ein Schiff, das sie nach Mangalore bringen wird.

> *„Da sind wir nun auf dem Küsten-Steamer, der uns an den Ort unserer Bestimmung bringen soll, der letzte Theil unserer Reise ist vor uns und bald dürfen wir, so Gott will, mit Loben und Danken auch auf diese zurücksehen, wie wir es jetzt tun, auch im Hinblick auf die viereinhalb Wochen, die hinter uns liegen. 26 Tage haben wir nun auf dem Wasser zugebracht und freuen uns, daß es nur noch drei bis vier solche sind."*

Über Bombay schreibt sie:

> *„Ich bin nun so verwundert über das Vielerlei, das sich einem hier in dieser Stadt entwirft. Schöne breite, bequeme Straßen, die schönsten Häuser und Läden, kurz alles, was man will, von den feinsten english ladies and gentlemen bis zu den einfachsten und ärmsten Hindus, Pferdeeisenbahnen, Droschken, Ochsenwagen und was man noch alles will. Wenn ich diese Hindu - Männer und -Frauen ansehe, so ist mirs fast, als sehe ich alte Bekannte, es will mir gar nichts Neues sein. Wie wirds nur vollends in Mangalore sein?"*

Am Ziel

Mark hat über ein Telegramm aus Bombay die ungefähre Ankunftszeit Deborahs erfahren. Seine Gefühle beschreibt er in einem Brief an ihre Eltern so:

> *„Nun darf es ja allerdings nur noch um Stunden gehen, so sind wir beieinander. [...] O, wie schnell wirds jetzt noch gehen, ich kann nicht aussprechen, wie ich mich auf die Begrüßungsstunde freue."*

Am 24. Dezember 1881 kommt Deborah wohlbehalten nach einer zweimonatigen Reise in Mangalore an und begegnet zum ersten Mal ihrem zukünftigen Ehemann Mark.

> *„Und nun war auch die Stunde gekommen, in der mein lieber Mark und ich einander sehen und begegnen durften. Also hats gerade noch auf den Weihnachtsabend gereicht, und denkt, zu unserer Freude sind Eure l. Briefe vom 1. Dezember gerade noch an jenem Abend eingetroffen. Habt vielen Dank für diesen lieben Gruß zum Empfang im neuen Heimatland. Ach, wenn Ihr nur hättet sehen und miterleben können, liebe Eltern, wie wir so vergnügt, fröhlich und dankbar unter dem strahlenden Weihnachtsbaum gestanden sind."*

Marks Beschreibung der ersten Begegnung fällt etwas enthusiastischer aus.

> *„[...] bis endlich das Vadi die Balmattha heraufkam und Carl Pfleider mich in meiner Stube abholte in ihr Haus, wo die l. Deborah auf mich wartete. Wie mirs ums Herz war, als der sehnlich erwartete Augenblick der Begrüßung endlich gekommen war, kann ich nicht sagen, genug, mein Herz war voll Freude und Dank gegen unseren Herrn und Heiland, der uns so freundlich geführt hat und alles so wohl gemacht, ja lobe den Herrn, meine Seele! Am gleichen Abend standen wir dann gemeinsam Hand in Hand unter dem Christbaum, es war so schön!"*

Hochzeit

Deborah schreibt am 6. Januar 1882 den ersten Brief nach ihrer Hochzeit an die Eltern.

> *„Und als dann um 9 Uhr das Kirchenglöcklein das Zeichen gab, da fuhren wir miteinander in Eurem Ochsenwagen zur Kirche, um uns den Segen Gottes zu unserem Bunde zu erflehen. Zum Anfang des Gottesdienstes sangen wir Nr. 23 im Basler Gesangbuch. „Meinem Jesum laß ich nicht, ach was wollt ich Besseres haben etc." [...] Bruder Maurer sprach nun über den von uns gewählten Text [...] Ach wie schön wäre es gewesen, wenn Ihr auch hättet dabei sein können [..] Bis wir aus der Kirche heimkamen, hatten die Seminaristen den Eingang im vorderen Gärtchen decoriert, sowie drüben meines lieben Marks Zimmer. Hier wurde die Veranda schon den Tag vorher bekränzt mit Palmzweigen. Nach dem Frühstück liefen noch einige Geschenke von den hiesigen Geschwistern ein. Nach einem stillen, ruhigen Stündchen wurden wir ins Seminar gerufen. Sie haben nämlich auch etwas extra auf diesen Tag bekommen und luden uns ein, davon zu versuchen. Nach Beendigung ihrer Mahlzeit sangen sie: „Lobe den Herrn" und nachdem mein l. Mark eine kurze Ansprache an sie gehalten, stimmten sie den 121. Psalm an. - Den Mittag konnten wir in der Stille für uns sein, was uns beiden lieb war. Um so netter wars dann abends den gesamten Geschwisterkreis hier zu haben. So waren wir im Ganzen 22 Personen. Am Ende des Tages sangen wir noch gemeinschaftlich „Lobe den Herrn", und nachdem Bruder Ritter noch Andacht gehalten, entfernten sich unsere lieben Gäste. Wie schnell ist so ein Tag, den man lange in Aussicht hat, auch hinter uns, der l. Heiland lasse ihn uns zu einem Segenstag werden und bleiben."*

Mark fügt dieser ausführlichen Schilderung des Hochzeitstages noch einige Zeilen hinzu:

> *„O, wenn Ihr nur auch in unser Stübchen, in unser Glück hineinsehen könntet. [...] Und es ist wahr, wir dürfen alle Tage aufs Neue erfahren und haben alle Tage bis jetzt erfahren, daß Er bei uns ist und sind mitein-*

ander recht glücklich und selig darüber, daß Er uns zusammengeführt hat."

Hier endet für uns Deborahs und Marks Geschichte. Ob dieser 'Zustand' anhielt oder nicht, können wir nicht beurteilen.

Deborah und Mark Hoch verbrachten zusammen 19 Jahre in Indien. Sie bekamen sieben Kinder. 1899 kehrten sie nach Basel zurück.

Nachstehendes Gedicht wurde dem Brautpaar von einem anwesenden Freund, vermutlich Missionar Digel, zur Hochzeit gewidmet.

Zur Hochzeit in Indien, Mangalore

Den lieben Neuvermählten

Markus Hoch, ausserordentlicher Lehrer an der hohen Schule in Mangalore, Sohn des Weiland Wilhelm Hoch, Missionar und Lehrer an der englischen Schule dahier und seiner lieben Braut Deborah Pfleiderer, Tochter des dahier gewesenen General- und anderen Agenten Gottlob Pfleiderer gegenwärtig in Basel.

Zum 3. Januar 1882

Deborah saß einst unter Palmen, in Israel als Richterin
Sie sang Jehova ihre Psalmen, war ja zugleich auch Sängerin.
Deborah sitzt auch unter Palmen, bei uns heut in dem Hochzeitkleid,
auch sie singt fröhlich ihre Psalmen, Deborah hat heut Hohe Zeit.
Und Markus unser Schulinspektor, Hoch schlägt sein Herz, hell glänzt sein Stern,
Ein Ehmann will er heute werden, nach altem Brauch, wir glaubens gern.
Wie das so kam will ich Euch sagen,
doch müßt Geduld Ihr mit mir haben.
Gspässig, sagt er, so allein, will ich jetzt nicht länger sein,
schau ich mich in meinem Zimmer um, s hat keine Art, steht alles krumm,
man siehts, fehlt eine Frauenhand, die alles sauber ordnen kann.
Wenns draußen abends dunkel wird, sitz ich allein bei meinem Licht,
geht niemand bei mir ein und aus, als Munda, Knecht vom Nachbarhaus.
Kommt dann das Kopfweh noch dazu, und lässt mir Tag und Nacht nicht Ruh,
so sollt ich wieder jemand haben, der mir die Last könnt helfen tragen.
Das alles hab ich überlegt, so ganz im Stillen ausgeheckt,
und gspässig wärs, wenn sich für mich nicht auch ein Bräutlein fände sich.
Geboren bin ich hier im Land, drum mit den Sitten wohl bekannt.
Leicht hat mans in der Mission, ein Brief genügt in der Regel schon.
Das hat vor mehr als 30 Jahren, mein Vater selig schon erfahren.

Darüber hab ich nachgedacht und es ihm schließlich nachgemacht,
hab es auch wirklich gut getroffen, ich hätt es nicht gewagt zu hoffen,
denn schon in jungen Jahren, ist meine Braut mir nachgefahren.
Zuerst von hier ins Schweizerland und jetzt von dort ins Heidenland.
So sind wir wieder wo wir waren, vor 20, 25 Jahren
und dienen der Mission, als zweite Generation.
Du liebe Braut hast viel voraus vor vielen, denn die Eltern zhaus,
sie gehen in Gedanken mit, begleiten Euch auf Schritt und Tritt,
sie sehen Euch knien als Ehepaar zusammen vor dem Traualtar.
Der Ort, an dem ihr heut getraut, hat ja Dein Vater selbst erbaut.
Zieht Ihr in Eure Wohnung ein, sie kehren sicher bei Euch ein,
begleiten Euch mit ihrem Segen, auch fernerhin auf allen Wegen.
Wo Eure Eltern einst getragen des Tages Last und seine Plagen,
wo sie in Freude, wie im Leid für ihren Herrn gekämpft im Streit,
da wo sie reichlich guten Samen gesät in Ihres Heilands Namen,
da tretet Ihr im Herrn vereint, nun heut in ihre Arbeit ein.
Auch haben heute wir gehört, daß Jesus selber mit Euch geht,
daß er bei Euch bleib alle Tage, Euch leit und führe bis zum Grabe.
Und haben wir alle Welt überwunden, im Glauben die selige Ruhe gefunden,
dann stimmen wir auch in das neue Lied ein, wie herrlich wirds klingen, wie schön wirds dort sein.
Ein Freund des Bräutigams und der Braut, Th. Digel.

OSTINDIEN

Präsidentschaft _Madras_

Collectorat _Süd Canara_   Stadt _Mangalore_

Auszug aus dem Eheregister der Baseler Evangelischen Missions-Gemeinde dahier, gemäss *Act XV. of 1872 passed by the Governor-General of India in Council § 62* and 63. (Ehegesetz der Indischen Regierung).

Im Jahr Eintausend acht hundert _zwei und achzig_ den _siebten Januar_ wurden allhier in der Baseler Evangelischen Missionskirche durch _A. Männer_ ordinirtem Missionar im Dienst der Baseler Evangelischen Missions-Gesellschaft und zu Trauungen licensirten Geistlichen, nach *Act XV. of 1872 § 6*. getraut:

Herr _Markus Hoch, Missionar d. Evangel. Missionsgesellschaft zu Basel, Sohn d. weiland G. W. Hoch u. d. F. Pauline geb. Erklin zu Basel_ mit _Joh. Debora Johanna Pfleiderer von Waiblingen Königr. Württemberg; Tochter d. Gottl. Fried. Pfleiderer u. d. Joh. Carol. Catharina geb. Werner_

im Beisein von folgenden Zeugen:

Carl Pfleiderer, Missionar in Mangalore
Thomas Sigel, Missionar in Mangalore

Die Richtigkeit des Auszugs aus dem obgenannten Eheregister bezeugt

Mangalore 9ᵗᵉ Januar 1882

Abb. 18   Die Hochzeitsurkunde Pfleiderer-Hoch. Mangalore 1882.

Abb. 19 Johannes und Catherine Zimmermann. (Catherine 3. v. l.). 1873.

Abb. 20 Mittelschule in Christiansborg, Ghana. Vermutlich 1902 oder früher.

Catherine Mulgrave und Johannes Zimmermann
Die 'Vermählung mit Afrika'

Die Kindheit im Dunkeln

Die Westafrikanerin Gewe, die spätere Catherine Mulgrave, wird am 19. November 1827 vermutlich in Luanda, einer Hafenstadt in Angola geboren. An die Stadt ihrer Kindheit erinnert sie sich nur dunkel, als erwachsener Frau fallen ihr im Rückblick einige wenige Details ein, die Rückschlüsse auf ihre Kindheit zulassen. Ihre Heimatstadt beschreibt sie so:[478]

"Eine Seestadt mit einer großen Kirche, einer Schule, zwei Forts, große europäische Häuser. Die Schiffe können bis an die Stadt hinfahren, es existiert keine Brandung, man geht auf Booten eine Tagesreise weit auf die Plantagen. Die Stadt selbst hat einen Gouverneur, einen Bischof, Mönche mit verschiedenen Kutten, Meßgewänder, Chorknaben, Heiligenbilder, Weihwasser."

Sie sieht eine europäische Frau, auch europäisches Militär.

Die Mönche stammen vermutlich aus der dort ansässigen Kapuziner-Mission. Luanda selbst ist 1827 noch portugiesische Kolonie, daher das von ihr erwähnte europäische Militär.

Von ihren Eltern weiß sie nur soviel, daß ihre Mutter eine Mulattin, namens Sophina ist, wahrscheinlich getauft - also zum Katholizismus übergetreten - und daß sie aus einer angesehenen Familie stammt. Ihr Vater ist Sohn eines Häuptlings, er ist im Kontor eines Kaufmanns angestellt, wo sie ihn mit Schreiben beschäftigt sieht. Sie beschreibt ihn als einen bräunlichen Mann mit schwarzem Haar und Bart, der sehr freundlich zu ihr ist. Auch an ihren Großvater, der elf Töchter und einen Sohn hat, erinnert sie sich. Sie weiß noch wie ihr Großvater seine ganze Familie, sie eingeschlossen, um sich versammelte und sie gegen Pocken impfte. Einige Enkel waren Weiße, sämtliche Familienmitglieder hatten christliche Namen. Das läßt vermuten, daß sie aus einer christianisierten Familie stammt.

An eine Begebenheit ihrer Kindheit erinnert sie sich sehr deutlich. Sie macht zusammen mit ihrer Familie einen Besuch auf einer Plantage, wo sie 14 Tage in einem europäischen Haus, in dem Handel getrieben wird, verbringt. Am meisten beeindrucken sie die Zebras und Elefanten, die sie hier sieht.

Diese wohl unbeschwerte Kindheit findet ungefähr im April 1833 ein abruptes Ende.

---

[478] Das verwendete Quellenmaterial stammt aus dem Archiv der Basler Mission und aus dem Stadtarchiv Gerlingen. Es handelt sich dabei um ein Briefkonvolut und Auszüge aus dem Komiteeprotokoll.

Die sechsjährige Gewe ist mit ihren dreizehn und sieben Jahre alten Cousinen und dem ein Jahr jüngeren Cousin an den Strand gegangen, um zu fischen. Es ist bereits Abend, als europäische Matrosen in einem Boot auftauchen und ihnen etwas zurufen. Ihr Cousin rennt aus Angst sofort davon.

Die Mädchen bleiben zurück, die Älteste vertraut den fremden Männern, glaubt ihren Versprechungen, ihnen Süßigkeiten zu schenken. Die Mädchen werden ins Boot getragen, sofort beginnen die Matrosen zu einem der vielen vor Anker liegenden Schiffe zu rudern. Mittlerweile bekommen es Gewe und ihre Cousinen mit der Angst zu tun. An Bord des Schiffes begrüßt sie der Kapitän sehr freundlich.

Der freundliche Kapitän ist Sklavenhändler.

Noch am selben Abend lichtet das Schiff die Anker und nimmt Kurs auf die Karibik, seine Bestimmung ist Cuba.

An Bord des Schiffes befinden sich mehrere Hundert Sklaven, die die Mädchen erst nach einer Woche zu sehen bekommen, so lange bleiben sie, zusammen mit einer älteren Mulattin, in der Kajüte des Kapitäns verborgen.

Gewe und ihre Cousinen stehen vermutlich unter einem Schock.

Mehrere Sklaven sterben auf der Fahrt. Einer, der versucht hat, sich umzubringen, wird schwer geschlagen. Das alles sieht Gewe als Sechsjährige mit an.

Nach etwa vier Wochen sehen sie in der Ferne zum ersten Mal wieder Land. Vor der Küste stoppt sie ein Zollschiff, die Papiere des Schiffes werden kontrolliert, die Sklaven werden nicht entdeckt, da sie bereits vorher sorgfältig versteckt wurden. Die Rettung Gewes und ihrer Cousinen geschieht auf ganz andere Weise.

Glück im Unglück

Eines Abends kündigt ein ohrenbetäubendes Krachen an, daß das Schiff auf Grund gelaufen ist. Es bricht in zwei Stücke auseinander.

> *„Die, die da schwimmen konnten, ließen sich ins Meer, die anderen aber, etliche an Brettern, etliche auf dem, das vom Schiff war, entgingen ans Land. [...] viele andere wurden weggewaschen und fanden ihr Grab in den Wellen."*

Die Mädchen halten sich auf zwei zusammengebundenen Masten über Wasser, während sie von Matrosen ans Ufer gerudert werden. Die Schiffbrüchigen liegen zwei Tage an Land, bis ein Zollschiff auftaucht, das sie schließlich rettet.

Das Land, vor dessen Küste sie Schiffbruch erlitten haben, ist Jamaika, wo bereits ein Jahr zuvor die Freiheit aller Sklaven verkündet worden war.

Der Kapitän und die Besatzung werden verhaftet, die ehemaligen Sklaven samt Gewe und ihren Cousinen werden nach Kingston gebracht, wo sie sich erholen können, bis Gouverneur Mulgrave mit seiner Frau Catherine von einer Besuchsreise aus England zurückkommt.

Der Gouverneur nimmt Gewe und eine ihrer Cousinen zu sich ins Haus. Hier wird aus der Enkelin eines afrikanischen Häuptlings die Adoptivtochter eines englischen Gouverneursehepaares. Aus Gewe wird Catherine Mulgrave, so benannt nach der Gouverneursgattin.

Ein neues Leben

Catherine lebt nun in fast fürstlichem Luxus, sie wird von der Gouverneursfrau selbst unterrichtet, auf die religiöse Erziehung wird besonders viel Wert gelegt. Vermutlich ist das Ehepaar Mulgrave Anhänger der britischen Erweckungsbewegung, die sich von John Wesley her in allen Kirchen Englands verbreitete. Eines ihrer Ziele war unter anderem, die Sklaverei abzuschaffen - daher vielleicht auch das zu dieser Zeit 'sklavenfreie' Jamaika.

Nach nur einem Jahr kehrt das Ehepaar Mulgrave für immer nach England zurück. Es wird erwogen, Catherine mitzunehmen, doch der Hausarzt rät davon ab, er befürchtet, daß Catherine das ungewohnte Klima nicht vertragen würde, da sie ein kränkliches Kind ist. So wird beschlossen, Catherine und ihre Cousine in eine Schule der Herrnhuter Brüdergemeine nach Fairfield zu schicken, wo sie die nächsten fünf Jahre verbringen wird. Der Abschied von den Adoptiveltern fällt ihr schwer, auch Mulgraves gehen nicht mit leichtem Herzen.

Für Catherine muß es ein harter Schlag gewesen sein. Sie verliert zum zweiten Mal ihre Familie, diesmal nach nur einem Jahr, einer relativ kurzen Zeit, in der sie vermutlich erst den Schock über den Verlust ihrer Ursprungsfamile in Afrika überwinden und Vertrauen zu ihrer neuen Familie aufbauen mußte.

Catherine und ihre Cousine bleiben in dauerndem Briefwechsel mit Lady Mulgrave, die sich aus der Ferne um sie sorgt und kümmert. Leider sind von diesem Briefwechsel keine Dokumente vorhanden, ebenso, wie es auch von Catherine selbst lediglich zwei Briefe gibt, die sie später ans Komitee in Englisch schreibt. Diese Briefe wurden ins Deutsche übersetzt, es handelt sich dabei vermutlich um zeitgenössische Übersetzungen. Catherines Geschichte wird anhand offizieller Dokumente und ihren Erinnerungen, die sie später ihrem Ehemann erzäht, der diese wiederum in einem Brief an seinen Bruder zusammenfaßt, rekonstruiert.

Nach fünf Jahren Aufenthalt in Fairfield kommt Catherine allein in ein Institut nach Kingston. Hier scheint sich ihr Glaube, nachdem sie ja bereits in der Schule der Herrnhuter Brüdergemeine eine pietistische Erziehung genossen hat, weiter zu vertiefen. Ihr sehnlichster Wunsch ist es, Lehrerin zu werden.

Mittlerweilen ist sie 16 Jahre alt und, nach zeitgenössischen Beschreibungen, von auffallender Schönheit.

Heirat

In dieses schöne 16jährige Mädchen verliebt sich George Thompson, der 1829 als Junge von Liberia nach Europa gebracht worden war, von 1830 bis 1837 die Erziehungsanstalt in Beuggen besucht hatte, und daraufhin als erster Afrikaner im Basler Missionshaus zum Missionsgehilfen ausgebildet worden war. Mit zwei anderen Missionaren reist er nach Jamaika, um westindische Christen zur Ansiedlung an die Goldküste Afrikas zu bewegen. Die Goldküste, zu dieser Zeit auch „Grab des weißen Mannes" genannt, ist das Gebiet, in dem die meisten Mitarbeiter der Basler Mission, aufgrund des mörderischen Klimas, sterben. Es gibt noch keine medizinische Hilfe. Daher will die Basler Mission es nicht weiter verantworten, noch mehr Europäer in dieses Gebiet zu senden. Man kommt auf die Idee, christianisierte Schwarze aus der Karibik, die ihrer Meinung nach besser mit dem Klima zurechtkämen, dort anzusiedeln, welche dann das begonnene Missionswerk fortsetzen sollen. Die Basler Mission missioniert erst seit wenigen Jahren in diesem Gebiet, daher muß sie auf das Kontingent an Christen aus der Karibik zurückgreifen, da in Afrika selbst noch kein Potential „bekehrter Heiden" vorhanden ist, das diese Aufgabe übernehmen könnte.

George Thompson bittet Catherine, seine Frau zu werden. Catherine scheint mit ihren Gefühlen in der Zwickmühle zu sein. Lady Mulgrave, mit der sie immer noch in Verbindung steht, schickt ihr Telegramme, in denen sie von dieser Verbindung abrät. Welchen Grund sie dafür hat, wissen wir nicht.

Vielleicht, weil George Thompson Afrikaner ist und sie es lieber gesehen hätte, wenn die europäisierte Mulattin Catherine einen Europäer geheiratet hätte, vielleicht sieht sie die Ehe mit einem Schwarzen als nicht standesgemäß an. Wir können hier nur Vermutungen anstellen.

Freunde und Bekannte Catherines, die möglicherweise den pietistischen Kreisen der Herrnhuter Brüdergemeine auf Jamaika nahestehen, raten ihr zuzusagen. Sie sehen in der Anfrage ein Zeichen Gottes. Catherine, die das vielleicht selbst so sieht, gibt George Thompson ihr Ja-Wort.

Die Basler Mission, an die Thompson höchstwahrscheinlich eine Bitte um Heiratserlaubnis richten mußte, sieht in dem Heiratswunsch anscheinend nichts Negatives, aus ihrer Sicht ist es wohl passend, wenn Thompson eine Afrikanerin heiratet.

Wie es allerdings ausgesehen hätte, wenn er eine europäische Frau hätte heiraten wollen - darüber ließe sich spekulieren.

1843 reist Catherine mit George an die Goldküste. Sie ist schwanger und erleidet auf der Überfahrt eine Fehlgeburt, die sie sehr mitnimmt. 1844 bringt sie ihre erste Tochter Rosine zur Welt.

Im gleichen Jahr beginnt Johannes Zimmermann in Basel seine Ausbildung zum Missionar.

Der Gerlinger Bauernsohn Johannes Zimmermann

Johannes Zimmermann wird am 2. März 1825 in Gerlingen, Württemberg geboren. In seinem Lebenslauf, den er im April 1844 als 19jähriger an die Basler Mission schickt, schreibt er:
> *„Der treue Gott hat mir die Gnade geschenkt, gläubige Eltern zu haben, welchen das Wohl ihrer Kinder sehr am Herzen lag. Meine l. Mutter und fünf Geschwister sind mir durch den Tod vorangegangen. Von fünf lebenden Geschwistern bin ich das erste."*

Seine Eltern sind einfache Bauern, Pietisten und Stundenleute. Mehrmals in der Woche besuchen sie die Erbauungsstunden, zu denen Johannes mitgenommen wird. Das pietistische Umfeld prägt ihn, vor allem auch der enge Kontakt zum Großvater, dem 'Ochsenwirtsähne', dessen Wirtschaft Treffpunkt von pietistischen Gemeinschaften Gerlingens und der Umgebung, darunter auch Korntal, ist. Durch den Besuch der 'Missionsstunde', in der aus dem Basler Missionsmagazin vorgelesen und die neuesten Nachrichten aus der Mission diskutiert werden, entsteht in dem Zehnjährigen bereits der Wunsch, Missionar zu werden.

Johannes Zimmermann ist mit Leib und Seele Bauernsohn. Die Liebe zur Natur läßt ihn sein Leben lang nicht los und beeinflußt später auch entscheidend seine Missionsarbeit in Afrika. Rückblickend schreibt er:
> *„Dem Landvolk entsprossen und auf dem Lande aufgewachsen, fühlte ich mich mit Macht vom Landleben angezogen. Auf dem Lande interessierte mich alles: Natur wie Menschen. Vor der modernen Stadt hatte ich ein Grauen [...]."*

Dennoch lernt er auf Anraten seiner Eltern erst einmal einen Beruf. Er macht eine Lehre als Bäcker, wohl nicht unbedingt aus eigenem Antrieb heraus, sondern weil einer seiner Großväter Bäcker ist und es üblich war, das gleiche Handwerk wie der Vater oder der Großvater zu erlernen. Diese Lehre macht er in Schwieberdingen. Nach seiner Rückkehr nach Gerlingen entschließt er sich dazu, einige Pietisten aus Gerlingen, die nach Basel zum Missionsfest gehen wollen, als reisender Handwerksbursche zu begleiten. Das jährlich stattfindende Missionsfest in Basel zu besuchen, ist für ihn wie auch für die anderen ein Höhepunkt im Leben. Basel ist das Mekka der pietistischen Gläubigen, von denen viele nie oder selten über die Grenzen Württembergs hinauskommen.

Basel beeindruckt Johannes so nachhaltig, daß er beschließt, fürs erste zu bleiben. Er findet Arbeit bei einem der „rohesten und gottlosesten Meister der Stadt".

Der enge Kontakt zum Missionshaus und den dortigen Zöglingen, darunter auch zwei Gerlingern, die er wahrscheinlich bewundert, weil sie das von ihm angestrebte Ziel, Missionar zu werden, bereits erreicht haben, hilft ihm über die schwere Zeit hinweg und „treibt ihn nur noch mehr zum Herrn".

Zimmermann bleibt ein Vierteljahr in Basel und versucht dann, auf Anraten seiner Freunde, in Zürich oder Winterthur Arbeit zu finden. Da das nicht klappt, kehrt er nach Gerlingen zurück.

Wieder daheim, läßt ihn der Gedanke, Missionar zu werden, nicht mehr los, und so bewirbt er sich mit dem Schreiben, aus dem eingangs zitiert wurde, um die Aufnahme in die Basler Mission.

Johannes' Beschreibung seines Lebens ist, abgesehen von der stereotypen Darstellung seines inneren Werdeganges, der sich dem pietistischen Muster der Sündenbekennung und Selbstanklage anpaßt, typisch für viele Lebensläufe der schwäbischen und schweizerischen Bauern- und Handwerkersöhne, die sich in den 50er und 60er Jahren des 19. Jahrhunderts um Aufnahme in die Basler Mission bewarben.

Am 17. August 1844 beginnt er seine Ausbildung in der 'Schwobakasern', von Basler Bürgern so genannt wegen des starken Überschusses an schwäbischen Missionsschülern.

Schon während seiner Ausbildungszeit macht sich an Zimmermann ein Zug bemerkbar, der ihm später den Ruf des 'Querdenkers' eintragen und ihn von vielen anderen Missionaren wesentlich unterscheiden sollte. Er geht die Dinge auf eigene, wenn nicht gar eigenwillige Weise an, er ist von einer Zielstrebigkeit und Konsequenz, die ihn einerseits Grenzen überschreiten läßt, was ihm innerhalb des hierarchischen Zucht- und Ordnungssystems der BM nicht gerade zum Vorteil gereicht, ihm andererseits aber oft den gewünschten Erfolg verschafft.

Beispielsweise hat er sich in den Kopf gesetzt, nach Afrika an die Goldküste zu gehen, zu einer Zeit, in der die BM, wie bereits beschrieben, eher ungern Missionare in dieses Gebiet aussendet. So beginnt Zimmermann schon während seiner Ausbildung in Basel mit dem systematischen Studium der Ga-Sprache, des an der Goldküste gesprochenen Dialektes. Diese Sprache lernt er durch alte Schriften eines dänischen Kaplans, die er in der Misssionsbibliothek entdeckt.

1849 hat er sein Ziel erreicht. Er wird zur Aussendung nach Afrika bestimmt.

Am 9. Dezember 1849 wird er in Herrenberg ordiniert. Den Abschied von seiner Heimatgemeinde Gerlingen beschreibt ein Biograph Zimmermanns, Paul Steiner so:[479]

> *„Nicht nur Gerlingen nahm herzlichen Anteil an seiner Aussendung nach Afrika, auch von den umliegenden Ortschaften strömten die Mitglieder der 'Gemeinschaften' zu Fuß und zu Wagen herbei [...]. Während seiner Abschiedsrede wurde er oft vom Schluchzen der Gemeinde unterbrochen, und als er sich mit ernsten Worten an seine Altersgenossen und ehemaligen Kameraden wandte, da weinten selbst die rauhen, derben Bauernjünglinge wie Kinder."*

---

[479] Zit. nach: „Gerlinger Heimatblätter" 1991, S. 34.

Johannes Zimmermann ist 24 Jahre alt, in dem „Heimath-Schein", der ihn als Angehörigen des Württembergischen Staates und der Gemeinde Gerlingen ausweist und ihm das Recht gibt, in das Königreich Württemberg zurückzukehren, ist auch eine Beschreibung seiner Person enthalten.

Alter: geboren den 2. März 1825; Statur: mittel; Angesicht: voll ; Haare: blond; Stirn: gewölbt, Augenbrauen: blond; Augen: grau; Nase: stumpf; Wangen: voll; Mund: proportioniert; Zähne: gut; Kinn: rund; Beine: gerade

Im Dezember 1849 reist Johannes Zimmermann, zusammen mit Rosine Däuble, Tochter eines Gerlinger Lehrers und Braut von Missionar Stanger, sowie zwei weiteren Missionsbräuten, von Gerlingen über England ins westafrikanische Christiansborg, das heutige Akkra.

Afrikanisches Drama

Das Jahr 1849 ist auch für Catherine, die bereits seit sechs Jahren mit ihrem Mann George im Missionsgebiet an der Goldküste lebt, ein Jahr, in dem ihr Leben eine dramatische Wende nimmt. Sie ist 22 Jahre alt, spricht fließend die Landessprache Ga, in der sie Schüler der Missionsstation unterrichtet, und hat bereits zwei Kinder geboren.

In einem Brief aus Akropong vom 22. Juni 1849, der von den Missionaren Widmann, Roes, Dieterle, Mohr, Meischel und Stanger unterzeichnet ist, lesen wir folgendes:

*„Schon in unseren letzten Mitteilungen konnten wir dem gefallenen Thompson kein gutes Zeugnis geben, denn er kam uns immer verdächtig vor und sein ganzes Betragen ließ nichts Gutes hoffen. Vor acht Tagen nun kamen wir ihm auf die Spur, daß er wieder aufs Neue Ehebruch und Hurerei getrieben hat, mit einer erwachsenen Person und es ist schröcklich - sogar einige von unseren älteren Schulmädchen hat er verführt. Wir nahmen ihn zugleich ins Verhör, aber er leugnete es, freilich auf eine Weise, die es uns nur bestätigte [...]. Seine Schandtaten wurden uns von vielen Seiten bestätigt [...] brachte Bruder Stanger ein Geständnis seiner Sünden aus ihm heraus, und auf das hin hat sich nun seine Frau förmlich von ihm geschieden. Er will nun in seine Heimat Liberia gehen [...]. Am Tage seiner Abreise von hier schrieb er noch folgendes an uns: „Obschon ich mich nicht mehr als ein Glied Eures Kreises betrachten darf, so bitte ich Euch inständig, da ich in die Welt hinaustrete und mir selber überlassen bin, Ihr möchtet doch täglich [...] beten, daß meine unsterbliche Seele gerettet werde. Ich bitte Euch recht dringend, den Meinigen in keinerlei Weise zu vergelten, was ich verschuldet habe, denn sie sind unschuldig."
[...] Thompson ist doch tief gesunken. Anfangs beteuerte er oder sagte, er könnte schwören darauf, daß er mit jenem Mädchen, mit dem er zu tun hatte, noch kein Wort gesprochen habe und nachher nahm es Bruder*

Stanger aus seinem eigenen Munde zu Protokoll und las es dann in in seiner Gegenwart seiner Frau vor, worauf sie dann den Entschluß faßte, sich von ihm zu trennen."

Thompsons Akte wird am 10. Juli 1849 mit der Beilegung des offiziellen „Scheidebriefes für Katharina Thompson" geschlossen. In dem Scheidebrief heißt es wörtlich:

„Hierdurch wird erklärt, daß Katharina Thompson [...] nach vorher von ihrer Seite geschehenem Ansuchen und unter Vermittlung der geistlichen und weltlichen Behörden gesetzmäßig geschieden ist [...] zugleich, daß es ihr freisteht, sich in eine neue Ehe einzulassen, falls sie solches begehren sollte. [...] Alle Kinder verbleiben bei Madame Thompson.

Madame Thompson besorgt ihre Erziehung mit eigenen Mitteln, aber mit der nöthigen Unterstützung von Seiten der Basler Mission und unter ihrer Couratel, solange sie in ihrem Dienst bleibt. Für den Fall aber, daß Madame Thompson sterben sollte, ehe die Erziehung der Kinder vollendet ist, übernimmt die Mission allein für dieselben zu sorgen.

Herr Thompson ist berechtigt und verpflichtet, Alimentationsbeiträge für die Kinder zu geben, dermaßen, daß Madame Thompson in Verbindung mit ihrem Courator, gegenwärtig Herrn Missionar Stanger in Uhsu, bestimmt, in welcher Weise erwähnte Beträge verwendet werden sollen.

Das gegenwärtig vorhandene Vermögen von vierzig Piaster wird zugleich zu Madame Thompsons Disposition gestellt."

Catherine äußert sich offiziell zu dem Vorgefallenen erst am 28. Februar 1850. Dieser Brief ist im Original in Englisch abgefaßt und wurde vermutlich von einem Komiteemitglied übersetzt.

„Nicht ohne große Traurigkeit ergreife ich die Feder, um diese Zeilen an Sie zu richten. Nach langem Übelverhalten meines vorigen Mannes, obwohl nicht ohne herzzereissende Trennung von einem Gatten, dachte ich doch, es sei besser, voneinander getrennt zu sein, denn was wäre das alles Glückes, wenn wir ein solches Leben fortsetzten. Doch kann ich über all dies nachdenken, so empfindet mein Herz, was meine Feder nicht auszudrücken vermag. Ich meine, mein Herz ist voll Tränen und tränen meine Augen, während ich schreibe. [...] Ich kann Sie versichern, daß seitdem ich in dieser Gesellschaft bin, ich mich und meine Kinder als ihr gehörend ansehe und ich hoffe, nie undankbar zu sein für die Güte, welche mir, namentlich Herr Stanger, beweist. Sollte ich den Rest meiner kurzen Wallfahrt in Trauer zubringen? [...] Möchte ich lernen meine Prüfung sanftmütig zu ertragen. [...] Möchte Gott sich meiner als Werkzeug bedienen, im häuslichen Kreise oder in dem mühsamen Geschäft des Jugendunterrichts. [...] Oh möchte jene himmlische Religion mich befreien, die allein den bittern Kelch des Lebens zu versüssen vermag! [...]"

Aus dem Brief Catherines geht hervor, daß es ihr offensichtlich schwergefallen sein muß, diese Zeilen zu schreiben, auch daß sie wohl niedergeschlagen ist.

Was sie offenbar jahrelang ertragen hat, ist ans Licht gekommen. Thompson hat nicht nur ihr persönlich Schmerz zugefügt, sondern durch sein Verhalten auch die 'ehernen Gesetze des Christentums' gebrochen. Das dürfte für Catherine fast ebenso schlimm sein, wie das ihr persönlich zugefügte Leid.

Wahrscheinlich hat sie schon länger von den Betrügereien ihres Ehemannes gewußt, aber vielleicht gehofft, daß es sonst niemand merken würde, denn die Missionare bringen ja erst den Stein ins Rollen, indem sie Thompson zur Rede stellen. Nun bleibt ihr keine andere Möglichkeit mehr, als sich von ihm zu trennen. Catherines Verhalten wird verständlich, wenn man bedenkt, daß es eine geschiedene Frau in dem sozialen Umfeld, in dem sie sich bewegt, nicht leicht hat und daß an ihr trotz ihrer 'Unschuld' ein Makel haften bleibt. Möglicherweise hat sie darum so lange gezögert und selbst nichts unternommen, oder aber sie hat vor dem Tun ihres Mannes die Augen verschlossen, weil sie es nicht wahrhaben wollte. Außerdem ist nicht nur sie, sondern auch ihre beiden Kinder von Thompson finanziell abhängig. Vielleicht aber hat sie auch alles als 'persönliche Prüfung ihres Herrn' aufgefaßt und darum so lange ausgehalten. Im Pietismus wird die angeblich hohe Leidensfähigkeit insbesondere von Frauen als erwünschte und 'bewunderte' Charaktereigenschaft ja immer wieder betont und hervorgehoben.

Das alles können wir, wie so oft, nur vermuten. Was wirklich in ihr vorging, wissen wir nicht.

George Thompson hingegen ist in gewissem Sinne auch ein 'tragischer Fall'. Er bietet das interessante Psychogramm eines Menschen, der unter dem Verlust der eigenen Identität leidet. Mit dem Übertritt zum Christentum hat er sich von seiner eigenen Kultur losgesagt, als Schwarzer unter weißen Missionaren ist er aber im Grunde genommen ein Mensch zweiter Klasse, findet nicht die gleiche Anerkennung wie seine weißen Glaubensbrüder, das wird auch an den Kommentaren der anderen Missionare deutlich: *„denn er kam uns schon immer verdächtig vor [...]"*.

Durch sein Verhalten leistet er den weißen Vorurteilen noch Vorschub und bestätigt sie weiter in der Annahme, daß die 'schwarze Rasse' der weißen hinsichtlich ihres sittlichen Betragens, wie allem übrigen, unterlegen ist.

Obwohl die Mitglieder der Basler Mission die Gleichheit aller Menschen predigen, sind sie dennoch Menschen ihrer Zeit, belastet mit sämtlichen Vorurteilen des 19. Jahrhunderts. Sie betonen die Gleichheit aller Menschen vor Gott, in der Welt aber muß diese Gleichheit erst noch hergestellt werden, eben indem das 'schwarze Volk' auf das Niveau des weißen gehoben wird.

Diese rassistische Grundeinstellung erklärt die Reaktion der Missionare auf Thompson. Bei einem Weißen hätten sie Ehebruch ebenso verurteilt, aber vielleicht noch nach Erklärungen gesucht. Bei Thompson hingegen liegt die Erklärung für sein Verhalten von vornherein darin begründet, daß er Schwarzer ist.

Nach ihrer Scheidung bleibt Catherine weiter auf der Missionsstation und arbeitet als Lehrerin.

Anfänge in Afrika

Als Johannes Zimmermann im April 1850 in Afrika ankommt, ist Catherine, die wieder den Namen Mulgrave angenommen hat, bereits seit einem dreiviertel Jahr geschieden. Nun leben auf der Missionsstation

> *„J. Stanger samt Frau, W. Locher und Johannes Zimmermann. Lehrer haben wir zwei, Lehrerinnen haben wir ebenfalls zwei, nämlich: Frau Katharina Mulgrave und Jungfrau Regina Hesse."*

Johannes ist nun endlich im Land seiner Träume angekommen, wo er hofft, nach seinen eigenen Vorstellungen leben und arbeiten zu können. Er hat weitreichende Pläne. Er träumt davon, irgendwann in naher Zukunft eine christliche Siedlung nach dem Vorbild der schwäbischen Pietistengemeinde Korntal aufzubauen. Darüberhinaus hat er auch Kolonisationspläne, die er bereits in Basel vorgetragen hat. Er sieht die Lösung für die sozialen Probleme Europas und Deutschlands durch:

> *„Einwanderung der überschüssigen, mittellosen und um die Existenz ringenden Elemente der europäischen Kulturländer und durch deren Ansiedlung in den brachliegenden Ländereien des jungfräulichen Afrikas."*

Er möchte, daß Mission und wirtschaftliche Hilfe Hand in Hand gehen, weil dadurch seiner Meinung nach die Lebensverhältnisse aller verbessert werden könnten. Mit diesen Gedanken ist er seiner Zeit weit voraus.

Doch vorerst wird aus dem geplanten Vorhaben nichts, denn Johannes wird kurz nach seiner Ankunft schwer krank, er bekommt das gefürchtete Afrikafieber, die Ruhr.

Sein Zustand verschlechtert sich zusehends, dennoch nimmt er an einer Generalkonferenz der Missionare teil. Ein Thema, das bei dieser Konferenz angesprochen wird, ist die Basler Heiratsordnung, mit der offenbar etliche Teilnehmer uneinig sind. Zimmermann schreibt einen Brief nach Basel, in welchem er seine Einstellung zu diesem Thema offenlegt.

> *„Das erste [...] ist der Heiratspunkt. Wir haben in Beziehung auf ihn eine Bitte an die teure Comitee gewagt, deren Erfüllung einen oder mehrere Paragraphen unserer Instruktion ändern würde. [...] Als wir vor einem halben Jahr ankamen und drei Brüdern Bräute mitbrachten, tat es mir gleich wehe, diese Brüder, besonders Bruder Stanger, so geschwächt zu sehen und damals schon kam mir der Gedanke, es sei doch schwer, daß das Heiraten einem Bruder erst dann erlaubt werde, wenn er durchs hiesige Klima schon so geschwächt ist, daß er, menschlich gesprochen, dem Grabe zehn bis fünfzehn Jahre näher ist als bei seiner Ankunft, daß er kaum hoffen kann, kräftige Kinder zu zeugen [...]. Es war mir, als ob doch wenigstens die Anfrage um eine Gattin, wenn ein Bruder in seinem Berufe steht, zu jeder Zeit bei der teuren Comitee erlaubt sein dürfte (das ist ja keinem leiblichen Sohn, ja wohl fast keinem Menschen untersagt), damit doch nicht notwendig drei und mehr Jahre hingehen müßten, ehe ein Bru-*

der, der oft unter den allerschwierigsten Verhältnissen steht, die die Verbindung mit einer Gattin viel mehr wünschen, ja nötig machen, als weitaus die meisten Verhältnisse in der Heimat, sich verehelichen kann. [...] Ich weiß, daß der Herr alles ersetzen, alles ändern, die Jugend wie einen Adler erneuern und Unmögliches möglich machen kann. Aber sie selbst geben uns eine andere Definition von Glauben: Diese Verhältnisse sind nicht unabänderlich, es fragt sich, ob die liebe Comitee, wenn sie die Verhältnisse genau kennenlernt, nicht sich gerne entschließt, sie zu ändern. [...] Ich darf auch offen sagen, daß diese grobfleischlichen Versuchungen durchaus wenig wägen unter unseren Gründen und füglich ganz aus dem Spiel gelassen werden können, denn ich von meiner Seite aus muß sagen, bei alledem, was unter einem wilden Volke das Auge trifft und bei allem Einfluß des Klimas habe ich mit jenem weniger zu schaffen, als im abgeschlossenen, wohlverwahrten Missionshause. [...] Ich schwärme auch für das Ideal eines freien Missionars, der ungebunden von Dorf zu Dorf, von Stadt zu Stadt, von Land zu Land zieht und das Evangelium verkündet. Aber sie wissen wohl, die Wirklichkeit ist ganz anders, viel prosaischer, und darum glaube ich doch, ein Missionar, der verheiratet ist, anders beide im Herrn stehen können [...] als zwei ledige Brüder."

Wie von Zimmermann eigentlich nicht anders zu erwarten, hat er relativ scharf seine Abneigung gegen die Heiratsordnung ausgedrückt. Er mäkelt allerdings nicht nur herum, sondern argumentiert vernünftig und logisch und versucht 'die Komitee' mit ihren eigenen Waffen zu schlagen. Das wird in dem Satz „Ihr predigt, die Verhältnisse lassen sich ändern..." deutlich. Ob der letzte Absatz über die „grobfleischlichen Versuchungen" wirklich seine eigene Meinung wiederspiegelt oder der Versuch ist, sich den Vorstellungen des Komitees anzupassen, um damit eventuellen Spekulationen vorzubeugen, ist schwer zu sagen, vor allem im Hinblick auf seinen weiteren Lebenslauf.

Nach dieser Konferenz geht es Zimmermann gesundheitlich immer schlechter, so schlecht, daß ihm die anderen Missionare raten, Afrika so schnell wie möglich zu verlassen und sich in Europa behandeln zu lassen. In einem Brief an die „verehrte Comitee in Basel", der von den Missionaren Locher und Stanger unterzeichnet ist, wird dieser Punkt angesprochen.

„[...] so teilen wir Ihnen in Kürze mit, daß Bruder Zimmermanns Krankheit nicht nur nicht geheilt ist, sondern er auch in diesen Tagen wieder einen neuen, das heißt stärkeren Anfall erhielt. Wir teilen Ihnen dieses mit, weil wir es für nötig halten, daß Sie beizeiten davon in Kenntnis gesetzt werden. Nach menschlicher Ansicht wird er in Afrika nicht geheilt. [...] Wir kennen aber keinen Europäer hier, der von einer chronischen Dysnterie geheilt worden wäre. Auch ein sehr erfahrener europäischer Kaufmann sagte uns letzthin: „Hat diese Krankheit länger als drei Monate gedauert, so gehe man nach Hause." „

Einen Monat später später setzen sich Locher und Stanger wieder für Zimmermann ein.

> *„Da Bruder Zimmermann schon seit einem halben Jahr an der Dysenterie leidet, und auch die heiße Zeit bis jetzt keine Besserung gebracht hat, so gibt es nach menschlicher Anschauung keinen anderen Rat, als daß er nach Hause geht. Er wird jedoch noch zusehen bis Neujahr."*

Zur gleichen Zeit sieht auch Zimmermann selbst keinen anderen Ausweg mehr, er weiß sich nicht mehr zu helfen und schreibt einen verzweifelten Brief nach Basel.

> *„Baldiger Tod oder Nachhausereise sind, menschlich gesprochen, die zwei Wege, deren einen ich gehen muß .[...] Nun, teure Väter. Stellen Sie sich ein wenig in meine Lage! [...] Es raten nicht allein alle Brüder, sondern auch andere erfahrene Männer der Küste zu schleuniger Heimreise - was soll ich dann tun? Ist das dann recht für mich zu bleiben und vielleicht zu sterben? Darf ich das als den Willen des Herrn anerkennen?"*

In Basel reagiert man nicht auf diesen Hilferuf. Es vergehen etliche Wochen, bis er eine Art Antwort erhält. Hier wird aber nicht auf seine persönliche Lage eingegangen, sondern nur auf einen generellen Beschluß verwiesen. Danach soll ein kranker Missionar so lange auf seinem Posten ausharren, auch mit der Gefahr zu sterben, bis er die Erlaubnis zur Heimreise erhält. Von solch einer Erlaubnis ist in diesem Brief allerdings keine Rede.

Inzwischen nimmt Zimmermann sein Schicksal selbst in die Hand. In seiner Not und Verzweiflung vertraut er sich einem afrikanischen Medizinmann an, der ihn schließlich heilt.

Das ist ein bedeutender Wendepunkt in Zimmermanns Leben. Von diesem Zeitpunkt an, so scheint es jedenfalls, beginnt er, sich bewußt an Afrika zu binden und von Europa abzuwenden.

Auch seine Haltung den Eingeborenen gegenüber, die ihn wegen seiner Stahlbrille „Eisenauge" nennen, wird durch diese Erfahrung beeinflußt. Er will *„den Afrikanern ein Afrikaner sein."* Die Erkenntnis, daß das Komitee in Basel unmißverständliche Härte gezeigt und im Grunde genommen seinen möglichen Tod in Kauf genommen hat, und das vermutlich aus finanziellen Erwägungen - die Heimreise und medizinische Versorgung hätten einige Kosten verursacht - muß ihn getroffen haben. Das ist für ihn allerdings kein Grund, sich beispielsweise von der Mission zu lösen, einen solchen Schritt zieht er wahrscheinlich nicht einmal in Betracht.

Er ist mit Leib und Seele Missionar, und „das Werk des Herrn voranzutreiben" ist seine Lebensaufgabe.

Vielleicht sieht er in seiner Heilung durch einen afrikanischen Medizinmann ein Zeichen Gottes, sich nun voll und ganz auf Afrika zu konzentrieren und Europa den Rücken zu kehren. Zimmermann wird im heutigen Sinne zum Aussteiger.

Die Beschreibung Theodor Bohners,[480] der aus zeitgenössischen Berichten 1935 eine Biographie Zimmermanns zusammengestellt hat, könnte ein Indiz für die Richtigkeit dieser Vermutung sein. Nach zwanzigjähriger Missionsarbeit in Afrika können wir uns Zimmermann so vorstellen:

„Er hat ein buntes Flanellhemd an, das breit und ungegürtet über eine schwarze Pumphose fällt. Seine Beine stecken in weißen Wollsstrümpfen und derben Negerpantoffeln (!). Auf sein lang wallendes Haupthaar hat er ein Negerbastkäppchen (!) gedrückt. Einer seiner Begleiter trägt ihm seinen Hut nach, den bei allen Missionsgeschwistern berühmten, zwanzig Jahre alten Hut von Hutmacher Haller in Stuttgart. Der Wunderhut hält dem langen Leben im Urwald nur noch Stand, weil ihn ein waschbarer Leinenüberzug schützt."

„Vermählung mit Afrika"

1851, Johannes Zimmermann ist erst ein Jahr in Afrika, erhält die Basler Leitung einen persönlichen Brief von ihm. In Basel erwartet man entweder die Nachricht von seinem Tod oder seine Bitte, Afrika verlassen und heimkehren zu dürfen. Doch es kommt viel schlimmer. Zimmermanns Brief enthält eine Nachricht, die in Basel Empörung und Entsetzen auslöst. Er schreibt:

„Im Begriff gegen eine Ihrer bestimmten Verordnungen zu handeln, ergreife ich diesmal mit etwas schwerem Herzen die Feder. [...] Ich habe im Sinne, wie Sie aus dem Auszug aus unserem Konferenzprotokoll ersehen, mich in den nächsten Tagen mit unserer Schwester, Frau Mulgrave, zu verehelichen, ohne zuvor Ihre Erlaubnis eingeholt zu haben und ohne zuvor zwei Jahre hier gewesen zu sein."

Mit dieser Nachricht stellt er das Komitee vor vollendete Tatsachen. In seinem Brief begründet er ausführlich, warum er diesen Schritt tut. Er schildert, daß er sich bereits in der Heimat öfter überlegt habe,

„[...] ob es nicht für den Missionar in Leben und Beruf, besonders in Afrika, förderlich wäre, mit Verleugnung einiger gemütlicher Annehmlichkeiten und Genüsse eine begehrte Eingeborene zu heiraten, im Falle er das Heiraten überhaupt im Sinn hat."

Mit dieser Einstellung sei er nach Afrika gekommen.

„Bald sah ich ein, welche verlassene Stellung Frau Mulgrave hatte. Wir Brüder sprachen oft darüber, daß es unsere Pflicht sei, für sie Sorge zu tragen. [...] Es war uns von Anfang an klar, es wäre für sie und unser Werk das Beste, wenn einer von uns Brüdern die Freudigkeit hätte, ihr die Hand zu geben. [...] Dann wurde ich krank und dachte eher ans Sterben, als ans Heiraten. Vor sechs Wochen endlich kam ich völlig hergestellt von Acropong zurück. Ich erklärte den Brüdern, als wir wieder auf die Sache

---

[480] T. Bohner: Der Schuhmacher Gottes. 1935.

> *zu sprechen kamen, daß da ich jetzt gesund sei, so wolle ich, im Falle mir der Herr in den Umständen Winke dazu gebe, ihr meine Hand anbieten."*

Er habe sich dann mit den anderen Missionaren überlegt, ob er, ohne Catherine vorher zu fragen, in Basel um Heiratserlaubnis nachsuchen solle. Das aber hätten die anderen Brüder als unnatürlich (!) empfunden und ihm geraten, vorher mit ihr zu sprechen.

> *„So ging ich, nachdem der Herr noch einige andere Hindernisse aus dem Weg geräumt hatte, zu Frau Mulgrave und fragte sie um ihre Hand mit Vorbehaltung der Genehmigung des Komitees."*

Nach dem letzten Satz fügt er hinzu:

> *„Zugleich aber hielt ich mich für verpflichtet, daß im Falle die liebe Comitee uns Ihr Ja-Wort nicht gebe und sie es nicht vorziehe, ihr Wort zurückzunehmen, ich ihr mein Wort halte."*

Dies ist gewissermaßen eine Kampfansage an das Komitee, er wird sich von seinem Entschluß nicht abbringen lassen, komme was wolle. Weiter führt er aus, daß alles für eine sofortige Heirat spreche, da:

> *„[...] ein sechs- bis achtmonatliches Warten unter den hiesigen Verhältnissen und Anschauungen keinen guten Eindruck gemacht hätte, auch wirklich, namentlich bei meiner lieben Braut, die so verlassen dasteht, nicht leicht gewesen wäre."* Außerdem

> *„Ohne eine eigene Haushaltung kann ich meine Zöglinge (jetzt sechs) nicht in christliche Ordnung bringen. [...] Zu Hause würde, wenn ein Mann beides zu leiten hätte, eine kleine Anstalt und eine Schule, jedermann sagen, er brauche eine Hausfrau: hier aber ist dies noch nötiger [...]."*

Seine entschlossene Haltung kommt in den nächsten Sätzen noch deutlicher zum Ausdruck.

> *„Aber, so fragte ich mich und die Brüder, wie uns vor der werthen Komitee verantworten, wie mit den geistlichen und weltlichen Behörden ins Reine kommen. Ich legte die Sache der Konferenz vor. [...] Eine Antwort von Herrn Inspektor Hoffmann (in einem Brief an die Brüder vom 22.03.1849) auf Bruder Schiedts Anfrage gaben den Ausschlag. Dort heißt es unter anderem wörtlich, daß in einem solchen Fall der Missionar mit seiner Familie auf alle bürgerlichen Verhältnisse in der alten Heimat verzichten müsste. Dazu war und bin ich bereit [...] Ich sah, sobald ich die Bestimmung erhielt, Afrika als meine Heimat an, und hätte es die werthe Comitee nicht anders verlangt, ich wäre lieber als Ausländer, denn als Angehöriger der Heimat in die Heidenwelt gegangen. Nur im äußersten Notfall würde ich mich bleibend wieder in die teure Heimat niederlassen [...]."*

Er schließt seinen Brief mit den Worten:
> *„Nach meiner Instruktion hätte ich mich bereits als entlassen zu betrachten, aber die Brüder und ich glaubten, die liebe Comitee werde einsehen, daß die Sache durchweg ein Ausnahmefall ist [...]. Ich weiß, daß ich nicht persönliche Genüsse und Vorteile für mich im Auge hatte, sondern das Werk des Herrn einerseits und den verlassenen Zustand meiner Braut andererseits. [...] Die Hochzeit gedenken wir zu feiern, während die Brüder vom Busch noch hier sind, sonst hätten wir länger gewartet. [...]"*

Zimmermann hat sich mit diesem Schritt über sämtliche Regeln hinweggesetzt und einmal mehr bewiesen, daß er seinen eigenen Weg geht. Die Gründe, die er dem Komitee für seine Heirat nennt, entsprechen vermutlich nur der halben Wahrheit. Beispielsweise, daß er Catherine nur deshalb heiraten will, weil sie so einsam und verlassen ist und er sie aus ihrer Not 'befreien' muß. Möglicherweise will er damit an das Mitgefühl des Komitees appellieren. Er muß Catherine wahrscheinlich wirklich geliebt haben. Er ist bereit, für sie einiges zu opfern. So nimmt er seine mögliche Entlassung aus dem Missionsdienst in Kauf - ebenso, das bürgerliche Heimatrecht zu verlieren. Er ist also bereit, sämtliche Brücken hinter sich abzubrechen. Er muß sich von vornherein im klaren darüber gewesen sein, welchen Skandal er verursachen wird, wenn er ohne Erlaubnis eine geschiedene Mulattin mit zwei Kindern heiratet. Daß sie Lehrerin, gebildet und Pietistin ist, fällt dabei nicht so sehr ins Gewicht, als daß sie schwarz und geschieden ist.

Zimmermann bezeichnet seine Verbindung mit „Kätherle", wie er sie liebevoll nennt, als „Vermählung mit Afrika". Das hat für ihn eine umso tiefere Bedeutung, als er sich damit endgültig von der Heimat löst und seine Verbundenheit mit Afrika auch zu einer persönlichen Bindung wird.

Über Catherines Reaktion haben wir leider keine Aufzeichnungen. So müssen wir uns wieder mit möglichen Interpretationen begnügen. Einleuchtend erscheint, daß sich ihre persönliche Lage als Frau eines Missionars verbessern wird, als weiterhin geschiedene Mutter zu bleiben. Eine Wiederheirat bietet ihr quasi die 'Chance, sozial rehabilitiert zu werden'. Ihre ökonomische Situation bietet für diesen Schritt natürlich auch einen gewissen Anreiz, denn wir wissen, daß sie nach ihrer Scheidung für die Kinder finanziell allein aufkommen mußte. So aber übernimmt die Basler Mission wieder die Versorgung der Familie. Dies wären vorwiegend pragmatische Gründe, einer Heirat zuzustimmen. Interessant wäre natürlich zu erfahren, ob sie jedem anderen Missionar ebenfalls das Ja-Wort gegeben hätte oder, ob ihre Entscheidung mit der Person Zimmermanns zusammenhing, sie sich also in ihn verliebt hatte. Vielleicht hing ihr Entschluß auch damit zusammen, daß sie das Gefühl hatte, sich auf den entschlossenen Zimmermann verlassen zu können, anders als bei Thompson, denn sie wußte ja, welche Schwierigkeiten er um ihretwillen in Kauf nahm.

Möglicherweise sah es aber auch ganz anders aus und sie hat, wie so viele Frauen vor ihr und nach ihr, in der Anfrage ein Zeichen und den Willen Gottes gesehen.

Reaktion des Komitees

Das Komitee in Basel ist fassungslos. Daß Johannes Zimmermann ein Querkopf ist, ist allgemein bekannt, doch, daß er so eine Unverfrorenheit besitzen würde, damit hat offensichtlich niemand gerechnet. Es wird erwogen, ihn sofort aus dem Missionsdienst zu entlassen, mit 'voller Härte durchzugreifen'.
Die Behandlung des 'Falles Zimmermann' zieht sich über mehrere Seiten im Komiteeprotokoll hin. Es ist die Rede von „einem gesetzwidrigen Schritt Zimmermanns", von einer „überraschenden Nachricht, die zu allerlei Beunruhigung Anlaß gebe". Zimmermanns Eigenmächtigkeit und Voreiligkeit wird „getadelt". Nachdem sich die erste Aufregung gelegt und die Wogen der Empörung sich geglättet haben, scheint man in Basel zu begreifen, daß es das Beste sein würde, die ganze Angelegenheit hinzunehmen. So kann das Komitee das Gesicht wahren, denn durch eine Entlassung Zimmermanns würde nur noch mehr Aufsehen erregt und Zimmermann möglicherweise zum „Märtyrer hochstilisiert" werden. Das möchte das Komitee unter allen Umständen vermeiden, da es durch ihn sowieso schon in eine peinliche Situation gebracht wurde, indem er öffentlich an der Autorität der Basler Leitung gekratzt hat. Ironischerweise werden im Komiteeprotokoll eben die Gründe, die Zimmermann selbst bereits als Argumente für eine Heirat mit Catherine angeführt hat, nämlich ihre verlassene Stellung und seine Sehnsucht nach einem eigenen Haushalt, als ausschlaggebende Gründe des Komitees genannt, dieser Heirat zuzustimmen. So hat Zimmermann also indirekt Schützenhilfe geleistet, indem er dem Komitee seine Argumente 'mundgerecht' vorgelegt hat.
Dennoch kann das Komitee diese Heirat nicht 'als in Ordnung' ansehen. Es muß Zimmermanns eigenmächtiges Tun, allerdings ohne ihn aus dem Missionsdienst zu entlassen, in jedem Fall sanktionieren, um damit die eigene Autorität wieder herzustellen. So wird folgendes beschlossen:

> *a) Die Nichtbehandlung der Instruktion wird von der Comitee bedauert und rücksichtlich der Folgen mit Beunruhigung angesehen.*
> *b) Bruder Zimmermann wird in Betracht seines im Verlauf des letzten Jahres bewiesenen Verhalten und in Besonderheit, weil seine Heirat dem Missionswerk Vorschub zu leisten verspricht, samt seiner Braut (Frau) als unsere Missionsmitarbeiter beibehalten.*
> *c) Die Comitee hält in Übereinstimmung mit Bruder Zimmermann dafür, daß durch diese Heirath die heimatlichen bürgerlichen Verhältnisse aufgelöst seien und sich derselbe von nun an als definitiv in Afrika stationiert anzusehen habe.*

> d) *Der Generalkonferenz ist unter Mitteilung dieses Beschlusses zu bemerken, die Comitee habe aus ihrem Protokoll mit Befremden ersehen, daß sie eine bestimmt gegen die Instruction streitende Handlung so leicht als Ausnahmefall zu rechtfertigen versucht habe, was für die Zukunft umso weniger angehe, als dadurch die Verantwortlichkeit des handelnden Bruders nicht würde gemindert werden."*

Mit diesem Beschluß wird Zimmermann eine eventuelle Rückkehr in seine Heimat unmöglich gemacht, die 'Bestrafung' ist in den Augen „der Comitee" seine 'lebenslange Verbannung nach Afrika'. Er wird in Basel zur persona non grata. Am 5. Juni 1851 heiraten Johannes Zimmermann und Catherine Mulgrave in Christiansborg. Catherine ist über Umwege zum zweitenmal Missionsbraut geworden. Daß die Ehe der beiden wohl glücklich gewesen ist, daß „Kätherle" und „Eisenauge" eine Symbiose europäischer und afrikanischer Lebensweise gelungen ist, geht aus der späteren Schilderung eines Zeitgenossen, der sie besucht hat, hervor.

> *„Das Haus ist wie eine Negerhütte mit Steppengras gedeckt. Doch der weiße Anstrich mit Muschelkalk, die dunkelbraunen Läden aus dem festen Holz der afrikanischen Eiche, die hellen Glasfenster und die Galerien um den ganzen Bau verraten, wer hier wohnt. Bruder Zimmermann zieht die Luft mit der Nase ein. „Das Kätherle muß Pfannkuchen für uns gebacken haben", ruft er schmunzelnd. Kätherle, auch im Busch europäisch angezogen, ist befangen. Als aber die fünf Kinder nach Hause kommen, schwindet alle Verlegenheit. Sie reden wie ihre Eltern Deutsch, Englisch, Ga und Schwäbisch durcheinander."*

Catherine und Johannes Zimmermann kamen im September 1876 nach Gerlingen. Drei Monate später starb Johannes Zimmermann dort. Catherine kehrte daraufhin nach Afrika zurück.

Exkurs: Scheidung - Die Trennung im Leben

Die Fälle, in denen eine Hochzeit 'platzte' und eine Beziehung bereits im Vorfeld nicht zustandekam, sind, was das vorliegende Quellenmaterial betrifft, selten - sie bilden die Ausnahme.

Noch seltener beziehungsweise weniger präsent sind Fälle, in denen eine bereits bestehende Beziehung, eine Ehe, in die Brüche ging und eine Scheidung erwogen wurde. Bei der Durchsicht des Familienregisters im Archiv der Basler Mission, in welchem die Ehepartner und die aus dieser Ehe hervorgegangenen Kinder verzeichnet sind, zeigt sich, daß eine Ehe in der Regel erst mit dem Tod eines der Partner endete, wobei dies häufig die Ehefrau war.

Dies sagt jedoch wenig über die Qualität der Ehen aus: dieses Thema bleibt ein 'blinder Fleck', da er in der Korrespondenz und auch in den Tagebüchern - wenn überhaupt - nur verschlüsselt thematisiert wird. Doch finden sich immer wieder Hinweise und Anmerkungen hinsichtlich bestimmter Themenbereiche, die darauf schließen lassen, daß eben diese sich belastend auf die Partnerschaft auswirken konnten.

So sind beispielsweise häufige Schwangerschaften, die oft ungesunden klimatischen Verhältnisse und fast immer das wiederholte Alleinsein der Frauen, wenn sich die Missionare auf Predigtreisen befinden, ein wiederkehrender Grund für Unmutsäußerungen, die die Skala von ironisch bis resigniert umfassen können. Doch stellt sich dabei die Frage, ob sich daraus eine grundsätzliche Kritik an der Beziehung ableiten läßt oder, ob es sich nicht eher um Kritik handelt, die sich auf konkrete Umstände bezieht. Allgemeine Aussagen über die Qualität der Ehen lassen sich also schwer treffen. Außerdem wäre hierbei auch die Frage nach den Kriterien zu stellen, mittels derer Qualität bemessen werden könnte. Unter dem Gesichtspunkt einer gemeinsamen Anstrengung für ein 'Höheres', der 'Arbeit für das Reich des Herrn', dem alles andere unterzuordnen ist, 'funktionierten' die Partnerschaften offenbar, die Frage nach der subjektiven Zufriedenheit wäre innerhalb dieses Kontextes zweitrangig. Das Erleiden und Ertragen von schwierigen Lebensumständen, worunter auch eine unbefriedigende Beziehung fallen kann, ist darüber hinaus 'pietistisches Programm', das zum persönlichen Wachstum beiträgt.

Erst das Scheitern wird aktenkundig, wie Dokumente aus dem Archiv der Basler Mission, die den Fall Bretschneider überliefern, zeigen. Von Bedeutung ist dabei auch die Tatsache, daß dieser Fall heute noch nachvollziehbar ist und nicht etwa missionsintern 'vertuscht' wurde, indem darüber beispielsweise keine Aufzeichnungen gemacht wurden. Der Fall Bretschneider ist nicht repräsentativ, er ist in gewissem Sinne singulär[481] - doch nicht minder wichtig, weil er sowohl auf den Umgang mit dem Tabu ein Licht wirft, als auch darauf, welcher der beiden Partner für die Mission von größerer Bedeutung und Wichtigkeit war.

---

[481] Bei nicht systematischer Durchsicht des Familienregisters und der Komiteeprotokolle sind drei weitere Fälle, in denen eheliche Schwierigkeiten dokumentiert wurden, aufgefallen:
1.) Catherine Mulgrave und George Thompson, deren Ehe 1850 in Ghana geschieden wird wegen Untreue des Ehemannes. Vgl. die Paargeschichte der vorliegenden Arbeit: „Vermählung mit Afrika".
2.) Paul Hutter und Berta Rottmann. In erster Ehe mit dem Missionar Hans Heinrich Glättli verheiratet, vermählte sie sich nach dessen Tod mit Paul Hutter. Die Ehe mit Paul Hutter dauerte eineinhalb Jahre, 1901 wurde die Scheidungsklage eingereicht und 1906 kam es zur Scheidung. Paul Hutter war Missionskaufmann an der Goldküste und trat 1901 aus der Basler Mission aus, um seine kranke Mutter zu pflegen. 1903, also zwei Jahre nach der Scheidungsklage und drei Jahre vor der rechtsgültigen Scheidung, kehrte er nach Afrika zurück. In einem Rundschreiben, das von Frieda Mischler verfaßt worden ist und sich im Archiv der BM befindet, (ABM: FR 1890-1913 Bd. 2. BVPF 1367. Akte Paul Hutter) die auf einer Rundreise durch Afrika offensichtlich Paul Hutter begegnete, heißt es über ihn: „Früh am Morgen brachen wir wieder auf, um die Reise nach Osten fortzusetzen. Schon bald waren wir in Kete-Krachi, wo wir einen alten Schweizer besuchten, der 81 Jahre alt ist (Paul Hutter starb 1949 im Alter von 83 Jahren). Er ist seit 46 Jahren nicht mehr in der Schweiz gewesen, er hat gar keine Angehörigen mehr, kennt keine Leute mehr daheim, seine Heimat ist Afrika geworden. Hier will er sterben. Er wohnt in einem afrikanischen Gehöft unter Kokospalmen, nahe am Volta-Strand."
3.) Gotthilf Christian Benner und Louise Schönleber. Heirat 1881 in Kalikut/Indien. 1899 Beginn von Eheschwierigkeiten. Während des Heimaturlaubes Ehebruch der Ehefrau, während Benner noch in Indien ist. Nach seiner Rückkehr nach Europa möchte er sich allein wieder nach Indien aussenden lassen, also die Trennung von seiner Frau, doch ohne Scheidung. Im KP aus dem Jahre 1900, Sitzung 17. Oktober unter § 500, 816 wird bemerkt: *„Die Handlungs-und Industriekommission könnte den tüchtigen Mann wohl bemühen. Sie würde ihn ohne seine Frau aussenden, falls das Komitee dies gutheißen würde, mag aber die Verantwortung dafür nicht übernehmen. Der Inspektor stellt fest, daß zwischen den Eheleuten Benner keine Herzensgemeinschaft bestehe. Ihre Ehe sei eine unglückliche, die Frau mache es dem Mann schwer die Stellung in der Familie einzunehmen, die ihm als Haupt der Familie zukäme. Beide wären froh, wenn man den Mann nach Indien aussenden würde."* Im Endeffekt wird allerdings beschlossen, Benner nicht wieder auszusenden. Er wird als Leiter der Württembergischen Arbeiter-Kolonie Erbach vorgeschlagen und für einen Posten in Konstanz ins Auge gefaßt. Der Hintergrund dieser Verfahrensweise liegt darin, daß Benner als geschiedener Missionar wieder in den Missionsdienst gestellt werden könnte, daß aber, falls er mit seiner Frau zusammenbleibt, diese in jedem Fall aus dem Missionsverband ausgeschlossen wird, wodurch er ebenfalls seine Stellung verliert. Dieser Fall zeigt eindeutig, daß mit zweierlei Maß hinsichtlich der Untreue von Männern und Frauen gemessen wurde. Bretschneider, der des Ehebruchs bezichtigt wird, wird im Missionsverband belassen, während die Missionarsfrau Benner aus dem gleichen Grund ausgeschlossen wird. Das Ehepaar Benner wurde nicht geschieden und zusammen aus der Mission ausgeschlossen.

Trennungen und Scheidungen waren im missionsinternen Kontext nicht vorgesehen, somit war ein Scheidungsfall der 'unvorhergesehene Fehler im Programm', durch den zugleich Schwächen des gesamten Systems bloß- und offengelegt wurden. Am Einzelfall dokumentiert, werden Handlungs- und Verhaltensmuster der beteiligten Personen und der Instanz des Komitees sichtbar, die grundsätzliche Denkstrukturen in bezug auf das Geschlechter- und das missionsinterne Geschwisterverhältnis sowie der übergeordneten Machtverhältnisse verdeutlichen.

Der Fall Bretschneider, der 1911 'aufgedeckt wird', enthält, davon abgesehen, sämtliche Elemente eines 'modernen Scheidungsdramas'. Mit einigen Modifikationen könnte er auch als Beispiel für heutige 'säkulare Scheidungs-Schlammschlachten' gelten, in bezug auf den verlassenen Partner.

Bretschneider gegen Bretschneider

Im Jahre 1893 heiratet der aus dem sächsischen Königstein stammende Friedrich Hermann Bretschneider in Coonoor, Indien, Ellen Stokes, Tochter eines gebürtigen Inders, der im Basler Missionshaus zum Missionar und in Edinburgh zum Missionsarzt ausgebildet worden ist und daraufhin in dieser Funktion in Indien auf verschiedenen Missionsstationen arbeitet. Ihre Mutter ist eine gebürtige Engländerin namens Mary Anne Hill. Ellen Stokes ist also als Missionarstochter in Indien geboren und lebt bei ihren Eltern.

Für Friedrich Bretschneider ist sie die 'zweite Wahl', nachdem er bereits eine Absage von einem gewissen Frl. Dörr erhalten hat. Er lernt Ellen mit Erlaubnis des Komitees vor seiner Heiratsanfrage persönlich kennen, da er im selben Missionsgebiet, in dem Ellen mit ihren Eltern lebt, arbeitet. Auf der Missionsstation von Familie Stokes findet dann auch die Hochzeit statt.

1894, ein Jahr später, wird der erste Sohn, William Hermann, geboren, 1898 folgt der zweite Sohn, Friedrich Konrad, und 1904 wird das letzte Kind, Heinrich Adelbert, geboren. Beim letzten Kind ist Ellen Bretschneider 36 Jahre alt. Während dieser Jahre scheint es in der Partnerschaft zu Konflikten gekommen zu sein, über die Ellen offenbar auch ihre in Indien ansässige Familie unterrichtete. Friedrich Bretschneider scheint seine Frau betrogen zu haben. Doch erst im Jahre 1911 kommen die 'zerrütteten Verhältnisse' auch im Komitee zur Sprache. Anonyme Briefe, die Ellen Bretschneider erhält, worin Mutmaßungen über erneute 'Verfehlungen' ihres Ehemannes, Friedrich Bretschneider, angestellt werden, bringen den Fall ins Rollen.

Inspektor Frohnmeyer, der sich zu diesem Zeitpunkt auf einer Inspektionsreise in Indien befindet, erhält von dem damaligen Direktor der Basler Mission, Oehler, folgendes Telegramm:

> *„Lieber Freund. Am 5. Januar schrieb ich Dir in der Angelegenheit Bruder Bretschneiders und bat Dich sie zu untersuchen und etwa ihn zu Dir nach Kalikut kommen zu lassen. [...] Bruder Bretschneider macht mir*

eingehende Mitteilungen über sein eheliches Verhältnis. Er gibt zu, daß das Verhalten seiner Frau ihn dazu gebracht habe, sich einige Mal bei Nacht in das Zimmer des Hausmädchens begeben zu haben, aber, er schreibt wörtlich, „ich kam in Versuchungen, kann aber dem Herrn danken, daß er mich vor dem Übel bewahrt hat." Diese Vorkommnisse liegen überdies viele Jahre zurück und es kam damals eine Aussöhnung zustande und sie lebten dann in bestem Einvernehmen. Das Ergebnis dieser Denunziationen [...] war dann das Verlangen der Frau Bretschneider sich von ihrem Mann zu trennen. [...]. A. teilt mir heute mit, daß die veranstaltete Untersuchung keine Schuld Bretschneiders ergeben hat. Ich höre auch, daß ihm Bruder Ritter und überhaupt die Mangalorer Brüder ein gutes Zeugnis geben. Wenn also nicht ein Brief Bretschneiders an seine Frau, den diese als Beweisdokument, daß Bretschneider seine Schuld anerkannt habe, an ihren Bruder Willy geschickt hat, damit er ihn Dir vorlege, einen Beweis beibringt, daß sich Br. Bretschneider damals eines fleischlichen Verkehrs mit dem Hausmädchen schuldig gemacht hat, oder, daß in den letzten Jahren neue Verfehlungen in dieser Richtung vorgekommen sind, so dürfte von einer neuen Untersuchung der Sache abgesehen werden. [...] Wenn man Br. Bretschneider glauben darf, kam es überhaupt nicht zur Tat."[482] Und er schließt mit den Worten:

„Aber so wie sich mir jetzt die Sachen darstellen, glaube ich, daß man das Vergangene vergangen sein lassen, auf eine förmliche Untersuchung verzichten und Bruder Bretschneider in der Mission lassen darf."[483]

Der Tenor diese Telegramms ist relativ eindeutig. Es soll möglichst nicht zuviel Staub aufgewirbelt werden. Bretschneiders Verhalten ist zwar moralisch nicht ganz einwandfrei, doch fehlen die Beweise, wobei die Beweislast bei seiner Frau liegt. Denn für Bruder Bretschneider steht nicht nur seine Ehe auf dem Spiel, sondern auch ein eventueller Ausschluß aus der Mission. Zwischen den Zeilen wird deutlich, daß der nicht 'stattgefundene Fehltritt' vor allem mit dem „Verhalten seiner Frau" zu tun habe, wodurch sie dann eine Mitschuld träfe. Durch ihre abweisende Haltung hat sie ihn also angeblich dazu gebracht, das Zimmer des Hausmädchens, einer „eingeborenen Frau" aufzusuchen. Das Komitee in Basel glaubt ihm, weil es ihm glauben will. Auch die Brüder in Indien stehen auf seiner Seite. Zeitgenössische männliche Denkmuster, die dem 'Wort eines Mannes' mehr Gewicht beimessen als dem einer Frau, finden sich also auch missionsintern. Ellen Bretschneiders Aussagen werden zuerst einmal als 'bloße' Behauptungen aufgefaßt, wobei die Beweislast bei ihr selbst liegt.

Das Verhalten des Komitees scheint auf den ersten Blick gerecht und um objektive Beurteilung bemüht, da Bretschneider nicht sofort verurteilt wird, sondern der Grundsatz des 'in dubio pro reo' gilt. Auf den zweiten Blick wird dabei et-

---

[482] ABM: KP Brief von Direktor Oehler, Basel, an Inspektor Frohnmeyer, Kalikut/Indien. Datiert 17. 02. 1911.
[483] Ebd.

was anderes deutlich, nämlich die eindeutige Wertigkeit der beiden Ehepartner für die Mission. Der Missionar, in den man eine jahrelange Ausbildung investiert hat, ist für die Missionsgesellschaft wichtiger als die Missionarsfrau. Wird etwa Friedrich Bretschneider ohne Schuld von seiner Ehefrau verlassen, zwingt sie ihn zur Scheidung, dann kann er wieder heiraten und steht weiterhin der Mission zur Verfügung, anders als Ellen Bretschneider, die im Falle einer Scheidung der Mission nichts mehr nützt. So kommt man dem 'Nichtverurteilen' des Bruder Bretschneiders gerne nach, vor allem auch, wenn andere Mitglieder ihm ein gutes Zeugnis ausstellen.

Das Komitee in Basel scheint anfangs der Meinung zu sein, den 'Fall wieder hinbiegen zu können' und in 'guter protestantischer Tradition'[484] dahingehend auf das Paar einwirken zu können, daß eine erneute Versöhnung zustande kommt. Doch Ellen Bretschneider, die sich mittlerweilen mit ihren Kindern in Tübingen aufhält, vermutlich auf Erholungsurlaub, das geht aus den Akten nicht hervor, ist anderer Meinung. Ihr Entschluß steht fest, sie nimmt ihr Leben selbst in die Hand und plant eine Zukunft ohne Friedrich Bretschneider. An Direktor Oehler schreibt sie:

> *„Von Mangalur fehlt mir noch jede Nachricht, aber wie auch das Resultat betr. Herrn Bretschneiders ausfallen möge, mein Entschluß steht auch heute noch fest. Es ist mir unmöglich mit Herrn Bretschneider(sic!) wieder zu leben und ich fühle, wie sie verstehen werden, daß ich nur Ruhe finden kann, wenn ich das Verhältnis endgültig mit ihm löse. Um nun auch selbst nicht hülflos in der Welt dastehen zu müssen, auch, wenn es sein muß, meinen Unterhalt selbst verdienen zu können, habe ich an der hiesigen Universitäts-Frauenklinik einen Hebammenkurs begonnen, wie es für die Missionsschwestern aus dem Institut für ärztliche Mission hier gehalten wird. Ich werde nach Absolvierung dieses Kurses, der bis Oktober dauert, ein Zertifikat zur Ausübung des Hebammenberufes in England bekommen, ich habe gerade diesen Beruf gewählt, weil ich in Indien praktische Erfahrungen sammeln konnte. Darf ich Sie bitten, mir die Kosten für diesen Kurs, die 66 Mark betragen, zu bewilligen? [...] Ich weiß nicht, wie ich von meiner, mir zugestandenen Verwilligung, die kaum ausreicht, die Kosten meines Haushalts und das Schulgeld für meine Kinder aufzubringen, diesen Posten begleichen soll."*[485]

Ellen Bretschneider präsentiert sich hier als 'starke Frau', die versucht, ihr Leben in den Griff zu bekommen und eine Scheidung ins Auge faßt, die im Kontext der Mission und auch innerhalb des bürgerlichen Kontextes ein Tabu dar-

---

[484] Vgl. D. Blasius: Bürgerliche Rechtsgleichheit und die Ungleichheit der Geschlechter. 1988, S. 67-84, hier S. 78.

[485] ABM: Schriftstück 220. Brief v. Ellen Bretschneider, Tübingen an Direktor Oehler, Basel. 20.02.1911.

stellt.[486] Für Ellen Bretschneider muß der Mut und die Entschlossenheit, mit der sie auch in anderen Schriftstücken immer wieder beteuert, nie mehr mit diesem Mann leben zu können, einem enormen Leidensdruck entsprungen sein, der sie letztendlich dazu befähigte, auszubrechen und 'aus dem System auszusteigen'.

Willy Stokes, ihr Bruder, bestätigt in einem Brief, den er an Direktor Oehler schreibt, diesen Eindruck, schildert die jahrelangen - vor den Augen der Missionsöffentlichkeit verborgen gebliebenen - Demütigungen und verweist auf einen überaus zentralen Beweggrund, der seine Schwester in ihrem Beschluß bestärkt hat: nämlich die Angst vor ihrem Ehemann. Außerdem schildert er den Verlauf der 'indischen Schlammschlacht', die Friedrich Bretschneider zu seiner Verteidigung innerhalb der Missionsfamilie veranstaltet.

„Er (Bretschneider) hat jedenfalls ein schlechtes Gewissen und kommt deshalb nicht zu mir. Von verschiedener Seite habe ich gehört, daß Bretschneider mit den Geschwistern in Mangalore von seinen Familienangelegenheiten spricht und zwar in einer Weise, die ihn ganz rein wäscht und alle Schuld auf seine Frau wirft. Er erlaubt sich die anstößigsten Unwahrheiten über seine Frau zu sagen, er hat sogar behauptet, sie habe ihn verleiten wollen Geld zu nehmen aus der Kasse der Ziegelei. Er weiß sich so zu geben, daß man ihn für unschuldig hält und ihn als den duldsamen Teil ansieht. Br. Hofmann selbst sagte mir, es könne ihm keine Schuld

---

[486] D. Blasius führt aus, daß Scheidungen aufgrund eines relativ liberalen Scheidungsrechtes während des 19. Jahrhunderts nicht unüblich waren, doch gilt dies eher für untere soziale Schichten. Hier konnte eine Scheidung für eine Frau sogar von Vorteil sein, da sie dann Anspruch auf Unterhaltsleistungen hatte, die sie während der Ehe in nicht demselben Maße erhielt. Vor allem war sie dann auch frei für eine Wiederheirat, durch welche sie sich möglicherweise finanziell verbessern konnte. Offenbar wurden geschiedene Frauen der unteren sozialen Schichten weniger stigmatisiert als bürgerliche Frauen. Auch für adelige Frauen scheint eine Scheidung ebenfalls eher in Frage gekommen zu sein. Das 'bürgerliche Selbstverständnis', das sich in der Abwehrhaltung unteren Schichten gegenüber und in der Verachtung adeliger Kreise äußert, war vermutlich mit ein Hauptgrund dafür, daß Scheidungen als nicht 'gesellschaftsfähig' galten und geschiedene Frauen mit einem Makel behaftet waren. Vgl. D. Blasius: Bürgerliche Rechtsgleichheit und die Ungleichheit der Geschlechter. 1988, S. 79-80. Die Stigmatisierung geschiedener Frauen hat eine 'Traditionslinie', die sich im übrigen bis weit in das 20. Jahrhundert verfolgen läßt. Erst in den letzten beiden Jahrzehnten sind diese Verhaltensmuster auch aufgrund gesamtgesellschaftlicher Veränderungen aufgebrochen. Ehen werden heute teilweise ritualisiert beendet, dem Ritual bei der Hochzeit entsprechend, darauf weist C. Burkhardt-Seebass hin, die in diesem Zusammenhang von „Anti-Ritualen" spricht. Vgl. C. Burckhardt-Seebass: Lücken in den Ritualen des Lebenslaufs. 1990, S. 141-149. Zur Rechtslage von Frauen während des 19. Jahrhunderts vgl. U. Gerhard: Verhältnisse und Verhinderungen. 1981, S. 143-148. Zum Thema Scheidung speziell in Basel vgl. R. Wacker: „Die Ehe war keine glückliche". 1988, S. 107-123. „Im Jahr 1902 werden im Kanton Basel-Stadt 37 Ehen geschieden, in der Schweiz insgesamt 1108 Scheidungen ausgesprochen." S. 107. Vgl. zum Thema Scheidung auch S. Möhle: Ehekonflikte und sozialer Wandel. Göttingen 1740-1840. 1997.

nachgewiesen werden. Was er jetzt über seine Frau verbreitet, ist der Ausdruck seiner Rachegefühle. [...] Zeugen könnten nur die Frauen sein, mit denen er sich versündigt hat und die nun verheiratet in Mangalore leben, da es ihm jedoch gelungen ist, sie bis jetzt zum Schweigen zu bringen, wird es schwer halten, ihm ein Geständnis abzunehmen. [...]. Ich fühle es nur als meine Pflicht, Ihnen gegenüber meine Überzeugung auszusprechen, daß meine Schwester, wenn sie auch im Kleinen gefehlt haben mag, rein ist von den infamen Anschuldigungen, daß sie jahrelang in Geduld ihr Kreuz getragen hat und um ihrer Kinder willen immer wieder versuchte ihrem Mann zu vergeben und sich ihm anzupassen, daß sie gegen Herrn Bretschneider nun hilflos ist, dessen Sünde gewiß nie ans Licht kommen wird. [...] Auch begreife ich jetzt meine Schwester besser in ihrer großen Angst."[487]

Ellen Bretschneider wird offenbar keine Möglichkeit dazu gegeben, sich öffentlich gegen die gegen sie erhobenen Anschuldigungen von seiten ihres Ehemannes zu verteidigen. Dennoch wird in Basel über einen Ausschluß Bretschneiders aus der Mission nachgedacht. Eine Scheidung in die Wege zu leiten, scheint aber Schwierigkeiten zu machen, wie Direktor Oehler Ellen Bretschneider brieflich mitteilt.

„Eine förmliche Scheidung wird ohne Zweifel Schwierigkeiten haben, da die Vergehen, die Sie Ihrem Mann zur Last legen, schon so lange zurückliegen und Sie sich nachher wieder mit ihm ausgesöhnt haben. Damit werden gerade die wichtigsten Instanzen, die für eine Scheidung geltend gemacht werden könnten, für die gerichtliche Entscheidung ihre Bedeutung verlieren."[488]

Hier wird zweierlei deutlich: Das Komitee in Basel hat sich dazu entschlossen, das „Vergangene vergangen sein zu lassen" und grundsätzlich von einer Unschuld Bruder Bretschneiders, was neuerliche Untreue anlangt, auszugehen. Würde das Komitee eine Schuld Bretschneiders annehmen, so wäre dies für Ellen Bretschneider die Hilfe, die sie benötigt, um eine Scheidung einreichen zu können. Für das Leitungsgremium in Basel hat also nicht eine eventuelle Scheidung oberste Priorität, sondern die Frage eines eventuellen Ausschlusses des Missionars aus der Mission. Dies fordert beispielsweise Ellens Bruder Willy Stokes als eine Art Satisfaktion. Doch Friedrich Bretschneider gelingt es im Endeffekt, wohl auch mit Unterstützung der „indischen Brüder", eine Entlassung zu vermeiden. Ein halbes Jahr später schreibt Willy Stokes einen letzten empörten Brief an Direktor Oehler:

„Mit letzter Post hat uns nun meine Schwester das Schreiben mitgeteilt, in welchem die Handlungskommission ihr sagt, wie die Sache endgültig erledigt worden sei: ein Grund zur Entlassung von Herrn Bretschneider sei

---

[487] ABM: Brief v. Willy Stokes, Kalikut/Indien, an Direktor Oehler, Basel. 2. Mai 1911.
[488] ABM: Brief v. Direktor Oehler, Basel, an Ellen Bretschneider, Tübingen. 16. März 1911.

> nicht vorhanden, die Mission behalte ihn mit Freuden in ihrem Dienst und lasse es ihm völlig frei, ob und wie er mit seiner Verwilligung für den Unterhalt seiner Frau und Kinder sorgen wolle. [...]. Die Entscheidung ist für meine Schwester und ihre Familie unbegreiflich, zumal der Frau Bretschneider kein Wort zur Begründung dazu gegeben wird, wie ein Mann schwerer moralischer Fehler angeklagt ist und nach dem Zeugnis seiner Frau sich verschiedentlich vergangen hat, für unschuldig erklärt wird ohne weitere Untersuchung und zur Freude der Mission weiter in derselben dienen soll. Der einzige Grund kann der sein, daß Frau Bretschneider als eine Frau angesehen wird, die die Unwahrheit gesagt hat, denn, wenn ihrer Aussage Glauben geschenkt würde, könnte die Beurteilung Bretschneiders unmöglich so sein."[489]

Dieser Interpretation von Willy Stokes könnten auch wir uns anschließen, da sie größere Plausibilität besitzt. Interessant ist in diesem Zusammenhang, daß die oberste Instanz der Basler Mission durch diese Entscheidung zum einen die eigene moralische Ideologie in Frage stellt, zum anderen diese aber wiederum bestätigt, indem unbeabsichtigt die Doppelbödigkeit dieser Ideologie aufgedeckt wird. Auf den Punkt gebracht bedeutet dies: was nicht sein darf, kann auch nicht sein. Die Verliererin dieser Geschichte - aber auch Gewinnerin in dem Sinne, daß sie nicht von ihrer Position abrückt, ist Ellen Bretschneider, die von ihrem Ehemann brieflich weiter unter Druck gesetzt wird, der mit allen Mitteln versucht, sie von einer Scheidung abzuhalten. Dieses Verhalten zwingt sie dazu, erneut an Oehler zu schreiben:

> „[...] Herr Bretschneider legt es mir zur Last, daß ich ihm eine Heimkehr nach Europa verboten habe, er schreibt den Kindern, daß er in Indien bleiben muß, weil er mir das Opfer bringen muß, nun je bälder desto lieber dort im heißen Indien zu sterben und begraben zu werden. So möchte ich Sie dringend bitten, Herrn Bretschneider doch seine Erholung in Europa zu gestatten, ich werde, so gut ich kann dazu helfen, daß er die Kinder sieht [...]."[490]

Ellen Bretschneider reagiert hier in einer Art und Weise, die zeigt, daß sie die Dinge ins Lot bringen will, was ihre Kinder betrifft - vermutlich will sie sie nicht dem Vater entfremden. Sie bringt also ein gewisses Maß an Verständnis für den Mann auf, durch den sie erst in diese Lage gebracht wurde. Doch was ihre persönliche Haltung zu ihrem Noch-Ehemann betrifft, macht sie in einem weiteren Schreiben eindeutig und unmißverständlich klar:

> „[...] Es ist mir unmöglich nach allem das zwischen uns vorgefallen je wieder mit ihm zu leben. Ich habe Herrn Bretschneider dies schon lange und öfters gesagt. Seit zwei Jahren geht nun diese Correspondenz weiter

---

[489] ABM: Brief v. Willy Stokes, Kalikut/Indien, an Direktor Oehler, Basel. 1. August 1911.

[490] ABM: Brief v. Ellen Bretschneider, Church Cottages. Laddiswell/England, an Direktor Oehler, 11. November 1912.

> *[...] ich weiß auch nicht was er von mir will. [...] All dies ist doch nicht ein Beweis seiner Liebe, auch kann er damit nicht Liebe in mir erwecken, vielmehr fühle ich mehr und mehr, ich kann nicht je wieder mit diesem Mann leben, es ist mir so zuwider nur auch seine Briefe zu lesen. [...]. Es ist mir unmöglich über alles, das ich in den 19 Jahren, die ich nun verheiratet bin, zu schreiben. Eines ist mir klar und sicher, ich kann nicht wieder mit Herrn Bretschneider leben, ich hätte Angst nur auch eine Stunde allein mit ihm zu sein."*[491]

Für Ellen Bretschneider sind finanzielle Schwierigkeiten, verbunden mit gesellschaftlichen Nachteilen, sowie physische und psychische Belastungen immer noch eine bessere Alternative als „je wieder mit diesem Mann zu leben". Es bleibt nur darüber zu spekulieren, ob sich das Leitungsgremium in Basel, angesichts der Wucht, mit der Ellen Bretschneider ihre Abneigung gegen den Ehemann artikuliert, wirklich nicht darüber im klaren war, daß hinter den Kulissen dieser Ehe einiges schiefgegangen war, was nicht unbedingt auf eine 'moralische Integrität' Bruder Bretschneiders schließen läßt, auf die ja innerhalb des Systems Mission so großer Wert gelegt wurde.

Ellen Bretschneider lebt nach ihrem Hebammenkurs, den sie in Tübingen absolvierte, als Hebamme mit ihrer aus Indien zurückgekehrten Mutter in Südengland. Der älteste Sohn wandert als 17jähriger nach Amerika aus, wo er sich auf einer Farm verdingt, um genug Geld zu erarbeiten, damit er der Mutter später behilflich sein kann. Ein Sohn lebt bei ihr, während ein Sohn in Deutschland geblieben ist, von dem sie selten hört.

Friedrich Bretschneider wird im Missionsdienst belassen, er wird während des 1. Weltkrieges, wie etliche andere Missionare, in Indien interniert. 1920, neun Jahre nach den Vorfällen, wird die Ehe in Indien zivilgerichtlich geschieden. Nach seiner Rückkehr nach Europa im selben Jahr tritt Friedrich Bretschneider aus freien Stücken aus der Mission aus. Im Alter von 54 Jahren heiratet er 1922 die 23jährige Lydia Pichler aus München.

Fragen, die sich uns angesichts dieses Falles aufdrängen, wurden innerhalb des historisch-religiösen Kontextes so nicht gestellt. Beispielsweise: Ist das Scheitern der Beziehung ebenso wie die Zusammenführung Bestandteil des göttlichen Plans? Wäre dann die Krise in der Beziehung als 'göttliche Prüfung' zu interpretieren? Und wenn ja, ist dann das Scheitern auf rein menschliches Versagen zurückzuführen? Was bedeutet das für die Annahme einer Führung Gottes? Es scheint, als ob Gedanken dieser Art im Moment des Bruches nicht mehr von Belang sind. Vielleicht, weil in dieser Phase das 'pietistische Kreuz des Leidens' abgelegt, die Passivität aufgegeben und Initiative ergriffen wird, wie wir es bei Ellen Bretschneider gesehen haben. Dazu paßt eine Terminologie nicht, die Elemente des passiven Erleidens, des Hoffens und Abwartens beinhaltet. Der

---

[491] ABM: Brief v. Ellen Bretschneider, Church Cottage. Laddiswell/England, an Direktor Oehler. 8. Oktober 1912.

'pietistische Code', das unentbehrliche Rüst- und Handwerkszeug während der Kennenlernphase, die Rede vom „Geschenk Gottes" und dergleichen, versagt offenbar als sprachliches Instrument während der Krise; möglicherweise, weil man sich am Ende der Beziehung, anders als zu Beginn derselben, auf dem 'irdischen Boden der Tatsachen' befindet.

Abschrift.

Königreich  **Württemberg.**

Neckar **Kreis.** **Oberamt** *Leonberg.*

Heimath-Schein.

Die unterzeichnete Stelle bezeugt, daß *der ledige*

Johannes Zimmermann Missionair

von *Gerlingen* — — — welcher sich in *das*
westliche Afrika

in der Absicht *bei der Stiftung der Mißions Gesellschaft zu Basel*
die Mißions dienste zu versehen, und den Heiden das Evangelium
zu verkünden
aufhalten will, Angehörige*r* des Württembergischen Staats und der Gemeinde
Gerlingen Oberamts *Leonberg* sei.

In dieser Eigenschaft bleibt ih*m* die Rückkehr in *sein* Vaterland vorbehalten,
wogegen *er alle* staatsbürgerlichen Pflichten fortdauernd zu erfüllen, und namentlich die
nachfolgenden Bestimmungen bei Vermeidung der auf die Ueberschreitung derselben gesetzten
Nachtheile zu beobachten hat:

1) Der Württemberger, welcher in einem auswärtigen Staat seine bleibende Wohnung nimmt, oder in auswärtige Staatsdienste tritt, ohne zu dem einen und dem andern besondere Königliche Erlaubniß erhalten zu haben, verliert dadurch sein Staats-Bürger-Recht.

2) Derselbe kann sich nur mit besonderer, von der diesseitigen Staats-Behörde erhaltener Erlaubniß im Ausland trauen lassen, widrigenfalls die von ihm eingegangene Ehe als nichtig betrachtet, und weder der Person, mit der er getrauet worden wäre, noch den mit ihr erzeugten Kindern ein Anspruch auf Heimath-Rechte im Königreich Württemberg zugestanden werden würde.

Abb. 21   Heimatschein Johannes Zimmermann. 1847.

IN DER NEUEN HEIMAT

Abb. 22   Lydia Bommer mit Missionsschülerinnen. Indien. (undatiert)

Abb. 23   Lydia und Eugen Bommer vor ihrer Missionsstation.
           Vermutlich in Merkara, Indien. (undatiert)

Abb. 24   Die Veranda. Unbekannte Missionsstation in China. (undatiert)

Abb. 25   Weihnachtlich geschmücktes Wohnzimmer in Tschonghangkang.

Abb. 26   Elisabeth und Wilhelm Oehler in ihrem Eßzimmer auf der Station Tschonghangkang. Weihnachten 1911.

Abb. 27 Lydia Bommer mit ihrer Nähschule vor der Station. (undatiert)

Abb. 28 Johanna Ritter empfängt ihren Ehemann Theodor vermutlich bei der Rückkehr von einer Außenstation. Vermutlich Udipi, Indien. (undatiert)

Abb. 29 Wilhelm und Emilie Heckelmann mit Tochter Elisabeth und ihrem Hauspersonal. (v.l. Gartenkuli, Ayah von Elisabeth, Koch, Bote (Boy), Tag- und Waschfrau, Kuh- und Wassermann)

Abb. 30 Ausflug der Familie Maisch. China. Ort und Jahr unbekannt.

LEBEN UND ARBEIT - AUF DER STATION

Die Missionsstation: Das Zentrum des Lebens

Der Sitz der neuen Heimat, die Lokalisation derselben, war die Missionsstation. Es war der „Ort der Bestimmung", hier wurde man stationiert. Hier wurde die neue Familie gegründet, hierher kehrte man von Reisen zurück, und von hier aus wurde man auf eine andere Station versetzt, wenn es das Komitee im fernen Basel beschloß. Hier versammelte sich die Missionsfamilie anläßlich von Hochzeitsfeiern, Kindstaufen und auch Begräbnissen. Die einzelnen Mitglieder der Missionsfamilie blieben einen Tag, über Nacht oder auch viele Wochen und Monate, wenn sie der Erholung bedurften. Hier war und blieb man unter sich.

Die Missionsstation hatte neben ihrer realen Bedeutung als Heimat und Hort vieler Menschen eine zusätzliche symbolische Dimension. Dies ganz unabhängig davon, ob sich diese Missionsstation inmitten einer weitläufigen Missionsansiedlung mit weiteren Missionshäusern, Missionsschulen, Webereien, Buchdruckereien und sonstigem befand, wie es beispielsweise auf dem missionseigenen „Balmatha-Hügel" oberhalb der indischen Stadt Mangalur der Fall war, oder ob diese Missionsstation einsam und abseits lag wie Hoschuwan im Inneren Chinas. Auch die Station Nyasoso im Grasland von Kamerun, die ihren Sitz in der Nähe eines größeren Dorfes hatte, wurde als eine Art insuläres 'Bollwerk' oder auch Festung inmitten 'heidnischen Feindeslandes' betrachtet und war dadurch steingewordenes manifestes Symbol der 'einzig wahren Religion' und des „heiligen Krieges"[492], dem sich die Missionare und Missionarsfrauen verschrieben hatten.

Die Missionsstation hat somit zum einen die symbolische Bedeutung als 'Feste des Christentums', die denjenigen, die zum 'wahren Glauben' gefunden haben,

---

[492] Aus den Quellen geht hervor, daß das Lied: „Zieht fröhlich hinaus zum heiligen Krieg" von den Schülern der Basler Mission ausziehenden Missionaren sowie auch teilweise ausziehenden Bräuten zum Abschied gesungen wurde. Vgl. Kapitel: „Zwischenstation Basel." In diesem Zusammenhang wird dann auch der Begriff der Station doppelsinnig, zum einen im Sinne von neutralem Stand-, Aufenthaltsort, zum anderen innerhalb einer militärischen Terminologie im Sinne von 'Standort', als dem Ort, an dem eine bestimmte Truppe stationiert wird. Ähnlich einer kriegführenden Truppe von Soldaten, hier eben „Soldaten Gottes", sind die Missionsleute auf diesem „Posten stationiert." Der Begriff „Posten" wird in den Quellen ebenfalls öfters für den Begriff der 'Station' verwendet. Dies alles korrespondiert mit dem Bild von der Missionsstation als 'Bollwerk' gegen 'heidnische Mächte', gegen die ein 'heiliger Krieg' geführt wird.

also den „bekehrten Heiden" eine neue Heimat[493] bietet, zum anderen resultiert daraus ihre Bedeutung für das Missionspaar als neue Heimat im Sinne eines „subjektiven Satisfaktionsraumes"[494] in der Fremde.

Diese Funktion der Missionsstation taucht in den Quellen häufig auf. Wilhelm Maisch formuliert für die Missionsstation in Hoschuwan etwa:

„Hoschuwan! Damals eine der entlegendsten, wenn nicht die entlegendste Station unserer chinesischen Oberlandmission, für uns nun das deutsche Heim tief im Inneren der Kantonprovinz, inmitten starren Heidentums, fremder Kultur und Sprache."[495]

Fanny Würth-Leitner schildert ihre Eindrücke in der indischen neuen Heimat auf drastischere Art und Weise:

„Wie ein Alp lag es auf mir und ich gestehe, die Herrschaft des Satans macht sich einem eigentlich ganz fühlbar. Ich atmete freier auf, als wir uns wieder dem friedlichen Missionshaus und den Christenwohnungen näherten."[496]

Und der in Kamerun stationierte Missionar Eugen Schwarz definiert das Idealbild einer Missionsstation:

„Eine Missionsstation ist unseren Freunden ja bekannt als ein stilles, niedliches Plätzchen, auf dem Frieden und Eintracht daheim sein müßte, denn wie sollte sonst das Evangelium des Friedens und der Liebe wirkungsvoll davon ausgehen können! Es soll doch eine grüne Oase sein, mitten im dürren, finsteren Heidenland, ein Ort, wo nicht nur Frieden wohnt, sondern auch Frieden gestiftet wird."[497]

Dieses Bild von der der Missionsstation als friedvoller Oase, das Eugen Schwarz hier entwirft, hat weitreichende Wurzeln. Für das Leben auf der Missionsstation gelten dieselben Regeln, die Andreas Gestrich für das 'Leben im Pfarrhaus' anführt:

„Der Gemeinde das Beispiel einer christlichen Ehe und Kinderzucht vorzuleben ist Teil des geistlichen Dienstauftrags: Sein Haus muß er zu einer Wohnung des

---

[493] Es geht hier nicht um das Missionshaus selbst. Gemeint ist, daß der Raum, in welchem sich die Missionsstation befindet, eine geistige und reale neue Heimat bietet. In geistiger Hinsicht durch den Übertritt zum Christentum, in praktischer Hinsicht durch die Möglichkeit, in der Nähe des Missionshauses ansässig zu werden, beziehungsweise mit Gleichgesinnten eine 'christliche Siedlung' zu gründen. So versuchte etwa Johannes Zimmermann in Abokobi an der Goldküste eine christliche Siedlung nach Korntaler Vorbild zu gründen. Vgl. W. Schlatter: Geschichte der Basler Mission, Bd. 3. 1916, S. 87-88.

[494] Zur Definition von Heimat als „subjektiven Satisfaktionsraum" vgl. die grundlegende und ausführliche Darstellung von I. M. Greverus: Der territoriale Mensch. 1972, S. 48-60.

[495] PN: TB Wilhelm Maisch, S. 25.

[496] ABM: C-10.42,7. TB Fanny Würth, S. 32.

[497] PN: Reisebericht Eugen Schwarz, S. 45.

Friedens machen, und für die ganze Gemeinde zum Beispiel stiller frommer Ordnung, redlichen Fleißes, guter Kinderzucht, verständiger und billiger Führung der Hausherrschaft aufstellen [..]" Andreas Gestrich führt weiter aus, daß sich „derartige Formulierungen in allen Amtsinstruktionen für die Pfarrer und pastoraltheologischen Entwürfe bis in unser Jahrhundert hinein finden."[498] Und sie fanden sich auch in ähnlicher Form in den sogenannten Instruktionen für die ausziehenden Missionare der Basler Mission. [499]

Doch wie friedlich waren diese 'Orte des Friedens'? Wie waren sie beschaffen, außen und innen? Fand das Missionspaar hier seine 'Oase' in Form eines Rückzugsortes, oder war es hauptsächlich ein Ort der Demonstration vorbildlichen täglichen Lebens, oder beides zusammen? Wie und was wurde hier verhandelt, wie gestaltete sich die alltägliche 'Praxis pietatis' auf der Missionsstation? Wie wurde die neue Heimat erfahren?

Zur Beantwortung dieser Fragen bietet das vorliegende Quellenmaterial nur fragmentarisch Aufschlüsse. Die offizielle Korrespondenz der Missionare und Missionarsfrauen mit dem Komitee in Basel, in der oftmals missionsinterne Angelegenheiten, wie Erfolge und Mißerfolge in der Missionsarbeit, also Themen, die sich auf die Institution Mission bezogen, behandelt wurden, sagen hierüber verhältnismäßig wenig aus.

Einen tieferen und detaillierteren Einblick vermittelt uns die Privatkorrespondenz, die Briefe, die in die Heimat geschrieben wurden, die Tagebücher, in der Mehrheit von Frauen verfaßt, und die verschiedenen Biographien und Autobiographien. Sie erst ermöglichen uns einen Blick nach innen und von innen nach außen, und sie tragen dazu bei, die verschiedenen Aspekte, die das Leben im Missionshaus und im Missionsgebiet bestimmten, zu erhellen.

In den Tagebüchern und Briefen finden wir Beschreibungen des Missionshauses und dessen Einrichtung. Wir erfahren etwas über die Menschen, die in diesem Haus lebten, über die Schwierigkeiten der Missionarsfrauen, einen 'europäischen Haushalt' in den Tropen zu führen, über den Wunsch vieler Frauen, missionarisch tätig sein zu können. Wir erhalten Auskunft über die neue Familie, über die Probleme bei der Trennung von den Kindern, wenn diese im schulpflichtigen Alter nach Europa geschickt werden mußten. Temporäre Trennungen auch von dem Ehemann und die daraus resultierende Einsamkeit, vor allem während der ersten Jahre im Missionsgebiet, schildern die Missionarsfrauen in ihren Tagebüchern. Die neue Heimat und die alte Heimat, ebenso wie die 'ewige Heimat' ist wiederkehrendes Thema in der Korrespondenz. Schilderungen von Besuchen der in der neuen Heimat lebenden Missionsleute gewähren uns einen Einblick in die Beziehungen der Mitglieder der Missionsfamilie.

Ein Kaleidoskop vielfältiger, komplexer Bilder eines Lebens in der Mission und des Alltages auf der Station wird sichtbar.

---

[498] A. Gestrich: Erziehung im Pfarrhaus. 1984, S. 63.
[499] ABM: Q9, 24. „An die Brüder in Indien".

Sehnsüchte, Wünsche, Enttäuschungen, Ansprüche, Erwartungen, aber auch Widersprüche lassen sich zwischen den Zeilen herausfiltern, die Aufschluß über die Mentalität der Frauen wie Männer geben. Die Dialektik indigener Kulturmuster und christlicher Verhaltensansprüche, subjektiv im Glauben gegründet - historisch auf der 'longue durée' europäischer Wertekategorien basierend, wird ebenfalls transparent.

Das Haus von außen

Bei der Beschreibung mancher Missionsstation fällt rein vom topographischen Standort die Analogie zum Pfarrhaus in der europäischen Heimat ins Auge. Meist befand sich dieses auf einem höher gelegenen Punkt, auf einem Berg oder einer Anhöhe analog dem 'Sakralhügel'[500]. Das trifft auch auf die Missionsstationen zu, zumindest wo die Topographie dies ermöglichte. Die Missionsstation Fumban in Kamerun liegt beispielsweise so:

> *„Unsere Missionsstation [...] ist äußerlich genommen ein ideales Fleckchen Land, das inmitten einer befestigten afrikanischen Stadt von etwa 12000 Einwohnern prächtig auf einem der höchsten Hügel seiner Umgebung gelegen."*[501]

Wie der Kirchturm eines schwäbischen Dorfes ein weithin sichtbares Zeichen darstellt[502], so befindet sich auch diese Station an einer exponierten Stelle.

> *„Denn bei klarem Wetter sieht man nicht nur die ganze Stadt Fumban, sondern besonders gut auch die Missionsstation, die ja auf dem höchsten Hügel der Stadt liegt."*[503]

Besonders gut zu sehen sein sollte natürlich auch die jeweilige Kirche neben der Missionsstation als ein herausragendes Markierungszeichen in der Landschaft.

> *„Wie freuten wir uns, als wir von weitem das Kreuz des Kirchleins von Nyasoso erblickten."*[504]

Für die Missionarsfrau Marie Wittwer-Lüthi ist dieses Kreuz nach stundenlangem Wandern durch den Urwald von Kamerun Wegweiser und Zeichen für das baldige Ankommen. Das Kreuz hat dabei eine ähnliche Funktion wie die Leuchttürme für die Seefahrt.

Noch augenscheinlicher wird die oft angestrebte besondere Lage der Missionsstationen an dem bereits erwähnten indischen Beispiel, der Missionssiedlung

---

[500] C. Köhle-Hezinger: Frauen im Pfarrhaus. 1996, S.191.
[501] PN: TB Eugen Schwarz, S. 45. Zur exponierten Lage von Pfarrhäusern vgl. D. Gugerli. 1988, S. 243 f.
[502] „Kirche, Pfarrhaus und Wirtshaus [...] bildeten weithin sichtbar den Ortskern." Zit. n. C. Köhle-Hezinger: Pfarrvolk und Pfarrersleut. 1984, S. 251.
[503] PN: TB Eugen Schwarz, S. 41.
[504] ABM: QF-10.24,1. TB Marie Wittwer-Lüthi, S. 31.

Balmatha, einem großen Gelände, auf einem Hügel außerhalb der Stadt Mangalur gelegen, das der Basler Mission bereits im Jahre 1840 von einem 'britischen Missionsfreund' namens Blair[505] überlassen worden war. Es handelte sich dabei um das ehemalige Gut 'Belmount', das im umgangssprachlichen indischen Dialekt 'Balmatha' genannt wurde. Die Größe des Geländes wird so beschrieben, daß man eine Viertelstunde schnellen Gehens benötige, um dasselbe einmal zu umrunden. Auf diesem Hügel befanden sich außer den Missionshäusern die Missionspresse, Webereien und Ziegeleien sowie Schulanstalten. Diese Ballung von Wohn- und Wirtschaftsgebäuden veranschaulichte um so mehr die Präsenz und den Anspruch der Mission vor Ort.

Einen pragmatischen Grund für die Ansiedlung auf Bergen oder Hügeln, also 'in der Höhe' bot die in Zusammenhang mit den gefürchteten Tropenkrankheiten während des 19. Jahrhunderts vorherrschende Vorstellung der sogenannten Miasmatheorie. Danach sollten die Krankheiten von 'verunreinigten' Dämpfen ausgelöst werden, die vor allem in Bodennähe am gefährlichsten seien. Es erschien daher gesünder zu sein, sich in 'frischer Luft' auf Anhöhen aufzuhalten.[506]

Die Angst vor räuberischen Übergriffen, eine reale Gefahr für Missionsleute vor allem in China, war ein weiterer praktischer Grund, eine Station als Art Trutzburg auf einem Berg zu bauen, wie es der Chinamissionar Piton 1865 in Nyenhangli tat. Die unteren Fenster waren mit Eisengittern versehen, die oberen mit verschiebbaren Querbalken, die ihn angeblich an ein Gefängnis erinnerten.[507]

Diese Station war von ihrem Äußeren her allerdings eine Ausnahme. Dem allgemeinen Erscheinungsbild entspricht eher die Beschreibung des Missionshauses des Ehepaares Lis und Immanuel Pfleiderer, das um die Jahrhundertwende 'auf Balmatha' lebte.

> *„Unsere Wohnung war weiträumig und luftig, wie jede Europäerwohnung in den Tropen sein muß. [...] Unser Haus bestand aus drei großen Zimmern, einem Studierzimmer 6 x 7 m, einem Schlafzimmer 6 x 8 m und einem Wohnzimmer 6 x 11 m. Die aus ungebrannten Erdquadern ausgeführten, wohl 40 cm dicken Mauern trugen in 5 m Höhe das Gerüst des Daches mit Falzziegeln. Die Zimmerdecke bestand aus einem Geflecht von Bambusstreifen. Keller gab es keinen, aber einen besonderen Vorratsraum, den sogenannten Godown, in dem östlich vom Bungalow gelegenen Nebengebäude, das auch die Küche, den Holzstall und den Hühnerstall enthielt. Außerdem gehörte noch zum Anwesen ein Ochsen- und Pferdestall. Der Wagen hatte seinen Platz in dem Anbau an der nordöstlichen Front des Hauses, der sogenannten Porch. Der Eingang zum Haus*

---

[505] Vgl. W. Schlatter: Geschichte der Basler Mission. 1916, Bd. 2., S. 28. Blairs Ehefrau hatte enge Kontakte zu dem älteren Missionar Mögling. Die Missionare pflanzten hier 2000 Kaffeesträucher an, ebenfalls ein Geschenk von Blair.
[506] Siehe dazu ausführlich Kapitel „Krankheit und Tod".
[507] Vgl. W. Schlatter: Geschichte der Basler Mission, Bd. 2. 1916, S. 334.

war eine 9stufige steinerne Treppe, die auf die vordere Veranda führte und beiderseits von schönen Topfpflanzen auf etwa 1,20 m hohen Absätzen eingefaßt. Die Veranda und Zimmerböden bestehen aus gestampfter Erde über welche Kokosmatten ausgebreitet sind. Diese Matten werden dann in der Trockenzeit jährlich einmal gewaschen und der Staub, der sich in dieser Zeit darin angesammelt hatte, zusammengefegt und entfernt. Die Wände waren gegipst, aber in alten Häusern wie dem unseren kam es vor, daß sich der Gips von seiner Unterlage in großen Blättern abhob und unter demselben Schimmel und Moder wuchs, vielleicht der Grund warum wir jedes Jahr von Keuchhusten heimgesucht wurden und Lis wie ihre drei Vorgängerinnen hartnäckige Lungenkrankheiten davontrugen. Daß es in allen Zimmern und besonders im Godown und in der Küche von Kakerlaken wimmelte, an den Wänden Mauergeckos herumkletterten und ab und zu vergnüglich schnalzten, daß in der Nacht unablässig Fledermäuse durch die offenen Fenster ein- und ausflogen und nach Insekten jagten, das hatten wir mit anderen Häusern gemein und wir gewöhnten uns bald daran. Türen und Fenster standen bei Tag und Nacht offen. Nie schlossen wir unsere Türen ab. Vor neugierigen Blicken schützten einen, wenn man sich in den inneren Räumen befand, niedere Läden an den Fenstern, die aus einem mit Tuch überspannten Holzrahmen bestanden, etwas wie unsere 'Neidhämmel'[508] in Deutschland."[509]

Diesem Modell entsprachen auch andere Missionsstationen, die natürlich in der jeweiligen Zimmeranzahl oder auch Größe variieren konnten.

Doch dieses Modell der Missionsstation war erst entstanden, als die Missionare die Möglichkeit dazu hatten, sogenannte „Europäerhäuser" zu bauen.

In der 'Pionierzeit' der Mission, etwa im afrikanischen Ghana, wurden je nach Möglichkeit Räumlichkeiten, die inmitten einheimischer Dörfer lagen, für eine bestimmte Zeit angemietet. Es handelte sich dabei in der Regel um einfachste Lehmbauten.

1847 wurde die Missionsstation Aburi gegründet. Hier wurde mit dem Bau eines Missionshauses begonnen.

„Das Missionshaus, das erstand, war ein kühles Lehmgebäude mit 1,5 Fuß dikken Wänden und gutem Schindeldach, mit Wohn-, Arbeits- und Schlafzimmer für die einfachsten Bedürfnisse eines verheirateten Missionars."[510]

Bereits 1850 sehen die äußeren Verhältnisse auf der Missionsansiedlung in der Nähe von Akropong schon anders aus:

„Die Missionskolonie in Akropong war, verglichen mit den elenden Negerhütten, ein bewundernswertes Beispiel zur Nachahmung. Ein einstöckiges Stein-

---

[508] Neidhammel: i. e. neidischer Mensch. Zit. n. Schwäbisches Wörterbuch 4. Bd. 1914, Sp. 1987.
[509] PN: TB Lis Gundert, S. 47-48.
[510] Zit. n. W. Schlatter: Geschichte der Basler Mission, Bd. 3. 1916, S. 41.

haus beherbergte die Missionare, die Westindier hatten niedliche kleine Steinhäuser; für Schule und Kirche war ein Stockhaus mit Grasdach vorhanden,"[511] so kommentiert Wilhelm Schlatter, Hausgeschichtsschreiber der Basler Mission, die 'Fortschritte'.

Ob an der afrikanischen Goldküste, in China oder im indischen Missionsgebiet: Der Prozeß der Ansiedlung, also der Beginn der Missionsarbeit, gestaltete sich insofern gleich, als in der ersten Zeit jeweils bestimmte Räumlichkeiten angemietet wurden, bis sich die Gelegenheit dazu bot, eigenes Land zu pachten oder zu erwerben, worauf man 'bauen konnte'.

Das Leben in einfachen Behausungen war nicht immer selbst gewählt[512], das Streben nach besseren Wohnmöglichkeiten war vermutlich sehr wohl vorhanden, schon aus dem Grund, da die genannten einfachen Behausungen häufig als gesundheitsgefährdend galten.

Die Angst vor Krankheiten spielte eine große Rolle bei der Entwicklung des beschriebenen äußeren Modells der Missionsstation:

„Afrika blieb das Todesland; aber die Missionsleitung lernte ihre Pflicht erkennen, das Leben der Missionare nach Möglichkeit zu schonen. Josenhans wies die Ausziehenden Mann für Mann an, wie sie ihre Häuser bauen sollten. Die Erfahrung förderte einen Normaltypus für das Missionshaus zutage, an dem im allgemeinen festgehalten wurde: ein einstöckiges Gebäude mit vier bis acht Zimmern, mit Veranda ringsum, die als Korridor, Sonnen- und Regenschutz diente, mit der Längsachse von Ost nach West, damit die Sonne zu der Zeit, da sie unter der Veranda durchschien, nur die Schmalseiten bestrahlte, während sie in der übrigen Zeit die Mauer gar nicht erreichte. Je näher dem Boden man schlief, de-

---

[511] W. Schlatter: Geschichte der Basler Mission, Bd. 3. 1916, S. 42.
[512] Teilweise finden sich Beispiele für eine ganz bewußt asketische Lebensführung und den Versuch einer vollständigen Annäherung an die „Heiden". Einer der ersten Indienmissionare, Hermann Mögling etwa, vertrat vehement dieses Ideal, er versteigerte den Hausrat und bezog einen Raum zusammen mit seinen Schülern. Vgl. W. Schlatter: Die Geschichte der Basler Mission, Bd. 2. 1916, S. 24. Auch Hermann Gundert verließ 1840 mit seiner Frau Julie den indischen Missionsbungalow in Talascheri, der auf einem Hügel lag und ein Geschenk eines britischen 'Missionsfreundes' war, und bezog eine Wohnung in der Nähe des Bazars, also innerhalb der Stadt. Gunderts wurden aber bereits nach einem halben Jahr aus gesundheitlichen Gründen dazu gezwungen, wieder in den Missionsbungalow zurückzukehren. W. Schlatter: Geschichte der Basler Mission, Bd. 2. 1916, S. 42. Dies sind nicht die einzigen Beispiele für ein Streben nach Einfachheit; das Leben in der Mission bot manchen 'Aussteigern' im heutigen Sinne, die es zur damaligen Zeit im Kontext Mission nur in geringer Zahl gab, eine ideale Projektionsfläche. Wilhelm Maisch beschreibt in seinem Tagebuch etwa einen Missionar, der mit ihm auf derselben Missionsstation in China lebte und damit begann, sich nicht mehr mit Wasser zu waschen, sondern mit Erde abzureiben, sich rein vegetarisch zu ernähren, in eine selbst gebaute 'Grashütte' zu ziehen, um zu meditieren und später starb er dort an Unterkühlung. PN: TB Wilhelm Maisch, S. 34-35. Im Grunde handelt es sich hierbei um das sogenannte 'going native', um einen Begriff der Ethnologie zu bemühen.

sto eher und sicherer stellte sich Malaria ein; diese Erfahrung lehrte, die Wohnräume möglichst hoch anzulegen, sei es auf einem Sockel, sei es auf einem eigentlichen Unterstock."[513]

Das Haus von innen

„Einfach, höchst einfach nur, außer dem von Europa mitgebrachten Harmonium und einigen in Hongkong gekauften Korbmöbeln war unsere Einrichtung."[514]

So schildert Wilhelm Maisch das Innere der Missionsstation Hoschuwan. Die Bescheidenheit der Einrichtung, die einem pietistischen Askese-Ideal entspricht, war nicht immer so leicht einzuhalten. Etwa, wenn die Braut, wie beispielsweise Elisabeth Heimerdinger, ein Zuviel an Dingen aus der alten Heimat in die neue mitbrachte. Ihr Bräutigam Wilhelm Oehler versucht ihr daher auf diplomatische Art und Weise das Versprechen abzunehmen, trotzdem das asketische Ideal zu verfolgen.

„Trotz all dem Schönen, das Du mitbringst, soll doch etwas von dem Pilgersinn bleiben. [...] Wenn ich mich in meinem Junggesellenhaushalt vielleicht zu sehr ans Einfache und gelegentlich Unschöne gewöhnt habe, soll es doch freundlich und traulich werden bei uns und wir wollen gerne den bescheidenen Gebrauch von dem machen, was uns Gottes Güte im eigenen Heim für Erquickung auf dem Wege beschert."[515]

Diese Vorstellung vom 'christlichen Haushalt', der sich im Äußeren bescheidet und dafür reich an Segnungen Gottes ist, erinnert inhaltlich und vom Tenor her an die „Hausregeln" des pietistischen Münchinger Pfarrers und Erziehers Johann Friedrich Flattich, der diese bereits im 18. Jahrhundert formulierte.[516]

---

[513] W. Schlatter: Die Geschichte der Basler Mission, Bd. 3. 1916, S. 50.

[514] PN: TB Wilhelm Maisch, S. 25.

[515] PN: Brief v. Wilhelm Oehler, Tschonhangkang/China, an Elisabeth Heimerdinger, Penang. 23. Februar 1909.

[516] Die „Hausregeln" Flattichs sind erst nach dessen Tode veröffentlicht worden und fanden Mitte bis Ende des 19. Jahrhunderts ihre Verbreitung nicht nur, aber vor allem im schwäbischen Raum. 1825 erschien in Ludwigsburg ein Separatdruck, der den Untertitel 'Haustafel für alle Stände' trug. Dieser geht offenbar auf eine Sammlung von Textstellen aus Briefen Flattichs zurück, die einer seiner Söhne, der zwischen 1817 und 1822 Pfarrer in Münchingen war, zusammengestellt hatte. Um 1850 brachte die Evangelische Gesellschaft in Stuttgart die Hausregeln unter dem Titel 'Geheimnisse des christlichen Haushalts oder Hausregeln von Inspektor Zeller und Pfarrer Flattich' heraus. Punkt 1 der Haushaltsregeln betrifft das „Hausen". Hier lesen wir: „Man soll auf dieser Welt nicht viel brauchen, dies macht so viele Sorge und Mühe, keine kostbaren Haushaltungen zu führen, damit man auch Zeit habe, das beste Theil zu erwählen, das Wort Gottes zu betrachten." Zit. n.: ABM: SK: E 11.1. Pul. „Geheimniß des christlichen Haushalts oder Hausregeln von Inspektor Zeller und Pfarrer Flattich."

„Flattichs Bedeutung besteht zunächst darin, daß er mit seiner Person die Verbindung und die Kontinuität vom württembergischen Pietismus des 18. Jahrhunderts zur Erweckungsbewegung des 19. Jahrhunderts vermittelt."[517] Flattich zählte zu den sogenannten 'pietistischen Vätern' der Erweckungsbewegung. Die „Geheimnisse des christlichen Haushalts oder Hausregeln" geben grundsätzliche Gedanken Flattichs zur Führung eines christlichen Haushalts wieder, wobei sowohl die ökonomischen Grundlagen dieses Haushalts als auch die Beziehung der in diesem Haushalt lebenden Menschen untereinander zur Sprache kommen. So ist zum Beispiel die Behandlung des Gesindes Thema seiner Betrachtungen, aber auch die Beziehung des Ehepaares. Verdeutlicht werden die 'Lebensanweisungen' anhand beispielhafter Geschichten, Lehrstücken ähnlich.

Eine weitgehend identische Geisteshaltung, die wohl auf Grundgedanken Flattichs zurückgeführt werden kann, findet sich bei einem Epigonen Flattichs, Friedrich Baun, der 1910 das „Schwäbische Gemeinschaftsleben" verfaßte, ein 'Bestseller' innerhalb pietistischer Kreise der damaligen Zeit.[518]

Wenn auch keine direkte Rezeption dieser Schriften in den Quellen nachweisbar ist, können wir doch davon ausgehen, daß die darin formulierten Idealvorstellungen zur Ethik des 'christlichen Haushalts' weitgehend von den Missionsleu-

---

[517] H. Ehmer: Johann Friedrich Flattich. 1997, S. 136.

[518] Vgl. F. Baun: Das schwäbische Gemeinschaftsleben. 1910. Baun setzt die 'Hausregeln' in populäre Form um und paßt sie dem 'pietistischen Zeitgeist' des beginnenden 20. Jahrhunderts an. Friedrich Baun, Pfarrer in Heinrichsbad, machte es sich zur Aufgabe, das „innere Leben" der pietistischen Gemeinschaften darzustellen. Anhand von herausragenden Stundenbrüdern als Leitfiguren entwirft er einen Handlungsleitfaden für die christlich-pietistische Lebensführung.

Diese 32seitige Broschüre ohne Erscheinungsdatum ist zweigeteilt. Im ersten Teil vermittelt Chr. Heinrich Zeller, der Gründer der Erziehungsanstalt Beuggen, das „Geheimnis des göttlichen Segens", das in „sechs Bedingungen", die das Glaubensleben ausmachen sollen, bestehe, wobei er den Grundsatz einer „rechten Hausordnung" mit den Worten „bete und arbeite" zusammenfaßt. Zeller widmet sich der theologischen Seite, das heißt, er bettet die „Haushaltsregeln" von Flattich in einen erweckungsgeschichtlichen Kontext, der die religiöse Konnotation der Ratschläge erhöhen soll. Der zweite Teil beinhaltet Auszüge aus Flattichs Hausregeln, die gewissermaßen die praktische Umsetzung des ersten Teils der Broschüre darstellen. Zeller, der vor allem praktisch-pädagogische Schriften verfaßte, wollte mit den 'Hausregeln' die Innere Mission fördern. Im übrigen war sein Vater ein 'Kostgänger' von Johann Friedrich Flattich gewesen. Mit der Erziehungsanstalt Beuggen war die Basler Missionsgesellschaft verbunden. George Thompson etwa, der als erster Afrikaner im Basler Missionshaus eine Ausbildung zum Missionsgehilfen erhielt, besuchte von 1830 bis 1837 die Erziehungsanstalt in Beuggen. Inwieweit die Schriften Flattichs in Missionskreisen rezipiert wurden, muß einer eingehenderen Untersuchung vorbehalten bleiben. Ausführlich hierzu: H. Ehmer: Johann Friedrich Flattich. 1997, S. 139 f.

ten geteilt wurden.[519] Dafür spricht etwa auch, daß eine kanaresische Fassung dieser Hausregeln 1867 im indischen Missionsgebiet verbreitet wurde.

Die Einrichtung

Bescheidenheit in der Ausstattung, dieser Grundsatz fand auch seinen Niederschlag in der sogenannten „Mobiliarordnung" der Basler Mission, einer genauen Auflistung darüber, was verheirateten Paaren sowie unverheirateten Missionaren von der Missionsgesellschaft zur Verfügung gestellt wurde, das heißt, für welche Dinge die sogenannte „Mobiliar-Verwilligung" ausgegeben werden sollte. Hinter jedem Gegenstand, der auf dieser Liste aufgeführt ist, findet sich der Preis desselben.

Diese Gegenstände blieben Eigentum der Basler Mission, das heißt, bei einer eventuellen Versetzung auf eine andere Missionsstation mußte diese Grundausstattung für die Nachfolger zurückgelassen werden und wurde dementsprechend auf einer anderen Station ebenfalls wieder vorgefunden. Der Anspruch der Bescheidenheit von seiten der Missionsgesellschaft hatte allerdings wohl ebensoviel mit pragmatischen finanziellen Erwägungen zu tun wie mit ethisch-moralischen Regeln.

Der Hausstand für das verheiratete Paar umfaßte:

> „Zwei Betten mit Matratzen, Vorhang und Kissen, jedem Kind ein kleines Bett, neun Stühle, fünf Tische, zwei gewöhnliche, ein Eß-, Schreib- und Waschtisch, zwei Schränke, zwei Kommoden, ein Ruhebett, ein Brotschrank und Küchentisch, zwei Kleider- und ein Bücherständer, zwei Fußschemel, ein Kleiderkorb für getragene Wäsche, zwei Spiegel, kleine Teppiche und Matten den Boden zu belegen, Tisch- und Küchengeschirr."

Und für die Einrichtung eines Gastzimmers war vorgesehen:

> „Zwei Betten und Zubehör, zwei Tische und vier Stühle, eine Kommode oder Schrank, Spiegel, Kleiderständer, Matten und ein kleiner Teppich."[520]

Der sogenannte „Reiseapparat" hingegen war Privatsache, für Pferde, Kutsche und ähnliches mußte aus eigener Tasche aufgekommen werden. Das ist interessant im Hinblick darauf, daß die Missionare in jedem Fall auf irgendein Fortbewegungsmittel bei ihren häufigen Reisen angewiesen waren. Es lag gewissermaßen in der Natur ihres Berufes. An diesem Punkt zeigt sich deutlich, wie sich die Missionsleitung die Verwirklichung der Bescheidenheitsdoktrin dachte:

---

[519] Immerhin wurde in Basel ab 1884 eine in aufwendiger Form verarbeitete Fassung der „Hausregeln" gedruckt, die als Hochzeitsgeschenk beliebt war. Vgl. H. Ehmer: Johann Friedrich Flattich. 1997, S. 142.

[520] ABM: Q9.21,55: Verordnungen für die Basler Missionsstationen. VIII. Verwaltungsordnung viertes Stück: Mobiliar-Ordnung 1867.

nämlich auf Kosten der „Arbeiter für das Reich des Herrn", die dieses „Reich" offenbar zu Fuß durchwandern sollten.[521]

Die Grundausstattung der Einrichtung einer Missionsstation wurde also von der BM finanziert. Bei genauerer Betrachtung der Gegenstände, die diese Grundausstattung vorsah, zeigt sich, daß manches davon dem bürgerlichen Interieur zuzurechnen ist. Bürgerliche Wohnvorstellungen, trotz aller angestrebten Bescheidenheit, waren offensichtlich ein Kriterium bei der Auswahl der unbedingt nötigen Einrichtungsgegenstände, was nicht weiter erstaunlich ist, da die Mehrheit der Komiteemitglieder, die diese Richtlinien entwarfen, dem Basler Patriziat zuzurechnen ist.

Als Einrichtungsgegenstände, die beispielsweise in der bürgerlichen dörflichen Oberschicht eher zu finden waren als in agrarischen Haushalten und auf dieser Inventarliste verzeichnet waren, wären hier etwa der Waschtisch, die getrennten Betten mit Zubehör, die Spiegel und natürlich der Bücherständer und der Schreibtisch als augenfällige Symbole für 'Kopfarbeit' und geistige Regsamkeit zu nennen.[522] Ins Auge sticht an der Auflistung des Mobiliars die Bewilligung eines „kleinen Bettes für jedes Kind" - mit der Betonung auf klein was aber logisch erscheint, wenn wir bedenken, daß die Missionspaare in der Regel nur kleine Kinder hatten, da diese bereits im schulpflichtigen Alter nach Europa gesandt werden mußten. Für wen das Ruhebett[523] gedacht war, mag dahingestellt bleiben. Wir können jedoch vermuten, daß dieses wohl für den Missionar bereitstand, der sich, anders als die Missionarsfrau, in sein Studierzimmer zurückziehen konnte. Die Missionarsfrauen konnten sich nicht unbedingt aus Mangel an einem eigenen Raum zurückziehen, sondern aus Mangel an Zeit, der durch die Bewältigung der täglich anfallenden Arbeit verursacht wurde. Elisabeth Oehler-Heimerdinger verfügte in China beispielsweise über ein eigenes Zimmer mit einem kleinen Schreibtisch, das in der Größe dem Studierzimmer ihres Mannes entsprach.

---

[521] Vgl. hierzu auch die tagelangen Fußmärsche, die württembergische Pfarrer häufig unternehmen mußten. C. Köhle-Hezinger: Philipp Matthäus Hahn und die Frauen. 1989, S. 126.

[522] Vgl. A. Hauser: Dinge des Alltags. 1994, S. 154-157, S.275-281. Als „genuin bürgerliches Oberschichtsphänomen" bezeichnet Andrea Hauser Handfaß-, Waschständer und Waschtischchen, S. 283. Ebenso wie Spiegel als „wesentliches Sozialisationsmittel des bürgerlichen Individuums" eher unüblich im 'Bauernhaushalt' waren. Getrennte Betten als Fortentwicklung des 'Mehrpersonenbettes' und daraus resultierende größere Bedeutung der 'Hygiene' können ebenfalls als Indiz einer Verbürgerlichung gelten. Zum Wandel der Schlafkultur vgl. G. Korff: Wie man sich bettet, so liegt man. 1986, S. 7.

[523] Das Ruhebett, im schwäbischen Raum auch 'Lotterbett' oder 'Gautsche' genannt, wie A. Hauser für das schwäbische Dorf Kirchentellinsfurt belegt, gehörte dagegen zur Grundausstattung der traditionellen Stube auf dem Land. Vgl. A. Hauser: Dinge des Alltags. 1994, S. 266, 271.

So wie die jeweilige Missionsstation nur temporäre Heimat war, da man jederzeit versetzt werden konnte, so waren diese Einrichtungsgegenstände gleichfalls nur temporäres Eigentum. Sie waren Kollektiveigentum, ihre Funktion bestand in der Mehrfachnutzung. Die Einrichtung des „deutschen Heimes" im Missionsgebiet war somit nicht individuell, wir können davon ausgehen, daß sich ähnliche Einrichtungsgegenstände auf verschiedenen Missionsstationen befanden, die sich häufig vermutlich nur im Grad ihrer Abnutzung unterschieden. [524]

Ihre individuelle Prägung erhielten die Räume erst durch die mitgebrachten persönlichen Gegenstände, die vom Wandschmuck über das Harmonium bis hin zu speziellen Roßhaarmatratzen für die Betten reichen konnten. Auch Möbelstücke wie Truhen und Kommoden fanden manchmal ihren Weg aus der schwäbischen und Schweizer Heimat nach Übersee.

Der Missionskaufmann Gottlob Pfleiderer, der 1859 Johanna Werner heiratet, beschreibt sein bürgerliches 'Missionswohnzimmer' in Indien:

„*An das Eßzimmer schloß sich das zweite Wohnzimmer mit Schreibtisch, Harmonium, Bücherschrank, Sofa.*"[525]

An diesem Beispiel fällt als Einrichtungsgegenstand das Sofa auf, das nicht zum festen Einrichtungsbestandteil der Stationen gehörte. Vermutlich handelte es sich um Privatbesitz, möglicherweise von seiner Braut Johanna mitgebracht.

---

[524] Woher die Missionspaare ihre Möbel bezogen, ist nicht ganz klar. Vermutlich ließen sie vor Ort manches anfertigen. Im indischen Kalikut unterhielt die BM ab 1852 eine missionseigene Schreinerei, die vor allem Möbel anfertigte. Vgl. W. Schlatter: Geschichte der Basler Mission, Bd. 2. 1916, S. 164. Wir können vermuten, daß auch die Missionsstationen mit Möbeln dieser Schreinerei versorgt wurden, und daraus ließe sich ableiten, daß vermutlich Tische, Stühle etc. einem Modell entsprachen, das mehrfach angefertigt wurde, was bedeuten würde, daß sich dann tatsächlich gleiche Gegenstände auf verschiedenen Stationen befanden. In China war es wiederum üblich, bestimmte Gegenstände in Hongkong zu kaufen. Umfang und Ausmaß hing natürlich von den Transportmöglichkeiten ab. Lag die Missionsstation abseits von Eisenbahnlinien, was die Regel war, dann war es nicht möglich, einen ganzen 'Hausrat' per Landweg oder Boot zu befördern. In Ghana wurde vermutlich manches in Christiansborg besorgt und per Eisenbahn transportiert. Diese führte aber nur bis Aburi, circa 100 km im Landesinneren, von da ab mußte alles mit anderen Transportmitteln, z. B. Trägern, Ochsenwagen etc. transportiert werden. Daher ist es wohl eher wahrscheinlich, daß Einrichtungsgegenstände ebenfalls vor Ort angefertigt wurden. In Kamerun war die Eisenbahnverbindung um einiges besser ausgebaut, Kamerun kam ja auch erst 1886 als neues Missionsgebiet hinzu. Die Missionsstationen befanden sich in der Nähe der Eisenbahnlinie, die in Duala ihren Ausgangspunkt hatte. Im übrigen mußte sich nicht jedes Missionspaar neue Einrichtungsgegenstände anschaffen, da sich diese bereits auf den Stationen befanden. Es handelte sich bei Neuanschaffungen vermutlich eher um 'Zusatzgegenstände'. In den vorliegenden Quellen werden ab und zu etwa bestimmte Sitzmöbel, wie ein Lehnstuhl oder eine Sitzbank, die neu angeschafft wurden, erwähnt.

[525] PN: TB Gottlob Pfleiderer, S. 64.

Dinge von Bedeutung

Einen hohen Stellenwert hatten die 'Dinge', die emotional aufgeladen waren. So ist beispielsweise das mehrfach erwähnte Harmonium von hoher emotionaler Bedeutung[526], als Symbol der Zweisamkeit, aber auch als Symbol für die „Lobpreisung Gottes", da es zur Begleitung vorwiegend geistlichen Liedgutes diente. Außerdem stellte es eine Art missionsinternes Statussymbol dar, da nur wenige ein solches Instrument besaßen.

Von herausragender emotionaler Relevanz waren auch die Dinge, die einer speziellen 'Erinnerungskultur' dienten, einen „Affektionswert"[527] hatten, wie es Nils-Arvid Bringéus nennt. Außer Kleinigkeiten, wie die Marmeladengläser, die Sophie Knausenberger von ihrer Freundin Salome erhält oder das Tagebuch, das Elisabeth Heimerdinger anläßlich der bevorstehenden Reise bekommt, haben diesen Wert ganz bestimmte Gegenstände, etwa mitgebrachtes besonderes Geschirr oder Tisch- und Bettwäsche sowie Bildschmuck für die Wände. Meist handelt es sich um Hochzeits- und/oder Abschiedsgeschenke.[528] Diesen haftet dann ein besonderer emotionaler Erinnerungswert an, da mit jedem Geschenk eine bestimmte Person, von der man dasselbe erhalten hat, verbunden wird. Am wichtigsten aber waren eindeutig die Photographien der Verwandten aus der alten Heimat. Diese fanden ihren besonderen Platz[529] in der neuen Heimat. So beschreibt Immanuel Pfleiderer den Wandschmuck im indischen Heim:

„*Da grüßten sie die Bilder ihrer Lieben von den Wänden des indischen Bungalows*"[530],

Durch mitgebrachte Dinge erhielt so die emotionale Bindung zur Heimat, die verlassen wurde, ihren gegenständlichen Ausdruck.

Dinge hatten aber auch eine spezifische Funktion als Symbol für die emotionale Bindung innerhalb der Missionsfamilie, etwa beim Tod eines Mitgliedes. Hanna Bohner, seit 1876 Missionarsfrau an der Goldküste, schildert dies anläßlich des Todes des Missionspaares Steiner:

„*Wie wir uns an der Pflege der Geschwister beteiligt hatten, so hatten wir uns auch am Verkauf ihrer Sachen beteiligt. Wenn ein lediger Missionar stirbt, werden seine Kleider in eine Kiste gepackt und den Angehörigen geschickt. [...] Anders ist es bei einem Ehepaar. [...] Da ist noch so vieles, wofür man die teure Seefracht nicht bezahlen kann: Eßgeschirr, Kaffeegeschirr, die ganze Kücheneinrichtung etc. Das alles verkauften wir im*

---

[526] In weniger religiös geprägten bürgerlichen Haushalten des 19. Jahrhunderts finden wir als Äquivalent hierzu das Klavier. Vgl. A. Hauser: Dinge des Alltags. 1994, S. 268.
[527] N.-A. Bringéus: Bedürfniswandel und Sachkultur. 1983, S. 140.
[528] Zur zeichenhaften Bedeutung der Dinge, gerade in Zusammenhang mit dem Übergang, den Initiationsriten vgl. C. Burckhardt-Seebass: Zeichen im Lebenslauf. 1983, S. 267-281.
[529] Vgl. Kapitel „Abschied und Trennung".
[530] PN: TB Lis Pfleiderer, S. 50.

Hause der Verstorbenen. Was die Missionsgeschwister nicht brauchten, boten wir den Eingeborenen an. Die Möbel sind ja Eigentum der Mission und bleiben stehen für den Nachfolger, höchstens einen Liegestuhl oder einen Nähtisch oder ein Harmonium kauft sich der Missionar selbst."[531]

Nicht nur das missionseigene Mobiliar wurde von allen benützt, letztendlich fanden im Falle des Todes, aber auch bei einer endgültigen Rückkehr nach Europa, bei der einiges an Hausrat ebenfalls verkauft werden mußte, die Dinge, wie zum Beispiel der Nähtisch, das Harmonium oder auch das Geschirr neue Besitzer innerhalb des Geschwisterkreises. Sie blieben somit - um im Bild zu bleiben - in der Familie. Diese Weitergabe der Dinge konnte so zu einer inneren Bindung der Gemeinschaft beitragen, da aus den Dingen im Laufe der Zeit Gegenstände mit einer Geschichte wurden - Erbstücken ähnlich. Es entstand quasi eine Tradition der Objekte.

Gegenstände der neuen Heimat, die ebenfalls integriert wurden und ihren Platz in den Räumen fanden, hatten oftmals eine Schmuckfunktion,[532] sie waren Beiwerk und dienten der Verfeinerung, so lange sie keine 'heidnische' Konnotation hatten. Etwa ein chinesisches Glockenspiel, das sich bei dem Missionspaar Oehler-Heimerdinger im Wohnzimmer befand, die Möbel aus Bambusrohr auf der Missionsstation in Hoschuwan, indische bestickte Kissen, die das Missionspaar Eisfelder in Hubli dekorativ in den Räumen verteilte und so fort.

Diesen Dingen kam vor allem dann eine emotionale Bedeutung zu, wenn die Rückkehr nach Europa bevorstand. Dann wurden sie nicht zurückgelassen, sondern mitgenommen und dienten wiederum in der alten Heimat einer speziellen Erinnerungskultur,[533] die die neue Heimat, die vielen zur 'ersten Heimat' gewor-

---

[531] ABM: D-10,40. TB Hanna Bohner, S. 31.
[532] Nur in den Missionsländern Indien und China, denen eine gewisse Hochkultur zugestanden wurde, fanden einheimische Waren Eingang in das 'deutsche Heim'. In Ghana und Kamerun war dies offenbar sehr viel seltener der Fall.
[533] Es bleibt zu betonen, daß es sich hierbei natürlich auch um exotische Souvenirs handelte. Das korrespondiert wiederum mit der um die Mitte des 19. Jahrhunderts einsetzenden Exotik in (groß)bürgerlichen Wohnzimmern, die sich in fremdländischen Grünpflanzen (Zimmerpalme), exotischen Vögeln in Messingkäfigen, orientalischen Stoffen, Keramiken etc. zeigt. Zur Zimmerpflanze als 'Einrichtungsgegenstand' in bürgerlichen Wohnzimmern, der erst gegen Ende des 19. Jahrhunderts überhaupt an Bedeutung gewann, vgl. C. Köhle-Hezinger: Wie kam das Grün ins Haus? 1998, S. 11-34.
Was im Zuge der Weltausstellungen einem breiten Publikum präsentiert wurde, befand sich, natürlich in bescheidenerem Ausmaß, auch in den Wohnräumen europäischer Reisender. Die Orientfaszination findet sich bereits im frühen 18. Jahrhundert. Davon zeugen beispielsweise auch die Reisebriefe der Orientreisenden Lady Mary Montague, die erst nach ihrem Tod 1763 veröffentlicht wurden. Zur Geschichte des 'Exotischen' vgl. E. Berckenhagen: Exotisches in Mode, Interieur und angewandter Kunst. 1987, S. 180-191. Zum heutigen alltäglichen Umgang mit exotischen Gegenständen vgl. H. Bausinger: Alltag und Exotik. 1987, S. 114-119. Die besondere Bedeutung der exotischen Gegenstände als Erinnerungsträger für die Missionsleute be-

den war, vergegenwärtigen half. Bei der Rückkehr in die alte Heimat findet also ein ähnlicher Prozeß wie beim Einzug in die neue Heimat statt, dieses Mal nur in umgekehrter Reihenfolge. Ein „Musée sentimentale"[534] wird hier wie dort errichtet.

Das Haus und seine Menschen

Im Gegensatz zu den Dingen aus der neuen Heimat fanden die Menschen, also die indigene Bevölkerung - außer dem Dienstpersonal - im Inneren des Hauses keinen Raum. Sie wurde in der Regel auf der Veranda, vor dem Haus empfangen. Nur zu bestimmten Anlässen fand sie Einlaß in die Privaträume. Etwa beim Einzug der neuen Missionarsfrau, wie es Wilhelm Maisch in China schildert:

> „Den Chinesen freilich, sonderlich den Frauen, die scharenweise kamen, um die Missionarsfrau zu sehen, erschien alles prachtvoll. Der Lehrer warf einen Blick in das zufällig offenstehende Schlafzimmer, wo jetzt, in der kühlen Jahreszeit die Federbetten auflagen, von denen der Chinese nichts weiß."[535]

Auch an Weihnachten öffneten sich die Innenräume, wenn die Schülerinnen und Schüler der Missionsschulen ihre Geschenke erhielten und aus diesem Anlaß auch den 'Ersatzweihnachtsbaum' im Wohnzimmer des Hauses bewundern durften.

So sind also die inneren Räume des Missionshauses, außer dem Studierzimmer des Missionars, in dem Besprechungen mit den einheimischen Katechisten stattfinden, Orte des äußeren und inneren Rückzugs. Nicht nur Geburt und Tod, die persönlichsten Ereignisse im menschlichen Leben, fanden naturgemäß im Inneren statt, auch die intime gemeinsame Religionsausübung des Paares, die Morgen- und Abendandacht hatte hier ihren Platz, im Gegensatz zur öffentlichen Predigt für die 'zu bekehrenden oder bereits bekehrten' „Heiden".

„Nach dem Abendessen haben wir zum ersten Mal wieder unser Bänklein auf die Veranda getragen und haben dort ein Spiel gemacht, schöne Gedichte gelesen und dann gings ins Zimmer zur Abendandacht."[536]

Und nicht zuletzt hatte oftmals auch die erste Begegnung des Paares im Inneren der Missionsstation stattgefunden, ähnlich des Rückzuges in die Kabine, wie es bei den Paaren der Fall war, die sich bereits auf dem Schiff begegnet waren.

---

stätigte auch Frau H. in Tübingen anläßlich eines von mir geführten Interviews am 6.12.96. Sie erzählte, daß ihre Eltern, die Missionsleute in China waren, nach ihrer Rückkehr eigens ein 'chinesisches Zimmer' eingerichtet hätten, das dann aber im 2. Weltkrieg durch eine Bombardierung vollständig zerstört worden sei.

[534] Vgl.: R. Beckmann: Die Bilderwelt der Wohnung. 1996, S. 124.
[535] PN: TB Wilhelm Maisch, S. 25.
[536] PN: TB Elisabeth Oehler-Heimerdinger: 28. März 1910.

Die Wohngemeinschaft

Das Missionspaar lebte nicht immer allein im Missionshaus. Oft teilte man sich den Gesamtraum mit mehreren Personen, die eigene Räume zur Verfügung hatten. In der Regel waren dies unverheiratete europäische Mitarbeiter, zum Beispiel ledige Missionare, die sogenannten Kostgänger. Als allmählich auch ledige Frauen als Lehrerinnen in der Mission eingesetzt wurden, lebten diese meist ebenfalls bei einem verheirateten Paar.

Hanna Bohners Charakterisierung dieser internen Beziehung ist vergleichbar mit Schilderungen in anderen Quellen:

> *„Noch ein lediger Missionar war auf der Station Abokobi, als ich hinkam, er hieß Ehmer. [...] Er wohnte bei uns im Haus und aß mit uns am Tisch. Wir hatten uns lieb wie Geschwister."*[537]

Diese Beschreibung ist möglicherweise eine idealisierte Schilderung der „Geschwisterliebe" innerhalb der Missionsfamilie. Daß auch Konflikte, die sich aus dem Zusammenleben mehrerer Personen ergaben, nicht ausblieben, wird im vorliegenden Quellenmaterial häufig sichtbar.

Wie sich jedoch die Anwesenheit eines ledigen Mannes auf die Beziehung des Ehepaares auswirkte, darüber 'sprechen' die Quellen nur in der erwähnten Form. Interessant ist freilich, daß ledige Missionare den Missionarsfrauen oftmals Gesellschaft leisteten, wenn deren Ehemänner sich auf Predigtreisen befanden. Dann boten sie manchmal die einzige Ansprache, die die Frauen hatten.

> *„Herr Ludwig, unser Hausgenosse ist ein sehr netter junger Mann. Er liest mir oft vor abends, wenn Wilhelm auf Reisen ist und verstehts ausgezeichnet mit den Kindern. Bubi hängt sehr an Onkel Ludwig".*[538]

So urteilt die Missionarsfrau Maisch über ihren Kostgänger. Dieser Satz steht als Nachsatz in einem Abschnitt ihres Tagebuches, in welchem sie sich über längere Abwesenheiten ihres Ehemannes beklagt.

Die „Geschwisterliebe" zwischen Frauen und Männern wird in manchen Quellen recht offen thematisiert. Die in China verheiratete Friederike Genähr beispielsweise reist mit einem Bruder in ein entferntes Missionsgebiet, andere Frauen unternehmen gemeinsame Spaziergänge mit ledigen Missionaren. Möglich war dies vermutlich unter dem Aspekt einer konstruierten Neutralität der Geschlechter. So waren Bruder und Schwester gleichsam mit einem Inzesttabu belegt, wodurch die Zusammentreffen entsexualisiert wurden. Das eröffnete einen Freiraum, in dem agiert werden konnte: vordergründig begegneten sich nicht Frauen und Männer, sondern geschlechtslose „Kinder Gottes". Daß diese 'christliche Konstruktion von Wirklichkeit' durch die realen Verhältnisse immer wieder aufgehoben wurde, zeigt sich daran, daß es häufig vorkam, daß Frauen, die Witwe wurden, eben diese Männer, die sie während ihrer Ehe jahrelang auf

---

[537] ABM: D-10,40. TB Hanna Bohner, S. 21.
[538] PN: TB Luise Lohss-Maisch, S. 17.

Spaziergängen begleitet hatten, später heirateten. Friederike Genähr etwa, die während ihrer Ehe mit Ferdinand Genähr von 1853 bis zu seinem Tod 1864 in engem Kontakt auch zu Adam Krolzcyk, ebenfalls Missionar in China, steht, nimmt dessen Heiratsantrag, nachdem sie bereits drei Jahre in Deutschland verbracht hat, an und reist wieder nach China. Es scheint also, daß nicht selten während der 'neutralen' Freundschaftsphase zumindest soviel gegenseitige Annäherung stattgefunden hat, daß sich die Brüder und Schwestern später ein gemeinsames Leben als Mann und Frau vorstellen konnten.[539]

Außer willkommener Gesellschaft bedeuteten die Kostgänger aber auch ein Mehrfaches an Arbeit für die Missionarsfrau.

> *„Später sollte es aber anders werden, da war es aus mit der Ruhe. Wir bekamen zwei Kostgänger, für die meine Frau zu sorgen hatte. Wir mußten unsere ganze Wirtschaft vergrößern, mehr Dienstboten anstellen, wir kauften Kühe, um von ihnen Milch zu bekommen, wir taten Schweine, Enten und Hühner ein und so vergrößerte sich der Wirtschaftsbetrieb so sehr, daß die Hausfrau alle Hände voll zu tun hatte. Ein Jahr darauf kam noch ein dritter Tischgenosse dazu, so daß wir zusammen fünf Personen am Tisch waren."*[540]

Damit ist bereits einer der Aufgabenbereiche der Missionarsfrau in ihrer Funktion als Gehilfin umrissen, der aber weit mehr als nur Hilfsleistungen bedeutete, sondern meist die Organisation eines mehrere Personen umfassenden Hauswesens betraf. „Hausfrau und gute Haushälterin zu sein war das oberste Gebot."[541] Was Christel Köhle-Hezinger für die Rolle der Pfarrfrau beschreibt, gilt ebenfalls für die Missionarsfrau.

---

[539] Vgl. C. Köhle-Hezinger: Philipp Matthäus Hahn und die Frauen. 1989.
[540] PN: TB Eugen Schwarz, S. 51.
[541] C. Köhle-Hezinger: Frauen im Pfarrhaus. 1996, S. 183. C. Köhle-Hezinger weist daraufhin, daß es darum ging, die Pfarrhausökonomie so zu verwalten, daß auch mit schmalem Budget bis zu zehn Personen und mehr verpflegt werden konnten, was für die Pfarrfrau eine Belastung ohnegleichen bedeutete.

Das christliche Hauswesen - Ordnung, Fleiß und Sauberkeit

Die Aufgabe

> *„Es war doch ein wunderbares Gefühl, als mein Ernst mich in mein neues Heim einführte. Da sollte ich schalten und walten. Oh, ich fühlte meine Verantwortung sehr, ich fühlte, daß ich mir ein Haushalter bin und nicht nur meinem Mann, der übrigens in alles sehr genau hineinschaut, sondern Gott Rechenschaft schuldig bin über mein Haushalten, über alles was ich tue mit meiner Zeit, mit den mir anvertrauten Sachen und besonders auch mit den mir übergebenen Mädchen."*[542]

Frieda Bürgi, Schweizerin aus Bern, die seit 1899 die Frau des Afrikamissionars Ernst Bürgi ist, möchte ihre neue Aufgabe voll Begeisterung und Zuversicht übernehmen. Doch Versagensängste und Zweifel folgen auf dem Fuß:

> *„Die Aufgabe ist groß und ich so klein und unwissend und ungeschickt. Oh, ich muß noch so vieles lernen und weiß manchmal nicht wie die Sachen einteilen. Und am schwersten finde ich oft zu wissen, wieviel ich tun soll. Ernst sagt oft, ich solle haushälterisch umgehen mit meiner Kraft, ja nicht zu viel zu tun und mich schonen um nicht wieder Fieber zu bekommen. Aber wenn etwas fehlt, dann sagt er doch, warum hast Du nicht nachgesehen? Und so finde ich das am schwersten, diese beiden Sachen zu vereinen."* [543]

Diese Beschreibung kann stellvertretend für eine grundsätzliche Problematik, die auch andere Missionarsfrauen betraf, gesehen werden. Es ist dies der Widerspruch zwischen Anspruch und Realität.

Dem Partner kam dabei eine herausragende Rolle zu, er hatte sozusagen in allem einen Wissensvorsprung, den die Frauen aufholen mußten. Ob es die fremde Sprache war, die er meist bereits beherrschte, während die Frauen zumindest am Anfang aus Unkenntnis zur 'Sprachlosigkeit' verdammt waren, oder ob es sich um das ungewohnte Klima handelte, mit dem er meist ebenfalls 'besser umzugehen wußte' - dem Missionar kam zu Beginn die Rolle des Führers und Lehrers zu. Die Positionen waren ungleich verteilt - außer in der Haushaltung, die eben nicht 'seine Sache' war, hier hatten die Frauen das 'Sagen', nur konnten sie sich häufig aufgrund der mangelnden Sprachkenntnisse nicht artikulieren, was dann zu Kommunikationsproblemen mit den einheimischen Dienstmädchen führte. Dies alles barg zusammengenommen ein großes Konfliktpotential in sich.

Idealiter sollte die Frau des Missionars für den reibungslosen Ablauf des Alltags sorgen, was eine vorbildliche Haushaltsführung miteinschloß. In den Heiratsge-

---

[542] ABM: D-10.20. TB Frieda Bürgi, S. 28-29.
[543] Ebd.

suchen der Missionare wurde - wie wir wissen - eben dieser Punkt besonders hervorgehoben, wenngleich die Vermutung naheliegt, daß dieses Argument auch vorgeschoben sein konnte. Dennoch: die häufige Erwähnung läßt den Schluß zu, daß die Missionare nicht nur, aber auch eine Haushälterin suchten.

Das Gesinde

„Was die Haushaltungsarbeit der Missionsfrau betrifft, so ist diese in mancher Beziehung vereinfacht gegenüber der europäischen Hausfrauenarbeit, weil man mehr Hilfspersonal hat. Auf der anderen Seite ist manches wieder umständlicher.[544]
So urteilt der Indienmissionar Gottlob Pfleiderer.
Das Thema, das er hier anspricht, taucht in Briefen, in Tagebüchern und auch in der Korrespondenz mit dem Komitee immer wieder auf, unter verschiedenen Aspekten und aus unterschiedlichen Warten. Es geht dabei nicht so sehr um die Hausarbeit an sich, als vielmehr um den Umfang des zur Verfügung stehenden Hilfspersonals. Der Umgang mit diesem Thema wirft ein Licht auf das 'Schwesternverhältnis' innerhalb der Missionsfamilie und auch auf das Verhältnis der Missionarsfrauen zu den weiblichen Bezugspersonen in der europäischen Heimat.
Von den Freundinnen, Schwestern, Tanten und auch Müttern in der Heimat wurden die Missionarsfrauen um das Hauspersonal beneidet, das schimmert häufig zwischen den Zeilen der Briefe hindurch. Zwar, so geht aus den Quellen auch hervor, war es in den Herkunftsfamilien der Missionarsfrauen, die meist einer gehobenen dörflichen Schicht angehörten, nicht unüblich, ebenfalls eine Hilfe im Haushalt zu beschäftigen. Allerdings mit dem Unterschied, daß diese nicht regelmäßig zur Verfügung stand, sondern zu bestimmten Anlässen, wie etwa dem 'großen Waschtag', beim 'Frühjahrsputz', zur Unterstützung bei Familienfesten oder beim Anfertigen von neuer Kleidung und ähnlichem, angefordert wurde. Oft handelte es sich dabei um junge Mädchen aus der Verwandtschaft, die für eine gewisse Zeit im Haushalt aushalfen und dabei Grundkenntnisse in der Haushaltsführung erwarben.[545] Manch eine Missionarsfrau hatte ebenfalls während ihrer Jugendzeit bei Verwandten im Haushalt ausgeholfen. Die Variante einer regelmäßigen Hilfe im Haushalt, die auch bei der Erziehung der Kinder half, war die ledige Tante, die auf die Unterstützung durch die Fami-

---

[544] PN: TB Gottlob Pfleiderer, S. 45-46.
[545] Vgl. E. Kuby: „Fahr dem Herren durch den Sinn." 1996, S. 13-23. Eva Kuby beschreibt für das Leben von Auguste Eisenlohr, die Mitte des 19. Jahrhunderts in Württemberg lebte, ähnliche 'Verhältnisse'. Als elffache Mutter hatte sie ebenfalls „eine, aber mindestens zwei Hilfen, die mit im Haushalt lebten."

lie angewiesen war und von dieser entsprechend auch ausgenutzt werden konnte.[546]

Die Missionarsfrauen hingegen, die von den Frauen in der europäischen Heimat beneidet wurden, nahmen für sich in Anspruch, gerade durch das Hilfspersonal sehr viel mehr Unannehmlichkeiten und Schwierigkeiten zu haben als europäische Hausfrauen. Immer wieder wird in den Quellen darauf hingewiesen, daß man selbst es für unnötig halte, derart viel Personal zu beschäftigen, doch um den nötigen Respekt und die Akzeptanz der einheimischen Bevölkerung zu erhalten, sei eine große Anzahl von Dienstboten unumgänglich, was aus heutiger Sicht im Grunde genommen eine koloniale Rechtfertigung darstellt. Mit diesen Argumenten stellten sie sich auf eine Stufe mit der kolonialen Schicht des Landes und erhoben sich über die indigene Bevölkerung. Obwohl sie zum Dienstbotenthema dieselbe Ideologie wie die Kolonialfrauen vertraten, legten die Missionarsfrauen aber Wert darauf, nicht mit diesen gleichgesetzt zu werden. Sie wollten sich von der Klischeevorstellung, die sie selbst von Kolonialfrauen hatten, nämlich mit Klatsch und Tratsch verbundener Müßiggang, tunlichst absetzen. Ausnahmen bei Beurteilungen dieser Art wurden gemacht, wenn sich besagte Kolonialfrauen für die Sache der Mission erwärmten, dann stieg ihr Ansehen, sie wurden in die Riege der 'arbeitsamen Frauen' aufgenommen. Interessant ist, daß man in der alten Heimat wiederum tendenziell eine ähnliche Vorstellung von der Missionarsfrau hatte wie die Missionarsfrau von den Kolonialfrauen, zumindest in bezug auf ihre Arbeitsleistung im Haushalt.

Doch auch innerhalb der 'Schwesternschaft' wurden Grenzlinien gezogen, in dem Sinne, daß sich die Missionarsfrauen in Indien, China und Afrika im jeweiligen Land als Einheit begriffen, die sich von den Missionarsfrauen in den anderen Ländern unterschied. Dieser Unterschied zwischen den Missionarsfrauen lag im jeweiligen Selbstbild, was den angeblich differierenden Arbeitsaufwand in der Hausarbeit beziehungsweise in der Organisation des Hauswesens betraf. Wir können aufgrund wiederholter Bemerkungen in den Quellen ein hierarchisches Gefälle ausmachen. Vergleichbar mit den europäischen Hausfrauen, die die Missionarsfrauen als Gesamtheit, unabhängig davon, in welchem Land sie lebten, um das vorhandene Hauspersonal beneideten, beneideten beispielsweise die Missionarsfrauen im afrikanischen Missionsgebiet die Frauen, die in Indien lebten, weil sie über mehr Hilfspersonal verfügten, was seine Ursache im jeweiligen kulturellen und sozialen Kontext hatte. In Afrika etwa war die sogenannte Haussklaverei üblich, allerdings in spezieller Form. Die Sklaven lebten im Familienverband wie Familienangehörige, waren aber unfrei. Da die Basler Mission gegen diese Form der Sklaverei 'vorging', war es heikel, über sehr viel

---

[546] Zur Rolle der 'Tante' vor allem in Pfarrhäusern des 18. und 19. Jahrhunderts vgl. A. Kittel: Ledige Tanten und „alte Jungfern". 1997, S. 60-61. Eine Kultur-und Sozialgeschichte der 'Tante' ist noch nicht geschrieben.

Hilfspersonal zu verfügen, da man sich damit automatisch dem Vorwurf der Sklavenhaltung aussetzte.⁵⁴⁷

In Indien hingegen gehörten die 'bekehrten Christen' keiner Kaste mehr an, sie waren also darauf angewiesen, im Missionskontext ein Auskommen zu finden: so lautet einer der Gründe dafür, viel Personal einzustellen. Diejenigen, die keine 'bekehrten Christen' waren, aber dennoch im Missionshaushalt eine Arbeit fanden, verrichteten aufgrund ihrer Kastenzugehörigkeit nur spezielle Arbeiten, so daß die Aufgabenbereiche strikt getrennt waren und für jeden Bereich nur eine bestimmte Person in Frage kam. Dies bot ein weiteres Argument dafür, eine große Anzahl an Dienstboten zu beschäftigen.

> *„Zu einem europäischen Haushalt in Indien gehören Dienstboten in der Mehrzahl. Wir hatten vier und später, als Kinder da waren, sogar fünf und sechs. Die Vielheit der Dienstboten ist darin begründet, daß einmal die Dienstboten selbst Familien haben, also nicht ihre volle Kraft und Zeit dem Haushalt des Europäers widmen können, ferner darin, daß durch die strengen Kastengebräuche sich ein Mann schwer dazu entschließt, eine andere Arbeit zu verrichten als die welche seiner Kaste entspricht. Nun hatten wir zwar meist christliche Dienstboten. [...] Doch ist es außerordentlich schwierig, auch von einem christlichen Knecht Dienstleistungen zu verlangen auf die er nicht geeicht ist. [...] Im obersten Rang steht der Koch, der die Küche besorgt, aber sonst nichts. Nie wird es ihm einfallen, sich etwa zum Tischdecken herzugeben. Nach dem Koch steht auf zweiter Rangstufe der Tisch- und Zimmerknecht. Er deckt den Tisch, spült das Eßgeschirr, räumt auf, wischt den Staub von den Möbeln. Dann ist da der Ochsenknecht, der den Stall besorgt. Auch hat er für das Wasser im Badezimmer zu sorgen und Dienste im Garten zu tun. [...] Zum überall notwendigen Dienstpersonal gehört noch die Kehrfrau, die die niedrigsten Obliegenheiten eines Haushaltes besorgt, zu denen sich der Knecht oder eine Dienstmagd nie hergeben würde. Sie reinigt den Klosettstuhl und schmiert den Boden der Gänge mit Kuhmist."*⁵⁴⁸

Dieser Schilderung des Dienstpersonals in einem 'europäischen Haushalt in Indien' entsprechend muß man sich auch das Stationspersonal anderer Stationen in anderen Ländern vorstellen, wobei natürlich das Kastensystem nur in Indien die beschriebene Rolle spielte und in Afrika graduell weniger Personal zur Verfügung stand.

Der Arzt K. Huppenbauer schildert die Anstrengungen gerade der 'afrikanischen' Missionarsfrauen eindrucksvoll:

> *„Welche Sorgfalt und Mühe die Frau aufzuwenden hat, wieviel Ärger ihr bereitet, in wie übermenschlichem Maße ihre Geduld oft in Anspruch ge-*

---

547 Vgl. hierzu: P. Haenger: Sklaverei und Sklavenemanzipation an der Goldküste. 1997. Vgl. auch C. Vogelsanger: Pietismus und afrikanische Kultur an der Goldküste. 1977.
548 PN: TB Gottlob Pfleiderer, S. 56.

nommen wird, davon kann sich der Außenstehende kaum eine richtige Vorstellung machen. Diese Frauen haben einen hervorragenden Anteil an der Erziehung der afrikanischen Jugend und es geschieht ihnen bitter unrecht, wenn man ihnen häufig bei der Rückkehr nach Europa den Vorwurf macht, sie seien durch ihre zahlreiche afrikanische Dienerschaft verwöhnt. [...] Für die Frau in den Tropen ist es in der Tat keine Kleinigkeit, den Haushalt so gewissenhaft zu führen, wie es jeder deutschen Frau zur zweiten Natur geworden ist. Wenn man damit die Stellung und Betätigung der meisten englischen Frauen in den Tropen vergleicht, welche die Monate ihrer kolonialen Langeweile mit Spätaufstehen, Romanlesen und unterhaltenden Tees ausfüllen, so erkennt man erst richtig, welch hochwertige Arbeit die deutschen Frauen leisten."[549]

Dieser Absatz findet sich im Rückblick auf Elise Pfleiderers Leben in Indien, den ihr Ehemann Immanuel nach ihrem Tod verfaßte. Er fügt dieser Schilderung noch hinzu: *„Für indische Verhältnisse gilt dasselbe Wort für Wort."*[550]

Die Methode der Ordnung

Unabhängig davon, ob es sich um indische, afrikanische oder chinesische 'Verhältnisse' handelt, verhandelt wird im Grunde genommen immer das Gleiche, nämlich die „Gewissenhaftigkeit, die jeder deutschen Frau zur zweiten Natur geworden ist", die sich äußerlich in einem ordentlichen, sauberen und funktionierenden Haushalt ausdrückt. Und eben dies stellte die Frauen vor ein Problem, das in engem Zusammenhang mit ihrem Dienstpersonal stand. Denn diesem mußten die 'hausfraulichen Tugenden' nahegebracht werden, das heißt, fremde Einstellungen mußten durch eigene Vorstellungen ersetzt werden - indigene Wertkategorien durch ein europäisches Wertesystem substituiert werden. Eine große Rolle spielte dabei die Hygiene, die äußere Reinlichkeit, die mit innerer Reinheit gleichgesetzt wurde. Indem einheimischen Mädchen beigebracht wurde, jeden Tag die Veranda zu scheuern, wie dies beispielsweise Sophie Basedow ihren beiden afrikanischen Hausmädchen befahl, wurde ihnen zugleich beigebracht, Schmutz mit sittlicher Verdorbenheit gleichzusetzen.

„Ordnung, Fleiß und Sparsamkeit, denen das Ideal der Sauberkeit und Reinlichkeit eng verbunden ist, bilden das Zentrum eines gemeinhin als 'bürgerlich' qualifizierten Wertekatalogs"[551], konstatiert Paul Münch. Dieser 'bürgerliche Wertekatalog', der eng mit dem christlichen Tugendkanon verknüpft ist, sollte in die „Heidenwelt"' transferiert werden, wobei es den Missionarsfrauen oblag, aus afrikanischen, chinesischen und indischen Mädchen tugendhafte christliche,

---

[549] PN: TB Lis Pfleiderer, S. 56.
[550] Ebd. S. 57.
[551] P. Münch (Hg.): Ordnung, Fleiß und Sparsamkeit. 1984, S. 12.

europäische Hausfrauen zu formen. Die Mädchen, die hierfür in Frage kamen, rekrutierten sich vorwiegend aus den Missionsschulen.

„Die Schülerinnen waren oft Findelkinder, Waisen oder Töchter von Eltern, die bereits Christen waren oder von Witwen, die den Unterhalt der Kinder nicht bestreiten konnten. Diese Schulen waren oft internatsähnliche Anstalten und Waisenhäuser. Der ganzheitliche Unterricht ermöglichte es, nicht nur während der Unterrichtsstunden christliche Inhalte zu vermitteln, sondern zusätzlich durch das Zusammenleben. [...]"[552] Darauf weist Simone Prodolliet hin. Rudimentäre Kenntnisse in Schreiben, Lesen, Rechnen, biblischer Geschichte und Gesang genügten offenbar für die Mädchen.[553]

Ein oder zwei dieser Schülerinnen wurden in der Regel ins Haus genommen, um hausfrauliche Fähigkeiten und Tätigkeiten unter Anleitung der Missionarsfrau, der Spezialistin für diesen Bereich, einzuüben. Doch nicht nur das: insgesamt kam es auf „die Arbeit an der Methodisierung der Lebensführung" an, die auf „einer metaphysischen, religiösen Komponente der Ordnung" beruhte.[554] So war der Tag auf der Station bis ins kleinste Detail genau geregelt.

> *„Um sechs Uhr läutet das Glöckchen, doch sind die Kinder alle schon auf und gehen, nachdem sie ihre Betten in die Sonne gehängt und ihr Gesicht gewaschen haben flink zu den verschiedenen Pflichten, die ihnen aufgetragen sind. Die Ältesten in die Küche zur Bereitung des Reisbreis, der um ½ 7 Uhr als Morgenspeise gegessen wird. Andere holen Wasser zum Gesichtwaschen und Trinken. Die Kleinen putzen das Eßgeschirr, ein Messingteller und Töpfchen. Wer sich nicht wohlfühlt oder irgendeine Verwundung hat, holt das Heilmittel im Missionshaus. Die Kleinen haben eine sorgende Schwester unter den großen Mädchen, die sich gegenseitig helfen und für das Wohlergehen der Kleinen verantwortlich sind. Um 7 Uhr läutet die Glocke zur Schule, die mit einer Andacht des Lehrers beginnt. Außer den ABC-Schützen sind noch drei Klassen, in denen die Mädchen im Lesen, Schreiben, Rechnen, Geographie, Geschichte, Singen, Zeichnen und Turnen unterrichtet werden. Von 10 bis ½ 12 Uhr haben die Älteren an 4 Tagen Nähunterricht welcher im Missionshaus gegeben wird. Die Kleineren vergnügen sich in der frischen Luft, etwas Holz für die Küche zusammensuchend, bis um ½ 12 die Glocke zur zweiten Mahlzeit ruft. Über Mittag mahlen die Großen das Korn für das Brod des nächsten Tages und die Kleinen suchen Kuhmist zum Schmieren der Böden. Um 2 Uhr fängt die Schule wieder an für die Kleinen bis ½ 4 Uhr, wo sie zum Nähunterricht zur Missionsfrau gehen, bis um 5 Uhr auch diese*

---

[552] S. Prodolliet: Wider die Schamhaftigkeit. 1987, S. 48.
[553] Es gab auch Höhere Schulen für Mädchen, die zu zukünftigen Lehrerinnen ausgebildet werden sollten und die ebenfalls zur „Hebung des weiblichen Geschlechts" beitragen sollten. Insgesamt aber ergibt sich der Eindruck, daß auf die Schulbildung von Jungen mehr Wert gelegt wurde, dem zeitgenössischen Kontext auch in Europa entsprechend.
[554] M. Maurer: Die Biographie des Bürgers. 1996, S. 363.

Lektion geschlossen wird und sie fröhlich singen. Mit Sonnenuntergang läutet die Glocke zum letzten Mal und ruft zur Abendmahlzeit. [...] Gegen 8 Uhr ist die Abendandacht, welche meist der Missionar hält, worauf die Größeren noch für die Schule lernen bis um 10 Uhr das ganze Haus, in dem so munteres Leben waltete, in tiefer Ruhe liegt. Mittwoch und Sonnabendnachmittag ist keine Schule, da werden alle Kinder gebadet und die Kleider gewechselt und diese am Mittwoch und Montag gewaschen. Hingegen wird Samstagabends das ganze Haus gereinigt und wer dabei nicht nötig ist, zum Holzsammeln geschickt. Lustig ist es zuzusehen, wie die Böden mit Kuhmist geschmiert werden. Jede Abteilung steht unter der Aufsicht einer Lehrerin oder eines der größeren Mädchen."[555]

Dieser Tagesablauf auf der Missionsstation Sumaddi in Indien, den Elise Eisfelder in einem Brief an ihre Kinder in Europa schildert, war auch auf anderen Stationen üblich. Sehr deutlich kommen hier europäische Vorstellungen als normsetzende Instanz zum Ausdruck. Der Tagesablauf ähnelt dem in deutschen Internaten, teilweise demjenigen im Basler Missionshaus, den die Missionare als Missionszöglinge erlebten. Das Prinzip einer „Methodisierung der Lebensführung" wird daran deutlich, daß der Ablauf eines Tages genau vorgegeben ist, also nichts dem Zufall überlassen wird. „Die Zeit auskaufen"[556], eines der obersten pietistischen Arbeitsprinzipien, kommt hier voll zum Tragen. Jede Minute des Tages wird ausgenutzt. Der Tag endet um 10 Uhr abends, entsprechend europäischer Verhaltensweisen, ungeachtet dessen, daß tropische Nächte um einiges wärmer als in Europa sind.

Ebenso findet der europäische Hygienediskurs[557] Eingang in die Lebensweise in Übersee. Sogar die Tage für die wöchentlichen Reinigungen sind identisch mit - in diesem Falle - schwäbischen Putztagen. Die 'überseeische Kehrwoche' findet zur selben Zeit wie im heimatlichen Dorf statt, nämlich samstags. Schwäbische und Schweizer 'Vorstellungswelten' werden nach Übersee transportiert, ungeachtet dortiger klimatischer oder kultureller Gegebenheiten.

Die Missionarsfrauen fungierten meist als Hausmütter für die Schulen, was ihnen etliche organisatorische Arbeit, wie aus der Schilderung von Elise Eisfelder hervorgeht, abverlangte. Der Gesangs-, Näh- und Sonntagsschulunterricht, den sie abhielten und der vielen Missionarsfrauen wichtig war, beanspruchte in der

---

[555] PN: TB Elise Eisfelder. Beschreibung der Station Sumaddi. 1895.

[556] Vgl. M. Maurer: Die Biographie des Bürgers. 1996, S. 400. Für die Frühzeit der Moderne untersucht M. Maurer u.a. den Zusammenhang von Religiosität und Arbeit. Anhand von Biographien werden Märtyrer der Arbeit geschildert, die ihre „Zeit auskaufen", indem sie an Essenszeit und Schlafzeit sparen. Etliche Parallelen zum Arbeitsethos der Missionsleute lassen sich hier ausmachen. So ist etwa das Frühaufstehen eine Tugend, während zu langes Schlafen etwas Beschämendes darstellt, da es dem Grundsatz des 'Zeitauskaufens' zuwiderläuft. Zum Arbeitsethos als 'Verfleißigung' vgl. auch R. Schenda: Die Verfleißigung der Deutschen. 1986, S. 88-108. Schenda untersucht die „Instanzen und Techniken der Verfleißigung".

[557] Vgl. Kapitel. Auf der Reise vom alten zum neuen Leben.

Regel einen geringeren Teil als die Zeit, die sie für die Organisation des Hauswesens aufbringen mußten.

Martha Reusch, um die Jahrhundertwende Missionarsfrau in Indien, beschreibt in einem Brief an Pfarrer Würz in Basel eindrucksvoll ihre Arbeit als 'Hausmutter' auf der Missionsstation:

> *"Da ist vor allem das Schülerheim, das mit seinen 50 Zöglingen nicht nur dem Vorsteher, sondern auch seiner Frau mancherlei Arbeiten abverlangt. Gleich nach der Morgenandacht steht der Koch der Schule mit einigen Knaben bereit, um unter meiner Aufsicht die Nahrungsmittel für den ganzen Tag aus der Vorratskammer zu holen. Dann wird bei meinem Gang durch die verschiedenen Räumlichkeiten der Anstalt nachgesehen, ob Kleider und Bettzeug in Ordnung sind und sonst alles am Platze ist und sauber aussieht. Besonders wichtig ist es, nach den Kranken zu sehen und solche gibt es in unserer Anstalt ziemlich häufig, da in Dharwar seit einigen Jahren viel Fieber herrscht, auch Dysenterie. [...] Ist die Arbeit des Doktors besorgt, dann steht auch meist schon der Schneider auf der Veranda, der alle paar Wochen für längere Zeit an den Jacken der Knaben, deren jeder etwa drei in einem Jahre bekommt, zu nähen hat. [...] Die Näharbeit muß ziemlich genau beaufsichtigt werden, damit sie nicht über Bausch und Bogen geschieht und hintennach die Ärmel des einen Knaben an der Jacke des anderen hängen, die Knopflöcher die Knöpfe nicht durchlassen, an den Enden der Westen der Faden nicht kurzerhand abgeschnitten wird und dergleichen. Beim Flicken der Schulkleider, wodurch sich einige Gemeindefrauen etwas dazuverdienen, siehts noch schlimmer aus. [...] Bevor die Knaben um 11 Uhr zur Schule gehen, müssen alle auf der Veranda antreten und einige Klassen werden von meinem Mann und mir die Aufgaben abgehört. [...] Längere Zeit gab ich den jüngeren Knaben Violinunterricht, der neue Katechist hat mir nun diese Lektion abgenommen und so bleibt mir diese Zeit für andere Arbeit, die nie weit zu suchen ist, da im Studierzimmer meines Mannes gar oft Schreibereien bereit liegen, die ich gerne besorge, damit er etwas entlastet ist. [...] So vergeht der Vormittag im Nu, gibt es doch in einer großen Haushaltung auch manche häuslichen Geschäfte zu thun, besonders, wenn man noch junge Missionare als Kostgänger hat. [...] An zwei Nachmittagen kommen von 1 1/2 Uhr bis 5 Uhr die Arbeitsschülerinnen, meist Christen, aber auch Heidenmädchen aller Unterrichtsklassen, selbst einige Töchter von Halbeuropäern benützen die Gelegenheit, sich in der Handarbeit etwas auszubilden. [...]."*[558]

Martha Reusch präsentiert sich uns als Perfektionistin, sie will alles unter Kontrolle haben. Die Passage über einheimische Schneider spart nicht mit rassistischen Untertönen. Sie allein verfügt über ausreichendes Fachwissen, was Näh-

---

[558] PN: Brief v. Martha Reusch, Dharwar/Indien, an Pfarrer Würz, Basel. 24. September 1903.

arbeiten betrifft. Im übrigen ist die Schilderung des Tagesablaufs typisch für Missionarsfrauen in vergleichbaren 'Verhältnissen'. Auch die Übernahme von Schreibarbeiten des Missionars war für viele Missionarsfrauen, so geht aus etlichen Quellen hervor, üblich.

„Es handelte sich nicht um Hausarbeit im modernen Sinn, sondern um 'Haushalten', also um die Fähigkeit einem Haushalt vorzustehen, Kinder und 'Gesinde' zu regieren, alle angemessen zu versorgen."[559] Was Heide Wunder für die Haushaltsführung von Frauen der frühen Neuzeit konstatiert, gilt so also auch teilweise noch für Missionarsfrauen, die auf größeren Stationen lebten.

Schwierigkeiten

Obwohl die 'Dienerschaft' der Missionarsfrau durchaus einen Großteil an Hausarbeit abnahm, bot sie doch einen dauernden Grund zur Klage.[560] Denn - und darauf kommt es an: Die Dienstmädchen in Indien, Afrika oder China hatten die europäischen 'Hausfrauentugenden' nicht verinnerlicht, oftmals andere Vorstellungen über Hygiene, Pünktlichkeit und etlichem mehr. Sie 'funktionierten' nicht immer, und das vereitelte dann auch die angestrebte 'Ordnung des Hauswesens'. In den Quellen lesen wir immer wieder von unzuverlässigem, sogar betrügerischem Gesinde, das es darauf anlege, die Stellung der Missionarsfrau zu unterminieren. Diese Einschätzung rührt aber eher daher, daß Maßstäbe angelegt wurden, denen einheimische Dienstboten von vornherein nicht gerecht werden konnten. Und sie zeigt, daß das Muster eines Transfers christlich-europäischer Verhaltensregeln fortgesetzt und durchgesetzt werden sollte: wie die Schüler einem deutschen Stundenplan folgend ihren Tag zu gestalten hatten, so hatte der Haushalt nach europäischen Richtlinien zu funktionieren. Der Koch hatte beispielsweise zu lernen, wie man Spätzle macht. So auch der chinesische Koch Asang-go, der im Haushalt von Elisabeth Oehler - Heimerdinger arbeitete und vor ihr bereits bei drei anderen Missionarsfrauen im Dienst war.

„So schuf ich Abwechslung, sorgte auch für Spätzle und gute Klöße, deren Zubereitung dem Koch allmählich wieder einfiel."[561]

Für die Missionarsfrauen war es oft nicht nur ein fortwährender Kampf gegen das nicht-europäische Gesinde, sondern auch ein Kampf gegen die (tropischen) Elemente. Vor allem während der Regenzeit, wenn alles zu verschimmeln

---

[559] H. Wunder: „Er ist die Sonn', sie ist der Mond." 1992, S. 130-137. Heide Wunder erwähnt in diesem Zusammenhang die damals ebenfalls üblichen Klagen über das Gesinde.

[560] Vgl. E. Kuby: Auguste Eisenlohr. 1996, S. 20. „Klagen über das Personal gehörten zum bürgerlichen Lebensstil." Diesem Ideal eines 'bürgerlichen Lebensstils' waren und blieben die Missionarsfrauen verhaftet, auch, wenn er sich im Missionsgebiet oft nicht realisieren ließ. Die 'Domestizierung der Wildnis', im übertragenen wie konkreten Sinn, gelang nur unter größten Mühen und Anstrengungen.

[561] Elisabeth Oehler-Heimerdinger: Wie mir die Chinesen Freunde wurden. 1925, S. 44.

drohte, von Nahrungsmitteln über Bücher bis hin zu der Wäsche, die tagelang nicht mehr trocknete. Deborah Hoch schildert diese alltäglichen Widrigkeiten in einem Brief an die Verwandten in Basel:

> *„Wir sind während der vier Monate von Mai bis September nicht eingeschneit, wohl aber eingeregnet. Unsere Häuser sind mit Bambus- und Kokosblattgeflechten ringsherum eingemacht, daß der Sturm den Regen nicht hereinpeitscht. Da ist's in den Zimmern ganz dunkel. [...] Wir werden kaum Meister über den Schimmel, der sich auf Büchern, Schuhen und Möbeln ansetzt. Auch mit dem Trocknen der Wäsche haben wir große Schwierigkeiten. Bei dem vielen Schwitzen wird gern dies und jenes sporig. Da haben wir eine Vorrichtung, die man in Europa nicht kennt. In einem Blechkasten werden Seile gespannt und die nasse Wäsche daran aufgehängt. Unter der Wäsche wird in ein oder zwei irdenen Schüsseln ein Kohlenfeuer gemacht und die Kastentüre geschlossen. In zwei bis drei Stunden ist der Kasten voll Wäsche schön trocken. Ein solcher Kasten ist besonders dann viel wert, wenn ein kleines Kind da ist und täglich viele Windeln gewaschen werden müssen."*[562]

Sophie Basedow gibt uns ebenfalls ein anschauliches Beispiel ihrer Schwierigkeiten damit, einen 'europäischen Haushalt' in Kamerun zu führen. In ihrem Tagebuch beklagt sie sich seitenweise über den anhaltenden Regen, der die gleichen Unannehmlichkeiten wie im obigen Beispiel nach sich zieht und sie zudem deprimiert.

Eine weitere, häufig wiederholte Klage zielt auf das Hilfspersonal. Sie hat insgesamt vier Hausmädchen, wovon offenbar nicht alle zum Christentum 'bekehrt' sind. Sie stammen aus nahegelegenen Dörfern, die sie während Streitigkeiten, die sie mit der Missionarsfrau haben, als Zufluchtsort benützen, indem sie beispielsweise behaupten, Verwandte seien krank und benötigen ihre Hilfe. Die Hausmädchen lassen sich nicht 'europäisieren' und verweigern den Gehorsam. Sophie Basedow behandelt diese Afrikanerinnen wie ungezogene Kinder, sie ohrfeigt sie abwechselnd, beschimpft sie, übt moralischen Druck aus, etwa als sich der bekehrte Knecht Eugen weigert, eine schwere Last zu tragen und sie ihm daraufhin bedeutet, daß es ihr großen Schmerz verursache, daß er ihren Befehlen nicht gehorche und dies ein Zeichen für sie sei, daß er sie nicht gern habe. Eine bestimmte Art von 'Herrinnenmentalität' kommt bei ihr zum Vorschein, wenn sie es als ihr Recht empfindet, einheimische Dienstboten zu schlagen.

> *„Als ich auf war, kam der Dibeme ihr zukünftiger Mann zu mir und sagte, die Dibeme hätte Schmerzen, weil ich sie geschlagen hab. Dann hab ich ihm erklärt, daß wer nicht folgt, der muß es lernen und wenn ich dann schlagen muß, hab ich auch einen großen wehtuenden Schmerz, größer als ihrer, denn ich schlag nicht gern. Aber, wenn sie es nicht haben will, dann soll sie folgen oder sie kann auch ganz weggehn. Noch eins sagte*

---

[562] PN: TB Gottlob Pfleiderer, S. 20.

ich ihm dann noch, er soll ihr sagen, sie soll nicht immer so ein böses Gesicht machen."[563]

Das Prinzip von Zucht und Ordnung, das hier durchgesetzt werden soll, basiert auf göttlichen Richtlinien, die die moralische Rechtfertigung für Disziplinierungsmaßnahmen sind. Ihre weitere Klage gilt dem Schmutz und der Faulheit ihrer Dienstmädchen, wobei äußerer Schmutz wieder einmal mit sittlicher Verdorbenheit gleichgesetzt wird.

„Es lag nahe, daß sich die (im intellektuellen Sinne) um das Christentum Wissenden zugleich für die (im moralischen Sinn) Besseren hielten."[564]

Was Michael Maurer für die christlichen Konfessionen der Neuzeit diagnostiziert, kann auf das Verhältnis zwischen „Heiden" und Missionaren allgemein, im besonderen auf das Verhältnis zwischen Missionarsfrauen und den Hausangestellten übertragen werden. Gerade im Bereich des Haushaltes, der eng mit Sauberkeitsvorstellungen verknüpft ist, kommt der 'Verunreinigung' durch das „Heidentum" eine doppelsinnige Bedeutung zu.

Auf der Veranda

Der gläserne Alltag

> *„Eine 4 m breite Veranda flankierte die Zimmer auf der vorderen (Straßen)seite - wie auf der hinteren Seite. Das war der Aufenthaltsort bei Tag. Hier saß die liebe Lis mit ihrer Arbeit, hier spielten die Kinder, hier breiteten die Hausierer ihre Waren aus, Stoffe, Knöpfe, Bänder, Muscheln, Perlen, Edelsteine, Raritäten oder Orangen, Hühner usw. um deren Preis meist lange gehandelt werden mußte. Die hintere Veranda war teils frei und diente dann als Arbeitsraum für die Dienstboten (Lampenrichten, Schuhe putzen, Spülen etc.), teils war sie wieder von Erdmauern umgeben und wurde dann als Ankleideraum und Badezimmer benützt. Im Ankleidezimmer schliefen auch die Mägde. Im Badezimmer stand in einem Eck der Stuhl für die Darmentleerung, der täglich einmal von einer hiefür extra bestellten Frau geleert und gereinigt wurde. Im übrigen standen stets 4 - 6 irdene poröse Töpfe mit Wasser gefüllt da, die man beim Baden über sich ausleerte. Das Wasser floß frei in den Garten hinter dem Haus, ein beliebter Aufenthaltsort von Ochsenfröschen und Skorpionen."*[565]

Dieser Beschreibung ähnelt auch die Schilderung des Kamerunmissionars Eugen Schwarz:

---

[563] ABM: E 10,49a. TB Sophie Basedow, S. 40.
[564] M. Maurer: Die Biographie des Bürgers. 1996, S. 238.
[565] PN: TB Lis Pfleiderer, S. 48.

> „Vor dem Eckzimmer war eine 2,5 m lange Veranda, die, mit Schlingpflanzen umwachsen, ein sehr hübsches Plätzchen, weil immer schattig, war. Auf diesem Platz spielte sich auch das ganze alltägliche Treiben ab. Da wurden die Zwischenmahlzeiten eingenommen, die Wäsche gebügelt."[566]

Die Veranda, die wie aus obigen Beschreibungen zu ersehen ist, häufig bedeutende Ausmaße hatte und sich rings um die Missionsstation zog, was auch durch viele Photographien dokumentiert ist, war ein halböffentlicher Raum. Sie war einerseits Teil des Missionshauses und in dieses integriert, befand sich andererseits aber im Freien, der 'Öffentlichkeit', und war den Blicken dieser Öffentlichkeit zugänglich. Sie war nicht abschließbar und somit auch nicht abgrenzbar. Die Veranda war also als Außenraum - anders als die Innenräume - kein Ort des Rückzugs, sondern ein Ort der Repräsentation. Sie diente als Bühne für die Demonstration des Missionsalltags und umgekehrt manchmal auch als 'Zuschauertribüne' für das, was sich eigentlich im Haus, verborgen vor den Blicken der Öffentlichkeit abspielten sollte. Etwa das 'rituelle Sterben' eines Missionsmitgliedes im Geschwisterkreis:

> „Bald strömte jung und alt auf unsere Veranda um sowohl die Tote als auch die anderen Europäer in ihrem Schmerz zu sehen. Überrascht blieben die Heiden vor unserem Wohnzimmer, worin wir uns versammelt, stehen [...]."[567]

Der Innenraum, das Wohnzimmer, ist für die „Heiden" unzugänglich, während der Außenraum, die Veranda, allen zugänglich ist. Gerade dadurch bietet sie den Einblick nach innen, wodurch das Missionshaus im konkreten wie übertragenen Sinne zum 'Glashaus' wird.

Immanuel Pfleiderer geht auf diese Funktion in seiner Beschreibung ein:

> Man ist in einem Haus wie dem unsrigen wie in einem Glashaus oder wie auf der Straße. Keine Ruhe, nie allein, nie ungestört, bis spät in die Nacht hinein, wenn alles schläft."[568]

Auch Elisabeth Oehler-Heimerdinger thematisiert den 'gläsernen Alltag', wobei das Bedürfnis, diesem zeitweise zu entfliehen, sichtbar wird:

> „Wir haben Ferien. Eine Zeit der Ruhe und des Alleinseins, die wir, weil wir noch selten für uns waren, tief und voll genießen. Wir haben keine Reise gemacht, unsere Erholung ist die, daß wir allein sind auf der Station. [...] Aller Lärm ist verstummt. Den ganzen Tag hören wir die Vögel im Ahnenwald über dem Bach singen und die Grillen im Garten zirpen. Wir ruhen aus, und mein Mann hat jetzt wirklich Zeit für mich."[569]

---

[566] PN: TB Eugen Schwarz, S. 50.
[567] ABM: HB April 1910.
[568] PN: TB Lis Pfleiderer, S. 48.
[569] Elisabeth Oehler-Heimerdinger: Wie mir die Chinesen Freunde wurden. 1925, S. 55.

Das 'private Leben im Glashaus', das für seine Bewohner durch die Transparenz eher negativ besetzt war, erfuhr umgekehrt im Hinblick auf die missionarische Aufgabe eine positive Bedeutung, diente die Transparenz dabei gerade der Demonstration vorbildlichen christlichen Ehe- und Familienlebens und sollte so ein nachahmenswertes Modell für die „Heiden" darstellen.

„Das christliche Haus ist eine Kirche im kleinen",[570] schreibt Friedrich Baun leitmotivisch über das christliche Familienleben. In dieser Vorbildfunktion lag eine der wichtigsten Bedeutungen der 'Missionsehe'. Das Missionspaar mit seinen Kindern stellte somit in gewissem Sinne den Prototyp dar, der nach und nach im Anwachsen der christlichen Gemeinden seine Vervielfältigung erfahren sollte.

Die christliche Ehe als Vorbild für die „Heiden": verschiedene Kriterien, die diese Funktion gewährleisten sollten, wurden von der Basler Mission aufgestellt. Die Legitimation hierfür war die Vorstellung, daß die Beziehung des Ehepaares nicht als privat, sondern als öffentlich betrachtet wurde. So sollte das Missionsehepaar beispielsweise „nicht im Dunkeln sitzen".

„Selbst Brautleute dürfen nicht allein im abgeschlossenen Zimmer oder im Dunkeln sitzen und müssen alle Scherze und auffallenden Zärtlichkeiten vor den Augen der Schwarzen vermeiden."[571]

„Im Dunkeln sitzen" wäre somit ein Synonym für eine 'private Handlung', die das Licht der Öffentlichkeit scheut. Jede Regung des Ehepaares sollte aber beobachtbar sein, sollte gesehen werden können, um als Vorbild zu fungieren und nachgeahmt zu werden. Das gemeinsame Leben sollte transparent gemacht werden, das Dunkle sollte sich in Helligkeit verwandeln. Daß mit der Formulierung „im Dunkeln sitzen" auch eventuelle sexuelle Aktivitäten gemeint waren, die nicht in absoluter Heimlichkeit stattfanden, läßt sich vermuten. Jegliches sexuelle Element in der ehelichen Beziehung sollte in der Öffentlichkeit eliminiert werden, den „Heiden" sollte die asexuelle Partnerschaft vorgelebt werden.

> *„Die eminente Bedeutung des Vorbildes der christlichen Ehe in der geschlechtlich so verunreinigten heidnischen Athmosphäre kann gar nicht hoch genug angeschlagen werden. [...] Durch die Liebe, in welcher der Missionar mit seinem Weibe ein Leben in herzlicher Gemeinschaft führt, die Achtung, mit der er sie behandelt, die eheliche Treue, die beide gegeneinander beweisen, die Traulichkeit und Behaglichkeit, die ihr Heim umgibt [...] die Geduld, die sie in ihren Leidensheimsuchungen beweisen, die Kinderzucht [...], durch das alles bildet das Haus des evangelischen Missionars inmitten heidnischer Umgebung eine Missionsstätte, die ohne Worte eine Predigt ist, welche unmittelbar durch Anschauung wirkt."*[572]

---

[570] F. Baun: Das schwäbische Gemeinschaftsleben. 1910, S. 103.
[571] ABM: Q-9.21,7c: Theodor Oehler: Regeln für das Verhalten gegen das weibliche Geschlecht.
[572] G. Warneck: Evangelische Missionslehre. Bd.1. 1892, S. 225 f.

Diese Vorbildfunktion[573] zu erfüllen, und zwar nicht nur in ihrer Rolle als Ehefrau, sondern auch als Mutter und Haushälterin, war eine der offiziellen Anforderungen an die Missionarsfrau.

Die Veranda der Missionsstation in der neuen Heimat weist in ihrer Funktion und Bedeutung in mancher Hinsicht Parallelen auch mit dem Deck des Schiffes, mit dem die Reise in diese neue Heimat gemacht wurde, auf. Ähnlich wie das Deck tagsüber 'öffentlichen' Demonstrationszwecken der gelebten Religiosität dienen konnte, dient die Veranda - wie eben beschrieben - dem 'Vorleben' der 'praxis pietatis'. Und ähnlich wie das Deck des Schiffes abends ein Ort der Kontemplation sein konnte, indem man den Sternenhimmel betrachtete und dadurch eine spirituelle Verbindung mit der alten Heimat erzeugte, so findet auch manches Missionspaar hier einen 'Ort der Besinnlichkeit'.

„Und abends, nachdem meine liebe Frau und ich müde von der Arbeit waren, setzten wir uns da nieder und schauten hinaus auf die vom Mond oft so prächtig beschienene Landschaft und dachten an unsere Lieben in der Heimat und sprachen über Vergangenes und Zukünftiges."[574]

So heißt es in der Beschreibung von Missionar Schwarz in Kamerun. Der Raum im Freien wird bei Einbruch der Dunkelheit zum geschützten Raum.

„Am schönsten sind die Abende auf der Veranda vor dem Studierzimmer. Während ich an einer Näharbeit sitze, liest mein Mann mir aus einem Buche vor. Der Garten steht dann dunkel, nur durch die Wedel der hohen Arekapalmen blinken die Sterne mit strahlendem Glanz."[575]

Auch die Missionarsfrau Elisabeth Oehler-Heimerdinger beschreibt ein Bild trauter Zweisamkeit.

Wenn wir allerdings bedenken, daß das Leben des Paares auf einer Missionsstation auch geprägt war von häufigen Trennungen, ebenso häufigen Krankheiten und der Aufzucht von etlichen kleinen Kindern, dann werden die Bilder des 'entspannten Paares auf der Veranda' mit der historischen Realität wohl nur selten übereingestimmt haben.

Der weibliche Arbeitsraum: Beschränkung und Verhinderung

Die Veranda konnte für den Missionar hin und wieder ein Ort der Entspannung sein, an dem man sich abends nach getaner Arbeit einige Augenblicke ausruhen konnte. Für die Missionarsfrau hingegen lag die Hauptbedeutung der Veranda weniger in ihrer Funktion als Ort des 'Müßigganges', als vielmehr in ihrer Bedeutung als Arbeitsraum, den sie in ihrer Rolle als Hausfrau, Mutter und Missi-

---

[573] Der Vorbildcharakter wurde und wird auch für das evangelische Pfarrhaus postuliert. D. Guggerli stellt diese Vorbildlichkeit in Frage und entlarvt sie als Konstruktion. Vgl. D. Guggerli: Zwischen Pfrund und Predigt. 1988, S. 54-61.
[574] PN: TB Eugen Schwarz, S. 50.
[575] Elisabeth Oehler-Heimerdinger: Wie mir die Chinesen Freunde wurden. 1925, S. 48.

onsgehilfin einnahm. Hier beaufsichtigte sie die eigenen Kinder, hier beaufsichtigte sie auch die Dienstmädchen bei diversen Arbeiten und hier kam sie vor allem einem Teil ihres Berufs nach, der mit ihrer Berufung in engem Zusammenhang stand: der missionarischen Arbeit. Einheimischen Mädchen und Frauen, die sich zu bestimmten Zeiten auf der Veranda zum Nähunterricht einfanden das Evangelium zu predigen, stellte für viele Missionsfrauen die subjektiv wichtigste Tätigkeit dar. Doch konnten diese sogenannten „Nähschulen" und auch die „Sonntagsschulen", die ebenfalls auf der Veranda abgehalten wurden, oft nur den kleinsten Teil ihrer Zeit in Anspruch nehmen. Für viele Missionarsfrauen entsprach die 'Missionsarbeit auf der Veranda' nicht ihren Vorstellungen. Sie wollten ihren Arbeitsraum erweitern, ihren 'Platz auf der Veranda' verlassen und die vorgegebenen Grenzen verschieben, indem sie beispielsweise Besuche in den Häusern der Frauen machten, sie zu Missionsveranstaltungen einluden, vor Ort und nicht auf der Veranda Kranke behandelten. Sie wollten sich mit den einheimischen Frauen in deren eigenen Örtlichkeiten auseinandersetzen, das geht aus den Quellen hervor.

Doch Wunsch und Realität differierten häufig. Dem Ideal des 19. Jahrhunderts entsprechend, wollten sie vorbildliche Hausfrau und vor allem Mutter sein, zugleich aber auch ihren Beruf als Missionsfrau ausüben. Das Dilemma, in das sie durch diese Anspruchshaltung gestürzt wurden, mutet fast modern an, ähnelt es doch in vielerlei Hinsicht der Mehrfachbelastung und daraus resultierender Konflikte heutiger berufstätiger Mütter.

Wie bedeutsam der Wunsch nach 'beruflicher Selbstverwirklichung' war, darauf weisen die Quellen immer wieder hin.

So notiert Rosina Widmann 1848, eineinhalb Jahre nach ihrer Ankunft in Afrika in ihr Tagebuch:

> „Dem Herrn sei Dank, daß ich bis jetzt meinen Mädchen fast ununterbrochen des Nachmittags von ½ 2 bis 5 Uhr Unterricht ertheilen konnte. Ihre Zahl hat sich von 14, die gleich, zu meiner großen Freude, nach meiner Ankunft, auf die Einladung, die ich am ersten Abend bei der Begrüßung des Cabusiers an denselben ergehen ließ, die Schule besuchten, bis zu 33 vermehrt."[576]

Rosina Widmann wird in den Quellen als „einfache Christin und wohlgebildetes Bauernmädchen, das aber über keine allzu hohe Bildung verfügt"[577], beschrieben. Offenbar besuchte sie eine Zeitlang das 1821 gegründete Töchterinstitut in Korntal, in dem 14- bis 19jährige Mädchen eine Art Zusatzausbildung in 'weiblichen Arbeiten', worunter Grundkenntnisse in der Haushaltsführung und Nähen zu verstehen sind, und auch in einigen anderen Fächern erhielten. Dies war anscheinend genügend Qualifikation dafür, afrikanische Mädchen zu unterrichten. Sie war damit, was nachfolgende Generationen von Missionarsfrauen betrifft, in

---

[576] ABM: D-10.4,9. TB Rosina Widmann, S. 69.
[577] Zit. nach W. Haas: Erlitten und erstritten. 1994, S. 83.

einer vergleichsweise privilegierten Position. Es scheint, als ob der ersten Generation von Missionarsfrauen in der „Missionssache", was unterrichtende Tätigkeiten betraf, mehr Freiheiten zugestanden wurden als nachfolgenden - vermutlich auch, weil sich die Mission insgesamt noch in einer Aufbauphase befand. 1850 beispielsweise, als Rosina Widmann 33 Mädchen unterrichtete, sah es im Missionsgebiet an der afrikanischen Goldküste folgendermaßen aus:
„Einige wenige Brüder standen an einigen wenigen Orten in der Arbeit: in Akropong Widmann, H.M. Riis, Dieterle, Mohr. In Accra Stanger, in Abude Meischel; noch wurde in Basel und in den Missionskreisen der Heimat die Frage ernsthaft erörtert, ob Afrika Missionsfeld der Basler Gesellschaft bleiben sollte oder nicht."[578]
In späteren Jahren wurde mehr Gewicht auf eine spezielle Ausbildung der Frauen gelegt[579], wodurch diejenigen, die diese nicht besaßen, ins Hintertreffen gerieten.

„Heute fing ich mit den Weibern eine Sonntagsschule an, damit sie das Lesen lernen sollen und dieses Geringe wolle der Herr segnen."[580]

So berichtet Jane Claridge-Müller[581] 1851 über ihre Arbeit als Missionarsgehilfin. Etwas „Geringes derselben Art" begann auch Deborah Hoch-Pfleiderer in Indien.

„Später, als ich die Sprache einigermaßen konnte, wurde mir die Kleinkinderschule übergeben. 60 bis 80 zu Zeiten bis 100 Kinder besuchten dieselbe, sie wurden von zwei eingeborenen Lehrerinnen (Sophie und Lydia) unterrichtet, kamen mit diesen an zwei Nachmittagen pro Woche auf unsere Veranda, wo ich die in der vergangenen Woche gelernten biblischen Geschichten und Lieder und Sprüche mit ihnen durchnahm und mit ihnen sang und schließlich durften sie noch die ins Tulu übersetzten Kinderspiele, wie Häschen in der Grube und dergleichen spielen."[582]

Während Rosina Widmann in den 50er Jahren des 19. Jahrhunderts afrikanischen Mädchen das Lesen und Schreiben beibringt, ebenso wie Jane Müller indischen Mädchen 1851 Unterricht im Lesen erteilt, sind diese Aufgaben für Deborah Hoch-Pfleiderer, 30 Jahre später, in den 80er Jahren des 19. Jahrhunderts bereits auf biblischen Nachhilfeunterricht reduziert. Zu Zeiten Deborah Hochs gab es einheimische Lehrerinnen, hervorgegangen aus ehemaligen Missions-

---

[578] W. Schlatter: Geschichte der Basler Mission, Bd. 1. 1916, S. 217.
[579] Vgl. zum Thema Frauenbildung und der Ausbildung von Frauen zu Lehrerinnen, die ab 1858 in Mädchenschulen und in den unteren Klassen von Knabenschulen unterrichten durften: A. Kittel: „Sondern auch Döchterlin zur Schul geschickt...". 1997, S. 31-35.
[580] ABM: C 10.50. TB Jane Claridge-Müller, S. 52.
[581] Zur besseren Identifikation werden hier die Doppelnamen verwendet, da es sich nun um die verheirateten Frauen handelt. Teilweise werden in den Quellen ebenfalls Doppelnamen genannt.
[582] ABM: Q-10.15,9. TB Deborah Hoch-Pfleiderer, S. 6.

schülerinnen, die die Arbeit, die die erste Generation von Missionarsfrauen, wenn auch ohne qualifizierte Ausbildung, in die Hand genommen hatte, übernahmen.

Über die Arbeit der Missionarsgehilfin schreibt Gottlob Pfleiderer, Deborahs-Vater und Missionskaufmann in Indien, folgendes:

> *„Die Arbeit der Missionsfrau als solcher ist die Fürsorge und Hebung des weiblichen Geschlechts, die Arbeit in der Mädchenschule mit biblischem Geschichtsunterricht, mit Singstunden, mit Handarbeitsunterricht, der Besuch der eingeborenen Frauen, ihre Beratung in äußeren wie inneren Angelegenheiten."*[583]

Deborahs Mutter Johanna, seit 1860 seine Ehefrau, hatte diese Arbeit offenbar in idealer Weise bewältigt. Er schreibt im Jahre 1860 an seine Schwiegereltern:

> *„Bei der seit einiger Zeit hier eröffneten Mädchenschule auf Balmattha beteiligt sie sich mit viel Interesse. Die Mädchen kommen nachmittags zur Handarbeit ins Haus, wo die jungen Missionsfrauen sich abwechslungsweise in die Aufsicht teilen. Und da ist es mir stets eine Freude zu bemerken, mit welcher Leichtigkeit sich Johanna bewegt und wie leicht es ihr auch in der Sprache geht."*[584]

Nicht jede Missionsfrau konnte auf diese Weise missionarisch tätig sein. Umfang und Ausmaß ihrer Missionsarbeit hing von vielerlei Faktoren ab, die in engem Zusammenhang mit Umfang und Ausmaß ihrer Hausarbeit und der Erziehungsarbeit der eigenen Kinder stand.

In einem Nachruf auf Elise Kölle-Schmidt, Missionarsfrau an der Goldküste und Mutter von sechs Kindern, der im „Heidenboten" erschien, heißt es beispielsweise:

> *„Missionarisch ist die Heimgegangene nicht besonders hervorgetreten, obwohl sie sich an Hausbesuchen und Frauengebetsstunden immer eifrig beteiligt hat."*[585]

„Eifrige Beteiligung" war also für das Komitee der Basler Mission nicht genug, wobei es augenscheinlich übersah, daß für die „Heimgegangene" die Erziehung von sechs Kindern bereits genug war.

> *„Gerne freilich dachte sie auch an die Zeit, wo sie den Heiden vom Heiland erzählen dürfe, was sie ja eigentlich in erster Linie zu tun gekommen sei"*[586].

Diese Sätze finden sich in einem Nachruf auf Marie Gauger, die 1882 an der Goldküste starb, und sie machen deutlich, daß es ihr offenbar zuerst darum ging, in der Mission zu arbeiten und erst in zweiter Linie darum, die Ehefrau eines Missionars zu sein.

---

[583] PN: TB Gottlob Pfleiderer, S.84.
[584] Ebd.
[585] ABM: HB März 1921, S. 38.
[586] ABM: HB Juli 1882, S. 50.

Das Dilemma mancher Frauen, das eben darin bestand, sich „eigentlich in erster Linie", 'im Geist' dem „Dienst in der Mission" verschrieben zu haben, während sie sich in der Realität aber bald als Mutter kleiner Kinder und als Organisatorin eines großen Hauswesens wiederfanden, konnte zu mancher Frustration führen, da das 'geistige Ideal' trotzdem weiterhin großen Raum in den Gedanken einnahm.

Marie Wittwer-Lüthi schreibt beispielsweise enttäuscht aus Kamerun an ihre Eltern in die Heimat:

> *„Ihr denkt vielleicht, daß ich auch eine Art Gemeindearbeit an den Frauen habe. Ich hatte mirs eigentlich auch so ein wenig vorgestellt. In Indien ists ja so, wo sich die Missionsfrauen um den Haushalt nicht zu kümmern brauchen, wo sie ausgebildete Köche und Frauen zur Haushaltungsarbeit haben. Da können sie sich in ihrer freien Zeit ganz dem Missionsdienst widmen. Hier muß man viel Zeit mit Haushalt, Herausgeben von Tauschwaren und den Mädchen verwenden."*[587]

Der neidische Blick, den Marie Wittwer-Lüthi auf die Missionarsfrauen in Indien wirft, die ihrer Meinung nach über mehr freie Zeit verfügten, da sie mehr und besser geschultes Hauspersonal zur Verfügung hätten, zeigt deutlich ihren Wunsch, ebenfalls missionarisch arbeiten zu können. Hier offenbart sich der eigentliche Hintergrund der vordergründigen Kritik, daß manche Missionarsfrauen über mehr Hauspersonal als andere verfügen. Es geht also in erster Linie eigentlich darum, daß diese Frauen dann mehr Zeit für die Missionsarbeit erübrigen können. Wie schon erwähnt: Von Missionarsfrauen in Afrika wird diese Beschwerde in den Quellen öfters formuliert. Dadurch entsteht fast eine Art 'Missionsmythos': das Bild der schwer arbeitenden und benachteiligten Missionarsfrau in Afrika gegenüber dem Bild der nur leichte Arbeit verrichtenden und durch Dienstpersonal jeder Art entlasteten und bevorzugten Missionarsfrau in Indien. Missionsintern scheint es also Missionarsfrauen 'erster und zweiter Klasse' zu geben. Je nachdem, in welchem Land der Ehemann stationiert ist, gehört man zu den benachteiligten oder zu den bevorzugten Missionarsfrauen. Diese Bilder basieren vor allem darauf, daß Indien das Missionsgebiet der Basler Mission war, in welcher die Missionsarbeit am besten 'florierte'. Afrika hingegen, speziell die Goldküste, galt zum einen im Hinblick auf gesundheitliche Risiken als 'Todesland', zum anderen machte dort auch die Missionsarbeit weit weniger Fortschritte. Von daher war Indien bevorzugtes Land der Mission, auch, wenn dies nicht öffentlich artikuliert wurde.

In Indien wiederum werden diejenigen Missionarsfrauen beneidet, die auf ihrer Missionsstation über eine ledige europäische Mitarbeiterin verfügen. Wenn wir uns den Bericht von Martha Reusch über ihre Arbeit in Indien betrachten, den sie nach Basel sendet, relativiert sich das Bild von der 'müßigen Missionarsfrau', die in Indien scheinbar ein geradezu koloniales Leben führt, wieder.

---

[587] ABM: QF-10.24,1. TB Marie Wittwer-Lüthi, S. 21.

> „Kürzlich war Frl. Beck, die zur Erlernung des Kanaresischen in Guledgudd weilt, einige Zeit bei uns. Ich habe mich von Herzen gefreut, daß es Ihnen gelungen ist, diese Kraft für unseren Missionsdienst zu gewinnen. Leid tut uns nur, daß wir in Südmahratta wieder leer ausgegangen sind, da Frl. Beck für Mangalur bestimmt ist und wir doch auch unverheiratete Missionsschwestern nötig hätten. Auf jeder Station stehen die Geschwister unter dem Eindruck, daß wir all der Arbeit, die an Christen und Heidenfrauen getan werden sollte, unmöglich vollständig nachkommen können, wenn wir nicht unsere eigenen Kinder daneben vernachlässigen wollen."[588]

Und auch sie fügt hinzu, was für sie das Wichtigste ist:

> „Eine der schönsten und gesegnetsten Arbeiten ist es aber, die Bibelfrauen auf ihren Gängen in heidnische Häuser zu begleiten, was ich die drei letzten Monate wie schon früher aushilfsweise besorgte. Zwischen zwei und drei Uhr brachen wir auf, je nach der Entfernung der Orte früher oder später, und um sechs Uhr waren wir meist wieder zurück oder auf dem Heimweg."[589]

Sie macht diese Arbeit nur aushilfsweise, wohl aus dem Grund, weil sie eigene Kinder zu versorgen hat.

Sophie Basedow schildert in ihrem Tagebuch ihre täglichen Gänge ins nahe gelegene Dorf, wo sie Krankenbesuche macht und dabei natürlich auch versucht, das Evangelium den Frauen nahezubringen. Vor allem macht sie hierbei aber von nahezu allem Photographien. Ihre Begleiterin ist meist die 30jährige Ottilie Walker, Schweizerin aus dem Aargau, die mit ihrer Familie ebenfalls auf dem Gelände der Missionsstation in einem nahegelegenen Gebäude lebt. Sophie Basedow hat einen Sohn im Alter von einem Jahr verloren. Sie ist also kinderlos und hat deshalb offenbar mehr Zeit für ihre 'Hausbesuche'. Trotz ihres häufig kolonialen Habitus, was vor allem den Umgang mit ihrem Hauspersonal betrifft, wird sie im Gegensatz dazu von einer geradezu ethnologischen Neugier getrieben, wenn sie das Dorfleben betrachtet und photographiert. Interessant ist dabei, daß sie relativ vorurteilslos, also wertneutral die fremden 'Sitten' beschreibt. Ebenso interessant ist, daß sie als Frau photographiert. Wie aus den Quellen hervorgeht, scheint die Photographie als männliche Domäne begriffen worden zu sein, zumindest beschäftigten sich in der Mehrzahl die Männer damit.[590]

---

[588] PN: Brief v. Marta Reusch, Dharwar/Indien, an Pfarrer Würz, Basel. 24. September 1903.

[589] Ebd.

[590] Auf das Photographieren als eine Männerdomäne weisen auch A. Deeken und M. Bösel hin. Ida Pfeiffer nahm 1845 auf ihre Reise nach Skandinavien eine teure Fotoausrüstung mit. Nach einigen mißlungenen Versuchen gab sie das Photographieren auf. „Abgesehen davon hat es unter den weiblichen Reisenden keine Ansätze gegeben zu photographieren." Zit. n. A. Deeken; M. Bösel: „An den süssen Wassern Asiens". 1996, S. 240.

Als sie mit Ottilie Walker im Dorf Nyasoso einer Art Tieropfer zusieht, schreibt sie folgendes:

> *„Da auf einmal kamen Leute aus einem anderen Dorf mit eine Geis als Geschenk, nun wurden die Leute wie unsinnig, die Weiber rannten auf und ab, fortwährend singend a so, a so: die Bedeutung ist: wir sind es. Dann machten es die Männer auch nach [...] Nun begrüßten sie sich, ein jedes hob die Hand grad über den Kopf und so klappten sie hands. Als das vorüber war, nahmen sie die Geise, schnitten die Kehle auf und als sie noch lebte, hingen sie sie auf. Während der ganzen Zeit ließen die drei Trommeln sich nicht stören, sondern machten weiter. Uns wurde es ein bißchen unheimlich dabei, hauptsächlich Frau W. Sie wollte fort, aber ich wollte alles ordentlich sehen."*[591]

Der 'Blick über die Veranda', das hinauszugehen und dadurch den eigenen Spiel- und Handlungsraum zu erweitern war ihr, wie vielen anderen Frauen, wichtig. Dies bestand vorrangig darin, die eigene Ideologie 'an die Frau zu bringen', also missionarisch tätig zu sein, doch ging damit auch eine Horizonterweiterung einher und brachte vielen Selbstbestätigung und ein gewisses Maß an Befriedigung, die die Besorgung des Haushalts meist vermissen ließ.

Wenn die Frauen an eben dieser 'Grenzüberschreitung' gehindert wurden, wie dies bei Friederike Genähr in China der Fall war, war die persönliche Frustrationsschwelle recht niedrig. Ihr Tagebuch ist eine fortwährende Klage darüber, durch das Aufziehen von Kindern ihrem 'Beruf' als Missionsfrau, nicht Missionarsfrau, nicht nachkommen zu können - vor allem nicht so oft Hausbesuche bei Chinesinnen machen zu können, wie sie es eigentlich gern täte. Immer wieder kommt sie darauf zu sprechen:

> *„Nähme mich mein Beruf nicht im Haus genug in Anspruch, würde ich mit Freuden hie und da die Brüder oder meinen lieben Mann auf solche Art begleiten."*

Das notiert sie am 5. Dezember 1857.[592] Am 9. November 1858 schreibt sie:

> *„Diese mir so lieben Missionstouren darf ich diesen Winter nicht mitmachen, weil mich mein l. Paul zu Haus hält."*[593]

Sie bittet Gott darum:

> *„Mache mich vor allem ganz und gar wahr, aufrichtig und treu und schenke mir den stillen sanften Geist, der von uns Frauen so besonders begehrt wird und der mir so oft abgeht."*[594]

Es fällt ihr nicht leicht, sich in ihre Rolle als 'Nur-Ehefrau und Mutter' zu fügen, sie hadert mit dieser Beschränkung. Als ihr Ehemann Ferdinand einige Wochen

---

[591] ABM: E-10,49a. TB Sophie Basedow, S.42-43.
[592] ABM: TB Friederike Genähr, S.14.
[593] Ebd., S. 39.
[594] Ebd., S. 38.

auf Predigtreise ist, sucht sie nach einer Lösung, wie sie ebenfalls die 'eigenen vier Wände' verlassen könnte, doch wiederum muß sie sich fügen:

> *„Mein Wunsch ist ihm nachzureisen und mit ihm nach Fukwing zu gehen, aber es soll, scheints nicht sein, denn Miss. Macgrath zeigt wenig Lust die Sorge für die Kinder und für Haushaltung auf sich zu nehmen und Bruder Göking spricht nicht zu, so käme es freilich erzwungen heraus und erzwingen will ich ja nichts. Ich glaube es würde mir leiblich und geistig wohltun, aber ich will auch gerne zu Haus bleiben und auch das, was mich an der ganzen Sache betrübt, verschmerzen lernen."*[595]

Der Konflikt zwischen selbstgestellter Aufgabe - missionarisch tätig zu sein - und den von außen an sie herangetragenen Aufgaben - für Kinder und Haushalt zuständig zu sein -, teilt sie auch mit anderen Missionarsfrauen. Friederike Genähr schwankt zwischen Auflehnung und Fügsamkeit. Daß sie sich aber dennoch nicht abfindet und weiter nach einer Lösung sucht, wie sie alles 'miteinander vereinbaren kann', zeigt ein Eintrag vom 9. Juni 1861:

> *„In Hoau habe ich nun schon mancherlei Besuch gemacht. [...] Ich nahm auch die Kinder mit in die Häuser, um sie den Leuten zu zeigen, weil dieselben doch so wunderbar für die Chinesen sind. Nun hört aber das auf, ich habe nun Mittwoch und Donnerstag festgesetzt zu solchen Hausbesuchen und Versammlungen."*[596]

Sie versucht also weiter in ihrem Beruf zu arbeiten, indem sie die Kinder einfach mitnimmt und ansonsten bestimmte Termine für ihr 'Außer - Haus - Gehen' festsetzt.

Obwohl Frauen häufig ans Haus gebunden waren, hatten sie doch den Wunsch danach, sich 'fortzubewegen'. Und so bekommt der Tagebucheintrag Friederike Genährs in diesem Zusammenhang eine geradezu symbolische Bedeutung:

> *„Mir gehts Gott sei Dank leiblich gut, ausgenommen der Schmerzen in meinen Fußsohlen, die mir oft recht ängstlich sind. Ach! Der Herr wolle mir meine gesunden Füße erhalten."*[597]

Gesunde Füße waren die Mindestvoraussetzung dafür, die nötigen Schritte tun zu können, um der äußeren Beschränkung zu entfliehen.

Die Missionarsgehilfin

Die Frage der Einsegnung von Missionsbräuten, die 1921 im Komitee diskutiert wurde, wirft zum wiederholten Male ein Licht auf die Diskrepanz zwischen dem Selbstverständnis der Missionsbräute als Missionsmitarbeiterinnen und der Vorstellung des Komitees von den Missionsbräuten als „Gehilfinnen" ihrer Ehemänner. Auf die Tagesordnung kam dieser Punkt durch die Intervention einer

---

[595] Ebd., S. 70.
[596] Ebd., S.89.
[597] Ebd. S. 110.

Missionsbraut, die die Bitte um eine Einsegnung auch für Missionsbräute formulierte. Unter § 731 des Komiteeprotokolls heißt es:

> *„Wir gehen davon aus, daß die Einsegnung die Vermittlung eines wirklichen Segens [...] für den betreffenden Dienst bedeutet. [...]. Bisher wurden in unserer Mission nur die Missionare und die unverheirateten Missionsschwestern für ihren Dienst eingesegnet, weil diese ihre volle Zeit und Kraft in den Dienst der Mission gestellt haben. Was die Missionarsfrauen betrifft, so ging man bei ihnen davon aus, daß sie in erster Linie die Gehilfinnen ihrer Männer seien und den für ihren Stand nötigen Segen durch die Trauung empfangen. Man kann nun freilich den Beruf der Missionarsfrau auch anders auffassen nämlich so, daß sie zwar in erster Linie als persönliche Gehilfin ihres Mannes, in zweiter Linie aber zugleich auch als Organ der Missionsgesellschaft zum Dienst an den Frauen des betreffenden Missionsgebietes anzusehen sei. Wer die Aufgabe der Missionsfrau in diesem doppelten Sinn auffaßt, der muß in der Tat anerkennen, daß auch für die missionarische Seite ihres Berufes eine Einsegnung am Platze ist."*[598]

Die Frage, die hier verhandelt wurde, betraf den Stellenwert der Missionarsfrau innerhalb der Missionsgesellschaft als Institution. Erst 1921 setzte also insofern ein Umdenken ein, als ihre Arbeit, wie die des Mannes, innerhalb des Missionswerkes mit demselben Ritual, der Einsegnung, gewürdigt wurde. Allerdings mit dem Unterschied, daß diese Einsegnung im Missionshaus, also im 'halböffentlichen' Raum stattfand und nicht wie bei den Missionaren in der Kirche, an einem öffentlichen Ort.

Der Akt der Trauung, mit dem die Bindung an den Missionar besiegelt wurde, hatte bis dahin genügt und schrieb so auch die Position der Missionarsfrau innerhalb der Hierarchie der Basler Mission fest. Die Ehe mit dem Missionar bildete die Basis dafür, daß sie missionarisch tätig sein konnte in ihrer 'privaten' Funktion als Gehilfin. Unter diesem Vorzeichen - der persönlichen Bindung an den Ehemann - wurde alles weitere stillschweigend subsumiert. Offiziell war sie die Ehefrau des Missionars, inoffiziell trug sie Teile der Missionsarbeit mit. Sie hatte somit keinen offiziellen Status als Missionsmitarbeiterin, ihre Funktion als Gehilfin bewegte sich im halböffentlichen, halboffiziellen Raum. Und so korrespondiert die Veranda als räumliches Symbol, als Zwischenraum - weder 'drinnen im Haus', noch 'draußen im Feld', im Missionsgebiet, sondern 'halbdraußen' und 'halböffentlich' - mit dem generellen Status der Ehefrau des Missionars.

---

[598] ABM: KP § 731. „An die in der Heimat befindlichen Bräute von Basler Missionaren". 16. September 1921.

Der weibliche Aufenthaltsraum: Das getrennte 'Arbeitspaar'[599]

Während die Missionare sogenannte Predigtreisen unternahmen, in oft mehrere Tagesreisen entfernten Dörfern Straßenpredigten abhielten und auch Außenstationen besuchten, was eine wochenlange Abwesenheit bedeutete, blieben die Missionarsfrauen in der Regel auf der Station. In seltenen Fällen, und auch meist nur dann, wenn noch keine Kinder vorhanden waren, begleiteten sie ihre Männer. Ansonsten war es die Aufgabe der Missionarsfrau, das Reisegepäck vorzubereiten, was eine zeitaufwendige und mühsame Arbeit war. Die Missionare reisten nicht etwa mit einem Handkoffer, sie führten einiges an Hausrat mit sich, vergleichbar einer kleinen Expedition, was die Reisen, die in unbekannte Orte führten, auch teilweise tatsächlich waren. Meist wurden sie von mehreren Trägern begleitet. Die Reiseliste des indischen Missionars Hermann Kaundinja enthielt folgende Punkte:

> *„Vorhang zum Abschließen eines Raumes, Bettstelle mit Vorhang, Matratzen, Kissen, Leintücher, Matte, Teppiche*[600]*, Tisch zum Essen und Schreiben, Stuhl, Waschgestell samt Zinnbecken, Wasserkrug, Glas, Seife, Zahnbürste, Haarbürste, Handspiegel. Kleider: Hemden, Strümpfe, Schuhe, Pantoffeln, Handtücher, Taschentücher, Hüte, Hutüberzug, Kappe. Schreibmaterial: Tinte, Feder, Bleistift, Papier, Briefe oder Postkarten, Envelopen. Kochgeschirr: Küchenmesser und Löffel. Geschirr: Teller, Tassen, Gabeln, Messer, Taschenmesser, Schere, Nähzeug. Vorräte: Mehl, Brod, Reis, Kartoffeln, Nudeln, Makkaroni, gedörrtes Obst, Jam, Oatmeal, Gries, Salz, Pfeffer, Zucker, Tee, Kaffee. Bücher zum Studium und zur Unterhaltung: Ein Gesangbuch, Bibel und Liturgie. Schirm und Stock. Medizin: Fruitsalt, Spritze. Badwanne. Packpapier. Pferde- oder Ochsensattel, Kübel.“*[601]

Die in dieser Reihenfolge aufgelisteten Gegenstände, die mitgeführt wurden, sprechen für sich und lassen Rückschlüsse auf den Aufwand, der bei einer bevorstehenden Reise betrieben werden mußte, und auch auf die Dauer derselben zu. Es handelte sich also nicht um einen Tagesausflug. Auch die Essensvorräte, die mitgenommen wurden, deuten auf eine längere Abwesenheit hin und verweisen außerdem darauf, daß man sich offenbar in Gebiete begab, in denen man

---

[599] Zum Begriff Arbeitspaar vgl. H. Wunder: „Er ist die Sonn". 1992, S. 96-98.
[600] Mit Teppiche waren keine Teppiche im eigentlichen Sinne, sondern Decken gemeint. Der schwäbische Ausdruck für Wolldecken ist 'Teppich'. Falls Hermann Kaundinja das „Verzeichnis der auf die Predigtreise mitzunehmenden Sachen" selbst angefertigt hat, was aus dieser Quelle nicht eindeutig hervorgeht, da die Schrift sowohl ihm als auch seiner Frau Marie zugeordnet werden kann, hat er diesen Ausdruck möglicherweise von seiner Ehefrau, die aus dem schwäbischen Waldenbuch stammte, übernommen. Falls Marie Kaundinja die Liste anfertigte, benützte sie den ihr gebräuchlichen Ausdruck.
[601] PN: Marie und Hermann Kaundinja. Verzeichnis der auf die Predigtreise mitzunehmenden Sachen.

Selbstversorger sein mußte, da eine wie auch immer geartete Infrastruktur nicht vorhanden war.

Während die Männer sich 'auf den Weg machten', blieben die Frauen im übertragenen wie konkreten Sinn 'auf der Veranda' und warteten auf deren Rückkehr. Besonders schwierig gestalteten sich diese Trennungen für die Frauen während der ersten Jahre in der neuen Heimat, da hier verschärfend das Problem der fremden Sprache, die viele nur unzureichend beherrschten, hinzukam.

Aus dem Quellenmaterial ergibt sich, daß die 'Sprachlosigkeit', in der sich manche Frau befand, offenbar eine größere Gebundenheit an den Ehemann zur Folge hatte, da er oft der einzige Gesprächspartner und auch Dolmetscher war.

Während der Trennungszeit stand das Paar wieder in Briefkontakt, Boten beförderten die Briefe hin und her. Ebenso wie gemeinsam durchstandene Krankheiten beziehungsstabilisierend waren, wenn auch im Sinne einer Notgemeinschaft, so konnten temporäre Trennungen anscheinend ähnlich verbindend wirken. Aus der Entfernung heraus wurde eine intime Nähe erzeugt und Liebesbriefe geschrieben, die von sehr 'irdischen Gefühlen' handeln, wie beispielsweise die Briefe der Marie Knausenberger an ihren Ehemann Hans zeigen. Als Missionarsfrau im indischen Hubli von 1881 bis 1883 stationiert, mit regem Kontakt auch zu anderen Missionarsfrauen, ein Umstand, der sich für sie, im Gegensatz zu Frauen, die auf abgelegenen Stationen leben, positiv auswirkt, schreibt sie während seiner nur dreitägigen (!) Abwesenheit:

> *„Liebster Hans. Gott Lob. Nun ist ein Tag dahin, noch zwei solcher und Du bist wieder da. [...] Ich legte Deine Photographie aufs Pult, mußte dieselbe aber bald wieder weglegen, da ich sie fast mehr angesehen als meine kanaresischen Wörter. Als es dunkler wurde, lief ich mit der Arbeit im Garten herum, nicht um zu weinen, sondern um über dasselbe Meister zu werden. Du fehlst mir doch überall, gerne hätte ich Dich oft um Erklärung eines Wortes gebeten, aber Du warst eben nicht da. [...] Behüt Dich Gott, mein lieber teurer Mann, mein Liebstes auf Erden, mein Gebieter und Beschützer, mein guter Mann. Gib noch ein Kussi, Mani und dann schlaf wohl und ich auch."*[602]

Ihre Sehnsucht nach dem Ehemann zeigt sich auch an anderer Stelle:

> *„Hast Du gut geschlafen? Du böser Hans hast mich heut nacht so gequält, ich konnte gar nicht ruhig schlafen. Ich rief Dir und erwachte unterdessen. Ich wollte Dich wecken, aber dein Bett war leer, Deine Hand ergriff nicht beruhigend die meine, ich mußte allein wieder einschlafen."*[603]

Am Beispiel der Marie Knausenberger wird die Führungsrolle, die sie ihrem Ehemann zugesteht transparent, etwa, wenn sie schreibt:

---

[602] ABM: FR/I 203. Brief v. Marie Knausenberger, Hubli/Indien, an Ernst Knausenberger. 1. Februar 1882.
[603] Ebd.

> *"Ich werde nie durch Widerspruch Dich zu reizen und etwas zu erreichen suchen, sondern immer verfahren wie Du. Ist meine Meinung falsch, so lasse ich mich gerne belehren und unterwerfe mich willig Deiner längeren Erfahrung, was ich aber als begründetes Recht erkenne, darinnen wird mein teurer Mann auch einig sein mit seiner Frau, auch wenn er sie häufig neckt."*[604]

Marie Knausenberger wird zur gelehrigen Schülerin, die sich dem Erzieher und Belehrer unterordnet. Mehr noch, sie schlüpft in die Rolle eines hilflosen Kindes, die an der von ihr verwendeten Terminologie, die sie in einem anderen Brief gebraucht, deutlich wird:

> *"Ich kann wieder mit jedem Anliegen zu Dir schlupfen, meine Kussi wieder holen, oh, ich bin so froh. Ich fange an mich zu schämen, daß ich nicht tapferer war, aber gelt, Du verzeihst mir. Ich bin das nächste Mal bräver mit Gottes Hilfe, aber ich hatte halt so arg arg Heimweh nach Dir. Gelt, Du hast eine böse Scheck und keine rechte Missionsfrau. [...] Ich hielt meine Morgenandacht im Eßzimmer und zwar in Deinem großen Stuhl an Deinem Plätzle. Ich fühle mich so eins mit Dir, nicht nur, weil ich Deine Schecki bin, sondern weil wir zu demselben Gott beten."*[605]

Die Hilflosigkeit, die vor allem durch die kindliche Sprache, aber auch durch den Inhalt suggeriert wird - sie schämt sich, sie will braver und tapferer sein gleich einem unartigen Kind - muß im spezifischen Kontext jedoch nicht mit tatsächlicher Hilflosigkeit gleichbedeutend sein. Es kann sich hierbei um eine, wenn auch unbewußte, Strategie gehandelt haben, die mehrere Ziele verfolgte. Die Flucht in die Rolle des Kindes ermöglicht es ihr, Verschiedenes zu artikulieren, daß ohne diese 'Tarnung' schwieriger gewesen wäre, weil es nicht dem propagierten Idealbild einer 'vernünftigen', verantwortungsvollen Missionarsfrau entsprochen hätte, die ihrem Mann eben keine Unannehmlichkeiten in Form von 'Verlassenheitsängsten' bereitet. Indem sie sich klein macht, verkleinert sie beispielsweise mögliche Defizite, die sie ihrer Meinung nach als Missionarsfrau hat: *"Ich bin keine rechte Missionsfrau"*. Damit weist sie Eigenverantwortlichkeit von sich. Außerdem ermöglicht ihr dieses Rollenspiel, unbefangen ihre Gefühle auszudrücken und auf ihre Bedürfnisse hinzuweisen, die im Grunde genommen mit der körperlichen Nähe, also auch mit Sexualität zu tun haben. Es ist von der „Leere im Bett" und von „Küssen" die Rede.

Sexualität, ein Thema, das normalerweise nur 'ex negativo' behandelt werden konnte, etwa, indem über den „sittlichen Verfall der Heiden" diskutiert wurde, war für manche Frau offenbar doch von Bedeutung. Andeutungen dieses Thema betreffend finden sich in den Quellen zwar selten, daß sie sich aber überhaupt

---

[604] ABM: FR/I 203. Brief v. Marie Knausenberger, Hubli/Indien, an Ernst Knausenberger. Ohne Datum.

[605] ABM: FR/I 203. Brief v. Marie Knausenberger, Hubli/Indien, an Ernst Knausenberger. 27. August 1882.

finden, spricht für sich und weist darauf hin, daß dieser Aspekt der Beziehung ein Bereich war, über den reflektiert wurde.

Recht eindeutig formuliert Elisabeth Oehler-Heimerdinger in China ihre Gefühle in einem Gedicht während der Abwesenheit ihres Ehemannes Wilhelm:

> *"Das Heimchen zirpt am Bergeshang - das klingt und zirpt nicht aus- Ich sitz in meinem Kämmerlein - und bin doch nicht zu Haus. Da schleicht der bleiche Mondenschein, durchs Gitter zu mir her. Ich such in seinem Licht nach Dir! Dein Lagerstatt ist leer. Doch morgen, wenn die Sonne hell - kommt hinterm Berg hervor - pflück ich im Garten Röslein Rot und tu Dir auf das Tor. Du aber springst vom tapfern Pferd und reichst mir beide Hände. Dann nimmst du mich ins Kämmerlein und küßt mich ohne Ende..."*[606]

Im Tagebuch der Frieda Bürgi wiederum findet sich der folgende Eintrag, der einiges hinsichtlich ihrer Befürchtungen im Hinblick auf die körperliche Beziehung offenbart:

> *"Etwas wofür ich meinem Gott nicht genug danken kann ist die Liebe meines Mannes. Daß er mich wirklich lieb hat, weiß ich und das ist köstlich. Und daß er mich auch in dem Einen, was mir oft bange machte, versteht, ist so herrlich. Ich sehe es als eine direkte Gebetserhörung an, wie lieb, wie zart war er an jenem Abend, ich werde es nie vergessen."*[607]

Einige Seiten weiter notiert sie:

> *"Ich kann ihm auch nicht genug danken für die Liebe meines Mannes. Ich hätte nie gedacht, daß er so zärtlich sein könnte."*[608]

Das Gelingen der Beziehung, auch in körperlicher Hinsicht, liegt also wieder in Gottes Händen, der die Nähe des Paares als 'Dritter im Bunde' erst ermöglicht. Darauf weist auch Christiane Burckhardt hin, die noch einen weiteren bedeutenden Punkt ins Felde führt, wenn sie schreibt:

> *"Und wir beide durften es in Wahrheit erfahren, daß wo der Herr zusammenführt und verbindet, man sich gar bald kennt und zutraulich miteinander sein und leben kann, so daß alle dumme Schüchternheit und dergleichen Dinge bald wegfallen wie die Schlacken von dem Eisen, was ja eine große Gnade ist, da man besonders in fremdem Lande so ganz auf sich selbst und sozusagen aufeinander angewiesen ist."*[609]

Nicht nur die anfängliche Sprachlosigkeit, in der sich viele Frauen befinden, trägt dazu bei, daß die Nähe zum Partner gesucht und die Abwesenheit desselben schwer ertragen wird. Es ist, wie auch im Falle von Krankheiten, wieder die 'Fremde', die das Paar näher zusammenrücken und zu einer Einheit verschmelzen läßt.

---

[606] PN: TB Elisabeth Oehler-Heimerdinger, Weihnachten 1910.
[607] ABM: TB Frieda Bürgi, S. 31.
[608] Ebd., S. 37.
[609] ABM TB Christiane Burckhardt, S. 80.

In den vorliegenden Quellen findet sich relativ häufig das Motiv des Alleinseins, zumeist von den Missionaren als „Einsamkeit" formuliert, so lange sie noch ledig sind. Trotz des Eingebundenseins in die überseeische Missionsfamilie, die als Ersatz für die Eltern und Geschwister in der europäischen Heimat fungieren konnte, scheint das Gefühl des Alleinseins überwogen zu haben. Hinzu kam, daß Freundschaften unter Missionaren eher selten waren, was m. E. auf die 'Erziehung' im Basler Missionshaus zurückzuführen ist, bei der die Zöglinge durch das umfassende Kontroll-und Überwachungssystem im Grunde genommen zu 'Einzelkämpfern' ausgebildet worden waren. Große Vertrautheit mit anderen barg die potentielle Gefahr, 'verraten' zu werden.

Das bedeutet nicht, daß Missionare untereinander nie freundschaftlich verkehrten, doch waren das nicht unbedingt innige Freundschaften.[610] Ausnahmen von dieser 'Regel' gab es natürlich, sowohl im Missionshaus als auch auf dem Missionsfeld.

> „Im Missionshaus gab es damals verschiedentlich ausgesprochene Freundespaare, die sich immer zusammenhielten, bei Spaziergängen, am Sonntag beim Kirchgang, kurz, man sah sie immer beisammen. Ich habe da nie ein Bedürfnis gefühlt, sondern freute mich, mit allen zu verkehren."[611]

So äußert sich der spätere Chinamissionar Schmid im Rückblick auf seine Ausbildungszeit in den Jahren 1898 bis 1903. Wilhelm Maisch, den eine 'Junggesellenfreundschaft' mit Fritz Ziegler, der auf einer Nachbarstation lebt, verbindet, schildert diese als Art Notfreundschaft:

> „Daß Fritz in meiner Nähe ist, ist famos, sowohl für ihn als auch für mich. Wenns ihm in seinem Junggesellenleben je und dann einsam zu Mute wird, dann schickt er mir einfach am Samstag sein Pferd herüber. So eine konkrete Einladung muß man dann annehmen. Ich setze mich nach dem Mittagessen aufs Pferd, bin den Sonntag über bei ihm und tröste ihn so guts geht und soviel ein Junggeselle den andern trösten kann."[612]

Erst durch die Verbindung mit einer Frau, für die die Missionsfamilie keinen Ersatz bereitstellen konnte, löste sich die Einsamkeit in Zweisamkeit auf. Wilhelm Maisch schreibt nach seiner Heirat an die Eltern in Gerlingen:

> „Oh wie froh bin ich, daß die Zeit der Einsamkeit zu Ende ist. Nun singts und klingts im Haus, daß einem wirklich das Herz aufgeht, da tut man auch seine Arbeit mit viel mehr Freudigkeit."[613]

---

[610] J. Miller spricht in diesem Zusammenhang von 'impersonal kind of friendship.' J. Miller: Religious Zeal. 1994, S. 106.

[611] PN: TB Missionar Schmid, S. 3.

[612] PN: Brief v. Wilhelm Maisch, Tschong Tshun/China, an seine Eltern, Gerlingen. Undatiert.

[613] PN: Brief v. Wilhelm Maisch, Hoschuwan/China, an seine Eltern, Gerlingen. 13. Dezember 1907.

Nach der Heirat wird Einsamkeit, so scheint es, nur noch in bezug auf die Partnerin formuliert, beispielsweise während der temporären Trennung. Dieser zeitweiligen Trennung wird von seiten der Männer ein positives Element beigemengt, wie dies wiederum Missionar Schmid, der 1905 Elisabeth Beutinger in China heiratete, im Rückblick formuliert:

„Schon 14 Tage nach unserem Eintreffen in Hokschuha trat ich die erste Reise an und mein Fraule, die sich in Chinesisch noch nicht verständigen konnte und überhaupt noch gar nicht heimisch war, mußte für vier Wochen allein sein.[...] War das allemal eine Wonne, wenn ich nach einem Monat der Trennung wieder heimkam. Ich glaube, gerade das hat uns beide, die wir in unseren Anlagen doch sehr verschieden waren, in unserer Ehe mehr als irgend etwas anderes in den ersten Jahren zusammengeschweißt."[614]

Theodor Ritter schreibt im Juni 1909 aus Indien an seinen Schwager:

„Das Schönste bei meinen Reisen ist immer das Heimkommen, wenn da unter dem Hauseingang das liebe Weiblein steht und mich mit offenen Armen empfängt. In meiner Abwesenheit wird ihr die Zeit oft recht lang. Sie tut mir recht leid, daß ich sie so oft und lang allein lassen muß."[615]

Auch für ihn ist die Trennung insofern positiv besetzt, als er bei seiner Rückkehr in den Genuß des herzlichen Empfangs kommt. Er weiß, daß er sehnsüchtig erwartet wird, was seine Gefühle für die Ehefrau verstärkt. Außerdem wird sein eigener Wert erhöht, da ihr während seiner Abwesenheit „die Zeit recht lang wird", was nicht so wäre, wenn er anwesend wäre. Ähnliche Vorstellungen hatte Mark Hoch in Indien für die nahe Zukunft beschrieben:

„Da dachte ich dann, wie lieblich es in Zukunft sein wird, wenn ich von der Reise müd und spät zurückkommend weiß, daß ich von Dir erwartet werde."[616]

Er sieht sich hier in der Rolle des rastlosen Arbeiters für das „Reich des Herrn", dessen ruhender Pol die wartende Frau auf der Missionsstation ist. Ihre Sphäre umfaßt den häuslichen Bereich, während sein Aktionsradius sich auf die außerhäusliche Welt erstreckt.[617]

Diese Konstellation entsprach häufig der historischen Realität, vor allem dann, wenn die Frauen Mütter wurden. Dann waren sie trotz Kindermädchen ans 'Haus gefesselt' und mußten sich mit 'dem Blick über die Veranda' begnügen.[618]

---

[614] PN: TB Missionar Schmid. Ohne Seitenangabe.
[615] PN: Brief v. Theodor Ritter, Udipi/Indien, an Fritz Hoch. 6. Juni 1909.
[616] StABS: Brief v. Mark Hoch, Mangalore/Indien, an Deborah Pfleiderer, Basel. 07.09.1881.
[617] Zum Konzept der 'seperate spheres' vgl. den klassischen Aufsatz von K. Hausen: Die Polarisierung der Geschlechtscharaktere. 1976, S. 363-393.
[618] Vgl. zur Korrespondenz zwischen räumlicher und geschlechtsspezifischer Sphäre: P. Bourdieu: Entwurf einer Theorie der Praxis. Bes. das 2. Kapitel: das Haus oder die verkehrte Welt. 1979 (origin. 1972), S. 48-65. Bourdieu zeigt anhand seiner Studien

Waren allerdings die Sprachgrenzen einmal beseitigt und beherrschten die Frauen die einheimischen Dialekte, dann verwandelten sie sich nicht selten von der 'Wartenden auf der Veranda' in die Herrin des Hauses, die selbstständig und selbstbestimmt das Leben im Missionshaus leitete: jedoch weniger aus dem Grund, daß damit emanzipatorische Ziele verfolgt wurden, als vielmehr deshalb, weil ihnen einfach nichts anderes übrig blieb.

Sophie Basedow schildert etwa einen nächtlichen Überfall auf der Missionsstation in Kamerun, während der Abwesenheit ihres Ehemannes, bei dem sie sich zusammen mit einem Dienstmädchen verteidigte.

Ein Beispiel für einen positiven Effekt der Abwesenheit des Ehemannes, die einen Freiraum eröffnete, der nichts mit der Rolle als Vorsteherin des Haushalts zu tun hatte, sondern mit der Rolle als Missionsfrau, finden wir im Tagebuch der Hanna Bohner, die an der Goldküste und in Kamerun während der zweiten Hälfte des 19. Jahrhunderts lebte:

> *„Morgens vor dem Kaffee hielt mein Mann auch gemeinsame Andacht und wenn er verreist war, hielt ich sie."*[619]

Hanna Bohner machte sich damit eine männliche Domäne zu eigen. Doch auch das war nur durch die Abwesenheit des Ehemannes möglich und nicht etwa da-

---

der kabylischen Gesellschaft, daß beispielsweise der Innenraum des Hauses realiter und symbolisch weiblich besetzt ist, was aber durchaus Auswirkungen auf den Außenraum, die 'männliche Sphäre' hat. Bourdieu definiert beispielsweise die Frau als 'Hüterin der Schwelle' des Hauses, den Raum zwischen dem Innen und dem Außen, der in unserem Kontext mit der Veranda gleichzusetzen wäre. Je nachdem, von welchem Blickwinkel das Haus betrachtet wird, ist es entweder ein Ort, in den die Frau 'eingeschlossen' ist oder aber ein Ort, von dem der Mann 'ausgeschlossen' wird. Auch H. de Mare thematisiert die Schwelle als häusliche Grenze für holländische Hausfrauen des 17. Jahrhunderts. Sie sieht in der 'Grenze zwischen Haus und Straße einen 'rituellen Ort', der mit täglichen Waschungen rein gehalten wird. Anhand von Bild- und Textquellen zeigt sie die Bedeutung der Schwelle als einem 'Zwischenbereich', von dem man sich nach innen zurückzieht, den man aber zu gegebener Zeit auch übertritt. Vgl. H. de Mare: Die Grenze des Hauses als ritueller Ort und ihr Bezug zur holländischen Hausfrau des 17. Jahrhunderts. 1992, S. 64-80. Die Literaturwissenschaftlerin A. K. Rossberg befaßt sich speziell mit dem Erker als weiblich definierten Raum. Ähnlich der Veranda ist er bevorzugter weiblicher Aufenthaltsort, „ein Frauensitz am Fenster." Vom Innenraum aus konnte also der Außenraum gesehen werden. Den Frauen kam dabei die passive Rolle der Beobachterin zu. Rossberg vergleicht den Erker mit einem 'Käfig', der wohnlich ausgestattet wird. A. K. Rossberg: Ein „fideles Gefängnis". 1995, S. 8-10. I. Nierhaus befaßt sich mit bestimmten baulichen Elementen eines Hauses und verweist auf deren über das Architektonische hinausgehende sozialgeschichtliche Bedeutung. Auch sie thematisiert die Schwelle. I. Nierhaus: Sequenzen zu Raum/Architektur und Geschlecht. 1995, S. 11-15. E. Spickernagel untersucht Raumideale und Geschlechterideale. Dem Sitz am Fenster weist sie eine zentrale Bedeutung zu, da dieser als 'Schutz im Innenraum und zugleich Öffnung zum Außenraum interpretiert werden kann. E. Spickernagel: Wohnkultur und Frauenrolle. 1992, S. 26-36.

[619] ABM: D-10,40. TB Hanna Bohner, S. 26.

durch, daß sie sich dieses Recht 'erkämpft' hatte. Das bedeutet: In der traditionellen Rolle als Hausfrau und Mutter waren die Missionarsfrauen weitgehend selbstbestimmt, in ihrem Beruf als Missionsfrau aber vom Wohlwollen der Männer abhängig.

Die neue Familie

> *„Dieses Mal stelle ich mir vor wie Ihr mit Freude und Zittern diesen Brief öffnen werdet. Und um Euch nicht zu lange warten zu lassen, benachrichtige ich Euch, daß das liebe Nanele ihre schwere Stunde durch die gnädige Durchhilfe Gottes glücklich überstanden hat. Sie ist seit Donnerstagabend Mutter eines wohlgebildeten, gesunden und kräftigen Mädchens. [...] Auch die Sorge, daß das liebe Kind keine Muttermilch bekommen werde, ist beseitigt, wenigstens für den Anfang. Die Ammenmilch ist hier in verschiedenen Beziehungen nicht gut, weil die Negerweiber immer furchtbar scharfe Speisen geniessen und dann, weil sie viele heidnische, ungezügelte Leidenschaften an sich haben, welche sich gerne in der Milch dem Kinde mittheilen. Wenn es ohne Amme geht, ist es uns mehr als lieb."*[620]

Diese Sätze schreibt Georg Hoch, 1868 Missionar an der Goldküste, anläßlich der Geburt seiner ersten Tochter an die Schwiegereltern nach Möttlingen in Württemberg.

Meist ging es nicht ohne Amme, und es mußte eine mögliche „heidnische Verunreinigung" des Kindes in Kauf genommen werden, um es vor einem frühen Tod zu bewahren. „Sittliche Verdorbenheit", die durch die „Ammenmilch" übertragen werden konnte, bildete die geringste Gefahr. Die Kindersterblichkeit in den Missionsgebieten war, aufgrund tropischer Krankheiten, die für kleine Kinder ungleich gefährlicher waren als für Erwachsene, relativ hoch.[621] Nicht alle Kinder überlebten also die ersten Lebensjahre. Und diejenigen, die überlebten, verloren die Eltern trotzdem, da sie im schulpflichtigen Alter nach Europa, in die alte Heimat geschickt werden mußten.

Die Kinderverordnung

Die Regelung, schulpflichtige Kinder nach Europa zu schicken, basierte auf der Basler Kinderverordnung. Sie trat 1853 in Kraft. Zuvor hatte es eine breit angelegte Diskussion darüber gegeben, ob die „Missionskinder" in den Missionsgebieten erzogen oder nach Europa geschickt werden sollten. Inspektor Josenhans hatte in einem 26seitigen Referat, das er in den Missionsgebieten kursieren ließ,

---

[620] ABM: TB Christiane Burckhardt-Hoch, S. 81.
[621] Zu Todesfällen von Kindern vgl. Kapitel „Krankheit und Tod."

um Stellungnahmen der Eltern gebeten. In diesem Schreiben erwog er ein Für und Wider hinsichtlich der Unterbringung der Kinder. Zur Debatte standen die Errichtung zweier Internate für Mädchen und Jungen in Indien, wohin auch die Missionsleute in Afrika und China ihre Kinder zu schicken hätten. Geleitet werden sollten diese Anstalten von Missionspaaren der Basler Mission, die Hauselternfunktion übernommen hätten.

Eine andere Möglichkeit sah er in der Errichtung zweier Erziehungshäuser in der Heimat. Hier stand ursprünglich Korntal zur Disposition, doch wurde 1859 in Basel mit dem Bau des Knaben- und Mädchenhauses begonnen. Die Gründe, die zu dieser Entscheidung führten und die die Eltern der Kinder, vor allem die Väter, befürworteten, nimmt Josenhans in seinen Überlegungen von 1853 bereits vorweg. Er formuliert hierbei grundsätzliche Erwägungen, denen sich die meisten Missionsleute anschlossen.

Eine Kurzfassung dieser Gedankengänge zeigt sehr deutlich die prinzipielle Einstellung und Denkweise der Missionsfamilie, die ihre Kinder dem Missionswerk opferte, indem sie sie 'elternlos' aufwachsen ließ, was für einige der Kinder, wie aus den Quellen hervorgeht, zum lebenslangen Trauma werden konnte.

„1. Können die Missionare oder ihre Frauen ihre Kinder nicht selbst erziehen? [...] Gewiß wäre es für die Kinder am besten, wenn sie bei den Eltern bleiben könnten, wenn die Eltern Zeit und Geschick hätten, sie selbst zu erziehen und zu unterrichten, wenn keine Gründe vorhanden wären, sie von den Stationen zu entfernen. [...] Endlich ist es aber doch zugestanden, daß ältere Knaben nicht von den Müttern unterrichtet werden können. Die Väter aber möchte ich nicht zu Schulmeistern ihrer Söhne machen. Der Missionar gehört der Mission und der Gemeinde an.

Könnten aber nicht doch die Mädchen auf der Station bleiben und von den Müttern erzogen und unterrichtet werden? Auch diese Frage wird verneint werden müssen. Das Klima des Tieflandes wird für entschieden nachteilig für die Kinder der Europäer gehalten. Factum ist auch, daß die Kinder unserer Missionare ein blasses Aussehen und aufgedunsenes Wesen haben. [...] Der Hauptgrund aber ist die heidnische Umgebung. Die Knechte und Mägde sind noch nicht alle Christen. Es ist mir erzählt worden, wie heidnische Knechte öfters Kinder ihrer Herrschaften selbst im zartesten Alter verführen, selbst Unzucht mit ihnen trieben. Und ich würde dies erwarten, selbst, wenn mir nicht namentliche Beispiele angeführt worden wären. [...] Man muß bedenken, wie sehr das Umgebensein von halbnackten, ja ganz nackten Gestalten das Schamgefühl abstumpft. Man muß selbst alle Verführung abgerechnet an die Stellung denken, welche der Europäer in Indien einnimmt. Die Missionare, wenn sie noch so einfach und demüthig sind, werden als Herren betrachtet und ihre Kinder sind Edelleute unter den Schwarzen. Alles dreht sich um die kleinen Weißen und dies muß schädlich auf die Kinder wirken, namentlich, wenn sie nur mit europäischen Kindern zusammenleben. Somit ist der Gedanke wohl aufzugeben, die Missionare könnten ihre Kinder gewiß selbst auf den Stationen erziehen. [...] Man hat mich schon gefragt: Könnten denn die Kinder der Missionare nicht die Gemeindeschulen besuchen? Darauf mußte ich zu bedenken geben, daß nicht bloß die äussere Einrichtung unserer Gemeindeschulen, sondern auch der Unterricht selbst an den meisten Orten, wenn auch der Religionsunterricht gut ist, noch auf der tiefsten Stufe steht, daß wirklich von einem Besuch dieser Schulen von seiten unserer Missionskinder nicht die Rede sein kann. [...] Sonst müßten sie angewiesen werden, auch in ihrem künftigen Leben den Hindus sich gleichzustellen. [...] Allerdings haben wir auch eine Anzahl besser unterrichteter Leute, wie zum Beispiel die neun von Balmatha abgegangenen Katechisten, allein es haben nicht alle Stationen solche Leute. Ihr Wirken ist rein biblisches Wirken und befähigt sie noch nicht zu Lehrern europäischer Kinder.[...] Endlich möchte ich noch einen Punkt hervorheben: ich möchte auf die Erfahrung hinweisen, daß das Herz da ist, wo Dein Schatz ist, daß, wenn die Kinder der Missionare nach Europa gebracht werden, die Herzen der Eltern beständig nach Europa blicken. Europa wird Heimat der Missionare bleiben und das Heidenland nicht Heimat werden, so lange man die Kinder nach Europa bringt. [...] Aber ich weiß nicht, ob man es nicht von einem Missionar sollte erwarten können, daß er die Brücke hinter sich abbricht, wenn so viele tausend Auswanderer um des irdischen Gewinns willen dies zu tun sich entschließen."[622]

Dieser kurze Auszug der Hauptgedanken von Inspektor Josenhans in bezug auf die Kinderthematik gibt uns unter anderem einen Einblick in gängige Denkweisen und Einstellungsmuster hinsichtlich des Verhältnisses der Geschlechter, der getrennten Aufgabenbereiche von Frau und Mann und des Eltern-Kind-Verhältnisses. Es wird deutlich, daß die Stellung des Missionars als Familienvater zweitrangig ist, da er „der Gemeinde angehört." Das heißt, er ist in der Hauptrolle Missionar und nicht Ehemann und Vater, während die Missionarsfrau in erster Linie Ehefrau und Mutter ist, die aber aus eben diesem Grund nicht als Lehrerin, speziell für ihre Söhne, taugt. Die 'Trennung der Geschlechter' wird hier also auch für das Eltern-Kind-Verhältnis konstruiert. Väter und Söhne 'gehören zusammen', ebenso Mütter und Töchter. Die Söhne können von der Mutter nicht unterrichtet werden, da sie eine gute Bildung benötigen, während für die Töchter nicht das Bildungsargument ausschlaggebend ist, da sie mit einer geringeren Bildung durchaus vorlieb nehmen könnten, sondern das Klima - obwohl dies Mädchen wie Jungen schlecht vertragen. Im übertragenen Sinne handelt es sich dabei um eine Neuauflage der biologistischen Argumentation die

---

[622] ABM: QT 10. 5,4. Inspektor Josenhans: Memorandum zur Erziehungsfrage der Missionskinder. 18. März 1853, S. 2-6.

'Ordnung der Geschlechter' betreffend: der Mann als Kultur-, die Frau als Naturwesen.[623]

Übertragen wird die Natur/Kulturtheorie dann auch auf das Missionsgebiet, denn hier stehen die „Heiden" für Natur, im Sinne von unkontrollierter Triebhaftigkeit, während die Missionsleute in ihrer Gesamtheit, inklusive der Kinder, für Kultur stehen. Daher ist es dann nur folgerichtig, wenn die Katechisten aufgrund ihres „rein biblischen Wirkens" nicht zur Erziehung europäischer Kinder taugen, denn nur die „Heiden" benötigen vor allem „Unterweisung im Christentum als Anleitung zu sittlich gutem Handeln"[624], die dann zu einer „Bekehrung" führen kann, während die europäischen Kinder bereits Christen sind und infolgedessen mehr als nur guten Religionsunterricht brauchen.

Kinderlose Eltern und elternlose Kinder

Was bedeutete diese „Kinderverordnung" nun konkret für die Familie im Missionsland? Sie bestand in ihrer Zusammensetzung grundsätzlich aus den Eltern und kleinen Kindern, denn die älteren Kinder befanden sich in Europa. Es waren im modernen Sinne 'zerissene Familien', pointiert ausgedrückt: wenn beispielsweise alle Kinder in Europa waren, dann handelte es sich um 'kinderlose Eltern' in Übersee und 'elternlose Kinder' in Deutschland oder der Schweiz.

So war die emotionale Bindung an die Kinder immer auch mit Gedanken an die bevorstehende Trennung belastet.

> *„Mein Frieder will immer am Abend gern noch ein paar Lieder gesungen haben. [...] Ich besann mich, endlich kommt mirs. 'Wenn Vater, Mutter von ihm gehn, ists Kindlein nicht allein.' Das wars. Guter Kerl, ich sing ihms manchmal. Er ahnt nicht, daß mir bei jedem Versle ein Stich durchs Herz geht. Ist er doch ein Missionskind. Dann muß ich mich als wieder aufraffen und denken: Jetzt nicht im voraus jammern, Lis."*[625]

Diese Sätze notiert die Missionarsfrau Lis Pfleiderer in ihr sogenanntes „Kindertagebuch".[626] Die zahlreichen Belege dafür, daß viele Mütter sogenannte

---

[623] Zur Konstruktion des 'Geschlechtscharakters' vgl. U. Frevert: „Mann und Weib, und Weib und Mann". 1995, S. 13-60.

[624] M. Maurer: Die Biographie des Bürgers. 1996, S. 237.

[625] PN: TB Lis Pfleiderer, S. 88.

[626] A. Gestrich weist darauf hin, daß „das Kleinkind im evangelischen Pfarrhaus immer mit einer besonderen, geradezu sakralen Aura umgeben war: das Kind war die Verkörperung der Unschuld, sein unbefangenes Vertrauen in die beschützende Fürsorge der Eltern war Aufforderung an die Christen, selbst solches kindliches Vertrauen in Gott zu setzen. [...] In wenigen anderen Familien bekamen die kleinen Kinder zu allen Zeiten so viel Aufmerksamkeit und Zuwendung gerade auch von Vätern wie im Pfarrhaus. Die liebenden Väter verwandelten sich aber bald in die strengen Erzieher, wenn es sich um Fragen der Moral und des Glaubens handelte, speziell in pietistischen Pfarrhäusern." A. Gestrich: Die Erziehung im Pfarrhaus. 1984, S. 67-68. Das läßt sich auf die Missionsfamilien direkt übertragen.

„Kindertagebücher" führten, in denen Tag für Tag die körperliche, geistige und emotionale Entwicklung der Kinder festgehalten wurde, könnten als das Anlegen einer Art Erinnerungarchivs für die 'Zeit danach' interpretiert werden.[627] Minutiös und detailliert wurde das Leben der Kinder beschrieben; die Größe, das Gewicht, die Nahrung, der Tagesablauf wurden aufgezeichnet.

Johanna Ritter, Missionarsfrau in Indien, gestaltete das „Kindertagebuch" besonders liebevoll, Photographien und Zeichnungen schmücken ihre Beschreibungen, denen sie den Titel: „Aus der Kinderstube" gab.

Das Detail und der Augenblick sind wichtig, die im Moment des Aufschreibens bereits zur zukünftigen Erinnerung 'gerinnen'. Diese Aufzeichnungen, die im Hinblick auf eine zukünftige Trennung erstellt wurden, hatten eine wichtige Funktion, nämlich die zukünftige emotionale Verbindung zwischen den Eltern in Übersee und den Kindern in Europa zu unterstützen. In Briefen, die die Eltern der Missionskinder an diese nach Europa schrieben, fällt auf, daß häufig die Details, die in den Tagebüchern festgehalten wurden, erwähnt werden. Die Kinder wurden brieflich gefragt, ob sie sich noch an dieses oder jenes erinnerten, wodurch deren Erinnerung aufgefrischt und gegen das Vergessen am Leben gehalten und eine emotionale Basis für das Verhältnis zwischen Kindern und Eltern gesichert werden sollte. Doch war diese Basis brüchig, denn je länger die Trennung andauerte, desto mehr verblaßte auf seiten der Kinder die Erinnerung.

Trennung und Bindung

Abschied und Trennung zieht sich als roter Faden durch das Leben in der Mission, die Trennung auch von den eigenen Kindern[628] ist dabei die letzte Konsequenz einer langen Reihe von Abschieden und Trennungen. Und sie ist ein Beleg dafür, welchen Stellenwert die „Arbeit im Weinberg des Herrn" einnahm. Dieser Aufgabe brachte man nicht nur sich selbst, sondern auch die Kinder 'zum Opfer'. Doch ist dies nur ein Aspekt einer sehr viel komplexeren wechselseitigen Beziehung zwischen Abschieden, Trennungen und Bindungen.

Die Rede vom „Pilgerleben auf Erden ohne bleibende Statt" erhält ihren tieferen Sinn durch die Erfahrung des Überganges, die zum lebensbestimmenden Leitmotiv wird. So war etwa das Leben auf einer bestimmten Station temporär bis

---

[627] E. Kuby weist daraufhin, daß es für Auguste Eisenlohr üblich war, ihre Kinder ein Tagebuch führen zu lassen. Am Ende eines Tages mußte ins Tagebuch geschrieben werden. Vermutlich diente dies ebenfalls zur Anleitung für die 'Methodisierung der Lebensführung'. Vgl. E. Kuby: Auguste Eisenlohr. 1996, S. 43.

[628] Die Trennungsproblematik in bezug auf die Kinder kann hier nicht in aller Ausführlichkeit dargestellt werden und muß einer gesonderten Untersuchung vorbehalten bleiben. Im Basler Missionsarchiv finden sich sogenannte 'Kinderhausakten', die die Korrespondenz zwischen den Eltern, den Kindern und der Leitung der Kinderanstalten enthalten. In der Regel sind diese ungeordnet. Da Art und Umfang dieser Quellen eine weitere sehr zeitintensive Recherche erfordert hätten, müssen diese in der vorliegenden Untersuchung unberücksichtigt bleiben.

zur Versetzung auf eine andere Station. Je nachdem, wie sich die Lage im jeweiligen Missionsgebiet gestaltete - ob beispielsweise auf einer anderen Missionsstation Mitarbeiter wegen Krankheiten ausfielen und für Ersatz gesorgt werden mußte - hatte man sich den Anweisungen aus Basel zu fügen und 'weiterzuziehen.' Sophie Basedow spricht diese Thematik, die für sie zu einem grundsätzlichen Problem wird, in ihrem Tagebuch an:

> *„Ach es heißt wirklich bei uns immer umziehen, keine Ruhe, mir wird es furchtbar schwer der Gedanke, daß wieder alles umgeändert werden soll und auch meinen Garten soll ich hergeben, wo ich jetzt alles so schön gemacht habe und alle die Blumen von daheim darin habe und eine große Freude daran. Es macht einen ganz schwermütig und beraubt die Lust irgendetwas zu tun."*[629]

Sophie Basedow mußte nur ihren Garten zurücklassen, der für sie ein 'Stück Heimat' in der Fremde gewesen war, da sie in diesem mühsam heimatliche Blumen gezogen hatte. Oft hieß es nicht nur Abschied nehmen von einem Stück Land, sondern auch von Gräbern, die auf diesem Land angelegt worden waren, wie etwa im Fall der Johanna Ritter, die bei einer Versetzung am meisten der Abschied vom Grab ihres kleinen Sohnes in Indien schmerzt. Auch für sie sind Blumen ein Thema, doch aus einem anderen Grund als für Sophie Basedow. In einem Brief an ihren Bruder schreibt sie:

> *„Heute oder morgen können wir einige Zinien und Balsamien hin verpflanzen, dann aber wollen wir dafür sorgen, daß noch einige Pflanzen darauf kommen, die von selbst gedeihen und keine Pflege bedürfen, denn wer weiß, wie lange wir noch nach seinem Gräblein sehen dürfen, es droht uns ja schon wieder eine Versetzung und dann hat niemand hier Interesse an so einem einsamen Kindergrab."*[630]

So wie das Missionspaar also keine „bleibende Statt" hatte, so hatten die Kinder ebenfalls keine solche bei ihren Eltern und umgekehrt war die Rolle des Paares als Eltern eines bestimmten Kindes terminiert: „Wir Missionsleute, die wir ja nur kurze Zeit unseren Kindern etwas sein dürfen"[631], so drückt es Johanna Ritter aus. Der Abschied von den Kindern wird in der Regel als traumatisches Erlebnis beschrieben, sowohl von den Müttern als auch von den Vätern.

Doch, und auch das ist ein Spezifikum im Missionsleben, durch Trennung und Abschied werden immer wieder neue Bindungen geschaffen.

Für die Missionarsfrauen war die Trennung und der Abschied von der alten Heimat die Voraussetzung für die die neue Bindung an den Ehemann. Durch die Trennung von den Kindern, die in diese 'alte Heimat' zurückgeschickt werden, wird die Bindung an die alte Heimat wiederum verstärkt, nämlich dann, wenn die Kinder im Verwandtenkreis aufwachsen. Andererseits verkehrt sich die

---

[629] ABM: E-10,49a. TB Sophie Basedow, S. 53.
[630] PN: TB Brief v. Johanna Ritter, Puttur/Indien, an Fritz Hoch. Datiert 23. Juni 1913.
[631] Ebd.

emotionale Loslösung von der alten Heimat, die vielen Missionsbräuten während ihrer Reise Probleme bereitet hatte, als Mutter eines „Missionskindes" in eine erneute emotionale, psychische und praktische Abhängigkeit.[632] Auf dieses Dilemma wies Josenhans bereits hin, als er die Unterbringung der Kinder zur Diskussion stellte:

> *„Daß das Herz da ist, wo Dein Schatz ist. Daß, wenn die Kinder der Missionare nach Europa gebracht werden, die Herzen der Eltern beständig nach Europa blicken."*

Sein Fazit bestand infolgedessen darin:

> *„Europa wird Heimat der Missionare bleiben und das Heidenland so lange nicht Heimat werden, so lange man die Kinder nach Europa bringt."*[633]

Alte Heimat - Neue Heimat

Verwurzelt?

Es stellt sich die Frage für wen das „Heidenland", außer für die „Heiden" selbst, dann eigentlich Heimat war? Die Antwort auf diese Frage liegt auf der Hand - es war die Heimat der Kinder, die hier geboren wurden und nur diese Heimat kannten. Wenn diese Kinder in die alte Heimat der Eltern geschickt wurden, dann war dies für sie die neue Heimat, deren Sprache sie oftmals nur unzureichend beherrschten. In den Quellen wird häufig darauf hingewiesen, daß die Kinder die Sprache des jeweiligen Missionslandes besser sprachen als Deutsch. Dies hatte seinen Grund unter anderem darin, daß die meisten von ihnen von einheimischen Kindermädchen betreut wurden und so wie nebenbei die Landessprache erlernten. Über Deborah Pfleiderer, die in Indien geboren wurde, berichtet ihr Vater:

> *„Daß Deborah dann nach den ersten Sprachversuchen in Tulu und Deutsch 4 1/2 jährig geläufig und korrekt Tulu gesprochen habe. Das Kind wuchs also zweisprachig auf, denn von der eingeborenen Kindsmagd hörte es dauernd Tulu und von den Eltern Deutsch. Es ist eine alte Erfahrung, daß solche Kinder die Eingeborenensprache meist schneller und leichter erlernen und beherrschen als die deutsche Muttersprache."*[634]

Für Deborah war also Tulu die 'Muttersprache', während Deutsch eine eher fremde Sprache darstellte. Kinder zogen, anders als die Erwachsenen, zwischen sich und der 'heidnischen Bevölkerung' keine Grenze. Es wurde offenbar relativ viel Zeit mit dem jeweiligen Kindermädchen verbracht. Dies war zumindest in

---

[632] Ausführlich hierzu die Fallstudie Eisfelder.
[633] ABM: QT 10. 5,4. Inspektor Josenhans. Memorandum zur Erziehung der Missionskinder. 18. März 1853, S.5.
[634] ABM. Q-10.15,9. TB Deborah Hoch-Pfleiderer, S. 4

Indien und China üblich, anders als in Afrika. Hier hatte man offenbar größere Bedenken, die Kinder einheimischen Frauen zu überlassen, da die afrikanische Bevölkerung als besonders unzivilisiert, unsittlich und unrein galt. Mit den Worten Christiane Burckhardts handelte es sich in Afrika um ein

> „ganz kulturloses Volk, während Ihr (Missionsleute in Indien und China) ein mehr zivilisiertes Volk vor Euch habt."[635]

Für die These einer größeren Abgrenzung der Missionskinder zur afrikanischen Bevölkerung spricht auch, daß die Missionskinder, die aus Afrika nach Europa gesandt wurden, „*den indischen und chinesischen Kindern im Deutschen meist überlegen waren.*"[636]

Insgesamt gilt jedoch, daß die Kinder im „Heidenland" verwurzelt waren, während die Eltern, das Missionspaar erst Wurzeln schlagen mußte.

Der schwäbische Bauerngarten im „Heidenland"

Der Garten, der rund um das Missionshaus angelegt wurde, ist augenfälliges Symbol dafür, wie die neue Heimat des Missionspaares auch außerhalb des Hauses, analog zum Inneren des Hauses, kreiert wurde. Wurde das Haus im Inneren soweit als möglich als „deutsches Heim" gestaltet, mit mehr oder weniger vielen Versatzstücken aus der alten Heimat, allen voran natürlich die Photographien der Verwandten - für die Kinder des Missionspaares Fremde -,so wurde auch versucht, die alte Heimat in die neue Heimat im wörtlichen Sinn zu verpflanzen, indem europäisches Gemüse gezogen und Blumensamen aus Württemberg gesät wurden. Der Umgang mit der neuen Heimat stellt sich so als Versuch einer Rekonstruktion der alten Heimat dar. Erfolg oder Mißerfolg dieser Strategie sind oftmals Thema in den Quellen. Und das alles wohlgemerkt vor dem Hintergrund, daß die Tropen und Subtropen, in denen alle Missionsgebiete lagen, in bezug auf nutzpflanzliche Artenvielfalt und klimatische Bedingungen mitteleuropäischen Anbaugebieten bei weitem überlegen waren. Schwäbisches Gemüse in die Tropen zu importieren, hat so fast etwas von 'Eulen - nach - Athen - Tragen'.

Marie Knausenberger in Indien bittet ihre Freundin Salome Harder um Zusendung von Setzlingen:

> „*Jetzt ist der Garten nur ein roter sandiger Platz, in der Regenzeit werde ich ihn bepflanzen, möchte gern von euren Setzlingen und Blumensamen haben.*"[637]

Wie wichtig ihr das ist, zeigt sich daran, daß sie zwei Monate später die Bitte wiederholt mit 'praktischer Anleitung':

---

[635] ABM: TB Christiane Burckhardt-Hoch, S. 78.
[636] Ebd.
[637] ABM: FR I/20. Brief v. Marie Knausenberger, Hubli/Indien, an Salome Harder, Colmar. 23. Februar 1882.

Wenn ihr jede einzelne Samenart in ein Säckchen vernäht habt, kommt er hier gut an und ein Pfund schweres Päckchen kostet auf der Post 1 RM. Und ein ganzes Pfund Samen braucht ihr ja nicht zu schicken. Meine Schwester wird es zahlen. Ich freue mich, dann Gemüse zu haben, deren Schwestern in Euerm Garten wachsen und deren Samen von Euch gesammelt werden. Es ist dann noch einmal so gut."[638]

Drei Monate später berichtet sie ihr von ihrem Erfolg:

„Der Same ist glücklich angekommen. [...] An jenem Tag, als ich das Päckchen erhielt, war ich ausgelassen und fröhlich. Jedes Schnürchen und jedes Papierchen erinnerte mich an mein liebes Kolmar. Die gelben Rüben stehen prächtig, darf bald davon nehmen, der Salat, der darunter war, ist sehr gut. Als ich ihn zum ersten Mal zum Mittagessen auf den Tisch brachte, klagte Hans soeben, er habe keinen Appetit, was mir fortwährend Sorgen macht. Nun hatte ich so Freude am Salat und sagte: Der kommt aus Harders Garten, von dessen Großeltern habe ich schon gegessen. Da lachte mein l. Mann und versuchte ihn und siehe, er schmeckte ihm so gut, daß er ohne es zu merken recht tüchtig davon aß. Ich danke Dir im Herzen sehr dafür."[639]

Die 'Diät' - Eßgewohnheiten

Das Beispiel Marie Knausenbergers zeigt, daß das Anpflanzen von europäischem Gemüse außer der symbolischen Bedeutung einer 'alten Heimat im Miniaturformat' noch eine praktische Bedeutung aufwies, die aber wiederum Zeichencharakter hat. Der Salat, den sie ihrem Mann serviert, dient hier sozusagen als Arznei, als Heilmittel, das seine Appetitlosigkeit beseitigen hilft, die wiederum von der 'krankmachenden Fremde', dem tropischen Klima herrührt. Das europäische Gemüse - Karotten, grüner Salat, Bohnen und Rettich - das angepflanzt wurde, diente also dazu, europäische Ernährungsgewohnheiten[640] beibehalten zu können, weil damit europäische Speisen zubereitet werden konnten.

---

[638] Ebd.

[639] ABM: FR I/20. Brief v. Marie Knausenberger, Hubli/Indien, an Salome Harder, Colmar. 17. Juli 1882.

[640] Pietistische Askese in der Ernährung, wie sie etwa von Flattich ein Jahrhundert früher in den „Hausregeln" propagiert worden war, die allerdings im Kontext einer Mangelgesellschaft des 18. Jahrhunderts zu sehen sind, findet sich in den vorliegenden Quellen eher selten. Daß die 'deutsche Küche' auch als Metapher für Reinlichkeit gewertet wurde, also in engem Zusammenhang mit dem sich im 19. Jahrhundert entwickelnden Hygienediskurs stand, zeigt sich beispielsweise auch an dem 1845 veröffentlichten 'Praktischen Kochbuch für die gewöhnliche und feinere Küche' der Henriette Davidis, das vielfach übersetzt und aufgelegt wurde und sich vorwiegend an junge Frauen, die einen großen Haushalt zu versorgen hatten, richtete. Den größten Wert legte die Autorin dabei nicht auf die Qualität der Zutaten, sondern vor allem auf die Hygiene in der Küche. Zit. nach: Chronik des 19. Jahrhunderts, S. 354.

Das wiederum galt als eine Art Versicherung gegen Krankheitserreger, die sich durch den Genuß fremder Speisen ausbreiten konnten. Das Zubereiten von europäischen Speisen galt nach damaligem Verständnis als das 'Einhalten einer Diät', im Sinne einer Vorsichtsmaßnahme, wie sie auch von ärztlicher Seite für ein Leben in den Tropen empfohlen wurde. Nachlässigkeiten hierin konnten böse Folgen haben. Vor diesem Hintergrund erhält der häufig angeführte Wunsch in den Heiratsgesuchen der Missionare, endlich eine Frau zu haben, die europäisch kocht, einen tieferen Sinn.

Georg Hoch, Missionar in Afrika, weist in einem Brief, der Krankheitsprobleme zum Inhalt hat, extra darauf hin, daß diese nicht 'selbst verschuldet seien', etwa, indem man die 'Diät' nicht eingehalten habe.

> *„[...] daß die Geschwister hier mehr krank sind [...] beruht nicht auf Nachlässigkeit in der Diet, sondern die ungesunde und stets fieberschwangere Luft ist der unerbittliche Feind unserer Kraft und unseres Lebens. Unsere Kost ist, so weit sichs tun läßt, europäisch. Anstatt der Kartoffeln haben wir zwei Sorten Yams, welche sich zu denselben Gemüsen kochen lassen wie die Kartoffel."*[641]

Auch Luise Lohss-Maisch in China erwähnt die europäische Küche:

> *„Bis jetzt ertrage ich chinesisches Klima und Essen gut. Letzteres ist ja im wesentlichen nicht so verschieden von dem unsrigen daheim, wir kochen ja auch europäisch."*[642]

In etlichen Quellen wird auf den jeweiligen Speisezettel hingewiesen. Dabei zeigt sich, daß in aller Regel relativ aufwendig gekocht wurde, was bedeutet, daß ein geradezu großbürgerlicher Standard vorherrschte. Suppe als Vorspeise, Braten, Spätzle und dergleichen als Hauptspeise waren übliche Alltagsgerichte, die hingegen in der europäischen Heimat eher als Festtags- oder Feiertagsgerichte galten.

Im chinesischen Hoschuwan steht etwa folgendes auf dem Mittagstisch: *„Panadensuppe, bayrisch Kraut, Schweinebraten und Kartoffeln."*[643]

In puncto Ernährung waren die Missionsleute allem Anschein nach häufig besser gestellt, als es die Verhältnisse in der alten Heimat gestatteten.

„Der wöchentliche Speiseplan war fast überall festgeschrieben. Er variierte eher sozial, nach Vermögen, als nach einzelnen Regionen", so Christel Köhle-Hezinger, die für das Dorf Kiebingen bei Rottenburg beschreibt was „als typisch gelten könnte: Montag: Bohnen und Knöpfle oder Schupfnudeln, Dienstag: Rüben und geschmälzte Schupfnudeln, Mittwoch: Erbsen und geschmälzte

---

[641] ABM: TB Christiane Burckhardt, S.78.
[642] PN: Brief v. Luise Lohss-Maisch, Hoschuwan/China, an die Schwiegereltern, Gerlingen. 18. April 1908.
[643] PN: Brief v. Luise Lohss-Maisch, Hoschuwan/China, an die Schwiegereltern, Gerlingen. 3. März 1908.

Schupfnudeln, Donnerstag: Kraut und Knöpfle, eventuell mit Speck"[644]. Aus diesen Speisen setzte sich die alltägliche Nahrung zusammen. Bei nicht armen Leuten waren „Zweimal in der Woche Fleisch, sonst Mehlspeisen, am Sonntag Fleisch und Mehlspeise"[645] üblich.

Daß manche Missionarsfrauen aus ähnlichen sozialen 'Verhältnissen' stammten, zeigt sich auch daran, daß zum Beispiel Christiane Burkhardt aus Möttlingen, die 1867 nach Afrika reist, zusammen mit anderen Missionsbräuten dem Schiffskoch beibringt,

„[...] eine geschmelzte Wassersuppe von Weißbrot zu machen. Und so mußte er uns nun jeden Morgen eine Wassersuppe und jeden Abend eine gebrannte Suppe vorsetzen."[646]

Die Brotsuppe[647] als 'Morgensuppe', die gebrannte Suppe, ebenso wie das in anderen Regionen früher übliche „Brennts Mus"[648], ein Brei aus geröstetem Hafer oder Dinkel, deuten auf die schwäbischen Eßgewohnheiten und bäuerlich-dörflichen Strukturen hin, denen auch sie entstammte. So versäumt sie es dann auch nicht während ihrer Zeit an der afrikanischen Goldküste, in Briefen an die Verwandten das tägliche Essen zu beschreiben:

„Zuerst hatten wir eine gute kräftige Nudelsuppe, dann Briesle in saurer Sauce, Spatzen dazu. Hie und da haben wir auch Brot und Wein. Morgen Mittag haben wir Suppe, einen Ochsenbraten und Yams. Letzteres Essen ist das gewöhnlichste. Nur, wenn man gerade kein Ochsenfleisch hat, was aber nur ganz selten vorkommt, so schlachtet man Hennen oder Enten und macht Suppen oder Braten davon."[649]

Zum einen fällt an dieser Schilderung der reichhaltige Speisezettel auf: im Gegensatz zur schwäbischen Heimat scheint an der afrikanischen Goldküste Fleisch ein Alltagsessen zu sein. Zum anderen verweist diese Quelle auf einen weiteren wichtigen Umstand, nämlich den, daß viele Missionspaare eine eigene

---

[644] C. Köhle-Hezinger: Die schwäbische Küche. 1988, S. 87-88. Zur schwäbischen 'Eßkultur' vgl. O. Hochstrasser: Ein Haus und seine Menschen. 1993, S. 123-126. Für das schwäbische Dorf Jungingen beschreibt Hochstrasser ebenfalls die allgemein übliche „Brei, Mus- und Suppennahrung." S. 125. Vgl. auch: U. Jeggle: Kiebingen. 1977, S. 137-139. Für das frühe 19. Jahrhundert beschreibt Jeggle: „Bei weitem nicht jedes Familienmitglied hatte eigene Eßinstrumente, Teller gab es fast nirgends, Schüsseln waren nur in den besten Familien und da nur an Festen in Gebrauch. [...] In den Töpfen war entsprechend wenig und entsprechend oft immer wieder dasselbe drin." S. 137. Ders.: Essen in Südwestdeutschland. 1986, S. 167-186. Zum Einfluß von Ernährungsmythen auf den Wandel der Eßkultur vgl. J. Tanner: „Der Mensch ist, was er ißt." 1996, S. 399-419.

[645] C. Köhle-Hezinger: Die schwäbische Küche. 1988, S. 88.

[646] ABM: TB Christiane Burckhardt-Hoch, S. 32.

[647] Vgl. hierzu M. Lohß, der u.a. die 'Küchen' der Landbevölkerung untersuchte. M. Lohß: Ofen und Herd in Württemberg. 1929, S. 362-386.

[648] C. Köhle-Hezinger: Die schwäbische Küche. 1988, S.87.

[649] ABM: TB Christiane Burckhardt-Hoch, S. 58.

kleine Tierzucht betrieben, die von Hühnern über Enten bis hin zu Rindern oder auch Schafen reichte, wie sie etwa das Missionspaar Eisfelder in Indien besaß. Neben der Missionsarbeit wurde meist ein 'Bauernhof en miniature' betrieben, manchmal auch in größerem Ausmaß.

Die Missionarsfrau Marie Wittwer-Lüthi beschreibt dies etwa für die Missionsstation Nyasoso in Kamerun:

> *„Die Geschwister Maier und Campod haben auch einen ziemlichen Viehstand, kleine Kühe, Ziegen und Schafe, dazu Geflügel. Wir sind noch arm, haben nur drei Enten und fünf Hühner in Lobetal gekauft."*[650]

Auch größere Anpflanzungen wurden kultiviert. Deborah und Mark Hoch besaßen in Mangalore beispielsweise eine eigene Kaffeeplantage, das Missionspaar Maisch verfügte in China über etliche Hektar Reisfelder. Den Missionaren kam dabei oftmals ihre bäuerliche Herkunft zugute, sie verfügten dadurch über einiges Fachwissen. Das Prinzip der Selbstversorgung wurde soweit wie möglich verwirklicht.

Der 'Bauerngarten', das 'Gütle', der 'Hühnerstall', kurz: Strukturen schwäbischen Landlebens fanden sich also auch im jeweiligen Missionsland.[651]

Care-Pakete

Die alte Heimat wurde also in Form von Blumensamen und Gemüsesetzlingen in die neue Heimat importiert. Umgekehrt exportierte man Exotisches von der neuen in die alte Heimat. Kolonialwaren wie Gewürze, aber auch exotische Früchte wurden an die Verwandten nach Europa gesandt. Marie Knausenberger schreibt etwa:

> *„Die Anstalten kommen bald nach Bettigeri. Dort kann ich vielleicht mein Versprechen einlösen, das ich Luise gab und Datteln heimschicken."*[652]

Deborah Pfleiderer wird von ihrem Vater darauf aufmerksam gemacht:

---

[650] ABM: QF-10.24,1. TB Marie Wittwer-Lüthi, S. 31.

[651] In den Heimatbriefen ist denn auch der jeweilige Viehbestand und die jeweilige Ernte ein Thema. Eine besondere Rolle spielt dabei immer das Wetter. In den Tropen ist es die immer wiederkehrende Klage über die Trockenzeit, die die Hoffnung auf eine gute Ernte oft vereitelt - umgekehrt wird aus der Heimat ebenfalls von ungünstigen Witterungsbedingungen berichtet, die sich negativ auf die Ernte auswirken. Das Wetter dient so zum einen immer als Gradmesser für mögliche Krankheit, etwa während der heißen Zeit in den Tropen oder während strenger Winter in Europa, zum anderen ist es ein Gradmesser für den zukünftigen Ertrag der Felder, also eng verknüpft mit der agrarischen Lebensweise. Dies steht in diametralem Gegensatz zur heutigen Zeit, in der die 'Rede über das Wetter' eher in bezug auf individuelles Wohlbefinden, auf Freizeitaktivität, erfolgt. Zur Bedeutung des Wetters für die traditionale Lebenswelt vgl. U. Jeggle: Vom richtigen Wetter. 1981, S.115-130, bes. S. 120-121.

[652] ABM: FR I/20. Brief v. Marie Knausenberger, Hubli/Indien, an Salome Harder, Colmar. 14. Juli 1882.

> *"Papa macht dann und wann schon Bestellungen, wie zum Beispiel neulich sagte er von Mangos, die ich einmal einmachen und schicken müßte."*[653]

So wird über Naturalien gewissermaßen eine sinnlich-dingliche Verbindung zwischen alter und neuer Heimat aufrechterhalten.

Doch findet sich in den Paketen, die aus Europa in die Missionsgebiete gesandt werden, auch anderes. In der Regel handelt es sich um Dinge, die in irgendeiner Form das Leben in Übersee erleichtern helfen und vor allem dem Zweck dienen, europäische Standards in der Lebensführung einhalten zu können. Damenkleider und Schnittmuster finden beispielsweise ihren Weg nach Übersee. Ein 'europäisches Kleidungsstück'[654] zu besitzen, also ein Kleid, das in der 'Heimat' angefertigt wurde, war offenbar sehr wichtig. Das geht aus einem Brief, den Marie Streckeisen 1851 aus Indien an ihre Freundin Sophie schreibt, hervor:

> *"Ich bin sehr froh wieder ein europäisches gutes Kleid zu haben, denn sie sind doch etwas anderes als die, die ich hier kaufe, obschon ich sie hier um ein und denselben Preis bekomme. Aber sie sind dann doch nicht die Hälfte werth."*[655]

In späteren Jahren, als viele der Missionarsfrauen eigene Nähmaschinen besaßen, mußten die Nadeln für dieselben dennoch aus Europa importiert werden, etwa die Nadeln für die Singer-Nähmaschine im Fall der Marie Knausenberger, die noch einen weiteren Wunsch äußert:

> *"Für Hans hätte ich gerne ein Schachspiel, es ist ein dünnes Brettchen mit Figuren dazu. Weißt, abends ist er immer so müde und dann könnte er, statt immer zu studieren, ein wenig mit Bruder Eisfelder spielen, es wäre so gut für seine Gesundheit."*[656]

---

[653] PN: Brief v. Deborah Pfleiderer, Basel, an Mark Hoch, Mangalore/Indien. 27. Juli 1881.

[654] Es finden sich allerdings auch Hinweise darauf, daß die Missionspaare manchmal einheimische Kleidung trugen, auf Photographien visuell dokumentiert. Vgl. das Bildmaterial in: Der ferne Nächste. 1996, S. 106, 109, 110. Es stellt sich dabei natürlich die Frage, in welchem Kontext diese Fotos gemacht wurden und für wen. Es bleibt zu vermuten, daß diese Kleidung getragen wurde, um den Verwandten in der Heimat eine Demonstration der einheimischen Kleidung zu ermöglichen. Oder es hatte möglicherweise einen offiziellen Hintergrund, wie im Fall der Missionare Spellenberg und Keller in Baligewändern, die Geschenke eines einheimischen hohen Würdenträgers waren (frdl. Hinweis von Paul Jenkins) und aus diesem Grund bei offiziellen Anlässen getragen wurden. In meinem schriftlichen Quellenmaterial finden sich keine Hinweise auf das Tragen einheimischer Kleidung. Meist wird von Baumwollkleidung, die angenehmer als Leinenkleidung zu tragen sei, geschrieben. Auch in den privaten Photoalben finden sich keine Bilder der Missionspaare in einheimischer Tracht.

[655] ABM: Ohne Sign. Brief v. Marie Streckeisen, Calicut/Indien, an Sophie ?. 18. November 1851.

[656] ABM: FR/1203. Brief v. Marie Knausenberger, Hubli/Indien, an Salome Harder, Colmar. 27.08.1882.

Das Schachspiel[657] wird von ihr interessanterweise fast entschuldigend im Kontext von Krankheit und Gesundheit erwähnt und erhält dadurch den Sinn einer therapeutischen Maßnahme, ist also nicht zum 'Vergnügen' gedacht.

„Das Nichtspielen wurde geradezu zu einem Merkmal des Pietismus und der Erweckung: Ein wahrer Christ, dem es mit der Gottseligkeit ein Ernst ist, wird bessere Zerstreuungen und Erquickungen des Gemüts suchen"[658]. Darauf weist Michael Maurer für das 18. Jahrhundert hin. Diese Einstellung hielt sich, wie aus den Quellen hervorgeht, auch im 19. Jahrhundert. Doch war gerade das Schachspiel weniger geächtet. „Aufklärer empfanden das Schachspiel als rational adäquat, als 'etwas Anziehendes für den Mann von Kopf.' Denn jedes Spiel (mit Ausnahme des Schachspiels) hatte ein höchst bedrohliches Air: ein Gemisch von 'Zeitmord', Arbeitsscheu, unredlicher Gewinnsucht, Bedrohung der bürgerlichen Sekurität; Reizmittel der Leidenschaften [...]", führt Maurer weiter aus.

So bewegte sich Marie Knausenbergers Wunsch also im Rahmen einer akzeptierten Freizeitgestaltung.

Zu den Dingen, die den Weg nach Übersee fanden, gehörten nicht nur private und persönliche Dinge oder solche, die im jeweiligen Land schwer zu erhalten waren, etwa Filme für die Eastman-Rollkamera, die einige Missionare besaßen oder sogar Fahrräder, die um die Jahrhundertwende in die Missionsgebiete als 'modernes Fahrzeug' importiert wurden und sehr begehrt waren, da mit ihnen die langen Fußmärsche und strapaziösen Ochsenwagentouren ersetzt werden konnten.

Es handelte sich auch um Dinge, die die Missionarsfrauen in ihrer Eigenschaft als Missionsgehilfinnen zugesandt bekamen, und zwar von den sogenannten Unterstützerinnenvereinen in Europa. Die meisten Missionarsfrauen verfügten über einen kleinen Kreis von Frauen in der Heimat, die für die Mission 'arbeiteten'. Von Spielzeug, das für die Kinder der „Heidenwelt" gebastelt und an Weihnachten verschenkt wurde, über Stoffe für Kleidung der Schüler und Schülerinnen bis hin zu Stoff- und Wollresten für die Nähschulen, die die Missionarsfrauen unterhielten, reichte der Warenbestand, der nach Indien, China und Afrika verschifft wurde. So schreibt Martha Reusch aus Indien an das Komitee in Basel:

„Wie dankbar sind wir darum den lieben Freundinnen in der Heimat, wenn sie uns mit solchen zur Handarbeit gebräuchlichen Dingen aushelfen."[659]

---

[657] M. Maurer: Die Biographie des Bürgers. 1996, S. 421-424. Zur Bedeutung der sogenannten Mitteldinge, zu denen außer dem Spiel auch die Musik, die Poesie und das Theater gehören: vgl. M. Scharfe: Evangelische Andachtsbilder. 1968, S. 23-37.

[658] Ebd.

[659] PN: Brief v. Martha Reusch, Dharwar/Indien, an das Komitee, Basel. 24. September 1903.

In solchen Dingen manifestierte sich der 'christliche Geist', der die 'Wohltäterinnen'[660] in Europa und die Missionarsfrauen in Übersee miteinander verband.

Der Wert der Dinge - ob es sich dabei um Erinnerungs- und Ausstattungsstücke für das Missionshaus handelte, die die Frauen aus der Heimat mitbrachten oder um den Re-Import dieser Heimat in Form von Saaten für den Garten, wie auch in alltäglichen Gebrauchsgegenständen, die nach Übersee gesandt wurden, oder um 'wohltätige Almosen' - leitet sich so weniger aus einer materiellen, als vielmehr aus einer ideell-emotionalen Bedeutung ab. Die Sachen sind in diesem Sinne 'greifbarer' Ausdruck emotionaler Wünsche und Bedürfnisse. [661]

Im Geschwisterkreis: Die Missionsfamilie in der neuen Heimat

Das Zentrum der neuen Heimat war die Missionsstation. Doch befand sich diese nicht im luftleeren Raum, sondern in einem konkreten geographischen und sozialen Umfeld. Die Grenzen dieser neuen Heimat waren die Grenzen des Basler Missionsgebietes, das heißt, die Vereinnahmung eines bestimmten Landesteiles als missionarisches Gebiet war identisch mit der Vorstellung dieses Gebietes als Heimat.

„*Nun standen wir aber auch an der Grenze unseres Basler Missionsgebietes*".[662]

So beschreibt der Chinamissionar Friedrich Müller den Endpunkt einer Reise durch das Innere Chinas mit seiner Braut Deborah. An der Grenze des Basler Missionsgebietes anzukommen, bedeutete 'daheim zu sein'. Im übertragenen Sinne bedeutet dies auch, im 'Schoß der Familie' angekommen zu sein, denn das je nach Größe und Entfernung variierende Gebiet zeichnete sich dadurch aus, daß sich auf diesem andere Missionsstationen befanden, in denen die Mitglieder der Missionsfamilie lebten. Die Basler Missionsstationen innerhalb eines bestimmten geographischen Raumes, ob in Indien, Afrika oder China, bildeten für die Missionspaare innerhalb einer fremden Umgebung gleichermaßen Fix- und Orientierungspunkte. Es waren Versammlungsorte, Anlaufstellen in Notsituationen, temporäre Aufenthaltsorte während einer Reise.

Private Reisen etwa, die die Paare unternahmen, so zum Beispiel, wenn auch in seltenen Fällen, eine Hochzeitsreise, führten in der Regel von Missionsstation zu

---

[660] Zum Thema der weiblichen Wohltätigkeit im 19. Jahrhundert in ihrer je kulturellen Eigenart vgl. C. Köhle-Hezinger: „Weibliche Wohlthätigkeit". 1993, S. 43-52. Zur Geschichte von evangelischen Frauenvereinen in Württemberg, die vorwiegend in der inneren Mission tätig waren vgl. G. Hengstenberg: „Für Gott und die Menschen". 1997, S. 131-141. Zu den sogenannten 'Hilfsvereinen' für die Basler Mission vgl. W. Raupp: „Vorwärts für das Reich Gottes, und nur vorwärts". 1996, S. 29-32.

[661] Vgl. U. Jeggle: Vom Umgang mit Sachen. 1981, S. 11-25.

[662] PN: TB Friedrich Müller und Deborah Müller, S. 26.

Missionsstation. Die Lage der einzelnen Stationen innerhalb eines Gebietes gab die Reiseroute vor.

Adelheid Faul, die eine zweiwöchige Hochzeitsreise machte, ist ein Beispiel für diese Beobachtung:

> *„Wieder liegt eine große Reise hinter uns und zwar unsere Hochzeitsreise. In 14 Tagen durcheilten wir im Flug 40 englische Meilen durch ganz Malabar, bis ins Meisur-Gebiet und denselben Weg zurück. Es gibt wenige Missionarsfrauen, die schon einen solchen großen Teil von Indien gesehen haben. [...] Per bandy erreichten wir um 8 Uhr Tellicherry, von Geschwister Frohnmeyer freundlichst empfangen. [...] Es war mir oft ein wahres Rätsel, wie schnell unsere Ankunft überall, auf jeder Station ruchbar wurde, und wir hatten doch keinen Herold vorausgeschickt. [...] Wir fuhren am Donnerstag abends 7 Uhr weiter nach Chombala, wo wir um 9 Uhr bei Geschwister Lindner eintrafen. [...] Nach neunstündiger Fahrt landeten wir morgens 4 Uhr in Ellatur, wohin uns Frau Schoch die Stations-bandy nebst einem Willkomm-Brieflein entgegengesandt, wodurch wir 6 Uhr morgens Samstags das Missionshaus in Calicut erreichten. [...] Mit wenigen Schritten waren wir am Bahnhof in Beipur, nach dreistündiger Fahrt in Palghat. [...] Wieder eine Stunde bis wir Geschwister Hanhart und Ruhland erreichten. Auch hier die herzlichste Aufnahme. [...] Mit der Bahn nach Bangalore, wo wir nach direkter 15stündiger Fahrt morgens 6 Uhr anlangten von Herrn Eppinger an der Bahn erwartet. [...] In Tiroor stiegen wir aus, mittags 12 Uhr, um Bruder Wagner in Codacal zu besuchen.[...] Mit Speise und Trank wurden wir überall aufs Redlichste versorgt, durften überhaupt so viel Liebesbeweise erfahren, daß ich mich nirgends fremd fühlte, sondern wie bei längst bekannten Freunden."*[663]

Das Netz dieser Missionsstationen korrespondiert mit dem sozialen Netz innerhalb der Missionsfamilie.

„Man kannte sich im 'Ländle' und wußte sehr gut von- und übereinander Bescheid." Was Christel Köhle-Hezinger für das 'evangelische Pfarrhaus' in Württemberg ausführt, läßt sich auf die Situation im Missionsgebiet übertragen. Auch hier bildeten die Missionsstationen „ein kulturelles Binnensystem, eine Welt in der Welt."[664]

---

[663] ABM: C-10,42-0. TB Adelheid Faul, S. 18-19.
[664] C. Köhle-Hezinger: Pfarrvolk und Pfarrersleut. 1984, S. 250.

Familienzwistigkeiten

Daß man übereinander Bescheid wußte, hatte seinen Ursprung unter anderem auch in der Politik der Basler Mission, die die „Arbeit im Weinberg des Herrn" definierte. Das jeweilige Missionsgebiet war folgendermaßen strukturiert:
„Die Organisation, welche Josenhans der Mission gab, bestimmte genau die Stellung des einzelnen Missionars in seinem Verhältnis zum Ganzen. Jede Station, auf der mehrere Brüder beisammen waren, erhielt ihren Präses, Schulinspektor und Kassier, sowie ihre Konferenz, in der alle gemeinsamen Interessen besprochen, Beschlüsse gefaßt und zu Protokoll gebracht wurden. Die Stationen eines Distrikts bildeten die Distriktskonferenz, die ihren Distriktsausschuß erhielt, seit 1861 eine ständige Behörde. Das gesamte Gebiet umfaßte die Generalkonferenz, deren Ausschuß - Präses, Kassier und Schulinspektor - ebenfalls zur zuständigen Behörde wurde. Die Befugnisse der Stations-, Distrikts-, und Generalkonferenz, sowie der betreffenden Ausschüsse wurden genau gegeneinander abgegrenzt und der Verkehr mit der Leitung in Basel so geregelt, daß alle amtlichen Briefe und Berichte den vorgeschriebenen Instanzenweg durchlaufen mußten: durch die Hand des Stations- Distrikts und Generalausschusses an das Komitee in Basel und von diesem auf umgekehrtem Wege zurück bis zur Station und dem einzelnen Missionar. Handelte es sich um dringliche Angelegenheiten, deren Erledigung in Basel nicht abgewartet werden konnte, so trug der Generalausschuß oder im Notfall dessen Präses die Verantwortung. Dadurch entstand ein System konsequent durchgeführter echt deutscher Ordnung."[665]
Dieses System „echt deutscher Ordnung" trug dazu bei, daß der Zusammenhalt innerhalb der Missionsfamilie auch durchaus Brüche erfahren konnte, indem diese oftmals als Kontroll- und Sanktionsorgan fungieren konnte und so aus dem Missionspaar ein 'gläsernes Paar' wurde. Der Kontrolle unterlag nicht nur die offizielle Missionsarbeit, auch Privatangelegenheiten wurden 'unter die Lupe genommen' und sanktioniert, sobald sie einer kollektiven Vorstellung von einzuhaltenden Normen zuwiderliefen. Ein Beispiel dafür ist der Fall des Missionars Brasche, der sich 1896 in Indien, kurz nach dem Tod seiner Frau, in eine sehr viel jüngere Lehrerin verliebt.

„Aus Briefen des Bruder Brasche teilt das Komitee mit, daß Bruder Brasche schon circa zwei Monate nach dem Tode seiner Frau eine geradezu leidenschaftliche Neigung zu Helen Ströhlin in Mangalur gefaßt und diese Neigung Fräulein Ströhlin gegenüber nicht zurückzuhalten versucht hat, so daß, da Fräulein Ströhlin die Neigung erwidert, die Verlobung schon vollendete Tatsache ist und nur noch die Veröffentlichung fehlt. Das Komitee kann der Verbindung des Bruder Brasche mit Fräulein Ströhlin seine Zustimmung nicht verweigern, muß aber dem Bruder Brasche seine Mißbilligung darüber aussprechen, daß er sich so bald nach dem Tod sei-

---

[665] W. Schlatter: Geschichte der Basler Mission, Bd. 1. 1916, S. 229.

ner Frau sich in dieser Weise hat von seinen Gefühlen hinreißen lassen und damit den jüngeren Brüdern kein gutes Beispiel gegeben hat. Auch kann das Komitee nicht ohne Bedenken der Verlobung der beiden entgegensehen, da es sich fragt, ob die Ehe zwischen einem fünzigjährigen Mann und einem achtundzwanzigjährigen Mädchen eine dauernd glückliche werden wird."[666]

Nicht die Tatsache, daß die Basler Leitung in dieser Form reagiert, ist bemerkenswert - weil vorhersehbar - sondern, daß der Fall überhaupt erst durch die Mitglieder der Missionsfamilie ans 'Licht der Öffentlichkeit' kommt.

„Die Verlobung des Bruder Brasche in Udipi ist leider rasch im Geschwisterkreis bekannt geworden. Die Brüder Weischedel, Bucher, Jung und Buchti in Mangalur haben von der Stationskonferenz Mangalur eine Besprechung der Sache verlangt, da ein öffentliches Ärgernis vorliege."[667]

So heißt es unter Paragraph 327 im Komiteeprotokoll. Individuelles 'Fehlverhalten' wird also kollektiv abgestraft.

Dieses Beispiel, das Eingang in das Komiteeprotokoll fand, zeigt besonders plakativ 'Familienzwistigkeiten im Geschwisterkreis'. Doch auch in den Privatquellen, in Tagebüchern etwa, werden alltägliche Mißstimmungen, die das Verhältnis der Geschwister trübten, immer wieder erwähnt. Friederike Genähr in China wird beispielsweise ihres Tagebuchschreibens wegen häufig kritisiert:

„Soeben waren Geschwister Krones noch hier, man sprach vom frühen und späten Zubettgehen, jedes hat seine eigenen Ansichten, aber auch seine eigenen Bedürfnisse. Man wundert sich oft und lächelt auch wohl auch darüber, daß ich ein Tagebuch führe, es ist wohl auch wenig Interessantes darin zu finden, aber da mirs nun einmal ein Bedürfnis ist eines zu führen, warum will man mirs denn verwehren, ich rechne es ja nicht unter meine Arbeitslast, sondern es gehört zu meiner Erholung und da die Tagesstunden sonst nöthig und nützlich ausgefüllt sind, so möge man mir doch ein stilles ruhiges Nachtstündchen gönnen zu den wenigen Einträgen, die ich in mein Tagebuch zu machen habe."[668]

Hier wird wiederholt der Verhaltensdruck sichtbar, den die Missionsfamilie auf die einzelnen Mitglieder ausübt. Das Tagebuchschreiben gerät dabei zum Synonym für unnützen Müßiggang, der dem pietistischen Arbeitsethos entgegensteht. Friederike Genähr beschwert sich weniger, als daß sie sich vor sich selbst rechtfertigt, etwas zu tun, das ihr offenbar Freude bereitet. Die Haltung der Bekannten ihr gegenüber verletzt sie, sie fühlt sich unverstanden und benötigt daher um so mehr das Tagebuch als 'Reflexionsfolie'. Was ihr das Tagebuch bedeutet, erwähnt sie immer wieder:

---

[666] ABM: KP 1886-1899. 1896, § 320.
[667] ABM: KP 1886-1899. 1896, § 327.
[668] ABM: TB Friederike Genähr, S. 6.

> *"Mein Tagebuch kommt mir manchmal vor wie ein Freund oder Freundin, dem ich gern was mittheilte."*[669] Und an anderer Stelle schreibt sie: *"In diesen Tagen [...] muß ich doch mein Tagebuch auch wieder einmal hervorsuchen, ist dies doch mein treuer Gefährte gewesen in jenen schweren Zeiten des Jahres 1864."*

Das Tagebuch fungiert als Freundschaftsersatz. Der Ausdruck „Gefährte" könnte zugleich aber auch mit dem ‚göttlichen Begleiter' in Verbindung gebracht werden. So betrachtet, führt sie ein ‚schriftliches Zwiegepräch mit Gott'.

Ein Stichwort, das sich im vorliegenden Quellenmaterial ebenfalls findet und das Verhältnis innerhalb des Geschwisterkreises in seinen negativen Aspekten beschreibt, ist „unnützes Geschwätz." Johanna Ritter in Indien schildert in einem Brief, den sie im September 1909 an ihren Bruder Fritz schreibt, ausgiebig ihr Unbehagen.

> *"So ein Nachmittag ist dann natürlich sehr kurz, denn nach dem Essen sollte man womöglich noch etwas Luft schnappen auf einem Spaziergang. Und hier in Udipi ist leider die Unsitte, daß man an den Abenden unnötig oft und lang noch zusammensitzt und von dem und jenem plaudert. Uns wirds oft zuviel, wir wären lieber mehr für uns und würden gern noch etwas Nützliches tun am Abend und drücken uns deshalb oft vor solchen Schwätzereien, da sich das Gespräch doch meistens immer um dasselbe herumdreht: um Heimreisen und allerlei Zustände, die in der Heimat und hier nicht so sind, wie mans gern hätte und doch nichts daran ändert."*[670]

Johanna Ritters Kritik zielt im Grunde auf das Gegensatzpaar „unnützes Geschwätz" versus 'nützliche Arbeit', wobei für sie letzteres Priorität hat. So betrachtet handelt es sich dabei um eine weitere Variante des pietistischen Diskurses die christlichen Tugenden betreffend, deren hervorragendste die Arbeitsamkeit ist. Auch bei Friederike Genähr finden sich ähnliche Töne:

> *"Abends um vier Besuch bei den Nachbarsfrauen. Freundliche Aufnahme, aber viel unnützes Reden."* [671]

„Unnützes Reden"[672] hindert wieder einmal daran, die „Zeit angemessen auszukaufen", wie es im pietistischen Jargon heißt. Verantwortlich mit der Zeit umzugehen, bedeutet, sich nicht von Zerstreuungen, zu denen das „unnütze Reden" gehört, vom Eigentlichen, der Arbeit für das „Reich des Herrn", ablenken zu lassen, aus der erst der wahre Gewinn erzielt werden kann. „Die Zeit auskaufen ist also nicht ökonomisch gemeint, sondern heilsgeschichtlich: der einzelne wird

---

[669] ABM: TB Friederike Genähr, S. 96.
[670] PN: Brief v. Johanna Ritter, Indien/Udipi, an Fritz Hoch. 20. September 1909.
[671] ABM: TB Friederike Genähr, S. 179.
[672] G. Weitbrecht verweist unter dem Kapitel „Zeit und Geld" ebenfalls auf die negative Wirkung von nutzlosem 'Geschwätz' in Zusammenhang mit dem Verhalten während der Arbeitspausen, in Erholungszeiten.: „Was für eine Erholung zum Beispiel [...] in der Teilnahme an einer faden, klatschsüchtigen Unterhaltung liegen soll, ist nicht recht abzusehen." G. Weitbrecht: Maria und Martha. 1890, S. 111.

sich seiner selbst bewußt, zugleich aber seiner Verantwortung für die ihm anvertrauten Kräfte und die ihm zugemessene Lebenszeit. [...] Die Zeit ist nicht kostbar, weil sie kapitalisierbar ist, sondern weil Gott Rechenschaft über ihren Gebrauch fordert"[673], formuliert Michael Maurer für das 18. und frühe 19. Jahrhundert.

Das „unnütze Reden" findet in den Quellen oftmals nur als Nebensatz oder Randnotiz Erwähnung, scheinbar nebenbei. Dieses scheinbar Nebensächliche erhält aber gerade dadurch einen Bedeutungszuwachs, da sich an eben diesen Stellen Risse im Bild der 'heilen Missionsfamilie' ausmachen lassen. Das Eingewobensein in das soziale Netz konnte auch Verstrickungen in diesem zur Folge haben, die sich dann in Mißmut, Unbehagen und Kritik äußerten.

Zusammenkünfte und Erholungsreisen

Die Beziehung der erwachsenen Missionsfamilienmitglieder untereinander war also nicht immer ungetrübt. Ein ungetrübtes Verhältnis hingegen hatten wiederum die Kinder der Missionarsehepaare zu den 'Onkels' und 'Tanten'. Entsprechend der Bezeichnung Bruder und Schwester für die Erwachsenen, sind diese in bezug auf die Kinder Onkel und Tanten. Zeitüblich wird in den Quellen das Paar stets männlich konnotiert. Man besucht dementsprechend „Onkel Pfleiderers", „Onkel Ritters", „Onkel Widmanns" und so fort. Diese 'Onkels und Tanten' übernehmen in gewissem Sinne auch eine geistige Patenschaft für die Kinder. Die unterstützende Funktion der Missionsfamilie kommt gerade in Zusammenhang mit den Kindern sehr oft zum Tragen. Wenn die Geburt eines Kindes bevorstand, wurden die übrigen Kinder häufig für einige Tage bei anderen Paaren einquartiert. Im Falle des Todes beider Elternteile nahm man sich der verlassenen Kinder an. Und vor allem bei der Heimsendung der Kinder nach Europa wurden die 'Onkels' und 'Tanten' zu einem wichtigen Faktor, da diese die Kinder während der Reise in ihre Obhut nahmen.[674] Kinder waren nicht selten das Bindeglied innerhalb der Geschwisterschaft, da Trennung und Tod von diesen eine Kollektiverfahrung war.

Wie bereits erwähnt, besuchten sich die Familien gegenseitig, teils verbrachten auch nur die Frauen mit ihren Kindern eine bestimmte Zeit auf einer anderen Station. Beispielsweise dann, wenn die eigene Missionsstation in einem ungünstigen Klima lag. Es handelte sich dabei oft um Stationen, die sich im Küstenge-

---

[673] M. Maurer: Die Biographie des Bürgers. 1996, S. 400-415. Er führt u.a. eindrucksvolle Beispiele für das „Auskaufen der Zeit" an, die teilweise in gewaltsamem Schlafentzug bestanden - z.B. nicht mehr als drei Stunden oder mehrere Nächte gar nicht zu schlafen. Sich von sämtlichen sozialen Kontakten zu lösen, hielten manche für ein Mittel, mehr Zeit zu haben.

[674] Es kam natürlich auch vor, daß die Eltern das Kind nach Europa begleiteten, etwa dann, wenn sie einen längeren Heimaturlaub bewilligt bekommen hatten. Üblicherweise wurden die Kinder aber in Begleitung anderer Missionsleute, die auf der Heimreise waren, nach Europa geschickt.

biet von Indien und Afrika befanden. Hier war die tropische Hitze oft unerträglich, während ein Aufenthalt vor allem im kühleren Gebirge vorübergehende Linderung versprach. Die Missionarsfrauen, die hier lebten, hatten aus diesem Grunde häufig Mitglieder der Missionsfamilie zu Gast, was natürlich ein Mehr an Arbeit bedeutete.

„Daß wir hier in Akropong zur Erholung sind, hat Euch der l. Georg bereits berichtet. Wir gehen bei den l. Geschwistern Baissle in Kost und wohnen in dem nur einige Schritte entfernten Hause der Geschwister Widmann, welche gegenwärtig in der Heimat sind. Wir können hier ganz ungeniert leben."[675]

So schildert Christiane Hoch den Erholungsaufenthalt.

Auch Marie Wittwer-Lüthi schildert einen Urlaub in Kamerun, im hochgelegenen Buea:

„Hier oben sind zwei Familien, die Gäste beherbergen, Familie Gutbrod und Wahl. Bei letzterem hatten wir uns angemeldet. [...] Wir wohnen im sogenannten Logierhaus, einem kleinen Haus mit vier Zimmern. Hier oben ist's bei schönem Wetter in jeder Hinsicht prächtig. Von unseren Fenstern aus sehen wir auf grüne Weiden, wo die schönsten Kühe mit munter'm Glockenton ihrem Futter nachgehen und im Hintergrund erhebt sich der Kamerunberg. Alle Tage gibt's frische Milch, Butter und Käse. Mittags essen wir selbstgepflanzte Kartoffeln und immer frisches Gemüse. Alle Tage Salat. Man beneidet die Leute wirklich, wenn man ihre großen Gärten sieht."[676]

Würde in dieser Schilderung der Kamerunberg nicht erwähnt, könnte es sich um die Beschreibung einer europäischen Almlandschaft handeln. Und das ist es vermutlich auch, was die Anziehung dieses Gebietes ausmacht, man kann sich 'fast wie daheim' fühlen, vom Blick auf die grüne Wiese bis hin zu vertrauten Nahrungsmitteln. Marie Wittwer-Lüthi formuliert ähnliche Gefühle während eines Aufenthaltes in Nyasoso:

„Hier in Nyasoso ist's so schön, man denkt gar nicht so daran, daß man in den Tropen ist."[677]

Hier merkt man, daß die Tropen für sie negativ besetzt sind, vermutlich da sie damit Krankheitsgefahren verbindet. Durch das 'Ausblenden' und das 'Vergessen der Tropen' ist auch die hypothetische Gefahr gebannt, und sie kann die andschaft unvoreingenommen genießen.

Nebenbei kommt hierbei wieder die grundsätzliche Funktion der Missionsfamilie als Solidargemeinschaft zum Vorschein, da der Besuch einer anderen Familie, so geht aus den Quellen ebenfalls hervor, nie abgelehnt oder aus fadenscheinigen Gründen abgesagt wurde.

---

[675] ABM: TB Christiane Burckhardt-Hoch, S. 98.
[676] ABM: QF-10.24,1. TB Marie Wittwer-Lüthi, S. 19.
[677] ABM: QF-10.24,1. TB Marie Wittwer-Lüthi, S. 31.

Half der Aufenthalt auf einer anderen Station nicht, war man überarbeitet, erschöpft und krank, dann gab es noch die Möglichkeit, beim Komitee in Basel nachzusuchen, daß ein länger andauernder Erholungsurlaub im Land bewilligt wurde.

In jedem Missionsland gab es dafür bestimmte Orte, die im Gebirge lagen, also in der 'gesunden Luft'. In Kamerun waren es die Mangamba-Berge. In Indien handelte es sich um die Nilagiri, die Blauen Berge, die im Malabargebiet liegen. Für das Gebiet Kanara war Kudure Mukh ein Erholungsort. Der Missionskaufmann Gottlob Pfleiderer hatte in den 70er Jahren des 19. Jahrhunderts hier ein Haus errichtet, dem er den Namen 'Haus Wildeck' gab. Es war eine einfache Herberge ohne jeglichen Komfort. Den Unterschied zwischen einem Erholungsaufenthalt in den 'Blauen Bergen' und dem 'Kudure Mukh' schildert Deborah Hoch-Pfleiderer anschaulich:

> *„Ein solcher Ort war der Kudure Mukh. Zwar war die Reise strapaziös, auch mußten die Lebensmittel alle, selbst Milch und Mehl, mitgenommen werden. Aber, wenn man droben war, so fühlte man sich wirklich wie in einer Hütte der Schweizer Voralpen und konnte den ganzen Tag wandern und des Lebens wieder froh werden. [...] Ganz anders war der Aufenthalt auf den Blauen Bergen. (Nilgiris). War man auf dem Mukh wirklich ganz für sich, denn da war auf die Entfernung von 15 km nirgends eine menschliche Niederlassung, so befand man sich auf den Hills mitten unter Menschen und namentlich unter vielen Engländern. Auf den Mukh mußte der Erholungsbedürftige alles zum Leben Notwendige mitbringen. [...] Auf den Hills konnte man alles haben: Brot und Milch wurden ins Haus gebracht, Fleisch konnte man täglich frischgeschlachtet kaufen, Gemüse, Kartoffeln, Eier und Schmalz gab es jeden Dienstag auf dem Wochenmarkt. Wurde man auf dem Mukh krank, dann war man hilflos, auf den Hills gab es europäische Ärzte. Wer öffentliche Vorträge oder meetings zu besuchen wünschte, hatte hiezu reichlich Gelegenheit. [...] Conoor ist ein liebliches Fleckchen Erde. Unten im Talkessel liegt die Stadt oder eigentlich der Bazar und ringsherum auf den Hügeln sind die vielen englischen Bungalows verstreut. Auch unser Haus, das der Mission gehört: das Churchill-Haus, ist eine solche Villa, mitten drin unter den englischen."*[678]

Aus dieser Schilderung geht nicht eindeutig hervor, welchem Ort sie den Vorzug gab. Und doch findet sich hier Grundsätzliches: der Name des Missionshauses auf dem Kudure Mukh, das 'Haus Waldeck', in dem man „ganz für sich", beziehungsweise 'unter sich' ist, das heißt innerhalb der Missionsfamilie.

Nicht immer fand hier nur eine Familie einen Aufenthalts- und Erholungsort, teilweise mieteten sich mehrere Familien gleichzeitig ein. Der Name des Hauses und der Vergleich der Berge mit den Schweizer Bergen zeigt - inmitten deutscher und Schweizer Geschwister in Indien, der neuen Heimat - die gedankliche

---

[678] ABM: Q-10.15,5. QS Deborah Hoch-Pfleiderer, S. 84.

Verbindung mit der alten Heimat. Hier „konnte man des Lebens wieder froh werden".

Die positive Schilderung der Blauen Berge aber könnte ebenfalls auf ein Bedürfnis hindeuten, nämlich dem nach einem temporären 'Ausbruch' aus der exklusiven Gemeinschaft der Missionsfamilie. Hier finden sich außer den Missionsleuten, wie beschrieben, auch „Engländer" ein, das soziale Umfeld ist heterogen, die Möglichkeit, anderes in Form von Vorträgen und „meetings" zu erleben, ist gegeben und wird offensichtlich auch genutzt. Die 'enge Welt' der Missionsstation erweitert sich hier und schafft Freiräume. Daß man hier eben nicht 'unter sich' ist, wird auch an dem Namen des missionseigenen Hauses sichtbar: Churchill-House, was auf eine gewisse Nähe zur britischen Kolonialgesellschaft schließen läßt.

Die Missionsfamilie in der alten Heimat

Die Missionsfamilie, die nicht nur in Übersee existierte, sondern ihr europäisches Pendant in der heimatlichen Gemeinde und in der Gruppe der sogenannten Missionsfreunde hatte, war in ihrer Unterstützerrolle, gepaart mit Einflußnahme, an zwei lebensgeschichtlichen Punkten für das Missionspaar immens wichtig. Zum einen bei der 'Bildung' des Paares, indem sich die zukünftigen Missionarsfrauen aus eben dieser Missionsfamilie rekrutierten.

Ähnlich der Zusammensetzung des Komitees der Basler Mission, die interne familiäre Verflechtungen und Vernetzungen offenbart, tritt uns bei genauerer Betrachtung die Familie der Missionsgeschwister teilweise ebenfalls als Gemeinschaft entgegen, die durch tatsächliche familiäre Bande, die über mehrere Generationen reichen können, gekennzeichnet ist. Die einzelnen Verästelungen dieser verwandtschaftlichen Beziehungen nachzuzeichnen, würde zu weit führen, doch insgesamt läßt sich aus dem vorliegenden Quellenmaterial schließen, daß die meisten Mitglieder der Missionsfamilie nahe oder entfernte verwandtschaftliche Bindungen untereinander hatten. Das bewirkte dann in vielen Fällen eine Art 'endogames Heiratsverhalten', was natürlich daraus resultiert, daß 'innerhalb der Familie' nach geeigneten Frauen Ausschau gehalten wurde.

Zum anderen war die Missionsfamilie in der Heimat wichtig, wenn der Nachwuchs des Paares zur Erziehung heimkehrte. Dann trat die heimatliche Missionsfamilie in Aktion, indem sie garantierte, daß diese Kinder und späteren Erwachsenen vorwiegend in Kontakt mit „christlichen Häusern" kamen und nicht auf 'Abwege gerieten'. Trotz manchen 'Umhergeschobenwerdens', ein Schicksal, das viele Missionskinder in Europa miteinander teilten, fanden sie ihren jeweiligen Aufenthaltsort immer innerhalb christlich-pietistischer Rahmenbedingungen. Ein Ausbruch aus dieser Ordnung war so gut wie nicht möglich.

Ein Beispiel für den Versuch einer ausschließlichen Konzentration auf diese Binnenwelt bietet der Fall der Familie Kaundinja in Indien. Die Missionarsfrau Marie Kaundinja bringt in 22 Jahren insgesamt 11 Kinder zur Welt, das erste 1861, das letzte wird 1883 geboren. Insgesamt 32 Jahre bis zum Tod ihres Mannes verbringt sie in Indien. Obwohl die Kinder eine Art Sonderstatus als 'Halbinder' besitzen, werden auch diese nach Europa geschickt. Ein Teil von ihnen wächst im Basler Kinderhaus auf, die übrigen finden Unterschlupf in der weitverzweigten Familie. Sie haben untereinander brieflichen Kontakt und sehen sich nur zu besonderen Anlässen.

Ihr Vater, der Inder Hermann Kaundinja, spricht und schreibt fließend Deutsch, er ist quasi der Prototyp eines „100prozentigen Bekehrten", des „neuen Menschen", und verkörpert somit auch das Idealbild eines Missionars. Dadurch, daß er sich aufgrund seiner „Bekehrung" von seiner Kaste lösen mußte, obwohl er zu seiner indischen Familie weiteren Kontakt unterhält, befindet er sich in einer ähnlichen Situation wie die europäischen Missionare und Missionarsfrauen, was die Bedeutung der Missionsfamilie betrifft - Es scheint sogar, als ob seine Bindung an diese noch enger ist. Am Beispiel der Kinder wird dies deutlich. Indien, seine ursprüngliche Heimat, transformiert für ihn - wie bei den europäischen Missionsleuten - zu einer Reihe von Missionsstationen.

Ananda und Ranga, die beiden ältesten Söhne kehren nach ihrer Erziehung in Basel nach Indien zurück. Ananda versucht eine Anstellung als Regierungsbeamter zu erhalten, was Schwierigkeiten bereitet, da die britische Kolonialregierung keine sogenannten „Eurasier" einstellen will. Er wird Aufseher in einer Salzfaktorei und muß zu diesem Zweck das Elternhaus verlassen. Doch wird er nicht in die Unabhängigkeit entlassen. Marie Kaundinja schreibt an seine Schwester Martha folgendes:

> „Die Missionsstation Basur, wo Herr G. wohnen, ist nur 2 1/2 Meilen von dem Haus wo er wohnt. Wir sind froh, daß er in der Nähe von Missionsleuten ist, wo er öfters den Sonntag zubringen darf und nicht in eine ganz fremde Gegend gehen mußte, wie wir früher gefürchtet hatten."[679]

Ananda ist also in Sicherheit, er kann auf keine Abwege geraten. Die „fremde Gegend" wird zugleich mit den Menschen assoziiert, die in dieser Gegend leben, womit die „heidnische Bevölkerung" gemeint ist. Umgekehrt leben in der 'bekannten Gegend' die Missionsleute, das christliche Element, das Vertrauen weckt und Sicherheit garantiert. Diese prinzipielle Einordnung in „Missionsleute" und „andere" wird den Kindern hier wie dort vermittelt.

Theodor, der acht Jahre im Basler Knabenhaus zugebracht hat, wird nach seinem Austritt von der Mutter brieflich darauf hingewiesen.

> „Hat Dir Herr Pfarrer Pfisterer nicht gesagt, daß er wünsche, daß Du Deine Briefe gewöhnlich ihm zum Einschließen schickst? Früher hat er

---

[679] PN. Brief v. Marie Kaundinja, Anandapur/Indien, an Martha Kaundinja, Basel. 8. Mai 1886. Heft 1.

> *erklärt, daß er mit den ausgetretenen Pflegesöhnen in regem Verkehr bleiben möchte, besonders so lange er noch die Sorge für sie auf sich habe. Wir sind leider so fern von Dir, daß wir nicht für Dich sorgen können, so übernimmt er es. [...]"*[680]

Als Theodor, der Schlosser werden soll, eine Lehre in Stuttgart beginnt, ist dies für sie Anlaß zu größter Sorge:

> *"Der l. Heiland wolle Dich nach Leib und Seele bewahren, daß Du ohne Schaden durch Deine Lehrzeit kommst. Manchmal zittert mir das Herz, wenn ich an die Gefahren und Versuchungen denke, die eine Stadt wie Stuttgart, besonders für junge Leute mit sich bringt. Halte Dich nur an fromme und gläubige Leute, das wird Dich vor vielem Bösen schützen."*[681]

Als sich Hermann, der vierte Sohn, für einige Monate in London aufhält, schreibt sie:

> *"So zittert mir das Herz, wenn ich daran denke, daß er künftig ganz in der Fremde bei Unbekannten sei."*[682]

Sie ist beruhigt, als sie fünf Monate später erfährt:

> *"Er hat sich an den christlichen Verein angeschlossen, an dem Herr Werner, Bruder der älteren Frau Weil, Präsident ist, er habe auch Zutritt im Hause des letzteren."*[683]

Maria, die erste Tochter der Kaundinjas, möchte Lehrerin werden und lebt ebenfalls einige Monate in London, um Englisch zu lernen. Sie besucht eine Art privates Töchterinstitut, in welchem sie im Haushalt hilft und als Gegenleistung kostenlosen Unterricht erhält. Auch in diesem Falle ist es für die Eltern Kaundinja am wichtigsten, daß Maria in einem „christlichen Haus" lebt. Zu diesem Zwecke schickt ihr die Mutter aus Indien Adressen von christlichen Häusern in London.

Für das Missionspaar Kaundinja ist es wichtig, daß ihre Kinder, wenn möglich, eine Zeitlang in England zubringen, da geplant ist, daß der Großteil wieder nach Indien zurückkehrt. Um eine Arbeit im kolonialen Indien zu erhalten, sind Englischkenntnisse unabdingbar. Marie Reinhardt hatte sich durch ihre Ehe mit Hermann Kaundinja dafür entschieden, nicht mehr für immer nach Europa zurückzukehren. Auch aus Besuchen, die sie vorhaben, wird nichts. Hermann Kaundinja hat auf seinem Gut Anandapur im abgelegenen Kurgland mit 130 „Bekehrten" eine christliche Kolonie gegründet. Hier bewirtschaftet er eine Kaffee- und Reisplantage. Durch Mißernten wird die Situation so prekär, daß er

---

[680] PN: Brief v. Marie Kaundinja, Anandapur/Indien, an Theodor Kaundinja, Stuttgart. 26. August 1886.

[681] PN. Brief v. Marie Kaundinja, Anandapur/Indien, an Theodor Kaundinja, Stuttgart. 25. August 1887.

[682] PN: Brief v. Marie Kaundinja, Anandapur/Indien, an Emilie Kaundinja, Basel. 5. September 1889.

[683] PN: Brief v. Marie Kaundinja, Anandapur/Indien, an Maria Kaundinja, London. 2. Februar 1890.

1870 einen Großteil des Landes an die Basler Mission abtreten muß, da er finanziell nicht mehr in der Lage ist, das Gut zu retten. Daraus resultiert dann auch eine dauernde Verschuldung des Paares, die eine Reise nach Europa, zumindest für beide zusammen, unmöglich macht. Unter dieser Voraussetzung erscheint die Sorge der Eltern um die Kinder in Europa wieder in einem neuen Licht. Es ist die Angst davor, diejenigen Kinder, die nicht nach Indien zurückkehren werden, womöglich an 'die Welt'[684], abseits des Binnensystems Mission, zu verlieren.

---

[684] Zur pietistischen 'Bedeutung von Welt' vgl. M. Scharfe: Die „Stillen im Lande". 1989, S. 259-260.

Abb. 31　Grab Hermann Kaundinja, Kety (Nilgirisgebirge), Indien. (undatiert)

KRANKHEIT UND TOD IM MISSIONSLAND

"Zwei Dinge hat eine Frau, die nach Afrika kommt zuerst und richtig zu lernen: eine seltsame neue Sprache und krank zu sein."[685]

Mit diesen Sätzen leitete Misssionarsfrau Schrenk einen Bericht über ihre Arbeit in Christiansborg ein, den sie 1868 an das Komitee in Basel sandte.

Missionar Lochmann, der 1910 einen Nachruf auf die in Afrika verstorbene Missionarsfrau Sophie Krayl verfaßte, schrieb:

"Aus mehr als einem Munde hörte ich sagen: ach so jung mußte sie sterben und um unseretwillen ist sie in dieses ungesunde Land gekommen."[686]

Krankheit und Tod waren die täglichen Wegbegleiter der Frauen und Männer in den Missionsländern. Gesund, im Sinne von Fehlen jeglicher körperlicher Beeinträchtigung, waren die wenigsten. Kopfschmerzen, Hautausschläge, kurze Fieberanfälle wurden als „Unwohlsein" bezeichnet und in den Briefen an die Verwandten nur am Rande erwähnt. Gefürchteter waren die Tropenkrankheiten, die tagelang ans Bett fesselten und nicht selten zum Tod führten. Sie konnten an jedem Tag und zu jeder Stunde eintreten. Schutzmaßnahmen waren zumindest in der ersten Hälfte des 19. Jahrhunderts so gut wie nicht bekannt.

So war in gewissem Sinne das 'Kranksein' der Normalzustand, das 'Gesundsein' hingegen geriet zum Ausnahmezustand. Die Krankheit, das Nicht-Gesundsein, war eine der lebensbestimmenden Faktoren.

Bei flüchtiger Durchsicht des Quellenmaterials könnte dieser Punkt übersehen werden. Bei genauerem Hinsehen allerdings sticht die Krankheitsthematik ins Auge, wird omnipräsent.

Das Thema Krankheit läßt Deutungen weit über das eigentliche Phänomen zu. Einerseits läßt sich einiges über das pietistische Selbstverständnis, die religiös begründete Deutung des Seins aussagen; etwa wenn Krankheit als Prüfung Gottes interpretiert und so in den Bereich des Metaphysischen verwiesen wird. Andererseits wirft der konkrete Umgang, das alltägliche Leben mit der Krankheit ein erhellendes Licht auf die Beziehung des Ehepaares in mehr oder weniger lebensbedrohlichen Krisensituationen. Die destabilisierende Wirkung von Krankheit wird umgekehrt manchmal zum stabilisierenden Moment innerhalb der Partnerschaft. Die allgegenwärtige Bedrohung, den Partner oder die gemeinsamen Kinder zu verlieren, scheint eine Art Freiraum für ernste und vertraute

---

[685] ABM: D-1,20a, Nr.3. Bericht v. Missionarsfrau Schrenk an das Komitee. Christiansborg 1868.
[686] ABM: „Evangelischer Heidenbote" (im folgenden abgekürzt: HB) April 1910.

Gespräche über Themen wie den Umgang mit der Zukunft, mit dem Tod, mit den Gefühlen füreinander geschaffen zu haben. Es wurde in gewissem Sinne Beziehungsarbeit geleistet.

Die alltägliche Praxis im Umgang mit Krankheit und Tod steht darüber hinaus in engem Deutungszusammenhang mit einer fast masochistisch anmutenden Opfer- und Leidensbereitschaft der 'Streiter und Streiterinnen Gottes'. Wesentliche Elemente des pietistischen Tugend- und Wertekataloges sowie zeitgenössische Vorstellungen über die „Ordnung der Geschlechter"[687] kommen dabei zum Tragen. Frauen als 'von Natur aus leidensbereitere Wesen'[688] werden damit auf ihre 'natürlichen Rollen' festgelegt.

Krankheitsquellen

Außer der Korrespondenz der Missionsleute erweisen sich Nachrufe auf verstorbene Missionarsfrauen, die in den Jahren 1835 bis 1910 im „Heidenboten", dem Publikationsorgan der Basler Mission veröffentlicht wurden, als aufschlußreiche und aussagekräftige Quelle. Sie wurden teils von hinterbliebenen Partnern, teils von Personen aus dem Umfeld der Verstorbenen, teils vom Komitee verfaßt.

Trotz manch verklärender, idealisierender Beschreibung vom Leben und Wirken der verstorbenen Frauen[689] werden hier plastische, auch heute noch erschütternde Bilder von der Not, dem Kummer und der Belastung, die ein Leben in der Mission mit sich brachte, gezeichnet.

Die Eindringlichkeit, mit der das Sterben beziehungsweise die letzten Stunden der Frauen geschildert werden, diente einerseits sicher der Verarbeitung des Erlebten für den Schreibenden, also den trauernd hinterbliebenen Partner. Andererseits hatten diese Berichte für die Basler Mission vermutlich noch eine Nebenwirkung. Vorbildliches Sterben vorbildlicher Menschen wurde für die Leser, respektive die heimatliche Missionsgemeinde, demonstriert, wodurch möglicherweise wiederum die Spendenbereitschaft anstieg. Und nicht nur das: Sterben war ohnehin das Thema pietistischer Seinserfahrung.

„Der Boden für die Sterbensfrömmigkeit war in der Erweckung bereitet worden durch die aus dem Pietismus überlieferte Tradition des seligen Sterbebettes."[690]

---

[687] Vgl. C. Honegger: Die Ordnung der Geschlechter. 1991.
[688] Dies wiederum ganz dem philosophisch-psychologischen Diskurs des 19. Jahrhunderts entsprechend, in welchem beispielsweise die Gebärfähigkeit von Frauen mit einer natürlichen Prädestination für größere Leidensfähigkeit gleichgesetzt wurde. Dieser biologistischen Argumentation wurden oftmals religiös konnotierte Bilder der Frauen als demutsvolle Dienerinnen Gottes, die einen 'Marthadienst' zu verrichten hätten, beigesellt.
[689] Im übrigen ist dies den meisten Todesanzeigen eigen.
[690] M. Benad: Frömmigkeit und Familie in Bethel, Sarepta und Nazareth.

Die oftmals idealisierenden, verzerrenden Bilder dieser „Sterbensfrömmigkeit" weisen verschiedene Dimensionen und Ebenen auf, die im Grunde genommen weniger über die Sterbende, als vielmehr über den Verfasser ihres Nekrologes und dessen Werte, Normen und Ideale auszudrücken vermögen. Diese sind wiederum in den Kontext der übergeordneten Institution und deren Selbstverständnis eingebettet.

Falsch wäre es allerdings, den sicher vorhandenen Wahrheitsgehalt, gewissermaßen den Kern des Geschilderten, zu leugnen und umzudeuten, daß es sich jenseits des alles verklärenden und religiös verbrämenden Schleiers, um den Ausdruck von erlebtem Leid, erfahrener Ohnmacht und auch Verzweiflung historischer Menschen handelt, deren Ausmaß sich heute Lebende kaum mehr vorzustellen vermögen.

Krankheit als Naturgewalt

Die erste Erfahrung mit einer ihnen unbekannten Krankheit machten viele Missionsbräute bereits auf der mehrere Wochen dauernden Schiffsreise. In Briefen und Tagebüchern, die während der Reise verfaßt wurden, nehmen die Schilderungen der Seekrankheit breiten Raum ein. Tagelanges Unwohlsein, begleitet von Kopfschmerzen, Erbrechen und Appetitlosigkeit, waren Begleiterscheinungen des Schiffsalltags. Eine 'ruhige See' war gleichbedeutend damit gesund zu sein, eine Atempause einlegen zu können, bevor der Kampf des Schiffes mit den Naturgewalten und der eigene Kampf mit dem Körper wieder begann.

Christiane Beate Burkhardt, die 1867 mit dem Missionsschiff „Palme" von Bremen nach Westafrika reist, beschreibt die Seekrankheit recht anschaulich:

> *„[...] denn einer jeden von uns wars so herzlich schlecht - bis zum Erbrechen uebel und das Schiff schwankte so daß wir immer hin und her geschleudert wurden von der Thüre bis an unsere Schlafstelle und zurück. Eins ums andere hielt den Kopf durch das Geländer um über Bord zu werfen was nur irgend noch im Magen war. [...] Es ist unmöglich sich zu Hause einen ordentlichen Begriff davon zu machen was eigentlich die Seekrankheit ist. Nein, so todesmüde und matt wie man da ist, so gleichgiltig gegen alles auf der Welt, so hinfällig - man möchte nur sterben."*[691]

Das Meer, das als unberechenbare Naturgewalt erfahren wird, wird auch als Metapher herangezogen, um das Gefühl der absoluten Ohnmacht, die manchen Krankheiten gegenüber empfunden wird, zu versinnbildlichen.

Missionar Schönfeldt schreibt in einem Nachruf auf Luise Schmidt-Preiswerk, Tochter des Komiteemitgliedes Emanuel Preiswerk, die nach nur viermonatiger Ehe in Afrika im Alter von 25 Jahren starb, über den Beginn ihrer Krankheit folgendes:

---

[691] ABM: TB Christiane Burckhardt, S. 24.

„Das waren die Anfänge der schweren Tage - brausende, alles verschlingende, gräuliche Wasserwogen".[692]

Die Vorstellung von Krankheit als unüberwindbare Naturkatastrophe kommt auch in den Zeilen Missionar Walkers über den Tod seiner Ehefrau im Jahre 1872, ebenfalls in Westafrika, zum Ausdruck. Hier wird nicht die Analogie zum Meer, sondern zu einem Sturm gezogen. Wieder ein Bild der Gewalt:

„Wie im Sturme ward sie mir entrissen - es ist mir alles noch wie ein furchtbar schwerer Traum und ich fühle mich wie betäubt von dem unerwarteten plötzlichen Schlage, der mich getroffen hat."[693]

Das Beschreiben von Krankheit als hereinbrechende Flutwelle, die hinwegspült oder als Sturm, der hinwegreißt, könnte als sinnfälliges Symbol für die Unsicherheit, Ohnmacht und den Verlust von Kontrolle gedeutet werden. Ebenso wie die Natur, so ist auch der eigene Körper unberechenbar - eine Erfahrung, die für das zukünftige Leben vieler Frauen bestimmend werden sollte.

So könnte manches Frauen-, aber auch Männerleben, im Kontext der Mission als unendliche (oder endliche) Krankengeschichte interpretiert werden.

Missionar Leimenstoll faßt seine Zeit in Afrika (1864-1878) in diesem Zusammenhang so zusammen:

„Kälte und Wechselfieber waren in den ersten Jahren häufig, so daß ich oft wochenlang am Morgen gesund und am Abend krank war. Auch stellten sich von Zeit zu Zeit starke Gallenfieber ein, welche länger dauerten. Gewöhnlich anfangs des Jahres ging ich auf die Berge nach Aburi und Akropong zur Erholung."[694]

Starke Frauen

Unabhängig davon, in welchem Land die Missionsbräute von Bord gehen sollten - ob an der indischen, afrikanischen oder chinesischen Küste - sie wurden in der Regel mit einer Situation konfrontiert, die „einen starken Glauben" erforderte. Halten wir uns die medizinische Versorgung in den Missionsländern vor Augen, so wird relativ rasch ersichtlich, weshalb das Komitee in Basel bei der Beurteilung der in Frage kommenden Frauen so vehement die körperliche Konstitution derselben betonte.

„Der Missionsdienst erfordert volle körperliche und seelische Gesundheit der Frau".[695]

---

[692] ABM: HB, September 1881, S. 70.
[693] ABM: HB 1872, S. 151. Die Metapher: „Wie im Sturme entrissen" wird häufig bei plötzlich eintretenden Todesfällen verwendet. In insgesamt 67 Nachrufen findet sich dieser Ausdruck 12 mal.
[694] ABM: D-10.34,3. TB Carl und Friederike Leimenstoll.
[695] ABM: 40/15. Vermischtes, ungeordnet. Pfarrer G. Weissmann: Die künftige Gattin des Missionars. Rede gehalten anläßlich einer Missionslehrerkonferenz 1930.

In diesem Zusammenhang war keine Rede von einem allgemein schwächeren körperlichen und seelischen Zustand von Frauen, einem Leitmotiv des medizinischen Diskurses des 19. Jahrhunderts.[696] Im Gegenteil: Hier wurden Stärke, Durchhaltekraft und eiserner Wille gefordert - alles eher männlich konnotierte Eigenschaften innerhalb des historischen Kontextes.

Stärke und Durchhaltekraft waren angesichts des fast völligen Fehlens jeglicher tropenmedizinischer Versorgung, deren Entwicklung Mitte des 19. Jahrhunderts überdies noch in den Kinderschuhen steckte, tatsächlich vonnöten.

Heilungschancen?

Es gab außer europäischen Behandlungsmethoden einheimische traditionelle Heilmethoden. Am Beispiel der Goldküste (Ghana) beschreibt Friedrich Hermann Fischer[697], daß die afrikanische Medizin den europäischen Therapien deutlich überlegen war.

Die europäischen Therapien bestanden zum großen Teil aus Aderlässen, der Einnahme von Quecksilbersalzen und dem Auflegen verschiedenster Pflaster. Die Humoralpathologie, die 'Lehre vom Fließen und den Körpersäften'[698] mit ihren hippokratisch-galenischen Heilmethoden, bestimmte die medikale Kultur bis weit ins 19. Jahrhundert hinein.

Auffallend oft, vor allem für die Zeit bis ca. 1880, wird in den Quellen von eben diesen Heilmethoden berichtet: meist äußerst schmerzhaften Behandlungen, die den Zustand des Patienten manches Mal eher verschlimmerten als verbesserten. Ein drastisches Beispiel hierfür findet sich im Bericht eines zeitgenössischen Arztes:

> *„Es ist wirklich höchst schmerzvoll und vom ärztlichen Standpunkt aus demütigend, eine Person zu sehen, die sich zwar vom Fieber erholt, deren Kopf, Nacken, Abdomen und möglicherweise Gliedmaßen jedoch durch Blasenpflaster wund gemacht und diese Wunden durch Quecksilberverbände weiter gereizt worden sind, ein Patient dessen Mund- und Zahnfleisch ulzeriert und dessen Zähne lose sind, mit geschwollenem Gesicht, profusem Speichelfluß und fötidem Atem, alles infolge der Quecksilbertherapie."*[699]

---

[696] Vgl. u.a. D. Price Herndl: Invalid Women. 1993. C. Herzlich; J. Pierett: Kranke gestern, Kranke heute. 1991. P. Schmid: Sauber und schwach, stark und stillend. 1995. B. Duden: Geschichte unter der Haut. 1987.

[697] F. H. Fischer: Der Missionsarzt Rudolf Fisch. 1991. Vgl. auch: K. Jahnke: Afrika als Patient. 1995.

[698] Vgl. B. Duden: Geschichte unter der Haut. 1987, S. 148 f. R. Jütte: Ärzte, Heiler und Patienten. 1991.

[699] A. Bryson: Report on the Climate and Principal Diseases of the African Station, S.247. Zit. nach: F. H. Fischer: Der Missionsarzt. 1991, S. 33-34.

Rosina Widmann schildert in ihrem Tagebuch ähnliche Methoden, die sie bei einer kranken Afrikanerin und dann bei sich selbst anwendet:

> „Wir gaben ihr Medizin. Bruder Dieterle versuchte Aderlass, auch Fußbäder, aber ohne Erfolg. [...] In der Nacht vom letzten Samstag auf Sonntag bekam ich in der Mitternacht einen ganz eigenen Anfall. [...] Doch mit der Hülfe Gottes liess es auf Fußbäder und ein Pfefferpflaster (aber ein sehr schmerzhaftes) wieder nach".[700]

Im Gegensatz dazu bestanden afrikanische Heilmethoden zur Behandlung von Tropenkrankheiten darin, Kräutergetränke, die aus Pflanzen, Wurzeln und Baumrinden zubereitet wurden, zu sich zu nehmen; dazu kamen Abwaschungen und Bäder, eine Methode, die der in Europa verbreiteten Hydrotherapie ähnlich war. Die Missionare griffen auf diese Methoden zurück, wenn europäische Behandlungen keine Wirkung zeigten. Missionar Zimmermann, der an der sogenannten Amöbendysenterie in den ersten Jahren seines Aufenthaltes in Westafrika fast gestorben wäre und nur durch einheimische Hilfe überlebt hatte, machte fortan nur noch von einheimischer Medizin Gebrauch:

> „Ich bestellte sogleich meine frühere Negermedizin wieder. [...] So ist meine Krankheit durch den Segen des Herrn, das hiesige Clima, sowie oben berührter Negermedizin so weit gewichen, daß sie mich durchschnittlich in meinem Berufe wenig stört."[701]

Krankheit in den Tropen

Welches waren die häufigsten Krankheiten, mit denen Europäer konfrontiert wurden?

Die erwähnte Amöbenruhr oder Dysenterie, die offensichtlich durch einheimische Therapien etwas gelindert werden konnte, äußerte sich in schleimigblutigen Durchfällen, die heftige Schmerzen bereiteten. Wer einmal daran litt, bekam sie immer wieder. Sie konnte zur chronischen Krankheit werden und trat als Folge von Malariaanfällen auf, bei denen der Körper immer wieder aufs neue geschwächt wurde. Komplikationen bei dieser Krankheit, die in der Regel zum Tod führten, waren Leberabszesse. Dann nutzte auch eine Operation nicht mehr viel. Der Missionsarzt Fisch gibt ein anschauliches Beispiel für ihren Verlauf:

> „Sie bringt den Kranken an den Rand der Verzweiflung. [...] denn die Folgen dieser Form der Dysenterie bedrohen nicht nur das Leben durch Leberabscess und dergleichen, sondern sie verursachen oft ein Siechtum,

---

[700] ABM: D.10.4,9a. TB Rosina Widmann, S. 112-113.
[701] ABM: D-1,3, Nr.7. Brief v. Johannes Zimmermann, Ussu/Ghana. 1. April 1851. Zit. nach: F. H. Fischer: Der Missionsarzt. 1991, S. 469.

das Jahre und Jahrzehnte lang währt und eine Menge von Entsagungen, von körperlichem und seelischem Leid mit sich bringt."[702]

Die Dysenterie war dennoch nur eine von vielen Tropenkrankheiten, unter denen vor allem Europäer zu leiden hatten. Die Malaria tropica, auch Klima- oder Wechselfieber genannt, die in ursächlichem Zusammenhang mit der Dysenterie stand, könnte als tropische 'Standardkrankheit' gesehen werden. Nur wenige wurden verschont. Sie verlief schubartig. Schüttelfrost und daran anschließend Fieber- und Schweißausbrüche fesselten die Betroffenen tagelang ans Bett.

Chinin wurde bereits seit den 40er Jahren des 19. Jahrhunderts als Medikament eingesetzt, allerdings in den ersten Jahrzehnten tragischerweise zum jeweils falschen Zeitpunkt. Anstatt Chinin prophylaktisch einzunehmen oder - falls die Krankheit bereits ausgebrochen war, - während der immer wiederkehrenden Fieberschübe - wurde Chinin nur zwischen zwei Fieberschüben angewandt. Es war das richtige Mittel und die falsche Anwendungsmethode.[703]

Verschiedenste Theorien erklärten das Auftreten des sogenannten „Klimafiebers". Die Miasmatheorie hielt sich hartnäckig bis weit in das 19. Jahrhundert. Dabei wurde davon ausgegangen, daß sich vor allem im Boden, hauptsächlich in der Nähe von Sümpfen oder feuchtwarmen Gebieten sogenannte Miasmen bildeten: Krankheitserregende Dünste, die langsam vom Boden aufstiegen und Malaria verursachen sollten.

Es galt also, möglichst nicht in sumpfigen feuchten Gebieten zu siedeln, sondern trockene, höher gelegene Gegenden zu finden. Zumindest sollte das Missionshaus auf Stelzen stehend gebaut werden, um so der Bodennähe und 'schlechten Luft' zu entrinnen. Wie sehr sich die Überzeugung verfestigt hatte, daß die Malaria durch ungesunde Luft verursacht sei, zeigen Beispiele von Missionsleuten, die prophylaktische Maßnahmen wie die Einnahme von Chinin oder das Benützen von Moskitonetzen für unnötig hielten - auch noch, nachdem Charles Louis Alphonse Laveran 1880 die Anopheles-Mücke und deren Stiche als Malariaüberträger entdeckt hatte.[704]

Es scheint, als ob eine gewisse Unbekümmertheit der Betroffenen gegenüber der Krankheit auch noch etliche Jahre nach dem Bekanntwerden dieser Entdeckung anhielt. Wilhelm Maisch, der am 29. September 1908 von seiner Missionsstation Hoschuwan, im Inneren Chinas gelegen, einen Brief an seine „Lieben" schreibt, in welchem er die Krankheit seiner Frau Luise anspricht, ist ein Beispiel für diese Einstellung.

„Es ist also keine Rede von Gelenksrheumatismus mit daraus folgender Herzentzündung, sondern die ganze Sache ist nichts weiter und nichts weniger als Malaria, also Fieber. Malaria ist euch ja bekannt von mir her.

---

[702] Zit. nach: F. H. Fischer: Der Missionsarzt. 1991, S. 220.
[703] Ebd.
[704] H. Schott: Chronik der Medizin, S. 320, 322, 370.

> *Nachdem ichs einmal richtig erkannt hatte, beruhigten wir uns natürlich sofort.*"[705]

Als weiteres Indiz für diese 'Unbekümmertheit' könnten auch die „Mitteilungen an sämtliche Brüder und Schwestern auf der Goldküste und in Kamerun" vom 19. März 1907, 20. April 1907 und 18. Oktober 1909[706] aufgefaßt werden, die von der Basler Mission in das afrikanische Missionsgebiet gesandt wurden und zum Inhalt hatten, daß die prophylaktische Einnahme von Chinin dringend empfohlen wurde, wobei darauf hingewiesen wurde, daß trotz ärztlicher Anweisung einige Missionsleute es offenbar weiterhin absichtlich unterließen, das Medikament einzunehmen. Das Komitee wollte kein 'Gesetz' erlassen, sah sich aber genötigt, die Schwestern und Brüder zur gegenseitigen Denunziation anzuhalten.

> „*[...] Wenn sie bemerken, daß Brüder oder Schwestern durch Weigerung Chinin zu nehmen, durch unvernünftige Lebensweise oder unzulässige Überanstrengung Gesundheit und Leben aufs Spiel setzen, verpflichtet sind, das dem Komitee durch die Instanzen mitzutheilen und unter Umständen einen Antrag auf Abberufung stellen. Doch soll das nicht geschehen, ohne daß sie mit dem Betreffenden (oder wenn es eine verheiratete Frau sein sollte, mit ihrem Mann!) geredet haben.*"[707]

Hier gerieten außerdem verschiedene medizinische Vorstellungen und vor Ort gewonnene Empirie aneinander, dazu noch kompliziert durch Kompetenzprobleme.

Eine andere Krankheit, die ebenfalls in direkter Verbindung mit der Malaria stand, war das sogenannte „Gallenfieber", später „Schwarzwasserfieber" genannt. Bezeichnend dafür war das Auftreten von schwärzlich-rötlichem Urin, das innerhalb von wenigen Tagen zu akutem Nierenversagen führte. Schwarzwasserfieber bildete in der zweiten Hälfte des 19. Jahrhunderts die Haupttodesursache bei den Missionsleuten an der Goldküste.[708] Hauptauslöser für diese Krankheit waren ebenfalls vorangegangene häufige Malariainfektionen.

Schwarzwasserfieber wurde zu Beginn seines Auftretens in den 70er Jahren des 19. Jahrhunderts - zumindest in Ghana - öfters mit einer anderen tropischen Krankheit, dem Gelbfieber verwechselt. Beide Krankheiten wiesen ähnliche Symptome auf. Häufiges Erbrechen von Galle, Schüttelfrost, dunkler Urin waren die typischen Anzeichen.

---

[705] PN: Brief v. Wilhelm Maisch, Honyen/China, an seine Eltern, Gerlingen. 29. September 1908.

[706] ABM: Q-9.26,11. Verordnungen. „Mitteilungen an sämtliche Brüder und Schwestern auf der Goldküste und Kamerun. 1907, 1909."

[707] ABM: D-9.2b,ba. „Entwurf zu einem Schreiben an die Brüder in Afrika betreffend ihre Pflicht gegenüber den Anweisungen des Missionsarztes." 19. März 1907.

[708] F. H. Fischer: Der Missionsarzt. 1991, S. 77.

Die geschilderten „tropischen Fieber"[709], die lebensbedrohend waren und erst mit der Entwicklung der Bakteriologie während der letzten drei Jahrzehnte des 19. Jahrhunderts aufgeklärt und teilweise bekämpft werden konnten, waren nicht die einzigen Krankmacher. Leichtere Infektionskrankheiten wie Hautausschläge, Abszesse und Erkältungen waren aufgrund des feuchtwarmen wechselhaften Klimas an der Tagesordnung. Diese wurden, wie bereits erwähnt, oft nur als „leichtes Unwohlsein" beschrieben, obwohl auch sie drastische Formen annehmen konnten. Ganz abgesehen davon traten vor allem in Afrika und Indien immer wieder Seuchen und Epidemien auf, wie zum Beispiel Cholera, Typhus und Pest, die in Indien im Jahr 1867 drastische Ausmaße annahm.

Die meisten der erwähnten Krankheiten waren allein durch das äußere Erscheinungsbild angsteinflößend, da sie den Körper der oder des Betreffenden nicht selten für eine bestimmte Zeit 'entstellten'.

Obgleich an der Goldküste die Krankheitsnot am größten war aufgrund ungesunder klimatischer Verhältnisse für Europäer und weit ausgedehnter Malariagebiete[710] - können wir doch nach den zeitgenössischen Quellen davon ausgehen, daß auch in Indien und China nicht gerade paradiesische Zustände herrschten. Hier wurde man mit denselben Krankheitszuständen konfrontiert - wenn auch vielleicht nicht ganz so häufig wie im „Todesland Afrika".

Die medizinische Versorgung durch europäisch ausgebildete Ärzte - in diesem Fall durch Missionsärzte, da diese in der Regel billiger zu konsultieren waren und für Missionsleute die erste Anlaufstelle bildeten, war äußerst ungenügend. Erst im Jahre 1885 sandte die Basler Mission den ersten Missionsarzt an die Westküste Afrikas. Vor allem deshalb, weil das Schwarzwasserfieber viele Mitarbeiter akut bedrohte. In den folgenden 14 Jahren bis 1899 wurden insgesamt lediglich fünf weitere Ärzte nach Afrika, Indien und China gesandt.[711]

Die 'Kämpferinnen und Kämpfer für die Verbreitung des Evangeliums' blieben, was ihre körperliche Betreuung betraf, weitestgehend auf sich gestellt.

„Der Herr", dein Arzt

Wie sah die Haltung der Basler Mission, also des Komitees aus - wie wurde hier mit diesen Problemen umgegangen?

Blumhardt, der erste Inspektor der Basler Mission (1816-1838) erkannte das Problem medizinischer Versorgung in den Missionsgebieten bereits recht früh. Auf seine Initiative hin konnten die ersten vier Missionare, die 1826 für die

---

[709] Die Fieber wurden nicht als Symptome anderer Krankheiten, sondern als die Krankheit selbst betrachtet. Daher auch die Vielzahl der Namen.
[710] Vgl. F. H. Fischer: Der Missionsarzt. 1991, S. 16-26.
[711] W. Schlatter: Geschichte der Basler Mission, Bd. 1. 1916, S. 377.

Goldküste bestimmt wurden, während ihres Vorbereitungsjahres in Kopenhagen medizinische Grundkenntnisse erhalten.[712]

Blumhardt hatte dieses Ansinnen so formuliert:

> *"[...] daß es uns willkommen wäre, wenn unsere vier geliebten Brüder neben der Erlernung der dänischen Sprache und ihren Übungen im Schulunterricht zugleich Gelegenheit bekommen könnten, während ihres Aufenthaltes in Copenhagen auf eine einfache und völlig praktische Weise zugleich die unentbehrlichen Kenntnisse der Medicin, soweit es für die Goldküste und die ersten Nothfälle erforderlich, sowie die einfachsten chirurgischen Operationen, z. B. des Aderlassens, der Heilung einer Wunde, der Einrichtung eines gebrochenen Beines u.s.w. einzusammeln."*[713]

Nur einer der vier Missionare schaffte es, länger als ein Jahr zu überleben.[714]

Blumhardt hatte bei seinen Vorstößen, die medizinische Ausbildung der Missionare betreffend, allerdings nicht nur deren körperliches Wohl vor Augen. Es ging ihm auch um medizinische Missionsarbeit, in diesem Fall, dem afrikanischen Volk[715] nicht nur geistige, sondern auch körperliche „Heilung" zu bringen.[716]. Er hegte die Hoffnung, daß die „Heiden" über den Umweg der medizinischen Versorgung durch die Missionare an das Evangelium gebunden werden könnten.

Schott, der 40 Jahre später Inspektor der Basler Mission war, äußerte 1880 in seinem Jahresbericht ähnliche Gedanken - wie Blumhardt:

> *„Die medizinische Mission besteht darin, daß die Missionsgesellschaften Ärzte, die zugleich Missionare sein wollen, aussenden, um unter den Heiden mit ihrer segensreichen Kunst die Predigt des Evangeliums zu verbinden. Die Heidenwelt seufzt auch leidlich unter Wunden und Krankheiten, gegen die sie meist nichts als die jämmerliche Hilfe ihrer Pfuscher, Priester und Zauberer aufzuwenden weiß. Sollte die christliche Liebe sich nicht auch dieses Elends erbarmen und dadurch den Weg zu den sonst so verschlossenen, aber im Leiden offenen Herzen gewinnen?"*[717]

Was Inspektor Schott bei seinem leidenschaftlichen Plädoyer allerdings augenscheinlich verdrängt hatte, war, daß diese „jämmerlichen Pfuscher" schon

---

[712] Der dänische Gouverneur der Goldküste, Major de Richelieu, hatte bei der BM um Missionare für dieses Gebiet nachgesucht. Zu Dänemark bestanden bereits seit 1823 Kontakte. Vgl. W. Schlatter: Geschichte der Basler Mission, Bd. 3. 1916, S. 6-7. S. 19-22.

[713] F. H. Fischer: Der Missionsarzt. 1991, S. 18.

[714] Ebd., S. 23.

[715] Das erste Missionsgebiet der Basler Mission befand sich an der Goldküste.

[716] Ganz abgesehen davon, daß es in Afrika selbstverständlich traditionelle Heilmethoden und einheimische Heiler gab.

[717] W. Schlatter: Geschichte der Basler Mission, Bd. 1. 1916, S. 376.

manch einem Missionar das Leben gerettet hatten, nachdem europäische Therapien nichts mehr auszurichten vermocht hatten.[718]

Er schloß sein Plädoyer mit den Worten:

> *„Wir werden auch dafür sorgen, daß solche Zöglinge, welche Gabe und Neigung dazu haben, von unserem Hause aus an der hiesigen medizinischen Fakultät sich ausbilden lassen können."*[719]

Über die „Gabe und Neigung" der Zöglinge des Missionshauses dachte Inspektor Hoffmann, der direkte Nachfolger Blumhardts, der ab 1839 bis 1850 an der Spitze des Leitungsgremiums war, allerdings noch anders:

> *„Gewöhnliche oder gar oberflächliche Bekanntschaft mit der Heilkunde wird umso weniger für den Missionsarbeiter von großem Wert sein, als es notwendig viel schwieriger sein muß, die an der heimatlichen Erfahrung ausgebildeten Ergebnisse der Wissenschaft auf körperliche Zustände richtig anzuwenden, die von einem ganz fremden Klima bedingt sind. Ein oberflächliches Studium aber müßte es bleiben, wenn sich die Zöglinge neben dem vielen anderen, was von ihnen verlangt wird, noch mit Medizin befassen sollten."*[720]

Abgesehen von seiner innerhalb des historischen Kontextes richtigen Beurteilung der Effizienz europäischer naturwissenschaftlicher Methoden zur Behandlung tropischer Krankheiten - die Tropenmedizin steckte noch in den Anfängen - sah er in einer medizinischen Ausbildung offenbar auch eine gewisse Überforderung der Missionsschüler, für die in der Regel schon der reguläre Unterricht, der aus Theologie, Latein, Griechisch, Englisch und Hebräisch bestand, recht anstrengend gewesen sein muß. Vor allem, wenn in Betracht gezogen wird, daß die meisten nur eine eher notdürftige Volksschulbildung besaßen, bevor sie ihre Ausbildung im Missionshaus begannen.

Ein weiterer Grund in seiner Zurückhaltung lag in der unsicheren finanziellen Situation der Basler Mission.

Nicht unbedingt finanzielle, sondern eher ideologische Gründe wiederum hinderten die Komiteemitglieder daran, sich gezielter für die Ausbildung geeigneter Missionsschüler an der medizinischen Universität in Basel einzusetzen. Offenbar klaffte ein tiefer Graben zwischen den in der Regel nicht akademisch gebildeten Unterstützerkreisen innerhalb des pietistischen Netzwerkes und der offenkundig ablehnenden Haltung der universitär ausgebildeten Akademiker der Mission und der missionsärztlichen Tätigkeit gegenüber. Es wurde befürchtet, daß Missionszöglinge, die auf die Universität geschickt werden, um eine medizinische Ausbildung zu erhalten, „vom Glauben abfallen" könnten und dann für eine Aussendung nicht mehr in Frage kämen.

---

[718] Z.B. Johannes Zimmermann, Missionar Riis. Vgl. W. Schlatter: Geschichte der Basler Mission, Bd. 1. 1916, S. 33.

[719] W. Schlatter: Geschichte der Basler Mission, Bd. 1. 1916, S. 376.

[720] F.H. Fischer: Der Missionsarzt. 1991, S. 109.

Der Basler Professor Christlieb, einer der wenigen 'christlich gesinnten' Mediziner seiner Zeit, äußerte sich folgendermaßen:

> „Bei dem heutigen Unterricht unserer medicinischen Fakultäten kann kein Missionsgedanke sich aufringen, ohne tödlichen Spott von allen Seiten zu erfahren; unter ihren Meistern und Schülern herrscht überwiegend der Aberglaube einer naturalistischen Weltanschauung, für den das Christentum aufgehört hat, ein wissenschaftlich zulässiger Standpunkt zu sein, sie folgen einem Darwin in allem eher als in seiner Sympathie für die Mission, in der er neulich der Londoner südamerikanischen Missionsgesellschaft einen Beitrag von 100 Mark sandte, ihre Candidaten stellen Thesen auf, wie unlängst einer in Bonn: 'Der Wunderwahn ist eine epidemische Geisteskrankheit.' Was ist da zu hoffen?"[721]

Ein Eintrag im Brüderverzeichnis der Basler Mission, das unter anderem auch Entlassungsgründe beziehungsweise selbstgewählte Austritte der Missionszöglinge und Missionare verzeichnet, steht in direktem Bedeutungszusammenhang mit der Aussage von Christlieb:

> „Weber Wilhelm Heinrich aus Hessen, Kanzleigehilfe, 1890 eingetreten. Hat Medizin studiert. Austritt 1896 nach Vollendung seines Studiums. Konnte keine Verwendung mehr finden, da er 'am Glauben Schiffbruch erlitten hat'.[722]

Mit Inspektor Josenhans, dem eigentlichen 'Chefideologen' der Basler Mission, der ab 1850 die Geschicke der Missionsleute leitete, wehte ein schärferer Wind durchs Missionshaus. Er hatte eine recht eigenwillige Vorstellung von der Lösung des medizinischen Problems. Während seiner Amtszeit wurde ein neuer Weg gesucht. Bereits fertig ausgebildete, christlich gesinnte Ärzte - dabei umging man auch geschickt die Kosten der Ausbildung - sollten sich bei der Basler Mission melden, um dann in die Missionsgebiete ausgesandt zu werden. Eine der Auflagen in den noch zu schließenden Arbeitsverträgen lautete, sich dazu zu verpflichten, mindestens acht Jahre nicht zu heiraten. Daß sich auf diesen Aufruf hin niemand meldete, ist nicht weiter erstaunlich.

Josenhans, der von seiner eigenen Biographie her sehr stark mit Krankheit konfrontiert war - er selbst litt unter einer „Gemütskrankheit", seine Frau unter ständigen Kopfschmerzen und ebenfalls unter einem „Gemütsleiden", sein ältester Sohn war geisteskrank[723] - brachte vielleicht aus eben diesen persönlichen Verhältnissen heraus kein wirkliches Verständnis für die physische Krankheitsnot der Missionsleute oder auch nur eine realistische Einschätzung der Lage zustande.

Als sich niemand auf den Aufruf meldete, die Bitten um Missionsärzte sich immer mehr häuften und sogar ein englischer Arzt namens Gunn im Namen der

---

[721] Ebd., S. 116.
[722] ABM: BV 1000-1500.
[723] F. H. Fischer: Der Missionsarzt. 1991, S. 114.

Missionare einen geharnischten und empörten Brief direkt an die Basler Missionsleitung schrieb und die Situation anprangerte - da nahm Josenhans Zuflucht zu höheren Sphären. Er hatte die Lösung gefunden. Seine Mitteilung an die Missionsleute lautete:

> *„Die Komitee werde auch forthin die Aussendung von Missionsärzten anstreben, vorderhand aber sei sie ganz beruhigt dabei, wenn sie unsere Brüder und Schwestern auf Glauben und Gebet verweise. Habt also Geduld, meine lieben Brüder! So richtig es ist, daß wenn man einen tüchtigen Arzt hat, man besser versorgt ist, als wenn man einen untüchtigen hat, so ist doch allein der HERR der rechte Arzt; wer so gänzlich auf ihn geworfen ist wie ihr Missionare, der darf auch an seine specielle Hilfe glauben und gewiß überzeugt sein, daß ihn darum, weil er keinen tüchtigen Arzt an der Seite hat, nichts wesentliches werde für diese Zeit noch für die Ewigkeit entgehen."*[724]

Auf einer Spezialkonferenz am 1. Juli 1850, bei der es um die Heimkehrerlaubnis kranker Missionsleute ging, äußerte er sich so:

> *„Die Rückkehr einzelner hat ihren Grund ebensosehr in der Herzensstellung als im Clima. Sie sind aus Furcht zu sterben zurückgekommen, ohne vorher angefragt zu haben. Dürfen wir mit gutem Gewissen verlangen, daß kein Bruder ohne Erlaubnis nach Hause komme, auch auf die Gefahr hin, daß er stirbt?"*[725]

Es wurde einstimmig beschlossen, daß man „mit gutem Gewissen" so verfahren dürfe. Die für alle verbindliche Regel besagte, daß niemand ohne vorherige Erlaubnis das Missionsgebiet verlassen dürfe, egal wie krank der- oder diejenige auch sei. Übertrat man diese Verordnung und reiste dennoch heim, so hatte man sich vor dem Komitee zu verantworten und mußte mit der Entlassung rechnen.[726]

Fischer sieht in der Vorgehensweise von Josenhans eine gewisse Verdrängungstaktik. „Sein Gottesbild war das eines Gottes der Ordnung. Die ganze Welt sollte auf das Zentrum Christus hin ausgerichtet werden. [...] Gerade das Phänomen Krankheit scheint zu diesen Dingen gehört zu haben, die er versuchte zu verdrängen, weil sie die Ordnung störten."[727]

Verbesserungen

Erst unter dem Inspektorat von Otto Schott (1879-1884) änderte sich die Situation. Während seiner Amtszeit entstand eine ärztliche Mission, die aus den anfangs genannten sechs Missionsärzten in 14 Jahren und deren Aussendung in drei Länder bestand. Den Anstoß hierfür gab wiederum einerseits die akut be-

---

[724] Ebd.
[725] Ebd.
[726] Ebd.
[727] Ebd., S. 114.

drohte Gesundheitssituation der Missionsleute an der afrikanischen Küste, da sich das Schwarzwasserfieber dort rasant verbreitete, andererseits eine Spende des Basler Fabrikanten Rudolf Sarasin über 5000 Franken, die von ihm ausdrücklich für die Gründung einer ärztlichen Mission vorgesehen war.[728]

Ein weiterer Grund könnte darin gelegen haben, daß sich die naturwissenschaftliche Medizin im letzten Drittel des Jahrhunderts rasch fortentwickelte, vor allem was die Erforschung von Tropenkrankheiten betraf.[729] Vielleicht wollte man an dieser Entwicklung teilhaben.

1883 studierten drei Missionsschüler Medizin, im selben Jahr wurde mit der medizinischen Arbeit begonnen in Form eines breit angelegten Forschungsprogrammes, das die Untersuchung der Lebensbedingungen der Missionare an der Goldküste zum Inhalt hatte. Mit exakten naturwissenschaftlichen Methoden - Statistiken über die geographische Lage der Missionsstationen, Beschaffenheit des Bodens, der Luft und des Wassers und der Untersuchung der hygienischen Verhältnissse - erhoffte man Aufschluß über die Entstehung der Krankheiten zu erhalten, um daraus prophylaktische Maßnahmen ableiten zu können. Als Dr. Mähly, der dieses Programm leitete, ausgesandt wurde, sprach sich das offenbar in Windeseile herum. Inspektor Zahn von der Norddeutschen Mission schrieb 1882 an Inspektor Prätorius, der zusammen mit Inspektor Schott die Leitung der Basler Mission innehatte, einen Brief, in dem augenscheinlich wird, wie sehr diese Initiative begrüßt wurde und was man sich von ihr erhoffte.

> *„Ich freue mich, daß Sie einen Arzt werden aussenden können. Wir werden mit von dieser Untersuchung Nutzen ziehen. Hier haben fast immer die, welche in tropischem Klima lebten, den Verdacht, daß unsere Brüder viel verfehlen in der Diät und daß insbesondere die württembergische Küche - sit venia verba - die doch den Grundstock bildet mit ihren Spätzli etc. sehr ungeeignet sei. Ein Kochbuch für eine afrikanische Küche wäre kaum weniger wichtig als ein medicinisches Buch. Ihr untersuchender Arzt wird gewiß auch Küche und Keller - d.h. die Getränke - sich ansehen und guten Rath finden."*[730]

Nachdem Mähly 1884 zurückgekehrt war - der Erfolg seiner Untersuchungen, was die Ergebnisse betraf, hielt sich in Grenzen[731] - trat sein Nachfolger Rudolf Fisch 1885 sein Amt als Missionsarzt und Missionar an. Er war Schweizer und stammte aus dem Aargau. Mit ihm begann die ärztliche Missionsarbeit der Basler Mission.

1887 kam Alfred Eckhardt, ein Württemberger, hinzu. Er starb bereits 1893. Friedrich Hey war der dritte ausgebildete Arzt in Afrika. Die Stationen, auf denen die Missionsärzte praktizierten, wenn sie nicht auf tagelang dauernden

---

[728] W. Schlatter: Geschichte der Basler Mission, Bd.1. 1916, S. 121.
[729] H. Schott: Chronik der Medizin, S. 322.
[730] F. H. Fischer: Der Missionsarzt. 1991, S.131.
[731] Ebd., S. 149

Hausbesuchen bei erkrankten Missionsleuten waren, lagen in Aburi und Akropong.

Der erste Missionsarzt der Basler Mission in Indien war ein Württemberger namens Eugen Liebendörffer. Er nahm seine Tätigkeit 1886 auf. William Stokes war der zweite Missionsarzt in Indien. Die Arztstationen befanden sich in Kalikut und Bettigeri. Ein erstes kleines Spital wurde 1892 in Kalikut erbaut. Die Bitte um ein eigenes Krankenhaus in Mangalur wurde vom Komitee abgelehnt. Ein weiterer Arzt wurde ebenfalls abgelehnt.

Nur für Bettigeri wurde Dr. Zerweck bestimmt.

Das chinesische Missionsgebiet der Basler Mission wurde erst 1893 mit einem Arzt versehen, Hermann Wittenberg, auf dessen Drängen ein Spital in Kayintschu entstand. In Hokschuha und Honyen befanden sich weitere ärztliche Stützpunkte. Eine Ausnahme bildete das Findlingsheim in Hongkong, das über viele Jahre von der Missionarsfrau Marie Lechler geleitet wurde, woran sich eine Gebäranstalt anschloß, in der viele Ehefrauen von Matrosen und etliche Missionarsfrauen ihre Kinder zur Welt brachten.[732]

Der erste Blick, der den Eindruck einer dichten medizinischen Infrastruktur vermittelt, erweist sich als täuschend, wenn man den zweiten Blick auf die Karten wirft und die ungeheuren Entfernungen und die in der Regel schlechte Verkehrssituation berücksichtigt.

> *„Die Geschichte der ärztlichen Mission auf den Basler Missionsgebieten wird dartun, daß sie bis auf die Gegenwart gehemmt blieb, und an diesem Mangel hatten die verfügbaren Geldmittel Anteil, indem ihre Knappheit zwang, Kandidaten für den Beruf des Missionsarztes, auch wenn sie gut empfohlen waren und brauchbar schienen, abzuweisen."*[733]

So resümiert 1916 der 'Hausgeschichtsschreiber' der Basler Mission, Wilhelm Schlatter Daß es nicht nur an den Finanzen lag, scheint offenkundig.

Selbsthilfe für Männer - Medizinunterricht

Aufgrund der geschilderten Umstände, die sich über die Jahre nur graduell veränderten, schien es angebracht, den Missionsschülern bereits während ihrer Ausbildung im Missionshaus wenigstens rudimentäre medizinische Grundkenntnisse zu vermitteln. Dies wurde 1841 unter dem Inspektorat Hoffmanns beschlossen.

Dr. Streckeisen war der erste Lehrer für Medizin im Missionshaus. Sein Wunsch war es, selbst als Arzt nach Westafrika zu reisen, doch das Komitee schien davon nicht viel zu halten, da es *„ seines kernhaft evangelischen Glaubens nicht ganz gewiß war".*[734]

---

[732] Ebd.
[733] W. Schlatter: Geschichte der Basler Mission, Bd. 1. 1916, S. 381.
[734] Ebd., S. 375.

Der medizinische Unterricht wurde im Laufe der Zeit ausgedehnt. 1887 wurde ein Verbandkurs für die älteste Klasse angeordnet, 1897 wurde sogar eine Stunde chirurgischer Unterricht mit praktischen Übungen eingerichtet.

Bereits 1846 wurde auf Anraten Streckeisens eine medizinische Grundausrüstung für die Brüder in Afrika zusammengestellt.

> *„Inspektor (Josenhans) bemerkt aber, zwei medizinische Kisten seien für Afrika hinreichend [...] Sie haben mit großer Umsicht die Wahl getroffen und lauter trockene Mittel ausgewählt. Ferner: Aderlaßlanzetten, Schröpfköpfe, Sonden."*[735]

Interessant ist, daß die Missionsbräute offensichtlich ebenfalls ein medizinisches 'Instrument' mitzubringen hatten. In der vorgeschriebenen „Ausrüstung für eine Missionsbraut" ist unter dem Punkt „Allerlei" eine Klistierspritze vermerkt. Das Klistier diente als Hilfsmittel bei Dysenterie, die die Missionsleute häufig befiel.[736]

Daß die Missionare unter diesen Umständen oft zu 'Laienärzten' wurden und dieses 'Halbwissen' auch gefährlich werden konnte, darauf weist Missionar Locher, der in Westafrika stationiert war, in einem Brief vom 9. Juni 1865 sehr eindrücklich hin.

> *„Nächste Veranlassung zu diesem Brief war die Krankheit der Schwester Heck. Ich kam nach Usu und verordnete Chinin in Schwefelsäure aufgelöst. [...] Nun aber befürchtet Gunn (englischer Regierungsarzt: D.K.), wir nehmen zuviel Chinin und speziell in diesem Fall hätte ich beinahe den Tod der Frau Heck herbeigeführt [...]. Eine andere Behandlung dürfte sich nur ein geschickter Arzt erlauben. [...] Aber es ist ganz wahr und richtig, ein wenig Kenntniss der Medizin ist sehr gefährlich und sehr zu fürchten."*[737]

Daraufhin bittet er um die Aussendung eines geschulten Mediziners und plädiert dafür, den Missionsschülern in Basel Grundkenntnisse in der Homöopathie zukommen zu lassen. Locher und mit ihm etliche andere Missionare interessierten sich sehr für Homöopathie - das geht aus den Quellen hervor -, experimentierten auch damit und hatten zumindest bei leichteren Krankheiten offensichtlich Erfolg.

„Mit seiner Betonung und Aufwertung des Laientums hat der Pietismus für die Ausbreitung der Homöopathie in Württemberg sicherlich den Weg bereiten helfen", darauf weist Christel Köhle-Hezinger hin.[738]

---

[735] ABM: KP 19. S. 14.

[736] Die Anwendung von Klistieren war im übrigen gefürchtet. Jütte weist darauf zumindest für die frühe Neuzeit hin. R. Jütte: Ärzte, Heiler und Patienten. 1991, S. 134.

[737] ABM: D-1,17. Brief v. Missionar Locher, Goldküste/Afrika, an das Komitee. 09. Juni 1865.

[738] C. Köhle-Hezinger: Der schwäbische Leib. 1993, S. 72. Vgl. dazu ausf. E. Wolff: Pockenschutzimpfung und traditionale Medikalkultur. 1995.

Es erscheint einleuchtend, daß diejenigen schwäbischen Missionare, die sich mit Homöopathie beschäftigten, nicht erst in den Missionsländern damit begannen. Sie brachten dieses Interesse bereits mit und trafen auf ideale Experimentierbedingungen, da sie sich des Wissens der einheimischen Heiler bedienen konnten.

> *„So besitzen die Eingeborenen sicher wirkende Säfte von gewissen Blättern, wo nach vorhergehendem Einreiben der Brust wirklich Muttermilch fließt. Nachdem einige Missionsfrauen dies einfache Mittel erprobt haben, will Dr. Hey der Sache auf den Grund gehen."*[739]

Die von Christel Köhle-Hezinger konstatierte „Betonung und Aufwertung des Laientums im Pietismus, die auch den Aufschwung der Homöopathie zur Folge hatte", erscheint allerdings in noch etwas anderem Licht, wenn wir uns Missionar Lochers Worte vor Augen halten, die er zur weiteren Bekräftigung seiner Idee des homöopathischen Unterrichts einsetzte:

> *„Die Gefahr wäre beseitigt, daß Leute, die nicht sachverständig sind, gefährliche Medizinen verabreichen, aber wie man zu Hause so gern sagt von der Homöopathie: Hilfts nichts, so schadets nicht."*[740]

Selbsthilfe für Frauen - Hebammenkurse

Wohl im Zuge der stetigen Verbesserung des medizinischen Unterrichts für die Missionszöglinge wurde im Jahre 1894 von Inspektor Oehler ebenfalls eine Verbesserung der medizinischen Kenntnisse für Missionsbräute angepeilt. Dies allerdings nicht etwa in der Behandlung von Knochenbrüchen oder dergleichen, sondern in einem weiblichen ‚Spezialgebiet', dem des Gebärens und der Mutterschaft.

Im Januar 1894 sandte Oehler ein Schreiben an die Eltern der Missionsbräute, worin er folgendes ausführte:

> *„[...] eine langjährige Erfahrung lehrt, wie wichtig es ist, daß eine Missionsfrau im Stande ist, einer anderen Frau im Falle einer Entbindung und eines Wochenbettes beizustehen, da es in den Heidenländern meist an einem Arzt und einer sachverständigen Hebamme fehlt. Daher wird es wohl keiner weiteren Ausführung bedürfen, daß eine sachverständige Hilfe durch eine Missionarsfrau geleistet, einer Missionarsfrau, die Mutter wird, nicht nur in der schweren Stunde höchst wertvollen Beistand leisten, sondern sie oft vor schwerem und bleibendem körperlichen Schaden bewahren, ja ihr selbst das Leben retten kann."*[741]

---

[739] ABM: D-1,84 - 15. Anmerkung von Missionar Mohr zum Quartalsbericht von Dr. Fisch. 21. Juli 1905. Zit. nach K. Jahnke. 1995, S. 57.
[740] R. Jütte: Ärzte, Heiler und Patienten. 1991, S. 134.
[741] ABM: Q-9.10a,8. „Schreiben an die Eltern unserer Missionsbräute". Inspektor Oehler. Januar 1894.

Dann kam er zum springenden Punkt:
> „Auch den eingeborenen Frauen kann eine Missionarsfrau durch solche Kenntnisse die wertvollen Liebesdienste leisten und durch solche Werke der Liebe das Missionswerk in nicht zu unterschätzender Weise fördern."[742]

Also Mission an Frauen durch Frauen? Wobei sich hier natürlich die Frage stellt, inwieweit einheimische Frauen überhaupt auf die Hilfe von Missionarsfrauen zurückgriffen, da es unter ihnen ebenfalls Geburtshelferinnen gab, es sich hier ja um einen traditionellen Frauenbereich handelte.

Im vorliegenden Quellenmaterial entsteht der Eindruck, daß es nicht allzu oft vorkam, daß eine europäische Frau zu Hilfe gerufen wurde; es sei denn, es kam zu Komplikationen, bei denen man keinen Ausweg mehr sah und daher alles probierte. Wilhelm Maisch bestätigt diesen Eindruck zumindest für China :

> „Sie (seine Braut, D.K.) ist nun allerdings graduierte Hebamme [...]. Jeder Missionar ist gewiß froh, wenn seine Frau einigermaßen orientiert ist; den Chinesen gegenüber wird sie jedoch kaum Gelegenheit finden, ihre Kenntnisse anzuwenden. Die Chinesen haben ihre Hebamme, ihre Entbindungsmethode, von der sie in den nächsten fünfzig Jahren noch nicht werden abzubringen sein, besonders nicht auf dem Land."[743]

Es scheint, als ob der Geburtsvorgang die unterschiedlichen kulturellen Frauenräume eher voneinander abgrenzte, vielleicht, weil es sich um einen Vorgang im intimsten, persönlichsten Bereich und um tradierte Methoden handelte, die dabei angewandt wurden. Frauen der eigenen Ethnie wurden dabei durchaus zugelassen, fremde Frauen eher ausgegrenzt. Die geborenen Kinder hingegen konnten wiederum sehr wohl als verbindendes Element fungieren. Die unterschiedlichen kulturellen Sphären konnten so miteinander verschmelzen in der 'Einheit der Mutterschaft'.

Oehler schloß sein Schreiben mit der dringenden Bitte, die Töchter einen Hebammenkurs machen zu lassen, gerade im Hinblick auf das

> „Werk des Herrn und den Dienst der Liebe, der es gewiß rechtfertigt, sich einer Aufgabe zu unterziehen, bei der sonst vollkommen berechtigte Empfindungen und Rücksicht überwunden und manche Verleugnung geübt werden müsse."[744]

Dieser Nachsatz wird verständlich, wenn wir die zeitgenössische rigide Sexualmoral berücksichtigen, die sicher dazu beitrug, daß dieser Hebammenkurs eigentlich als peinliche und heikle Angelegenheit angesehen wurde, bei der Dinge zur Sprache kamen, die als 'unaussprechlich' galten. Doch durch den damit ver-

---

[742] Ebd.
[743] PN: Brief v. Wilhelm Maisch, Hoschuwan/China, an Inspektor Oehler. 13. Juni 1908.
[744] ABM: Q-9.10a,8. „Schreiben an die Eltern unserer Missionsbräute". Inspektor Oehler. Januar 1894.

bundenen Dienst am „Reich Gottes" konnten die „berechtigten Empfindungen" überwunden werden.

Es bleibt festzuhalten: die Männer reisten, ausgerüstet mit leidlichen Grundkenntnissen in Medizin und dem Notwendigsten an Arzneien ins jeweilige Land ihrer Bestimmung. Die Frauen folgten ihnen ausgerüstet mit Grundkenntnissen in der Geburtshilfe und einem Klistier im Gepäck. Beide wurden zunächst mit der eingangs beschrieben Situation konfrontiert: *„zwei Dinge zuerst und richtig zu lernen: eine seltsame neue Sprache und krank zu sein".*[745]

Krankheit und Tod, so zeigt sich, weisen im speziellen Kontext verschiedene Dimensionen auf. Der private, der öffentliche - öffentlich innerhalb der geschlossenen Missionsgemeinschaft - und der religiöse Aspekt sollen im folgenden genauer beleuchtet werden.

Die 'alltägliche' Krankheit

Schwache Momente

Viele Missionsbräute kamen nach einer anstrengenden Reise erschöpft, geschwächt, teilweise auch krank an. Das erste Zusammentreffen mit dem Zukünftigen fand also oft nicht in 'Bestform' statt. Das äußere Erscheinungsbild dürfte sich von den Photographien, die in den heimischen Fotostudios aufgenommen worden waren und dementsprechend die Schokoladenseite zeigten, unterschieden haben. Diese Fotos waren den Männern zugesandt worden.

Andererseits kamen den Frauen wohl auch oft Männer entgegen, die ebenfalls nicht allzu frisch wirkten, bedenkt man, daß die meisten mindestens zwei Jahre Aufenthalt in den Tropen und somit vermutlich bereits etliche mehr oder weniger schwere Krankheiten hinter sich hatten. So erschrickt eine Missionsbraut ob der „afrikanischen Blässe"[746] des Angesichts ihres Bräutigams.

Nicht afrikanische Bräune, sondern Blässe waren kennzeichnend für einen längeren Missionsaufenthalt in Afrika.

Rosina Binder beschreibt ähnliches bei ihrer Ankunft in Westafrika:

> *„Heute mittag holte ein Missionar Br. Addeson unsere Reisegefährten ab. [...] Wir alle erschraken über das schlechte Aussehen des Genannten. Es stiegen besonders in mir manche Gedanken auf. [...] Mein Gemüth war ziemlich angegriffen. [...] Auch war ich körperlich etwas angegriffen."*[747]

---

[745] ABM: D-1,20a, Nr. 3. Bericht v. Missionarsfrau Schrenk an das Komitee. Christiansborg 1868.
[746] ABM: HB September 1881.
[747] ABM: D.10.4,9a. TB Rosina Widmann, S. 54, S. 89.

Und an anderer Stelle:

> „Ach wie nehmen die Kräfte der Jugend hier so schnell ab. So bleich - so matt."[748]

Emma Handmann, die 1867 auf dem Segelschiff Nile nach Indien reiste, rechnete bereits mit der angeschlagenen Gesundheit des Bräutigams. Zweimal wöchentlich wurden auf dem Schiff sogenannte Balltage veranstaltet. Die Passagiere amüsierten sich dabei prächtig. Dazu notierte sie in ihr Tagebuch:

> „Man ist sehr vergnügt, lacht, scherzt, ruft da capo und dergleichen. [...] Während ich denke, was mein lieber Bräutigam wohl sagen würde, wenn er mich auch so herumspringen sähe. Er ist vielleicht krank und angegriffen und müde und ich betrage mich hier so leichtfertig. Ich habe mit Oachterlony viel darüber gesprochen und er ist ganz meiner Ansicht, billigt auch, daß ich mich zurückziehe, obgleich es schon aufgefallen ist, daß ich das eine Mal nicht bis zum Ende oben blieb."[749]

Emma Handmann muß bei dieser Entscheidung viel „Selbstverleugnung" betrieben haben, denn ihre überaus lebendige und humorvolle Beschreibung dieser Balltage lassen doch die Anziehungskraft, die solche Veranstaltungen auf sie ausübten, ahnen. Außerdem läßt sie sich durch den Nachsatz 'noch ein Türchen offen'. Um nicht 'gesellschaftlich aus dem Rahmen zu fallen', muß sie vielleicht doch einmal wieder bis „zum Ende" der Veranstaltung bleiben.

Äußerlichkeiten

Selbst krank anzukommen oder den Partner krank vorzufinden, darauf war man offenbar gefaßt. Das minderte dennoch nicht den Wunsch, einen guten Eindruck zu machen. Doch eben dies konnte Ängste erzeugen. Elisabeth Heimerdinger beispielsweise stand wenige Tage vor der Ankunft des Schiffes in Hongkong höchste Nöte aus.

> „Da wurde ich von den trüben Gedanken gründlich geheilt - nicht durch eine Zurechtweisung oder eine Aufmunterung - sondern durch ein geschwollenes Gesicht und qualvolle Zahnschmerzen. Oh diese Angst, mit dem dicken Backen beim Bräutigam einzutreffen."[750]

Frau H., die in den 30er Jahren dieses Jahrhunderts als Missionsbraut nach Indien reiste, äußerte sich in einem Interview zur Aussehensfrage bei der Ankunft folgendermaßen:

> „Wenn man anderthalb Tage im Zug sitzt (die Missionsbräute des 19. Jahrhunderts waren in der Regel mindestens sechs Wochen auf See! D.K.) und in Indien dann auch, der Staub. Da wollten wir zwei, die andere war Schweizerin und ich, also wir wollten, wenn wir nach Kalikut kommen,

---

[748] Ebd.
[749] ABM: C-10.42,1. TB Emma Handmann. 8. Juli 1867.
[750] Elisabeth Oehler-Heimerdinger: Wie mir die Chinesen Freunde wurden. 1925, S. 11.

vorher - in Metopalliam ziehen wir uns dann um und machen uns schön."[751]

Dazu kam es allerdings nicht, da die zukünftigen Ehemänner den Bräuten überraschenderweise entgegenkamen und sie trafen, bevor sie „sich schön machen" konnten. Frau H. kommentiert dieses 60 Jahre später so : *„Das war uns so arg."*
Umgekehrt scheint es auch den Brüdern nicht unwichtig gewesen zu sein, in welcher Erscheinung sie vor ihre Bräute treten würden. Wilhelm Maisch läßt sich bereits Wochen vor der Ankunft seiner Braut einen neuen Kamm aus Gerlingen nach China schicken, da er nur noch einen zerbrochenen sein eigen nennt.
Missionar Friedrich Müller, der im Jahre 1899 in Hongkong, zusammen mit einem weiteren Missionar, sehnlichst auf die Ankunft des Schiffes „König Albert" wartet, an deren Bord sich seine Braut befindet, sorgte sich ebenfalls um sein Aussehen.

> *„Die Spannung war groß. [...] Ich war inzwischen nicht schöner geworden. Die heiße chinesische Sonne hatte die einst frischen heimatlichen Farben gebleicht und häufige Malariaanfälle hatten mich sehr hager gemacht."*[752]

Spannung kennzeichnete das erste Zusammentreffen. Diese Spannung bezog sich auch auf den Körper, die Leiblichkeit des Partners. Bis zu diesem Zeitpunkt 'bestand' die Braut oder der Bräutigam aus Worten, auf dem Papier zu Sätzen geformt - und einer Photographie. Geronnen zu einem eindimensionalen Bild. Die Stimme beispielsweise, hoch, tief, schrill oder angenehm, Gestik und Mimik des anderen waren unbekannt.

Da aber „dieses Ich, das einen Körper hat, und um seinen Körper weiß, genaugenommen nichts anders hat als diesen Körper, um sich darzustellen und auszudrücken"[753], um mit Utz Jeggle zu sprechen, und „dieser Körper" in seiner Ausdrucksform dem jeweiligen zukünftigen Partner fremd war, blieb die Vorstellung vom anderen in gewissem Sinne leblos. Christiane Beate Burkhardt, die 1867 ihrem Bräutigam gegenübertritt, könnte als Beispiel für diese Vermutungen gesehen werden.

> *„Meinen lieben Bräutigam traf ich ziemlich angegriffen an [...] Er gefiel mir aber doch viel, viel besser als auf dem toten Photographiebild."*[754]

Es ist interessant, daß Christiane Burckhardt die Photographie ihres zukünftigen Ehemannes nicht als authentisches Abbild der Realität[755] ansah, sondern als 'to-

---

[751] Interviewausschnitt, geführt mit Frau H. am 16. 12. 1996.
[752] PN: TB Friedrich Müller und Debora Müller, geb. Gebhardt, S. 23.
[753] U. Jeggle: Der Kopf des Körpers. 1986, S. 40.
[754] ABM: TB Christiane Burckhardt, S. 41.
[755] Mit der Erfindung der Daguerrotypie 1837 durch Louis Jaques Mandé Daguerre und Joseh Niecpe wurde es zum ersten Mal möglich 'Aufnahmen von der Welt' zu erhalten. Man glaubte, daß durch die mechanistische Funktionsweise der Kamera jegliche menschliche Einflußnahme ausgeschaltet würde und daher ein objektives wahres Abbild der Realität geschaffen würde. Rudolf Virchow, Arzt und Anthropologe, betonte

tes Medium' begriff. Erst in der Begegnung 'erwacht' der Bräutigam zum Leben und gefällt ihr - trotz angeschlagenem Äußeren - besser als auf dem „toten Photographiebild."

Das Aussehen, die körperliche Erscheinung des Partners oder der Partnerin spielte also offenbar eine Rolle. Allerdings nicht nur der gegenseitigen Anziehung beziehungsweise Abstoßung wegen - auch das gab es; Elise Kocherhans löste, wie wir wissen, ihre Verlobung mit Bruder Wagner in Indien unter anderem aus dem Grunde, daß er ihr von Anfang an „widerlich" war -, sondern nicht zuletzt als Gradmesser für Gesundheit oder Krankheit.

So galten beispielsweise rote Wangen in Europa als weibliches Schönheitsideal - eben weil rote Wangen Frische und damit Gesundheit signalisierten.

Eben dieses Merkmal wird von Mathilde Hauff, die ihre Schwester Elise deren zukünftigem Bräutigam in einem Brief beschreibt, hervorgehoben.

„Hat dein zukünftiges Fraule ein weißes Gesicht mit frischen roten Bakken"[756]

Sie selbst durfte nicht allein die in einem anderen Ort lebende Tante besuchen, da sie vor männlichen Belästigungen womöglich nicht sicher gewesen wäre - *"ihrer schönen roten Backen wegen."* [757]

Über die Gesundheit seiner Ehefrau Johanna, die nicht zuletzt an roten Wangen abzulesen ist, schreibt Gottlob Pfleiderer im Jahre 1860 an seine Eltern, fünf Monate nach der Hochzeit in Indien:

„Der Einfluß des Klimas ist bereits sichtbar und die blühenden roten Wangen machen sich etwas rar. Doch kommen sie nach dem Leberspätzlemachen oder nach einem kräftigen Spaziergang als noch zum Vorschein".[758]

Drei Monate später berichtet er:

„Ihr werdet wissen, daß die meisten europäischen Farben in diesem Klima sehr bald abschießen, und so erweisen sich meist auch die europäischen roten Backen als unecht. Die der lieben Johanna erweisen sich als ziemlich gutartig."[759]

Rote Wangen, Frische als Gegensatz zur 'durchscheinenden Blässe' beispielsweise von Tuberkulosekranken - die „Schwindsucht" war während des 19. Jahrhunderts eine der gefürchtetsten Krankheiten in Europa.[760] Nur diejenigen, die

---

den Wert der Photographie als authentisches Medium, womit es möglich sei (anders als bei Zeichnungen) mit 'Präzision Schlüsse zu ziehen'. Vgl: M. Frizot: 1839-1840. Fotografische Entdeckungen. 1997, S. 23-31.

[756] PN: Brief v. Mathilde Hauff, Bibersfeld, an Friedrich Eisfelder, Mangalore/Indien. 20. Januar 1885.
[757] PN: Brief v. Marie Hauff, Ebersfeld, an Elise Eisfelder, Mangalore/Indien. Undatiert.
[758] PN: TB Gottlob Pfleiderer, S. 48.
[759] Ebd.
[760] Vgl. R. Jütte: Ärzte, Heiler und Patienten. 1991, S. 43.

sich Aufenthalte in Sanatorien leisten konnten, kokettierten mit ihrer vornehmen Blässe.⁷⁶¹ Die allgemeine Bevölkerung verband mit dieser Krankheit lange währendes Siechtum.

Das Fehlen oder Schwinden der „roten Backen" wurde bedauert und vor allem bei Kindern mit Sorge betrachtet.

*„Es ist nun wieder heiße Zeit und die Kinder haben ihre roten Bäcklein fast wieder ganz verloren."*⁷⁶²

Vielleicht wurde die 'tropische Blässe' also nicht nur mit den real zugrundeliegenden Krankheiten wie Malaria und dergleichen verbunden, sondern rief zusätzlich Assoziationen mit aus Europa bekannten Bildern von „Schwindsüchtigen" hervor.

'Leiblichkeiten'

Auch in den 'Verlobungsbriefen' wurde von seiten der Männer auf das jeweilige gefährliche Klima hingewiesen und genaueste Schutzanweisungen, die bereits auf der Reise beachtet werden sollten, gegeben. Das reichte von Empfehlungen, die das Material der Kleidung betrafen, bis zum Rat, einen Sonnenhut aufzusetzen, sobald der europäische Boden verlassen werde. Nicht selten kamen diese Empfehlungen von Männern, die zum Zeitpunkt des Schreibens selbst krank im Bett lagen.

Der Körper steht also von Anfang an im Zentrum des Interesses, da die Arbeitsfähigkeit für das „Reich des Herrn" in seiner jeweiligen vorhandenen oder nicht vorhandenen Widerstandskraft und Ausdauer wurzelt. Er ist quasi die Kristallkugel für die Zukunft.

Eine kränkelnde Frau wird ihre Gehilfinnen-Rolle nicht ausfüllen können, ein kränklicher Mann seine Rolle als Missionar nicht erfüllen. In diesem Zusammenhang wird der Körper vor allem in seiner Funktion als „Schaffleib" gesehen.⁷⁶³ Diesen gottgegebenen „Schaffleib" gilt es zu erhalten, denn er ist nicht mehr nur Eigentum seines Trägers, sondern auch Eigentum der Missionsgesellschaft, die sich wiederum in der Rolle als 'Exekutivorgan Gottes auf Erden' wähnt. Nicht nur der Geist, auch der Körper wird ihr überlassen. Daher kann sie auch ein berechtigtes Interesse an diesem Körper anmelden, wie es etwa in der

---

761 Vgl. C. Herzlich: Kranke gestern, Kranke heute. Berühmte Tbc-Kranke waren beispielsweise Franz Kafka, Katherine Mansfield, Marie Bashkirtsheff. Sie alle verarbeiteten die Krankheit auch literarisch, wobei in der Anfangsphase der Krankheit immer von einem tieferen Sinn ausgegangen wurde, der verborgene Seiten des Seins zum Ausdruck bringe. Innerhalb des religiösen Kontextes wird Krankheit und Tod ebenfalls ein eigener tieferer Sinn verliehen.

762 PN: Brief v. Luise Maisch, Hoschuwan/China, an Vater Maisch, Gerlingen. 08. Mai 1913.

763 C. Köhle-Hezinger: Der schwäbische Leib. 1993, S. 65.

„Anweisung an unsere ausziehenden afrikanischen Brüder über ihr gesundheitliches Verhalten" deutlich zum Ausdruck kommt:

> *„Es ist gegen Gott, der Ihnen Leben und Gesundheit verliehen hat, nicht das zu thun, was zur Erhaltung dieser Güter nötig ist. Es ist aber auch eine Pflicht gegenüber der Missionsgesellschaft und der Missionsgemeinde. [...] Ihre Gesundheit gehört dem Herrn und in gewissem Sinn der Mission und sie sind dem Herrn Rechenschaft darüber schuldig wie sie dieselbe verwenden."*[764]

„Dunkle Kleidung, nüchtern, schmucklos, den Leib darunter eher verratend als ihn schmückend, findet sich in Württemberg zunehmend seit der Mitte des 18. Jahrhunderts, dem Eingang des Pietismus im Lande"[765] so beschreibt Christel Köhle-Hezinger das Bild.

Die christlich - pietistische Ethik ‚vermied' den Blick auf den Körper. Dieser sollte nur als 'Ahnung' unter verhüllender Kleidung wahrnehmbar sein.

Was auf den ersten Blick als Körperfeindlichkeit ausgelegt werden könnte, ist nur die eine Seite des pietistischen Körperdiskurses. Auf der anderen Seite finden wir diese gleichsam verkehrt in Körperbezogenheit, manches Mal Körperbesessenheit.

Beispiele wie das des württembergischen Pietisten, Pfarrers und Erfinders Philipp Matthäus Hahn liefern hierfür einige Anhaltspunkte. Aus seinen Tagebüchern geht hervor, daß er sich und seinen Körper unentwegt beobachtete, zur Hypochondrie neigte und sich auch in anderer Hinsicht mit seinem Körper 'herumschlug', im Kampf gegen die „Fleischeslust" beispielsweise.[766]

Oder denken wir an einen weiteren frühen Vertreter des Pietismus, den Zürcher Theologen Johann Caspar Lavater, der aus seiner Auffassung, daß sich das Seelenleben eines Menschen in dessen Physiognomie spiegle, eine 'Gesichterlehre' entwickelte[767], die im 18. Jahrhundert - nicht unumstritten - über die pietistischen Grenzen hinaus Anwendung und Verbreitung fand.[768]

So ließe sich auch für unseren Kontext feststellen: Was eigentlich kein Thema sein sollte, wird zum Gegenstand des Interesses.

Die äußere Erscheinung, das heißt der Körper in seiner 'leiblichen Beschaffenheit', spielte erstens eine Rolle bei der 'Materialisierung' des bis dahin eindi-

---

[764] ABM: Q-9.21,28. „Anweisung an unsere ausziehenden afrikanischen Brüder über ihr gesundheitliches Verhalten."
[765] C. Köhle-Hezinger: Der schwäbische Leib. 1993, S. 73.
[766] Vgl. C. Köhle-Hezinger. Philipp Matthäus Hahn und die Frauen. 1989, S. 113-135. S. Sander : ..„Ganz toll im Kopf und voller Blähungen...". 1993, S. 99-112. Die 'Fleischeslust' war auch ein wichtiges Thema für die Herrnhuter Brüdergemeine, deren Vertreter den Geschlechtsakt als Vereinigung Christus mit der Gemeinde auslegten.
[767] Vgl: K. Riha, C. Zelle (Hg.): Johann C. Lavater. Von der Physiognomik. 1991 (origin. 1772).
[768] Johann Caspar Lavater übte auch einen bedeutenden Einfluß auf die Deutsche Christentumsgesellschaft aus, aus der im Jahre 1815 die BM hervorging.

mensionalen Partners, zweitens bei der Frage nach der gegenseitigen Attraktivität, und drittens diente er - und das ist wohl seine wichtigste Rolle - als Gradmesser für die zukünftige Arbeitsfähigkeit.

Schwangerschaft als Krankheit

Das erste Fieber, das die Frauen überstanden, kam einer ersten Bewährungsprobe gleich, die sie in die Gemeinschaft der 'erfahrenen Missionsleute' - erfahren, weil krankheitserfahren - aufnahm. Je später die erste Krankheit allerdings ausbrach, desto gesünder schien eine Frau zu sein. In Briefen in die Heimat ist zwischen den Zeilen oft ein gewisser Stolz spürbar, es so und so lange ausgehalten zu haben, ohne krank zu werden.

Die zweite Bewährungsprobe, die oft auf dem Fuße folgte, war eine Schwangerschaft. In der Regel in den ersten sechs Monaten nach der Hochzeit[769] wurde das bevorstehende 'freudige Ereignis' verkündet. Freude ging mit dieser Nachricht dennoch - wie es scheint - selten einher. Verhalten, eher beiläufig wird davon berichtet. Dies hängt zum einen wohl damit zusammen, daß es sich nicht schickte, offen über 'Frauendinge' zu sprechen,[770] zum anderen damit, daß eine Schwangerschaft in den Tropen größere gesundheitliche Gefahren in sich barg als in Europa.

Auch im Europa des vergangenen Jahrhunderts wurde eine Schwangerschaft nicht unbedingt mit Freudenausbrüchen verbunden, bedenken wir die hygienischen Verhältnisse, die eine Geburt begleiteten - vor allem in den Gebäranstalten - und die Folgen, die sich daraus ergeben konnten, kurz: die mangelhafte medikale Infrastruktur.[771]

Dennoch war beispielsweise das Risiko einer Fehl- oder Frühgeburt in den tropischen Ländern um einiges höher als in Europa. Dies lag wohl nicht zuletzt an der häufigen Einnahme von Chinin im Zusammenhang mit Malariaerkrankungen. In kleinen Dosen eingenommen, hatte es offenbar eine wehenauslösende Wirkung, die so zu vorzeitigen Aborten führen konnte.[772]

Der Beginn einer Schwangerschaft wird von den Missionarsfrauen häufig als der Beginn der „schweren Zeit" umschrieben, die Geburt als „schwere Stunde."

---

[769] Ausgezählt nach dem Familienregister der BM.
[770] Im Gegensatz zur heutigen Zeit, in der Schwangere Ultraschallaufnahmen des Ungeborenen im Bekanntenkreis zeigen. Vgl. B. Duden: Der Frauenleib als öffentlicher Ort. 1991, S. 38f.
[771] Eindrücklich beschrieben u.a. von E. Shorter: Der weibliche Körper als Schicksal. 1982. M. Metz-Becker: Der verwaltete Körper. 1997. Dies. Krankheit Frau. 1997, S. 103-121.
[772] Vgl. E. Shorter: Der weibliche Körper als Schicksal. 1982, S. 244 f. Shorter weist darauf hin, daß Chinin anscheinend auch als Abtreibungsmittel verwendet wurde, allerdings erst nach Ende des 1. Weltkriegs.

Friederike Genähr aus Adelberg, Kreis Göppingen, die erste deutsche Missionarsfrau in China, notiert im Juni 1862 vor der Geburt ihres dritten Kindes in Hoau in ihr Tagebuch:

> *„Es ist mir oft eine sehr ernste, große Sache, daß ihre Zahl noch vermehrt werden soll und meine Schwachheit und Untüchtigkeit für diese neuen Pflichten liegen mir oft drückend auf dem Herzen [...] Bald vollends ist er herum der Juni! und noch warte ich auf die schwere Stunde, die ich wohl gerne hinter mir hätte; aber ich muß zuwarten und auf die Hülfe des Herrn harren."*[773]

Zehn Tage später wird sie von einer Tochter entbunden, die auf den Namen Hanna getauft wird.

Hier kommt nicht nur die Belastung der Schwangerschaft zum Ausdruck, sondern eine zusätzliche generelle Erschöpfung, die mit der Aufzucht von Kindern für sie offensichtlich einherging.

Friederike Genährs Chinatagebuch ist insgesamt ein Beispiel für das 'leidvolle Leben einer leidenden Pietistin.'

Sie führte ein sehr bewegtes Leben, das von zahllosen Schwierigkeiten gekennzeichnet war. Als Schwester des Basler Chinamissionars Rudolf Lechler heiratete sie dessen Freund Ferdinand Genähr. Genähr, ihr Bruder und ein weiterer Missionar waren als erste deutsche Missionare nach China ausgesandt worden. Die erste Zeit in China war die Zeit der politischen Unruhen, gekennzeichnet von Rebellionen, Bürgerkriegen und vor allem Haß auf die Europäer. Viele Missionare mußten sich nach Hongkong zurückziehen, ein Vordringen ins Landesinnere war zu gefährlich. Die politische Situation im Land, die damit verbundene Gefahr für Europäer, Reibereien mit anderen Missionsleuten und private Katastrophen trugen wohl viel zu ihrer depressiven Grundstimmung bei, die das Tagebuch vermittelt.

Im Alter von 34 Jahren, im Wochenbett mit ihrem vierten Kind, verliert sie in nur einer Nacht ihren Ehemann Ferdinand und die vier- und sechsjährigen Söhne Theodor und Traugott, die an Cholera erkrankt waren. Mit einem Säugling und der zweijährigen Tochter Hanna kehrt sie daraufhin in die Heimat zurück. Zwei Jahre - von 1865 bis 1867 - verweilt sie hier, nimmt dann aber den Heiratsantrag des befreundeten Chinamissionars Adam Krolczyk an. Ihre beiden Kinder läßt sie in Deutschland zurück und reist wieder nach China. Mit Adam Krolczyk bekommt sie weitere drei Kinder. Nach sechsjähriger Ehe erkrankt ihr zweiter Mann und stirbt in Hongkong an einem Hirnschlag. 1873 verläßt sie zum zweiten Mal wieder als Witwe China, um nach Kornwestheim zurückzukehren. Zu diesem Zeitpunkt ist sie 43 Jahre alt.

Die bereits mehrfach erwähnte Rosina Binder - Widmann, die erste deutsche Missionarsfrau in Westafrika, schildert 1849 in ihrem Tagebuch, 13 Jahre vor Friederike Genähr, die Monate und Stunden vor und nach der Geburt ihres er-

---

[773] ABM. TB Friederike Genähr. 8. Juni 1862 und 21. Juni 1862.

sten Kindes. Sie wünschte sich offenbar ein Kind. Doch einige Zeit ist sie sich nicht sicher, ob sie wirklich schwanger ist.

„Ich bin gegenwärtig wegen meiner körperlichen Umstände sehr in Unruhe. Wie gerne möchte ich im Gewissen sein." [774](17. Mai 1849.)

„Ich fühle mich in der letzten Zeit im ganzen nicht wohl und werde öfters von Erbrechen und Übelsein heimgesucht. (16. Juni 1849).

„Es stellen sich in diesen Tagen immer mehr Zeichen ein, die mich vermuten lassen, daß ich mich in meiner Hoffnung nicht täusche." (14. Juli 1849).

„Den 22. November genas ich nach viel Angst, Not und Schmerz meines ersten Kindes." (22.November 1849).

Barbara Duden weist für das 18. Jahrhundert darauf hin, daß oft erst die 'ersten Regungen' des Kindes im Mutterleib, die die Frauen fühlten, als Gewißheit dafür angesehen wurden, schwanger zu sein, vor allem auch, da es sonst keine sicheren Indikatoren für Schwangerschaft gab. Das Ausbleiben der Menstruation, Übelkeit und ähnliches konnte auch andere Ursachen haben.[775]

Wenn wir infolge der Daten der Tagebucheinträge davon ausgehen, daß Rosina Widmann bereits im fünften Monat ihrer Schwangerschaft war, als sie sich dessen sicher glaubte, schwanger zu sein, könnten die Zeichen, die sie anspricht, möglicherweise diese 'ersten Regungen des Kindes' bedeuten. Daß diese Annahme nicht rein spekulativ sein muß, mag eine Feststellung belegen, die sie an anderer Stelle über eine „bekehrte Heidin" trifft, die unehelich schwanger wird und diesen 'Skandal' vertuschen will, indem sie behauptet, nicht schwanger zu sein, obwohl ihre Niederkunft unmittelbar bevorsteht.

„Sie schien sich immer noch selbst zu betrügen, indem sie meinte, ich solle jetzt noch nichts zu den westindischen Geschwistern sagen, weil man ja noch nicht wisse, ob es ein Kind oder Krankheit sey. Es kommt mir vor, anders kann ich es mir wenigstens nicht erklären, als seye sie eine der Ausnahmen, die ihr Kind nicht fühlen."[776]

Rosina Widmanns Selbstwahrnehmung war, wie an anderer Stelle in bezug auf Selbstmedikationen gezeigt werden konnte, weitgehend der Humoralpathologie des 18. Jahrhunderts verhaftet. Auch spricht sie beispielsweise davon, sich „wegen Vollblütigkeit nun sehr in acht nehmen zu müssen", ein weiterer Hinweis für die Bestätigung dieser Vermutung, denn gerade der Begriff des „Geblüts"

---

[774] ABM: D.10.4,9a. TB Rosina Widmann.
[775] Im Englischen gab es dafür die Bezeichnung: to quicken. Vgl. B. Duden: Der Frauenleib. 1991, S. 94. Duden weist hier auch speziell auf die Schwierigkeiten einer historischen Forschung hin, die sich mit dem „Dunkel unter der Haut" befaßt. Vgl. zum Thema 'Kindsregung' auch: C. Burckhardt-Seebass: Von der kulturellen Natur der Geburt. 1994, S. 70.
[776] ABM: D.10.4,9a. TB Rosina Widmann, S. 131.

hängt mit humoralpathologischen Vorstellungen früherer Jahrhunderte zusammen.[777]

Über die Geburt ihres Kindes notierte sie folgendes:

> *„In drei Nächten konnte ich alles zusammengenommen, vielleicht zwei Stunden schlafen. Hingegen war mein l. Mann vor Schwäche und Angegriffenheit nur sehr wenig wach und sich meiner eigentlichen Zustände nicht recht bewußt. In der letzten Nacht bekam ich einige Ohnmachten und dachte mehr an den Tod als an das Leben, bat auch meinen l. Mann nimmer von mir wegzugehen. Er war auch der Einzige, der bey mir war - weder Arzt noch Hebamme. Erst um den Kleinen zu baden, liessen wir eine unserer christlichen Negerfrauen rufen."*[778]

Hier zeigt sich bereits die Notgemeinschaft, die die Paare bildeten, wenn sie ohne ärztliche Versorgung waren. Dieser notwendige Zusammenhalt war lebenswichtig und scheint oft auch eine fast modern anmutende 'intime Gefühlszusammengehörigkeit' ermöglicht zu haben. Hier war der Ehemann Geburtshelfer, Schamgrenzen mußten zwangsläufig fallen, Angst oder Ekel überwunden werden. Außerdem war es im zeitgenössischen Kontext unüblich, daß ein Mann bei der Geburt anwesend war. Rosina und Georg Widmann nahmen aus der Not heraus das vorweg, was über 100 Jahre später erst zum modernen Kanon des Gebärens gehören sollte: die Anwesenheit des Mannes bei der Geburt.

Auch für die mehrfach erwähnte Sophie Basedow, die von 1901 bis 1903, also bereits um die Jahrhundertwende, in Kamerun lebte, hatte eine Geburt noch nicht an Schrecken verloren, allerdings wegen eintretender Komplikationen. Der zu Hilfe gerufene Arzt traf nicht rechtzeitig ein. Sie hatte zumindest das Glück, daß ihr wenigstens eine Krankenschwester und eine Missionarsfrau beistehen konnten.

> *„Als es Tag wurde, sah ich an Schwester Gretas Gesicht, dass es schlimm steht, wenn Gott nicht hilft und ich hörte wie sie zu Willy, meinem Mann sagte, wenn er es ihr erlaube, werde sie mit Gottes Hilfe den Kaiserschnitt durchführen. Dann kam die Hilda mit einem Taschentuch von links und Greta von der rechten Seite.*

---

[777] Diese Vorstellungen finden sich auch in heutigen medikalen Diskursen. Gerade in der schwäbischen ‚Volkskultur' sind humoralpathologische Vorstellungen bis ins 20. Jahrhundert hinein gängig. Zu Medikaldiskursen vgl. auch S. Kienitz: Sexualität, Macht und Moral. 1995, S. 258. Kienitz stellt ebenfalls fest, „daß Konzepte von der Leiblichkeit, die für das 17. und 18. Jahrhundert beschrieben wurden, in der alltäglichen Praxis auch im 19. Jahrhundert zu finden sind." Sie stellt dabei die „Frage nach der Bedeutung dieser Erkenntnis im Rahmen der mentalitätsgeschichtlichen Theorie von der longue duree: handelte es sich hierbei um ein Phänomen der langen Dauer oder nur um ein Phänomen der historischen Ungleichzeitigkeit, um ein Nebeneinander von alten und neuen Ideen?"

[778] ABM: D.10.4,9a. TB Rosina Widmann, S. 133.

Hilda hatte etwas auf dem Taschentuch. Aether. Nun, nachdem die Greta sagte, ich dürfe tüchtig schreien, fing sie an.[...] Endlich brachte sie zu ihrem großen Erstaunen ein lebendes Kind auf die Welt. Die ganze Zeit heulte ich laut und die Hilda half und die Greta sagte, sie wagte nicht die Hilda anzusehen, sonst hätte sie auch anfangen müssen. Bei ihr lief der Angstschweiss nur so herunter. Als sie den Kleinen brachten, wagte ich hinunter zu sehen und sah, wie die Eingeweide herauskamen."[779]

Sophie Basedow wurde am 26. Oktober 1899 entbunden - der Sohn Wilhelm starb bereits am 11. Mai 1900, sieben Monate alt, an einer Tropenkrankheit.

Aus ihrem Tagebuch ergibt sich das Bild einer resoluten, manchmal herrischen und unbeherrschten Frau. Sie hält nicht mit Kritik, vor allem an ihren Mitschwestern hinter dem Berg, beschimpft ihre schwarzen Dienstmädchen, teilt Ohrfeigen aus. Andererseits interessiert sie sich mit fast ethnologischer Neugier für die fremde Kultur und beurteilt diese oft nicht wertend, was eine Seltenheit darstellt. Nicht nur deshalb fällt dieses Tagebuch aus dem Rahmen, sondern auch, weil sie auf 226 Seiten nur einmal (!) Gott erwähnt. Um so bedeutsamer ist es, daß sie dieses eine Mal auf Gott zu sprechen kommt in Zusammenhang mit dem möglichen Tod des kleinen Säuglings, einer Freundin von ihr, der Missionarsfrau Dorsch [780]

Kindstode

Was als neues Leben im Ehebett begann, konnte auch als Tod im Kindbett enden.

Die Fälle, in denen entweder das Kind oder die Mutter oder beide bei der Geburt umkamen, sind zahlreich. Sie begegnen uns immer wieder - es scheint, als ob die 'Gebärproblematik' während unseres Untersuchungszeitraumes, unabhängig vom Missionsgebiet und der Zeit, nicht kleiner wurde, sich allenfalls graduell veränderte.

Das Tagebuch der Debora Müller, seit 1879 Missionarsfrau in China (Kayintschu) beschreibt unter dem Eintrag vom 3. November 1902:

"Abends viertel zehn Geburt unseres ersten Söhnchens Herbert. Am Vormittag starke Wehen [...] Es ging schwerer als beim ersten, aber gut nochmal. Gott sei Lob und Dank.

4. November 1902: Herbert schläft fast immer. Habe heute noch heftige Schmerzen [...].

5. November 1902: [...] Und dem Kleinen geht es recht gut. Er schläft und schreit nicht viel."[781]

---

[779] Zit. nach W. Haas: Erlitten und erstritten, S. 48.
[780] ABM: E-10,49a. TB Sophie Basedow, S. 141.
[781] PN: TB Deborah Müller, S. 192.

Einen Monat nach der Geburt, am 2. Dezember, beginnen die Sorgen und Ängste.

> *„Herbert unser Liebling hat in der Nacht viel geschwitzt. Angstschweiß. [...] Ich nehme ihn fest auf, er ist im Gesicht schwarzblau, der Doktor kommt. Herbert erholt sich wieder etwas. Der Doktor steckt ihn ins warme Bad, übergießt ihn mit kaltem Wasser. Es hilft nicht viel. Dr. W. sagt, wir sollen ihn ruhig hinlegen und einschlafen lassen. Oh, dieser Schreck. Wir nehmen Abschied von dem süßen Herbert."*[782]

Einen Tag später:

> *„Heute vormittag um dreiviertel neun ist unser kleiner innigst geliebter Herbert heimgegangen. Oh wie dankbar wir für die endliche Erlösung sind, so furchtbar weh es auch tut."*[783]

Geburt und Tod lagen häufig sehr eng beieinander. Die Erfahrung, ein Kind zu verlieren, mußte ein Großteil der Paare machen. War die Geburt gut vorübergegangen und die Mutter wohlauf, hieß das noch lange nicht, daß es auch so bleiben würde. Manche Kinder starben bereits wenige Monate nach der Geburt, andere überlebten mehrere Jahre. Auch wenn es sozusagen an der Tagesordnung war, ein Kind zu verlieren, scheint die kollektive Erfahrung den individuellen Schmerz keineswegs gemildert zu haben. Umgekehrt scheint eben diese Kollektiverfahrung eine gewisse Sensibilisierung für fremdes Leid erzeugt zu haben.

Ein Beispiel hierfür könnte Luise Maisch sein, die in Briefen an die Eltern in Gerlingen von Todesfällen in China erzählt:

> *„Vor einigen Wochen starb die junge Frau des Dr. Schoch in Kayintschu. [...] Sie erwartete um die Jahreswende herum ihr erstes Kindchen und hatte viel Erbrechen, das sie schließlich ganz elend machte. [...] Nähere Nachrichten über ihren Tod fehlen uns noch. Aber es hat mich tief erschüttert. Letztes Jahr kamen beide heraus als junges Ehepaar, Otto half ihnen einziehen, und sagte, daß sie eine stattliche blühende Frau gewesen sei und jetzt liegt sie schon in Chinas Erde. Da kommt mir unser Glück so groß und unverdient vor und wir sollten viel viel mehr noch dafür danken."*[784]

Marie Witwer-Lüthi, Missionarsfrau in Kamerun, schildert in ihren Briefen in die deutsche Heimat voll Mitgefühl ebenfalls die Todes- und Krankheitsnöte um sie herum - in fast identischem Wortlaut wie Luise Maisch.

> *„Bei unserem Besuch in Duala bot sich mir auch Gelegenheit die kranke Frau Schwarz in Bonanjo zu besuchen. Einen Monat vor uns war sie als Braut gesund und blühend ins Land gekommen. Nun lag sie schon fünf Wochen an einem Darmleiden krank und sie war sehr schwach. Einige*

---

[782] Ebd.
[783] Ebd.
[784] PN: Brief v. Luise Maisch, Hoschuwan/China, an die Eltern Wilhelms, Gerlingen. 25. Juli 1909.

Tage nach unserer Ankunft in Lobetal erreichte uns die Trauerbotschaft, sie sei heimgegangen. Ein furchtbarer Schlag für Bruder Schwarz, nach so kurzer Zeit seine zweite Gattin zu verlieren. Für uns wars wieder eine neue Mahnung, daß wir uns hier noch mehr als daheim auf den Ruf des Herrn bereit halten sollten.

„Letzten Donnerstag kamen zwei Brüder von Sakbayeme. Sie mußten aber eine gar traurige Nachricht mitbringen. [...] starb die junge Frau Missionar Hässig nach zweitägiger Krankheit (Schwarzwasserfieber). Ihr erinnert Euch vielleicht noch an sie, als sie als Fräulein Richter (so blühend) Euch einen Besuch machte. [...] und jetzt ruht sie schon im Grabe. Sie hatte auch ein Kleines erwartet [...]. Mich hat dieser Fall tief erschüttert, mußte ich mir doch aufs neue sagen, daß man hier ganz besonders sich bereit halten müsse."[785]

Die eigene Sterblichkeit wurde durch das Sterben der anderen offenbar erst recht bewußt. Was sich natürlich andererseits auch wieder auf die dauernde, bereits zu Lebzeiten praktizierte Hinwendung zum Jenseits - wie es dem christlich-pietistischen Glauben immanent ist - zurückführen läßt.

Der 'fremde Tod' machte nachdenklich, regte zu guten Vorsätzen an, erschütterte mitunter, hinterließ so seine Spuren - doch der Tod in der eigenen Familie, wie der Tod eines Kindes, traf ins 'eigene Fleisch'. Wie tief dieser Schmerz sitzen konnte, mag das Beispiel der Elisabeth Oehler-Heimerdinger anschaulich zeigen, die mit Wilhelm Oehler von 1909 bis 1920 in China lebte. Als Schreibende waren für sie Gedichte das Medium, durch das sie persönlichen Gefühlen Ausdruck verlieh. Jahrelang belastete sie ihre Kinderlosigkeit, dann gebar sie den ersehnten Sohn, der tragischerweise kurz nach der Geburt aufgrund fehlender medizinischer Versorgung starb.

„Was wir vom Christkind heiß begehrt,

ward uns gegeben;

zu kurz nur hat das Glück gewährt,

war nicht fürs Leben.

Das süße Kindlein hat uns bald

allein gelassen;

ich aber steh und weine halt

und kanns nicht fassen.

Leer sind mir wieder Arm und Schoß,

mein Herz zerissen;

sag, sollen wir denn kinderlos

uns immer wissen?[786]

---

[785] ABM: TB-10.24,1. TB Marie Wittwer-Lüthi, S. 16.
[786] PN:Elisabeth Oehler-Heimerdinger: Gedichte, S. 35.

In einem Tagebucheintrag vom 2. Dezember 1917 erfahren wir die genaueren Hintergründe:

> „Oh wie lebendig spürte ich noch das Kindlein. Aber es kam nicht [...]. Die Ärztin probierte hin und her[...]. Wilhelm machte die Narkose. Wir befahlen Gott uns und das Kindlein an, aber als ich erwachte nach einer halben Stunde hörte ich Wilhelm sagen: Oh versuchen sie alles, alles es zum Leben zu bringen, sonst wäre ja meine Frau untröstlich! - Ich wußte alles.- ich war wie betäubt und wundre mich nur wie ich weiter leben konnte! Ich wünschte, ich wäre mit dem Kindlein gestorben.[...]"[787]

Auch Luise Maisch wurde von einem Schicksalsschlag aus der Bahn geworfen. Ihre beiden einjährigen Zwillinge starben an einer nicht näher bezeichneten Tropenkrankheit. Sie wird später durch ein Paket aus der Heimat wieder auf ihren eigenen Schmerz über den Tod der Kinder zurückgeworfen. Die Großeltern hatten ein Paket mit Spielsachen für die Enkel und einen neuen Kinderwagen nach China gesandt. Als dieses Paket in China ankam, waren die Zwillinge bereits gestorben. Diese Nachricht hatten die Großeltern vermutlich in der Zwischenzeit erhalten.

> „Mit welchen Gefühlen wir ausgepackt haben, darüber laßt uns schweigen. [...] Der Sportswagen ist ein wahres Prachtstück, wir dürfen gar nicht daran denken, wie schön es gewesen wäre. Ebenso die Spielsachen, wir packten sie schnell wieder ein. Mit wieviel Liebe habt ihr alles gekauft. Es tut uns aufs Neue weh, nicht nur für uns, sondern für Euch, daß nun alles in Trauer verkehrt ist."[788]

Die Geburt und der Tod eines Kindes betraf beide Elternteile, wobei anhand des vorliegenden Quellenmaterials nicht hervorgeht, ob es für die Frauen schwerer zu ertragen war, wenn ein Kind starb - im Hinblick darauf, daß die Missionare oft von der Missionsstation abwesend waren, sich also ablenken konnten, während die Frauen in der Mehrheit 'das Haus hüteten', vor allem, wenn weitere Kinder vorhanden waren. Oberflächlich betrachtet scheint es, als ob Männer, wenn sie von der Trauer um ein Kind sprechen, sogleich auf den Schmerz der Mütter verweisen. Dies könnte in Zusammenhang mit dem von Inspektor Josenhans formulierten und über die Jahre weiter tradierten Postulat gesehen werden: „Der Missionar gehört der Mission und der Gemeinde an."[789] Oberste Priorität sollte also nicht die eigene Familie, sondern die Missionsgemeinde haben. Vielleicht daher der Verweis auf die Mütter als Beweis der eigenen Unabhängigkeit. Doch der Ton und oft auch die detaillierte Beschreibung des Todes zeugen nicht selten von einer starken emotionalen Beteiligung gerade auch der Männer.

---

[787] PN: TB Elisabeth Oehler-Heimerdinger. 2. Dezember 1917.
[788] PN: Brief v. Luise Maisch, Hoschuwan/China, an die Eltern Wilhelms; Gerlingen. 22. März 1910.
[789] ABM: Joseph Josenhans: Ausgewählte Reden bei verschiedenen Anlässen gehalten. 1886.

Theodor Ritter, seit 1909 verheiratet mit Johanna Hoch und in Südindien stationiert, sendet am 9. April 1913 an Bruder Stokes, den Missionsarzt, folgende Mitteilung:

> *„Lieber Br. Stokes! Meine l. Frau kam gestern abend 10 Uhr 30 nieder. Die Geburt setzte mit schwachen Wehen morgens ein, die sich langsam steigerten. Es war keine leichte Geburt, weil Steißgeburt. Außerdem hat der arme Bub auf dem Kreuz ein halb faustgroßes Gewächs."*[790]

Johanna Ritter schildert in ihren „Erinnerungen aus der Kinderstube", so der Titel eines Tagebuches mit vorgefertigtem Datum und jeweiligen Bibelversen als Tagessprüchen, die näheren Umstände:

> *„[...] sagte man mir langsam, daß es nicht leben werde, und wenn es leben könnte, würde es nie gesund und normal sein [...]. Am 10. April hielten wir Haustaufe an meinem Bett. Traugott hießen wir unser Kindlein, denn wir kannten es Gott zu, daß Er es recht mache mit uns und dem Kindlein. 12 Tage hat das Kind gelebt und viel gelitten. Am 20. April, Sonntag, abends gegen 7 Uhr wurde es erlöst von seinem Leiden und so schwer uns allen der Abschied wurde von dem lieben kleinen Wesen , so war es doch für alle eine Erlösung und wie froh sind wir, es in des Hirten Arm und Schoß zu wissen.*[791]

Theodor Ritter beschreibt in einem Brief an die Eltern die weiteren Details:

> *„ Unser Büblein hat nun ausgelitten. [...] Es war dies das erste Mal, daß wir zusahen wie eines stirbt, wie es überhaupt der erste Todesfall in der Hoch'schen und Ritter'schen Familie ist. Ach, es war schwer zuzusehen wie das Leben mit dem Tode rang. Die Krampfanfälle, von denen ich das letzte Mal schrieb, sind mit jedem Tag heftiger geworden und die ruhigen Zwischenpausen immer kürzer. Oft waren es Stickkrämpfe, wo das arme Kind lang den Atem anhielt. Dann zitterte es mit den Armen, zuckte mit den krampfhaft geschlossenen Fäusten, rollte die Augen hin und her, dass es ganz entsetzlich zum Ansehen war. [...] Gegen Ende der Woche wurden die Krämpfe so häufig, daß man knapp Zeit fand es zu baden oder die Nahrung zu geben.*
>
> *So war es namentlich gestern an seinem letzten Erdentag. [...]. Nachmittags kam es fast überhaupt nicht mehr zur Ruhe, Anfall folgte auf Anfall, ohne Ruhepausen. Dann wurden sie schwächer, die Hände wurden blau und kalt, dann auch die Beinchen. Von 6 Uhr an lag es still da , keine Zuckungen mehr, der Atem war stöhnend, kurz und gleichmäßig. Mit jeder Viertelstunde sah man, daß das Tempo langsamer wurde. Das Gesicht wurde bleich, die Augen leblos. Endlich um 6 reckt es noch einmal die Ärmchen, dreht noch den Kopf, atmet noch einmal tief und die Seele war entflohen. [...] und so suchte ich gestern abend noch im Mond- und Later-*

---

[790] PN: Brief v. Theodor Ritter, Puttur/Indien, an William Stokes, Indien. 9. April 1913.
[791] PN: „Erinnerungen aus der Kinderstube". Johanna Ritter. Eintrag 10. Juni 1913.

nenschein ein schönes Plätzchen im Kompound, der auch für die Zukunft als Europäerfriedhof reserviert werden kann; dort unter einem feinblättrigen, friedlich aussehenden Nellibaum ließ ich das Grab graben. Bei aller Trauer machen wir uns klar, daß da wir das Kind ja doch nicht behalten durften, die Hergabe jetzt uns am leichtesten wird. Und dem Kind ist es ja zu gönnen, daß es dieser Welt, die ihm keine Freude je gebracht hätte, bald hat wieder verlassen dürfen. Die Sorge, das Bangen, der Zweifel ist jetzt genommen und wir wissen es beim Herrn gut aufgehoben." [792]

An den Schwager Fritz, der der Pate für den kleinen Traugott hätte sein sollen, schreibt er:

"Das liebe Hanni hat den Schmerz durchgekostet. Sie wandte kaum ein Aug ab und hielt unausgesetzt ihre Hand auf das Köpfle, bis der letzte Atemzug getan war." [793]

Dieser Todesfall wird deshalb so ausführlich zitiert, da hier einerseits die starke emotionale Beteiligung des Vaters deutlich wird, andererseits aber auch bestimmte Konstanten, die den spezifischen Umgang mit dem Tod betreffen und immer wieder zum Ausdruck gebracht werden - ob in Briefen, Tagebüchern, Nekrologen oder Beileidsbezeugungen - sichtbar werden.

Es ist dies einerseits der individuelle Schmerz und die Trauer, die beim Tod eines Nahestehenden empfunden werden, hier verdeutlicht durch die minutiöse, akribische Schilderung des Sterbens des Kindes. Die Ausführlichkeit in diesem Falle hat wohl weniger mit den detaillierten Schilderungen in offiziellen Nachrufen - in welchen vorbildliches Sterben immer wieder thematisiert wird - zu tun, als vielmehr mit dem 'Schock des ersten Males'. Der Tod dieses Kindes hat gewissermaßen die imaginierte Kontinuität der ganzen Familie durchbrochen, und dies scheint zumindest bei Theodor Ritter zu bewirken, daß ihm auch der mögliche Tod der anderen Familienmitglieder tiefer bewußt wird, was wiederum die Vorstellung von der Familie als unveränderlicher Größe, als 'lebendem Bild' ins Wanken geraten läßt.

„In des Hirten Arm und Schoß"

Daß der Tod Brüche im Leben verursacht und der Bruch mit dem Leben ist, das ist nichts Neues. Im christlich-pietistisch geprägten Lebenslauf mündet er im „Aufgehobensein bei Gott" und zwar nicht nur auf die Toten, sondern auch auf die Überlebenden bezogen.

---

[792] PN: Brief v. Theodor Ritter, Puttur/Indien, an die Eltern und Geschwister. 21. April 1913.
[793] PN: Brief v. Theodor Ritter, Puttur/Indien, an Fritz Hoch. 22. April 1913.

Die dialektische Spannung zwischen Leid und Trauer und der Verkehrung derselben in positive Seinserfahrung begegnet uns in den Quellen im Zusammenhang mit Krankheit und Tod immer wieder.

Eine sehr gebräuchliche Metapher, vor allem bei dem Tod von Kindern, war, daß sie nun „in des Hirten Arm und Schoß" lägen und das „Irdische Jammertal" nicht zu durchschreiten bräuchten. Sie müßten also die „irdische Mühsal" nicht erdulden und auch den „Anfechtungen des Satans" nicht widerstehen.

So konnte der Tod des Kindes auch eine Art des 'Auserwähltseins' bedeuten, da das Kind und damit auch das Elternpaar durch sein frühes Sterben privilegiert war, weil es früher als andere in die 'ewige Heimat' aufgenommen wurde. Diese Sicht erleichterte den Trennungsschmerz, was andererseits nicht bedeuten muß, daß er dadurch verschwand. Denn auch dieser hatte wiederum seinen Sinn. Theodor Ritter betont, daß seine Frau Johanna nun „den Schmerz durchgekostet hat."

Dies bringt sie in ihrer persönlichen Heiligung voran, es ist die Chance, auf diese Weise ihre Leidensfähigkeit unter Beweis zu stellen und einen weiteren Schritt auf dem Wege zur Vollkommenheit zurückzulegen. Dieses fatalistische Annehmen von Schicksalsschlägen - wie wir es heute vielleicht formulieren würden - beinhaltet die Unterwerfung unter Gottes Willen und Führung. Kein Aufbegehren gegen dieses Leid, im Gegenteil: ein „Durchkosten"; die Leidenserfahrung als sinnliche Erfahrung. Denn - bildlich gesprochen - folgt auf das Kosten das Hinunterschlucken, aber nicht zum Zwecke der 'Verdauung des Leides', sondern um es 'auszukosten', in sich aufzunehmen und anzunehmen. Um weiter in diesem Bild zu verweilen: ein Hinunterschlucken kann andererseits auch in ein Verschlucken münden und ein Gefühl des Erstickens auslösen.

In diesem Sinne könnten wir die - allerdings seltenen - Fälle, in denen das Muster der Unterwerfung unter das erfahrene Leid durch Aufbegehren, Anklage und das Infragestellen des Glaubens durchbrochen wird, als ein 'Sich verschlucken bei dem Durchkosten' des Schmerzes interpretieren.

Bis daß der Tod Euch scheidet

> *„Freilich überwog der Schmerz um den Mann den Schmerz um die Kinder."*[794]

Diesen aufschlußreichen Satz notierte Friederike Genähr in ihr Tagebuch anläßlich des Todes ihrer beiden kleinen Söhne und ihres Ehemannes, die sie alle drei in nur einer Nacht verlor. Sie starben, wie bereits erwähnt, an der Cholera.

Dies leitet über zu der Frage: Was bedeuteten Krankheit und der mögliche Tod eines Partners für die Paarbeziehung? Wie ging man damit um, was folgte daraus?

---

[794] PN. TB Friederike Genähr, S. 150.

Manch eine Geschichte - wie die folgenden - ist schnell erzählt. So zum Beispiel die der drei Missionarsfrauen Sophie Basedow, Christine Dorsch und Ottilie Walker. Für eine kurze Zeit, von 1901 bis 1903, befanden sie sich auf einer Missionsstation in Nyasoso, Kamerun. Sie lebten nur wenige Meter räumlich voneinander entfernt, trafen sich häufig, gingen gemeinsam zu Krankenbesuchen ins nahegelegene Dorf, halfen sich gegenseitig in Notfällen.

Sophie Basedow verläßt Kamerun im Jahre 1903, zusammen mit ihrem Ehemann. - Christine Dorsch aus Heidenheim, die seit 1898 als zweite Frau mit Heinrich Karl Dorsch verheiratet ist, bekommt 1902 das zweite Kind und stirbt 1904 an den Folgen der Geburt des dritten Kindes. Sie ist 30 Jahre alt. - Dorsch heiratet 1909, vermutlich nach seiner Rückkehr nach Europa, Karoline Hermine Ottilie Piper aus Hall. Sie leben in Württemberg und der Schweiz, bekommen vier Kinder. Nach 40jähriger Ehe stirbt Karoline 1961 in Basel. - Ottilie Walker, Schweizerin aus dem Aargau, zweite Frau von Gottlob Walker, der bereits zwei Kinder aus seiner ersten Ehe hat, bekommt im Dezember 1902 die zweite Tochter, Mathilde. Fünf Monate später stirbt sie im Alter von 32 Jahren, wohl ebenfalls an den Folgen der Geburt. Eineinhalb Jahre später heiratet Gottlob Walker die 12 Jahre jüngere Amalie Hauser, ebenfalls aus dem Kanton Aargau stammend. Sie bleiben nur kurze Zeit in Kamerun. Amalie Hauser wird 94 Jahre alt.

Diese Geschichten, wobei es etliche dieser Art zu erzählen gäbe, vermitteln uns die äußeren Fakten und erzeugen ein ganz bestimmtes Bild: das von Männern, die die erste, teils auch die zweite Frau auf dem Missionsfeld 'opfern', um sich dann mit der dritten nach Europa zurückzuziehen. Erst dieser Rückzug eröffnet den 'letzten' Ehefrauen die Chance zum Überleben. Doch lassen sich diese und andere Geschichten nicht auf ein eindimensionales Bild reduzieren. Ein differenzierteres Studium der Quellen vermittelt auch andere Bilder.

Bindungen

Krankheit beispielsweise konnte die Beziehung der Paare stärken, eine tiefere Bindung herstellen.[795] Man kam sich näher - im übertragenen wie wörtlichen Sinne. Gegenseitige Pflege und die Sorge um den anderen scheint eine gewisse Intimität geschaffen zu haben. Der Prozeß einer gegenseitigen Annäherung könnte nicht nur, aber auch durch Krankheit beschleunigt worden sein. Denn die körperliche Zuwendung im Krankheitsfall beinhaltete auch seelische Hinwendung. Dies scheint in den Quellen immer wieder auf. Wilhelm Maisch äußert sich dazu vor seiner Heirat:

„*Man sehnt sich nach und nach nach einem eigenen Herd und eigenem Tisch, ganz abgesehen davon, daß es auch in Tagen der Krankheit mißlich*

---

[795] Krankheit als Faktor beim Scheitern einer Ehe ist anhand des vorliegenden Quellenmaterials nicht auszumachen. Dies sagt allerdings wenig darüber aus, inwieweit Krankheiten als Belastung für die Beziehung empfunden wurden.

ist, immer auf fremde Leute angewiesen zu sein, wenngleich sie tun, was sie einem an den Augen ablesen können."⁷⁹⁶

Als seine Frau Luise zwei Jahre später krank auf der Missionsstation ist und er sich auf Predigtreise befindet, schickt er ihr folgende Zeilen:

„*Liebste Luise. [...] Du Arme. [...] Hast Du nachts Fieber und ich bin nicht einmal bei Dir, überhaupt niemand, der Dir helfen würde ein Hemd zu wechseln oder Dir ein Glas Wasser bringt. [...] Könnte ich doch schon morgen heim zu Euch. Ich werde unter allen Umständen heimkommen, auch wenns regnet. Liebster Schatz, gelt, werd mir nur nicht krank.*"⁷⁹⁷

Aufeinanderangewiesensein im Sinne einer Notgemeinschaft einerseits, eben aufgrund fehlender ärztlicher Versorgung einerseits, aber auch Angewiesensein auf seelische 'Streicheleinheiten' andererseits - das sind zwei Facetten des komplexen Beziehungsmusters, die immer wieder zur Sprache kommen.

Marie Knausenberger, Missionarsfrau in Indien, leidet seit geraumer Zeit an starken Asthmaanfällen. In einem Brief an ihre Freundin Salome Harder in Colmar äußert sie sich über ihren Ehemann:

„*Mein Mann ist sehr lieb und geduldig mit seinem unnützen Frauchen und verwöhnt mich fast. [...] Mein l. Mann ist sehr besorgt um mich und gibt mir homöopathische Arzneien, die aber noch wenig geholfen haben. Besser hilft sein liebes ernstes Gebet [...]. Bete recht für uns, vielleicht, daß der Vater mich wieder gesund macht, denn ich habe meinen Mann so lieb und bliebe noch gern bei ihm.*"⁷⁹⁸

Solche seelisch-moralische Unterstützung war ein Eckpfeiler der Beziehung.

Hanna Bohner, Missionarsfrau auf der Goldküste, erinnert sich im Rückblick an den Tod ihres Sohnes Heinrich. Außer der Trauer darüber thematisiert sie vor allem die Abwesenheit ihres Mannes, die fehlende Unterstützung.

„*[...] aber das Kindlein starb und mein Mann war noch nicht angekommen, es mußte beerdigt werden und mein Mann war noch nicht da, erst nachher kam er.*"⁷⁹⁹

Die Erfahrung des Alleinseins, der Einsamkeit, des Auf-sich-selbst-Gestelltseins machten vor allem Frauen, deren Männer häufig auf Predigtreisen unterwegs waren, was eine oft tage- oder wochenlange Abwesenheit bedeutete. So auch nicht selten in Krankheitszeiten. Nicht immer war der Partner erreichbar oder konnte rechtzeitig wieder zur Stelle sein.

---

[796] PN. Brief v. Wilhelm Maisch, Thamha/China, an seinen Bruder Ludwig, Gerlingen. 28. Mai 1906.

[797] PN: Brief v. Wilhelm Maisch, Tungsimpa/China, an Luise Maisch, Hoschuwan,/China. 19. Juni abends.

[798] ABM: FR I/203. Brief v. Marie Knausenberger, Hubli/Indien, an Salome Harder, Colmar. 23. Februar 1882.

[799] ABM: D-10,40. TB Hanna Bohner, S. 29.

War er aber doch zur Stelle, das heißt, befand sich das Paar in einer Krankheitsphase am gleichen Ort, dann kam die erwähnte gegenseitige seelisch-moralische Unterstützung zum Tragen. Missionar Krayl bemerkt am Rande eines Nachrufes auf seine Frau:

> „Leider hatten wir keinen Arzt, wir sind so gänzlich auf uns selber angewiesen."[800]

Der Ausdruck „gänzlich auf uns selber angewiesen" könnte auch als Zurückgeworfensein auf einander gedeutet werden. Die Krisensituation, hervorgerufen durch äußere Faktoren wie fehlende ärztliche Unterstützung und auch die Fremde, die dadurch zu einer eigentlichen Bedrohung wurde - auch das wird oft thematisiert - schuf Anlaß und Raum, offen über gegenseitige Gefühle, Ängste und Hoffnungen, jenseits des christlichen Glaubenssystems zu sprechen.

Der 'pietistische Code' diente anfänglich als Instrumentarium, mittels dessen heikle Themen wie die Liebe zwischen Mann und Frau beispielsweise in Verlobungsbriefen indirekt angesprochen werden konnten. Indem diese Liebe als Gottesgeschenk und unter Gottes Führung stehend interpretiert wurde, hatte der Bräutigam die Möglichkeit, die Braut im Namen Gottes brieflich küssen und so sein eigentliches Bedürfnis in akzeptierter Form zu artikulieren - das scheint in existentiellen Krisensituationen, wie im Falle einer schweren Krankheit, an Bedeutung zu verlieren. Es fällt auf, daß religiöse Floskeln nun seltener angewandt werden, daß auf den pietistischen Code verzichtet werden kann. Vielleicht ist dies ein Indiz dafür, daß eine gewisse Nähe und Intimität vorhanden war, die nicht religiös überfrachtet werden mußte. Es scheint, als ob das 'Konzentrat' der Beziehung freigelegt wurde.

Missionar Kies schreibt in einem Nachruf auf seine Frau:

> „Gegenseitige Herzenserklärungen, Gebete und Seufzer mit Thränen füllten den Nachmittag aus."

Diese Herzenserklärungen zeugen von einer inneren Bindung.

Blick zurück

Was Philippe Ariès als den „Beginn der Lüge"[801] bezeichnet, nämlich den oder die Sterbende über seinen oder ihren Zustand im Unklaren zu lassen, den Tod zu verdrängen, diesen Wandel im Umgang mit dem Tod, den er im beginnenden 19. Jahrhundert datiert, finden wir so in unserem speziellen Kontext nicht.

Im Gegenteil: Hier ist es eher der 'Beginn der Wahrheit', der man ins Gesicht blickte, was nicht heißt, daß man davor nicht möglicherweise gern die Augen verschlossen hätte.

---

[800] ABM: HB April 1910.
[801] P. Ariès: Geschichte des Todes. 1981, S. 717.

Krankheiten, wie leichtere Malariaanfälle beispielsweise, wurden oft als „kleine Fieber" bezeichnet und durchaus, solange es ging, verdrängt. Verschlimmerte sich der Zustand aber, so begegnete man sich mit einer - aus heutiger Sicht - geradezu radikalen Offenheit, die für Lügen wenig Raum ließ. Diese Offenheit hing natürlich mit der bereits erwähnten 'pietistischen Sterbensfrömmigkeit' zusammen, die auch eine bewußte Vorbereitung auf den nahen Tod miteinschließt. Diese Offenheit hatte aber nicht nur mit der Vorbereitung auf den Tod selbst zu tun, sondern auch mit der Vorbereitung des zurückbkeibenden Partners auf das (zukünftige) Leben.

> *„Als ich wieder ruhiger geworden war, theilte sie mir dann noch ihre Anordnungen und Wünsche, namentlich in Betreff ihres neugeborenen Kindes mit."*

So schreibt Missionar Kies, dessen Frau in Indien an Typhus starb.

Rosina Widmanns bange Frage an ihren vermeintlich im Sterben liegenden Ehemann Georg, was sie dann ohne ihn anfangen solle, beantwortete er so:

> *„Du hast ja Gott und sein Wort. Und wenn nun eine Frau hierherkommt, so kannst du dich an diese halten. Die kann dann auch besser mit dir fühlen."*[802]

An der Grenze

Im Gegensatz zu der Krankheit, die gemeinsam durchstanden und überwunden wurde und dadurch die gegenseitige Verbindung stärkte, war der Tod die Trennung (zumindest im diesseitigen Leben - auf Wiedervereinigung im Jenseits wurde natürlich gehofft). Er markierte eine Grenze, die nicht überwunden werden konnte. Dabei stießen Frauen wie Männer an ihre eigenen Grenzen, die sie in eine doppelsinnige, in sich widersprüchliche Position versetzten.

Nachrufe mögen als Quelle problematisch erscheinen - was die geschilderten Befindlichkeiten betrifft, da sie offizielle Dokumente sind, die in Form und Inhalt bestimmten Richtlinien folgen. Dennoch vermitteln sie am Rande Einblicke in die Konflikte, die sich aus dem Tod der Ehepartnerin für die Missionare ergaben.

Die formale Struktur der Nachrufe folgt einem bestimmten Muster. Auf einen kurzen Lebensabriß der Verstorbenen folgt ihre Charakterisierung als „geliebte Ehefrau, vorbildliche Mutter" und, in den meisten Fällen, als „Pflegerin in schlechten Tagen".[803] Der Verweis auf ihre Funktion als Krankenschwester macht die alltägliche Präsenz der Krankheit deutlich. Darauf folgt in der Regel eine mehr oder weniger ausführliche Schilderung der letzten Tage und Stunden der „Heimgegangenen".

---

[802] ABM: D.10.4,9a. TB Rosina Widmann, S. 81.
[803] In 40 von 64 Nachrufen fanden sich diese Bezeichnungen in abgewandelter Form.

Diese Darstellungen hatten vordergründig den Sinn, 'vorbildliches Sterben' zu thematisieren und demonstrieren. Dem „plötzlichen Tod"[804], der einen im Schlaf und unvorbereitet überrascht, wird der bewußte, seelenvolle, dekorative Tod vorgezogen, bei dessen Darstellung vor allem die 'letzten Worte' der Verstorbenen im Vordergrund stehen. Manch eine Darstellung gerät so zum inszenierten Lehrstück[805]: Die Bühne ist das Sterbezimmer, die Hauptdarstellerin die Sterbende, flankiert von dem Nebendarsteller in der Rolle des Ehemannes und den Statisten in der Rolle der Kinder und herbeieilender Missionsgeschwister. Das dramatische Erleben und dessen Inszenierung erreicht seinen Höhepunkt in den 'letzten Worten', die die Sterbende ausspricht. Deren Intention ist die Vermittlung einer Botschaft an die Zurückbleibenden, deren Bandbreite vom Zitieren bestimmter Bibelstellen über Resümees das bisherige Leben betreffend bis hin zu artikulierter Vorfreude auf die nahende jenseitige Geborgenheit in Gottes Armen reicht. Allen diesen Varianten ist ein Weisungscharakter gemeinsam, sie modellieren ein Bewältigungsmuster für die Nachfolgenden.

Das Fehlen dieser 'letzten Worte' wird meist eigens betont und bedauert. Missionar Walker aus Akropong/Westafrika klagt:

„Ach daß Sie mir und uns allen, die um ihr Sterbebette versammelt waren, nur auch Ein Wort des Abschieds noch hätte sagen dürfen"[806],

Einerseits wird dadurch die demonstrative Zurschaustellung erschwert - die Worte fehlen, was jedoch durch metaphorische Formulierungen, wie „im Sturm von der Seite gerissen" kompensiert werden konnte, da die Inszenierung so ein Stück Dramatik hinzugewinnt.

„Wie im Sturm ward sie dahingenommen, kein Wort des Abschieds war mehr über ihre Lippen gekommen."[807]

Andererseits wird auf der subjektiven Ebene, abgekoppelt von Demonstrationszwecken, doch das Bedürfnis nach letzten Botschaften deutlich, vielleicht weil ein stummer Tod nichts zurückließ, woran sich die Witwer, aber auch die Rezipienten des Nachrufes innerhalb der Missionsgemeinschaft halten konnten. Sie blieben mit leeren Händen, also ohne Erbe zurück. Die letzten Worte in ihrer Bedeutung des Erbes für die Hinterbliebenen betonte der Indienmissionar Hermann Kittel im Bericht über den Tod seiner Frau Anna

---

[804] Zur Thematik des plötzlichen Todes in Zusammenhang mit Vorstellungen vom Zorn Gottes vgl. H. D. Kittsteiner: Die Entstehung des modernen Gewisssens. 1995, S. 35. S. Sontag wiederum betitelt den plötzlichen Tod als „guten Tod". S. Sontag: Krankheit als Metapher. 1978, S.10.

[805] Auf die 'Kunst zu sterben', die 'Ars moriendi', die durch die detaillierten Beschreibungen des Sterbens vermittelt werden soll, weist auch M. Scharfe hin. Vgl. M. Scharfe: Evangelische Andachtsbilder. 1968, S. 297.

[806] ABM:HB 1869, S. 145.

[807] ABM: HB 1872, S. 151.

> *„Das Wort, das Sie noch kurz vor dem Tode in vollem Bewußtsein mitbetete, nehmen wir als mütterliches Vermächtnis."*[808]

Die in einigen Nekrologen wörtlich wiedergegebenen Dialoge zwischen der Sterbenden und dem Ehemann, die in die Schilderung der letzten Stunden ebenfalls miteinfließen, sowie Beschreibungen Dritter, die die Äußerungen der Sterbenden betreffen, losgelöst von den letzten Worten und deren Intention, vermitteln uns bei genauerem Hinsehen nicht immer die freudige Hinwendung zum Jenseits. Oft ist es eher das verzweifelte Sehnen nach dem Diesseits. Mit Hilfe von Gebeten sollten 'Gottes Wege' eine andere Richtung nehmen und das Leben erhalten. Die Hoffnung, dadurch eine Aufhebung des Todesurteils zu erzielen, ist das Leitmotiv.

Missionar Eisenschmid, dessen Frau Friederike 1867 nach zweijähriger Ehe in Kiebi, Afrika, innerhalb von drei Tagen am Gallenfieber stirbt, sendet einen Brief an die Basler Mission, der im September 1867 im Heidenboten als Nachruf veröffentlicht wird. Seine Schilderung umfaßt die letzten drei Tage seiner Ehefrau.

> *„Sie sprach die Hoffnung aus noch länger mit mir zusammen leben und arbeiten zu dürfen. Sie schlang die glühendheißen Hände um meinen Hals. Ich mußte weinen, betete aber aus der Tiefe meines Herzens um ihr Leben."* [809]

Über Anna Pauline Schwarz, deren Nachruf im Juli 1905 im Heidenbote veröffentlicht wurde, erfahren wir indirekt über die anwesenden „Geschwister":

> *„Er wolle die Hoffnung festhalten, daß Gott ihm seine Frau wieder neu schenken werde.[...] Sie ermunterte ihren Mann und die beiden Frauen öfter, recht ernst zu beten, dann werde der liebe Gott sie schon wieder gesund machen. [...] Er und wir hatten fast bis zuletzt gehofft, der Herr werde unsere Bitten erhören und sie ihm erhalten."* [810]

Auch Wilhelmine Krüger, deren Todesnachricht im Juni 1915 im Heidenboten erschien, tat sich mit dem Sterben nicht leicht.

> *„Aber Gott kann Wunder tun, daran hielt sie immer noch fest. Besonders schwer fiel ihr der Abschied von ihrem jüngsten Töchterchen. Als man es ihr brachte, da brach sie in die Worte aus: 'Ach, du Goldkind, lieber Gott, ach laß mich doch da!'"*[811]

Alle zur Verfügung stehenden medizinischen Möglichkeiten auszuschöpfen, war auch aus religiöser Perspektive gerechtfertigt:

> *„Der Missionar stirbt nicht am Fieber, sondern am Willen Gottes, hat Inspektor Josenhans einmal gesagt. Diese Überzeugung hindert aber nicht,*

---

[808] ABM: HB Mai 1911, S.
[809] ABM: HB September 1867.
[810] ABM: HB Juli 1905.
[811] ABM: HB Juni 1915.

daß wir zuweilen alles tun um die Gewalt des Fiebers zu brechen in der Hoffnung Gott lasse unsere Bemühungen nicht erfolglos sein." [812]

Missionar Giezendanner zeigt mit diesen Überlegungen, daß man als „Werkzeug Gottes" aktiv ins Krankheitsgeschehen eingreifen und sich zugleich der Führung Gottes überlassen konnte. Denn ob die Anwendung von Medikamenten erfolgreich ist oder nicht, das ist nicht des Menschen, sondern „Gottes Wille".

Die Krankheit nicht als Strafe[813], sondern als Prüfung Gottes zu interpretieren, die mit der Chance einherging, sich eines Besseren besinnen zu können, das heißt noch intensiver und inniger 'Gott zu leben' durch vermehrte Gebete: das ist ebenfalls ein immer wiederkehrendes Moment. Auch hier liegt der Sinn darin, einen Aufschub auszuhandeln, das Leben behalten zu können. Missionar Kies verdeutlicht dies im Nachruf auf seine Ehefrau Marie durch den folgenden Dialog, den er wortwörtlich wiedergab:

„Du kommst mir heute so merkwürdig vor, du hast ja gar keinen Muth mehr, während ich soviel Muth habe, du mußt den Glauben nicht fahren lassen Zu was hast du denn Muth, fragte ich, zum Leben oder zum Sterben? Sie antwortete: da kam mir der Gedanke, es könnte dem lieben Gott doch gefallen, mich wieder zum Leben zu führen, aber dann wollen wir ganz ihm leben, du bist doch auch mit mir einig? [...] Als ich wieder zurückkam, fragte ich sie, ob sie sich freue aufs Sterben, daß sie nun bald eingehen dürfte zu ihres Herrn Freude? darauf sagte sie: Das gerade nicht, ich habe noch Angst vor dem Thodestal, ob ich Glauben genug habe, auch ist es mir sehr arg für meine geliebte Mutter, meinen lieben Mann und mein liebes Kindlein." [814]

Der Nachruf auf Luise Preiswerk, die nach nur 14 Wochen an der Goldküste im Mai 1881 vermutlich an Malaria stirbt, bringt die auf das Diesseits bezogenen Hoffnungen - eher ungewollt - auf den Punkt. Im letzten Absatz heißt es:

„Im Phantasieren wollte sie nach Hause, zum „Ziel", Rheingasse 78, Basel." [815]

Nach Hause, Heimgehen ist in Todesanzeigen das Synonym für die 'ewige Heimat'.

Im Grunde war das Gebet um Erhaltung des Lebens verpönt; nach Zsindely stand kranken Pietisten früherer Jahrhunderte nichts ferner, „als Gesundheit durch aufdringliche Gebete zu erhalten."[816]

---

[812] ABM: HB 1865.
[813] PN: Brief v. Eugen Bommer, Mercara/Indien, an Lydia Schrempf, Besigheim. 21. Juni 1907. Krankheit als Strafe Gottes - diese Interpretation wurde im allgemeinen für die „Heiden" verwendet. Sie sollten durch Krankheit aus ihrer Sündhaftigkeit erweckt werden. Eugen Bommer äußerte sich anläßlich der in Indien grassierenden Pocken in eben diesem Sinne: „zur Erweckung der schläfrigen Leute". Er hofft, „daß das wirklich eine heilsame Frucht bei den Leuten sei."
[814] ABM: HB November 1865, S. 144.
[815] ABM: HB September 1881.

Dennoch - die Hoffnung auf ein Weiterleben, das Festhalten am Diesseits einerseits, die lebenslange Hinwendung zum Jenseits andererseits, dieser Widerspruch taucht in Tagebüchern und Briefen immer wieder auf.

Die Sichtbarmachung dieser „gebrochenen Diskursrealität",[817] auch in offiziellen Nachrufen, wirkt auf den ersten Blick erstaunlich, scheint es doch fast, als ob dadurch die angesprochene Demonstrations- und Vorbildfunktion der Veröffentlichungen konterkariert wird. Doch wäre dies am Thema vorbei argumentiert, da es sich eigentlich um erlaubtes 'Aus dem Rahmen fallen' innerhalb des Glaubens- und Überzeugungssystems handelt. Denn gerade durch die Schilderung innerer Konflikte wurde der dornenreiche, „verleugnungsvolle Weg der persönlichen Heiligung" nachgezeichnet und nachprüfbar gemacht.

Dennoch verweisen die folgenden Beispiele von Anklagen und Glaubenszweifeln - ebenso wie im Falle des Fehlens der letzten Worte - auch auf tiefergehende Konflikte, auf die subjektive Trauer und Ohnmacht beim Tod der Partnerin. Leitmotive der 'pietistischen Sterbensfrömmigkeit' wie „das Durchkosten des Schmerzes", die „Demütigung unter die starke Hand Gottes" als das fatalistische Annehmen des Leids stoßen dabei auf menschliche Grenzen, die ebenso wie der Tod nur schwer überwunden werden können.

> *„Sein Wille ist stets der beste, so singt man leichthin, wenn einem nichts gegen den Willen geht. [...] Loben, wenn das Herz blutet, loben angesichts der entseelten Hülle der eigenen Gattin, loben beim Blick auf ein neugeborenes Waislein, loben, wenn das eigene Kind fragt: wo ist denn meine Mutter?, loben wenn man ganz allein steht und auf Schritt und Tritt den Verlust spüren muß - das kann nur ein durch Gnade stark gemachtes Herz."*[818]

So bricht es angesichts des Todes seiner Frau Adelheid aus Missionar Digel heraus. Und Missionar Schmid begehrt auf:

> *„Wie manchmal hieß es bei uns in den letzten Wochen: „Herr, es ist genug! Es ist mir aus den letzten sechs Jahren keine Nothzeit erinnerlich, welche derjenigen der letzten Monate gleichzustellen wäre.*[819]

Ein Konglomerat vielfältigster, in sich widersprüchlicher Denk- und Verhaltensmuster wird sichtbar, das in Verbindung mit 'subjektiver Trauerarbeit' interpretiert werden könnte. Hilflosigkeit, Ohnmacht, Verzweiflung, aber auch Wut und Aufbegehren gegen das Unabänderliche stehen in Konflikt mit dem christlichen Glauben. Dieser Konflikt erreicht seinen Höhepunkt meist in einer

---

[816] E. Zsindely: Krankheit und Heilung im älteren Pietismus. 1962, S. 76. Das Stichwort hierbei ist ‚älterer Pietismus'. Er befaßt sich nicht mit der sogenannten Erweckungsbewegung des 19. Jahrhunderts. Die von Zsindely beschriebene Haltung betrifft diejenigen, die nicht „im Werk", in der Mission, ‚im Feld' tätig waren, die es also auch nicht so ‚dringend nötig hatten', um den Erhalt des Lebens zu beten.

[817] Vgl. M. Foucault: Archäologie des Wissens. 1973.

[818] ABM: HB November 1882, S. 82.

[819] ABM: HB Juni 1883.

Glaubenskrise, aus der aber nicht die Abwendung von Gott, sondern die stärkere Hinwendung zu ihm wieder hinausführt. Was auf den ersten Blick paradox erscheint, erhält so einen tieferen Sinn, da dadurch die Erziehung in der „Leidensschule" fortgeführt werden kann. Und was noch schwerer wiegt: Auch der Tod des geliebten Menschen erhält noch einen Sinn im Diesseits. Die dramatische Inszenierung des 'Lehrstücks Sterben und Tod' endet in den meisten Fällen versöhnlich. So lauten Missionar Breuningers Zeilen im Nachruf auf seine Frau:

„*Durch ziehende und erziehende Gottesliebe ist der Tod unserer Lieben deren letzte Tat für uns geworden.*" [820]

„Leidbilder im Schatten"

„*Man hört im ganzen in Missionsberichten wenig von dem Arbeiten, Kämpfen und Leiden der Missionsfrauen. Es vollzieht sich meistens alles, was sie tun, im Stillen und unter vier Augen, aber wer draußen gestanden ist, der weiß, wie viel zum Gelingen des ganzen Frauen von Art der Frau Hanhart beigetragen haben und wie sie oft auch mit zarten Händen und feinem Takt das wieder in Ordnung bringen und entwirren, was ungeduldige und rauhe Männerhände ungeschickt angefaßt haben*". [821]

So resümiert ein unbekannter Autor anläßlich des Todes der Missionarsfrau Mary Hanhart-Lang in Indien. Ihr Nachruf erschien im Februar 1909 im Heidenboten. Der Verfasser verweist mit diesen Zeilen hellsichtig auf das reale, historische 'Schattendasein' der meisten Missionarsfrauen - was das Öffentlichwerden ihrer Arbeit und ihrer Lebensführung betrifft.

Zwar wurden im „Evangelischen Heidenboten" und einem weiteren Publikationsorgan, dem „Heidenfreund" hin und wieder von Missionarsfrauen verfaßte Berichte veröffentlicht. Die Tendenz, diese Berichte als Gute-Nacht-Geschichten für Kinder oder als Unterhaltungsliteratur für 'arm-chair-travellers' zu deklarieren, wird bereits in der Anrede deutlich. Meist wenden sie sich bewußt an die 'lieben Freundinnen in der Heimat' oder an die „lieben Sonntagsschüler in St. Anna", wie im Fall der Hedwig Spellenberg, die ein „Reiseberichtchen" über „die ersten Erlebnisse eines weissen Kindleins in Afrika", ihrer Tochter Cornelia, veröffentlichte.[822] Die Form mancher Texte erinnert an Veröffentlichungen früher reisender Schriftstellerinnen, die sich in aller Regel ebenfalls explizit an

---

[820] ABM: HB Februar 1923.
[821] ABM: HB Februar 1909.
[822] W. Haas. Im Vergleich des Originaltextes v. 28. August 1905 und der gekürzten veröffentlichten Fassung im Heidenfreund 1906, den Waltraud Haas anläßlich eines Workshops der BM vorstellte, finden sich Hinweise auf einschneidende Veränderungen.

interessierte Frauen wandten, sich teilweise prophylaktisch dafür entschuldigten, eventuellen männlichen Lesern nichts Wichtiges bieten zu können.[823]

Nur wenn Missionarsfrauen ein offizielles Amt innehatten - etwa den Posten der Vorsteherin einer Mädchenanstalt, wenn das Missionspaar die Funktion der Hauseltern ausübte - dann waren vierteljährliche Berichte für das Komitee auch von der Missionarsfrau erwünscht oder sogar Vorschrift. Damit wurden sie theoretisch dem Manne gleichgestellt, allerdings nur, was die 'Ausübung der Pflicht ' betraf.

Im Hintergrund zu bleiben, dem Missionar nicht den Rang streitig zu machen, vor allem nicht in der Öffentlichkeit, hier natürlich der Missionsöffentlichkeit sowohl im Missionsgebiet als auch in der Heimat, - dies war eine der Prämissen, die die Frauen zu beachten hatten.[824]

Ob es an einer gewissen Verinnerlichung dieser Vorstellung liegen mag oder ob die Frauen einfach zu wenig Zeit fanden, sich außer in Tagebüchern oder Briefen in die Heimat, also privat, zu artikulieren, sei dahingestellt. Das Ergebnis bleibt dennoch dasselbe: Sichtbar, hörbar wurden viele Missionarsfrauen erst, wenn sie bereits die Augen geschlossen hatten. Erst nach ihrem Tod wurde in Nekrologen die Rede auf ihr Leben gebracht.

Die 'ideale Missionarsfrau' wird uns in der Figur der Mary Hanhart-Lang präsentiert, die mit zarten Händen und feinem Takt wieder in Ordnung bringt, was rauhe Männerhände ungeschickt angefaßt haben. Frauen als zarte, sensible Wesen zu beschreiben, die für die 'Gefühlskultur' zuständig sind und so der harten Männerwelt eine feminine Note geben, hat eine lange Tradition. Im Kontext der Mission interessiert weniger das Gegensatzpaar zarte Frauenhände versus rauhe Männerhände, sondern eine Zuschreibung, die ebenfalls im Bereich der Emotion angesiedelt ist: die Fähigkeit zu leiden. Nicht nur die leidvolle Erfahrung, die viele Frauen gerade in Zusammenhang mit Schwangerschaften, Krankheiten und Tod konkret gemacht haben, wird in Nachrufen immer wieder thematisiert, sondern darüber hinaus Leidensfähigkeit als eine grundsätzliche, in der weiblichen Natur begründete Eigenschaft von Frauen, die sie für Aufgaben der Selbstaufopferung, der Hingabe, des Dienens geradezu prädestinierte. Weniger das religiöse Konzept von Leiden im Sinne einer Leidenstheologie wird dadurch transparent, wie sie der Begriff der „Leidensschule" oder „die Schmelzhütte des Leidens" impliziert, als vielmehr die soziale Konstruktion des Idealtypus der Missionarsfrau.

---

[823] Vgl. J. Schopenhauer: Vorwort. Reise durch England und Schottland, S. 312.

[824] Dies galt nicht nur für Frauen in der Mission, sondern auch für Frauen 'auf dem Land', die mit ihrem Ehemann als 'Arbeitspaar' eine 'bäuerliche Ehe' führten. Maria Bidlingmaier weist etwa daraufhin, daß die Frauen, trotz einer großen Eigenverantwortlichkeit in den seltensten Fällen die 'äußere Herrschaft' anstrebten, sondern meist die Autorität des Ehemannes, vor allem als Vater ihrer Kinder akzeptierten. Hier wie dort nahmen sich die Frauen also zurück. Vgl. M. Bidlingmaier: Die Bäuerin. 1990 (origin. 1918), S. 164-168.

Deutlich wird dies an der Charakterbeschreibung Elise Kölle-Schmidts, die fast 20 Jahre lang - von 1895 bis zum Ausbruch des 1. Weltkrieges - im heutigen Ghana lebte:

> *„Der hervorragende Zug ihres Charakters aber war mehr die dienende Liebe."* [825]

Hanna Matthissen-Fritz, die 12 Jahre von 1882 bis 1894 in Südindien verbrachte, ist ebenfalls für die „dienende Liebe" zuständig.

> *Ihr Mann, der im Grund schon jahrelang ein kranker Mann war [...] mußte sich in den letzten Jahren seines Lebens auf die Blauen Berge zurückziehen. [...] Es handelte sich in erster Linie darum, einem Manne mit sinkenden Kräften nun in voller Hingabe zu leben und ihm mit Trost und Hilfe beizustehen."* [826]

Marie Gauger zieht an der afrikanischen Goldküste aus Befähigungen zum Dienen und Leiden eine Selbstbefriedigung:

> *„Pflege ihres kranken Bräutigams war vor der Hochzeit ihre Arbeit und Pflege ihres schwachen Mannes war nachher ihre Aufgabe, die sie mit großer Treue und Hingabe verrichtete. Leiden war also ihr Geschäft in Afrika und sie war ganz damit zufrieden."* [827]

Elisabeth Ruhlands Leidensfähigkeit wird wieder mit der weiblichen Natur in Verbindung gebracht. Sie lebte von 1875 bis zu ihrem Tod im Jahre 1881 in Indien.

> *„Es lag überhaupt nicht in ihrer Natur die Dinge leicht zu nehmen. Durch viel Leiden war sie gewohnt, die Dinge im Lichte der Ewigkeit zu betrachten."*[828]

Pauline Schaubs Charakter wird durch Leid 'veredelt'. Von 1877 bis 1900 lebte sie in China.

> *„Ihr äußerlich entsagungsreiches Leben ist dadurch innerlich so reich und froh geworden..."* [829]

Marie Daimelhuber, die von 1873 bis 1888 in Indien lebte, erhält aus der Leidensfähigkeit sogar noch eine lustvolle Befriedigung.

> *„Das Dienen war ihr eine Lust. [...] Das war ein unverkennbarer Zug ihres Wesens: in Liebe anderen dienen, für sich selber recht anspruchslos sein [...]. Sie wollte nichts anderes sein als eine Missionsfrau.*[830]

Julie Mayer-Breuninger dient 10 Jahre lang in China still ihrem Herrn, wobei wir diesen auch doppeldeutig verstehen könnten, als Gott - und Ehemann.

---

[825] ABM: HB März 1921.
[826] ABM: HB Januar 1920.
[827] ABM: HB Juli 1882.
[828] ABM: HB Oktober 1920.
[829] ABM: HB September 1927.
[830] ABM: HB 1908.

> „Die Verstorbene hat nie viel aus sich gemacht. Sie war eher schüchterner Natur. In aller Stille, Demut und Bescheidenheit hat sie mit den ihr verliehenen Kräften und Gaben ihrem Herrn treu gedient." [831]

Amalie Duisberg von Jaminet, die von 1885 bis 1899 an der Goldküste lebte, ist die ideale Missionarsfrau schlechthin.

> „So war ihr ganzes Leben bis zuletzt ein Leben der Arbeit und des Wirkens, ein Leben der Liebe, ein Leben des Dienens, der Selbstaufopferung für andere." [832]

Anspruch und Wirklichkeit

Demut, Bescheidenheit, Hingabe und Aufopferung rufen auf den ersten Blick Assoziationen von Schwäche und Passivität hervor. Um diesem im spezifischen Glaubenssystem verankerten vorgegebenen und erwünschten Verhaltensanspruch gerecht zu werden, mußten die Frauen aber - ganz im Gegenteil - ein enormes Maß an Durchhaltevermögen, Entschlossenheit und auch Mut aufbringen. Diese Eigenschaften wiederum werden nicht mit Schwäche, sondern mit Stärke assoziiert.

Die Prüfung Gottes - wie beispielsweise Krankheit interpretiert wurde - zu bestehen, sich der Hilfe Gottes anzuvertrauen, im weniger günstigen Fall auch das Opfer zu bringen und den Tod des Partners oder der Kinder als Fügung und Führung Gottes zu akzeptieren, aus dem Leid gestärkt und geläutert hervorzugehen - diese Stärke im Glauben wurde freilich von Männern wie Frauen gleichermaßen erwartet.

Doch was Männern als religiöse Verhaltenszumutung abverlangt wurde, das wurde Frauen darüberhinaus als soziale Verhaltenszumutung auferlegt.

Noch 1928 spricht der damalige Direktor der Basler Mission, Hartenstein, in einer Ansprache vor ausreisenden Missionaren, deren Ehefrauen und Missionsschwestern vom „seligen Verzicht."

> „Die Frau kann leichter und tiefer verzichten als der Mann. Ja, vielleicht liegt gerade im Verzichtenkönnen die tiefste Erfüllung des Frauenwesens [...]. Gerade dieses Keine-Rolle-Spielen und Zurücktreten-Wollen macht euch zu rechten Werkzeugen Gottes [...]." [833]

Der Tenor dieser Rede differiert nicht allzusehr von dem bereits erwähnten Nachruf auf Marie Gauger, der 1882 - also 40 Jahre früher - im Heidenboten veröffentlicht wurde. Hier hieß es wörtlich: „*Leiden war also ihr Geschäft in Afrika und sie war ganz zufrieden damit.*" Die Selbstverständlichkeit, mit welcher das 'So-Sein der weiblichen Psyche' festgeschrieben wurde, scheint bis weit ins 20. Jahrhundert überdauert zu haben. In diesem Sinne verweist gerade

---

[831] ABM: Februar 1923.
[832] ABM: HB Juni 1946.
[833] Zit. nach W. Haas: Erlitten und erstritten. 1994, S. 106.

die im Jahre 1928 gehaltene Ansprache Hartensteins auf die longue 'durée' einer speziell für Frauen festgeschriebenen und von Frauen geforderten Verzichtsideologie in religiöser und auch sozialer Hinsicht.

Demütig im Hintergrund zu bleiben, in aller Bescheidenheit jahrelang den kranken Partner zu pflegen, aufopferungsvoll für die Familie da zu sein, und das in aller Stille - Verzicht auf Anerkennung, auf ein längeres Zusammenleben mit den Kindern, auch auf den Partner, der oft wochenlang abwesend war - dies waren die vielfältigen Belastungen und Ansprüche, an denen manche Frauen auch scheiterten.

„In den handschriftlichen Briefen und Berichten von Missionarsfrauen im 19. Jahrhundert wird manchmal mit Sorge von der Ehefrau berichtet, die leider kaum arbeitsfähig ist, weil sie immer wieder an starken Kopfschmerzen leidet oder weil ständig Magenschmerzen sie plagen. Oft wird sie einfach als kränklich oder leidend beschrieben. Vielleicht würden wir heute solche Beschreibungen als psychosomatische Beschwerden begreifen,‟ konstatiert Waltraud Haas.[834]

Einerseits ist diese Einschätzung natürlich insofern problematisch, als es schwierig, wenn nicht gewagt erscheint, aus unserem Krankheitsverständnis und aus der historischen Distanz heraus quasi Ferndiagnosen zu stellen und körperliche Störungen, die von historischen Personen beschrieben wurden, im nachhinein als psychosomatisch zu etikettieren.

Andererseits scheint es wiederum nicht völlig abwegig auszuschließen, daß die bereits erwähnten Ansprüche, die von außen an die Frauen herangetragen wurden, und die damit verbundenen Belastungen in psychosomatische Beschwerden münden konnten. Es ist sogar sehr wahrscheinlich, daß dem so war - auch in unseren Quellen finden sich Anhaltspunkte für derartige Spekulationen.

Beispielsweise werden von Friederike Genähr, Missionarsfrau in China, die weiter oben als 'leidende Pietistin par excellence' beschrieben wurde, häufig Randbemerkungen notiert, in denen auf Kopfschmerzen, Magenschmerzen und sonstige unspezifische Befindlichkeitsstörungen aufmerksam gemacht wird. Friederike Genährs Lebensumstände waren, wie ebenfalls beschrieben, äußerst belastend und spannungsgeladen.

Auch für Luise Maisch, die, wie mehrfach erwähnt, ebenfalls Missionarsfrau in China war, scheinen Belastungen im Laufe der Jahre einen Großteil ihres anfänglichen Enthusiasmus genommen zu haben. Nach dem Tod ihrer Zwillingssöhne im Jahre 1910 bekam sie noch zwei weitere Kinder, einen Sohn und eine Tochter. Ab dem Jahr 1913 häufen sich in Briefen an die Schwiegereltern in Gerlingen Bemerkungen, die ihr dauerndes Alleinsein zum Inhalt haben. Ein Unterton der Resignation schwingt dabei oft mit. So stellt sie beispielsweise in einem Brief vom 8. Mai 1913 über ihre Beziehung zu ihrem Ehemann Wilhelm etwas deprimiert fest:

---

[834] Ebd., S. 107.

> *„Nun ist er in Lenphin um die Haupt- und Außenstationen zu besuchen und kehrt erst nach 4-5wöchentlicher Abwesenheit zurück. Ich kann mich jetzt sehr gut in diese Trennungen finden, da Wilhelm, auch wenn er zu Hause ist, so wenig Zeit für das Familienleben hat, daß ich eigentlich kaum etwas vermisse, wenn er ganz weg ist".*[835]

Wilhelm, der die Oberaufsicht über mehrere Stationen als Distriktpräses innehat, schien sich über den schleichenden Unmut seiner Frau im klaren zu sein, doch für ihn war die Arbeit die höchste Pflicht, der auch Luise Opfer bringen mußte. Er schreibt ein halbes Jahr später, im September 1913 - Luise war zu diesem Zeitpunkt hochschwanger - an seine Eltern:

> *„Als ich nach Honyen zur Synode abreisen mußte, hatte sie eben eine Zahnwurzelentzündung mit großem Abszeß [...]. Dabei Fieber mit großen Schmerzen. Ich mußte fort, es gab keine Wahl. [...] Wir waren noch nicht lange abgereist gewesen, da steigerten sich die Schmerzen derart, daß sie die Impflanzette nahm und sich mit Hilfe eines Spiegels den Abszeß im Mund aufschnitt. [...] Man gewöhnt sich hier außen an so manches."*[836]

Luise mußte sich offenbar auch weiterhin an die lange Abwesenheit Wilhelms gewöhnen. Im Juli 1914 stellt Wilhelm in einem Brief an die Eltern wiederum fast schuldbewußt fest:

> *„Seit letzten Dienstag bin ich wieder daheim, nachdem ich im 1. Halbjahr 102 Tage von Hoschuwan abwesend gewesen war, Luise und die Kinder also in 6 Monaten 102 Tage allein sein mußten. Im 2. Halbjahr solls besser werden."*[837] Luise schließt noch einige wenige Sätze an.

> *„Ich bin so froh, daß Wilhelm endlich einmal zu Hause bleibt, ich war es ganz müde, immer wieder zu packen. Am letzten Donnerstag wollte er wieder fort, da regnete es dermaßen, daß es unmöglich war."*

Als Nachtrag am Ende der Seite entschuldigt sie sich für die kurz gehaltenen Nachrichten an die Familie in Europa: *„Ich bin sehr müde, kann nicht mehr schreiben."*

Ermüdung, durch seelische Belastungen hervorgerufen oder durch die überwiegende, alleinige Verantwortung beispielsweise bei der Kindererziehung; oder auch Überlastung bei der zusätzlichen täglichen Versorgung etlicher kranker Chinesen, die auf die Missionsstation zur Behandlung kamen - Luise war ausgebildete Krankenschwester -, mögen vielleicht mit dazu beigetragen haben, daß Luise offenbar ernstlich erkrankt. Über die Art der Erkrankung erfahren wir aus den Briefen wenig - es bleibt verschwommen und läßt Vermutungen hinsichtlich der psychosomatischen Natur dieser Erkrankung als wahrscheinlich erscheinen.

---

[835] PN: Brief v. Luise Maisch, Hoschuwan/China, an ihre Schwiegereltern, Gerlingen. 8. Mai 1913.

[836] PN: Brief v. Wilhelm Maisch, Hoschuwan/China, an seine Eltern, Gerlingen. September 1913.

[837] PN: Brief v. Wilhelm Maisch, Hoschuwan/China, an seine Eltern, Gerlingen Juli 1914.

Wilhelm berichtet im Januar 1916 davon an das Komitee:

> *"Es ist jetzt ein Vierteljahr her, daß meine Frau das Bett hütet und sie kann heute, wenn auch Schlaf und Appetit besser geworden sind, immer noch nicht aufstehen. [...] Dr. Beier meinte: Ihr müßt einmal heraus aus Euren schwierigen Verhältnissen, weg von dem einsamen Hoschuwan.[...] Meine Frau braucht, auch wenn sie wieder besser ist, weitgehende Schonung und Pflege, der Charakter der Krankheit bringt es mit sich, daß sie immer jemand um sich haben muß um nicht in trübe Gedanken zu verfallen."*[838]

Als Kranke erhielt sie offenbar die Aufmerksamkeit, die ihr ansonsten nicht zuteil wurde. Ihr Verhalten nur als Flucht in die Krankheit zu interpretieren, wäre vielleicht eine zu einseitige Auslegung der konkreten historischen Umstände. Mehrere Faktoren werden eine Rolle gespielt haben - alle zusammen bewirkten wohl die Verschlechterung ihres Allgemeinzustandes.

Der Fall der Luise Maisch steht für sich, doch - und davon können wir ausgehen - er ist nicht 'die' Ausnahme. Nur die Ausführlichkeit und Deutlichkeit, mit der die Erkrankung thematisiert wird, ist einzigartig. Das wiederum liegt daran, daß das vorliegende Quellenmaterial - sein Gehalt, die Überlieferung - einen höheren Grad an Vollständigkeit aufweist als die übrigen Quellen.

In ihrer Studie „Invalid Women" bietet Diane Price Herndl[839] verschiedene Erklärungsmodelle für das Auftreten psychosomatischer Erkrankungen bürgerlicher weißer Amerikanerinnen des 19. Jahrhunderts an. Einmal als Resultat bestimmter Erfahrungen, ein andermal als Widerstand gegenüber wie auch immer gearteten gesellschaftlichen Zumutungen. Daraus folgt die These Krankheit als Rückzug; oder aber Krankheit als eine eigenständige Aussage, die weder als Resultat bestimmter Erfahrungen noch als Widerstand gegenüber diesen zu deuten ist, sondern für sich steht, also als individuelle Artikulation aufzufassen ist. Hier wäre zu berücksichtigen, daß auch diese wiederum nur innerhalb eines speziellen Diskurszusammenhanges in einem speziellen Kontext überhaupt entstehen kann.

Eine andere Richtung schlägt sie mit einer weiteren These ein: psychosomatische Krankheitsformen als Mode.

Diese Erklärungsmodelle können unter Berücksichtigung der doch recht unterschiedlichen Lebens- und Belastungssituation der von Herndl beschriebenen Frauen und den Missionarsfrauen des 19. Jahrhunderts auf diese nur teilweise angewandt werden. Plausibel erscheint mir die These vom Widerstand - in unseren Fällen vielleicht treffender als stummes Aufbegehren zu bezeichnen, weil es sich den missionsinternen gesellschaftlichen Verhaltensanforderungen gemäß in aller Stille vollzog. Ebenso als Resultat: etwa wenn Frauen an den Ansprüchen,

---

[838] PN: Brief v. Wilhelm Maisch, Hoschuwan/China, an das Komitee in Basel. Januar 1916.

[839] D. Price Herndl: Invalid Women. 1993.

die sie an sich selbst stellten und die von außen an sie herangetragen wurden, scheiterten, da sie körperlich und seelisch einfach überfordert waren.

Die 'kränklichen, leidenden' Missionarsfrauen in eine Verbindungslinie mit Frauen der bürgerlichen oberen Mittelklasse des 19. Jahrhunderts zu stellen, für die psychosomatische Krankheiten auch ein Mittel waren, der Langeweile zu entfliehen, etwa durch verordnete Bäderkuren - wie Edward Shorter [840] anschaulich beschreibt - wäre aus Sicht meiner Quellen fehlinterpretiert, wenn wir uns die tatsächlichen alltäglichen Lebensumstände und die daraus resultierenden Belastungen der Frauen im konkreten historischen Kontext der „Missionsländer" vergegenwärtigen.

‚Teilnehmende Beobachtung' - Die Missionsfamilie

Der Tod als Einbruch in die Gemeinschaft

> „Eins geht hier, das andre dort - in die ew'ge Heimat fort - ungefragt ob die und der - uns nicht hier noch nützlich wär.[841]

So lauten die ersten Zeilen eines als „bekannt" titulierten Verses, veröffentlicht im „Heidenboten" anläßlich des Todes zweier Missionarsfrauen in Akropong, Westafrika, im Jahre 1878.

Nicht nur die Gruppe von Missionsfreunden in Europa nahm an Krankheit und Tod eines Mitgliedes der christlichen Gemeinschaft indirekt teil - beispielsweise durch Gebetskreise, die über Meere und Länder hinweg eine mentale Unterstützung für die Betroffenen bedeuteten.

Weitaus wichtiger war - im Sinne von praktischer Unterstützung - die Missionsfamilie in Übersee. Zu dieser Missionsfamilie zählten alle in einem Missionsgebiet lebenden und arbeitenden Geschwister. Ebenfalls zu diesem Kreis gehörten die „bekehrten Heiden", doch - um im Bild zu bleiben - eher als entfernte Verwandte.

Die Entfernungen zwischen den einzelnen Gliedern dieser Glaubensgemeinschaft waren höchst unterschiedlich. Es kam immer auf die Lage der jeweiligen Missionsstation an. Handelte es sich um eine der vielen sogenannten Außenstationen, die sich meist im Landesinneren der jeweiligen Länder befanden, dann war es durchaus möglich, daß sich eine weitere Station einige Tagesreisen entfernt befand, das Missionspaar also eher abgeschnitten von Kontakten zu anderen Mitgliedern lebte.

Gerade im Zusammenhang mit Krankheit und Tod kam dieser Gemeinschaft eine bedeutende Rolle zu. Die Notgemeinschaft, die das Missionsehepaar im

---

[840] Vgl. E. Shorter: Moderne Leiden. 1994, S. 113 f.
[841] ABM: HB März 1878.

kleinen bildete, war eingebettet in die größere Notgemeinschaft der Missionsfamilie. Sie war gewissermaßen die 'interessierte Öffentlichkeit', die in schweren Krankheitsfällen zu Hilfe gerufen oder in Rundbriefen informiert wurde.

In Nachrufen, aber auch in Tagebüchern und Briefen wird immer wieder auf die Unterstützung durch andere Mitglieder in Krisensituationen hingewiesen. Aber auch das Fehlen einer solchen Unterstützung wird ausdrücklich thematisiert - etwa, wenn eine Missionsstation so abseits gelegen war, daß zu Hilfe gerufene Geschwister nicht rechtzeitig eintreffen konnten.

Im fremden Lande

Missionar Gräter, dessen Frau Mathilde im Jahre 1870 auf der Rückreise von Indien nach Europa an Dysenterie schwer erkrankt und in Alexandria in ein Diakonissenhospital eingeliefert wird, betont nach ihrem Tode ausdrücklich,

> „[...] wie erquicklich und wohlthuend in fremdem Lande eine solche Anstalt christlicher Liebe" [842] ist.

Fremde ist hier der Schlüsselbegriff. Die Fremde, als neue Heimat auch positiv besetzt, erfährt in einer Not- und Krisensituation eine Umwertung ins Negative. Sie wird zur Bedrohung, wird wieder zum „finsteren Heidenlande", in welchem eben nur bei der eigenen 'peer group' Zuflucht gesucht und gefunden werden kann.

Diese Funktion fällt dann auch der Missionsfamilie in hohem Maße zu. Sie dient dem Missionspaar ohnehin in vielerlei Hinblick als Ersatz für das heimatliche Sozialgefüge, ist im wahrsten Sinne seine 'Ersatzfamilie in der Fremde.'

> „Welch tiefen Riß [...] dies in meinem Herzen gemacht hat, fühlen Sie mit mir, besonders, wenn ich Ihnen sage, daß ich allein ohne menschliche Hilfe an ihrem Krankenlager und Todesbette stand, daß ich selbst für Grab und Sarg und alles zu sorgen hatte." [843]

Nicht nur die Trauer um seine Frau, sondern auch das Fehlen des sozialen Netzes kommt in den Worten Missionars Eisenschmid deutlich zum Ausdruck, was ihn offenbar fast ebenso tief erschütterte wie der Tod der Frau.

Zur Missionsgemeinschaft zählten - wie bereits erwähnt - auch die „bekehrten Heiden".

Doch als Hilfe in der Not scheinen sie weniger gezählt zu haben als die europäischen Geschwister. So schließt der Nachruf auf Elisabeth Baier, der im „Heidenboten" erschien, folgendermaßen:

> „Unsere Gedanken gehen hinaus zu dem schwergeprüften Gatten, der in tiefer Einsamkeit, ohne Trost und Beistand von Missionsgeschwistern, im

---

[842] ABM: HB 1872, S. 148.
[843] ABM: HB September 1867, S. 116.

besten Fall in Gegenwart einiger weniger Christen, seine Lebensgefährtin ins Grab legen mußte."[844]

Mit den erwähnten „wenigen Christen" sind vermutlich „bekehrte Heiden" gemeint, da die Missionsstation im Inneren Borneos lag und höchstwahrscheinlich keine Europäer hier lebten.

Sterben in der Gemeinschaft

Der Tod als „privates Ereignis"[845] war keine wünschenswerte Sache.
„Kollektives Akzeptieren der Sterblichkeit findet Formen gemeinsamer Trauer, und durch gemeinsame Trauer ist zugleich permanente Sterbensvorbereitung gegeben, zeitlebens", so urteilt Utz Jeggle für die 'traditionale Welt'.[846]
Die „Formen der gemeinsamen Trauer" zu erhalten und zu demonstrieren war eine wichtige Funktion, die die Missionsgeschwister zu erfüllen hatten, wenn sie den Weg zum Sterbebett des scheidenden Mitgliedes der Glaubensfamilie auf sich genommen hatten. Diesen Abschied, den Übergang vom Leben in den Tod aktiv zu gestalten und zu begleiten war ihre Aufgabe. Das Absingen sogenannter Totenlieder[847], das gemeinsame Gebet, der Kniefall vor dem Bett, die letzten Worte der Sterbenden waren ein „Erfüllen von Regeln und Ordnungen jenseitiger und diesseitiger Art."[848] Die „drei Funktionen, die Arnold van Gennep 1909 als grundlegende Elemente in seiner Formulierung der Übergangsriten benennt", sind nach Christel Köhle-Hezinger „Teilhabe, soziale Kontrolle und Einübung in einem."[849] Diese Elemente lassen sich in unserem spezifischen Kontext mit großer Genauigkeit und Regelmäßigkeit finden.

Das „Erfüllen der Regeln" diente andererseits einer 'kontrollierten Trauer', vor allem wohl auch für die Hinterbliebenen. Die Teilhabe an diesen Ritualen förderte die Einübung 'richtigen Verhaltens'.

Das 'rituelle Sterben' im „Geschwisterkreis" weist noch eine weitere wichtige Funktionsfacette auf: es hatte Vorbildcharakter, nicht nur für die Leser des Nekrologes im Missionsgebiet und in der europäischen Heimat, sondern auch in situ für die 'zu bekehrenden Heiden.' Die „Formen der gemeinsamen Trauer" werden - wenn möglich - öffentlich demonstriert. Dies macht der Bericht über den Tod der Missionarsfrau Sophie Stern in Kamerun deutlich:

---

[844] ABM: HB April 1930, S. 64.
[845] Vgl. M. Erdheim: Therapie und Kultur. 1993, S. 75-89.
[846] U. Jeggle: Die Angst vor dem Sterben. 1988, S. 164.
[847] Thomas Digel, dessen Frau 1870 in Indien stirbt, erwähnt in einem Bericht: „Etwa anderthalb Stunden vor ihrem Heimgange sangen die Brüder das Lied: Tod, mein Hüttlein kannst du brechen, da fiel sie auf einmal mit ganz lauter Stimme so richtig ein [...]". HB März 1871, S. 30.
[848] C. Köhle-Hezinger: Willkommen und Abschied. 1996, S. 11.
[849] Ebd.

> „Mit Tagesanbruch drang die Kunde zu Christen und Heiden. Bald strömte jung und alt auf unsere Veranda um sowohl die Tote als auch die anderen Europäer in ihrem Schmerz zu sehen. Jede unserer Bewegungen wurde verfolgt um herauszufinden wie wir unser Leid trügen. Überrascht blieben die Heiden vor unserem Wohnzimmer, worin wir uns versammelt stehen, weil wir nicht wie sie bei solchen Anlässen durch berauschende Getränke unseren Schmerz zu betäuben suchten und nicht durch lautes Geheul, wie bei ihren Leichenfeierlichkeiten, dem Kummer Luft machten."[850]

Eine scharfe Grenze wird hier gezogen: nicht die Grenze zwischen Tod und Leben, sondern eine Grenze im Leben. Die Verbindung mit Toten, die den gleichen Glauben geteilt haben, ist größer als die Verbindung mit Lebenden, die einen anderen Glauben besitzen. Die tote Christin steht den Missionaren näher als die lebenden „Heiden". Überzeugungen, die im Glauben wurzeln, werden in bezug auf andere Ethnien zum Wissen.. Friedrich Eisfelder, Missionar in Indien, bringt es auf den Punkt:

> „Wir wissen wo unsere Verschiedenen sind, anders als die Heiden."[851]

---

[850] ABM: HB April 1910.
[851] PN: Brief v. Friedrich Eisfelder, Mangalore/Indien, an Elise Eisfelder, Ebersfeld. 08. Februar 1894.

ALTE HEIMAT - NEUE HEIMAT - EWIGE HEIMAT:
LEBEN IN BRIEFEN

„Draußen" und 'drinnen', das sind die beiden Pole zwischen denen sich das Leben der Missionsehepaare bewegt.

Als „draußen" wurde und wird im Missionsjargon das Missionsgebiet in Übersee bezeichnet. Der Begriff „draußen" spiegelt die Sicht derjenigen, die sich innerhalb eines bestimmten sozialen, kulturellen, politischen und ökonomischen Bezugssystems bewegen. Wer diesen Raum verläßt, ist „draußen".

Interessant ist, daß sich im vorliegenden Quellenmaterial nur der Terminus des „draußen" findet, dem aber kein 'drinnen' entgegengesetzt wird. Nicht nur diejenigen, die in dem so nicht verbalisierten 'Drinnen', also der alten Heimat leben, verwenden den Begriff „draußen", sondern auch die Missionsleute selbst. Auch sie bezeichnen die neue Heimat als „draußen". Dies könnte ein Indiz dafür sein, daß sie - obwohl im „Draußen" lebend - doch die Sicht und Perspektive der Daheimgebliebenen teilen und einnehmen. Ein Beleg dafür ist m. E. der Import der alten Heimat in Form der Einrichtung, bei der Nahrungszubereitung, in der Kleidung. Die normsetzende Instanz ist und bleibt so die Ursprungsheimat. Sie wird in der neuen Heimat zum verklärten Ort der Sehnsucht, der sich in einem bestimmten Haus, in der Regel dem Elternhaus, einem bestimmten Dorf und einer dazugehörigen Landschaft manifestiert. Es ist so ein Hort der Sicherheit, etwas Unveränderliches und Bleibendes. Die neue Heimat zeichnet sich im Gegensatz zur alten Heimat durch dauernden Wandel und Veränderung aus. Heimat wird zu etwas Diffusem - man hat 'viele Heimaten' durch wiederholtes Versetztwerden nicht nur auf andere Stationen, sondern auch in andere Länder. So besteht das Leben „draußen" aus einer Reihe von Aufbrüchen, dem Eingewöhnen in eine neue Umgebung und oftmals dem Erlernen immer wieder neuer Sprachen und Dialekte.

> „Welches ist meine Heimat? Das Haus, in dem ich gerade wohne. Ich halte es in gutem Zustand und verbessere daran so gut ich kann, ich pflanze Bäume, lege den Garten an, aber alles nicht für mich, denn morgen kommt ein Dekret von Basel und versetzt mich sechs bis acht Tagesreisen weit weg an einen anderen Ort wieder in fremde Verhältnisse unter fremde Leute. [...] meine Kisten, die sind zugleich auch meine eigentliche Heimat."[852]

---

[852] PN: Brief v. Wilhelm Maisch, Hokschuha/China, an die Eltern, Gerlingen. Undatiert.

So beschreibt Wilhelm Maisch seine Version von der Missionsheimat, die sich weniger in Orten als vielmehr in 'Kisten', als bewegliche Güter manifestiert, die so zu einer Metapher für die Erfahrung 'dauernden Übergangs' werden.

In diese neuen 'Heimaten' wird immer auch die alte Heimat, also die europäische Heimat mitgenommen - in Form von Gegenständen, die von einer Station auf die andere transportiert werden, aber auch in Gedanken. Die neue Heimat wird meist analog oder in Verbindung mit der alten Heimat gedacht. Am auffallendsten ist dies bei der Schilderung von Landschaft und Natur, Vergleiche mit der Ursprungsheimat sind dabei recht häufig.

So wird dann auch oft die Landschaft der neuen Heimat geliebt und in leuchtenden Farben beschrieben, während die in ihr lebenden Menschen, die „Heiden" weit negativer beurteilt werden. Aus dieser Liebe zum Land erwächst teilweise, vor allem bei Paaren, die lange Jahre im Missionsgebiet zubringen, dann wiederum eine Verbundenheit mit diesem, was zur Folge haben kann, daß die neue Heimat in der 'Realität' zur eigentlichen Heimat wird, während die alte Heimat allmählich fremd wird.

Dieser Sachverhalt zeigt sich im Quellenmaterial meist dann, wenn es darum geht, von der neuen Heimat Abschied nehmen zu müssen, oder, wenn mit dem Gedanken gespielt wird, endgültig nach Europa zurückzukehren. Erst dann wird die Verbundenheit mit dem 'Exilland' sichtbar. Teilweise schimmert zwischen den Zeilen regelrecht Angst hindurch, sich in der alten Heimat nicht zurechtfinden zu können.

Jane Müller schildert den Abschied von der neuen Heimat in Indien:

> „*Vom zweiten Januar 1855 kamen unsere Freunde eines nach dem anderen um Abschied zu nehmen. Nebenbei hatten wir noch manches zum Einpacken, so blieb uns keine ruhige Zeit mehr. Die Leute von der Gemeinde weinten um uns her und auch uns wurde es schwer. Ach, schwerer als ich mir gedacht hätte war die Trennung. Wir fühlten jetzt recht, wie sehr uns Tellicherry zur Heimat geworden war.*"[853]

Das Missionspaar Friederike und Rudolf Widmaier, das bei Ausbruch des 1. Weltkrieges die Missionsstation in Kamerun verlassen muß[854], also nicht aus freien Stücken nach Europa zurückkehrt, schildert den Abschied in ähnlicher Weise:

> „*Ich schloß die Haustüre und ließ sie mit Wellblech zunageln und fort gings, einer dunklen Zukunft entgegen. Wann werden wir wieder in unser*

---

[853] ABM: C 10.50. TB Jane Müller, S. 56.
[854] Auf das Thema der zwangsweisen Rückkehr im Zuge des 1. Weltkrieges, die häufig mit länger andauernden Internierungen der Missionspaare verbunden war, kann in der vorliegenden Untersuchung nicht näher eingegangen werden. Eine gesonderte Studie wäre lohnenswert, da vor allem Quellen, die um die Zeit des 1. Weltkrieges stammen, dieses Thema zum Inhalt haben. Der alltägliche Umgang mit dem 'entfernten Krieg', der sich dann aber doch im Missionsgebiet abspielt, und grundsätzliche politische Haltungen werden in diesem Quellenmaterial sichtbar.

> *liebes Daheim ziehen dürfen? Wir schauen uns fragend an und Tränen quellen aus unseren Augen. [...] Der Abschied von Bali, unserer zweiten Heimat fiel uns furchtbar schwer.*"[855]

Nebenbei bemerkt ist hier eine gewisse Analogie zu den Beschreibungen der Abschiedsszenen bei der Abreise der Missionsbräute aus dem Heimatort, viele Jahre früher, auffallend.

Für viele rückkehrende Paare gilt: Im Moment des Abschiednehmenmüssens, wenn die endgültige Heimkehr nach Europa bevorsteht, wird die neue Heimat zur 'bevorzugten Heimat', der man nach der Rückkehr sehnsüchtig nachtrauert. So wird die ehemals neue Heimat in Übersee nach der Rückkehr zur 'neuen alten' Heimat. Sie wird, ebenso wie vorher die Ursprungsheimat, aus der Retrospektive verklärt.

Sehnsüchte der 'metaphysischen Art' betreffen die 'ewige Heimat', das Jenseits, als letztendlichen Zielort. Die neue Heimat liegt, so betrachtet, emotional zwischen der alten und der 'ewigen' Heimat. Die 'ewige Heimat' stellt gleichsam das Verbindungsglied zwischen der alten und neuen Heimat dar. Die alte und die neue Heimat sind mit der Vorstellung von Trennung verbunden, die 'ewige' Heimat symbolisiert dagegen die Wiedervereinigung der beiden, sie ist die idealisierte Zukunft, die Aufhebung aller Grenzen, der endgültige 'Heimatort' aller Christen. So fungiert die 'ewige Heimat' im diesseitigen Leben als Hoffnungsträger und sinnstiftende Instanz.[856]

In diesem Sinne schreibt Marie Kaundinja über ein mögliches Wiedersehen mit ihrem sich in Europa befindenden Sohn Hermann:

> *„Allein, es ist doch das Beste, wir harren auf Gottes Winke und Wege, da wird das Herz beruhigt und wir können getroster sein, als wenn wir selbst durchaus etwas erzwingen wollten. Wenn es sein Wille ist, wird Er uns das Wiedersehen noch erleben lassen und sollte Er es nicht für gut finden, so wollen wir uns unter Seinen guten Willen fügen und beugen und dankbar sein, wenn wir uns einmal bei Ihm wiederfinden dürfen. Zu dem Glück steht ja das irdische Wiedersehen in keinem Vergleich."*[857]

---

[855] PN: TB Rudolf und Friederike Widmaier, S. 12.

[856] Vgl. I. Maria Greverus: Der Territoriale Mensch. 1972, S. 376-381, hier S. 381. I. M. Greverus sieht in der Option auf eine 'ewige Heimat' ein „Hoffnungsversprechen, das sich bis in die Gegenwart hält." Die 'ewige Heimat' wird von ihr als „Hoffnungsraum" interpretiert, auf den „die verwehrte irdische Heimat transponiert wird." Dies läßt sich insbesondere auf den Kontext der Mission übertragen, in welchem die Bedeutung der 'irdischen Heimat' zunehmend diffus und relativ wird, eben da sich Heimat in einzelne Fragmente auflöst, die immer Elemente der alten und der neuen Heimat, die wiederum aus mehreren temporären Heimaten besteht, verbindet.

[857] PN: Brief v. Marie Kaundinja, Anandapur/Indien, an Theodor, Stuttgart. 25. Mai 1890.

Die Bedeutung von Briefen

> *"Dieser regelmäßige schöne Postverkehr ermöglichte deshalb auch ein Miterleben des heimatlichen Geschehens. Man fühlte sich dauernd eng verbunden [...]. Alles was wir erlebten fand seinen Niederschlag in diesen Briefen [...] Denn unser ganzes Leben liegt in diesen Briefen dokumentiert wie in einem Tagebuch."*[858]

Dieses Resümée zieht Immanuel Pfleiderer über das Leben mit seiner Frau Elisabeth als Missionspaar in Indien.

Briefe waren ein wichtiger Bestandteil des Lebens in der Mission, da Briefe das einzige Medium waren, durch das sich dieses Leben den anderen, vor allem nahestehenden Menschen mitteilen ließ. Die Beziehung zu den Verwandten in Europa konnte für lange Zeit nur im brieflichen Austausch bestehen.

Ab dem Zeitpunkt der Heiratszusage führten die Frauen auch 'ein Leben in Briefen'. Aus Briefen bestand der erste Kontakt des Brautpaares, in Briefen schilderte man den Eltern die neue Heimat, brieflich wurde Kontakt zu den Kindern aufrechterhalten. Diese Briefe hatten jeweils ihre eigene Funktion. Die 'Brautbriefe' dienten einer gegenseitigen Annäherung des zukünftigen Ehepaares, die Briefe an die Eltern bildeten die 'papierne Nabelschnur' zur alten Heimat, die Briefe an die in Europa lebenden Kinder sollten einer Art Selbstvergewisserung dienen, was die Gefühle von Verantwortung und Liebe von und zu den Kindern betraf.

Das Bild der neuen Heimat und des neuen Lebens, das dem jeweiligen Adressaten vermittelt wurde, war dann auch ein jeweils anderes. Welcher Eindruck bewußt oder unbewußt vermittelt werden sollte, war dabei von Bedeutung. Es handelte sich also bis zu einem gewissen Grad um eine Konstruktion. Nicht nur Tagebücher, auch Briefe sind „subjektiv gefilterte Aneignung von Realität."[859]

Auch wenn die Briefe, die uns vorliegen, womöglich ein 'verzerrtes Bild' der historischen Realität wiedergeben, so bedeutet das nicht, daß sie deshalb weniger relevant sind. Interessant ist hierbei weit mehr die Tatsache, daß eben diese Bilder und keine anderen 'konstruiert' wurden, was seine ganz eigene Bedeutung hat. Und auch wenn sie nicht die historische Realität widerspiegeln - wobei gefragt werden könnte, was 'historische Realität' überhaupt ist - so sind sie doch ein konstituierender Teil dieser Realität.

Im übrigen wäre ohne diese Briefe, die einen wichtigen Bestandteil der Quellen ausmachen, eine „dichte Beschreibung" und ein 'Verstehen' der historischen Lebenswelt der Missionarsfrauen und Missionare in ihrem „selbstgesponnenen Bedeutungsgewebe"[860] schlichtweg nicht möglich.

---

[858] PN: TB Lis Pfleiderer, S. 102.
[859] M. Scharfe: Die Religion des Volkes. 1980, S. 40.
[860] C. Geertz: Dichte Beschreibung. Beiträge zum Verstehen kultureller Systeme. 1997. (1. Aufl. 1983), S. 9.

Zeitversetzte Kommunikation

Im allgemeinen brauchte ein Brief von seiner Absendung im Missionsgebiet bis zu seiner Ankunft in Europa ungefähr zwei Monate. Ab dem zweiten Drittel des 19. Jahrhunderts verkehrten durch den Ausbau des überseeischen Schiffsverkehrs regelmäßig Schiffe, die Postladungen beförderten.[861] Einmal in der Woche, an einem bestimmten Tag, war Posttag: das heißt, bis zu diesem Zeitpunkt mußten die jeweiligen Briefe versandfertig sein.

Wenn wir uns die Briefsituation anhand eines Rechenbeispieles verdeutlichen, so sieht dies folgendermaßen aus:

Der erste Brief in die ferne Heimat brauchte bis zu seiner Ankunft zwei Monate. Die Antwort auf diesen Brief, die wiederum zwei Monate unterwegs war, erhielt man also vier Monate, nachdem der erste Brief abgesandt worden war. Wie aus den Quellen hervorgeht, wurden zwischenzeitlich aber weitere Briefe geschrieben, üblicherweise einmal in der Woche. Wenn wir uns nun vorstellen, daß nur an die Eltern in der alten Heimat geschrieben wurde - wobei in der Realität auch noch weitere Freunde und Verwandte Briefe erhielten - dann wurden, bis die Antwort auf den ersten Brief eintraf, bereits weitere 16 Briefe abgeschickt. Nach Abfassen des 17. Briefes erhielt man infolgedessen erst die Antwort auf den ersten Brief. In diesem Beispiel erhielt man dann nach Ablauf von vier Monaten jede Woche einen Brief. Dieser war jedoch nie die Reaktion auf den zuletzt abgeschickten Brief, sondern auf den ersten zweiten, dritten und so fort. Ein Brief, den man erhielt, war somit immer zwei Monate alt und antwortete auf Ereignisse und Begebenheiten, die bereits vier Monate zurücklagen und möglicherweise überhaupt nicht mehr relevant waren. Trotz eines regen Briefverkehrs verzögerte sich die Kommunikation - man schrieb eigentlich aneinander vorbei, beziehungsweise eine spontane Reaktion auf etwas Mitgeteiltes war nicht möglich. Umgekehrt erging es den Adressaten in der Heimat ebenso. Es ist daher auch nicht verwunderlich, daß dies zu teils tragischen Ereignissen führte. So sind die Beispiele häufig, bei denen die Geburt eines Kindes angekündigt worden war, das bei der Ankunft der Glückwünsche aus der Heimat bereits nicht mehr lebte. Im Grunde schrieb man 'in die Vergangenheit'. Deshalb konnten mancherlei

---

[861] Vgl. C. Neutsch: Die Schiffspost. 1996, S. 86-95. Postdampfschifflinien nach Ostasien, Australien und Ostafrika wurden vom Deutschen Reich subventioniert, da es sich um wirtschaftlich weniger entwickelte Länder handelte. Die 1903 eröffnete sibirische Eisenbahn ermöglichte einen beschleunigten Briefverkehr, allerdings war die Beförderung der Briefe auf diesem Wege teurer als mit dem Postschiff. Während die Briefpost auf dem Seeweg über Suez ungefähr 38 Tage brauchte, wurden mit der Eisenbahn nur zwei Wochen benötigt. Im Quellenmaterial fällt auf, daß Briefe, die in den Jahren zwischen 1907 und 1914 vor allem aus China nach Europa gesandt wurden, häufig den Vermerk „Via Sibiria" tragen, ein Hinweis auf die Beförderung mit der sibirischen Eisenbahn. Zur Geschichte der Nachrichtenübermittlung vgl. K. Beyrer: Der alte Weg eines Briefes. 1996, S. 11-26.

Mißverständnisse und Unstimmigkeiten auftreten, die allerdings meist nur am Rande erwähnt oder zwischen den Zeilen erkennbar werden.

Viele Missionspaare führten regelrecht Buch über die abgesandten Briefe, vor allem dann, wenn mehrere Kinder in Europa lebten, denen man getrennt schreiben mußte und von denen dann auch wieder getrennte Antworten kamen. Es scheint, daß gerade wegen der Asynchronität der Kommunikation manche Briefe eher allgemeine Beschreibungen enthalten und weniger augenblickliche, vergängliche Stimmungen wiedergeben.

Zwischen Last und Lust

Frauen schrieben im allgemeinen häufiger Privatbriefe als Männer - während diese eher Tagebuch führten - so zumindest der Eindruck, der aus dem Quellenmaterial entsteht. Traditionsgemäß waren Frauen für das 'Private' zuständig, während sich die Missionare um die 'Mission und die Gemeinde' zu kümmern hatten. So findet sich dann, was den Inhalt der männlichen Tagebücher betrifft, quantitativ mehr über die Arbeit als Missionar als über die Rolle als Vater oder Ehemann, obwohl auch dies durchaus einen Platz in den jeweiligen Tagebüchern hat. Warum Frauen seltener ein Tagebuch führten, läßt sich schwer beantworten. Entweder nahmen sie sich 'nicht so wichtig', weil sie ja eben nicht in dem Umfang, wie sie es sich wünschten, missionarisch tätig waren, oder sie hatten schlichtweg keine Zeit dafür. Das Tagebuch von Rosina Widmann, die 30 Jahre in Afrika verbrachte, endet beispielsweise nach der Geburt ihres ersten Kindes. In ihr Tagebuch notiert sie unter anderem:

„Oft habe ich keine Zeit und oft auch keine Lust zum Schreiben."[862]

Der Inhalt vieler Tagebücher, die von Frauen überliefert sind, orientiert sich mehr am alltäglichen Geschehen, als dies bei den von Männern überlieferten Tagebüchern der Fall ist.

Hermann Pfleiderer konstatiert dies auch für die Briefe der Eltern, die er aus Indien als Missionskind in Basel erhielt:

„Haben die Briefe der Mutter mehr das häusliche Leben und die Bedürfnisse der Kinder zum Inhalt gehabt, so haben Vaters Briefe mehr Grundsätzliches behandelt. Vaters Briefe waren immer interessant inhaltsreich. Vater war in seinen Briefen beredter und aufgeschlossener als im mündlichen Verkehr, und das Scheu Einflößende der Person fällt beim Lesen der Briefe weg."[863]

Die inhaltliche Präferenz der Briefe ist bei Hermann Pfleiderer deutlich zu spüren. Wertvoller sind die Briefe des Vaters auch, weil dieser sich als Respektsperson dazu 'herabläßt', einen Einblick in sein 'wahres Ich' zu gewähren. Die Person der Mutter, die in der kindlichen Vorstellung ohnehin für Liebe und Ge-

---

[862] ABM: D-10.4,9. TB Rosina Widmann, S. 67.
[863] PN. TB Lis Pfleiderer, S. 45.

borgenheit steht, vor der man auch keine Angst haben muß, verliert hier etwas an Wert, da ihre Briefe nur vom Alltag berichten, während der Vater wirklich 'Wichtiges' zu sagen hat.

Doch dieser Eindruck ist ein individueller. Beim vorliegenden Quellenmaterial läßt sich diese Dichotomie so nicht feststellen. Zwar handeln die Briefe der Mütter naturgemäß von anderen Dingen oder haben andere Schwerpunkte als die der Väter, doch ist die Mutter nicht immer die personifizierte Liebe, während der Vater nicht immer der Lehrmeister ist. Zwar sind häufig Tendenzen dazu vorhanden, etwa, wenn Hermann Kaundinja seinem Sohn auf über zehn Seiten die Schöpfungsgeschichte erläutert oder ihm, da dieser Aufstehschwierigkeiten hat, das Prinzip des „Zeitauskaufens" eintrichtert, doch es gibt auch Gegenbeispiele. Oft sind gerade die Mütter die belehrenden Figuren, die auch kleinste Schnitzer der Kinder in den Briefen nicht durchgehen lassen, während Väter manchmal nachsichtiger und liebevoller reagieren. Das Briefeschreiben lastete jedenfalls weitgehend auf den Frauen.

Es wurde als Unterschied empfunden, Briefe zu erhalten oder aber selbst zu schreiben. Die 'Europabriefe' wurden, wie aus den Quellen hervorgeht, immer sehnsüchtig erwartet, und es war teilweise geradezu ein Festtag, wenn eine Ladung entgegengenommen wurde. Man nahm sich dann gesondert Zeit dazu, diese zu lesen und zu genießen. Die Spannung, mit der die europäischen Briefe erwartet wurden, beschreibt Marie Kaundinja in einem Brief an ihren Sohn Theodor:

> *„Am letzten Freitag hatten wir einen sehr vergnügten Abend, denn da kam die Europapost und brachte uns, was glaube ich noch nie vorkam, von Euch allen sechsen Briefe, außerdem von Tante Julie und Tante Emilie und Frau Mögling, und alles so gute und vergnügliche Nachrichten! Ihr könnt Euch kaum vorstellen, mit welcher Spannung wir allemal warten und wie fröhlich es uns dann stimmt, wenn gute Nachrichten kommen."*[864]

Die Spannung war zugleich auch immer mit der latenten Angst verbunden, schlechte Nachrichten zu erhalten. Blieben diese aus, wie im angeführten Beispiel, so 'war der Kelch wieder einmal an einem vorübergegangen', bis die nächste Europapost kam.

Lis Gundert schildert ebenfalls die Freude über die 'Heimatbriefe':

> *„Ach, was für eine große Freude war das, wenn allemal am Posttag, einmal in jeder Woche die Europabriefe eintrafen. Wie glänzten dann die matt gewordenen Augen wieder, wie griff man danach seine Arbeit mit neuem Mut an. Oder vollends, wenn Pakete und Kisten kamen. Wie legten diese Dinge so ein beredtes Zeugnis ab von der fürsorgenden Liebe der Eltern und Geschwister in Calw. [...] Klappte es dann einmal nicht, dann*

---

[864] PN: Brief v. Marie Kaundinja, Anandapur/Indien, an Sohn Theodor, Basel. 24. August 1888.

gab es freilich eine große Enttäuschung, vollends, wenn ein von daheim avisiertes Paket überhaupt nicht ankam, also gestohlen war."[865]

An diesem Beispiel wird zum wiederholten Male das Augenmerk auf die geradezu 'therapeutische Wirkung' von Heimat gelenkt, in dem Sinne, daß durch die Verbindung mit dieser eine Besserung des gesamten Befindens erzeugt wird. So ist die alte Heimat gleichsam als 'emotionale Kategorie' ausschlaggebend dafür, zu welcher Seite das Gefühlspendel ausschlägt. Entsprechend verschlechtert sich der Allgemeinzustand, wenn die Verbindung zu dieser Heimat vorübergehend gekappt ist, wenn einmal die Post ausbleibt, verlorengeht oder ähnliches. Dann stellt sich Enttäuschung und auch Nervosität ein.

Die Situation sah aber, so geht aus den Quellen auch hervor, oft anders aus, wenn es hieß, selbst Briefe zu schreiben. Marie Kaundinja, die mit der beschriebenen Spannung die Europabriefe erwartet, läßt sich immer wieder über die belastenden Aspekte des Briefeschreibens aus.

„Jetzt ist für uns der Dienstag der Europaposttag, was geschickter ist als bisher, der Montagmorgen. Wenn man an mehrere Orte zu schreiben hatte, wollte es mir oft für den Sonntag zu viel werden, wo man doch auch gerne etwas liest oder ein wenig der Erholung bedarf. Der Nachmittag ist mit der Kirche ausgefüllt. Wenn ich es nicht übertreiben muß, ist mir das Briefeschreiben an meine Kinder eine Art Erholung, wenn ich wohl bin, oft eine Lust. Da ist mir, als ob ich ein wenig bei Euch einkehren würde."[866]

Das Briefeschreiben mehr als eine Last und weniger als Lust zu empfinden, daraus macht Christiane Hoch in Afrika keinen Hehl.

„Ich wollte diesmal sehr viele Briefe schreiben (Möttlingen, Korntal, Waiblingen u.s.w.) aber es ist mir rein unmöglich, ich zittere jetzt schon so, daß ich diesen Brief fast nimmer fertig bringe. Ich meine nun mit dem Schreiben an Euch in der Art abzuwechslen, daß ich das eine Mal einen Brief an Euch, das andere Mal an die liebe Tante abgehen lasse, welche Ihr dann gegenseitig austauschen könnt."[867]

Das häufige Unwohlsein – der typische Gesundheitszustand in den Tropen – war mit ein Grund dafür, daß das Briefeschreiben als zusätzliche Last empfunden wurde. Doch verursachte dies oftmals ein schlechtes Gewissen, so daß in vielen Briefen vorweggenommene Entschuldigungen und Rechtfertigungen dafür, zu spät geantwortet zu haben, nicht fehlen. Gleichzeitig fehlte häufig auch einfach die Zeit für das Briefeschreiben. Hin- und Hergerissensein zwischen der Pflicht, aber auch der Lust am Schreiben, ohne Zeit dafür entbehren zu können, das kommt bei Friederike Genähr zum Ausdruck, wenn sie in ihr Tagebuch notiert:

---

[865] PN: TB Lis Gundert, S. 101-102.
[866] PN: Brief v. Marie Kaundinja, Anandapur/Indien, an Theodor, Basel. 12. Oktober 1890.
[867] ABM: TB Christiane Burkhardt-Hoch, S. 56.

"Die Shanghai-Mail kam gestern herein und heute die von Europa. Beide jedoch brachten uns nichts. Dagegen gibts Briefe zu schreiben für die übermorgen abgehende Mail. Zeit ist nicht viel dazu da, aber viel Verlangen es zu tun. Ach die lieben Herzen. Mein Herz ist oft sehr sehnend nach allen."[868]

Was für das Briefeschreiben gilt: die Kluft zwischen Anspruch und Wirklichkeit und der Versuch, beides miteinander zu vereinen, könnte als Leitmotiv über dem Leben der meisten Missionarsfrauen stehen:

Daheim bleiben zu wollen und doch nach Übersee zu reisen, missionarisch tätig sein zu wollen und doch hauptsächlich für den Haushalt zuständig zu sein, die Kinder behalten zu wollen und sie doch herzugeben, gesund bleiben zu wollen und doch häufig unter Krankheiten zu leiden, demütig sein zu wollen und doch einen eigenen Willen zu haben - diese Reihe ließe sich weiter fortsetzen. Die Synthese sah nicht selten so aus:

Gleichzeitig in zwei Welten zu leben und in keiner ganz zu Hause zu sein, Missionsarbeit zu tun, aber meist im Rahmen von Näh- und Sonntagsschulen und nicht auf Predigtreisen, gesund sein als nur 'halbkrank' zu definieren und den eigenen Willen nur mit vorheriger Rechtfertigung vor Gott durchzusetzen.

Abb. 32 Elisabeth-Oehler-Heimerdinger. China 1909.

---

[868] ABM: TB Friederike Genähr, S. 15.

Abb. 33 Elise und Friedrich Eisfelder. Clausthal 1892. Vermutlich während des Heimaturlaubes.

EPILOG:

Elise und Friedrich Eisfelder
30 Jahre zwischen Württemberg und Indien

"Obwohl ich aus Ihrem eigenen Munde gehört habe wie unangenehm es Ihnen ist für die Missionare Bräute zu suchen, so trete ich doch auch wieder mehr oder weniger mit dem Bekenntnis vor Ihnen hin, ich weiß nicht recht wen ich in Vorschlag bringen soll." (Hubli, Indien 03.06.1884).[869]
Mit diesen Worten leitet Friedrich Eisfelder, Missionar in der 15000 Einwohner zählenden Stadt Hubli, im indischen Süd-Mahratta gelegen, seine Bitte um Heiratserlaubnis ein, die er am 3. 06. 1884 an „die Comitee" in Basel sendet.

Wendezeit

Friedrich Eisfelder ist zu diesem Zeitpunkt 34 Jahre alt. Als viertes Kind einer Bergmannsfamilie in Clausthal im Harz geboren, genießt er seiner Beschreibung nach eine sorgfältige und liebevolle Erziehung vor allem durch die Mutter, die er im Alter von 14 Jahren verliert.[870] Es ist die Zeit seiner Konfirmation, die im pietistischen Lebenslauf einen Höhepunkt darstellt. Der Tod der Mutter und die Konfirmation werden zur Bruchstelle zwischen Kindheit und Erwachsenendasein.[871] Er verläßt sein Elternhaus und beginnt eine Buchbinderlehre in Osterode, in der Nähe seiner Heimatstadt. Hier steht er auch weiterhin in engem Kontakt zu seinen Geschwistern, der Vater ist bereits einige Jahre vor der Mutter gestorben. Mit 22 Jahren packt ihn die Reiselust, und er macht sich auf die Wanderschaft. Zunächst führt ihn sein Weg nach Hannover. Hier findet er Anstellung in einem *"segenswerten, christlichen Geschäft"*. Der Inhaber dieses „Geschäfts" wird für ihn zum Vorbild. Er schildert ihn so: *"Er war mehr Pfarrer und Missionar als Buchhändler."* Dieser Mann übt auf Friedrich bewußt oder unbewußt einen subtilen Einfluß aus, er ist die Personifikation des guten, fürsorglichen,

---

[869] Das Quellenmaterial für diese Fallstudie besteht aus dem Familiennachlaß in Privatbesitz Hauff/Eisfelder. Es handelt sich dabei um ein Briefkonvolut, bestehend aus 480 Briefen aus den Jahren 1850-1903.

[870] Zum pietistischen Lebenslauf als 'christlicher Konstruktion von Wirklichkeit', die sich aus einer Art Montagetechnik zusammensetzt, vgl. M. Scharfe: „Lebensläufle". 1982, S. 119 f.

[871] Vgl. M. Scharfe: Kindheit à Dieu. 1987, S. 171-182.

aber auch sittenstrengen Arbeitgebers. Das Idealbild des 'guten Meisters' umfaßte während des 19. Jahrhunderts nicht nur gerechte Arbeitszeit und Bezahlung, sondern darüber hinaus Führung und Kontrolle des 'sittlichen Lebenswandels' der Untergebenen.

Einschneidender aber wirkt sich für Friedrich die Begegnung mit Fritz aus, einem jungen Württemberger, der ein wenig später als er in das Geschäft als Lehrling eintritt. Fritz leitet die zweite Wende in Friedrichs Leben ein, er ist maßgeblich an dessen „Bekehrung" beteiligt - dem existentiellen Ereignis in der Biographie von Pietisten. Fritz ist mit Friedrichs Worten *„eine andere Persönlichkeit, die dazu vom Herrn ersehen war, mich umzuwandeln."*

Friedrich bleibt zwei Jahre in Hannover und gibt dann *„dem Drange nach, Süddeutschland kennen zu lernen."* Es zieht ihn nach Stuttgart. Hier fühlt er sich solange unwohl und fremd, bis er Kontakt zum hiesigen Jünglingsverein bekommt. Dadurch erschließt sich ihm ein großer Freundeskreis und - was wiederum wichtiger ist und eigentlich zur dritten und entscheidenden Wende in seinem Leben führt - hier wird sein Interesse für die Mission geweckt. Wieder durch einen Freund, der ihm in höchsten Tönen von der Basler Mission vorschwärmt, wird er in seinem Beschluß gestärkt, sich dieser als Buchhändler, Buchbinder oder Kaufmann zur Verfügung zu stellen. Josenhans, der damalige Inspektor der Basler Mission, teilt ihm nach seiner Bewerbung mit, daß sogenannte „Industriebrüder" zur Zeit nicht benötigt würden und schlägt ihm vor, statt dessen als Zögling ins Missionsseminar einzutreten und sich zum Missionar ausbilden zu lassen. Daraufhin nimmt Friedrich dieses Angebot an und beginnt eine Ausbildung im Basler Missionshaus, nach deren Beendigung er als Missionar nach Südmahratta, Indien, gesandt wird.

Auffallend an Friedrichs Lebensweg bis zu diesem Zeitpunkt sind zwei Dinge: Zum einen ist bei ihm eine gewisse Reiselust offenkundig - sie treibt ihn vom Harz bis nach Süddeutschland und ist vielleicht auch mit ein Grund dafür, daß er im Endeffekt als Missionar in Indien landet. Zum anderen bewirkt seine scheinbare Rast- und Ruhelosigkeit, daß er sich auf den verschiedenen Etappen seines Weges Fixpunkte wählt, die ihm eine Orientierung verschaffen. So scheinen für Friedrich Vorbilder eine immense Bedeutung zu haben. Immer ist es ein bestimmter Mensch, der seinem Leben eine entscheidende Wende gibt: in der Kindheit ist es die Mutter, durch deren Tod er sich vom Elternhaus löst, dann folgt sein Freund Fritz, durch den er indirekt seine „Bekehrung" erlebt; ein Freund aus dem Jünglingsverein gibt den Ausschlag dafür, daß er sich im Missionshaus bewirbt und Inspektor Josenhans ist der Wegbereiter für seine Missionarslaufbahn. Auch seinen mehrjährigen Aufenthalt in Basel assoziiert Friedrich im nachhinein mit bestimmten Personen, vorwiegend Lehrern, die für ihn Autoritäten und zugleich Vorbilder waren. Er nennt sie einzeln mit Namen: Inspektor Josenhans, Inspektor Schott, die Lehrer Kinzler, Braun, Kolb und Cornelius.

Diese für uns auffälligen Charaktermerkmale mögen in Friedrichs individueller Wesensart begründet gewesen sein - andererseits steht die Führung durch Gott und auch das Geführtwerden durch dazu ausersehene Menschen, also ein gewisses Sich-Unterwerfen unter bestimmte Autoritäten, in engem Zusammenhang mit einer spezifisch pietistischen lebensweltlichen Praxis, die sich auch Friedrich angeeignet hatte.

Endzeit

Im Gegensatz zu Friedrich Eisfelder ist für die zum Zeitpunkt seiner Werbung 26 Jahre alte Elise Hauff aus Nufringen in Württemberg die Familie der einzig sichere Hort. Im Jahre 1858 im indischen Mangalore als Missionarstochter geboren und im Alter von sieben Jahren 1865 nach Europa zurückgekehrt, ist sie seither fest eingebunden ins Pfarrhausleben. Bereits ihr Großvater väterlicherseits war Pfarrer und Lehrender am theologischen Seminar zu Schönthal. Auch ihr Vater absolvierte eine höhere theologische Ausbildung im Hinblick auf eine eigene Pfarrstelle. Bis ins 32. Lebensjahr blieb er allerdings Vikar (ohne eigene Pfarrstelle), da „*in jener Zeit die jungen Pfarrer sehr lange auf Anstellung zu warten hatten.*" Nicht von ungefähr entschließt er sich 1857, bereits verheiratet, „dem Ruf Gottes" zu folgen und statt dessen als Missionar im Auftrag der Basler Mission nach Mangalore zu ziehen, wo ein Jahr später Elise geboren wird. Auch ihre um ein Jahr jüngere Schwester Mathilde kommt hier zur Welt. Nach sieben Jahren in Indien sind die Eltern geschwächt und ausgebrannt. Sie müssen Erholung in Europa suchen, wohin sie die beiden Töchter mitnehmen, vermutlich mit der Absicht, sie - nach Wiederherstellung der eigenen Gesundheit - zur Ausbildung in Deutschland zurückzulassen und selbst wieder nach Indien zurückzukehren. Dazu kommt es für Elise und Mathilde - wie sie beteuert zum Glück - nicht: „*Kann ich dem lieben Gott danken für die treue und sorgfältige Erziehung, welche er mir durch meine lieben Eltern zu Theil werden ließ und daß er uns immer bei unseren Eltern gelassen.*"

Die Eltern sind zu sehr geschwächt, als daß eine erneute Ausreise nach Indien in Frage gekommen wäre, und so tritt ihr Vater die Stelle eines Missionspredigers für Mitteldeutschland an. Als Missionsprediger zu arbeiten, war zu dieser Zeit allerdings ebenso kräftezehrend und aufreibend, da diese Tätigkeit zumeist mit ständigem 'Herumziehen', das heißt anstrengenden Fußmärschen und wochenlangem Fernbleiben von der Familie verbunden war. Dieses Schicksal teilten viele der für immer in die Heimat zurückgekehrten Missionare. Nur sehr wenige schafften es, eine eigene Pfarrstelle zu erhalten, wohl auch aus dem Grund, daß genug Vikare zur Verfügung standen, die ebenfalls auf diesen Arbeitsmarkt drängten und ein gewisses Vorrecht besaßen. So blieb den meisten der Missionare entweder die Stelle des Reisepredigers oder eine untergeordnete Stellung als Hilfspfarrer oder Aushilfspfarrer.[872]

---

[872] Zur sozialen und ökonomischen Situation von 'Reisepredigern' vgl. A. Kittel: Erbaulich und ergötzlich. 1996, S. 165-174.

Bis 1872 lebt die Familie in Gotha - wo Elise und Mathilde eine „gute Schule" besuchen. Die Gesundheit des Vaters wird durch die Missionspredigerarbeit so angegriffen, daß er diese nicht mehr ausüben kann. Zum Glück für ihn und die Familie wird er 1872 zum Pfarrer ernannt und erhält in Nufringen, in der Nähe von Herrenberg, eine eigene Pfarrstelle, auch, weil er eine höhere theologische Ausbildung vor seiner Missionsarbeit absolviert hatte und etliche Jahre Vikar gewesen ist. Elise besucht von 1873 bis 1874 das „Institut in Göppingen", ein privates Töchterinstitut. Mit 16 Jahren scheint ihre Ausbildung beendet zu sein. Von da an hilft sie der Mutter im Haushalt und kümmert sich vor allem um die Erziehung der Missionskinder, die die Eltern über die Jahre bei sich aufnehmen. Diese Kinder teilen ein Schicksal, von dem Elise und Mathilde verschont blieben. Sie sind im schulpflichtigen Alter nach Europa geschickt worden und wachsen nun in fremden Familien auf. Dies ist üblich für die pietistische Gemeinschaft und für das pietistische Netzwerk jener Zeit: Ehemalige Missionsleute erklärten sich oft dazu bereit, über einen gewissen Zeitraum hinweg Missionskinder bei sich aufzunehmen und sie zu versorgen. Daneben war es wohl auch eine kleine Zusatzeinnahmequelle, wenn auch nicht in großem Maßstab. Zumindest zahlte sich diese Arbeit, wenn schon nicht in materieller, dann in ideeller Hinsicht im Blick auf das Jenseits aus.

Mittlerweile ist Elises Vater 59 Jahre alt, also für die damalige Zeit bereits im vorgerückten Alter. Er hat sich aus diesem Grund dafür entschieden, die Pfarrei in Nufringen zugunsten einer kleineren, mit weniger Arbeit verbundenen Pfarrstelle in Bibersfeld bei Schwäbisch Hall einzutauschen. Offensichtlich fällt dabei auch die Aufnahme von Missionskindern weg. Elise, die, wie aus ihrer Schilderung hervorgeht, sehr an ihrem Vater zu hängen scheint - die Mutter wird eher beiläufig erwähnt - steht nun ebenfalls an einem Wendepunkt in ihrem Leben. Ihre Mithilfe im Haushalt wird wahrscheinlich nicht mehr dringend benötigt, die Aufgabe der Erziehung der Missionskinder entfällt. In dieser Situation erreicht sie der Heiratsantrag des Missionars Friedrich Eisfelder.

Vorgeschichte

Friedrich Eisfelders eingangs zitierte Bitte um Heiratserlaubnis galt ursprünglich nicht Elise Hauff, sondern der Diakonisse Anna Kreizing. Am 18. Juli 1884, einen Monat nach seiner Werbung, erhält er von Inspektor Schott abschlägigen Bescheid:

„Aber ihre Gesundheit ist derart, daß es fraglich ist ob sie im Diakonissenberuf bleiben kann und nicht vielmehr ins elterliche Haus zurückkehren muß." (Basel 17.07.1884).

Er schließt mit den Worten:

„andere Vorschläge Dir zu machen ist nicht leicht, doch wir werden uns für Dich umsehen."

Umgesehen hat sich für ihn Pfarrer Adolf Kinzler, der seit 1879 erster theologischer Lehrer im Missionshaus und zugleich Vertreter des Inspektors ist. Kinzler ist während seiner 29 Jahre währenden Lehrtätigkeit offenbar zum Berater und väterlichen Freund etlicher junger Missionare geworden, die ihn in 'Herzensangelegenheiten' um Rat fragen.[873] Er teilt Friedrich in einem Brief vom 26. September 1884 mit:

„Unser früherer Missionar Pfarrer Hauff in Nufringen hat zwei Töchter, sehr gut gebildet, frommen Sinnes, gänzlich erzogen von ernstem Missionsinteresse und ausnehmend bewandert in allen Gebieten und Angelegenheiten unserer Basler Mission. Auf die ältere dieser beiden Töchter, Elise 26 Jahre alt, von angenehmen Wesen, gesund und einfach in ihrem Sinn, möchte ich Dich aufmerksam machen."

Maßgeblich daran beteiligt, daß Elise als „Missionsbraut" ins Auge gefaßt wurde, ist eine frühere Freundin von ihr: Maria Römer, die seit einiger Zeit zusammen mit ihrem Ehemann, dem Württemberger Pfarrer Christian Römer in Basel lebt, da dieser das Amt des theologischen Sekretärs in der Basler Mission bekleidet, was gleichbedeutend mit der Stelle eines 'zweiten Inspektors' ist. Er gehört also zum inneren Kreis des Komitees. Pfarrer Kinzler besucht seinen Kollegen des öfteren. In einem Brief an Elise schreibt Maria Römer:

„Schon im Sommer hörte ich verschiedene Mal davon reden, daß man für einige so liebe Brüder Frauen suche, aber keine passenden finde. Da sagte ich einmal zu meinem Mann ohne weitere Absicht, mehr scherzend, es sei mir fast beleidigend für unsere Frauen, daß die Herren da tun als obs nicht auch liebe Mädchen gebe, die gerne sich in den Dienst der Mission stellen, ich wüßte gleich ganz passende Missionsfrauen, worauf mein Mann zur Antwort gab: Gelt Du denkst an die Hauffle, an die habe ich gleich gedacht und mich gefragt ob ich etwas sagen soll - aber ich habe nicht den Beruf in dieser Sache etwas zu tun. Monate darauf saß Pfarrer Kinzler bei uns beim Kaffee und besprach allerlei intime Missionsangelegenheiten. Da hörte ich ihn im Vorbeigehen sagen: Bruder Eisfelder hat so betrübt geschrieben. Ich habe nun da und da angefragt, die wissen aber auch keinen Rat, besinne Du Dich nur auch, ob Du niemand weißt. Da sagte mein Mann: am Ende mußt Du meine Frau fragen, die behauptet sie wüßte Rat. Da ließ mich nun Pfarrer Kinzler nicht mehr los, darüber müßte ich ihm Rede stehen." (Basel, 07.12.1884).

Maria Römer hat allerdings Skrupel, sofort Elise zu erwähnen, wie sie in ihrem Brief beteuert:

„Und Du wirsts glauben, liebe Elise, daß wir beide, mein lieber Mann und ich es recht vor Gott erwogen haben, was er in diesem Fall von uns

---

[873] Vgl. W. Schlatter : Geschichte der Basler Mission, Bd 1. 1916, S. 323 - S. 327. Ausführlich wird hier auf Kinzlers Lehrtätigkeit eingegangen. Diese Quelle muß 'gegen den Strich' gelesen werden, da es sich hier um 'Hausgeschichtsschreibung' handelt.

haben wolle. Mein lieber Mann war fraglich, ob wir doch nichts machen, mir wars fast arg, daß ich mir so wenig Sorgen mache. Ich meinte das doch dem lieben Gott ruhig zutrauen zu dürfen, daß Er doch in einer so wichtigen Sache, in der soviel gebetet wird, nicht durch ein ungeschicktes Wort etwas Ungeschicktes geschehen lasse. Ich wäre ja auch so weit davon entfernt gewesen, mich in so etwas zu mischen, wenn nicht diese direkte Aufforderung an mich ergangen wäre. Als Pfarrer Kinzler nach einigen Tagen wiederkam, sagte ich ihm aber verschiedene Namen, weil er für mehrere Brüder fragte. Bei Dir sagte Pfarrer Kinzler gleich, das wäre für Bruder Eisfelder."

Maria Römer handelt offensichtlich aus einer Frauensolidarität heraus. Sie möchte dem Vorurteil der „Herren", also der Komiteemitglieder begegnen, daß es keine geeigneten Missionsfrauen gäbe - und tritt den Gegenbeweis an, indem sie verschiedene Frauen aufzählt. Wievielen sie damit einen Liebes- oder aber Bärendienst erwies, bleibt im Dunkeln.

Am 10. November 1884 erreicht Pfarrer Hauff, Elises Vater, die Heiratsanfrage für seine Tochter. Friedrich wird von Kinzler so beschrieben:

„[...] ein gereifter, christlicher Charakter, sehr freundlich und liebreich und von ungefälschter Demut und Bescheidenheit." (Basel 10.11.1884).

Diese Information scheint Elises Vater allerdings nicht zu genügen, er bittet Kinzler um weitere vertrauliche Auskünfte. Offensichtlich fällt ihm die Entscheidung schwer, wie Kinzler in einem Schreiben an ihn anmerkt:

"[...] es ist nichts Kleines an einen ganz Unbekannten seine liebe Tochter wegzugeben und noch mehr einem ganz unbekannten Mann selber Hand und Herz zu geben."

Die Sorge des Vaters um seine Tochter, die sich darin äußert, daß er sich gesondert nach Friedrich erkundigt, ist im zeitgenössischen Missionskontext eine Seltenheit. Es scheint, als ob die Mehrheit der Eltern bei einer Heiratsanfrage eines Missionars auf Gott vertraute und sich mit den Informationen, die sie vom Komitee erhielt, begnügte - so spärlich sie auch sein mochten.

Wartezeit

Währenddessen wartet Friedrich in Hubli ungeduldig auf Antwort. Er weiß nicht, daß seine Heiratsanfrage verspätet bei Familie Hauff ankommt, da diese mitten im Umzug von Nufringen nach Bibersfeld steckt und Elises Mutter obendrein eine schwere Geburt hinter sich hat, die ihre Gesundheit aufs äußerste gefährdet.

Nach Wochen des Wartens antwortet Kinzler ihm:

„Dein Brieflein, das Du beigelegt, habe ich nicht abgeben lassen, es ist nicht ganz geschickt ausgefallen. Es lautet abschließend: „Daß ich sie liebe kann ich nicht sagen, aber ich achte sie". Du brauchst keines von

> *beidem zu sagen, sondern Du schreibst etwa: Du sagst: Gott Dank, innigen Dank, daß Er, wenn auch durch menschliche Mittelspersonen doch durch seine herrliche Kraft und freundliche Leitung Dir in der Elise Hauff eine Lebensgefährtin zuführte und wie Dir diese göttliche Fügung eine Bürgschaft sei, für gesegneten Ehestand, für Zusammenwachsen in herzlicher Liebe etc. Manches schickt sich erst dem angetrauten Weib zu sagen. Die Wahrhaftigkeit erfordert nicht alles von Anfang an zu sagen: kommt Zeit, kommt Rat. Man kann nicht alles zu aller Zeit ertragen."*

Ohne diesen Rat seines ehemaligen Lehrers, der kurz zuvor seine Frau und vier Kinder verloren hatte, hätte Friedrich wahrscheinlich Probleme gehabt, in den 'gesegneten Ehestand' einzutreten.

Annäherungen

Friedrichs erster Brief an Elise, den er daraufhin am 26. 12. 1884 verfaßt, lautet folgendermaßen:

> *„Theures Fräulein, nachdem ich dem Herrn, unserem lieben, lieben himmlischen Vater meinen Dank ausgesprochen, möchte ich auch Ihnen gegenüber nicht säumen meinen herzinnigen Dank zu sagen für das Vertrauen, welches Sie mir auf die Vorlage unserer Comitee hin entgegengebracht haben."*

Zwischen schicklichen Floskeln kommt immer wieder Friedrichs direkte Offenheit zum Vorschein, die vielleicht auch Elise für ihn einnimmt. Seine Selbsteinschätzung als 'Übeltäter', der Elises Leben durcheinanderbringt und von ihr Opfer verlangt, spricht vordergründig für ihn, ist aber bei genauerer Betrachtung auf einen geschickten Schachzug Pfarrer Kinzlers zurückzuführen, da dessen eigene Wortwahl hier deutlich zum Vorschein kommt.

> *„Ich kann den Kampf, den Sie auszukämpfen gehabt, ermessen und das Opfer, das Sie im Glauben dazu gebracht, würdigen. Es gehört, ich gestehe mir dieses immer wieder ein, viel dazu im Gehorsam und im Glauben an den Herrn einem fremden Mann sein Herz und seine Hand zu geben."*
> (Hubli, 26.12.1884).

Friedrich stellt sich mit diesem Brief vor, schildert seinen Lebensweg und kommt wohldosiert auf 'Gefühlsdinge' zu sprechen. Er scheint Pfarrer Kinzlers Ratschlag, nicht gleich alles im ersten Brief zu sagen, wörtlich zu nehmen. Mit seinen - beziehungsweise - Kinzlers Worten erläutert er Elise:

> *„Ich hätte noch so vielerlei zu schreiben und berichten, man kann jedoch nicht alles in einem Briefe sagen - und am allerwenigsten bin ich der Ansicht, daß zwischen uns alles im ersten Brief gesagt sein muß."*

Der andere, direkte Friedrich kommt in den folgenden Sätzen zum Ausdruck:

"So soll unsere Verbindung eine vieljährige sein und werden somit Gelegenheit haben uns näher auszusprechen. Möchte Ihnen nur noch einige Worte für dieses zurufen: Seien Sie nicht allzu zaghaft."

Friedrich bemüht sich, Elise die Angst vor ihm, dem fremden Mann, zu nehmen. Er beteuert ihr seine Liebe, die, wie wir aus anderer Quelle wissen, nur auf Achtung beruht. So erhält Elise im Grunde einen fingierten Liebesbrief. Es ist der vermutlich unbewußte Versuch Friedrichs, das gesamte 'Paarungszeremoniell' - vom ersten Blickkontakt über 'Verehrung' hin zu intensiverer Annäherung - auf sieben Seiten brieflich im Schnellverfahren abzuspulen. Was in der Realität vielleicht mit einer Umarmung oder einem Kuß geendet beziehungsweise begonnen hätte, bricht sich bei Friedrich mit folgenden Worten Bahn:

"Und lassen Sie uns dann dieses übers Meer hinweg im Glauben geschlossene Bündnis damit besiegeln, daß wir uns hinfort nicht mehr mit Herr und Fräulein, nicht mehr mit Sie, sondern mit dem guten deutschen Du, mit Elise und Friedrich anreden. [...] So für alle Zeit verbleibend, einen Brief mit Sehnsucht erwartend, Dein treuer Friedrich."

Zwischenzeitlich hat Elise bereits - ohne Friedrichs Brief abzuwarten - an Friedrich geschrieben. Hier zeigt sich, wie unterschiedlich die erste Kontaktaufnahme ausfallen kann, was nicht unbedingt im Charakter der jeweiligen Person, sondern vielmehr in der unterschiedlichen Situation, in der sie sich befinden, begründet ist.

Elise stürzt, als sie von Friedrichs Heiratsantrag erfährt, in Verwirrung und einen inneren Zwiespalt. Sie kann mit den Worten ihres Vaters *„die Freudigkeit nicht finden - weder zu einem Ja noch zu einem Nein."* (Basel 5.12.1884). Vermutlich macht sie sich auch zusätzliche Sorgen um ihre Mutter, die schwer krank ist. Friedrichs Antrag erreicht sie in einer Zeit der Auflösung und Veränderung. Sie ist im ersten Augenblick wahrscheinlich überfordert, so muß ihr Friedrichs Antrag als zusätzliche Belastung erscheinen, die sie nicht auch noch bewältigen kann. Die äußeren Umstände, die unsichere Zukunft im Hinblick auf ihre weiteren Aufgaben in der Familie, mögen mit zu ihrer inneren Unsicherheit und ihrer Unfähigkeit, eine Entscheidung zu fällen, beigetragen haben. Sie entschließt sich dennoch, Ja zu sagen – ob, um dem Chaos ein Ende zu bereiten oder aus innerer Überzeugung heraus, können wir nicht beurteilen. Ihr Brief an Friedrich fällt recht distanziert und kühl aus.

„Lieber Bruder Eisfelder! Da Sie schon so lange warten mußten, sende ich Ihnen diesen Brief samt meiner Photographie durch die Vermittlung der Frau Roth. Obwohl wir uns noch nicht kennen, so darf ich Sie doch als meinen mir von Gott selbst zugeführten Bräutigam begrüßen. [...] Ich denke, ich brauche es nicht zu sagen, daß auch Sie den Herrn darum bitten, daß Er mir den Abschied von meinen Lieben erleichtern und mir helfen möge, alles in der Heimat richtig zum Abschluß zu bringen." (Bibersfeld 10.12.1884).

Auch sie gibt Friedrich einen Kurzabriß ihres bisherigen Lebens, wobei die häufige Erwähnung des Vaters ins Auge sticht. Am Ende des Briefes kann sie nicht umhin, auch ihre Ängste und Zweifel anzusprechen:

> *„So dachte ich immer, daß ich in die Mission nicht passe, schon auch, da ich körperlich nicht kräftig bin. Darum auch wurde es mir nicht leicht, als die Anfrage von Basel kam, mich zu entscheiden. Der liebe Gott zeigte uns aber immer mehr, daß es sein Rat und Wille ist. Ist ja doch, was Menschen bei der Sache zu tun hatten, mit Gebet und Aufsehen auf Ihn geschehen, so hätte Er auch alles leicht vereiteln können, wenn es nicht Sein Wille gewesen wäre."*

Die möglicherweise insgeheim gehegte Hoffnung, daß doch „noch alles vereitelt würde", hat sich für Elise nicht erfüllt. Ihre Ergebenheit in das ihr ‚vorgezeichnete' Leben wurzelt in ihrem Glauben, der sich in diesem Falle als pietistischer Fatalismus zeigt. Die Zeichen Gottes richtig zu interpretieren sind ein Grundpfeiler pietistischen Lebens. Daß die Entscheidung für diesen Weg richtig ist, wird anscheinend schon dadurch bestätigt, daß keine Hindernisse vom Weitergehen abhalten. Vielleicht wird Elise aber auch von den Eltern subtil bei ihrer Entscheidung beeinflußt. Immerhin ist sie Missionarstochter - die Eltern mag die Vorstellung einer Trennung von der Tochter tatsächlich geschmerzt haben, doch sind sie gleichzeitig als Missionsleute wohl auch von der prinzipiellen Notwendigkeit überzeugt, dem 'Ruf Gottes' in die Mission Folge leisten zu müssen.

Elise bleibt nicht mehr viel Zeit, in „der Heimat alles zum Abschluß zu bringen". Ihre Abreise ist auf den 18. März 1885 festgesetzt. Es bleiben ihr noch zwei Monate. Friedrichs und Elises Briefe aneinander überschneiden sich nun. Sie schreiben in gewissem Sinne aneinander vorbei. Friedrich ist Elise immer einen Schritt voraus - was die gegenseitige Annäherung betrifft. Während sie zögerlich, auch auf inneren Rückzug bedacht, allmählich auftaut, kommt er ihr mit Riesenschritten entgegen. Dennoch bauen beide brieflich eine Art Vertrauen zueinander auf. Das wird an zwei Briefen deutlich, die sie zufällig jeweils am gleichen Tag, dem 20.01.1885 aneinander schreiben. Elise greift in diesem Brief das Zitat Friedrichs, das eigentlich von Pfarrer Kinzler stammt, wieder auf und schreibt voll Erleichterung:

> *„Und dann ists nur ein Brief, in welchem ich Dir von dem vielen, das ich Dir gern mitteilte, nur wenig sagen kann. Du sagst aber selbst, daß zwischen uns nicht alles im ersten Brief gesagt sein müsse und ich glaube, daß die Zeit so schnell dahin fliegen wird, daß wir [...] bald vereinigt sein werden."*

Elise scheint durch Friedrichs ersten Brief einiges von ihrer Angst losgeworden zu sein, sie schreibt von „Freudigkeit und fröhlichem Mut." Das mag zum einen mit Friedrichs direkter und offener Art zusammenhängen, die ihr vielleicht gefällt, zum anderen ist wahrscheinlich auf ihrer Seite der seelische Druck auch dadurch verringert worden, daß sie nun überhaupt den ersten Brief von Friedrich erhalten hat. Sie schrieb ihren ersten Brief an ihn quasi ins Leere. Nun wird das

Unbekannte und Bedrohliche, der fremde Mann, zu etwas Bekanntem. Seine Zeilen machen ihn zu einem konkreten Menschen, sie kann indirekt seiner Stimme lauschen und auf diese brieflich reagieren. Zweifel ihrerseits tauchen dennoch auf, etwa wenn sie schreibt, daß sie ihrer schwachen körperlichen Verfassung wegen vor ihrer Abreise nicht noch Friedrichs Geschwister im Harz besuchen könne - wie er ihr vorgeschlagen hatte. Sie bedauert: *„ [...] daß Du nicht eine bessere Frau bekommst".*

Dieser Satz ist in doppelter Hinsicht interessant. Einmal könnte er dem pietistischen Code zugerechnet werden. Die Selbstanklage von Frauen, daß sie nicht gut genug, körperlich schwach und nicht würdig für die Missionssache seien, taucht in verschiedenen Zusammenhängen in den Quellen häufig auf. Das hängt wiederum mit der im Pietismus geforderten Demutshaltung und Leidensbereitschaft vor allem der Frauen zusammen. Daher wird mit diesen Aussagen vordergründig dieser Anspruchshaltung Genüge getan: die Frau beweist, daß sie sich konform verhält und ihre Lektion gelernt hat. Andererseits kann mit dieser für uns floskelhaften Formulierung auch auf tatsächlich vorhandene Ängste aufmerksam gemacht werden, ohne aus der Rolle zu fallen. Ähnlich verhält es sich mit der Rede vom „inneren Kampf".

Friedrich hingegen ist voll Enthusiasmus. Die Erleichterung und Freude darüber, daß es endlich mit einer Braut geklappt hat, schimmert durch seine Zeilen hindurch. Er fühlte sich vorher offenbar recht oft allein. Diese Einsamkeit spricht er in den folgenden Zeilen an:

„Du mußt eben in Rechnung tragen, daß ich umsomehr Zeichen Deiner Liebe, Zeichen Deiner mir Angehörigkeit bedarf als ich an Leuten, die mir Liebe erweisen können, die mir angehören, arm bin." (Hubli 20.01.1885).

Er fährt weiter fort:

„Jedenfalls hast Du mir für viel viel, was ich bis jetzt entbehrt habe, Ersatz zu leisten und findest demgemäß in mir ein gut zubereitetes Herz."

Er kann seine Ungeduld, Elise zu sehen, kaum verhehlen. Offenbar ist er noch nicht ganz sicher, ob sie im Frühjahr, der heißen Jahreszeit, in Indien, oder erst im Herbst kommen wird. Friedrich möchte sie - ohne daß sie es merken soll - dazu überreden bereits im Frühjahr zu kommen. So macht er scheinbar beiläufige Bemerkungen über das Wetter, das auch im Frühjahr gut verträglich sei.

„Auch die Wohnung, die wir beziehen werden, ist angenehm kühl. Auch ich kam seinerzeit im Frühjahr nach Indien und es ist mir ganz gut bekommen. Eigentlich heiß haben wir es hier übrigens nicht, in der heißesten Zeit springts bis zu 28-30 °C."

Dann beschäftigt ihn noch eine weitere, höchst pragmatische Sache: die Kirchenglocke für seine Missionsstation, die in einer Glockengießerei in Stuttgart hergestellt wird und die Elise mitbringen soll. Wohl mit ein Grund dafür, daß Elise bereits im Frühjahr nach Indien reisen soll.

In die Geschichte von Elise und Friedrich sind nicht nur zwei eingebunden - auch die restliche Familie Elises, die Mutter und die Schwester Mathilde möchten mit Friedrich auf brieflichem Wege in Verbindung treten. Vermutlich hat ihm auch der Vater geschrieben, dieses Dokument liegt allerdings nicht vor. Elises Mutter, Marie Hauff, nimmt ihn brieflich in die Familie auf. Sie bezeichnet Elise liebevoll als *„mein kleines Lischen"*. Ihr Schmerz über die bevorstehende Trennung, aber auch ihre Überzeugung, das Richtige zu tun, kommt in folgenden Sätzen zum Ausdruck:

> *„Möchte ich Dir sagen, daß es ein an Liebe reiches theures Herz ist, wirst Du bald fühlen und erfahren und daß es uns schwer, sehr schwer wird, das Kind von uns zu lassen, mit dem wir nun 26 Jahre so fest zusammengewachsen sind, das wirst Du bald auch besser verstehen."* (Bibersfeld, 04.02.1885).

Der Schlüsselsatz aber, der die Einstellung der Eltern erhellt, ist jener:

> *„Wir haben unsere Töchter nicht eben für uns, sondern für den Herrn und seinen Dienst zu erziehen uns bemüht und es ist ja eine Anerkennung dessen, wenn der liebe Herr sie nun zu seinem speziellen Dienste ruft."*

Hier kommt klar und deutlich die Vorstellung von der Tochter als 'Werkzeug Gottes' zum Ausdruck. Elises Mutter ist dennoch nicht wohl bei dem Gedanken, daß ihre Tochter bereits im Frühjahr reisen soll, der großen Hitze wegen. Sie sorgt sich um Elises allgemeinen Zustand. In diesem ersten Brief an Friedrich erwähnt sie noch nicht die Charaktereigenschaften ihrer Tochter, die ihrer Meinung nach für Friedrich problematisch werden könnten. In einem weiteren Brief vom 12.März1885, eine Woche vor Elises Abreise, gibt sie aber ihre Zurückhaltung auf und spricht den 'Unterschied der Geschlechter' und das Eheleben an:

> *„Aber es wird Dir doch neu und ungewohnt sein, wenn Du Dich so viel und eingehend um ein Anderes, Dein Nächstes kümmern sollst. Uns Frauen ist das so natürlich, weil es von Jugend auf unser Beruf ist - und ihr müßt euch erst daran gewöhnen."* (Bibersfeld 12.03.1885).

Diese Sätze der Missions- und Pfarrfrau Marie Hauff zeigen, daß sie die weiblichen Tugenden als Kompetenz ansieht, die den Männern fehlt. Diese Tugenden liegen für sie aber in der Erziehung begründet und nicht in der natürlichen Wesensart von Frauen, wie es dem gängigen zeitgenössischen Diskurs über die 'Natur der Frau' entspricht. Erst durch das Training dieser Tugenden von Jugend an werden sie den Frauen zur 'zweiten Natur'. Da den Männern dieses Training fehlt, ist es für sie schwerer in die Ehe einzutreten:

> *„Ein Stück Egoismus hat wohl jeder Mann zu überwinden bis er ein rechter Ehemann ist."*

Doch all diese Unterschiede können wieder in der Vereinigung im Glauben überwunden werden:

> *„Die Hauptsache aber ist und bleibt, daß Eheleute einen Gott und Heiland haben, vor dem sie sich gerne beugen und dem sie dienen wollen."*

Abschließend warnt sie ihren zukünftigen Schwiegersohn vor bestimmten Eigenschaften ihrer Tochter:

> *„Eine Unart liegt dennoch in Elises Natur, daß, wenn sie etwas durch Nachdenken als gut und recht ansieht, sie ungemein schwer auch eine andere Ansicht oder andere Seite einer Sache erfaßt und anerkennt."*

Das, was Elises Mutter als 'Naturfehler', dem am besten mit Nachsicht begegnet werden sollte, ansieht, könnte gegen den Strich gelesen bedeuten, daß Elise keine Charakterschwäche, sondern eher Charakterstärke besaß, die sich in einer gewissen Dickköpfigkeit zeigte, die wir aber wiederum als eigenen starken Willen interpretieren könnten. Sie scheint also nicht unbedingt dem pietistischen Idealbild einer demütigen, stillen Dulderin zu entsprechen.

Weitere Informationen über Elise erhalten wir von ihrer Schwester Mathilde. Diese geht brieflich ohne Scheu auf Friedrich zu, flicht kleine Koketterien mit ein, hat einen leichten, humorvollen, ironischen Tonfall. Recht ungewöhnlich für eine Pfarrerstochter, doch sieht sie in Friedrich nach eigenem Bekunden den „Bruder" und so kann sie sich „familiär" geben. *„Du wirst mir verzeihen, daß ich so ohne weitere Höflichkeit ganz familiär mit Dir bin."* Auch sie macht sich Gerdanken über das zukünftige Zusammenleben von Friedrich und Elise:

> *„Wenn ihr euch auch vielleicht gegenseitig nicht immer gefallt, so werdet ihr euch doch als Geschenk vom lieben Gott immer achten. [...] Und dann kann ja ein Ineinanderleben und Verstehen nicht so schwer sein, auch für solche, die sich vorher gar nicht kennen."*

Nach Mathildes Beschreibung können wir uns von Elise folgendes Bild machen:

> *„Sie ist etwa 160 cm groß und hat eine schmale Figur. Die Fotografie, die Du hast, ist vor vier Jahren gemacht worden. Verändert hat sie sich seitdem wenig und wenn sie jetzt etwas magerer ist, so hast Du das auf dem Gewissen. [...] Dein künftiges Fraule hat ein weißes Gesicht mit stets frischen roten Backen zu dunklem Haar und dunklen Augen. Ich kann mir das auch gar nicht vorstellen, daß in Hubli diese Röthe so bald vergehen soll - wie Mamachen meint. Denn hier ist sie stets roth angehaucht, auch wenn es ihr wirklich elend und übel ist - das gehört zu ihr."*

Die Furcht vor Krankheit beziehungsweise das sichere Rechnen mit derselben ist allgegenwärtig. Elise begibt sich also bewußt in eine möglicherweise krankmachende Situation. In diesem Zusammenhang ist das Wortspiel, mit dem Dr. Gundert, Großvater Hermann Hesses und einer der ersten Indienmissionare, Familie Hauff zu Elises Verlobung mit Friedrich Eisfelder gratuliert, doppelt bedeutungsvoll: *„Zu Eurer Tochter Gang aufs Eisfeld, gratuliere ich von Herzen."* (Calw, 2.02.1885) Auf diesem Gang könnte sie ja auch ausrutschen und sich das Genick brechen.

Rückzug

Daß Elise den „Gang aufs Eisfeld" womöglich doch nicht wagen will, sie sogar in Erwägung zieht, ihr Ja-Wort wieder zurückzunehmen, stellt sich sechs Wochen vor ihrer Abreise heraus. Offenbar hat Friedrich einen Brief von Elises Vater erhalten, in dem dieser andeutet, daß Elise immer noch ihre Zweifel habe. Vielleicht auch deshalb, weil die Abreise gefährlich nahe rückt? Friedrich schreibt ihr daraufhin einen eindringlichen Brief. Es scheinen mehrere Faktoren zusammengekommen zu sein, die Elise in ihrem Entschluß wanken ließen. Zum einen ist Elises Vater offenbar schwerer dazu bereit, sie gehen zu lassen, als er zugibt - Elise merkt dies und gerät in einen Konflikt. So schreibt Friedrich am 6.02.1885:

„Wenn ich Deines Vaters Brief durchlese, bekomme ich den Eindruck, daß es Deinen lieben Eltern aus mehr als nur einem Grunde schwer fällt, Dich ziehen zu lassen."

Zum anderen hat Friedrichs Äußeres indirekt damit zu tun. Ihre massiven Zweifel fallen mit dem Zeitpunkt des Erhalts seiner Photographie zusammen, werden jedoch nicht dadurch ausgelöst, daß Friedrichs Erscheinungsbild ihr unangenehm ist. Offenbar ist eher das Gegenteil der Fall. Ihrer Mutter versichert sie beispielsweise, daß sie sich nicht durch seine Photographie, also durch sein Äußeres, zu einem Ja-Wort entschlossen habe. Er hat dies wohl durch den Brief ihres Vaters erfahren und antwortet Elise darauf:

„Auch ich habe nicht zuerst Dein Bild besehen, sondern zuerst Deinen Brief gelesen. Nicht, daß es mir gleichgültig wäre, was meine liebe Braut und zukünftige Frau für ein Gesicht, aber ehrlich gestanden es ist auch mir bei der Wahl meiner Lebensgefährtin das Gesicht derselben weder die erste noch die wichtigste Sorge. [...] Da wir jedoch in der Welt leben und auch in gewissem Sinne - wenn wir uns auch noch so sehr dagegen sträuben - Kinder unserer Zeit sind - so habe ich eben dieser unserer Schwäche Rechnung getragen und mein Bild gesandt und mir ein solches von Dir erbeten."

Friedrichs Fotografie[874] scheint also der springende Punkt zu sein. Was Friedrichs erster Brief bewirkte, nämlich daß ihre Unsicherheit und Angst etwas verringert wurden, scheint sich nach Erhalt seines Bildes ins Gegenteil zu verkehren. Nun hat sie ihn in seiner Körperlichkeit vor Augen. Möglicherweise fühlte sie sich von Friedrichs Erscheinung angezogen, da sie so darauf insistiert, daß das Aussehen Friedrichs rein gar nichts mit ihrer Entscheidung zu tun habe. Sie hat mit dieser Fotografie ein Bild des Mannes vor Augen, mit dem sie in Zukunft Tisch und Bett teilen wird. Die geistige Ebene, auf der sie sich bis jetzt mit

---

[874] Diese Sätze Friedrichs verweisen explizit auf das von Martin Scharfe konstatierte „Lavieren zwischen Distanz-halten zur Welt und Arrangement mit dem Weltmäßigen." Friedrichs Thema sind hier die 'Mitteldinge'. Vgl. M. Scharfe: Die Religion des Volkes. 1980, S. 50-54; S. 77-78.

Friedrich bewegte, bekommt nun eine neue Dimension - die körperliche und damit natürlich auch eine sexuelle, die Elise höchstwahrscheinlich - wenn auch eher unbewußt - wahrnimmt und die ihr Angst macht. Die Diskussion über die Bedeutung des Aussehens des anderen, die beide offenbar miteinander führen, hat tiefliegende Wurzeln. Sich zu sehr mit dem eigenen Aussehen und mit dem anderer zu befassen, ist im Pietismus ein Zeichen von weltlicher Eitelkeit und Hoffährtigkeit und darum verpönt. Auffälliger Schmuck und auffällige Kleidung sind aus dem Leben verbannt, gehören zum Tand, der vom Eigentlichen, dem 'Herrn', nur ablenkt.[875]

Ob sich Friedrich über den hier vermuteten Zusammenhang im klaren ist, können wir nicht beurteilen, ganz auszuschließen ist es allerdings nicht. Sein vorrangiges Interesse ist, Elise davon zu überzeugen, daß sie ihm ihre Zusage nicht entziehen kann. Das Mittel, das ihm dazu dient, ist Ehrlichkeit und Offenheit. Er gibt zu, selbst Ängste und Zweifel gehabt zu haben. Dadurch erweist er sich als sensibel, und stellt gleichzeitig wieder eine verbindende Gemeinsamkeit zu Elise her.

> *„Mußt nicht glauben, daß es mir gar so leicht geworden sei, mich Dir ohne Dich zu sehen und ohne Deine Stimme zu vernehmen, ja ohne auch nur einen Brief von Dir in Händen zu haben, zu schenken. Aber ich habe es gethan und bin, möge sich nun unsere Sache gestalten, wie sie wolle, froh darum, daß ich es gethan."*

Mit diesen Worten flüchtet sich Friedrich in eine Art Trotz - auch er leidet, nicht nur Elise.

Seine Trotzreaktion hat aber doch einiges bewirkt, Elise ist weit davon entfernt ihre Zusage zurückzuziehen. In einem Brief vom 4. März 1885 erklärt sie ihm ihre Zweifel, die auch mit ihrer momentanen Situation zusammenhängen. In diesem Schreiben wird die grundlegend verschiedene Situation, in der sich beide befinden, offensichtlich. Die Ungleichzeitigkeit der Gefühle, die gestörte Kommunikation durch das Aneinandervorbeischreiben - die ganze Problematik der arrangierten Beziehung wird dabei deutlich. Friedrich ist zur Passivität verdammt, er kann nur warten: auf Briefe und Nachrichten. Natürlich bereitet er allmählich manches für Elises Ankunft bevor, doch wird sein Leben in seinen Grundfesten nicht so erschüttert wie das von Elise. Für Friedrich ist die Veränderung in seinem Leben größtenteils positiv besetzt, er freut sich und kann seine Ungeduld kaum zügeln. Elise hingegen ist seit zwei Monaten ausnahmslos in hektische Aktivitäten eingebunden: Kleider müssen genäht, Kisten gepackt, Abschiedsbesuche gemacht werden. Dazu kommt die bevorstehende Trennung von den Eltern und der Schwester. So begegnet sie den Veränderungen ihres Lebens mit einiger Skepsis und weniger freudig. Es belastet sie auch, daß Friedrich ihre Eltern - seine Schwiegereltern - nicht kennt:

---

[875] Zu Photographien im Pietismus vgl. C. Köhle-Hezinger: Fromme Frauen, fromme Bilder. 1998, S. 18-19.

> „Doch vielleicht ist es Gottes Wille, daß ihr euch auch noch einmal sehet. Unmöglich ist es nicht - doch ich sage allen, welche mir eine baldige Heimkehr wünschen, es sei ein zweifelhafter Wunsch. Zunächst möge uns nur der gütige Gott zusammenbringen." (Bibersfeld, 17.02.1885).

In einem weiteren Satz erwähnt sie, scheinbar beiläufig, was ihr anscheinend am meisten auf der Seele liegt:

> „Ihre zweite Tochter Maria Römer in Basel ist ja diejenige welche auf Herrn Pfarrer Kinzlers dringende Bitte, ihm meinen Namen für Dich nannte, nicht ohne vorher einige Tage die Sache ins Gebet zu nehmen. Dieses letztere war mir immer ein Trost, daß man wohl sagen kann, es ist keine menschlich gemachte Sache."

Daß es „keine menschlich gemachte Sache" war, sondern von 'Gott gewollt', ist für Elise immens wichtig. Wäre es „eine menschlich gemachte Sache", wären Friedrich und Elise verkuppelt worden, und diese Vorstellung, die ja mit der Realität im Grunde sehr wohl übereinstimmt, scheint für Elise unerträglich zu sein. So hält sie sich an den Worten Maria Römers fest und verweist so den Ursprung ihrer Beziehung zu Friedrich in eine göttliche höhere Sphäre, der nichts Anrüchiges, Menschliches anhaftet. Dies ist für sie ein Mittel und ein Weg, mit der Situation fertig zu werden und sie vor sich und anderen zu rechtfertigen. Noch einmal erwähnt sie diese Gedanken:

> „[...] Daß ich durch manchen Kampf gegangen. Es half mir doch dabei, daß ich sah - es ist kein menschlich Machwerk."

So kann sie es als ihre Pflicht und Aufgabe im Glauben ansehen, einen fremden Mann zu heiraten. Eine Befürchtung ganz anderer Art äußert sie an letzter Stelle: „Wenn ich nur keine zu arge Schwäbin für Dich bin." Möglicherweise trennten Elise und Friedrich nicht nur Kontinente, doch eine Sprache hatten sie ja gemeinsam: die Rede 'im Namen des Herrn'.

Mit neuer Zuversicht und Gewißheit macht Friedrich sich in Indien nun daran, den neuen Haushalt vorzubereiten:

> „Ein eigentlicher Haushalter bin ich nicht, jedenfalls wirst Du einmal unbeschränkt in Küche und Speisekammer walten dürfen. [...] Wenn auch nicht gerade König, so doch Königin meines, unseres Hauses wirst Du werden." (Hubli, 25.02.1885).

Die weiteren Briefe, die Elise von Friedrich bis zu ihrer Abreise erhält, enthalten Beschreibungen seines Alltags in Hubli, von der Teilnahme an einer Distriktskonferenz der Missionare dieses Gebietes über Schilderungen verschiedener Predigtreisen hin zur Beschreibung verschiedener Dinge, die er für den gemeinsamen Haushalt neu angeschafft hat. Das wird immer wieder unterbrochen von Liebesbeteuerungen und auch humorvollen kleinen Neckereien.

Ein wiederkehrendes Thema ist die Sorge um Elises Gesundheit. Er gibt ihr Ratschläge, wie sie sich auf der Reise verhalten soll:

"Schone soviel wie möglich deine Gesundheit. Sieh zu, daß Du wohl und gesund aufs Schiff kommst. Guter Appetit ist das beste Mittel gegen Seekrankheit. In Genua oder Neapel kaufe Dir einen guten Stuhl, auf den Du Dich in gegebenem Fall legen kannst."

Er warnt sie vor der gefährlichen Sonne, sie solle sich nicht nach anderen richten, die oft leichtsinnig seien.

Ein weiteres Thema, das ihn beschäftigt, ist die neue Familie, die 'Missionsfamilie', die Elise erhalten wird. Bis ins Jahr 1885 hat Friedrich offenbar sehr viel Kontakt zu den Missionsleuten Roth gehabt, die bereits seit 1864 in Süd-Mahratta sind. Sie rüsten nun aus gesundheitlichen Gründen für die Heimreise nach Europa. Missionar Roth sollte dieses Ziel aber nicht mehr erreichen, da er kurz vor der Abreise an einem Schlaganfall stirbt. Frau Roth war für Friedrich über die Jahre Mutterersatz, Freundin und Ratgeberin. Sie ist nun 60 Jahre alt. Für ihn *„ein liebes altes Mütterlein"*. (Hubli, 17.03.1885). An die Stelle des Missionspaares Roth soll nun das Missionspaar Daimelhuber treten, das bereits mit Unterbrechungen seit 1873 in Indien ist. Frau Daimelhuber ist 39 Jahre alt, hat drei Kinder und soll nach Friedrichs Vorstellungen nun eine Art Mutterersatz für Elise werden. Doch Daimelhubers werden nur drei Jahre in Hubli bleiben, da Marie Daimelhuber sehr unter dem gefährlichen „Wechselfieber" leidet. Auch das Missionspaar Ziegler ist für Friedrich wichtiger Bezugspunkt. Beide sind krank und ans Bett gefesselt, während ihre drei Kinder nach Europa verschickt werden. Friedrich bedauert:

„Sie hängen so sehr an ihren Kindern und möchten sie so gerne noch auf dem Schiff mit ihrem Segen ausrüsten."

Ob sich Friedrich bei diesen Sätzen wohl bewußt war, daß ihn dieses Schicksal, die Trennung von den Kindern im schulpflichtigen Alter, sollte er mit Elise Kinder haben, ebenfalls ereilen würde?

Kurz vor Elises Abreise ist Friedrichs Annäherung so weit gediehen, daß er sie als seine *„Theure Geliebte"* betitelt und seine Briefe mit *„innigem Gruß und herzlichen Kuß"* schließt.

Abschiede

Nach Elises Zusage haben die Eltern offizielle Verlobungsanzeigen an die vielen Verwandten und Bekannten versandt. Elise hat sich bereits bei einigen persönlich verabschiedet, die anderen gratulieren ihr nun schriftlich.

Die meisten der Glückwünsche treffen aus Gotha oder Lübeck ein, wo Elise einen großen Teil ihrer Jugend verbracht hat. Es sind also vor allem ehemalige Schulfreundinnen, die Anteil nehmen - darunter auch eine „Herzensfreundin" von Elise, Sophie, mit der sie offenbar eine innig-romantische Mädchenfreundschaft verband und noch verbindet.

Für die meisten kommt die Nachricht von der Missionsbraut Elise überraschend. Die Reaktionen auf die Verlobung ähneln sich in vielerlei Hinsicht. Es fällt auf, daß manche Glückwünsche eher wie Beileidsbezeigungen klingen. So prophezeit ihr Marie Jacobi, selbst eine ehemalige Missionsbraut *„einen steilen und beschwerlichen Weg"*. (Sonneberg, 29.01.1885).

Emilie, eine Freundin aus Lübeck, spricht ebenfalls Elises Zukunft an:

„Aber doch wird gerade bei dieser Verlobung das Herz bewegt, wenn man an das Scheiden und Deinen ferneren Lebensweg denkt, der doch gewiß oft mühevoll und sauer sein wird." (Lübeck, 30.01.1885).

Bei den meisten scheint Freude und Ernst gemischt zu sein, wie Berta Gonzel es formuliert:

„Freude und Ernst waren recht gemischt und bis jetzt ist, glaube ich, letzteres noch etwas vorherrschend, besonders wenn wir uns im Geist in Eure Mitte versetzen bei dem Gedanken an die schon so nahe Trennung und den schon so ernsten Lebensberuf, dem Du entgegengehst."

Fast immer wird der unbekannte Bräutigam, das eigentlich Sensationelle und Außergewöhnliche, angesprochen, aber eher neutral beziehungsweise in einem aufmunternden Sinne.

„Und Dein lieber Bräutigam wird Dir durch seine Liebe auch dort eine Heimat gründen und Dir, wenn er Dir auch hier die Liebe nicht ersetzen kann, doch auch dort das Leben lieb und werth machen." (Gotha, 18.12 1884, Berta Jüngel).

Liebe als Heimat, diese Einschätzung findet sich auch im Glückwunsch der Freundin Hella aus Georgental:

„Dir wird ja Dein zukünftiger Mann Ersatz für das Zurückzulassende werden. Und ich denke, wenn man einen Mann wahrlich liebt, so ist einem selbst das Folgen in ein fernes Land über den Ocean kein zu schweres Opfer." (Georgental, 07.02.1885).

Der übereinstimmende Tenor der Gratulationen ist: Es ist Schicksal, ein Opfer muß gebracht werden, sie soll das Beste daraus machen, ein gutes Werk tun, es ist Sein Wille. Elise wird weder beneidet noch bewundert. Im Gegenteil: Ihre Situation wird überraschend realistisch eingeschätzt, sie wird getröstet, es wird ihr viel Zuneigung und Verständnis entgegengebracht. Eine, der es allerdings sehr ans Herz geht, die wahrlich trauert, ist die erwähnte Herzensfreundin Sophie aus Gotha. Sie scheint auch die meisten Informationen zu besitzen: vielleicht hat sich Elise mit ihr ausgesprochen. Sophies Briefe klingen intimer, vertrauter und natürlicher als die übrigen. Ihre Beziehung zu Elise ist in gewissem Sinne das exemplarische Beispiel einer romantisch-verklärten Frauenfreundschaft des 19. Jahrhunderts.

„Mein liebes, liebes Lischen. Das hätte ich freilich nicht gedacht. Ich danke Dir von Herzen mein geliebtes Lischen, daß Du mir so offen und ausführlich geschrieben. Doch, mein geliebtes Lischen, Worte reichen eigentlich nicht aus um Dir zu sagen, wie ich an Dich denke und wie lieb ich Dich habe."

Sie spricht als einzige ein Gefühl an, das sich bei den anderen nicht äußert oder nicht artikuliert wird: das Gefühl der eigenen Unterlegenheit.

> *„Und schließlich komme ich mir auch so erbärmlich vor, so kindisch und unerfahren gegenüber den Schritten und Aufgaben, die Deiner warten."*

Sie bittet Elise um ein Bild von Friedrich, vermutlich, um sich selbst ein Bild des Lebens von Elise machen und aus der Ferne daran teilhaben zu können.

> *„Wenn Du erst Missionarin Eisfelder bist und mir ein Bild Deines Herrn Gemahls senden wolltest, wäre ich Dir sehr dankbar. Unverschämt wie immer, denkst Du und magst Recht haben, aber es ist doch nur meine Liebe zu Dir, die mich zuweilen unverschämt macht."* Sie wünscht sich *„Ein Fernglas über Meere und Länder"*. Sie möchte ihr auch auf der Reise Briefe senden: *„Kurze Lebens- und Liebeszeichen, die wochenlang auf den Meereswellen sich herumtreiben."* (Gotha, 20.03.1885).

Sophies blumige, lebendige Sprache, die die sonst üblichen Floskeln nicht benötigt, macht eben dadurch ihren Abschiedsschmerz umso deutlicher. Sophie versucht mit ihrer Trauer um die verlorene Freundin fertig zu werden, indem sie anfängt, Missionsstunden zu besuchen, den „Evangelischen Heidenboten" aboniert, und sich sehr oft 'Missionsatlanten' besieht - vermutlich alles, um der geliebten, schmerzlich vermißten Freundin im Geist nahe zu sein.

Zu neuen Ufern

Am 18. März 1885 tritt Elise ihre weite Reise an, die sie über Basel, Genua, Neapel, entlang der sizilianischen Küste nach Alexandria führen und von dort über Port Said nach Aden und Bombay und schließlich nach Hubli bringen wird. Sie reist nicht allein, die Missionsleute Großmann und Daimelhuber werden sie begleiten.

> *„In blindem Vertrauen auf den Herrn hast Du Dein Ja gegeben, in blindem Vertrauen auf Ihn durchziehst Du jetzt den Ocean, in blindem Vertrauen auf Ihn willst Du Dich einem Mann schenken, den Du noch nie gesehen."*

Diese Worte schreibt ihr die Schwester zum Abschied aus dem Elternhaus.(Bibersfeld 17.03.1885). Am Ende von Elises Reise wird die erste Begegnung der zukünftigen Eheleute stehen. Das hält beide in einer dauernden Spannung. Friedrich möchte Elise die Unsicherheit im voraus nehmen und sie auf diese erste Begegnung vorbereiten.

> *„Was das Begegnen mit Dir betrifft, so glaube ich nicht, daß es von Befangenheit begleitet sein muß. Laß uns beide natürlich sein und bleiben."*

Und dann kommt er auf das für ihn Wichtigste zu sprechen:

> *„Vielleicht hast Du ja schon aus meine Briefen gemerkt, daß ich ein Sonderling bin. Ich denke über manche Sachen anders als andere Leute, ja schwimme in diesem und jenem Stück gerade wider den Strom. Manche*

> *Leute meinen, es sei unanständig, wenn sich Braut und Bräutigam herzlich und freudig begrüßen. Ich teile, wie gesagt, diese Meinung nicht, sondern halte es allein nicht für erlaubt, sondern sogar auch für natürlich."*

Nun weiß Elise also, worauf sie sich gefaßt machen muß. Noch deutlicher wird Friedrich in einem Brief, den er ihr schreibt, als sie bereits zwei Wochen auf der Reise ist. Er sprudelt förmlich über vor Sehnsucht und Vorfreude:

> *„Grüß Dich Gott. Meine mir näher, näher und näher kommende liebe Elise. Wollte Gott, Du wärst erst einmal in Hubli. Ich fühle je länger je mehr das Bedürfnis mich Dir gegenüber auszusprechen. Ich möchte so liebend gern einmal in Dein treues Auge schauen. Möchte so gerne, Dich, meinen theuren werthen Schatz ans Herz drücken."*

Und dann 'vergißt' er sich vollends:

> *„Möchte Dir es in einem heißen innigen Kuß besiegeln, daß ich Dich liebe und daß Dir mein ganzes Herz gehört."*

Friedrich hat offenbar sämtliches Verlangen und Begehren, sämtliche Wünsche auf die unbekannte Elise projiziert. Und je näher ihm Elise körperlich kommt, desto stärker wird bei ihm der Wunsch, sie auch berühren zu können. Seine Gefühle für Elise sind nun vorrangig von einer gewissen Erotik bestimmt, die er ihr stürmisch, doch unbewußt, mitteilen möchte. Er, dem ihr Aussehen *„nicht an erster Stelle steht"*, hat sich mit diesem vermutlich doch öfter beschäftigt. Wahrscheinlich hat er beim Betrachten ihrer Photographie auch seine Phantasie spielen lassen: Vor allem ihre Augen scheinen es ihm angetan zu haben. *„Deine großen schönen Augen"* sind für ihn ein Thema in einem der letzten Briefe. (Hubli, 08.03.1885). Friedrich ist insofern wohl doch das, als was er sich selbst bezeichnet, ein „Sonderling" - allerdings in dem Sinne, daß er offenbar kein typischer Vertreter pietistischer Prüderie zu sein scheint.

Wie das nun auf die abreisende Elise gewirkt haben mag, die vermutlich bis dahin noch keinen „heißen innigen Kuß" von einem Mann erhalten hat, ist schwer zu sagen. Wahrscheinlich ist, daß es nicht unbedingt dazu beigetragen hat, ihr ihre Scheu vor dem zukünftigen Ehemann zu nehmen.

Wir hören von Elise erst wieder, als sie bereits in Basel ist, wohin die Eltern sie begleitet haben. Ihre Gedanken betreffen nicht die erste Begegnung mit Friedrich, sondern den baldigen Abschied von den Eltern. *„An das darf ich noch gar nicht denken, daß ich für so lange von ihnen scheide."* Sie möchte sich nicht an Friedrich, sondern an Gott festhalten. *„An ihn will ich mich festhalten, mag da kommen, was da will."* (Basel, 19.03.1885). Mit auf die Reise nimmt Elise auch die Glückwünsche einer Missionarsfrau, die selbst lange Jahre in Hubli gelebt hat und deren Gast Friedrich *„fast ein ganzes Jahr lang"* war. Vielleicht hilft Elise die Beschreibung ihres Bräutigams, die sie ihr gibt:

> *„Abends nach dem Tee wars am gemütlichsten. Da klopfte es an die Tür und Friedrich kam zu einem Plauderstündchen. Er konnte recht heiter und vergnügt sein. Aber er war meist still, da er oft fieberisch und müde war.*

Er machte gern einige Spiele Schach mit meinem Mann und da konnten sie die Zeit ganz vergessen. [...] Du wirst Dich bald heimisch fühlen in dem alten Haus und dem roten Staub Hublis, denn wir können nie ohne Heimweh an Süd-Mahratta denken. Ich beneide Dich fast, daß Du bald die geliebte Stätte siehst, nach der uns so oft zurückverlangt. Würde das leidige Fieber unsere Gesundheit nicht ganz untergraben, wir würden auch unser Bündel schnallen und uns einladen als Deine Hochzeitsgäste."

Sie schließt mit den Worten:

" Sei nur getrost und gehe fröhlich nach Indien. Du kommst in gute Hände." (Neunstetten, 09.03.1885).

Während Elise sich einschifft, also bereits in Genua angekommen ist, schreibt ihre Mutter noch einen eindringlichen Brief an Friedrich, in dem ihre ganze Sorge, Angst und Trauer um ihre Tochter recht deutlich wird:

„Das gute Kind, die Reise ist recht schwer für sie. In Genua scheint ihr das Wasser an die Seele gegangen zu sein und hat ihr doch, bei aller Tapferkeit ihrerseits viele Tränen hervorgerufen."

Genua ist eine wichtige Etappe während der Reise: Hier wird das Schiff bestiegen und hier wird - wie an anderer Stelle beschrieben - der „europäische Boden verlassen", ein Einschnitt, den viele Bräute mit tiefer Trauer und großem Heimweh erlebten. Ähnlich scheint es Elise ergangen zu sein.

Von ihrem letzten Tag in Basel erfahren wir nur so viel, daß bei den Herren Preiswerk und Professor Riggenbach Kaffee getrunken wurde. Preiswerk und Riggenbach gehören zum Basler Patriziat und sind angesehene Komiteemitglieder. Mit diesen bespricht Elises Mutter Dinge, die ihr am Herzen liegen und die sie nun an Friedrich weitergibt:

„Das sei mir doch recht ein Wunsch, daß Elise sich vor der Hochzeit noch recht ausruhen dürfe. Auch noch eine Bitte ist die, daß Du Elise behilflich bist in diesen ersten Wochen uns jeden Posttag, wenigstens durch eine Karte Nachricht zukommen zu lassen. Sie soll sich nicht anstrengen mit Schreiben, wir sind auch mit wenig zufrieden. [...] Nun legen wir Dir unser Kind aufs Herz und aufs Gewissen - sorge für sie, liebe und pflege sie."

Über Elises Reise und ihr Zusammentreffen mit Friedrich erfahren wir nichts - in Friedrichs Korrespondenz findet sich lediglich ein Brief an Inspektor Oehler vom 13. Mai 1885:

„Unsere Hochzeit fand am 1. Mai statt. Mit und neben meiner lieben Frau fühle ich mich sehr glücklich. [...] Meine liebe Frau fühlt sich trotz der heißen Jahreszeit sehr wohl. Zur Zeit ist sie tüchtig daran Kanaresisch zu lernen und sich in indische Haushaltungsgeschäfte einzuarbeiten."

Heimkehr und Wiederausreise

Sieben Jahre sind vergangen. Wir schreiben das Jahr 1892. Dokumente aus den Jahren 1885 bis 1892 fehlen. So bleibt offen, wie sich Elise eingelebt hat, wie sich ihre Ehe in den ersten Jahren mit Friedrich gestaltete.

Elise ist mittlerweile 34 Jahre alt, Friedrich bereits 44 Jahre alt. Das erste Kind, Maria, das im Jahr 1886 zur Welt kam, ist im Alter von einem halben Jahr gestorben. Zwei weitere Kinder, Hermann, fünf Jahre alt, und Caroline, genannt Linchen, drei Jahre alt, sind noch am Leben. Nachdem Elise und Friedrich 1892 nach Bibersfeld in Elises Elternhaus für einige Monate „Heimaturlaub" zurückgekehrt sind, lassen sie diese beiden Kinder bei den Großeltern zurück und ziehen wieder nach Indien. Es ist nun das eingetreten, wovor sich die meisten Missionspaare fürchteten - die Trennung von den Kindern und das auf Jahre hinaus. Briefe gehen von nun an hin und her, die Großeltern halten Elise und Friedrich über die Entwicklung der Enkelkinder auf dem laufenden. Elise und Friedrich schreiben an Elises Eltern und vor allem an Linchen und Hermann. Von dieser Korrespondenz liegen die 'Eltern-Kind-Briefe' von Indien nach Bibersfeld und die Briefe der Großeltern nach Indien vor. So erfahren wir eher indirekt etwas von Friedrichs und Elises Missionsleben und können nur aus den Antwortbriefen der Großeltern Rückschlüsse ziehen.

Für Hermann und Linchen ist es ein glücklicher Umstand, daß sie bei den Großeltern leben können. So bleibt ihnen wenigstens das Basler Kinderhaus erspart. Dennoch ist die Umstellung eine immense - nicht nur für die Kinder, die unter der Trennung, auch für Friedrich und Elise, für die das gleiche gilt - vor allem aber für Elises Eltern, die fast 70 Jahre alt sind und nun zwei kleine Kinder aufziehen sollen. Daß ihnen diese Belastung fast über den Kopf wächst, wird nie offen ausgesprochen, kann aber zwischen den Zeilen herausgelesen werden. Aus diesem Grund hat Elise Schuldgefühle, sie spürt vermutlich, daß sie ihren Eltern zuviel aufgebürdet hat. Die meisten Briefe, die sie an ihre Kinder schreibt, sind gespickt mit Ermahnungen und Verhaltensregeln. Auf den ersten Blick wirken diese teilweise recht lieblos, doch hat dies wohl eben seine Ursache in Elises Sorge um die eigenen Eltern.

In Bibersfeld stehen die Kinder noch unter dem Schock der Trennung. Linchen, die jüngere der beiden, glaubt, daß die Eltern bald wiederkommen.

> *„Je und je geht der Kleinen dann etwas auf, daß ihr doch nicht so bald, wie sie denkt, wiederkommt - und dann muß man sich ihrer annehmen und sie lieb haben, sonst gibts Jammer."*

So schreibt die Großmutter nach Indien. Die Dreijährige scheint recht lebhaft zu sein, was der Großmutter wiederum gewisse Probleme macht:

> *„Die Kleine ist so furchtbar mobil, daß sie oft nicht weiß wohin mit all ihrer Tätigkeit und Lust und phantasiert und schwatzt [...] Da wünschen wir oft Euch für eine Weile an unsere Stelle zum Sehen und Hören."*

Die Großeltern befinden sich in einer schwierigen Situation. Den Wunsch, die Kinder zu sich zu nehmen, konnten sie Friedrich und Elise nicht abschlagen, vor allem, da sie selbst jahrelang fremde Missionskinder in Kost und Pflege hatten. Für sie ist es auch kein leichtes, den eigenen Enkeln erklären zu müssen, daß die Eltern auf Jahre hinaus fortgegangen sind und sie im Stich gelassen haben. Für die Problematik der zurückgelassenen Missionskinder ist das Pfarrhaus in Bibersfeld ein exemplarisches Beispiel.

Elise und Friedrich, nun ein kinderloses Elternpaar, nehmen an der Entwicklung der Kinder aus der Ferne teil, versuchen diese auch aus der Ferne zu beeinflussen und zu erziehen. Es ist eine zeitversetzte Kindererziehung, da Briefe bis zu zwei Monate unterwegs sind - im Grunde kann eine Erziehungsmaßnahme, die von den Eltern in Indien vorgeschlagen wird, also erst nach Monaten umgesetzt werden - dann, wenn ein Problem oder ähnliches bereits nicht mehr aktuell ist. Die gestörte Kommunikation, die auch Elises und Friedrichs Briefe kennzeichnete, setzt sich so fort. Beispielsweise gibt die Großmutter in einem Brief an Elise und Friedrich das genaue Maß der Körpergröße von Hermann und Caroline an. Bis dieser Brief jedoch in Indien eintrifft, ist diese Zahl wohl bereits überholt. Detaillierte Beschreibungen, die die Kinder betreffen, scheinen ein Mittel zu sein, um die größer werdende Kluft zu überbrücken. So wird von der Großmutter, kurz nachdem Elise und Friedrich wieder in Indien sind, ein Kleid von Linchen beschrieben, das ihr nun zu klein ist und umgeändert werden soll. Elise kennt dieses Kleid ihrer Tochter noch, später werden sie und Friedrich die Kleidung ihrer Kinder im fernen Europa nicht mehr kennen. Bestimmte Sprüche der Kinder werden in Briefen im Original-Ton festgehalten, auch wieder, damit das Gefühl einer intensiven Bindung aufrechterhalten bleibt. Doch auch diese Sprüche sind wochenlange Vergangenheit, wenn sie von den Eltern zum ersten Mal gelesen werden. *„Ich bin Mamas Töchterle und Papas Mausi und dein Enkele"*, so der Ausspruch Linchens am 9.12.1892, wovon die Eltern in Indien vermutlich erst Ende 1892 oder Anfang 1893 erfahren.

Hermann, der Fünfjährige, ist ein zartes, kränkelndes und stilles Kind. Er kompensiert die Trauer über den Weggang der Eltern dadurch, daß er sich zurückzieht und damit beginnt, sich für Astronomie zu interessieren. Er 'flüchtet zu den Sternen'. Seine große Sorge ist, daß keiner stirbt, bevor sich alle wiedersehen. Daß diese Angst von Hermann auf tragische Weise begründet war, wird sich zeigen.

Es ist ein strenger Winter, -20°C in Deutschland, +20°C in Indien. Die Kinder können nicht ins Freie, sind ans Haus gefesselt und müssen dementsprechend beschäftigt werden. In dieser Situation wird die ledige Schwester von Marie Hauff, Berta, zu Hilfe geholt. Berta ist das exemplarische Beispiel der 'Altledigen' in dieser Zeit, vermutlich noch unter 40 Jahre alt, also sehr viel jünger als ihre über 60jährige Schwester. Berta Schmid wird für die Kinder zu einem weiteren Fixpunkt im Leben, und auch sie geben ihr Halt und in gewissem Sinne auch Erfüllung. Berta hilft in der näheren Verwandtschaft reihum im Haushalt, springt ein, wenn Hilfe benötigt wird. In ihrer Person vereinigen sich verschiedene Aspekte, die in der Regel das Leben einer unverheirateten Frau, die diese Existenzform nicht freiwillig wählte, im zeitgenössischen Kontext kennzeichnen. Um Themen wie 'Ort-Losigkeit' bis hin zu Einsamkeit und unerfüllten Sehnsüchten kreisen in den Briefen auch ihre Gedanken.[876] Sie schreibt nach Indien:

„Die Liebe und das Vertrauen Eurer Kinder ist mein Trost, sonst will mir oft der Mut sinken, warum ich so übrig in der Welt sei [...] Die lieben Großeltern hier, haben sich und brauchen fürs Herz weiter nichts und außer dem Hause hat man ja keinen Umgang hier [...]."

Berta kann nur eine begrenzte Zeit in Bibersfeld bleiben, denn auch Mathilde, Elises jüngere Schwester, die in Leipzig verheiratet und mit dem ersten Kind schwanger ist, benötigt ihre Hilfe. Am 29. Januar 1893 erhalten Friedrich und Elise einen Brief von Berta, in dem sie das erste Weihnachtsfest mit den Kindern in Bibersfeld beschreibt:

„Und doch brachte mich der Jubel und das Glück der Kleinen zu Thränen in Gedanken an Euch. Als ich nacher [...] die Kinder an Euch erinnerte, sagte Hermann: Ja, wenn Papa und Mama auch dagewesen wären, hätte ich nimmer aufhören können zu springen und zu jubeln. Linchen spricht gern von dem schwarzen Kindervolk bei Euch und denkt, Ihr tröstet Euch bei diesen, weil Ihr keine weißen habet."

Sehnsucht

Elise und Friedrich leben bereits seit mehreren Jahren nicht mehr in Hubli, sondern in Guledgudd, etwa 100 km nördlich von Hubli. Hier sind auch Hermann und Caroline geboren. Das Klima ist ungesund für Europäer, das gefürchtete „Wechselfieber", die Malaria, kommt hier häufig vor. Elise ist hin- und hergerissen zwischen der Sehnsucht nach den Kindern einerseits, und andererseits der Erleichterung darüber, daß sie in Europa in größerer Sicherheit sind, was die Krankheitsgefahr betrifft. Sie versucht auf brieflichem Wege die Verbindung zu Linchen und Hermann aufrechtzuerhalten

Ihre Briefe sind, wie schon erwähnt, eine Mischung aus strengen Ermahnungen und Liebes- und Sehnsuchtsbeteuerungen. Sie begibt sich auf eine Gratwanderung - sie möchte die mütterliche Autorität behalten und auch die Liebe der Kinder. Elises Briefe sind zudem ein interessantes Beispiel für die pietistische Idealvorstellung von Kindererziehung im 19. Jahrhundert. Gehorsam, Disziplin,

---

[876] G. Weitbrecht widmet einige Seiten dem Beruf der „Familientante", in welchem er die 'dienende Liebe' auf idealste Art und Weise verwirklicht sieht. Jeder Jungfrau, der „Gott die Stellung der stillen Rose im Tal zuweise, rät er , sich „dem klösterlichen Tantenberuf" zu widmen. „Es wäre wahrlich nicht so übel, wenn in jedem größeren Geschwisterkreis wenigstens eine dazu ausgelöst würde, als „Tante" für alle anderen zu leben und zu sterben." Zit. n. G. Weitbrecht: Maria und Martha. Ein Buch für Jungfrauen. 1890, S. 89-92.

Fleiß waren wünschenswerte Ziele. Kinder sollten eigentlich schon kleine Erwachsene sein - nicht laut und temperamentvoll, sondern gedämpft und geordnet. Kindern, die nach diesen Vorstellungen Problemfälle waren, mußte erst einmal der Willen 'gebrochen' werden, damit eine grundlegende Änderung eintreten konnte, ähnlich der 'Bekehrung vom alten zum neuen Menschen'.

Friedrichs Briefe hingegen sind weniger didaktisch, weniger autoritär - sie wirken liebevoller und in gewissem Sinne 'echter'. Inwieweit das damit zusammenhängen mag, daß die Kinder bei Elises Eltern aufwachsen, diesen also zur Last fallen, und Elise dauernd mit Schuldgefühlen zu kämpfen hat, die Friedrich vielleicht fehlen, können wir nicht beurteilen.

Als Hermann in die Schule kommt, scheint er zum Problemfall und zum Sorgenkind zu werden. Einmal was seine „Zerstreutheit" (Bibersfeld 12.05.1893) betrifft, dann was seine Gesundheit angeht. Er ist meist schwach und blaß. In der Schule kann er sich nicht konzentrieren, muß zu den Hausaufgaben gezwungen werden und so fort. Manches deutet aus heutiger Sicht darauf hin, daß Hermann womöglich ein hochbegabtes Kind war, das in der Schule nicht über-, sondern unterfordert wurde. Beispielsweise beschäftigt er sich selbständig mit Astronomie. Die Großmutter bedauert, daß Johanna, eine Cousine von ihr, die kurzzeitig Tante Berta ablöst, viel zu sanft sei: „*Tante Berta hat eine strengere Hand*". Diese täte ihrer Meinung nach auch Linchen gut, die sie als „*die kleine Gewalttätige*" bezeichnet. (Bibersfeld, 12.05.1893).

Im Frühjahr 1893 grassiert eine Pockenepidemie in Guledgudd. Auch Friedrich bleibt davon nicht verschont. Er beschreibt Linchen und Hermann seine Krankheit:

„*Erst hat man ein paar Tage arg arg heiß und leidet viel Durst und ist arg arg müde und dann kommt auf einmal über den ganzen Körper ein böser Ausschlag, so daß das Liegen arg arg wehtut.*"

Dann betont er:

„*Ich will jetzt von mir selbst aufhören zu schreiben und Euch nur noch sagen, daß ich arg arg froh wäre, wenn Ihr hier wäret. Ich hätte jetzt soviel Zeit, mich mit Euch abzugeben, mich von Euch liebhaben zu lassen und Euch lieb zu haben.*" (Bidjapur, 3.05.1893).

Elise schreibt zur selben Zeit an Hermann und Linchen. Sie hat ihrem Brief eine Zeichnung von einem Zelt beigefügt:

„*Meine lieben Kinderle. [...] Aber zum längeren Wohnen ist ein rechtes Haus doch besser als ein Zeltle, darum seid nur dankbar, daß Ihr in so einem guten Haus wohnen dürft, geschützt vor Sturm und Wind, vor Kälte und Wärme.*"

Typisch für Elises Didaktik den Kindern gegenüber sind Verse, Sinnsprüche und ähnliches, die sie in die Briefe einfügt. Sie hält sie dazu an, diese auswendig zu lernen. So auch jene, die auf Linchen gemünzt sind, die Widerspenstige und Eigensinnige.

> *"Wie groß ist oft mein Eigensinn - so klein ich bin, so jung ich bin - dann hab ich einen bösen Tag - an dem mich niemand leiden mag. Wenn aber ich gestorben bin - so ists mir wohl in Herz und Sinn - ich weiß, der Heiland liebt dann mich - und auch die Engel freuen sich.* (Bidjapur, 7.05.1893).

Wie dieses Gedicht auf eine Vierjährige gewirkt haben mag, ob damit erzieherische Erfolge verbucht werden konnten, sei dahingestellt.

Daß auch Elise und Friedrich in Indien ihre Probleme haben, da es mit der Missionsarbeit offenbar nicht so gut klappt, kommt in den Briefen an die Kinder zum Vorschein.

"Es ist gut für Euch nicht mehr in diesem Heidenland zu sein, wo so viele Leute wüst reden." (Bidjapur, 15.05.1893). Die Hitze und das Sterben vieler kleiner Kinder machen Elise zu schaffen, sie fühlt sich oft schlapp und müde. Die Mutter rät ihr zu Bewegung: *"Die Engländerinnen sind immer so schlaff, weil sie nie von der Couch hoch müssen, anders als wir Missionarsfrauen."* (Bibersfeld, 16.03.1893).

Hier kommt eine grundsätzliche Loyalität und Identifikation mit der fernen Tochter zum Tragen. Überaus interessant ist aber auch die Dichotomie: 'Engländerinnen gleich Kolonialherrinnen und Missionarsfrauen gleich wir.' Hier steht 'koloniale Trägheit' gegen 'pietistische Fleißarbeit'. Ob diese Einstellung auch von anderen Missionarsfrauen geteilt wurde oder Marie Hauffs persönliche Meinung war und worauf diese basierte, ist schwer zu sagen. Tatsächlich waren die Missionarsfrauen gerade im kolonialen Indien nicht unbedingt schlechter gestellt als die Ehefrauen von Kolonialherren. Auch sie lebten oft in Bungalows, hatten Hauspersonal und Kindermädchen. Doch aus Marie Hauffs Sicht sind dies nur Äußerlichkeiten, der wahre Unterschied liegt natürlich in der Arbeit für das „Reich des Herrn", was von ihr qualitativ höher bewertet wird als der vermeintliche 'Müßiggang' der Kolonialfrauen.

Marie Hauff macht sich jedoch nicht nur um Elise, die geschwächt ist, Sorgen, sondern auch um Mathilde, die ihr zweites Kind erwartet. Die Schwangerschaft Mathildes ist beständiges Thema, sie leidet an Blutarmut, was das Risiko bei der Geburt erhöht.

Die Gefahren während einer Schwangerschaft waren in Europa zwar kleiner als im tropischen Indien, aber dennoch vorhanden, denn auch hier ließ die medizinische Versorgung immer noch zu wünschen übrig. Krankheit und Tod gehörten hier wie dort zum täglichen Leben, doch war dies auch eine Belastung, die manchmal zu groß wurde. So beschwert sich Marie Hauff in einem Brief an ihre Tochter Elise: *"Daß Eure Briefe immer Todesbotschaften bringen:"* (Bibersfeld 2.03.1895).

Sicher hat diese Beschwerde damit zu tun, daß sich Marie Hauff um Mathilde in Leipzig immer mehr ängstigt, denn: *"in Leipzig aber naht die Entscheidungsstunde."* (30.03.1893). Mathilde bringt einen Sohn zur Welt, der auf den Namen Johann Georg getauft wird. Marie Hauff ist vor lauter Sorge und Aufregung an-

gegriffen, regelrecht krank. In Bibersfeld geht es 'drunter und drüber'. Tante Berta ist in Leipzig und hilft Mathilde. Sie macht das, was sie immer macht: *„putzt, wascht, kocht und backt".* (Bibersfeld 27.03.1893).
Auch in Indien ist die Not und Sorge groß, denn Friedrich leidet zum wiederholten Mal an Malaria. Er ist nach Bidjapur, einem weniger gefährlichen Gebiet, zur Erholung gegangen. Immer wieder ist auch von Hermanns Gesundheit die Rede, dem Sorgenkind der Familie in Bibersfeld. Zur Zeit aber lauten die Nachrichten positiv:

„Höchst erstaunt war Frau Pfarrer M. über unser Hermännle. Sie habe gedacht und gehört, das sei ein bleicher schwacher Knabe und nun stand ein strammer Bube mit roten Backen und glitzernden Augen vor Ihr." (Bibersfeld, 18.04.1893).

Der „stramme Bube" macht den Großeltern zunehmend Probleme, die in den Briefen nach Indien aber meist abgeschwächt oder nur angedeutet werden. Hermann scheint ein recht eigenwilliges Kind zu sein - und eigener Willen ist bei einem Kind nicht gefragt.

„Das kann ich übrigens auch über Hermann sagen, der nicht gerade ein liebenswürdiges Lamm ist und ich denke, es sei gut, wenn er für eine Weile fortkommt."

So schreibt die Großmutter an Elise. Elises größte Sorge, daß die Kinder den Großeltern zur Last fallen könnten, vergrößert sich dadurch. Trotz der Sehnsucht nach den Kindern sind Friedrich und Elise froh, diese geborgen und sicher in der eigenen Familie zu wissen. Und dafür haben die Kinder auch dankbar zu sein. Die Ermahnungen, gehorsam zu sein, keine Mühe zu machen, Dankbarkeit zu zeigen werden den Kindern brieflich eingeimpft. Alle möglichen Szenarien werden entworfen, falls Hermann und Linchen sich nicht an diese Ermahnungen halten sollten. Elise droht beispielsweise, daß die Schutzengel sie verlasssen würden. Wie das auf Kinder, die bereits von den eigenen Eltern verlassen wurden, gewirkt haben mag, ist fraglich.

Zum einen benützen die Großeltern in Bibersfeld die fernen Eltern in Indien als Sanktionsorgane und umgekehrt. Zum anderen wird von beiden Seiten versucht, eine Verbindung zwischen Schwaben und Indien aufrechtzuerhalten. Dabei haben vor allem Geschenke die Funktion einer Manifestation dieser Bindung. So bekommen die Kinder einen Schmetterlingskasten mit seltenen Exemplaren aus Indien geschenkt, Friedrich hingegen erhält an seinem Geburtstag einen sogenannten „Daheimkalender" von den Schwiegereltern, der Fotografien und kleine Andenken an Bibersfeld enthält, vermutlich von den Schwiegereltern selbst angefertigt. Elise beschreibt Hermann und Linchen den Geburtstag des Vaters. Diese Beschreibung vermittelt uns ein intimes Bild des kinderlosen Elternpaares:

„Da habe ich dann ganz vergnügt am Abend einen kleinen Geburtstagstisch hergerichtet. In unserer Schlafstube steht eine große Kommode, darauf kam der Schmetterlingskasten, welchen Ihr nun bald einmal bekommen sollt. Davor

stellte ich den 'Daheimkalender', welchen die l. Großeltern gesandt haben und daneben zwei kleine Blumenväschen mit je zwei Räucherstängele. (Wieviel waren es dann?). Davor standen die zwei Bilder von Claustal und ein Buch zum Einkleben von Photographien. Dann schob ich einen Ständer vor die Kommode, so hat der l. Papa gar nichts gemerkt. Als wir morgens aufwachten, wars noch ein wenig dunkel und so sprang ich schnell hinaus um die Räucherstängele anzuzünden. Da frug Papa ganz erschrocken: Was machst Du? Ich sagte: Weißt, jetzt geht etwas los: und schob den Ständer weg. Da sah man acht glühende kleine Punkte, welche einen starken Geruch verbreiteten. Wir sahen ihnen noch ein Weilchen im Bett zu bis es hell wurde. Wir baten den lieben Gott, daß er Euch lieb und gesund erhalte und uns alle in seinen Himmel bringe. Nachher hat der l. Papa eine große Freude an den Büchern gehabt und hat den ganzen Tag Bilder eingeklebt und gelesen." (Bidjapur, 13.11.1893).

Geschenke und familiäre Feste, vor allem Geburtstage und das Weihnachtsfest sind immer dazu da, den familiären Zusammenhalt über die Kontinente hinweg zu stärken und zu erhalten. So feiert Elise anläßlich des siebenten Geburtstages von Hermann ein Ersatzgeburtstagsfest in Indien mit den Kindern der Missionsstation.

„Am letzten Sonntag haben wir Hermanns Geburtstag gedacht, hätten ihm so gerne Liebe erwiesen, hätten so gern etwas losgehen lassen. Weil Hermann nun gar nicht da war, haben wir den Kindern in unserer Missionsgemeinde eine kleine Freude bereitet."

Deutsche Kinderspiele werden mit den „Heidenkindern" veranstaltet, so zum Beispiel Sackhüpfen, Wettläufe und Topfschlagen: *„was ganz possierlich aussah. Preise erhielten alle, so daß auch alle recht vergnügt waren."*

Die Kinder der Missionsstation sind häufig Thema in Elises Briefen: einmal werden sie als „böse Heidenkinder" bezeichnet, ein anderes Mal wird Hermann und Linchen das Bild des 'edlen Wilden' vermittelt, das sie auch noch in Konkurrenz zu den Ersatzkindern versetzt:

„Lustig ist es zu sehen, wenn die Heidenkinder Rad schlagen. Ich glaub, das kann mein Hermännle nicht und noch viel weniger unser Linchen. Die Heidenkinder sind eben viel gelenkiger als der Europäer."

Allerdings folgt dann der Nachsatz:

„Aber auch wenn Ihr steifer und ungelenkiger seid, Euer Papa mag Euch immer und zwar arg." (Guledgudd, 20.12.1893).

Die Kinder der Missionsstation haben für Friedrich und Elise in bezug auf ihre eigenen, weit entfernt lebenden Kinder mehrfache Funktionen. Zum einen, wie schon erwähnt, als Ersatz für diese - die Liebe und Zuneigung, die eigentlich Hermann und Linchen gilt, wird so auf ein anderes Zielobjekt gerichtet und abgelenkt. Sie findet einen Katalysator und verpufft nicht. Zum anderen sind diese Kinder die Rechtfertigung dafür, daß Friedrich und Elise die eigenen Kinder verlassen haben. Auf diesen Punkt kommen die Briefe der Eltern immer wieder zu sprechen, vor allem, wenn es darum geht, die eigenen Kinder zu trösten, wenn diese Sehnsucht nach den Eltern haben oder auch, wenn die eigene Sehnsucht nach den Kindern zu groß wird. Mit der Argumentation, daß auch die „Heidenkinder" das Recht hätten, das „Wort Gottes" zu hören und dadurch die Chance erhielten, zu Gotteskindern zu werden, im Gegensatz zu Hermann und Linchen, die ja bereits Kinder Gottes seien und deshalb auf die Eltern verzichten müßten - also alles der 'Missionssache' untergeordnet wird weisen Friedrich und Elise Eigenverantwortung und vor allem auch die Schuld von, sich die Kinder verlassen zu haben. Indem sie sich dem Willen Gottes beugen, der sie zu dieser Arbeit berufen hat, sind sie auch von dieser eventuellen Schuld freigesprochen und müssen kein schlechtes Gewissen ihren Kindern gegenüber haben.

Schwierigkeiten

Hermann, der seit zwei Jahren die Schule besucht, muß regelrecht dazu gezwungen werden, an die Eltern zu schreiben. Das mag einerseits damit zusammenhängen, daß die Erinnerung an die Eltern allmählich zu verblassen beginnt, andererseits kann es auch eine Art Abwehrreaktion auf die zahllosen Ermahnungen und den Tadel der Eltern sein. Denn seit er selbst in noch unbeholfener Schrift an die Eltern schreibt, wird er - wie es scheint - gnadenlos gerügt, verbessert und verurteilt. Es muß für ihn immer wie eine kleine Prüfung gewesen sein, an die Eltern zu schreiben. Er will ihnen damit eine Freude machen und wohl auch gelobt werden. Statt dessen müssen seine Briefe erst das strenge Auge der Großmutter passieren, bis sie zur Versendung freigegeben werden. Ein Beispiel dafür, wie kleinlich Kleinigkeiten geahndet wurden, zeigt sich in einem Brief Elises an Hermann. Er hat den Fehler gemacht, die Jahreszahl falsch zu schreiben, indem er ganz simpel die Zahlern verdrehte. Statt 1894 schreibt er 1849.

> *„Es hat uns aber nicht gefreut, daß Du schon in dem zweiten Brief 1849 schreibst. Denke einmal wieviel das Unterschied ist von 49 und 94! Wenn Du solche Fehler machst, ist es kein Wunder, wenn Du Tatzen in der Schule bekommst. Das betrübt aber nicht nur Großpapa, Großmama und Deine Eltern sehr. Mache doch nur alles was Du tust, so gut als Du kannst, denn, wenn Du zweimal einen Fehler machst, so muß Dir das leid sein [...]. Wir bitten daher aber auch den lieben Gott, daß er Dir helfe, aber, wenn Du nicht willst, so kann Er Dir auch nicht helfen:"* (Guledgudd, 20.03.1894).

Hermann gerät somit zwischen alle Fronten: Die Großeltern, die Eltern und sogar Gott entziehen sich ihm. Mag sein, daß Elise aus Überzeugung handelt, da nach pietistischen Vorstellungen Disziplin, Strenge und eine gewisse Härte notwendig dafür sind, aus Kindern bessere Menschen zu machen. Es könnte aber auch sein, daß diese Art des Umgangs mit Hermann für sie die einzige Möglichkeit ist, mit den sich häufenden Klagen über Hermann umzugehen und sich vor ihrer eigenen Mutter selbst als verantwortungsvolle Mutter zu präsentieren. Immer wieder beschwert sich die Großmutter über Hermann. *„Wenn er nur ruhiger* *und geordneter wäre."* (12.03.1894). Ein anderes Mal wird Hermanns fehlender Ehrgeiz, eine unbedingt erstrebenswerte Tugend, bemängelt: *„Er will nicht besser sein als die anderen."* (13. 02. 1894) Es kommt so weit, daß sie darüber nachdenkt, ob wohl Schläge ein wirksames Mittel sein könnten, aber:

> *„Ich strafe ihn nie mit Schlägen, so daß es ihm weh tut. Das kann ich nicht und anders achtet ers nicht! Nachlässigkeit ist ein großer Fehler bei ihm."* (1.03.1894*).*

Die Strenge, die Marie Hauff als wirksames Mittel bei der Erziehung des Enkels einsetzt, dehnt sich in gewissem Sinne auch auf Elise, die verheiratete Tochter in Indien aus. An manchen, auf den ersten Blick vermeintlich unwichtigen Nebensätzen wird bei genauem Hinsehen deutlich, daß ein beträchtliches Konfliktpotential in der Mutter-Tochter-Beziehung liegt. Es besteht zumindest eine ambivalente Haltung, die sich von seiten der Mutter in Fürsorge einerseits und Tadel andererseits ausdrückt. Elise hingegen ist nicht selten die trotzige Tochter, die sich häufig beschwert, daß sie *„manchmal unzufrieden ist mit den ungenügenden Berichten"*, die ihr die Mutter aus der Heimat zukommen läßt. Ein Beispiel für die Direktheit der Mutter ist deren Reaktion auf die Nachricht von Friedrichs erneuten Fieberanfällen. *„Reiten in der Mittagshitze, muß das sein."* Ihre Direktheit kann auch verletzend sein. Nicht alle Geschenke, die Elise ihr zusendet, finden Gnade vor ihren Augen:

> *„Das Currypulver und Gelee schön und gut, freut alle"* bis auf *„die Schnauzkanne ist auch recht schön, muß aber noch auf Verwendung warten, im Sommer paßt so etwas überhaupt nicht recht für uns."* (3.05.1894)

Dann wieder tröstet sie Elise liebevoll, die ihr von Problemen, die sie mit den Zähnen hat, schreibt, und versucht ein anderes Mal sie dazu zu bewegen, einen Arzt in Mangalore aufzusuchen, der *„Ahnung von durch Hitze verursachte Frauenkrankheiten hat."* Auch als Elise sich über ihr häufiges Alleinsein *„unter lauter farbigen Menschen"* beklagt, solidarisiert sich die Mutter mit ihr und schildert eindrucksvoll ihre eigene Einsamkeit und ihre Strapazen als Missionarsfrau in Indien. Hier wird die zwiespältige Situation der Marie Hauff deutlich: Sie hat die eigene Tochter einem ähnlichen Schicksal, wie sie es selbst erlitt, preisgegeben, indem sie sie als „Werkzeug Gottes" nach Indien ziehen ließ. Nun versucht sie ihr aus der eigenen Erfahrung heraus zu helfen, mit diesen Schwierigkeiten fertig zu werden, die erst aus der Existenz als Missionarsfrau resultieren.

Auch Tante Berta, die offenbar gelernt hat, die eigenen Ansprüche auf ein Minimum zu reduzieren, versucht, allerdings unter anderen Vorzeichen, Hilfe anzubieten: *„Das Leben muß so sein, daß man sich auf die Vollkommenheit drüben freut"*, schreibt sie in einem Brief an Elise (Bibersfeld, 13.07.1894). Doch ist auch sie nicht ganz frei von Wünschen, die in ihrer Bescheidenheit fast tragisch wirken.

> *„Deine freundlichen Liebesgaben mit denen Du mich erfreutest, will ich aufbewahren bis ichs einmal anwenden kann, wenn es mir ja noch zu theil*

würde, daß ich ein eigenes Zimmerle bekäme, wo ich in Ordnung was haben könnte." (14.09.1894)

Das eigene Zimmer blieb für viele Frauen, vor allem auch für Ehefrauen und Mütter nicht nur des 19. Jahrhunderts, ein Wunschtraum.[877] Auch Berta, die sich in Bibersfeld ein Zimmer mit den Kindern teilen muß, träumt davon.

Nicht nur persönliche Probleme wie Krankheiten belasten Elise und Friedrich in Indien. Was fast noch schwerer wiegt, ist das Verhältnis zur Basler Missionsgesellschaft, Friedrichs Arbeitgeber. Obwohl Friedrich gesundheitlich schwer angeschlagen ist, wird er vom Komitee in Basel als Leiter und Überwacher von Bauarbeiten, vermutlich dem Bau einer Kapelle, eingesetzt. Das bedeutet für Friedrich, sich stundenlang der sengenden Hitze aussetzen zu müssen. Offenbar hat er nicht den Versuch gemacht, diesen Posten abzulehnen. Die Schwiegereltern in Bibersfeld sind empört über das Vorgehen der Basler Mission. Eine prinzipielle Kritik kommt in ihren Briefen zu diesem Thema zum Ausdruck, von pietistischer Demutshaltung ist dabei wenig zu spüren.

„Papa meint, er begreife nicht, daß Du Dich nicht von Anfang gewehrt und verwehrt habest dagegen. Und sind wir versucht, uns sogar selbst nach Basel zu wenden, doch hätte es wohl keinen Wert, wenn Du nicht selbst Schritte tust. Ist das geschehen und wird doch nichts geändert, so hat man getan was man konnte und kann die Folgen Gott anempfehlen. Vorher nicht unbedingt." (1.11.94)

Der letzte Satz wirft ein äußerst interessantes Licht auf die Vorstellung von der 'Führung und Fügung Gottes', die ja das ganze Leben bestimmt. Diese wird hier offensichtlich nicht mit demütiger Passivität, mit Fatalismus, sondern eher mit aktivem Handeln verknüpft. Erst das Ergebnis dieses Handelns wird dann unter die weitere Führung Gottes gestellt.

Elises Vater schreibt sehr viel seltener als die Mutter. Diese spärlichen Dokumente sind uns auch deshalb nicht zugänglich, da die Schrift fast verblaßt und sehr schwer zu entziffern ist. Ein Grund für seine Schreibfaulheit scheint darin zu liegen, daß er trotz der Hilfe eines jungen Vikars sehr stark eingespannt ist.[878] Als Ortspfarrer ist er immer noch Hauptansprechpartner für die Gemeindemitglieder. Zusätzlich leidet er seit längerer Zeit an einem hartnäckigen Husten. Dieses „Lungenleiden" hat er sich vermutlich infolge seiner langen Tätigkeit als Reiseprediger zugezogen.

---

[877] Virginia Woolf proklamierte eben dies als Voraussetzung für jegliche Kreativität und Selbstständigkeit von Frauen. Vgl. Virginia Woolf: Ein Zimmer für sich allein. London 1981. Titel der Originalausgabe: A Room of One's Own. London 1928.
[878] Insgesamt gesehen waren zumeist die Frauen für die private Korrespondenz zuständig, so wie sie auch sonst den Alltag zu regeln hatten.

Schwangerschaft

Zehn Jahre sind vergangen, seit Elise zu dem unbekannten Bräutigam reiste. Einen Tag vor dem zehnten Hochzeitstag erhält sie von Friedrich einen Brief, in dem er seine Gefühle für sie beschreibt:

> *„Mein liebes theures Weib. Morgen sind es 10 Jahre seit Du mein bist. Wieviel Liebe und wieviel Freude hast du mir doch in dieser Reihe von Jahren bereitet. Habe herzlichen Dank dafür und lasse Dich von unserem Herrn und Führer dafür segnen. Es ist mir wirklich eine Verleugnung, daß ich morgen nicht bei Dir sein kann, ich hätte Dich gerne wieder einmal so recht lieb gehabt."* (Guledgudd, 30.04.1895).

Elise befindet sich zu dieser Zeit in *„frischer guter Luft"*, sie sucht Erholung in den Blauen Bergen, den Nilgiris, einem Gebiet, in dem die Basler Mission eine Art Erholungsheim für kranke Missionsleute unterhält. Manche verbringen hier mehrere Monate, bis sie wiederhergestellt ins heiße Landesinnere zurückkehren. Elise ist erneut schwanger, daraus resultiert ihre Flucht in die Blauen Berge. Die Mutter gerät bei dieser Nachricht sofort wieder in Sorge.

> *„Die wichtigste Nachricht darin ist uns, daß Du wieder in gesegneten Umständen, was wir Euch ja längst wünschen und gönnen und doch ist es auch ein Gegenstand neuer Sorgen. Der Herr sei auch jetzt Deine Hilfe und Stütze in der gar einsamen und verlassenen Lage in Guledgudd."*

Elise scheint Schwierigkeiten damit zu haben, Hilfe zu finden, das heißt, eine Frau, die ihr während der Zeit um die Geburt herum beisteht. Darauf, daß rechtzeitig ein Arzt zu erreichen sein wird, kann sie sich nicht verlassen. Die Mutter schreibt:

> *„Haben denn die Frauen an der Küste auch niemand Geübtes, der sich dazu verstünde zu Dir zu kommen zur Zeit oder zur Unzeit? Wir hoffen und bitten ja, daß es die rechte Zeit werde und dann auch ohne Gefahr, aber Hilfe ist doch immer sehr wichtig und nötig."*

Die Schwangerschaften ihrer Töchter sind für Marie Hauff immer die Zeiten, in denen sie subjektiv als Mutter am meisten gebraucht wird, doch kann sie diesen Erwartungen, die sie eigentlich an sich selbst stellt, nicht nachkommen, was sie in Konflikte bringt. Diese artikuliert sie, indem sie sie 'scherzhaft' zur Sprache bringt.

> *„Mathilde meinte, es reiche gerade noch, wenn ich mich auf den Weg nach Indien mache um Deine Pflegerin zu werden. Allein diese Reise wäre mir dann doch zu groß."* (Bibersfeld 29.08.1895).

Daß Elises Mutter der Tochter einerseits mit Sorge und liebevoller Zuwendung begegnet, andererseits aber auch resolut und bevormundend und verletzend sein kann, wird auch an diesem Brief wieder deutlich. Es handelt sich abermals um eine Geschenksendung von Elise, die allerlei Kleinigkeiten enthält, die an verschiedene Verwandte und Bekannte verteilt werden sollen.

"Vielleicht kann ich bei Körners anfragen, ob sie die Fischsäge gerne hätten, muß sagen, daß mir die Tischblättle zu ärmlich erschienen."

Auch ihr Urteil über einen befreundeten Missionar, dessen Foto Elise ihr geschickt hat, fällt sehr direkt aus.

"Wagner hat schöne gemütvolle Augen, kann aber seine überlangen Glieder nicht recht regieren, hat man den Eindruck."

Ähnlich gereizt reagiert sie auf Elises Beschwerden über die angebliche Unfähigkeit einer Hausangestellten in Indien.

"Dein Fraule Mina wird doch allmählig auch lernen und zu etwas brauchbar sich machen. Was hat denn die sich von der Mission gedacht?"

Hier kommt wieder der 'pietistische Fleißanspruch' zum Vorschein und das Selbstbild der Mission als Verkörperung größter Arbeitsamkeit überhaupt.

Mag sein, daß Marie Hauff allmählich erschöpft und überlastet ist. Das Jahr 1895 ist geprägt von bevorstehenden Veränderungen, die dann doch nicht eintreten. Ein Haus in Korntal sollte gekauft werden im Hinblick darauf, daß Elises Vater die Pfarrei ganz aufgeben möchte und Hermann in Korntal die Lateinschule besuchen soll. Der Hauskauf zerschlägt sich, nun wird Kirchheim ins Visier genommen. Dazu kommen Sorgen wegen der bevorstehenden Ernte. Hauffs sind Selbstversorger [879] - das Wetter ist Dauerthema - in Bibersfeld vor allem im Hinblick auf die Ernte, in Indien im Hinblick auf mögliche Krankheiten. Und nicht zuletzt beginnt nun auch Linchen, die ins Schulalter kommt, Probleme zu machen.

"Diese hat viel schwere Kämpfe mit ihrem Willen und wir mit ihr. Es ist ein Ernst mit ihr fertig zu werden und treibt sehr ins Gebet."

Das einzige Mittel, das bei Hermann eher selten angewandt wurde, wird nun bei Linchen eingesetzt: *"Sie hat aber auch schon tüchtig Schläge bekommen."* Linchens eigener Willen wird als eine Art Krankheit angesehen, die man in den Griff bekommen muß:

"Es war und ist wohl eine körperliche und geistige Entwicklung. Es ist aber schwer fürs Kind und uns, darum hielt ichs für recht, Euch davon zu sagen, damit auch Ihr mit uns kämpft." (10.10.1895)

Hermann hingegen ist ein Dauer-Problemfall, über ihn wird gebetsmühlenartig in fast jedem Brief geklagt: über fehlenden Ehrgeiz, über mangelhafte schulische Leistungen, die in seiner „Flüchtigkeit und Eile" begründet seien, über sein Interesse an den Schulkameraden: *"Für ihn sind die Kameraden sehr wichtig, im guten wie im bösen."*

---

[879] Hauffs kamen nicht mehr in den 'Genuß' des „Naturalienbandes, das Pfarrhaus und Pfarrvolk verband", wie C. Köhle-Hezinger für das Pfarrhaus des 18. Jahrhunderts konstatiert. Zum ökonomischen Wandel im Pfarrhaus und zur Situation von Pfarrfrauen vgl. C. Köhle-Hezinger: Frauen im Pfarrhaus. 1996, S. 176-195.

Am 11. Dezember 1895 schreiben Elise und Friedrich an die „lieben Kinder", wobei sie Hermann zum wiederholten Male für eine Kleinigkeit tadeln:

> *„Die liebe Großmutter hat uns erzählt, daß Du einmal in der Schule ausgelacht worden bist, weil Du Singular statt Einzahl gesagt hast. Hoffentlich hast Du Dir das gemerkt und achtest künftig mehr darauf, daß man Dir nicht immer zwei und drei Mal das Gleiche erzählen muß."*

Diese Rüge sollte die letzte sein, die das Ehepaar Eisfelder seinem Sohn erteilen konnte, denn 16 Tage später, am zweiten Weihnachtsfeiertag stirbt Hermann im Alter von neun Jahren an einer Nierenentzündung.

Tod und Trauer

> *„Mein lieber Hermann Eisfelder war schon eine Woche vor Weihnachten ins Bett gekrochen wegen Magenschmerzen mit wenig Fieber, aber völliger Appetitlosigkeit. Doch hielt der herbeigerufene Arzt es noch für Magencatarrh und erst am 21. stellte er Nierenentzündung fest. Doch schien es sich etwas zu bessern und gestattete der Arzt unbedenklich die Teilnahme an der Christfeier am Abend des 24. Er wurde auf den Sofa getragen und warm eingewickelt. So nahm er fröhlichen Herzens, wenn auch gehemmt durch Schmerz und Schwachheit teil. Er hatte sich bemüht, für jeden ein Geschenk bereit zu machen, für seine Schwester schon über einen Monat einen Küchentisch gezimmert. [...] Glänzend vor Freude übergab er mir ein Wellholz, das er bestellt, aber kaum geschafft hatte, daß es noch fertig gemacht wurde. Auch was er erhielt, machte ihm Freude. Ein Schreibpult und einen Globus. [...] Abends schlief er bis 11 Uhr, aber von da an war er von Durst und Bangigkeit geplagt. Von 4 Uhr an blieb ich bei ihm und sandte um 6 Uhr zum Arzt, der aber erst nachmittags vor 4 Uhr kam. Das war ein langer banger Tag für das liebe Kind und uns und schon am Mittag fürchteten wir, es gehe zu Ende. [...] Abends sagte er mit einmal: Tante, jetzt ists fertig. Sie darauf: so was hast Du denn fertig gemacht? Und er ganz entschieden: Alles. An diesem letzten Tag sprach er wenig, auch die Bitte um Wasser kam nur mit den Augen. Auch faltete er öfter die Hände und sah uns an. Betete man ihm etwas vor, so war er befriedigt, sagte Amen und legte sich ruhig hin. [...] Der Doktor hatte noch Kampfer eingespritzt und hoffte das Herz noch zu einer Tätigkeit zu bringen, es war aber umsonst und schon bald nach 6 Uhr stand der Atem für immer stille.*

Diese Schilderung findet sich in einem kleinen Heft der Marie Hauff, das sie von den Enkelkindern an eben diesem Weihnachtsfest als Geschenk erhalten hatte. Sie hat diese Beschreibung vermutlich einige Zeit nach Hermanns Tod verfaßt. Was auffällt ist, daß dieser Bericht einer langen Tradition pietistischer

Nachrufe folgt.[880] Hermann stirbt vorbildlich, er spricht 'letzte Worte', betet und ist mit dem Sterben einig. Wobei wir nicht beurteilen können, ob diese Schilderung der 'historischen Realität' entspricht oder nicht. Fest steht, daß die Stilisierung des Sterbens von Hermann für Marie Hauff eine Möglichkeit bereithält, mit dem Tod ihres Enkels umgehen zu können.

Mehr über ihren Schock, die Trauer und den Schmerz erfahren wir aus einem Brief, den sie am 9. Januar 1896 schreibt. Elise und Friedrich erhalten die Nachricht vom Tod ihres Sohnes erst drei Wochen später. Was für Elise noch erschwerend hinzukommt und die Situation für sie und Friedrich wohl ins Unerträgliche steigert, ist, daß sie einige Wochen zuvor eine Fehlgeburt erlitten hat, und zwar in der bereits fortgeschrittenen Schwangerschaft.

> *„Die letzte Post brachte uns die nach Deinen letzten Äußerungen liebe Elise nicht mehr unerwartete aber doch traurige Bestätigung von der Vernichtung Eurer Hoffnungen. Gebe Gott, daß Du liebes Kind Dich erholen konntest, ehe die traurige Kunde von hier kam. Ich hatte große Sorge, es komme beides zusammen. Es tut mir weh, daß Ihr immer nur so brockenweise etwas von dem erfahret, was Euch doch so wichtig und wert ist, aber wir waren und sind eben auch angegriffen [...]. Geliebt habe ich ihn sehr und werde ihn immer lieben und schwer vermissen. Ich kann mich aber doch trösten und freuen, daß er den Jämmerlichkeiten dieses Lebens und den Nöten mit seiner eigenen Natur enthoben ist und sich frei und schön entwickeln darf - gönnt auch Ihr es ihm."*

Hermanns Tod ist der Bruch und die Zäsur im Leben der Großeltern. Sie sind von Trauer überwältigt, werden seelisch schwer mit diesem Schicksalsschlag fertig:

> *„Dann steigt mirs immer heiß auf, wenn ich daran denke und ich habe Tage, da ich fortwährend an Tränen zu würgen habe. Es ist nicht Widerstreben, aber es ist ein tiefer Schmerz und Heimweh, dessen ich noch nicht Meister geworden bin. (30.01.1896).*

Die Großeltern scheinen sich für Hermanns Tod verantwortlich zu fühlen. Er war ihnen zur Erziehung übergeben worden, und sie trugen die Verantwortung für ihn. Sie haben das vage Gefühl, versagt zu haben. Daher auch versuchen sie Erklärungen für Hermanns Tod zu finden, die weiter in die Vergangenheit zurückreichen um sich von einer möglichen Schuld zu befreien.

> *„[...] Und sind am meisten geneigt, der Ansicht des Leipzigers Dr. Dürr beizustimmen, daß wohl von seiner indischen Zeit her etwas in ihm gelegen, das einen Ausstoß nahm. [...] Daß Hermann einmal äußerte - ich muß so selten hinaus. Ich sagte, das ist nicht wie es sein soll. Aber da er gar keinen Schmerz klagte, übersah man es doch."* (Bibersfeld, 13.02.1896).

---

[880] In ähnlicher Manier wurden auch die Nekrologe im „Heidenboten", der Hauszeitung der Basler Mission, abgefaßt. Siehe Kapitel Krankheit.

Linchen, die Schwester scheint das Ausmaß des Todes ihres Bruders noch nicht zu überblicken. Natürlich ist sie traurig, doch hat sie einen kindlichen Abstand zu den Ereignissen. Sie ist das einzige Kind, dem die Eltern in Indien noch schreiben können:

> *„Der liebe Papa und ich sind sehr betrübt, daß nun unser lieber Hermann nicht mehr bei Euch ist. Aber wir freuen uns, daß er nun bei dem lieben Heiland ist. Der wird uns auch zu sich holen - eines nach dem anderen und dann wird es recht schön sein."*

Auch Elise und Friedrich scheinen zusätzlich zur Trauer um den Sohn Schuldgefühle entwickelt zu haben, da sie in der schweren Zeit nicht bei ihm waren. Nachträglich rechtfertigen sie sich gegenüber Linchen:

> *„Aber sieh, liebes Kind, wie traurig es für die Heiden ist, daß sie keinen Heiland haben, der sie in den Himmel bringen kann. Dein Papa und Deine Mama haben Dich sehr lieb und bitten den lieben Gott, daß Er Dir helfen möge ein frommes Mädle zu sein."* (Guledgudd, 21.01.1896).

Friedrich und Elise erhalten von den Großeltern noch ein Erinnerungsfoto an ihren Sohn, wobei erwähnt wird, daß er auf diesem natürlicher als auf anderen Fotos wirke. Die Eltern kennen ihren Sohn seit Jahren nur noch von Photographien, auf welchen er 'natürlicher' erscheint, können sie seit langem nicht mehr beurteilen, da sie nicht den 'lebenden Vergleich' hatten.

Die Nachricht vom Tod des Neunjährigen verbreitet sich schnell innerhalb des Bekannten- und Freundschaftskreises, der pietistischen Gemeinschaft, in die die Großeltern Hauff fest eingebunden scheinen. Kondolenzbriefe von überall her treffen ein. Diese Briefe vermitteln uns einen interessanten Blick auf die pietistische Einstellung dem Tod gegenüber und - was fast noch wichtiger erscheint - darüber, wie der Tod eines Kindes gewissermaßen ins Positive uminterpretiert wird. Die pietistische 'Leidenstheologie' kommt hier voll zum Tragen, die offenbar Hilfe bot, Unbegreifliches zu akzeptieren und Schicksalsschläge zu ertragen.[881] Die Briefe wollen zunächst Teilnahme zeigen und Trost anbieten, vor allem aber versuchen sie, dem Tod Hermanns einen Sinn abzuringen.

Inspektor Josenhans beispielsweise betont, daß Hermann nicht an einer Nierenentzündung, sondern am Willen Gottes gestorben sei. Dies ist auch seine Einstellung kranken Missionsleuten gegenüber. Auch sie sterben nicht am Fieber, sondern ebenfalls am Willen Gottes.[882] Pfarrer Kinzler aus Basel meldet sich gleichfalls zu Wort. Er sucht im Tod von Hermann ebenfalls einen höheren Sinn: Gott bezeichnet er als *„unberechenbare Autorität. Er machts wies Ihm gefällt."*

Das Leben sieht Kinzler als *„engen dunklen steilen Weg"*, der ins Jenseits führt, in welchem man erst die wahre Geborgenheit finden wird. (Basel, 09.01.96).

---

[881] Mit dem Tod gerade von Kindern wurde man häufig konfrontiert. Siehe dazu: Kapitel Krankheit in dieser Arbeit.
[882] Ebd.

Das Leben als Leiden, der Tod als glorreiche Zukunft - diese Haltung kommt bei vielen zum Ausdruck.

> *„Und ich kann nicht anders als es dem zarten an Herzen und Gemüt zarten Buben gönnen, daß er der rauhen Welt entrückt wurde, ehe er die Bosheit derselben eigentlich hat kennen lernen und daß ihn nun der gute Hirte leitet.* (Tante Pauline, 29.12.1896).

In des 'Hirten Arm und Schoß'[883] wird Hermann gewähnt. Das Nicht-verstehen-Können wird in eine höhere Sphäre verwiesen, das Unbegreifliche wird sich in der anderen Welt aufklären.

> *„Gottes Wege sind für uns Menschen wirklich unerforschlich und unbegreiflich, daß er solch junges Leben so plötzlich herausgenommen hat aus der irdischen zur himmlischen Weihnachtsstunde.* (Emma Lempp, Stuttgart, 4.01.1896).

> *„Welche tiefe, gewiß lange blutende Wunde hat Dir, hat Euch Eltern der Herr geschlagen. Oh, Er allein vermag dieselbe zu heilen, zu verbinden."*

Emma Lempp faßt hier die grundsätzliche Einstellung dem Leiden gegenüber in Worte.

Die Großeltern versuchen ebenfalls, natürlich aus Selbstschutz, dem Tod von Hermann einen positiven Sinn zu geben im Hinblick auf die irdische Zukunft, die er nun ja nicht mehr hat.

> *„Das offene Herz gegen jeden, der ihm freundlich entgegentrat, war mir oft eine rechte Sorge für seine Zukunft und besonders der Drang alles kennen zu lernen und zu ergründen. Darüber darf man umso ruhig sein und gewiß wird sein Wissensdrang dort auch gestillt. Dagegen wird die mangelnde Handfertigkeit und Stetigkeit kein Hindernis mehr sein.* (6.03.1896).

Bevor man ein Kind also an das Leben verliert, ist es besser, wenn es das eigene Leben hergeben muß!

Mit Hermanns Tod endet die uns vorliegende Korrespondenz der Großeltern Hauff an Friedrich und Elise. Sicher haben sie weiter nach Indien geschrieben, doch fehlen diese Dokumente. Der Tod Hermanns hinterläßt sowohl in der Familie als auch im Quellenmaterial eine Lücke. Von nun an bestehen die Quellen aus Briefen von Elise und Friedrich an die Tochter und von dieser an die Eltern.

---

[883] Das Motiv des 'Guten Hirten', diese Christusallegorie reicht bis in die Reformationszeit zurück, in der auf dieses biblische Bild vermehrt zurückgegriffen wurde. Vgl. Martin Scharfe: Evangelische Andachtsbilder. 1968, S. 136-139.

Hoffnung

1899, drei Jahre nach Hermanns Tod, Linchen ist bereits zehn Jahre alt, erwartet Elise in Indien wieder ein Kind. Sie ist 41 Jahre alt, Friedrich steht kurz vor seinem 50. Geburtstag. Bis auf zwei Heimataufenthalte ist das Ehepaar seit 17 beziehungsweise 14 Jahren in Indien. Die Briefe, die die Eltern an die einzige Tochter in Deutschland schreiben, vermitteln uns vor allem einen Eindruck des Alltags auf der Missionsstation in Guledgudd. Seit einem Jahr leben sie in einem neu erbauten Haus, das größer und luftiger als das vorherige ist. Die Missionsanstalt beherbergt nun bereits 80 Mädchen und 20 Jungen.

> *„Fast alle Tage habe ich zwei Stunden Nähunterricht in der Anstalt. Vier mal mit den Guledgudd-Kindern und am Samstag gibt es zu schneidern und zu richten. Dann geht morgens eine Stunde mit dem Herausgeben der Sachen und dem Nachsehen ob alles in Ordnung ist, drauf. Schon früh am Morgen, wenn wir noch im Bett sind, wird Wasser geholt, während die Kleinen rein machen. Dann bekommt ein jeder ein Stückle Brot, damit ihnen nicht zu lange wird bis 10 Uhr. Von 7 bis 10 ist Schule und dann wieder von 1/212 bis 1 Uhr. Dazwischen drein essen sie. Von 1 bis 2 Uhr waschen ein Teil ihre Kleider, von 2 bis 4 Uhr ist Nähunterricht oder Baden. [..] 1/26 Uhr ist wieder Essen und dann haben sie frei bis nah an 8 Uhr, wenn Andacht ist. Dann werden von den Größeren die Aufgaben gelernt."* (31.05.1898)

Diese Tageseinteilung erinnert an Beschreibungen vieler Missionare über ihre Ausbildung im Basler Missionshaus. Offenbar wird dieses Modell auf die Missionsstation übertragen. Europäischer Drill, Fleiß, Ordnung werden auch in Indien großgeschrieben. Daß sich der Tag der indischen Missionsschüler nicht allzu sehr vom gewöhnlichen Schultag von Linchen unterschied - davon kann ausgegangen werden.

Sie besucht mittlererweile die dritte Klasse. Den Eltern schickt sie eine Photographie von sich und ihren Schulkameradinnen. Die Reaktion der Eltern darauf zeigt, daß sie an der Entwicklung der Tochter immer nur fragmentarisch teilhaben - so zum Beispiel was das Aussehen der Tochter betrifft:

> *„Wir haben eine große Freude gehabt an Deinem Brieflein und dem Schulbildle von Dir. [...] Wir haben aber Dich zuerst gar nicht finden können."* (Guledgudd, 13.01.1898).

Dies mag zum einen mit der Qualität des Photos zusammenhängen, könnte zum anderen aber auch als ein Indiz dafür angesehen werden, daß die Tochter ihnen äußerlich allmählich fremd wird. Photographien sind im zeitgenössischen Kontext zwar nichts Ungewöhnliches mehr, dennoch ist es immer noch ein relativ großer technischer Aufwand, so daß in der Regel nur bei besonderen Anlässen photographiert wird. Daher besitzen Elise und Friedrich vermutlich kein aktuelles Bild der Tochter. Eigentlich können sie sich von Linchen immer nur ein falsches Bild machen. Doch war die Photographie gerade für Missionsleute immens wichtig, zum einen, was die Missionsfotographie als 'Dokument des Erfolges' betrifft, zum anderen, was die private Verbindung mit der Heimat angeht. Die Dimension des Schreibens wurde so um eine Dimension erweitert.

Vermutlich auch aus dem Gefühl einer möglichen Entfremdung heraus werden die Berichte der Eltern an Linchen immer detaillierter, was die Beschreibung des Alltags in Guledgudd betrifft. Ermahnungen, wie sie bei Hermann gang und gebe waren, treten etwas in den Hintergrund - fehlen aber nie vollständig. *„Lerne Du nur soviel als Du kannst. Zuviel kann man nie lernen."* (10.03.1897).

Friedrich beschreibt Linchen en detail die Anzahl der Tiere, die auf der Missionsstation versorgt werden. Außer Landwirtschaft wird auch Viehhaltung betrieben, in nicht geringem Ausmaß: *„Wir haben drei Ochsen, zwei Kühe, zwei Rinder, ein Kalb, 17 Schafe, 60 Hühner, macht 85 Stück Vieh."* (8.03.1898). Daß Friedrich sich für diese interessiert und auch naturverbunden ist, obwohl er selbst kein Bauernsohn ist, sondern aus einer Bergmannsfamilie stammt, schimmert in mancher Beschreibung hindurch.

> *„Die Schafe machen sehr viel Vergnügen, ganz besonders die jungen Lämmer, weiße, schwarze, braune und gefleckte. [...] Blumen haben wir jetzt recht schön in unserem Garten und in unserem Park oder Einöde, wie man es nennen will. [...] Es blühen jetzt namentlich die Oleander, besonders schön rote, gefüllte, weiße und rosa. Auch Jasmin und rote Lilien blühen recht schön. Das macht unserem Aaron und seiner Frau viel Arbeit, denn der Brunnen ist ziemlich weit weg vom Garten. [...]"*

Hier kommt nicht so sehr 'pietistischer Arbeitseifer', als vielmehr ein Stück Kolonialherrenmentalität zum Vorschein. Weder Elise noch Friedrich kümmern sich um den Garten: sie haben Bedienstete dafür.

Das Ereignis des Jahres 1899 ist für das Ehepaar die Geburt der Tochter Friederike Mathilde, die am 1. Mai geboren und liebevoll Rickele genannt wird. Friedrich schreibt an Linchen:

> *„Möchte Dir heute von Deinem Schwesterchen Friedrike Mathilde Eisfelder etwas erzählen. Am schönsten für Dich und sie wäre es entschieden, wenn Du selbst kommen und sie sehen oder, wenn sie nach Kirchheim gehen und sich sehen lassen könnte. Aussehen tut sie herzig, so daß ich gewiß bin, Du würdest sie arg arg lieb haben. Ob die Augen braun oder blau oder grau sind, kann man nicht sagen - aber ich glaube doch, sie seien gräulich."* (22.05.1899).

Elise und Friedrich befinden sich zu dieser Zeit in Dharwar, einer kleinen Stadt mit einem Krankenhaus. Hier wurde Friederike geboren. Elise geht es nach der Geburt nicht gut:

> *„Die liebe Mama ist jetzt nicht ganz gesund, sie hat seit gestern etwas Fieber, so daß wir heute den Herrn Doktor riefen. Der Doktor sagte aber, das Fieber werde nach ein paar Tagen aufhören."*

Friedrich ist, wie es scheint, ein stolzer Vater. Seine kleine Tochter begeistert ihn, sie ist das einzige Thema seiner Briefe:

> *„Sprechen und laufen tut sie noch nicht (Friedrike ist gerade zwei Monate alt! D.K.), aber lachen und weinen, das kann sie. Weinen tut sie, weil sie sehr lieb ist, nur, wenn ihr irgendetwas weh tut. Lachen tut sie aber so oft man ihr hilft oder sie freundlich ansieht."*

Für Elise und Friedrich ist Friederike vermutlich ein neuer Hoffnungsschimmer. Die 'Zeit der Prüfungen' scheint zu Ende zu sein. Dennoch ist die Angst, auch dieses Kind zu verlieren, allgegenwärtig.

> *„In der letzten Woche hatte sie einen recht bösen Schnupfen und Husten und mußte unterdessen viel erbrechen, was ihr Mühe und Schmerzen und der l. Mama und mir viele Sorgen bereitete."* (12.07.1899).

Um Linchen die unbekannte kleine Schwester nahe zu bringen und vielleicht auch, damit sich Linchen nicht zurückgesetzt fühlt, läßt Friedrich Friedrike einen fiktiven Brief an die große Schwester schreiben. Für Caroline ist es wahrscheinlich nicht einfach sich vorzustellen, das Friederike hat, was sie entbehrt, die leiblichen Eltern.

> *„Liebe Schwester, heute ist mein Geburtstag, da würde es mich freuen, wenn Du hier sein könntest und ich Dir ein Küßlein geben könnte. Es ist freilich bei uns jetzt sehr heiß. Da wird es in Deutschland schöner sein. [...] Es gibt auch Früchte, besonders Mango. Von einem Baum hat sie der liebe Papa herunter tun lassen. Da waren 1000 Mango darauf. Den Schulkindern macht es große Freude auf den Baum zu steigen. Manche von den Kindern kommen zu mir und spielen mit mir. In sechs Tagen hat meine liebe Mariara Hochzeit, dann bekomme ich eine neue Kindsmagd. [...] Gib den Großeltern einen Kuß von mir und laß Dir einen geben im Namen Deiner Dich sehr liebenden kleinen Schwester Friederikchen."*
> (1.05.1900).

In fast jedem Brief werden Ersatzküsse verteilt - überhaupt ist die Ersatzfunktion auch von Menschen und Dingen für das, was eigentlich vermißt wird, ein roter Faden im Missionsleben. In Übersee werden Ersatzfeste gefeiert, wenn das eigene Kind in Europa Geburtstag hat, ältere Missionarsfrauen sind Ersatzmütter für jüngere, die Kinder einer Anstalt sind der Ersatz für die eigenen, an Weihnachten werden ersatzweise Geschenke an diese verteilt, Samen aus der Heimat werden in Übersee in den Boden gepflanzt als Ersatz für das Verlorene und so fort.

Wie muß es wohl auf Linchen gewirkt haben, daß die kleine Schwester mit den „Heidenkindern" auf der Station spielt, während sie sie noch nie gesehen hat und als Ersatz die Umrisse von Friedrikes Hand, aus Papier ausgeschnitten, in Händen hält?

Außer Friederike ist auch Hermann immer wieder Thema in den Briefen der Eltern. Die unterschwellige Angst, daß Friederike auch etwas zustoßen könnte, scheint in manchen Briefen, die sich mit dem Tod der anderen Kinder beschäftigen, hindurch.

> *„So ging es einmal mir, als Dein liebes Hermännle noch nicht ein halbes Jahr alt war. Der l. Papa war auf der Reise als Hermann schwer krank wurde und ich glaubte, er werde, wie sein Schwesterchen Maria bald sterben."* (23.01.1900).

Elise versucht ebenfalls, die älteste Tochter brieflich am Leben mit der unbekannten Schwester teilhaben zu lassen. Sie schildert ihr den gewöhnlichen Tagesablauf:

> *„Nachdem meistens ihr Papa schon vor 9 Uhr ihr einen Schoppen Milch gewärmt hat, tue ich es vor 6 Uhr und dann kommt eine große Sitzung. Danach ist sie meist bis nach 9 Uhr im Garten oder der Veranda, meist auf dem Arm herumgetragen, was ihr natürlich sehr gefällt. Um 9 Uhr wird sie gebadet, was ihr viel Freude macht. Weniger Freude macht ihr aber das Schoppen-Trinken. Gehen wir nach 12 Uhr zum Essen, darf sie mit uns am Tisch sitzen, wobei sie nie weint. [...] Gegen 5 Uhr geht sie mit ihrer Mama wieder hinaus und zwar hinter das Haus wo es so viele Tiere zu sehen gibt. Abends kann es passieren, daß Schlaf und Hunger plötzlich über sie kommt, so daß alle zusammen helfen müssen, sie zu besorgen, damit sie nicht zu arg weint."* (Summadi, 23.01.1898).

Trübsal

Ende 1900, Friederike ist noch keine zwei Jahre alt, stirbt Elises Vater kurz nach Weihnachten. Hauffs leben schon seit geraumer Zeit in Kirchheim, wo sie ein Haus erstanden haben. Elise schreibt an die Tochter:

> *„Schon wieder hat der liebe Gott Euch betrübt und den theuren Großpapa zu sich geholt. [...] Ich denke, wir brauchen Dich nicht zu bitten, der armen Großmama Freude zu machen und sie zu trösten, so viel Du kannst."* (2.01.1901).

Elise hat ihren Vater nur zwei Mal während der Heimaturlaube wiedergesehen. Auch für Linchen ist es ein harter Schlag, denn der Großvater hat für sie die Stelle des Vaters eingenommen. Und, Ironie des Schicksals: Auch er stirbt um die Weihnachtszeit - ebenso wie Hermann. Was für Elise und Friedrich in Indien schmerzhaft ist, ist, daß er sein jüngstes Enkelkind nicht mehr sehen konnte. Vielleicht auch aus diesem Grunde beschließen sie, im nächsten Jahr auf Heimaturlaub nach Kirchheim zu kommen, um wenigstens der Großmutter Friederike zu zeigen.

> *„Mein liebes Linchen. Natürlich freuen wir uns sehr darauf, die liebe Großmama und Dich und die liebe Tante Berta und all die anderen Verwandten und Bekannten wiederzusehen. Und für Dich freuen wir uns noch ganz besonders deswegen, daß wir Dir dann Dein liebes Schwesterchen,*

unser Friederikchen bringen dürfen, damit ihr euch recht lieb haben könnt." (21.01.1901).

Im März 1901 ist die Situation in Indien schwierig. Zwei Dinge belasten Eisfelders. Zum einen verursacht die anhaltende Trockenzeit immensen Wassermangel.

"Eine Zeitlang hatten wir des Regenmangels wegen ganz schmutziges Wasser zu trinken. Wenn nicht bald ein schöner Regen kommt, kommen wir in rechte Not, da wir und die Anstaltskinder täglich so sehr viel Wasser brauchen." (20.03.1901).

Zum anderen ist Friederike offenbar ernsthaft erkrankt:

"Der Durchfall will immer noch nicht weichen und die Kleine nimmt recht an Gewicht ab." (20.03.1901).

Daß die Krankheit Friederikes möglicherweise mit dem „schmutzigen Wasser" zusammenhängt, bleibt zu vermuten.

Der Hinweis in Friedrichs Brief läßt ahnen, daß sich bald wieder ein Schatten auf das Leben von Elise und Friedrich legen wird. Linchen sollte ihre kleine Schwester „in diesem Leben" nicht sehen und kennenlernen, und schon gar nicht „recht liebhaben" können, denn Friederike stirbt fünf Wochen später, einen Tag nach ihrem zweiten Geburtstag.

"Mein liebes Kind. Du wirst sehr bestürzt worden sein durch die Nachricht vom Tode Deines lieben Schwesterchens und auch uns tut es im Hinblick auf Euch besonders weh, daß wir Euch das liebe Kind, das nicht viel gestraft werden mußte, aber in ihrem kurzen Leben manches erdulden und verleugnen mußte, nicht zeigen konnten. Es freute mich, daß sie in ihrer Krankheit von selber manchmal die Händchen faltete. [...] Du kannst Dir denken, daß es nun sehr stille bei uns ist und daß wir überall an sie erinnert werden. Vor dem Hause liegen noch die Steine, mit denen die Kinder Häuschen bauten, hier steht die Puppelesbank, dort sind die Bilder, die sie so gern gesehen hatte etc. [...] Wir wollen uns nun umso mehr liebhaben, wir denken viel an Euch und möchten so gern bei Euch sein. Nun vielleicht schenkt es der liebe Gott, daß wir bald zu Euch kommen dürfen." (8.05.1901).

Linchen ist nun wiederum das einzige lebende Kind von Elise und Friedrich. Der Wunsch, dieses Kind als Ersatz für die anderen zu sehen, wird spürbar. Elise ist 43 Jahre alt, drei Kinder hat sie im Alter von ½ Jahr (Maria), 9 Jahren (Hermann) und 2 Jahren (Friederike) verloren. Dazu noch ein Kind als Frühgeburt, von weiteren Fehlgeburten abgesehen, die so nicht erwähnt werden, von denen aber ausgegangen werden kann, da sich versteckte Hinweise in den Quellen finden lassen. Von vier Kindern, die sie geboren hat, ist ihr eines geblieben. Es ist verständlich, daß dieses Kind für sie nun einen neuen Wert erhält.

Linchen hat nun drei Geschwister beim „lieben Heiland". In Briefen, die auf Todesfälle folgen, ist meist davon die Rede, „sich zum Heiland ziehen zu lassen" und von der Aussicht auf ein heiteres Wiedersehen im Jenseits. Was für uns vielleicht schockierend oder makaber klingen mag - einem Kind laufend den Tod als 'Alternative zum Leben' vor Augen zu führen, mag für Linchen das mögliche Gegenteil bedeutet haben. Vielleicht verlor der Tod dadurch für sie seinen Schrecken, wenn sie sich vorstellte, daß sie dann ja wieder mit dem Großvater und ihrem Bruder vereint sein würde. Das Bild eines 'Familienfestes im Jenseits' konnte gar nicht bedrohlich sein. Im übrigen sind die Geschwister vorbildlich einen Weg gegangen, den auch sie einst gehen wird.

„Mein liebes einziges Töchterlein. Wir freuten uns sehr darauf, Dir Dein liebes Friederikchen bringen zu können. Nun hat es der Heiland zu sich genommen. Seine letzten Lebenstage waren des Leidens sehr reich und hat sich das liebe Kind recht als Streiterin Jesu zu bewähren gehabt. Gott Lob und Dank, daß sie den Sieg davon getragen hat und nun daheim im Vaterhaus in ihres Hirten Arm und Schoß ist." (15.05.1901).

Trotz der 'pietistischen Topoi des Sterbens' fließt der tiefe Schmerz Friedrichs in diese Zeilen mit ein.

Heimkommen

Zum Jahresende steht die Heimreise bevor, unter anderen Voraussetzungen als angenommen. Trotz allen Unglücks überwiegt die Aufregung und die Sehnsucht, die 'alte Heimat' wiederzusehen. Vor der Abreise schreibt Friedrich:

„In vier Monaten machen wir uns auf den Weg die liebe Großmama und Dich und all unsere lieben Verwandten zu besuchen und uns mit Euch zu freuen und Euch lieb zu haben und uns von Euch lieb haben zu lassen. Was sind wir doch für glückliche und reiche Leute. Und wer hat uns so reich gemacht, wer hat uns mit Liebe zueinander beseelt? Niemand anders als unser Herr und Heiland." (23.10.1901).

Auch Elise freut sich auf die Heimkehr - allerdings mit Wehmut und Melancholie, hatte sie doch vor vielen Jahren eine Tochter und einen Sohn in Europa zurückgelassen, wobei der Abschied vom Sohn endgültig gewesen war.

„Gott gebe, daß wir das schöne Fest (Ostern) nächstes Jahr miteinander feiern dürfen. Wie würde das auch Hermann gefreut haben. So wird die Heimkunft in die himmlische Heimat viel schöner sein als in die irdische. Doch wollen wir zunächst dankbar sein, wenn uns der liebe Gott das letztere gedeihen läßt." (30.10.1901).

Ob diese Sätze Linchen wohl verletzt haben, können wir nicht beurteilen. Sicher ist, daß sie bis dahin immer noch in der „irdischen Welt" weilt, Elise sich aber nach der himmlischen sehnt, in welcher die drei anderen Kinder sind. Linchen wird hier gewissermaßen zur zweiten Wahl degradiert. Es ist fraglich, ob Linchen dies bemerkt hat oder ob Elise sich über diesen möglichen tieferen Sinn ihrer Worte bewußt war.

Im Februar 1902 reisen Elise und Friedrich Eisfelder nach Europa. Wie sich das Wiedersehen gestaltete, ob die 'irdische Heimkehr' gut gelang, wissen wir nicht. Wir wissen nur, daß in diesem Heimaturlaub, der bis September 1903 dauerte - also über ein Jahr - zwei wichtige Ereignisse stattfanden. Linchens Konfirmation, der bedeutendste Tag im Leben des jungen, religiös erzogenen Mädchens, an dem die Eltern teilnehmen konnten, und die Geburt der Schwester Berta, der letzten Tocher von Elise und Friedrich Eisfelder, die im Juni 1903 auf die Welt kam.

Im September 1903 kehren Friedrich und Elise nach Indien zurück - im Schlepptau den wenige Monate alten Säugling. Elise hatte sich standhaft geweigert, Berta bei den Verwandten in Kirchheim zu lassen - wenigstens dieses Kind will sie bei sich behalten, bis es ins Schulalter kommt und dann ohnehin nach Europa geschickt werden muß.

In der uns vorliegenden Korrespondenz tut sich nun eine weitere Lücke auf. Dokumente aus den Jahren 1903 bis 1908 fehlen. Erst ab 1908 können wir am weiteren Verlauf der Geschehnisse teilnehmen. Aus diesem Jahr finden sich vorwiegend Briefe, die Linchen an die Eltern nach Indien schreibt. Das mittlerweile 17jährige Mädchen wird nach Beendigung ihrer Schulzeit bei verschiedenen Verwandten in Württemberg herumgereicht, wo sie im Haushalt hilft, Kinder hütet und andere anfallenden Arbeiten übernimmt. Momentan lebt sie bei Tante Berta in Kirchheim - die Großmutter Marie Hauff ist im Jahre 1905 gestorben. Im Herbst des Jahres 1908 soll sie nach Korntal wechseln - vermutlich auf das dortige Töchterinstitut. Carolines Briefe vermitteln uns einen sehr lebendigen und interessanten Eindruck von einer 'Pietistischen Teenagerzeit im Kaiserreich'. Die „kleine Gewalttätige", wie die Großmutter sie als Vierjährige bezeichnete, ist erwachsen geworden, hat sich aber manches von ihrer Lebhaftigkeit und kritischen Eigen-Sinn bewahrt.

Tante Berta äußert sich über eine geplante Reise Carolines nach Clausthal, zu den Verwandten väterlicherseits:

> *„Allein nach Claustal sie reisen zu lassen, hätte ich keine Ruhe. Dazu hat sie zu schöne rote Backen, daß sie nicht sicher ist vor Aufdringlichkeiten.* (Kirchheim, 22.05.1908).

Linchen scheint dennoch eine Reise gemacht zu haben, nach Lichtenstein, von der sie begeistert erzählt:

> *„Gelt Papa, Du kannst Dir die entzückende Fahrt von Honau bis Lichtenstein noch denken. Wie gern möchte ich immer ein lebhaftes Bild von dieser herrlichen Gegend mit den steilen bewaldeten Bergen und von dem kühnen Lichtenstein und der tief unten liegenden glitzernden Echatz behalten."* (5.06.1908).

Ihre Briefe sind Berichte von alltäglichen Problemen, die sie umtreiben, allen voran mangelnde Finanzen. Sie schreibt offen und ehrlich, daß sie dauernd bei Tante Berta Schulden machen müsse, da die Eltern sie zu kurz hielten. Ein Thema, das all ihre Briefe dieses Jahres dominiert, ist ihre schwärmerische Liebe zu Fräulein Stark, einer jungen Lehrerin im Korntaler Töchterinstitut. Es erinnert fast ein wenig an die 'romantische Mädchenfreundschaft', die ihre Mutter Elise mit Sophie aus Gotha verband. Linchens Beschreibung ihrer „Verliebtheit" in Fräulein Stark, wie sie sich selbst ausdrückt, ist von einer auch aus heutiger Sicht verblüffenden Offenheit. Die Briefe an die Eltern, die dieses Thema zum Inhalt haben, erinnern eher an persönliche Tagebuchaufzeichnungen. Sie durchläuft gewissermaßen alle Stadien einer ersten ernsten Liebe. Doch betrifft diese eine Frau und keinen Mann, und das erlaubt es ihr, wahrscheinlich so offen darüber zu schreiben.

> *„Gestern habe ich im Institut abgeschlossen. Ein Vierteljahr, in dem ich viel Freude gehabt, aber auch manche Not, weil mir wieder einmal der Verstand mit dem Herzen durchgegangen ist. Immer und immer wieder dachte ich in der Nacht an sie und war ganz glücklich einen Augenblick mit ihr allein zu sein und ihr zu sagen wie schrecklich arg ich sie mag. Sie sieht nämlich auch reizend aus mit ihren lustigen dunkelblauen Augen und lockigen Haaren."*

Im nächsten Jahr wird Fräulein Stark das Institut wechseln. Ihre Eltern trennen sich, da der Vater ein Trinker ist - vermutlich der Grund dafür, daß sie für das Mädcheninstitut nicht mehr 'passend' ist. Fräulein Stark umgibt so die Aura des Tragischen, vielleicht etwas, das sie für Linchen besonders anziehend machte. Nach dem Weggang der verehrten Lehrerin schreibt sie: *„Ich will keinen Menschen mehr so unsinnig lieb haben."* (Korntal, 7.07.1909).

Letzte Trennung

Am 11. Juni 1909 berichtet Linchen den Eltern von der glücklichen Ankunft der kleinen Schwester Berta in Nagold. Sie hatte ihre Schwester nur wenige Monate erlebt bis die Eltern mit ihr nach Indien zurückgekehrt waren. Nun ist Berta im schulpflichtigen Alter und wird unter der Obhut befreundeter Missionsgeschwister nach Deutschland geschickt. Elise und Friedrich haben nun auch die Trennung von der jüngsten Tochter erleben müssen. Carolines Bericht von der ersten Zusammenkunft mit der unbekannten Schwester ist ein ungewöhnliches Dokument, da ein Zusammentreffen dieser Art in keiner anderen Quelle so ausführlich beschrieben wird. Lassen wir sie dieses Treffen selbst schildern. Als sie am Nagolder Bahnhof wartet, sieht sie im haltenden Zug:

> *„[...] ein mutiges kleines Mädele mit einem bunten Tuch in der Hand. Ich rief, komm bleib innen, ich bins Linchen, ich fahr gleich mit Dir heim. Das Kleine setzte sich auf der Großen Schoß und schlang die weichen Ärmchen um mich und drückte das Köpfle an mein Herz und sagte Linchen. Oh wie sie das sagte und wie sie mich anguckte. Und dann erzählte sie immerzu. „Ich dachte immer Du kommst mich holen, heut dacht ichs gar nimmer und jetzt bist Du doch gekommen, oh Linchen, jetzt sind wir beieinander und mein Papa und meine Mama kommen ganz bald und*

dann sind wir viele Leutle und dann tust Du hier uns kochen und jetzt schwätz ich immer alles mit dem lieben Heiland und der sagt alles wieder meiner Mama." (Korntal, 11.06.1909)

Caroline hat nach 12 Jahren wieder ein Geschwisterteil, die Schwester, von der sie Zeit ihres Lebens getrennt war. Sie vertritt bei Berta nun Schwester- und Mutterstelle in einem. In Summadi, wo Eisfelders seit geraumer Zeit leben, ist wieder die Einsamkeit eingekehrt. Elise leidet unter der Trennung von Berta.

"Ihr dürft uns jetzt nicht zu kurz halten mit Nachrichten über Euch, denn wir haben jetzt niemanden, sondern sind ganz allein." (Summadi, 21.06.1909).

Ein Trost für Elise ist, daß Berta bei der älteren Schwester lebt. Elise und Friedrich haben nun wieder zwei Kinder im fernen Europa. Die Briefe Elises an Berta zeigen, daß sie ihr unbedingt die Erinnerung an Indien bewahren möchte - das Bindeglied, das sie mit ihrer ältesten Tochter nicht teilt, da diese bereits im Alter von zwei Jahren nach Europa kam. Elise ist in dieser Zeit viel allein auf der Missionsstation, Friedrich ist häufig auf Predigtreise.

"Nun sind noch vier Tage bis der l. Papa wieder nach Hause kommt und ich freue mich richtig darauf." (Summadi, 29.09.1909). Auch Friedrich schreibt oft an seine von ihm schmerzlich vermißte Tochter.

Berta besucht zuerst das Töchterinstitut in Korntal und wechselt im Herbst 1911 nach Tübingen. Sie lebt bei Mathilde, der Schwester Elises, die als Witwe mit ihren Söhnen von Leipzig nach Tübingen gezogen ist. Es scheint, als ob besonders Elise zum Erziehungsstil, den sie auch bei Hermann anwandte, zurückgreift, als Berta in die Schule kommt. Doch auch Friedrich spart nicht mit Ermahnungen und Tadel:

"Dein letzter Brief war ein ziemliches Durcheinander, so daß wir nicht recht herausbringen konnten was Du uns schreiben wolltest. Wenn Du einen eigentlichen Brief schreiben willst, mußt Du Dir auch so viel Zeit nehmen, daß Du denselben erst auf die Tafel schreibst und ihn die l. Tante oder einen Deiner Vettern lesen und Dir sagen läßt, was Du für Fehler gemacht hast. Aber wenn Dein Brief dieses Mal auch besonders viele Fehler enthielt, hat er uns dennoch gefreut." (Summadi, 26.11.1911).

In einem Brief von Elise, in dem sie über indische Mädchen, denen sie Nähunterricht erteilt, berichtet, wird ihr Erziehungsideal besonders transparent. Hierin zeigt sich auch eine Verhaltensanforderung für Berta.

"Meine hiesigen Kinder habe ich die ganze Zeit zu mahnen, daß sie nicht nur schnell ihre Arbeit abmachen, sondern dieselbe auch so gut als möglich. Sie sollen nicht nur wie eine gedankenlose Maschine ihre Arbeit abschnurren, sondern immer wieder prüfen, ob es recht ist und ob sie es nicht noch schöner machen können. Die Maler sehen auch ihre Arbeit immer und immer wieder an und finden immer wieder etwas zu verbessern." (Sumaddi, 8.10.1912).

Entsprechend der eigenen 'inneren lebenslangen Prüfung', was Glaubensstärke und ähnliches betrifft, soll auch das äußere Tun immer wieder überprüft werden. So kehrt sich in gewisser Weise das Innere nach außen und umgekehrt.

Im Herbst 1911 leben Friedrich und Elise in einer gefährlichen Situation, da die Pest in Indien wütet. Friedrich geht dennoch auf Predigtreise, was Elise sehr belastet. Doch auch hier kommt wieder jene grundsätzliche Haltung dem Tod und der Krankheit gegenüber zum Vorschein, die uns auch bei Hermanns Tod begegnete. Elise schreibt ihren Kindern:

„Wir versuchen uns so viel wir können vor der Pest zu schützen, aber eigentlich kann das nur der liebe Gott." (Sumaddi, 3.10.1911).

Ende 1913 wird für die meisten deutschen Missionsleute in Indien die politische Situation prekär. Der erste Weltkrieg steht vor der Tür, für deutsche Missionare und Missionarinnen besteht die Gefahr, in Indien interniert zu werden. Bereits im Frühjahr 1913 erwägen Elise und Friedrich daher die endgültige Heimreise.

„Daß wir nicht länger als bis Frühjahr 1914 hier bleiben werden, habe ich neulich unserem Comitee in Basel berichtet. Diese Nachricht wird in Basel gewiß keine Freude herausrufen, denn es stehen sehr wenig auszusendende Missionare für unseren Distrikt zur Verfügung, aber sein hat unsere Versetzung auch müssen, denn Ihr habt nun auch ein Recht auf unser Heimkommen." (Sumaddi, 23.02.1913).

In diesem Brief wird von Friedrich keine allzu große Freude über die Aussicht, nach Europa zurückzukehren, zum Ausdruck gebracht. Er ergibt sich eher in sein Schicksal, denn „die Kinder haben ein Recht darauf". Fast 30 Jahre hat er zusammen mit seiner Frau Elise in Indien zugebracht und dieses Indien scheint ihnen trotz aller Probleme und Schwierigkeiten zur 'ersten Heimat' geworden zu sein. Elise ist 55 Jahre alt, Friedrich bereits 63. Sie sind in Indien und ihrer Missionsarbeit fest verwurzelt. Die Geschehnisse in Europa haben sie zwar mitverfolgt, doch ihr Leben war davon nur am Rande betroffen. So haben sie auch eine gewisse Angst vor den Veränderungen in der der alten Heimat, die nicht nur mit der aktuellen Kriegsgefahr zusammenhängt. Sie haben grundsätzliche Bedenken, sich wieder einzuleben. So befürchtet Friedrich:

„Nachdem wir so lange dem Stadtleben entfremdet sind, haben wir fast das Gefühl, wir passen nicht mehr in eine moderne Stadt wie Tübingen, wo man sich nicht einmal mehr kleiden kann wie man mag." (Summadi, 16.03.1913)

Elise und Friedrich müssen ein, wenn auch schwieriges, aber dennoch mehr oder weniger selbstbestimmtes Leben aufgeben, um es für ein unsicheres einzutauschen. Friedrichs Zukunft ist unklar, klar ist nur, daß Mathilde, Elises Schwester, sie bei sich aufnehmen wird. Daher ist es nicht erstaunlich, daß ihnen die Trennung von Indien sehr schwer fällt, obwohl sie in Europa die Wiedervereinigung mit den Töchtern erwartet. Doch auch das ist wohl nicht so einfach, wie es auf den ersten Blick scheinen mag. In einem der letzten Briefe, zwei Jahre vor der endgültigen Rückkehr nach Europa, schreibt Friedrich an seine Tochter Berta das Folgende:

> *„[...] Dann kennst Du mich wahrscheinlich auch nicht mehr, wenn ich einmal heimkomme und Dir auf der Straße begegne. Freilich ist es auch noch fraglich, ob ich Dich kennen würde, wenn Du mir irgendwo auf der Straße ganz unerwartet begegnen würdest."* (Sumaddi, 30.09.1912).

Im Frühjahr 1914 kehrten Elise und Friedrich Eisfelder nach Europa zurück.[884] Friedrich Eisfelder starb 1922 im Alter von 68 Jahren in Tübingen. Seine Frau Elise überlebte ihn um 22 Jahre. Sie starb 1944 im Alter von 86 Jahren in Neuffen. Caroline machte in Korntal eine Ausbildung als Lehrerin und wurde 1920 Pfarrfrau. Sie starb 1974. Berta wurde Erzieherin. Sie blieb ledig und betreute die Kinder ihrer Schwester Caroline in Neuffen. Sie starb 1991.

Abb. 34   Hermann (5 Jahre alt) und Caroline Eisfelder (drei Jahre alt). Clausthal 1892.

---

[884] Zur Frage, wie sich ein Wiedereinleben in Europa für Missionspaare gestaltete, die lange Zeit in Übersee lebten, welche Probleme sich beispielsweise daraus für Eltern und Kinder ergaben, liegt in Familienarchiven wenig Schriftliches vor, da mit der Heimkehr der Briefverkehr stoppte. Dennoch wäre eine genauere Untersuchung dieses Themas wünschenswert, beispielsweise als oral history.

Abb. 35   Marie Hauff. Jahr unbekannt.

Abb. 36   Hermann Friedrich Hauff. Jahr unbekannt.

Abb. 37 Berta Schmid ('Tante Berta' l.) und Caroline Eisfelder (r.). Um 1900.

Abb. 38 Das Haus in der Villastraße in Kirchheim/Teck. Vermutlich um 1900.

Abb. 39   Friederike Eisfelder. Indien, vermutlich im Jahre 1901.

Abb. 40   Hermann Eisfelder. Vermutlich im Jahre 1896.

Abb. 41   Elise und Friedrich Eisfelder mit Töchtern Caroline (h. l.) und Berta (h. r.). Um 1914.

ANHANG

Pietismus in Stichworten: Stationen und Personen

Ein tieferes Eingehen auf den Pietismus würde den Rahmen dieser Arbeit sprengen und wäre darüber hinaus je nach Ansatz nicht einfach zu bewältigen, da sich der sogenannte Pietismus bei näherer Betrachtung als ein überaus facettenreiches, vielfältiges Gebilde erweist, dessen verschiedenste Strömungen, regionale Spielarten, ebenso wie historisch bedingte Modifikationen sich einfach nicht auf einen Nenner bringen lassen.

Der Pietismus ist eine Richtung innerhalb des Protestantismus, die sich im späten 17. Jahrhundert ausbreitete. Sie entstand als Reaktion auf eine erstarrte altprotestantische Orthodoxie, die nach Auffassung der Pietisten in Institutionalismus und Dogmatik steckengeblieben war.

Den Pietisten ging es im Gegensatz dazu um einen lebendigen, „gelebten" Glauben, es genügte nicht, die Kirche zu besuchen und eine Predigt anzuhören. Wichtig war die persönliche Heiligung, zur „Vollkommenheit" zu gelangen. Diese neue Wendung ins Persönliche wird auch als „religiöser Individualismus" bezeichnet.

Speners „neuer Mensch"

Philipp Jakob Spener (1635-1705), ein Theloge des 17. Jahrhunderts, der aus der evangelisch-lutheranischen Orthodoxie kam und innerhalb dieses Denkens neue Akzente setzte, gilt als Vater des Pietismus. Im Mittelpunkt seines Denkens steht nicht mehr die Rechtfertigung, also das „Zeugnisablegen" jedes einzelnen, sondern die Wiedergeburt des alten zum neuen Menschen.

Richtungsweisend war Speners Schrift „Pia desideria".[885]

Er stellte das persönliche Glaubensleben und die ethische Bewährung in den Mittelpunkt seines Denkens. Es habe keinen Zweck, in die „Äußere Kirche" zu gehen, wenn nicht die „Innere Kirche des Herzens" mitgebracht würde. Spener formulierte in seiner Schrift „Pia desideria" auch Regeln für die praktische Ausbildung des Theologen. Besonderen Wert legte er hierbei auf die Predigten, die einen „Gott der Liebe" und nicht einen „Gott des Gesetzes" zum Inhalt haben sollten. Das „Evangelium der Liebe" sollte den Menschen nähergebracht wer-

---

[885] Auch Spener hatte Vorläufer innerhalb der Reformbewegung der Orthodoxie. Zu nennen wäre hier Johann Arndt und seine „Fünf Bücher vom Wahren Christentum", die ebenfalls von der Wiedergeburtslehre handeln.

den. Auch der allmähliche Wandel des Aufgabengebietes eines Pfarrers - weg von der dogmatischen Lehre, hin zur Tätigkeit des „Seelsorgers", geht auf Spener zurück.

Nach Spener sind Buße und Glauben zwei wichtige Momente der Bekehrung. Der „alte Mensch" besteht aus Sünde und ist eigentlich verloren. Durch Gottes Gnade kann er aber wiedergeboren werden, das heißt, indem er „Buße tut", aufrichtig bereut, wird dem Menschen ein neues Sein, eine „neue Natur" gegeben. Durch diese „Bekehrung" wird er zu einem „Kind Gottes".

In pietistischen Biographien[886] wird die „Bekehrung" oft auch als „innerer Kampf", der grundsätzliche Zweifel an der Existenz Gottes miteinschließt, beschrieben. Durch die „innere Wiedergeburt" tritt der Mensch in einen 'lebenslangen Dialog' mit Gott und versucht - nun als „Wiedergeborener" - nach Gottes Willen zu leben, das heißt, sich unter „Gottes Führung" zu begeben. Unmittelbare Erfahrungen des göttlichen Willens durch „Fingerzeige Gottes" und „Gebetserhörungen" bilden hier ein wichtiges Element. Die Zeichen Gottes als solche zu erkennen - wird als „Fühlen mit dem Herzen" umschrieben.[887] 'Ziel und Zweck der Übung' ist es, zur Vollkommenheit (Speners „Perfektionismus") zu gelangen, „im rechten Glauben Rechtes tun". Diese Vollkommenheit, auch „Heiligung" genannt, zu erreichen, ist ein Wachstumsprozeß. Selbst das Wissen um die eigene Unvollkommenheit bringt den Menschen der Vollkommenheit näher. Es geht hier um „Früchte des Christentums", obwohl am Ende nicht die Früchte, also Taten, sondern allein der aufrichtige Glaube den Menschen vor Gott rechtfertigt.

Religiöse Praxis: die „Stundenleute"

Dementsprechend suchten „Wiedergeborene" Gleichgesinnte, mit denen man sich im kleinen Kreise zu religiösen Erbauungsstunden als „praxis pietatis" traf. Diese Konventikel standen im Zentrum pietistischen Lebens und stellten ein wichtiges Element in der Sozialstruktur der pietistischen Gemeinde dar. Sie waren als Ergänzung zu den Gottesdiensten in der Kirche gedacht, im „pietistischen Separatismus" verdrängten sie diese sogar. In den Privatversammlungen galt die Anrede „Bruder" oder „Schwester."[888] Die Bibel und das Auslegen der

---

[886] Zum Thema pietistische Biographie und Stereotypisierung des Lebenslaufes vgl. M. Scharfe: Die Religion des Volkes. 1980, S. 54-57. Ebenso Ders. Lebensläufle. 1982. Interessante Einsichten vermittelt ebenfalls: W. Jens; H. Thiersch: Deutsche Lebensläufe. 1987.

[887] Das „Fühlen mit dem Herzen" im Gegensatz zur 'rationalen Erkenntnis' steht hier in Zusammenhang mit einer 'Innerlichkeit', die wiederum auf Elemente der spätmittelalterlichen Mystik zurückzuführen ist. Ebenso bewirkt diese Innenschau eine dauernde Gewissenserforschung, wie sie uns auch im englischen Puritanismus begegnet.

[872] „Signifikant für die Statusaufwertung, die gerade Ledige und Frauen in der Gemeinschaft erfahren, ist deren eigenständige und gleichberechtigte Teilnahme an der Pflege des innerpietistischen Besuchsverkehrs. Frauen machen sich derart teilweise ohne

Bibel standen im Mittelpunkt, die „Kinder Gottes" wandten sich von der 'gottlosen Welt' ab, und so waren auch 'weltliche' Vergnügungen wie Tanzen oder Kartenspielen verpönt. Einzig religiöse Lieder wurden zur Ehre Gottes gesungen, der Pietismus hat so ein überaus reichhaltiges Liedgut hervorgebracht.[889]

Erziehung und Religion : August Hermann Franckes „Pflanzgarten"

Die Ausrichtung auf eine praktische Theologie und deren pädagogische Interessen und Ziele entwickelte ein späterer Freund Speners, August Hermann Francke (1663-1727) mit seinen „Halleschen Erziehungsanstalten" fort. Als zentralen Wendepunkt in seinem Leben erlebte August Hermann Francke seine eigene Bekehrung im Sommer 1687. Der junge Hebräischlehrer sollte über den Unterschied zwischen „gelebten Glauben" und „eingebildeten Glauben" predigen. Bei der Vorbereitung zu dieser Predigt geriet er selbst in innere Nöte, da er beim Nachdenken über dieses Thema an der Existenz Gottes zu zweifeln begann, um dann nach inneren Kämpfen, wie in pietitischen Biographien üblich, , 'wiedergeboren' zu werden. Von da an wurde er zu einem überzeugten, zielstrebigen Kämpfer für „das Reich Gottes".

Seine Verbindung zu Spener, die bis dahin nur aus Briefkontakten bestanden hatte, wurde enger. Nach einigen Rückschlägen, die auf innerkirchliche Streitigkeiten zurückzuführen sind, wie sie übrigens auch in hohem Maße den Lebensweg Speners bestimmten, erhielt er eine Pfarrstelle in der Nähe von Halle, der Stadt, in der 1691 auch eine der ersten Universitäten mit pietistischer Prägung gegründet wurde. Gleichzeitig war Halle aber auch eine ‚Hochburg der beginnenden Aufklärung'.

Die später berühmt gewordenen „Halleschen Stiftungen" begannen als Waisenhaus mit dazugehörigen karitativen Einrichtungen, die mit Spendengeldern finanziert wurden.

August Hermann Francke wollte mit seinen Anstalten nichts Geringeres als eine „soziale Verbesserung" der Welt erreichen, die Reformanstalten sollten einer „Reform des Lebens" schlechthin dienen. Hier entstanden Schulen, die nach damaligen fortschrittlichsten pädagogischen Prinzipien geführt wurden. Francke war einer der ersten, der Wert auf eine gehobene Mädchenschulbildung legte. In seinen Stiftungen waren von rund 2000 Schülern fast die Hälfte Mädchen. In

---

[889] männliche Begleitung auf den oft langen oder nächtlichen Weg zu anderen Gemeinschaften oder 'Pietistenvätern' wie z.B. Philipp Matthäus Hahn nach Echterdingen." H. V. Findeisen: Pietismus in Fellbach. 1985, S.220. Zit. nach C. Köhle-Hezinger: Philipp Matthäus Hahn und die Frauen. 1989, S. 118.
So ist der Pietismus einerseits in weltlichen Dingen von einem rigiden Puritanismus und seinem Sobrietätsideal geprägt, neigt aber in religiösen Dingen durchaus zur mystischen Schwärmerei. Der „Mystische Spiritualismus" stellt eine eigene Richtung innerhalb des Pietismus dar. Dessen Vertreter, wie zum Beispiel Jakob Böhme, Gottfried Arnold und andere, blieben auf die 'gemäßigtere Richtung' nicht ohne Einfluß.

Halle wurde auch das erste Mädchengymnasium gegründet, das allerdings nur wenige Jahre bestand.

Franckes Idee war folgende:

> „[...] die Anlegung eines Pflanzgartens, in welchem man eine reale Verbesserung in allen Ständen in- und außerhalb Deutschlands, ja in Europa und in allen übrigen Teilen zu gewarten hat."[890]

In diesem Zitat kommt Franckes eigentliches Ziel zum Ausdruck. Es ging ihm um Universalität. Die Schüler seiner Einrichtungen waren Träger pietistischer Ideale. Indem sie in ihren jeweiligen Ämtern diese Ideale nach außen trugen, bildeten sie ein Netzwerk pietistischer Stützpunkte innerhalb und außerhalb Europas. Francke war treibende Kraft für viele christliche Werke, so die „Innere Mission" als Kranken- und Armenfürsorge und die „Äußere Mission" in Süd-Indien.

Möchte man Spener als den ‚Chefideologen des Pietismus' ansehen, so wäre Francke der eigentliche Praktiker und Organisator.

Er vereinte in sich bestimmte Grundsätze, die der pietistischen Bewegung neue Impulse verliehen. Er wollte Menschen mit „christlicher Klugheit" ausbilden, die sie dann in allen Bereichen des Lebens einsetzen sollten.

Asketisches Leben bedeutete für ihn nicht Weltabgewandtheit, sondern eher Weltzugewandtheit in Form von Arbeit, die er als des Menschen „zweite Natur" ansah. Er selbst war ab 1698 Unternehmer, er finanzierte seine Einrichtungen - wie eine Druckerei, eine Zeitung und eine Apotheke, nicht mehr nur aus Spendengeldern, sondern indem er Handel trieb.

Diesen sogenannten „Reichsgotteskapitalismus" rechtfertigte er damit, daß er ihn als Dienst an der Gemeinschaft sah. Jeder Erfolg wurde als Gnadenbeweis Gottes gewertet.

Puritanische Werte wie Zucht und Ordnung, Sparsamkeit und Fleiß bestimmten das Leben in Halle. Der puritanische Typus des Pietismus - auch im äußeren Erscheinungsbild - war hier sehr ausgeprägt.

Durch die Gründung der Institutionen in Halle gewann der Pietismus ein lokales geistiges Zentrum, das zu einer Art Pilgerstätte wurde. Da Halle im damaligen kulturellen Mittelpunkt Deutschlands lag, ist es nicht verwunderlich, daß von hier aus Einflüsse auf die deutsche Literatur und Geistesgeschichte ausgingen. Schleiermacher, Fichte, Hölderlin, Schiller, Goethe, Kant, Lessing kamen auf direkte oder indirekte Weise mit dem Pietismus in Berührung.

---

[890] C. Hinrichs: Der hallische Pietismus als politisch-soziale Reformbewegung des 18. Jahrhunderts. 1977, S. 249.

Zinzendorfs Mission: Die Herrnhuter Brüdergemeine

Eine besonders eigenwillige Richtung schlug ein ehemaliger Schüler aus Halle, der 1700 in Dresden geborene Nikolaus Ludwig Graf von Zinzendorf, mit seiner Herrnhuter Brüdergemeine ein.

Seine Großmutter stand in engem Kontakt mit Spener und Francke, förderte selbst die Mission und Bibelverbreitung. Ihr Wasserschloß in der Nähe von Großhennersdorf war ein pietistisches Zentrum, allerdings ökumenisch ausgerichtet, das heißt - hier versammelten sich Lutheraner, Reformierte, ja sogar Katholiken - da es ihr einzig auf den „gelebten Glauben" ankam und nicht unbedingt auf die jeweilige Konfession.

In diesem Sinne wurde auch ihr Enkel Nikolaus erzogen, der bis zu seinem zehnten Lebensjahr bei ihr lebte. Dann kam er als Schüler nach Halle. Ursprünglich wollte er in Halle Theologie studieren, mußte von der Familie aus aber Jura in Wittenberg, der Hochburg der Orthodoxie, studieren. Eine Bildungsreise nach Holland und Frankreich, wo er Gottesdienste der verschiedensten protestantischen Glaubensrichtungen besuchte, stärkte sein ökumenisches Bewußtsein.

Mit 21 Jahren heiratete er Erdmuthe Dorothea von Reuß-Ebersdorf, die seine oft überstürzten Pläne tatkräftig unterstützte. Von seiner Ehe sprach er als „Streiter-Ehe", Streiter für das Reich Gottes auf Erden: Eine Auffassung der Ehe als Gemeinschaft zweier Menschen, die für das Werk, für ein höher gerichtetes Ziel kämpfen, wie sie uns auch in der Basler Mission begegnet.

Im Jahre 1727 kam es durch mährische Glaubensflüchtlinge, die eigentlich bei seiner Großmutter Zuflucht gesucht hatten und denen Zinzendorf Land auf seinem eigenen Besitz gewährte, zur Gründung der Siedlung Herrnhut am Hutberg. Hier bildete sich eine Gemeinschaft heraus, die das Urchristentum leben wollte. Die vielbeschriebene sogenannte „Blut- und Wundentheologie" der Herrnhuter, die auf Christus' Sühneopfer für die Menschheit basierte, fand hier ihre kultisch-mystisch-spiritualistische Ausprägung. „Losungen" - man wählte für jeden Tag des Jahres nach einem bestimmten System einen Bibelspruch - bestimmten das religiöse Leben.[891]

1736 wurde Zinzendorf aus Sachsen ausgewiesen, weil seine „wunderlichen Tätigkeiten" dem dort ansässigen Adel sowie seiner eigenen Verwandtschaft ein Dorn im Auge waren.

Dennoch entstanden neue Siedlungen in der Nähe von Marienborn auf dem Herrnhag. Die Ausweisung des Grafen bewirkte eigentlich erst die Verbreitung in andere Gegenden. Immer wieder kam es aber zu neuen Vertreibungen. Diese Vertreibungen führten dazu, daß viele Herrnhuter nach Amerika auswanderten,

---

[891] Die Brüdergemeine stand in scharfem Gegensatz zur strengen Disziplin des hallischen Pietismus, Zinzendorfs eigentlichen Wurzeln. Dieser Gegensatz zeigte sich vor allem in der unübersichtlichen Organisation der ganzen Gemeinschaft und den verschiedenen Spielarten der ‚gelebten Frömmigkeit'.

um dort zuerst 1734 in Georgia und nach ihrer dortigen Ausweisung wegen Verweigerung des Kriegsdienstes in Pennsylvania eigene Brüdergemeinden zu bilden, in denen nur Gemeindemitglieder leben durften. Es entstanden sogenannte „Dörfer des Heilands". So wurde der ‚Herrnhutische Geist' in alle Welt getragen, auch nachdem Zinzendorf 1748 in Kursachsen die rechtliche Absicherung der Brüderkirche durchgesetzt hatte. Die Mitglieder der ersten Freikirche auf europäischem und amerikanischem Boden betätigten sich auch als Missionare. „Theologische Laien" wurden in alle Welt geschickt. Eine besondere Verbindung ergab sich zur methodistischen Erweckungsbewegung und deren Führer John Wesley (1703-1791), die im 19. Jahrhundert auch Einfluß auf die Anfänge der sogenannten Erweckungsbewegung in Deutschland und der Schweiz haben sollte. John Wesley, ein anglikanischer Missionspfarrer, wurde bereits in Georgia auf die Herrnhuter aufmerksam, weil er in ihrer Lebensweise das Urchristentum verwirklicht sah.

In kirchenhistorischen Abrissen wird Zinzendorf als „einer der Wegbereiter der alle Erdteile umspannenden christlichen Weltmission und eines ökumenischen Zeitalters der Kirchen" beschrieben.[892]

Pietismus in Württemberg: Johann Albrecht Bengel

und Friedrich Christoph Oetinger

Folgen wir Zinzendorfs Leben, so treffen wir auf Johann Albrecht Bengel (1697-1752), der den württembergischen Pietismus beeinflußt und ihm seine spezifische Eigenständigkeit verliehen hat. Zwischen Zinzendorf und Bengel gab es eine über Jahre gehende theologische Auseinandersetzung, die hier nicht weiter erörtert werden kann.

Bengel, Pfarrers- und späterer Pflegesohn eines vom mystischen Spiritualismus beeinflußten Lehrers, welcher selbst auch Erbauungsstunden hielt, studierte am Tübinger Stift Theologie. Hier wurde er vor allem von dem Bibeltheologen Christoph Reuchlin und dem pietistischen Professor für Katechetik, Andreas Adam Hochstetter, beeinflußt.

Bengel wird oft als der „Klassiker der Bibelauslegung" bezeichnet. Der Auslegung der Bibel, die er als „eine Reihe von Bündnissen, die Gott mit der Menschheit verbindet" („Bundestheologie") ansah, galt zeitlebens sein Interesse. Dadurch, daß er 28 Jahre lang als Klosterpräzeptor in Denkendorf bei Esslingen arbeitete, hatte er die Möglichkeit, Unterricht und eigenes Studium miteinander zu verbinden.[893] Einen besonderen Einfluß übte seine biblisch-apokalyptische

---

[892] E. Beyreuther: Geschichte des Pietismus. 1978, S. 227.
[893] In Bengels Lebenszeit fiel auch das sogenannte Pietisten-Reskript. Mit dieser Verordnung - erlassen von Herzog Karl Friedrich im Jahre 1743 - wurde der Pietismus in die württembergische Landeskirche eingegliedert. Den pietistischen Privatversammlungen wurde ihre Berechtigung zugestanden, allerdings sollten sie, laut dem Reskript, nur

Zeitrechnung aus, die das nahende Weltende zum Inhalt hatte und zum Nährboden für immer neue Spekulationen wurde. So sollte nach Bengels Berechnung die Wiederkunft Jesus Christus' im Jahre 1836 stattfinden und damit das 1000jährige Reich Gottes auf Erden einläuten.

Bengel bestimmte den schwäbischen Pietismus in vielen Aspekten: Als Prälat in Herbrechtingen hatte er eine eher zurückgezogene Stellung innehatte, regte aber auch zu privaten Erbauungsstunden an; in Alpirsbach bekleidete er ein kirchenleitendes Amt. Aufgrund seiner Beziehung zu Zinzendorf - mit dem ihn zunächst eine enge Freundschaft verbunden hatte, die dann aber wegen theologischer (Meinungs-)Verschiedenheiten mit den Jahren zerbrochen war - übte auch Bengel einen tiefen Einfluß auf den englischen Methodistenführer John Wesley aus.

Ein weiterer Württemberger war der ebenfalls am Tübinger Stift erzogene Theologe Friedrich Christoph Oetinger (1702-1782). Bereits als Kind wurde sein Leben von Gebeten und dem Nachschreiben von gehörten Predigten bestimmt. Oetinger wurde von der Philosophie Jakob Böhmes (1575-1624), einem Vertreter des mystischen Spiritualismus des ausgehenden 16. Jahrhunderts, besonders angezogen.

Oetingers Ziel war es, zu einer „heiligen Philosophie" zu gelangen, die in gewissem Sinne ein biblisches und ein wissenschaftliches System harmonisch einen sollte und so allen anderen Philosophien, insbesondere der Aufklärung, überlegen sein sollte. Zur Entwicklung dieser „Theologie aus der Idee des Lebens" (Theologica ex idea vitae deducta) zog er auch Elemente aus der Chemie, Alchemie, Botanik, Geologie und der Physik heran. Oetinger entwarf eigentlich eine Art 'Naturphilosophie'. Nach Martin Schmidt könnte man ihn als „den Ahnherrn der Lebensphilosophie des 19. und 20. Jahrhunderts" bezeichnen.[894]

Erweckungsbewegung und Missionsgedanke

Erweckung der „Stillen" im Lande

Mitte des 18. Jahrhunderts kam es zu einer Vertiefung der 'gelebten Frömmigkeit', zu einer Art 'Adrenalinstoß' innerhalb der frommen Kreise, zur sogenannten Erweckungsbewegung, die zu Beginn des 19. Jahrhunderts ihre eigentliche Hoch-Zeit hatte. Nicht nur in Württemberg tauchten innerhalb der 'Erweckungsszene' eine ganze Anzahl von Männern auf, die bald zu religiösen Führern aufstiegen und weite Kreise von Gläubigen um sich scharten.

---

[894] mit Wissen des zuständigen Geistlichen stattfinden. Dadurch sollte verhindert werden, daß sich die Pietisten absonderten und so der Separatismus gefördert würde.
M. Schmidt: Pietismus. 1972, S.114.

So gehörte zu den Erweckungspredigern der schwäbische Pfarrer Philipp Matthäus Hahn (1739-1790), der auch noch ein Erfinder war und eine mechanische Werkstatt betrieb. Oder Georg Rapp (1757-1847) aus der Nähe von Vaihingen, der als separatistischer Prediger bald mit seiner Gefolgschaft nach Amerika auswandern mußte und dort eigene Gemeinden - „Harmony" und „Economy" - gründete.

Ebenfalls eine eigene Gemeinschaft, allerdings innerhalb der Kirche, baute der wohl bekannteste schwäbische Erweckungsprediger, der Bauer Johann Michael Hahn (1758-1819) auf. In der Erweckungsbewegung kam das 'Laienelement' voll zum Tragen. Es waren nicht mehr nur Pfarrer oder Lehrer, also Mitglieder der 'Ehrbarkeit', die Predigten und „Stunden" hielten: auch Leute aus der 'gemeinen Klasse' begannen damit, die „frohe Botschaft" zu verkünden. Das „Stundenwesen" erlebte wieder einen Aufschwung, die neuen „Stundenleute" kamen nun zunehmend aus der Handwerker- und Bauernschicht. In diese Zeit fiel die Gründung der staatskirchenfreien Siedlung Korntal (1819) nach Herrnhuter Vorbild, später gefolgt von Wilhelmsdorf.

Die Erwartung, oder zumindest die Hoffnung darauf, daß das 1000jährige Friedensreich Jesu auf Erden bald ausbrechen würde, führte auch zu einer Wiederbelebung des Missionsgedankens.

Die Deutsche Christentumsgesellschaft: Vorbereitung zur Mission

Die Schweiz hatte seit Beginn des 18. Jahrhunderts eine große Erweckungsbewegung erlebt, in und um Basel waren kleine pietistische Kreise entstanden. In Basel pilgerten beispielsweise Tausende von Einwohnern jeden Sonntag zu den Predigten des Erweckungspredigers Hieronymus Annoni, und eine Sozietät der Herrnhuter Brüdergemeine hatte, aufgrund persönlicher Kontakte Zinzendorfs, schon seit 1740 einen Hauptstützpunkt in Basel. 1780 wurde hier die Deutsche Christentumsgesellschaft ins Leben gerufen. Sie sah ihre Hauptaufgabe in der Betreuung der sogenannten „Partikulargesellschaften", einer Art Hilfsvereine, die schon früher entstanden waren und beispielsweise die Indische Mission unterstützten. Sie besaßen oft eine ansehnliche Mitgliederzahl, und so war eine Art Netzwerk entstanden, das die Mitglieder innerhalb Deutschlands und der Schweiz vereinte, außerdem Querverbindungen zu Gesellschaften im übrigen Ausland unterhielt. Solche Partikulargesellschaften befanden sich auch in Tübingen und Stuttgart. Innerhalb dieses Netzwerks fühlte man sich wie eine große Familie: Briefkontakte wurden gepflegt, Besuche gemacht, man war in ständiger Verbindung. Eine entscheidende Stellung nahmen die Missionsnachrichten aus aller Welt ein.[895]

---

[895] Das Dorf Gerlingen bei Ludwigsburg ist ein typisches Beispiel für pietistisches Leben innerhalb der Dorfgemeinschaft. „Die Pietisten trafen sich am Sonntag neben dem Gottesdienst zu zwei Erbauungsstunden, wo die Leute aus dem Dorf auf ihre Art die Bibel auslegten und Zeugnis für ihren Glauben ablegten. Am Montag wurde zusätzlich

Die Christentumsgesellschaft sah sich als eigentliche Dachorganisation, deren Aufgabe der geistige Austausch innerhalb dieses ganzen Organismus sein sollte. Im südwestdeutschen Pietismus spielte die Deutsche Christentumsgesellschaft eine zentrale Rolle. Bereits seit 1798 hatten sich einzelne aktive württembergische Pietisten in Basel versammelt, darunter auch Karl Friedrich Adolf Steinkopf. Dieser zog 1801 den Schreiber Christian Friedrich Spittler nach, der zuerst als Kanzleigehilfe im Sekretariat der Deutschen Christentumsgesellschaft arbeitete, später das Sekretariat selbst übernahm. Steinkopfs Nachfolger wurde Christian Gottlieb Blumhardt, der Vater des späteren ersten Inspektors der Basler Mission. Diese drei Württemberger machten Basel zum Mittelpunkt der Mission, von hier gingen wiederum Einflüsse auf Württemberg aus. Gustav Werner in Reutlingen oder auch Oberlin in Steintal haben alle direkt oder indirekt ihre Wurzeln in der Deutschen Christentumsgesellschaft. Durch Steinkopf kam auch die Verbindung nach England zustande: Übersetzte Nachrichten von englischen Missionsgesellschaften wie der Church Mission Society wurden gesammelt und protokolliert und ein eigenes Heft wurde herausgegeben, das „Magazin für die neueste Missionsgeschichte". Aus ihm ging später das „Evangelische Missionsmagazin" hervor, die Hauszeitung der Basler Mission.

Stichworte zur Basler Mission im 19. Jahrhundert

1815 wurde in Basel eine Missionsschule gegründet, die junge Männer zu Missionaren ausbilden sollte, die später von englischen oder holländischen Missionsgesellschaften übernommen werden sollten. In Basel wurden mit Vorliebe Bauernsöhne oder ausgebildete Handwerker aufgenommen, da bei der „Heiden-Arbeit" auf zwei Komponenten gesetzt wurde: einerseits die Mission, andererseits wirtschaftliche Hilfe. Beides sollte Hand in Hand gehen. So waren die Basler Missionare im Prinzip Vorläufer der heutigen Entwicklungshelfer.

Diese 'Leihmission' wurde nicht lange beibehalten. Ab 1824 wurden von der Basler Mission selbst ausgebildete Missionare 'ins Feld' geschickt.

Im 19. Jahrhundert hatte Württemberg eine doppelte Bedeutung für die Basler Mission. Erstens stammten alle Inspektoren und die meisten theologischen Lehrer aus Württemberg, zweitens kamen über die Hälfte der ausgebildeten Missionare aus dem schwäbischen Raum.

Die Organisation der Basler Mission war hierarchisch aufgebaut. Der Inspektor war Vorsitzender des sogenannten Komitees, der obersten Leitung. Die Macht des Komitees war so groß, daß „es die Namen sämtlicher bezahlter Agenten (einheimische Pfarrer, Katecheten, Lehrer) der BM in Ghana, Süd-Indien, China

---

eine besondere Missionsstunde abgehalten, in der aus dem Basler Missionsmagazin vorgelesen und die Missionsnachrichten bekannt gegeben wurden." Zit. nach: Verein für Heimatpflege Gerlingen (Hg.): „Gerlinger Missionare". Heft 7. 1991, S. 6.

und Kamerun kannte und informiert werden mußte, wenn die Missionare vor Ort einen von ihnen in eine höhere Gehaltsklasse befördern wollten."[896]

Im ganzen 19. Jahrhundert waren die Inspektoren Schwaben, wohingegen das Komitee vorwiegend aus Schweizern, dem Basler Großbürgertum bestand.

Die Missionsschüler hatten sich in jedem Fall dem Komitee unterzuordnen. Sie durchliefen eine mehrjährige Ausbildung, die einerseits eine theologisch-theoretische Bildung, und andererseits Unterricht in praktischen Fächern umfaßte. Großer Wert wurde auf das Erlernen von Sprachen gelegt. Nach ihrer Ausbildung wurden sie in ihrer Heimatgemeinde kirchlich ordiniert und von dieser auch ausgesandt. Dies war eine eher formale Angelegenheit, da die Basler Mission ihr Werk der Kirche angliedern wollte. Die BM behielt in jedem Fall die 'Oberhoheit' über die Missionare.

Die ersten Missionsfelder befanden sich an der Goldküste (Ghana), an die 1826 eine erste Gruppe von Missionaren ausgesandt wurde. Ein weiteres Missionsgebiet lag in Südindien, in den heutigen Staaten Karnataka und Kerala, hier wurde ab 1834 begonnen, zu missionieren. Der bekannte Misssionar Hermann Gundert war in diesem Gebiet, seine Tochter Marie, die spätere Mutter Hermann Hesses, wurde hier geboren. Missionsgebiete befanden sich in China, in Hongkong und der heutigen Provinz Guangdong. 1886 kam noch Kamerun dazu. Ein einziges Missionsgebiet geht nicht auf das 19. Jahrhundert zurück: der indonesische Teil Borneos, das heutige Kalimantan. Die ersten Jahrzehnte waren für die Basler Mission eine Zeit, die gekennzeichnet war von zahlreichen Problemen, vor allem der hohen Todesrate unter den Missionaren und ihren Frauen, da es in dieser Zeit noch keinen tropenmedizinischen Schutz gab.

Eine Zäsur in der Geschichte der Basler Mission war der 1. Weltkrieg. Etliche der Missionsgebiete mußten aufgegeben werden. Auch veränderte sich die Missionsarbeit, die nach Ende des 1. Weltkrieges unter Mühen wieder aufgenommen wurde. China war das einzige Gebiet, in dem die BM ihre Arbeit ununterbrochen fortführen konnte. In Ghana, Westkamerun und Südindien wurde sie auf Wunsch der dort ansässigen Christen wieder zugelassen. In heutiger Zeit fungiert die BM als partnerschaftliche Organisation mit Dritte-Welt-Kirchen. Entwicklungshilfe und Dialogfähigkeit stehen hierbei im Vordergrund.[897]

---

[896] P. Jenkins: Kurze Geschichte der Basler Mission. 1989, S. 10 f.
[897] Ebd.

Daten zur Geschichte der Basler Mission

1770	Gründung der Deutschen Christentumsgesellschaft
1815	Gründung der Basler Missionsgesellschaft
1815 25.09.	Erste Sitzung des Komitees, Anfertigung von Komiteeprotokollen
1816-1838	Inspektorat Blumhardt
1816	Eröffnung der theologischen Schule der Basler Mission
1828	Aussendung der ersten Missionare an die Goldküste (Ghana)
1837	Formulierung der ersten zwölf Heiratsregeln
1839-1850	Inspektorat Hoffmann
1842	Gründung des Basler Frauenmissionskomitees
1842	Erste Aussendung einer ledigen Frau. Karoline Mook, Gehilfin von Missionarsfrau Gundert
1847	Erste Aussendung einer Lehrerin
1850-1879	Inspektorat Josenhans
1855	Gründung der „Halbbatzen-Collecte" (Hilfsverein, hauptsächlich von Frauen getragen, die wöchentlich jeweils in zehn Haushalten Basels einen halben Batzen als Spende für die BM sammelten.)
	Festlegung der „Bedingungen für die in den Dienst der BM auszusendenden Bräute"
1857	Gründung des Kinderhauses der Basler Mission
1879-1884	Inspektorat Schott
1883	Memorandum Diez zur Gründung einer selbstständigen Frauenmission
1884-1915	Inspektorat Oehler
1886	Anfertigen eines Spezialprotokolls, in welchem Heiratsangelegenheiten gesondert behandelt werden
1886	Revision der Heiratsordnung
1894	Einführung von Hebammenkursen für die Bräute
1912	Revision der Heiratsordnung
	Aufhebung des Korrespondenzverbotes zwischen Missionaren und ihren Bräuten
1912	Votum zur Heiratsordnung der BM von Missionar Wilhelm Maisch
1913	Duldung von sogenannten „stillen Verlobungen"

Kurzbiographien der am häufigsten erwähnten Frauen

Sophie Basedow (geb. Hiller)
Geboren in Murtoa in Australien. Heiratet **1899** Wilhelm Basedow in Murtoa. Von Juli 1901 bis Februar 1903 ist Wilhelm Basedow Missionar der Basler Mission. In dieser Zeit leben sie in Mangamba in Kamerun. Das erste Kind stirbt nach gerade sechs Monaten in Afrika. Nach der Rückkehr nach Australien, im Jahre 1903, bekommt Sophie Basedow noch zwei weitere Kinder.

Lydia Bommer (geb. Schrempf)
Geboren als Kaufmannstochter in Besigheim in der Nähe von Großbottwar. **1907** heiratet sie Eugen Bommer, Missionar in Merkara im südindischen Mahratta. Sie bekommen vier Kinder. 1915 erfolgt dann die Internierung in Ahmednagar und Bellary. 1916 kann das Ehepaar mit den Kindern über England nach Deutschland ausreisen. In Großbottwar lassen sie sich nieder. Eugen Bommer arbeitet hier als Lehrer. Nebenher baut er mit Lydia einen Christlichen Verein Junger Männer, CVJM, auf, dessen Leiter er jahrzehntelang ist, und richtet Missionsfeste für das gesamte Großbottwartal aus. Obwohl sie nicht mehr im Dienst der Basler Misssion stehen, bleiben sie der Mission verbunden. 1960 stirbt Eugen Bommer, 1964 stirbt Lydia Bommer.

Christiane Burckhardt (geb. Hoch)
Geboren 1843 in Beilstein, drei Geschwister. Als Sechsjährige wird sie zu einer kinderlosen Tante nach Möttlingen gebracht, wo sie als Ersatztochter aufwächst. Hier lebt sie 18 Jahre, erhält Privatunterricht zusätzlich zum Schulunterricht, wird zugleich in hausfraulichen Tätigkeiten sowie in der Feldarbeit trainiert. Sie besucht noch einige Zeit die sogenannte Mittelanstalt in Korntal. Der ältere Bruder Gotthelf ist Missionar in Indien. Als 24jährige reist sie **1867** mit dem Missionsschiff 'Die Palme' von Bremerhaven ab. Nach sechswöchiger Seereise kommt sie in Accra an der Goldküste an. Nach ihrer Heirat mit Johann Georg Hoch lebt sie in Salem, einer Missionsstation in der Nähe von Christiansborg, dem heutigen Accra. Sie bekommen zwei Kinder, die beide in Afrika sterben. 1870, drei Jahre nach der Hochzeit, kehren sie aus gesundheitlichen Gründen nach Europa zurück. In Eltingen, Württemberg, wird das dritte Kind geboren. 1871 wandern sie nach New Buffalo in Amerika aus, wo Georg Hoch als Pastor die deutsche Gemeinde betreut.

Elise Eisfelder (geb. Hauff)
Geboren 1858 in Mangalore, Indien. Missionarstochter, die **1885** über Basel nach Indien reist. Siehe ausführliche Fallstudie im Text.

Friederike Genähr (geb. Lechler)

Geboren am 8. Dezember 1830 in Adelberg im Kreis Göppingen, Schwester des Basler Missionars Rudolf Lechler, Pfarrerstochter. Eine sechsmonatige Reise führt sie **1852** nach China, wo sie 1853 Ferdinand Genähr, Missionar der Rheinischen Mission (Barmer Mission) heiratet. Sie ist die erste deutsche Missionarsfrau in China. 1846 waren von der Basler und der Rheinischen Mission jeweils zwei Missionare nach China ausgesandt worden, darunter Rudolf Lechler und Ferdinand Genähr. Rudolf Lechler war ein Freund Ferdinand Genährs. 1847 wurden die Missionsgebiete derart aufgeteilt, daß die Basler für die Gebiete, in denen Hakka-Dialekt gesprochen wurde, zuständig waren, während die Rheinische Mission die 'Punti-Gebiete' übernahm. Bis ins Jahr 1864 bekommt sie sechs Kinder. Während sie mit dem sechsten Kind im Wochenbett liegt, stirbt ihr Mann und zwei ihrer Kinder an Cholera. Sie kehrt mit vier Kindern 1864 nach Deutschland zurück, wo sie bis 1867 bleibt. Als der befreundete Chinamissionar Adam Krolczyk um ihre Hand anhält, reist sie erneut nach China. Sie läßt vier Kinder in Europa zurück. In China bekommt sie noch drei Kinder. Nach sechs Jahren Ehe kehrt sie erneut als Witwe mit 43 Jahren nach Deutschland zurück. Sie stirbt 1893 in Kornwestheim.

Emma Handmann

Geboren 1840, gestorben 1912 in Leipzig. Missionsbraut der Leipziger Mission. Die Briefe im Basler Missionsarchiv datieren aus dem Jahr **1867**, die sie auf ihrer Reise nach Indien an ihre Familie in Leipzig verfaßt. Sie hat einen längeren Aufenthalt in Hamburg hinter sich, bis sie an Bord des Schiffes 'Berlin' geht. Ihre Route führt über England, Frankreich, Spanien, entlang der afrikanischen Küste um das Kap der Guten Hoffnung - der Suez-Kanal wird erst 1869 eröffnet - bis sie nach zwei Monaten in Madras ankommt, wo ihr Bräutigam auf sie wartet. Sie lebt auf der Missionsstation in Trichinopoly in der Nähe von Madras.

Deborah Hoch (geb. Pfleiderer)

Geboren am 23. September 1860 in Mangalore, Indien. Missionarstochter, die **1881** von Basel aus nach Indien reist. Sie fährt über Genf nach Lausanne und weiter nach Genua. Mit dem Dampfer 'Singapore' reist sie über Messina, Alexandria nach Port Said durch den Suez-Kanal, das Rote Meer nach Bombay. Sie ist zwei Monate unterwegs. Siehe ausführliche Fallstudie im Text.

Marie Kaundinja (geb. Reinhardt)

Geboren am 27. Juli 1837 in Schömberg, Oberamt Rottweil. Lebt in Waldenbuch bei Tübingen, der Vater ist Stadtschultheiß. Reist **1860** nach Indien, um den 12 Jahre älteren Inder Hermann Kaundinja zu heiraten, der in Basel eine Ausbildung zum Missionar absolviert hat und dann nach Indien zurückgekehrt ist. Sie leben auf der Station in Mangalore, ab 1871 in Anandapur, im Landesinneren, wo Hermann Kaundinja eine Kaffee- und Reisplantage zusammen mit 'bekehrten Christen' bewirtschaftet. Ihr Leben ist von dauernder Geldnot gezeichnet. Insgesamt bekommen sie elf Kinder. Nach und nach werden alle Kinder nach Europa zur Erziehung geschickt. Ein Teil von ihnen wächst im Basler Kinderhaus auf. Die beiden ältesten Söhne kehren nach der Schulzeit nach Indien zurück. Ananda, der älteste, erhält eine Anstellung bei der indischen Regierung, Rangga hilft dem Vater auf der Plantage. Maria, das fünfte Kind, kehrt ebenfalls nach Indien zurück, wo sie als Missionslehrerin in Mangalore arbeitet. Mit den übrigen Kindern, die teilweise eine Ausbildung in England machen, stehen die Eltern in regelmäßigem Briefkontakt. 33 Jahre verbringt Marie Kaundinja in Indien. Nach dem Tod des Ehemannes im Jahre 1893 entschließt sie sich schweren Herzens, von Indien Abschied zu nehmen und siedelt zu den verbliebenen Kindern nach Deutschland über.

Marie Knausenberger (geb. Pfau)
Geboren am 9. März 1860 in Colmar als Kolporteurstochter. Sie heiratet **1882** in Honor im Kanaragebiet in Südindien, den sieben Jahre älteren Hans Knausenberger. Zwei Jahre lebt sie zusammen mit ihrem Mann und einer Tochter in Hubli im Distrikt Mahratta. 1884 kehren sie nach Deutschland zurück, vermutlich aus gesundheitlichen Gründen. Sie lassen sich in Nußbaum in Baden nieder, wo Hans Knausenberger eine Pfarrstelle erhält. Marie bekommt weitere acht Kinder. Sie stirbt 1906 in Nußbaum.

Luise Maisch (geb. Lohss)
Geboren am 13. August 1876 in Welzheim als Kaufmannstochter. Sie reist **1907** nach China. Siehe ausführliche Fallstudie im Text.

Jane Claridge Müller (geb. Müller)
Geboren am 13. November 1826 in Highgate in der Nähe von London, zwölf Geschwister. Die Mutter ist Engländerin, der Vater, Christoph Gottlob Müller, ist mit der englischen Erweckungsbewegung verbunden. Er ist der spätere Begründer des wesleyanischen Methodismus in Deutschland. Von der Wesleyan Society wird er, als Jane fünf Jahre alt ist, als 'Agent'wieder in seine Heimatstadt Winnenden versetzt. In Winnenden gründet Jane später mit anderen Frauen eine Missionsstunde. **1846** verläßt sie ihre Heimat, um nach Indien zu reisen. Von Basel über Mühlhausen, mit der Postkutsche nach Lyon, weiter nach Marseille, wo sie an Bord geht. Der Dampfer 'Le Nil' führt sie an der afrikanischen Küste entlang durchs Mittelmeer bis nach Alexandria. Von Kairo aus reist sie durch die Wüste bis Suez, dann über Aden nach Bombay. Eine Woche später, nach einer zweimonatigen Reise, kommt sie in Mangalore, Südindien, an. Im Februar 1847 heiratet sie den acht Jahre älteren Georg Friedrich Müller. Sie leben in Talatscheri in Malabar und bekommen drei Kinder. Acht Jahre bleiben sie in Indien. 1855 kehrt sie mit ihrem Mann und den Kindern nach Deutschland zurück, wo sie zuerst in Winnenden, später in Stuttgart leben. 1873 endet ihr

Tagebuch. Ihr Mann und die Kinder sind noch am Leben. 1879 stirbt die 1851 geborene Tochter Anna Magdalena.

Elisabeth Oehler-Heimerdinger (geb. Heimerdinger)
Geboren am 13. Januar 1884 in Cannstatt als Kaufmannstochter. Sie reist **1909** von Basel über Genua, Neapel nach Port Said. Von hier durch den Suez-Kanal nach Aden, durch den indischen Ozean nach Colombo, über Penang, durch die Straße von Malakka nach Hongkong, wo sie auf ihren Bräutigam, Dr. phil. Wilhelm Oehler trifft, Neffe des Missionsinspektors Oehler, der 1884 bis 1915 diesen Posten bekleidet. Von 1909 bis 1920 leben sie in Tschonghangkang, einem Dorf in der südchinesischen Provinz Kanton. Sie bekommen vier Kinder, wovon eines kurz nach der Geburt in China stirbt. Elisabeth Oehler-Heimerdinger macht sich einen Namen als 'Missionsschriftstellerin'. Sie verfaßt Romane, Kurzgeschichten, Traktate, die zumeist das Leben in China zum Inhalt haben. 1920 kehren sie nach Europa zurück, zuerst nach Tübingen, dann nach Basel. Sie stirbt 1955 in Erdmannshausen.

Johanna Pfleiderer (geb. Werner)
Geboren am 28. Oktober 1839 als Arzttochter in Ludwigsburg. Sie arbeitet als Lehrerin in der französischen Schweiz in Eclépens in einem Mädchenpensionat. **1859,** im Alter von 18 Jahren, Heirat des Missionars Gottlob Pfleiderer in Mangalore, Indien. Sie bekommt 15 Kinder. Von 1870 bis 1872 Aufenthalt in Basel, wo Gottlob Pfleiderer zum Leiter der Missionshandlungsgesellschaft ernannt wird. 1872 Rückkehr nach Mangalore. 1880 aus gesundheitlichen Gründen Rückkehr nach Basel. 1882 stirbt Johanna Pfleiderer im Alter von 43 Jahren in Basel. Ihre Tochter Deborah befindet sich zum Zeitpunkt ihres Todes als Missionsbraut in Indien. Gottlob Pfleiderer heiratet ein zweites Mal und stirbt 1898 in Basel.

Elise Pfleiderer (geb. Gundert)
Geboren am 23. April 1877 in Calw. Cousine von Hermann Hesse, Schwägerin von Deborah Hoch-Pfleiderer, Enkelin des Indienmissionars und Sprachforschers Hermann Gundert. Sie hat sechs Schwestern. Heirat mit dem fünf Jahre älteren Immanuel Pfleiderer **1901** in Mangalore in Südindien. Elise bekommt acht Kinder. Von 1908 bis 1910 Heimaturlaub in Europa, da Elise eine Lungenerkrankung hat. Sie ist in einem Sanatorium in Arosa. 1910 Rückkehr nach Indien auf die Station Udupi. 1914 Internierung Immanuel Pfleiderers in Ahmednagar, Elise wird mit drei Kindern in Bellary interniert. Nach der Internierung Rückkehr nach Calw, wo auch die restlichen drei Kinder bei den Großeltern leben. Immanuel Pfleiderer beginnt im Alter von 43 Jahren ein Pädagogikstudium in Tübingen. Ab 1918 Volksschulrektor an der Mädchenschule in Tübingen. 1919 Umzug nach Esslingen, wo Immanuel Pfleiderer am dortigen Lehrerseminar ein Stelle erhält. 1922 stirbt Elise Pfleiderer im Alter von 43 Jahren durch einen Sturz.

Johanna Ritter (geb. Hoch)
Geboren 1884 in Nagold, Missionarstochter, die Mutter ist Deborah Hoch. **1909** Heirat mit dem sieben Jahre älteren Theodor Ritter in Mangalore im Kanaragebiet an der südindischen Küste. Leben auf der Missionsstation in Udupi, 50 km nördlich von Mangalore. 1910 Versetzung nach Puttur ins Landesinnere. Bei Ausbruch des 1. Weltkrieges wird Theodor Ritter in Ahmednagar und Johanna Ritter mit drei Kindern in Bellary interniert. Nach zehn Monaten kann sie in die Schweiz ausreisen, Theodor kehrt nach 18 Monaten zurück. Von 1916 bis 1921 ist Theodor Ritter Pfarrverweser unter anderem in Leidringen und Ochsenburg. Von 1921 bis 1927 lebt die Familie in Karlsruhe. 1928 bis 1934 erneuter Aufenthalt in Indien, während die Kinder in Fellbach zurückgelassen werden. Zwei Jahre Heimaturlaub, dann erneute Ausreise nach Indien. 1938 endgültige Rückkehr nach Deutschland aus gesundheitlichen Gründen. Theodor Ritter wird, nach etlichen anderen Posten, Missionsprediger in Nagold, wo die Familie ansässig ist.

Adelheid Schönthal (geb. Faul)
Geboren am 21. April 1849, Tochter eines Verwaltungsaktuars. **1877** Reise nach Indien. Adelheid Schönthal stammt aus Ulm. Von Genf reist sie über Basel nach Genua. Ihr Weg führt sie nach Neapel, vorbei an der sizilianischen Küste über Messina, Catania nach Alexandria. Da der Suez-Kanal bereits seit acht Jahren eröffnet ist, geht sie an Bord eines 'steamers', der sie durch den Suez-Kanal und das Rote Meer nach Aden bringt. Von hier aus fährt sie weiter nach Bombay. Ihre Reise dauert nur vier Wochen. Sie heiratet den sechs Jahre älteren Peter Wilhelm Schönthal. Sie bekommen drei Töchter und einen Sohn und leben in Kannanur im Malabargebiet in Südindien.

Rosina Widmann (geb. Binder)
Geboren am 13. November 1827, Bauerntochter aus Korntal, zehn Geschwister. Ihr Großvater mütterlicherseits, Schüle, war einer der ersten Ansiedler Korntals. Sie reist als 20jährige **1846** nach Afrika an die Goldküste. Ihr Weg führt sie über Mannheim, Köln, Aachen, Ostende nach London. Nach einem Aufenthalt von sechs Wochen in London bringt sie ein Dampfschiff (das erste, das sie in ihrem Leben sieht) nach Westafrika. Im Januar 1847 heiratet sie den 14 Jahre älteren Johann Georg Widmann in Akropong. Sie bekommt elf Kinder, von denen vier Kinder in Afrika sterben. Sie bleibt 30 Jahre in Afrika. Nach dem Tod ihres Mannes kehrt sie als 50jährige nach Europa zurück.

Marie Wittwer (geb. Lüthi)
Geboren am 27. September 1897 in Bern als Lehrertochter. Wird **1904** die zweite Frau des Indienmissionars Karl Wittwer, der sich auf Heimaturlaub befindet und vier Kinder hat. Die Hochzeit findet in Bern statt. Nach der Hochzeit Ausreise nach Kamerun. Sie leben auf der Missionsstation Mangamba, in Bonaku und in Lobetal. Sie bekommt fünf eigene Kinder, die Kinder des Ehe-

mannes wurden in der Schweiz zurückgelassen. 1915 kehren sie endgültig in die Schweiz zurück. Karl Wittwer arbeitet als Reiseprediger für die Basler Mission. Ab 1919 ist er Prediger der Evangelischen Gesellschaft des Kantons Bern in Biel. Marie Wittwer leitet hier den Töchterbund des Blauen Kreuzes. Karl Wittwer stirbt 1940. 1955 stirbt Marie Wittwer

Fanny Würth-Leitner (geb. Würth)
Geburtsdatum nicht bekannt. Tochter eines Hofmusikers aus Stuttgart, die **1853** von Basel nach Indien reist. Ihre Reise führt sie von Basel über Bellinzona, Mailand, Venedig nach Triest, weiter nach Alexandria und Kairo. Von Kairo auf dem Landweg durch die Wüste nach Suez. Nach zwei Monaten landet sie in Bombay, von wo aus sie nach einem Zwischenaufenthalt ins Landesinnere reist. Hochzeit mit Gottlob Würth in Hubli. Die Missionsstation befindet sich in Bettigeri in Süd-Mahratta.

Catherine Zimmermann (Mulgrave, geschiedene Thompson)
Geboren am 19. November **1827** in Luanda, Angola. Stammt aus einer christianisierten afrikanischen Familie. Siehe ausführliche Fallstudie im Text.

Ghana, Kamerun, Indien und China:
'Missionsländer' in Stichworten[898]

China

1846 Beginn der Missionsarbeit in Hongkong, später in der Provinz Kanton, heute Guangdong. Sprache: Hakka-Chinesisch. Klima: Subtropen. Sehr warme und regenreiche Sommer, milde und trockene Winter. Landschaft: Fruchtbare Schwemmlandebene, niedrige Hügel- und Mittelgebirgsländer. Buchtenreiche Steilküste. Angebaut wird: Reis, Tee, Zuckerrohr, Zitrusfrüchte; Maulbeerbäume werden kultiviert.

Geschichte: Im Opiumkrieg (1839-1842) wurde China gezwungen, die Häfen Canton, Amoy, Ningpo (Yiensin), Futschou und Shanghai dem europäischen Handel zu öffnen. Dies war zugleich die Gelegenheit für englische und amerikanische Missionen, hier Stützpunkte zu errichten. Auch Missionare der Basler Mission begannen von Hongkong aus, die Missionsarbeit auszudehnen, auch in Gebiete, die nicht zu den Vertragshäfen gehörten.

Durch den Einfluß westlichen Gedankenguts entstanden seit Mitte des 19. Jahrhunderts in China revolutionäre und reformerische Bewegungen. Von 1850 bis 1864 verwüstete die Taiping-Revolution große Teile Chinas. Die Rebellen unter Hung Sinküan versuchten, soziale Reformen einzuführen. England und Frankreich nutzten die Schwäche Chinas im Lorcha-Krieg zu erneuten Forderungen aus und unterstützten die Mandschu-Regierung bei der Niederwerfung der Aufstände. 1894 brach der Chinesisch-Japanische Krieg aus, in dem China die Unabhängigkeit Koreas anerkennen mußte. 1898 mußte China an Deutschland Kiaotschou, an England Weihaiwei, an Frankreich Kuangtschouwan und an Rußland S-Liaotung verpachten. 1898 leitete Kaiser Kuang-hsü (Mandschu-Dynastie) unter der geistigen Führung Kang Yuweis überstürzt 'moderne' Reformen ein. 1905 wurde das traditionelle Prüfungssystem, Fundament des konfuzianischen Beamtenstaates, aufgehoben. 1899 bis 1900 veranlaßte der antiimperialistische, christen- und fremdenfeindliche Boxeraufstand das Eingreifen der europäischen Großmächte. 1904 bis 1905 wurde auf chinesischem Hoheitsgebiet der Russisch-Japanische Krieg ausgetragen. Die Schwäche der Mandschu-Regierung trat immer deutlicher hervor. Den entscheidenden Anstoß zu ihrem Sturz gaben die Revolutionsgruppen um Sun-Yatsen, unter dem 1911 eine provisorische Regierung gebildet wurde. 1912 veranlaßte Yüan Shik-K-ai die Ab-

---

[898] Die Stichworte sind entnommen aus: Harenberg Kompaktlexikon in 3 Bänden. Dortmund 1996.

dankung des letzten Kaisers und wurde Präsident der Republik, nach dem Kuomintang-Aufstand 1913 verfassungsmäßig bestätigt. Nach dem 1. Weltkrieg gewann Japan mit den „21 Forderungen" starken Einfluß in N-China und erhielt im Versailler Vertrag Kiaotschou zugesprochen.

Ghana

Missionsarbeit ab 1826, ausgehend von Christiansborg, dem heutigen Accra. Sprache: Twi, Ewe. Klima: ständig heiß und feucht, tropisches Urwaldklima. Landschaft: Hinter der flachen, sandigen, feuchttropischen, zum Teil von Lagunen gesäumten Küste erhebt sich das dichtbewaldete, regenreiche, bis 900 m hohe Bergland von Ashanti, die Hauptpflanzungszone, während den Norden Baum- und Grassavannen und Steppen einnehmen. Die Bevölkerung besteht aus den Stämmen der Ashanti, Ewe und Fanti. Zusätzlich leben hier Europäer, Araber und Libanesen. Angebaut werden Kakao, Bananen, Mais, Tabak, Südfrüchte und Gemüse.

Geschichte: Seit dem 15. Jahrhundert an der Goldküste Sklaven- und Goldhandel durch Portugiesen. 1642 von Holländern vertrieben, ab 1662 übernahmen englische Kaufleute die Herrschaft. 1844 wurde die Goldküste unter britische Souveränität gestellt und 1850 zur selbständigen Kolonie ernannt. 1872 übernahm England die restlichen niederländischen Gebiete. In einem 30jährigen Kolonialkrieg wurden die Ashanti bis 1900 besiegt, 1906 wurde ein Aufstand der Ashanti blutig niedergeschlagen. 1918 wurde der westliche Teil der ehemals deutschen Kolonie Togo als britisches Mandatsgebiet der Kolonie Goldküste angeschlossen.

Indien

Missionsarbeit ab 1834 in den Gebieten Kernataka und Kerala, entlang der Malabarküste, aber auch im Landesinneren. Sprache: 1500 Dialekte. Hindi, Englisch. Im Missionsgebiet: Malajalim, Tulu, Kannada, Kanaresisch, Englisch. Klima: Tropen, heiße und regenreiche Sommer, warme und trockene Winter. Landschaft: Tafellandschaft, von den Westghats gesäumt. Der Nilagiri ist 2633 m hoch. An den regenwaldbestandenen Hängen der Westghats besonders viel Niederschläge. Entlang der Küste finden sich teilweise Mangrovesümpfe. Im Hochland herrschen Trockenwald, Savanne und Steppe vor. Anbau von Reis, Zuckerrohr, Jute, Tabak, Kaffee, Baumwolle, Gewürzen.

Geschichte: Nach Entdeckung des Seewegs nach Indien durch Vasco da Gama (1498) errichteten die Portugiesen Handelsstützpunkte. Indien wurde zum Zentrum des europäischen Kolonialismus. Ab 1600 folgten Niederlassungen holländischer, britischer und französischer Ostindischer Kompanien. Der Ausbau europäischer Handelsplätze wurde seit dem Ende des 17. Jahrhunderts durch den Niedergang des Mogulreichs begünstigt. Bewaffnete britisch-französische beziehungsweise britisch-bengalische Auseinandersetzungen mündeten 1763 in die Vorherrschaft Großbritanniens über die Kolonialpolitik in Indien. Bis 1858 gelangten circa 60 % des Landes unter die Kontrolle der Ostindien Kompanie. In diesem Gebiet wurden Englisch als Verwaltungssprache und das britische Schulwesen eingeführt sowie die Technisierung gefördert. Der 'Große Aufstand' 1857/1858 hatte zur Folge, daß die britische Ostindien Kompanie aufgelöst und Indien zur Kronkolonie unter direkter britischer Kontrolle wurde. 1885 gründeten Angehörige der indischen Nationalbewegung den Indischen Nationalkongreß und forderten eine Beteiligung an der Regierung. Nachdem diese Forderungen weitgehend unerfüllt geblieben waren, kam es, anläßlich der Teilung Bengalens, 1905 zu erneuten Unruhen. 1909 gewährte Großbritannien Indien eine eingeschränkte Beteiligung an der Regierung (Morley-Minto-Reformen). Diese Reformbewegung wurde nach dem 1. Weltkrieg fortgeführt, indem eine indische Regierungsbeteiligung in den Provinzen vorgesehen wurde (Montagu-Chelmsford-Reformen). Die Bestimmungen traten jedoch durch eine Verlängerung des Ausnahmezustandes in Indien nicht in Kraft (Rowlatt-Gesetze); daraufhin rief der Führer des Nationalkongresses, Mahatma Ghandi, 1920 erstmals zum Widerstand gegen die britische Kolonialpolitik durch gewaltfreien 'zivilen Ungehorsam' auf.

Kamerun

Missionsarbeit ab 1886 in den Gebieten Bali, Lobetal, Duala. Sprache: Duala. Klima: an der Küste ständig feucht und heiß. Tropisches Urwaldklima. Im Hochland merklich kühler. Landschaft: Den größten Teil des Landes nimmt das Hochland von Kamerun ein. Nach Westen schließt sich das Küstentiefland an. Hinter dem Hochland von Adamaoua im Norden grenzt Kamerun an den Tschadsee. Anbau von Kakao, Erdnüssen, Baumwolle, Kaffee, Tabak, Sesam, Hirse, Maniok, Reis, Süßkartoffeln. Bedeutende Viehzucht.
Geschichte: Seit dem 15. Jahrhundert siedelten europäische Kaufleute an der Küste (Portugiesen, Briten, Niederländer). Kamerun wurde 1884 deutsche Kolonie, nach dem 1. Weltkrieg britisches und französisches Mandatsgebiet.

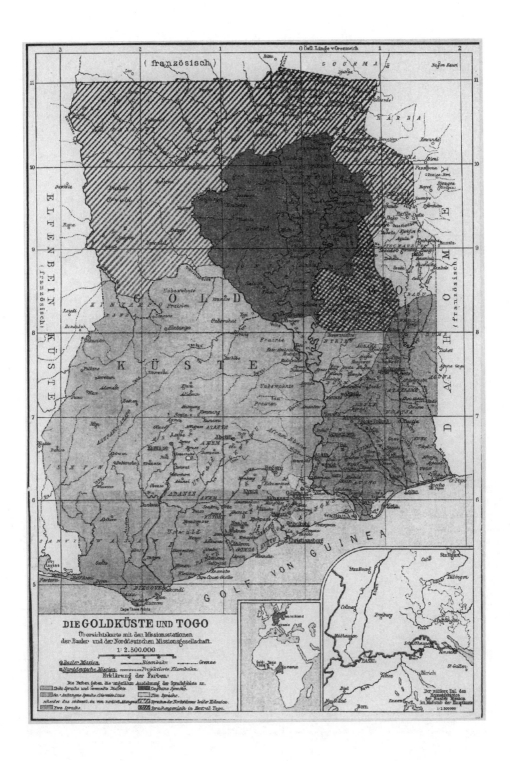

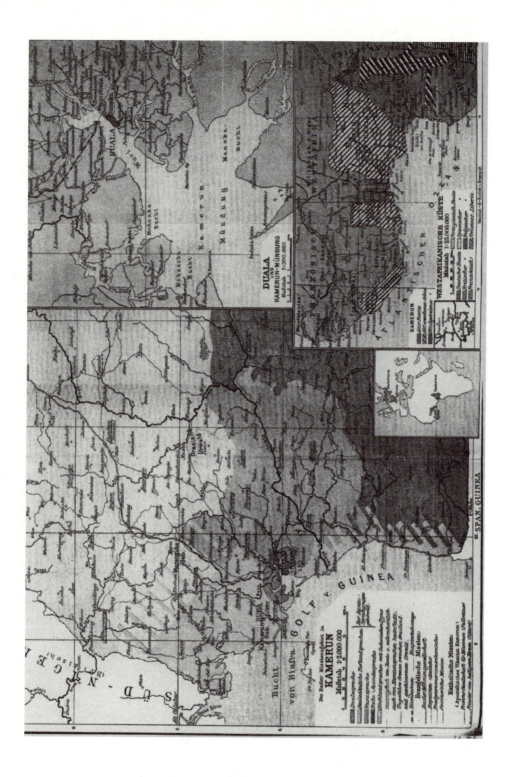

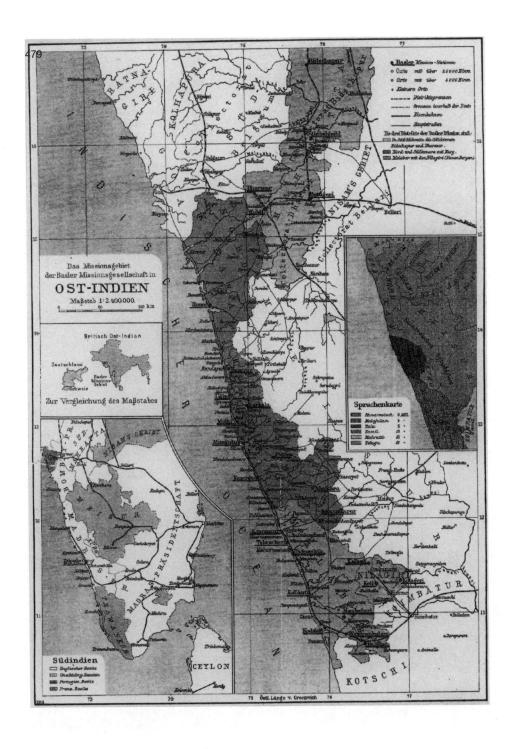

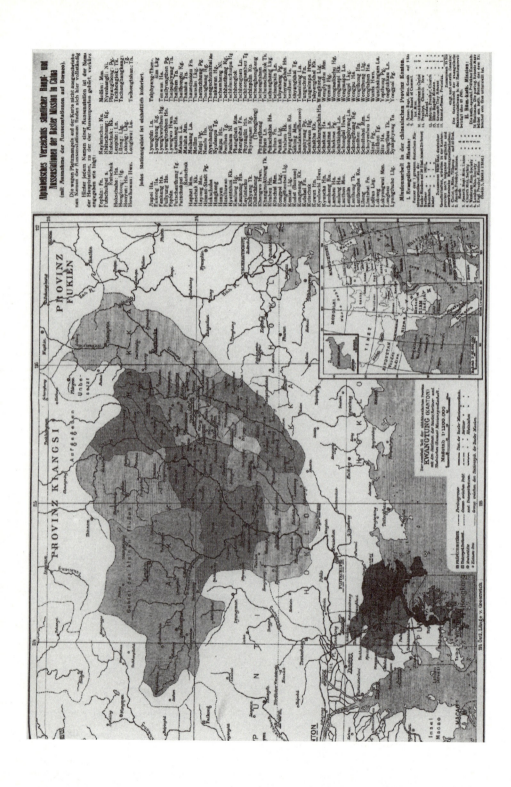

Quellenverzeichnis

I Archiv der Basler Mission

1. **Komiteeprotokolle** 1837-1890 (Band 14-56) und Komiteeprotokoll 1882-1901
2. **Bestand Vermischtes**, ungeordnet (Satzungen, Aufnahmebedingungen, Veranstaltungen, Missionskonferenzberichte, Memoranden)
3. **Instruktionen** (Band 21, Band 26)
4. **Familienregister,** Band I, 1847-1890 und Band II, 1890-1913
5. **Personalakten,** Brüderverzeichnis der Basler Mission, 1850-1913
6. **Privatquellen**, nach Personen geordnet (Schwerpunkt Frauen)
7. **Monatszeitschrift** „Der evangelische Heidenbote" (1828 f.): „Nachrufe"

2. Bestand Vermischtes

QT-7-2,1	Namensliste, Briefschreiber, Kinderhausakten
QT-7-2,6	Namensliste, Briefschreiber, Kinderhausakten (Georg Widmann/1866, Bertha Albrecht/1859 an Constantia Scholz)
QT-10.5,4	Referat Inspektor Josenhans über die Missionskinder-Erziehung 28. März 1853
Q-3-4	Auguste Nordstädt an Inspektor Josenhans, Januar 1853
	Pfarrer R. Werner an Inspektor Josenhans, 10. August 1853
	Beurteilung von Auguste Nordstädt
	Pfarrer R. Werner an Inspektor Josenhans, 06. Dezember 1853, Beurteilung von Caroline Hauser
D-1,4b	3. Quartalsbericht Johannes Stanger, Christiansborg 06. Oktober 1852
D-1,4b	Beilage Johannes Zimmermann
D-1,11	Luise Schüle an Inspektor Josenhans, 03. September 1860
D-1,19- D-2,6	Jahresberichte 1868-1877, Julie Mohr über die Mädchenanstalt in Aburi, Ghana
D-9.2b.6,a	„Pflicht gegenüber den Anweisungen des Missionsarztes"
D-10.4,9b	Letters from William Huppenbauer and his wife from Africa. 1879-1885
D-10.27,5a	Missionarsfrau Dieterle an ihre Kinder
D-10.3,16	Gutachten über die Frage der Heimkehrerlaubnis und Heiratserlaubnis der Brüder auf der Goldküste, 1885
	24. November 1885 Gutachten Missionar Schönfeld
	23. November 1885 Gutachten Missionar Kitz

	23. November 1885 Gutachten Missionar Kopp
	22. November 1885 Gutachten Missionar Christaller
	23. November 1885 Gutachten Missionar Ramseyer
40/15	Pfarrer G. Weissmann, Die künftige Gattin des Missionars, Sommer 1930
40/16	Wilhelm Maisch, Votum zur Verlobungsordnung der Basler Mission, 18.02.1922
40/17	Missionar Adolf Vielhauer, Auszug aus einer Ansprache in der Missionslehre 19.10.1923
III 56	Luise Roth, Hubli 23. April 1877, an das Komitee
BV 213	Matthias Hall, Bettigeri 12. Mai 1844, an das Komitee
SV 46	Margarete Kalmbach (1876-1939), Bericht über den Verlauf der Geburt bei Sophie Basedow in Mangamba, 12.12.1899
Unsign.	Liste von Missionarstöchtern, die wieder Missionare heirateten, chronologisch geordnet, 1856-1889

3. Instruktionen

Q-3-3. 2,6	Instructionen und Contracte von 1848-1876
Q-9.11,2	Verordnungen, die persönliche Stellung der Missionare betreffend, Version 1868 Heiratsordnung
Q-9.11,8	Ordnung für die evangelischen Gemeinden der Basler Mission in Ostindien und Westafrika, 1859
Q-9.25,2c	Instruction zur Vollziehung der die Sklavenfrage betreffenden Paragraphen der Gemeindeordnung, 1861
Q-9.21,1	Hausordnung von A und B, 1860
Q-9.21,3a	Bedingungen des Eintritts in die Evangelische Missionsanstalt zu Basel und Anweisung zur Meldung um Aufnahme, 1888
Q-9.21,5	Erklärung im Namen des Komitees an die aufzunehmenden Zöglinge, 1888
Q-9.21,6	Lehrplan, 1888
Q-9.21,7	Verordnungen über die persönliche Stellung der Missionare, revidiert 1886 Heiratsordnung
Q-9.21,7a	Regelung bei Stationswechsel, 1901
Q-9.21, 7c	Regeln für das Verhalten gegen das weibliche Geschlecht in Indien und Afrika, 1893
Q-9.21,7 e	Verlobungsordnung, 1902
Q-9.21,8	Betreffs Heiratserlaubnis, 1874
Q-9.21,10	Verordnungen: die persönliche finanzielle Stellung, 1877
Q-9.21,12	Ausrüstungsliste für die heimreisenden Kinder, 1869
Q-9.21,18	Bedingungen für die in den Dienst der Basler Missionsgesellschaft auszusendenden Bräute, 1889
Q-9.21,19	Ausrüstungsnorm für eine Missionarsfrau, 1889

Q-9.21,24	Erklärung des Komitees betr. Verlobung eines Bruders mit einer im Missionsdienst stehenden Jungfrau, 1888
Q-9.21,28	Anweisung an unsere ausziehenden afrikanischen Brüder über ihr gesundheitliches Verhalten, 1884
Q-9.21,55	Mobiliarordnung, 1867
Q-9.26,14	Regeln für das Verhalten gegen das weibliche Geschlecht in den Missionsländern, 1909
Q-9.26,20	Erklärung zur stillen Verlobung, 1902
Q-9.26,22a	Neue Fassung Heiratsverordnung, 1912
Q-9.26,40/12	Bestimmungen für die Verlobung der Brüder, 1913
Q-9.26,40/14	Abänderungsvorschlag zu den „persönlichen Verordnungen der Missionare", 1921
Q-9.26,40/19	Rheinische Missionsgesellschaft Barmen, Schreiben vom 4. 02. 1927 betreffs öffentlicher Verlobung
Q-9.26,40/20	Neufassung der Heiratsordnung, 1928
Q-9.26,40/198	Berliner Missionsgesellschaft: Schreiben zur Verlobung und Heirat der jungen Missionare, 4. 02. 1927

5. Personalakten aus dem Brüderverzeichnis

BV 202	Johann Georg Widmann (Heirat 1847: Rosina Binder)
BV 224	Johann Jacob Huber (Heirat 1846: Marie Streckeisen)
BV 229	Georg Friedrich Müller (Heirat 1847: Jane Claridge Müller)
BV 254	Johannes Stanger (Heirat 1850: Rosine Däuble, 1860: Charlotte Luise Schüle)
BV 293	Rudolf Christian Lechler (Heirat 1854: Auguste Nordstedt)
BV 302	Johannes Zimmermann (Heirat 1851: Catherine Mulgrave)
BV 368:	Christian Aldinger (Heirat 1859: Christiane Caroline Breuninger)
BV 401	Gottlieb Hanhart (Heirat 1862: Mary Lang)
BV 404:	Jakob Heck (Heirat 1860: Luise Wilhelmine Rueff, 1865: Catherine Rueff)
BV 452	Jacob Lauffer (Heirat 1860: Catharina Vollmer)
BV 464	Gottlob Pfleiderer (Heirat 1859: Johanna Werner)
BV 467	David Eisenschmid (Heirat 1865: Rosine Friederike Gross)
BV 512	Georg Jacob Lindenmeyer (Heirat 1859: Christiane Schweikhardt)
BV 537	August Finckh (Heirat 1859: Luise Friederike Däuble)
BV 538	Hermann Friedrich Hauff (Heirat 1857: Johanna Schmid)
BV 564	Matthäus Klaiber (Heirat 1864: Rebeca Bienzle, 1870: Rosine Bienzle, 1873: Maria Rothfuß)
BV 623	Imanuel Lodholz (Heirat 1871: Helene Mader)
BV 696	Wilhelm Sikemeier (Heirat 1909: Hulda Sutermeister)
BV 952	Carl Pfleiderer (Heirat 1876: Maria Josenhans)

BV 958	Imanuel Weismann (Heirat 1881: Hannah Lauffer)
BV 997	Gotthilf Benner (Heirat 1881: Louise Schönleber)
BV 1000	Friedrich Eisfelder (Heirat 1885: Elise Hauff)
BV 1047	Philip Rösler (Heirat 1890: Pauline Schächterle)
BV 1107	Balthasar Groh (Heirat 1890: Martha Wenger)
BV 1117	Eugen Bommer (Heirat 1907: Lydia Schrempf)
BV 1152	Johann Georg Bizer (Heirat 1893: Lydia Josenhans)
BV 1216	Johannes Bächle (Heirat 1898 Auguste Hirner)
BV 1229	Johannes Bächtle (Heirat 1888: Maria Agnes Staiger, 1892: Anna Lina Zürcher, 1896: Wilhelmine Böhler, 1904: Marie Zürcher)
BV 1245	Friedrich Hermann Bretschneider (Heirat 1893: Ellen Stokes)
BV 1327	Heinrich Karl Dorsch (Heirat 1898: Christine Röhsler, 1909: Ottilie Piper)
BV 1507	Wilhelm Maisch (Heirat 1907: Luise Lohss)
BV 1578	Johannes Leimenstoll (Heirat 1867: Friederike Zluhahn)
BV 1591	Otto Lohs (Heirat 1911: Marie Lydia Seitz)
BV 1786	Wilhelm Oehler (Heirat 1909: Elisabeth Heimerdinger)

6. Privatquellen

A-10.25,5	Reisebericht von Frau Missionar Rhode über eine Reise mit ihrem Mann von Moilim nach Kayintschu und zurück. 1899, 34 S.
C-10. 0	Auszüge aus Familiennachlaß Marie Reinhardt-Hermann Kaundinja. 7 Briefe
C-10,42-0	Tagebuch der Adelheid Faul, verh. Schönthal, in Briefen von ihrer ersten Reise nach Indien zu ihrem Bräutigam. 1877, 21 S.
C-10.42,1	„Brief von Großmama Emma Handmann von ihrer Reise auf dem Segelschiff Nile nach Indien, 1867," 15 S.
C-10.42,7	Reisebericht von Basel nach der Missionsstation Bettigherry in Ost-Indien, 1853-1854, Fanny Würth-Leitner. 34 S.
C-10.42,7b	Tagebuch von Valerie Maurer-Ziegler Juni 1911 bis September 1911, 97 S.
C-10.50	Das Tagebuch der Jane Claridge Müller 1826-1902. „Indientagebuch" S. 31-95.
D-10.4,9a	„Abschrift des Tagebuchs meiner Urgroßmutter Rosina Widmann, geb. Binder aus den Jahren 1846-1849," 133 S.
D-10.6	Johanna Plüss. Briefe aus Ghana. 1879-1884, 11 Briefe
D-10.6b	David und Lydia Huppenbauer, 9 Briefe
D-10.20	Tagebuch von Frieda Bürgi 1898-1903, Amedzowe, Togo. 179 S.
D-10.34,3	Tagebuch von Carl und Friederike Leimenstoll 1864-1881, Ghana, 20 S.
D-10,40	Hanna Bohner: Lebenserinnerungen von Hanna Bohner, geschrieben 1932, S.14-57.
E-10,49a	Diary of Mrs. W. Basedow while a missionary of the Basel Missionsgesellschaft. 6. Juli 1901 bis 25. Februar 1903, 226 S.
FR I/203	Briefe von Marie Knausenberger, geb. Pfau an Salomé Harder in Colmar 1881-1883, 15 Briefe
QF-10.24,1	Marie Wittwer-Lüthi, Mutter und Missionarin. 27. September 1879 bis 7. Oktober 1955, Quellensammlung Kamerun 1904 bis 1914, 62 S.
Q-10.15,5	Deborah Pfleiderers Jugendjahre 1860 -1881. Der 18jährige Aufenthalt in Indien 1882-1899, Zürich 1902-1907, 77 S.
Q-10.15,9	Erinnerungen aus meinem Leben. Deborah Pfleiderer-Hoch, 14 S.
Unsign.	Auszüge aus Quellensammlung Hedwig und Gottlieb Spellenberg, 1903-1912 Kamerun
Unsign.	Christiane Beate Burckhardt-Hoch. A short sketch of mother's early life, together wirth some letters from both father and mother written during their stay in Africa, 1867-1870, 103 S.
Unsign.	Quellensammlung Deborah Pfleiderer, 1880-1900, 500 Briefe
Unsign.	Tagebuch der Friederike Genähr, 1857-1870, China. 212 S.

7. Liste der ausgewerteten Nachrufe
Quelle: „Der evangelische Heidenbote" (1835 ff.)

September	1835	Charlotte Stoll
Dezember	1870	Luise Digel

Juni	1883	Missionarsfrau Dieterle
September	1908	Missionarsfrau Knobloch-Lang
Januar	1862	Missionarsfrau Bührer
November	1865	Missionarsfrau Kies
September	1867	Missionarsfrau Eisenschmid
	1868	Missionarsfrau Kaufmann
Mai	1868	Karolina Leonberger
	1872	Friederike Digel
	1872	Missionarsfrauen Gräter, Digel, Walker
Juli	1873	Missionarsfrau Mader
März	1878	Missionarsfrau Eisenschmid
Dezember	1880	Johanna Pfleiderer
Oktober	1881	Elisabeth Ruhland
September	1881	Luise Schmidt-Preiswerk
November	1882	Adelheid Mohr
Juli	1882	Marie Gauger
November	1898	Regina Rottmann
August	1902	Wilhelmine Bächtle
April	1904	Emma Plebst
	1905	Missionarsfrau Lütze-Layer
Juli	1905	Anna Pauline Schwarz
Juni	1906	Rose Ramseyer
November	1907	Elisabeth Jost
April	1908	Marie Daimelhuber
März	1908	Hanna Giezendanner
März	1908	Klara Martha Schmid
	1909	Rosina Widmann
April	1910	Sophie Stern
September	1910	Marie Julie Walter
Mai	1911	Anna Kittel
Juli	1912	Elise Bürki
Juli	1912	Maria Lechler
Februar	1912	Luise Roth
Oktober	1913	E. Roth
Juni	1915	Wilhelmine Krüger
Dezember	1916	Elisabeth Krayl
März	1916	Martha Reusch-Ensinger
Dezember	1916	Emma Leonhardt
Februar	1917	Pauline Schall
März	1917	Dora Vortisch-Van Vloten
Dezember	1919	Hanna Matthisen-Fritz
November	1919	Missionarsfrau Welsch

Dezember	1920	Katharina Lauffer
Oktober	1920	Irene Mader
August	1920	Sophie Piton
Juli	1920	Maria Magdalena Riehm
März	1921	Elise Kölle-Schmidt
September	1922	Maria Goetz
Februar	1923	Julie Mayer-Breuninger
Januar	1923	Elisabeth Lutz-Flury
Oktober	1923	Elisabeth Layer-Specht
Juni	1924	Luise Forrer-Oswald
September	1924	Louise Ziegler-Anneler
August	1925	Elisabeth Weinbrenner
April	1926	Marie Vielhauer
Juni	1927	Anna Gonser-Schaz
September	1928	Marie Ernst-Preiswerk
April	1930	Elisabeth Baier
HB Juli	1935	Martha Bächthold-Heiser und Ruth Hecker-Steinmann
September	1943	Ida Schärer-Leuthold
Juni	1946	Amalie Duisburg von Jaminet

II Staatsarchiv Basel

Bestand: Familienarchive, Personalakten

PA 770.05.02.07	Reise nach Ostindien im Herbst 1851, Auszug aus den Briefen von Pauline Ecklin
PA 770.05.02.05	2 Briefe von Pauline Ecklin an die Eltern, undatiert
PA 770.	Familienarchiv Hoch-Stehlin
PA 770.011.04.01	Gelegenheitsgedichte von Mark Hoch
PA 770.011.04.09	Rede zur Trauung von Johannes und Auguste Bächle-Hirner
PA 770.011.05.01	Gegenseitige Brautbriefe zwischen Mark Hoch und Deborah Pfleiderer, 1881
PA 770.011.05.02	Mark Hoch an Deborah Pfleiderer. Beide in Indien. 1882-1885
PA 770.011.05.03	Mark Hoch an Deborah Hoch. Beide in Indien. 1891-1898

III Stadtarchiv Gerlingen

Spezialbestand Mission

Johannes Zimmermann (1825-1876)

Johannes Rebmann, Tagebuch des Missionars 1848/49, Veröffentlichungen des Archivs der Stadt Gerlingen 3/1997

Wilhelm Maisch (1878-1924)

Jakob Maisch (1796-1825)

Christian Gottlob Aldinger (1826-1899)

Jakob Heck (1832-1866)

Gottlob Christoph Däuble (1822-1853)

Wilhelm Däuble (1824-1853)

Karl Gustav Däuble (1832-1893)

IV Nachlässe aus Privatbesitz:

Friedrich Eisfelder und Elise Hauff (Indien): Quellensammlung, bestehend aus 480 Briefen (1885-1903)

Wilhelm Maisch und Luise Lohss (China): 168 Briefe, 2 Tagebücher (1907-1924)

Elisabeth Heimerdinger und Wilhelm Oehler (China): Tagebuch der Elisabeth Oehler-Heimerdinger 25. März 1910 bis 1. Advent 1912. 325 S., Reisebericht von Elisabeth Oehler-Heimerdinger. 20 S., Korrespondenz, 285 Briefe (1909 bis 1920)

Marie Reinhardt und Hermann Kaundinja (Indien): Korrespondenz, 5 Hefte mit Briefabschriften je 128 Seiten, Auszüge aus Tagebüchern, Lebensläufen, Traktaten, 200 S. (1878 bis 1904)

Eugen Bommer und Lydia Schrempf (Indien): Briefwechsel, 22 Briefe (1907-1916)

Benignus und Mathilde Gräter (Indien): Quellensammlung, 175 S., bestehend aus Briefen, Gedichten, Tagebuchauszügen (bis 1872)

Johanna und Theodor Ritter (Indien): Korrespondenz, Kindertagebuch, Tagebuchauszüge (1909 bis 1919)

Pauline Schaub: Kurzer Lebenslauf (1850 bis 1924)

Elisabeth Beutinger: Erinnerungen aus meinem Leben (1886 bis 1906)

Kurzer Lebensbericht von Maria Zwißler (bis 1911 in China)

Bericht über die Geburt des jüngsten Sohnes von Anna Hochstetter (bis 1908 in China)

Johanna Werner und Gottlob Pfleiderer (Indien): Manuskript zu seinem 100jährigen Geburtstag am 28. September 1929, 95 S. (1860-1880)

Eugen Schwarz (Kamerun): „Eine Reise zu zweien ins Innere Kameruns." 107 S. (Niedergeschrieben März 1917)

Lis Pfleiderer-Gundert (Indien): „Aus dem Leben der Frau Lis Pfleiderer-Gundert zusammengestellt aus vielen Briefen und aus der Erinnerung von Imanuel Pfleiderer" 233 S. (1901-1923)

Missionar Schmid (China): Erinnerungen aus meinem Leben 12 S.

Traugott Reusch und Martha Ensinger (Indien): Brautbriefe, Heiratsgesuch von Traugott Reusch, zwei Briefe an das Komitee von Martha Reusch (1895-1904)

Johannes Wahl und Marie Ackermann (Kamerun): Heiratsgesuch von Johannes Wahl, 4 Brautbriefe (1905-1911)

Friedrich Müller und Deborah Gebhardt (China): Beschreibung der ersten Begegnung, der Hochzeit, Auszüge aus dem Tagebuch von Deborah Müller über die Geburt und den Tod des ersten Sohnes (1899-1907)

Nachlaß Rudolf und Friederike Widmaier (Kamerun): „Afrika-Tagebuch": Kamerun nach Kriegsausbruch 1914-1916. Tagebuch der Friederike Müller: „Tagebuch über meine Reise nach Kamerun 1911" (1899-1907)

Interview, geführt mit Frau Hermann, ehemals Missionarsfrau in Indien, am 06.12.1996.

V Bildquellen (Photographien aus Privatbesitz)

Photoalbum Eugen und Lydia Bommer (Indien): 80 Photographien (1907-1916)
Photoalbum Elise und Friedrich Eisfelder (Indien): 120 Photographien (1885-1903)
3 Photoalben Elisabeth Oehler-Heimerdinger und Wilhelm Oehler (China): ca. 200 Photographien (1909-1914)
Photoalbum Marie und Hermann Kaundinja (Indien): 65 Photographien (1878-1904)
Photosammlung Theodor und Johanna Ritter (Indien): 20 Photographien (1909-1914)
Einzelphotos Deborah und Mark Hoch (Indien) 1882-1899
Einzelphotos Wilhelm und Luise Maisch (China) 1909-1914

Abkürzungsverzeichnis

BM	Basler Mission.
ABM	Archiv Basler Mission.
FR	Familienregister. Angaben zu Geburtsdatum der Ehepartner, Ort und Datum der Heirat, Namen und Beruf der Eltern der Ehepartner, Kinder, die aus der Ehe hervorgingen mit Namen, Geburtsort und Geburtsdatum.
BV	Brüderverzeichnis. Liste aller in der BM ausgebildeten Missionare.
PF	Personalfaszikel. Personalakten der Missionare mit einer jeweiligen Nummer versehen.
KP	Komiteeprotokoll. Protokolle der wöchentlich stattfindenden Sitzungen des Komitees.
HB	„Evangelischer Heidenbote". Publikationsorgan der Basler Mission.
StABS	Staatsarchiv Basel.
TB	Quellensammlung, bestehend aus Tagebuch oder Briefen.
PN	Privatnachlaß.

Missionsbraut, Bruder, Schwester, Geschwister, Gehilfin, Missionsfamilie, Missionskind sind missionsinterne, teilweise ideologisch geprägte Begriffe, gehören zum Idiolekt der Mission, die eigentlich stets in irgendeiner Form aus dem Fließtext abgehoben werden müßten. Bedingt durch die Häufigkeit des Auftretens der Begriffe wird aus Gründen der Lesbarkeit aber auf eine ständige typographische Hervorhebung verzichtet. Eine Ausnahme hierbei bildet allerdings das Wortfeld „Heiden". Ebenso sind religiös geprägte Formulierungen, wie „Weinberg des Herrn", „Reich Gottes", „Ruf Gottes" etc. von dieser Regelung ausgenommen.

Zitate aus Primärquellen sind kursiv gesetzt. Zitate aus Sekundärliteratur werden mit doppelten Anführungszeichen gekennzeichnet.

Der Autorin ist klar, daß der Ausdruck pietistisch eine relativ unscharfe und weitgreifende Begrifflichkeit darstellt, zumal er im historischen Kontext nicht selbstreferentiell ist, da sich die 'Pietisten' in den Primärquellen so gut wie nie als solche bezeichnen. Ich verwende diesen Begriff als Umschreibung für die spezifische soziale und kulturelle Prägung und alltagsstrukturierende Denk- und Weltsicht der historischen Personen. Er stellt somit, ohne im Detail zu unterscheiden, einen Oberbegriff dar, der für eine bestimmte Denkungsart, Weltsicht und Einstellung steht.

Abbildungsverzeichnis

Titel	Privatbesitz Oehler, Erdmannshausen.
Abb. 1	Basler Missionsarchiv
Abb. 2	Basler Missionsarchiv
Abb. 3	Archiv Basler Mission
Abb. 4	Gerlinger Heimatblätter
Abb. 5	Archiv Basler Mission
Abb. 6	Privatbesitz Kicherer, Großbottwar.
Abb. 7	Privatbesitz Oehler, Erdmannshausen.
Abb. 8	Privatbesitz Kicherer, Großbottwar.
Abb. 9	Privatbesitz Lempp, Neuffen.
Abb. 10	Archiv Landeskirchenmuseum Ludwigsburg.
Abb. 11	Privatbesitz Oehler, Erdmannshausen.
Abb. 12	Privatbesitz Kicherer, Großbottwar.
Abb. 13	Privatbesitz Maisch, Gerlingen.
Abb. 14	Privatbesitz Maisch, Gerlingen.
Abb. 15	Stadtarchiv Gerlingen.
Abb. 16	Privatbesitz Schwäble, Esslingen.
Abb. 17	Privatbesitz Schwäble, Esslingen.
Abb. 18	Archiv Basler Mission.

Abb. 19	Entnommen aus Gerlinger Heimatblätter 7/1991, S. 37.
Abb. 20	Archiv Basler Mission.
Abb. 21	Stadtarchiv Gerlingen.
Abb. 22	Privatbesitz Kicherer, Großbottwar.
Abb. 23	Privatbesitz Kicherer, Großbottwar.
Abb. 24	Privatbesitz Oehler, Erdmannshausen.
Abb. 25	Privatbesitz Oehler, Erdmannshausen.
Abb. 26	Privatbesitz Oehler, Erdmannshausen.
Abb. 27	Privatbesitz Kicherer, Großbottwar.
Abb. 28	Privatbesitz Gläsle, Leonberg.
Abb. 29	Privatbesitz Schmid, Betzingen.
Abb. 30	Privatbesitz Maisch, Gerlingen.
Abb. 31	Privatbesitz Schmid, Betzingen.
Abb. 32	Privatbesitz Oehler, Erdmannshausen.
Abb. 33	Privatbesitz Lempp, Neuffen.
Abb. 34	Privatbesitz Lempp, Neuffen.
Abb. 35	Privatbesitz Lempp, Neuffen.
Abb. 36	Privatbesitz Lempp, Neuffen.
Abb. 37	Privatbesitz Lempp, Neuffen.
Abb. 38	Privatbesitz Lempp, Neuffen.
Abb. 39	Privatbesitz Lempp, Neuffen.
Abb. 40	Privatbesitz Lempp, Neuffen.
Abb. 41	Privatbesitz Lempp, Neuffen.

Kartenmaterial: entnommen aus Wilhelm Schlatter: Geschichte der Basler Mission Bd. 1-3. Basel 1916.

Literaturverzeichnis

Ambatielos, Dimitrios; Kitzerow-Neuland, Dagmar; Noack, Caroline (Hg.): Medizin im kulturellen Vergleich. Die Kulturen der Medizin. Münster, New York, München, Berlin 1997.

Ariès, Philippe: Geschichte des Todes. München 1982.

Ariès, Philippe: Studien zur Geschichte des Todes im Abendland. München 1981.

Ariès, Philippe: Geschichte der Kindheit. 2. Aufl. München, Wien 1976. (1. Aufl. Paris 1960).

Assion, Peter (Hg.): Acht Jahre im Wilden Westen. Erlebnisse einer Farmersfrau. Marburg 1983.

Assion, Peter: Abschied - Überfahrt und Ankunft. Zur brauchtümlichen Bewältigung des Auswanderungsverlaufs. In: Hess. Blätter für Volks- und Kulturforschung. NF 17 (1985), S. 125-150.

Assion, Peter: Von Hessen in die Neue Welt. Eine Sozial- und Kulturgeschichte der hessischen Amerikaauswanderung mit Text- und Bilddokumenten. Frankfurt a. M. 1987.

Badinter, Elisabeth: Die Mutterliebe. Geschichte eines Gefühls vom 17. Jahrhundert bis heute. München 1980.

Barthes, Roland: Die helle Kammer. Bemerkungen zur Photographie. Frankfurt a. M. 1985.

Baun, Friedrich: Das schwäbische Gemeinschaftsleben. In Bildern und Beispielen gezeichnet. Ein Beitrag zur Geschichte des Pietismus. Stuttgart 1910.

Bausinger, Hermann: Alltag und Exotik. In: Exotische Welten, Europäische Phantasien. Katalog zur Ausstellung des Instituts für Auslandsbeziehungen und des Württembergischen Kunstvereins im Kunstgebäude am Schloßplatz 02. September bis 29. November 1987. Stuttgart 1987, S. 114-119.

Bausinger, Hermann: Die alltägliche Korrespondenz. In: Beyrer, Klaus, und Täubrich, Hans-Christian (Hg.): Der Brief. Eine Kulturgeschichte der schriftlichen Kommunikation. Kataloge der Museumsstiftung Post und Telekommunikation. Bd.1. Heidelberg 1996, S. 294-303.

Bausinger, Hermann; Beyrer, Klaus; Korff, Gottfried (Hg.): Reisekultur. Von der Pilgerfahrt zum modernen Tourismus. München 1991.

Bausinger, Hermann; Jeggle, Utz; Korff, Gottfried; Scharfe, Martin (Hg.): Grundzüge der Volkskunde. 2. Aufl. Darmstadt 1989 (1. Aufl. Darmstadt 1978).

Bausinger, Hermann; Korff, Gottfried; Scharfe, Martin; Schenda, Rudolf (Hg.): Abschied vom Volksleben. (Untersuchungen des Ludwig-Uhland-Instituts der Universität Tübingen, Bd. 27). 2. Aufl. Tübingen 1986 (1. Aufl. Tübingen 1970).

Beck, Stefan: Die Bedeutung der Materialität der Alltagsdinge. Anmerkungen zu den Chancen einer wissenschaftstheoretisch informierten Integration von Symbol- und Sachforschung. In: Brednich, Rolf Wilhelm; Schmitt, Heinz (Hg.): Symbole. Zur Bedeutung der Zeichen in der Kultur. 30. Deutscher Volkskundekongreß in Karlsruhe vom 25. bis 29. September 1995. Münster, New York, München, Berlin 1997, S. 175-185.

Beckmann, Ralf: Die Bilderwelt der Wohnung. In: Die 100 Jahre der Marie Frech. Ein Fellbacher Frauenleben zwischen Pietismus und Eigensinn. Fellbach 1996. (Fellbacher Hefte Bd. 4), S. 123-130.

Bellebaum, Alfred: Abschiede. Trennungen im Leben. Wien 1992.

Benad, Matthias (Hg.): Friedrich v. Bodelschwingh d. J. und die Betheler Anstalten. Frömmigkeit und Weltgestaltung. Stuttgart, Berlin, Köln 1997.

Berger, Peter; Luckmann, Thomas: Die gesellschaftliche Konstruktion der Wirklichkeit. Eine Theorie der Wissenssoziologie. Frankfurt a. M. 1969.

Berkenhagen, Ekhart: Exotisches in Mode, Interieur und angewandter Kunst. In: Exotische Welten, Europäische Phantasien. Katalog zur Ausstellung des Instituts für Auslandsbeziehungen und des Württembergischen Kunstvereins im Kunstgebäude am Schloßplatz 02. September bis 29. November 1987. Stuttgart 1987, S. 180-191.

Beutelspacher, Martin: Kultivierung bei lebendigem Leib. Alltägliche Körpererfahrungen in der Aufklärung. Weingarten 1986.

Beuys, Barabara: Die Pfarrfrau: Kopie oder Original? In: Greiffenhagen, Martin (Hg.): Das evangelische Pfarrhaus. Eine Kultur- und Sozialgeschichte. Stuttgart 1984, S. 47-62.

Beyrer, Klaus, und Täubrich, Hans-Christian (Hg.): Der Brief. Eine Kulturgeschichte der schriftlichen Kommunikation. Kataloge der Museumsstiftung Post und Telekommunikation. Bd.1. Heidelberg 1996.

Beyreuther, Erich: Geschichte des Pietismus. Stuttgart 1978.

Beyreuther, Gottfried: Sexualtheorien im Pietismus. München 1963.

Bidlingmaier, Maria: Die Bäuerin in zwei Gemeinden Württembergs. Tübingen 1918. (Nachdruck Kirchheim 1990. Mit einem Nachwort, Anmerkungen und Bibliographie. Hrg. v. Christel Köhle-Hezinger).

Bieder, Werner: Erfahrungen mit der Basler Mission und ihrer Geschichte. (Neujahrsblatt/ Gesellschaft für das Gute und Gemeinnützige; 169). Basel 1990.

Binder, Hans: Philipp Friedrich Mader: Prediger und Seelsorger der deutschen evangelischen Gemeinde in Nizza. In: Schwäbische Heimat 1/1997, S. 15-19.

Bischoff, Claudia: Frauen in der Krankenpflege. Zur Entwicklung von Frauenrolle und Frauenberufstätigkeit im 19. und 20. Jahrhundert. Frankfurt a. M. , New York 1984.

Bischoff-Luithlen, Angelika: Der Schwabe und sein Häs. Stuttgart 1982.

Bitterli, Urs: Die „Wilden" und die „Zivilisierten". Grundzüge einer Geistes- und Kulturgeschichte der europäisch-überseeischen Begegnung. München 1976.

Blaschke, Monika; Harzig, Christiane (Hg.): Frauen wandern aus: Deutsche Migrantinnen im 19. und 20. Jahrhundert. Veröffentlichungen des Labor Migration Project. Bremen 1990.

Blasius, Dirk: Bürgerliche Rechtsgleichheit und die Ungleichheit der Geschlechter. Das Scheidungsrecht im historischen Vergleich. In: Frevert, Ute (Hg.): Bürgerinnen und Bürger. Geschlechterverhältnisse im 19. Jahrhundert. Göttingen 1988, S. 67-84.

Bock, Gisela: Geschichte, Frauengeschichte, Geschlechtergeschichte. In: Geschichte und Gesellschaft 14/1988, S. 364-391.

Bock, Gisela: Historische Frauenforschung: Fragestellungen und Perspektiven. In: Hausen, Karin (Hg.): Frauen suchen ihre Geschichte. Historische Studien zum 19. und 20. Jahrhundert. München 1983, S. 22-61.

Bock, Gisela; Duden, Barbara: Arbeit aus Liebe, Liebe als Arbeit. Zur Entwicklung der Hausarbeit im Kapitalismus. In: Beiträge zur Berliner Sommeruniversität für Frauen. Frauen und Wissenschaft. Berlin 1977, S. 118-199.

Bohner, Theodor: Der Schuhmacher Gottes. Ein deutsches Leben in Afrika. Frankfurt a. M. 1935.

Bormann-Heischkeil, Sigrid: Die soziale Herkunft der Pfarrer und ihrer Ehefrauen. In: Greiffenhagen, Martin (Hg.): Das evangelische Pfarrhaus. Eine Kultur- und Sozialgeschichte. Stuttgart 1984, S. 149-174.

Borscheid, Peter: Geld und Liebe. Zu den Auswirkungen des Romantischen auf die Partnerwahl im 19. Jahrhundert. In: Borscheid, Peter; Teuteberg, Hans J. (Hg.): Ehe, Liebe, Tod. Zum Wandel der Familie, der Geschlechts- und Generationsbeziehungen in der Neuzeit. (Studien zur Geschichte des Alltags, Bd. 1). Münster 1983.

Bourdieu, Pierre: Das Haus oder die verkehrte Welt. In: Ders.: Entwurf einer Theorie der Praxis auf der ethnologischen Grundlage der kabylischen Gesellschaft. Frankfurt a. M. 1979 (franz. Originalausgabe Genf 1972), S. 48-65.

Bourdieu, Pierre u.a.: Eine illegitime Kunst. Die sozialen Gebrauchsweisen der Photographie. Frankfurt 1983.

Brednich, Rolf W. u. a. (Hg.): Lebenslauf und Lebenszusammenhang. Autobiographische Materialien in der volkskundlichen Forschung. (Vorträge der Arbeitstagung der Deutschen Gesellschaft für Volkskunde in Freiburg i. Br. vom 16. bis 18. März 1981.) Freiburg i. Br. 1982.

Brednich, Rolf Wilhelm; Schmitt, Heinz: Symbole. Zur Bedeutung der Zeichen in der Kultur. 30. Deutscher Volkskundekongreß in Karlsruhe vom 25. bis 29. September 1995. Münster, New York, München, Berlin 1997.

Brenner, J. Peter (Hg.): Der Reisebericht. Frankfurt a. M. 1989.

Bringéus, Nils-Arvid; Meiners, Uwe; Mohrmann, Ruth-E. (Hg.): Wandel der Volkskultur in Europa. Bd. 1. Festschrift für Günter Wiegelmann zum 60. Geburtstag. (Beiträge zur Volkskultur in Nordwestdeutschland, Heft 60/I). Münster 1988.

Bringéus, Nils-Arvid: Bedürfniswandel und Sachkultur. In: Umgang mit Sachen. Zur Kulturgeschichte des Dinggebrauchs. 23. Deutscher Volkskunde-Kongreß in Regensburg vom 6.-11. Oktober 1981. (Regensburger Schriften zur Volkskunde, Bd. 1). Regensburg 1983, S. 135-147.

Bringéus, Nils-Arvid: Die geistliche Hausmagd. Ein Idealtyp persönlicher Frömmigkeit? In: Mohrmann, Ruth E. (Hg.): Individuum und Frömmigkeit. Volkskundliche Studien zum 19. und 20. Jahrhundert.
Münster, New York, München, Berlin 1997, S. 41-64.

Brückner, Wolfgang: Fotodokumentation als kultur- und sozialwissenschaftliche Quelle. In: Das Photoalbum 1858-1918. Eine Dokumentation zur Kultur- und Sozialgeschichte. Ausstellung im Müncher Stadtmuseum 28. März-15. Juni 1975. Ausstellungskatalog. München 1975, S. 11-32.

Bude, Heinz: Rekonstruktion von Lebenskonstruktionen - eine Antwort auf die Frage, was die Biographieforschung bringt. In: Kohli, Martin; Robert, Günther (Hg.): Biographie und soziale Wirklichkeit. Neue Beiträge und Forschungsperspektiven.
Stuttgart 1984, S. 47-68.

Burckhardt-Seebass, Christine: Lücken in den Ritualen des Lebenslaufes. Vorläufige Gedanken zu den „passages sans rites". In: Ethnologia Europea XX/1990, S. 141-150.

Burckhardt-Seebass, Christine: Spuren weiblicher Volkskunde. Ein Beitrag zur schweizerischen Fachgeschichte des frühen 20. Jahrhunderts. In: Schweizerisches Archiv für Volkskunde, 87. Jahrgang. Basel 1991, S. 209-224.

Burckhardt-Seebass, Christine: Zeichen im Lebenslauf. In: Umgang mit Sachen. Zur Kulturgeschichte des Dinggebrauchs. 23. Deutscher Volkskunde-Kongreß in Regensburg vom 6.-11. Oktober 1981. (Regensburger Schriften zur Volkskunde, Bd. 1). Regensburg 1983, S. 267-281.

Burckhardt-Seebass, Christine: Zwischen McDonald's und weißem Brautkleid. Brauch und Ritual in einer offenen, säkularisierten Gesellschaft. In: Österreichische Zeitschrift für Volkskunde 1989, S. 97-110.

Burckhardt-Seebass: Von der kulturellen Natur der Geburt. In: Pöttler, Burkhard u.a. (Hg.): Innovation und Wandel. Festschrift für Oskar Moser zum 80. Geburtstag. Graz 1994, S. 67-78.

Cauer, Minna: Die Frau im 19. Jahrhundert. Berlin 1898.

Clifford, James: Über ethnographische Autorität. In: Berg, Eberhard; Fuchs, Martin (Hg.): Kultur, soziale Praxis, Text. Die Krise der ethnographischen Repräsentation. Frankfurt a. M. 1993, S. 109-157.

Clifford, James; Marcus, George E. (Hg.): Writing Culture. The Poetics and Politics of Ethnography. Berkeley, Los Angeles 1986.

Davis, Natalie Zemon: Die wahrhaftige Geschichte von der Wiederkehr des Martin Guerre. Frankfurt a. M. 1989.

Davis, Natalie Zemon: Gesellschaft und Geschlechter. Vorschläge für eine neue Frauengeschichte. In: Dies.: Frauen und Gesellschaft am Beginn der Neuzeit.
Berlin 1989, S. 117-132.

De Mare, Heidi: Die Grenze des Hauses als ritueller Ort und ihr Bezug zur holländischen Hausfrau des 17. Jahrhunderts. In: Kritische Berichte, Zeitschrift für Kunst- und Kulturwissenschaften 4/1992, S. 64-79.

Deeken, Annette; Bösel, Monika: „An den süssen Wassern Asiens": Frauenreisen in den Orient. Frankfurt/Main, New York 1996.

Deneke, Bernward: Erinnerung und Wirklichkeit - zur Funktion der Fotografie im Alltag. In: Köstlin, Konrad; Bausinger, Hermann (Hg.): Umgang mit Sachen. Zur Kulturgeschichte des Dinggebrauchs. Volkskunde-Kongreß in Regensburg 1981 (Regensburger Schriften zur Volkskunde Bd. 1). Regensburg 1983, S. 241-257.

Der ferne Nächste. Bilder der Mission - Mission der Bilder. 1860-1920. Kataloge und Schriften des Landeskirchlichen Museums Bd. 4. Ludwigsburg 1996.

Die 100 Jahre der Marie Frech. Ein Fellbacher Frauenleben zwischen Pietismus und Eigensinn. Fellbach 1996. (Fellbacher Hefte Bd. 4).

Diemel, Christa: Die Erziehung zu „vernünftiger" Lebensweise. Hygiene als kulturelles Wertmuster. In: Köhle-Hezinger, Christel; Mentges, Gabriele (Hg.): Der neuen Welt ein neuer Rock. Studien zu Kleidung, Körper und Mode an Beispielen aus Württemberg. Stuttgart 1993, S. 96-101.

Dinzelbacher, Peter (Hg.): Zu Theorie und Praxis der Mentalitätsgeschichte. Einführung des Herausgebers. In: Europäische Mentalitätsgeschichte. Stuttgart 1993, S. IX-XV.

Driesch, Margarete: Frauen jenseits der Ozeane. Heidelberg 1928.

Duden, Barbara: Die „Geheimnisse" der Schwangeren und das Öffentlichkeitsinteresse der Medizin. Zur sozialen Bedeutung der Kindsregung. In: Hausen, Karin; Wunder, Heide (Hg.): Frauengeschichte - Geschlechtergeschichte.
Frankfurt a. M., New York 1992, S. 117-128.

Duden, Barbara: Der Frauenleib als öffentlicher Ort. Vom Mißbrauch des Lebens.
Zürich 1991.

Duden, Barbara: Geschichte unter der Haut. Ein Eisenacher Arzt und seine Patientinnen um 1730. Stuttgart 1987.

Ehmer, Hermann: Johann Friedrich Flattich. Der schwäbische Salomo. Eine Biographie.
Stuttgart 1997.

Elias, Norbert: Über sich selbst. Frankfurt a. M. 1996.

Eppler, Paul: Geschichte der Basler Mission 1815-1899. Basel 1900.

Erdheim, Mario: Zur Ethnopsychoanalyse von Exotismus und Xenophobie. In: Exotische Welten, Europäische Phantasien. Katalog zur Ausstellung des Instituts für Auslandsbeziehungen und des Württembergischen Kunstvereins im Kunstgebäude am Schloßplatz 02. September bis 29. November 1987. Stuttgart 1987, S. 48-53.

Erdheim, Mario: Die gesellschaftliche Produktion von Unbewußtheit. Eine Einführung in den ethnopsychoanalytischen Prozeß. Frankfurt a.M. 1982.

Erdheim, Mario: Therapie und Kultur. Zur gesellschaftlichen Produktion von Gesundheits- und Krankheitsvorstellungen. In: Ethnopsychoanalyse Bd. 3. Körper, Krankheit und Kultur. Frankfurt a. M. 1993, S. 75-89.

Exotische Welten, Europäische Phantasien. Ausstellungskatalog des Instituts für Auslandsbeziehungen und des Württembergischen Kunstvereins im Kunstgebäude am Schloßplatz 02. September bis 29. November 1987. Stuttgart 1987.

Faessler, Peter: Reiseziel Schweiz - Freiheit zwischen Idylle und „großer Natur". In: Bausinger, Hermann; Beyrer, Klaus; Korff, Gottfried (Hg.): Reisekultur. Von der Pilgerfahrt zum modernen Tourismus. München 1991, S. 237-243.

Findeisen, Hans-Volkmar: Pietismus in Fellbach 1750-1820. Zwischen sozialem Protest und bürgerlicher Anpassung. Tübingen 1985.

Fischer, Friedrich Hermann: Der Missionsarzt Rudolf Fisch und die Anfänge medizinischer Arbeit der Basler Mission an der Goldküste (Ghana). (Studien zur Medizin-, Kunst- und Literaturgeschichte, Bd. 27.) Herzogenrath 1991.

Fischer-Homberger, Esther: Krankheit Frau. Bern 1979.

Foucault, Michel: Archäologie des Wissens. Frankfurt a. M. 1973.

Foucault, Michel: Die Geburt der Klinik. Eine Archäologie des ärztlichen Blicks. Frankfurt a. M. 1984.

Frevert, Ute (Hg.): Bürgerinnen und Bürger. Geschlechterverhältnisse im 19. Jahrhundert. Göttingen 1988.

Frevert, Ute: Frauen-Geschichte. Zwischen Bürgerlicher Verbesserung und Neuer Weiblichkeit. Frankfurt am Main 1986.

Frevert: „Mann und Weib, und Weib und Mann." Geschlechter-Differenzen in der Moderne. München 1995.

Frey-Näf, Barbara; Jenkins, Paul: Das Historische Bildarchiv der Basler Mission. In: Der ferne Nächste. Bilder der Mission - Mission der Bilder 1860-1920. Kataloge und Schriften des Landeskirchlichen Museums Bd. 4. Ludwigsburg 1996, S. 199-200.

Freytag, Mirjam: Frauenmission in China. Die interkulturelle und pädagogische Bedeutung der Missionarinnen untersucht anhand ihrer Berichte von 1900 bis 1930. Münster/New York 1994.

Frizot, Michel (Hg.): Neue Geschichte der Fotografie. Köln 1998. (Paris 1994).

Gasser, Michael; Härri, Marianne (Hg.): Überfahrten. Das Leben der Margaretha Reibold (1809-1893) in Briefen. Zürich 1999.

Geertz, Clifford: Religion als kulturelles System. In: Ders.: Dichte Beschreibung. Beiträge zum Verstehen kultureller Systeme. Frankfurt a. M. 1997 (1. Aufl. Frankfurt a. M. 1983), S. 44-95.

Geertz, Clifford: Dichte Beschreibung. Beiträge zum Verstehen kultureller Systeme. Frankfurt a. M. 1997 (1. Aufl. Frankfurt a. M. 1983).

Geertz, Clifford: Dichte Beschreibung. Bemerkungen zu einer deutenden Theorie von Kultur. In: Ders.: Dichte Beschreibung. Beiträge zum Verstehen kultureller Systeme. Frankfurt a. M. 1997 (1. Aufl. Frankfurt a. M. 1983), S. 7-43.

Geertz, Clifford: Spurenlesen. Der Ethnologe und das Entgleiten der Fakten. München 1997.

Geheimniß des christlichen Haushalts oder Hausregeln von Inspektor Zeller und Pfarrer Flattich. Nr. 67, vierzehnte Auflage. Stuttgart, Verlag der Buchhandlung der Evangelischen Gesellschaft.

Geiss, Imanuel (Hg.): Chronik des 19. Jahrhunderts. Augsburg 1996.

Gennep, Arnold van: Les rites de passage (1909). Frankfurt a. M., New York 1986.

Gerhard, Ute: Verhältnisse und Verhinderungen. Frauenarbeit, Familie und Rechte der Frauen im 19. Jahrhundert. Frankfurt a. M. 1981.

Gerlinger Heimatblätter, Heft 7. 1992. Gerlinger Missionare.

Gerok, Karl: Palmblätter. Stuttgart, Leipzig 1860.

Gestrich, Andreas u. a. (Hg.): Biographie - sozialgeschichtlich. Göttingen 1989.

Gestrich, Andreas: Erziehung im Pfarrhaus. Die sozialgeschichtlichen Grundlagen. In: Greiffenhagen, Martin (Hg.): Das evangelische Pfarrhaus. Eine Kultur- und Sozialgeschichte. Stuttgart 1984, S. 63-83.

Gestrich, Andreas: Traditionelle Jugendkultur und Industrialisierung. Sozialgeschichte der Jugend in einer ländlichen Arbeitergemeinde Württembergs 1800-1920. (Kritische Studien zur Geschichtswissenschaft, Bd. 69). Göttingen 1986.

Gießelmann, Roland, und Krull, Regine: Posaunenchöre in der Erweckungsbewegung. Traditionsbildung zwischen musikalischer Religion und und religiöser Musik. In: Mooser, Josef; Krull, Regine; Hey, Bernd; Gießelmann, Roland: (Hg.): Frommes Volk und Patrioten. Erweckungsbewegung und soziale Frage im östlichen Westfalen 1800 bis 1900. Bielefeld 1989, S. 288- 338.

Gildemeister, Regina; Wetterer, Angelika: Wie Geschlechter gemacht werden. Die soziale Konstruktion der Zweigeschlechtlichkeit und ihre Reifizierung in der Frauenforschung. In: Axeli-Knapp, Gudrun; Wetterer, Angelika (Hg.): Traditionen und Brüche. Entwicklungen feministischer Theorie. Freiburg 1992, S. 201-254.

Gilman, Sander L.: Health and Illness: Images of Difference. London 1995.

Ginzburg, Carlo: Spurensicherung. Der Jäger entziffert die Fährte, Sherlock Holmes nimmt die Lupe, Freud liest Morelli - die Wissenschaft auf der Suche nach sich selbst. In: Ders.: Spurensicherungen. Über verborgene Geschichte, Kunst und soziales Gedächtnis. Berlin 1983, S. 61-69.

Ginzburg, Carlo: Der Käse und die Würmer. Die Welt eines Müllers um 1600. (Turin 1976) Frankfurt a. M. 1983.

Ginzburg, Carlo: Mikro-Histoire. Zwei oder drei Dinge, die ich von ihr weiß. In: Historische Anthroplogie 1/1993, S. 169-192.

Gnewekow, Dirk; Hermsen, Thomas: Die Geschichte der Heilsarmee. Das Abenteuer der Seelenrettung. Eine sozialgeschichtliche Darstellung. Opladen 1993.

Goffmann, Erving: Das Individuum im öffentlichen Austausch. Mikrostudien zur öffentlichen Ordnung. Frankfurt a. M. 1982. (engl. Orig. 1971).

Greiffenhagen, Martin (Hg.): Das evangelische Pfarrhaus. Eine Kultur- und Sozialgeschichte. Stuttgart 1984.

Greverus, Ina Maria: Der territoriale Mensch. Ein literaturanthropologischer Versuch zum Heimatphänomen. Frankfurt a. M. 1972.

Greverus, Ina-Maria: Kultur und Alltagswelt. München 1978.

Guggerli, David: Zwischen Pfrund und Predigt. Die protestantische Pfarrfamilie auf der Zürcher Landschaft im ausgehenden 18. Jahrhundert. Zürich 1988.

Gundert, Adele: Marie Hesse. Ein Lebenslauf in Briefen und Tagebüchern. Stuttgart 1953.

Gutekunst, Eberhard: Diener des Wortes. In: Zwischen Kanzel und Kehrwoche. Glauben und Leben im evangelischen Württemberg. Kataloge und Schriften des Landeskirchlichen Museums. Bd. 1. Ludwigsburg 1994, S. 128-140.

Gyr, Ueli: Lektion fürs Leben: Welschlandaufenthalte als traditionelle Bildungs-Erziehungs- und Übergangsmuster. Zürich 1987.

Gyr, Ueli: Soll und Haben. Alltag und Lebensformen bürgerlicher Kultur. Zürich 1995.

Haas, Waltraud: Erlitten und erstritten. Der Befreiungsweg von Frauen in der Basler Mission 1816-1966. Basel 1994.

Haas, Waltraud: Missionsgeschichte aus der Sicht der Frau. In: Texte und Dokumente, Nr. 12. Hg. durch die Basler Mission. Basel 1989.

Haenger, Peter: Sklaverei und Sklavenemanzipation an der Goldküste. Ein Beitrag zum Verständnis von sozialen Abhängigkeitsbeziehungen in Westafrika. Basel u. Frankfurt a. M. 1997.

Hägele, Ulrich: Fotodeutsche. Zur Ikonographie einer Nation in französischen Illustrierten 1930-1940. (Untersuchungen des Ludwig-Uhland-Instituts der Universität Tübingen, Bd. 88) Tübingen 1998.

Hager, Helga: Hochzeitskleidung – Biographie, Körper und Geschlecht. Eine kulturwissenschaftliche Studie in drei württembergischen Dörfern. Tübingen 1999.

Hammer, Karl: Weltmission und Kapitalismus. Sendungsideen des 19. Jahrhunderts im Konflikt. München 1978.

Hampp, Irmgard: „Du sollst Dir kein Bildnis machen..." Der schwäbische Pietismus und die frühe Photographie. In: Hammer, Alfred; Hornberger, Theodor (Hg.): Beiträge zur Film-Bild-Ton-Arbeit der Landesbildstellen Baden und Württemberg. 1964, S. 42-44.

Hausen, Karin: Das Patriarchat. In: Journal für Geschichte 5/1986, S. 12-21.

Hausen, Karin: Die Polarisierung der „Geschlechtscharaktere" - Eine Spiegelung der Dissoziation von Erwerbs- und Familienleben. In: Conze, Werner (Hg.): Die Sozialgeschichte der Familie in der Neuzeit Europas. Stuttgart 1976.

Hausen, Karin: Öffentlichkeit und Privatheit. Gesellschaftspolitische Konstruktionen und die Geschichte der Geschlechterbeziehungen.
In: Journal für Geschichte 1/1989, S. 17-25.

Hausen, Karin: Patriarchat. Vom Nutzen und Nachteil eines Konzepts für Frauengeschichte und Frauenpolitik. In: Journal für Geschichte 5 /1986, S. 12-58.

Hausen, Karin; Wunder, Heide (Hg.): Frauengeschichte - Geschlechtergeschichte. (Geschichte und Geschlechter Bd. 1). Frankfurt a. M., New York 1992.

Hauser, Andrea: Dinge des Alltags. Studien zur historischen Sachkultur eines schwäbischen Dorfes. (Untersuchungen des Ludwig-Uhland-Instituts der Universität Tübingen, Bd. 82). Tübingen 1994.

Heiler, Sylvia: Aussteuer - Zur Geschichte eines Symbols. In: Köhle-Hezinger, Christel; Mentges, Gabriele (Hg.): Der neuen Welt ein neuer Rock. Studien zu Kleidung, Körper und Mode an Beispielen aus Württemberg. Stuttgart 1993, S. 219-227.

Hengstenberg, Gisela: „Für Gott und die Menschen". Zur Geschichte der evangelischen Frauenvereine in Württemberg von 1835 bis 1935. In: Herd und Himmel. Frauen im evangelischen Württemberg. Kataloge und Schriften des Landeskirchlichen Museums Bd. 6. Ludwigsburg 1997, S. 131-141.

Henkel, Arthur; Schöne, Albrecht (Hg.): Emblemata. Handbuch zur Sinnbildkunst des 16. und 17. Jahrhunderts. Stuttgart, Weimar 19967/1996.

Herd und Himmel. Kataloge und Schriften des Landeskirchlichen Museums Bd. 6. Ludwigsburg 1997.

„Herzlich willkommen!" Rituale der Gastlichkeit. Salzburger Beiträge zur Volkskunde, Bd. 9. Salzburg 1997.

Herzlich, Claudine; Pierett, Janine: Kranke gestern, Kranke heute. Die Gesellschaft und das Leiden. München 1991.

Herzog, Peter: Die Photographie als Mittel bürgerlicher Selbstdarstellung. In: Gyr, Ueli: Soll und Haben. Alltag und Lebensformen bürgerlicher Kultur. Zürich 1995, S. 179-181.

Hill, Patricia: The World their Household. The American Foreign Mission Movement and Cultural Transformation 1870-1920. Ann Arbor, Michigan 1985.

Hinrichs, Carl: Der hallische Pietismus als politisch-soziale Reformbewegung des 18. Jahrhunderts. In: Greschat, Martin (Hg.): Zur neueren Pietismusforschung. Wege der Forschung, Bd. 440. Darmstadt 1977.

Hochstrasser, Olivia: Ein Haus und seine Menschen 1549-1989. Ein Versuch zum Verhältnis von Mikroforschung und Sozialgeschichte. (Untersuchungen des Ludwig-Uhland-Institutes der Universität Tübingen im Auftrag der Vereinigung für Volkskunde, Bd. 80). Tübingen 1993.

Hof, Renate: Die Entwicklung der Gender Studies. In: Bußmann, Hadumod; Hof, Renate (Hg.): Genus. Zur Geschlechterdifferenz in den Kulturwissenschaften. Stuttgart 1995, S. 2-33.

Hoffmann, Detlef: Fotografie als historisches Dokument. In: Fotogeschichte 15/1985, S. 3-14.

Honegger, Claudia: Die Ordnung der Geschlechter. Die Wissenschaften vom Menschen und das Weib 1750-1850. Frankfurt a. M./New York 1991.

Honegger, Claudia; Heintz, Bettina: Listen der Ohnmacht. Frankfurt 1981.

Hopf-Droste, Marie Luise: Von Konservendosen und Einmachgläsern. In: Bringéus, Nils-Arvid; Meiners, Uwe; Mohrmann, Ruth-E. (Hg.): Wandel der Volkskultur in Europa. Bd. 1. Festschrift für Günter Wiegelmann zum 60. Geburtstag. (Beiträge zur Volkskultur in Nordwestdeutschland, Heft 60/I). Münster 1988, S. 483-491.

Hörander, Edith: 'Ganz in Weiß' - Anmerkungen zur Entwicklung des weißen Hochzeitskleides. In: Völger, Gisela; V. Welck, Karin (Hg.): Die Braut. Geliebt - verkauft - getauscht - geraubt. Zur Rolle der Frau im Kulturvergleich, Bd. 2. Köln 1985, S. 330-335.

Hugger, Paul: Die Bedeutung der Photographie als Dokument des privaten Erinnerns. In: Böhnisch-Brednich, Brigitte (Hg.): Erinnern und Vergessen: Vorträge des 27. Deutschen Volkskundekongresses Göttingen 1989. (Beiträge zur Volkskunde in Niedersachsen; Bd. 5: Schriftenreihe der Volkskundlichen Kommission für Niedersachsen e.V.; Bd. 6). Göttingen, Schmerse 1991, S. 235-242.

Ilien, Albert; Jeggle, Utz: Leben auf dem Dorf. Zur Sozialgeschichte des Dorfes und Sozialpsychologie seiner Bewohner. Opladen 1978.

Imhof, Artur E. (Hg.): Leib und Leben in der Geschichte der Neuzeit. Berlin 1983.

Inhetveen, Heide: Dezenz und Spektakel. Traditionelle Frauenfrömmigkeit in der dörflichen Lebenswelt. In: Zeitschrift für Volkskunde 1/1986, S. 72-94.

Jäger, Jens: „Unter Javas Sonne". Photographie und europäische Tropenerfahrung im 19. Jahrhundert. In: Historische Anthropologie. 3/1996, S. 78-92.

Jahnke, Karsten: Afrika als Patient: Basler Missionsärzte in Westafrika 1885-1914. (Unveröff. Magisterarbeit am Ludwig-Uhland-Institut der Universität Tübingen). Tübingen 1995.

Jedamski, Doris, Jehle, Hiltgund; Siebert, Ulla (Hg.): „Und tät das Reisen wählen!" Frauenreisen-Reisefrauen. Dokumentation des interdisziplinären Symposiums zur Frauenreiseforschung, Bremen 21. -24. Juni 1993. Zürich, Dortmund 1994.

Jeggle, Utz: Auf der Suche nach der Erinnerung. In: Böhnisch-Brednich, Brigitte; Brednich, Rolf W.; Gerndt, Helge (Hg.): Erinnern und Vergessen. Vorträge des 27. Deutschen Volkskundekongresses. (Schriftenreihe der volkskundlichen Komission Niedersachsen, Bd. 6). Göttingen 1989, S. 89-101.

Jeggle, Utz: Das Bild der Forschung. Anmerkungen zu einigen Darstellungen aus dem volkskundlichen Feld. In: Ders. (Hg.): Feldforschung. Qualitative Methoden in der Kulturanalyse. (62. Band der Tübinger Vereinigung für Volkskunde). Tübingen 1984, S. 47-58.

Jeggle, Utz: Der Kopf des Körpers. Eine volkskundliche Anatomie. Weinheim und Berlin 1986.

Jeggle, Utz: Die Angst vor dem Sterben. Besuch in einem imaginären Museum. In: Göckenjan, Gerd; Kondratowitz, Hans-Joachim (Hg.): Alter und Alltag. Frankfurt a. M. 1988, S. 157-182.

Jeggle, Utz: Essen in Südwestdeutschland. Kostproben der schwäbischen Küche. In: Schweizerisches Archiv für Volkskunde, Bd. 82/1986, S. 167-186.

Jeggle, Utz: Kiebingen - Eine Heimatgeschichte. Zum Prozeß der Zivilisation in einem schwäbischen Dorf. (Untersuchungen des Ludwig-Uhland-Insituts, Bd. 44). Tübingen 1977.

Jeggle, Utz: Vom richtigen Wetter. Regeln aus der kleinbäuerlichen Welt. In: Michel, Karl Markus; Spengler, Tilman (Hg.): Das Wetter. Kursbuch 64/1981, S. 115-130.

Jeggle, Utz: Vom Umgang mit Sachen. In: Köstlin, Konrad; Bausinger, Hermann (Hg.): Umgang mit Sachen. Zur Kulturgeschichte des Dinggebrauchs. 23. deutscher Volkskunde-Kongreß in Regensburg vom 6.-11. Oktober 1981. (Regensburger Schriften zur Volkskunde, Bd. 1.). Regensburg 1983, S. 11-26.

Jehle, Hiltgund: Ida Pfeiffer - Weltreisende im 19. Jahrhundert. Zur Kulturgeschichte reisender Frauen. Münster/New York 1989.

Jenkins, Jennifer: „Travelling to India in the 1850s. An account by Fanny Würth-Leitner, one of Ferdinand Kittel's travelling companions." In: „A dictionary with a mission. Papers of the International Conference on the Occasion of the Centenary Celebrations of Kittel's Kannada- English Dictionary". Karnataka Theological Research Institute, Mangalore, India, 1998.

Jenkins, Paul: Kurze Geschichte der Basler Mission. In: Texte und Dokumente, Nr. 11. Herausgegeben durch die Basler Mission. Basel 1989.

Jenkins, Paul: Warum tragen Missionare Kostüme? Forschungsmöglichkeiten im Bildarchiv der Basler Mission. In: Historische Anthropologie. 3/1996, S. 292-302.

Jenkins, Paul: Was ist eine Missionsgesellschaft? In: Der ferne Nächste. Bilder der Mission - Mission der Bilder 1860-1920. Kataloge und Schriften des Landeskirchlichen Museums Bd. 4. Ludwigsburg 1996, S. 21-24.

Jenkins, Paul: Whites in Africa - Whites as Missionaries. Towards a definition of the Pietism of Wurtemberg as a Missionary Movement. Falmouth 1978.

Josenhans, Joseph: Ausgewählte Reden bei verschiedenen Anlässen gehalten. Basel 1886.

Jütte, Robert: Ärzte, Heiler und Patienten. Medizinischer Alltag in der frühen Neuzeit. München, Zürich 1991.

Jütte, Robert: Die Frau, die Kröte und der Spitalmeister. Zur Bedeutung der ethnographischen Methode für eine Sozial- und Kulturgeschichte der Medizin. In: Historische Anthropologie. 3/1996, S. 193-215.

Jütte, Robert: Geschichte der Abtreibung. Von der Antike bis zur Gegenwart. München 1993.

Kaschuba, Wolfgang: Die Fußreise - Von der Arbeitswanderung zur bürgerlichen Bildungsbewegung. In: Bausinger, Hermann; Beyrer, Klaus; Korff, Gottfried (Hg.): Reisekultur. Von der Pilgerfahrt zum modernen Tourismus.
München 1991, S. 165-173.

Kaschuba, Wolfgang; Lipp, Carola: Dörfliches Überleben. Zur Geschichte materieller und sozialer Reproduktion ländlicher Gesellschaft im 19. und 20. Jahrhundert. (Untersuchungen des Ludwig-Uhland-Insituts der Universität Tübingen, Bd. 56). Tübingen 1982.

Katschnig-Fasch, Elisabeth: Möblierter Sinn. Städtische Wohn- und Lebensstile. Wien, Köln, Weimar: Böhlau 1998.

Kaufmann, Doris: Frauen zwischen Aufbruch und Reaktion. Protestantische Frauenbewegungen in der ersten Hälfte des 20. Jahrhunderts. München 1988.

Kienitz, Sabine: Sexualität, Macht und Moral. Prostitution und Geschlechterbeziehungen Anfang des 19. Jahrhunderts in Württemberg. Ein Beitrag zur Mentalitätsgeschichte. (Zeithorizonte Bd. 2.). Berlin 1995.

Kittel, Andrea: „sondern auch Döchterlin zur Schul geschickt...". Zur Geschichte der Mädchenschulbildung seit der Reformation. In: Herd und Himmel. Frauen im evangelischen Württemberg. Kataloge und Schriften des Landeskirchlichen Museums Bd. 6. Ludwigsburg 1996, S. 31-35.

Kittel, Andrea: Aufbruch zu neuen Ufern - die Schiffsreise in die Mission. In: Der ferne Nächste. Bilder der Mission - Mission der Bilder 1860-1920. Kataloge und Schriften des Landeskirchlichen Museums Bd. 4. Ludwigsburg 1996, S. 175-184.

Kittel, Andrea: Erbaulich und ergötzlich. Missionswerbung in der Heimat. In: Der ferne Nächste. Bilder der Mission - Mission der Bilder 1860-1920. Kataloge und Schriften des Landeskirchlichen Museums Bd. 4. Ludwigsburg 1996, S. 165-174.

Kittel, Andrea: Ledige Tanten und „alte Jungfern". In : Herd und Himmel. Frauen im evangelischen Württemberg. Kataloge und Schriften des Landeskirchlichen Museums Bd. 7. Ludwigsburg 1997, S. 60-61.

Kittel, Andrea: Missionsfotografie - das Ferne wird nah. In: Der ferne Nächste. Bilder der Mission - Mission der Bilder 1860-1920. Kataloge und Schriften des Landeskirchlichen Museums Bd. 4. Ludwigsburg 1996, S. 139-150.

Kittsteiner, Heinz D.: Die Entstehung des modernen Gewissens. Frankfurt am Main 1995.

Kleinau, Elke; Opitz Claudia (Hg.): Geschichte der Mädchen- und Frauenbildung, Bd.1. Frankfurt a. M. 1996.

Kluckhohn, Paul: Die Auffassung der Liebe in der Literatur des 18. Jahrhunderts und der Romantik. Halle (1922) 1966.

Knecht, Michi; Welz, Gisela: „Postmoderne Ethnologie" und empirische Kulturwissenschaft. Textualität, Kulturbegriff und Wissenschaftskritik bei James Clifford. In: Tübinger Korrespondenzblatt 6/1992, S. 3-18.

Knorr, Birgit; Wehling, Rosemarie: Frauen im deutschen Südwesten. Stuttgart 1993.

Köhle-Hezinger, Christel „Weibliche Wohlthätigkeit" im 19. Jahrhundert. In: Merkel, Helga (Hg.): Zwischen Ärgernis und Anerkennung. Mathilde Weber 1829-1901. (Tübinger Kataloge Nr. 39). Tübingen 1993, S. 43-52.

Köhle-Hezinger, Christel; Mentges, Gabriele (Hg.): Der neuen Welt ein neuer Rock. Studien zu Kleidung, Körper und Mode an Beispielen aus Württemberg. Stuttgart 1993.

Köhle-Hezinger, Christel: Der schwäbische Leib. In: Dies.; Mentges, Gabriele (Hg.): Der neuen Welt ein neuer Rock. Studien zu Kleidung, Körper und Mode an Beispielen aus Württemberg. Stuttgart 1993, S. 59-80.

Köhle-Hezinger, Christel: Die enge und die weite Welt. Ländlich-traditionale Welt im Aufbruch des 19. Jahrhunderts. In: Der ferne Nächste. Bilder der Mission - Mission der Bilder 1860-1920. Kataloge und Schriften des Landeskirchlichen Museums Bd. 4. Ludwigsburg 1996, S. 45-51.

Köhle-Hezinger, Christel: Die schwäbische Küche. In: Schwäbischer Heimatkalender 1988, S. 85-89.

Köhle-Hezinger, Christel: Dorfbilder, Dorfmythen, Dorfrealitäten. In: Pro Regio. Zeitschrift für Provinzarbeit und eigenständige Regionalentwicklung. 10/1992, S. 30-33.

Köhle-Hezinger, Christel: Evangelisch-Katholisch. Untersuchungen zu konfessionellem Vorurteil und Konflikt im 19. und 20. Jahrhundert vornehmlich am Beispiel Württembergs. Tübingen 1976.

Köhle-Hezinger, Christel: Frauen im Pfarrhaus. Kulturgeschichtliche Anmerkungen zum Wandel einer Institution. In: Bartsch, Gabriele; Dehlinger, Gisela; Kaden, Kathinka; Renninger, Monika (Hg.): Theologinnen in der Männerkirche. Stuttgart 1996, S. 186-189.

Köhle-Hezinger, Christel: Lokale Honoratioren. Zur Rolle von Pfarrer und Lehrer im Dorf. In: Wehling, Hans-Georg (Hg.): Dorfpolitik: fachwissenschaftliche Analysen und didaktische Hilfen. Opladen 1978, S. 54-64.

Köhle-Hezinger, Christel: Pfarrvolk und Pfarrersleut. In: Greiffenhagen, Martin (Hg.): Das evangelische Pfarrhaus. Eine Kultur- und Sozialgeschichte. Stuttgart 1984, S. 247-276.

Köhle-Hezinger, Christel: Philipp Matthäus Hahn und die Frauen. In: Philipp Matthäus Hahn 1739-1790. (Ausstellungen des Württembergischen Landesmuseums Stuttgart und der Städte Ostfildern, Albstadt, Kornwestheim, Leinfelden-Echterdingen, Teil 2: Aufsätze). Stuttgart 1989, S. 113-135.

Köhle-Hezinger, Christel: Religion in bäuerlichen Gemeinden - Wegbereiter der Industrialisierung? In: Beiträge zur Volkskunde in Baden-Württemberg 1/1985, S. 193-208.

Köhle-Hezinger, Christel: Verborgen, Vergessen, Unerforscht. Frauenkultur in der Kirche - eine Spurensuche. In: Herd und Himmel. Frauen im evangelischen Württemberg. Kataloge und Schriften des Landeskirchlichen Museums Bd. 7. Ludwigsburg 1997, S. 13-16.

Köhle-Hezinger, Christel: Versuch einer Spurensicherung: Anna Schieber. In: Esslinger Studien. Bd. 18. Esslingen 1979, S. 187-205.

Köhle-Hezinger, Christel: Wie kam das Grün ins Haus? Anmerkungen zum Verhältnis Mensch-Haus-Pflanze. In: Hessische Blätter für Volks- und Kulturforschung. 1998, S. 11-34.

Köhle-Hezinger: „Ich heiße Frech, bin aber nicht frech!" In: Die hundert Jahre der Marie Frech (Fellbacher Hefte, Bd. 4). Fellbach 1996, S. 8-15.

Köhle-Hezinger, Christel: Das alte Dorf. In: Dies.; Ziegler, Walter (Hg.): „Der glorreiche Lebenslauf unserer Fabrik". Zur Geschichte von Dorf und Baumwollspinnerei Kuchen. Weißenhorn 1991, S. 35-53.

Köhle-Hezinger, Christel: Frauen im Pietismus. In: Blätter für Württembergische Kirchengeschichte, 94. Jahrgang 1994. Stuttgart 1994, S. 107-121.

Köhle-Hezinger, Christel: Fromme Frauen, fromme Bilder. In: Weib und Seele. Kataloge und Schriften des landeskirchlichen Museums Bd. 8. Ludwigsburg 1998, S. 15-23.

Köhle-Hezinger, Christel: Willkommen und Abschied. Zur Kultur der Übergänge in der Gegenwart. In: Zeitschrift für Volkskunde, 92/1996, S. 1-19.

König, Gudrun M.: Eine Kulturgeschichte des Spaziergangs. Spuren einer bürgerlichen Praktik 1750-1850. Wien, Köln, Weimar: Böhlau 1996. (Kulturstudien. Sonderband 20).

Konrad, Dagmar: Missionsbräute - Pietistinnen des 19. Jahrhunderts in der Basler Mission. Eine Bild(er)betrachtung. In: Krasberg, Ulrike (Hg.): Religion und weibliche Identität. Interdisziplinäre Perspektiven und Wirklichkeiten. Marburg 1999, S. 52-69.

Korff, Gottfried: Notizen zur Dingbedeutsamkeit. In: 13 Dinge. Form, Funktion, Bedeutung. Katalog zur gleichnamigen Ausstellung im Museum für Volkskultur in Württemberg. Waldenbuch Schloß vom 3. Oktober 1992- 28. Februar 1993. Stuttgart 1992.

Korff, Gottfried: Wie man sich bettet, so liegt man. Überlegungen zur Schlafkultur auf der Grundlage des Bettenbestandes des Rheinischen Freilichtmuseums Kommern. In: Freilichtmuseum und Sozialgeschichte. Hg. v. Bedal, Konrad; Heidrich, Hermann. Bad Winsheim 1986, S. 57-75.

Kraft-Buchmüller, Irene: Die Frauen in der Anfangszeit der bischöflichen Methodistenkirche in Deutschland. Eine Untersuchung der eigentlichen Schriften von 1850 bis 1914. Beiträge zur Geschichte der Evangelisch-Methodistischen Kirche - 41. Stuttgart 1992.

Krasberg, Ulrike (Hg.): Religion und weibliche Identität. Interdisziplinäre Perspektiven und Wirklichkeiten. Marburg 1999.

Krusche, Dietrich: Reisen. Verabredung mit der Fremde. München 1994.

Kuby, Eva: „Fahr dem Herren durch den Sinn!" Auguste Eisenlohr - Ein Frauenleben im Vormärz. Frauenstudien Baden-Württemberg. Hg. von Christel Köhle-Hezinger. Bd. 9. Tübingen 1996.

Labouvie, Eva: Andere Umstände. Eine Kulturgeschichte der Geburt. Köln, Weimar, Wien: Böhlau 1998.

Labouvie, Eva: Ungleiche Paare. Zur Kulturgeschichte menschlicher Beziehungen. München: Beck 1997.

Ledderhose, Karl Friedrich: Leben und Schriften des M. Johann Friedrich Flattich, Pfarrer in Münchingen. In zwei Abtheilungen. Vierte umgearbeitete und sehr vermehrte Auflage. Heidelberg 1859.

Lipp, Carola: Überlegungen zur Methodendiskussion. Kulturanthropologische, sozialwissenschaftliche und historische Ansätze zur Erforschung der Geschlechterbeziehung. In: Frauenalltag - Frauenforschung. Beiträge zur 2. Tagung der Komission Frauenforschung in der Deutschen Gesellschaft für Volkskunde. Frankfurt a. M. 1988, S. 29-46.

Luhmann, Niklas: Liebe als Passion. Zur Codierung von Intimität. Frankfurt a. M. 1982.

Maisch, Andreas: Notdürftiger Unterhalt und gehörige Schranken. Lebensbedingungen und Lebensstile in württembergischen Dörfern der frühen Neuzeit. Stuttgart, Jena, New York 1992.

Mamozai, Martha: Herrenmenschen, Frauen im deutschen Kolonialismus. Hamburg 1982.

Mamozai, Martha: Komplizinnen. Reinbek 1990.

Maurer, Michael: Die Biographie des Bürgers. Lebensformen und Denkweisen in der formativen Phase des deutschen Bürgertums. (1680-1815). Göttingen 1996.

Mauss, Marcel: Die Gabe. Form und Funktion des Austauschs in archaischen Gesellschaften. Frankfurt a.M. 1968 (orig. 1925).

Maynard, Mary: Das Verschwinden der 'Frau'. Geschlecht und Hirarchie in feministischen und sozialwissenschaftlichen Diskursen. In: Armbruster, Müller, Stein, Hilbers (Hg.): Neue Horizonte? Sozialwissenschaftliche Forschung über Geschlechter und Geschlechterverhältnisse. Opladen 1995, S. 23-39.

Metz-Becker, Marita: Der verwaltete Körper: Die Medikalisierung schwangerer Frauen in den Gebärhäusern des frühen 19. Jahrhunderts. Frankfurt/Main, New York 1997.

Metz-Becker, Marita: Krankheit Frau. Zum Medikalisierungsprozeß des weiblichen Körpers im frühen 19. Jahrhundert. In: Ambatielos, Dimitrios; Kitzerow-Neuland, Dagmar; Noack, Caroline (Hg.): Medizin im kulturellen Vergleich.Die Kulturen der Medizin. Münster; New York, München, Berlin 1997, S. 103- 122.

Miller, Jon: The Social Control of Religious Zeal. A study of Organisational Contradictions. University of Southern California, Rose Monograph Series of the American Sociological Association. New Brunswick, New Jersey Rutgers University Press. 1994.

Möhle, Sylvia: Ehekonflikte und sozialer Wandel. Göttingen 1740-1840. Frankfurt a. M., New York 1997.

Mohrmann, Ruth E.: Dingliche Erinnerungskultur im privaten Bereich. In: Brednich Rolf W.; Böhnisch-Brednich, Brigitte; Gerndt, Helge (Hg.): Erinnern und Vergessen. Göttingen 1989, S. 209-217.

Münch, Paul (Hg.): Ordnung, Fleiß und Sparsamkeit. Texte und Dokumente zur Entstehung der „bürgerlichen Tugenden". München 1984.

Mutasa, Nyajeka Tumani S.: A meeting of two female worlds: American women missionaries and Shona women at Old Mutare, and founding of Rukwadzano (Zimbabwe). Ph.D. Northwestern U., 1996.

Neutsch, Cornelius: Die Schiffspost. In: Beyrer, Klaus, und Täubrich, Hans-Christian (Hg.): Der Brief. Eine Kulturgeschichte der schriftlichen Kommunikation. Kataloge der Museumsstiftung Post und Telekommunikation. Bd.1. Heidelberg 1996, S. 86-95.

Nicholson, Linda: Was heißt „gender"? In: Institut für Sozialforschung Frankfurt (Hg.): Geschlechterverhältnisse und Politik. Frankfurt a. M. 1994, S. 188-220.

Nierhaus, Irene: Sequenzen zu Raum / Architektur und Geschlecht. In: Von Hoff, Dagmar u. a. (Hg.): Frauen in der Literaturwissenschaft. Rundbrief 45. (Koordinationsstelle Frauenstudien/Frauenforschung Hamburg). Hamburg 1995, S. 11-15.

Nixdorff, Heide; Müller, Heidi: Weiße Westen - Rote Roben. Von den Farbordnungen des Mittelalters zum individuellen Farbgeschmack. In: Katalog zur Sonderausstellung vom 10.12.1983-11.03.1984, Staatliche Museen Preußischer Kulturbesitz). Berlin 1983, S. 93-97.

O'Donnell, Krista Elizabeth: The colonial woman question: Gender, national identity, and empire in the German colonial society female emigration program, 1896-1914. Ph.D., State U. of New York at Binghampton, 1996.

Oehler Heimerdinger, Elisabeth: Das Frauenherz. Chinesische Lyrik aus drei Jahrhunderten. Stuttgart; Berlin, Leipzig 1925.

Oehler-Heimerdinger, Elisabeth: Ich harre aus. Stuttgart 1924.

Oehler-Heimerdinger, Elisabeth: Im finstern Tal. Stuttgart 1920.

Oehler-Heimerdinger, Elisabeth: Paul Bettex. Lebensfahrt eines Abenteurers Christi. Metzingen 1985. (1926).

Oehler-Heimerdinger, Elisabeth: Über den gelben Strom. Stuttgart 1922.

Oehler-Heimerdinger, Elisabeth: Wie mir die Chinesen Freunde wurden. Basel 1925.

Osterhammel, Jürgen: Kolonialismus. Geschichte - Formen - Folgen. München 1995.

Pagel, Arno (Hg.): Elias Schrenk. Seelsorgerliche Briefe (1909-1911). Dillenburg 1981.

Paulus, Christoph: Göttliche Führungen. (Familiengemeinschaft Gebhardt, Paulus, Hoffmann, Reihe Unde venis) 1994.

Pieret, Wolfgang (Hg.): Das 19. Jahrhundert. Ein Lesebuch zur deutschen Geschichte 1815-1918. München: Beck 1996.

Price Herndl, Diane: Invalid Women. Figuring Feminine Illness in American Fiction and Culture, 1840-1940. North Carolina 1993.

Prodolliet, Simone: Wider die Schamlosigkeit und das Elend der heidnischen Weiber. Die Basler Frauenmission und der Export des europäischen Frauenideals in die Kolonien. Zürich 1987

Pytlik, Anna: Die schöne Fremde - Frauen entdecken die Welt. Katalog zur Ausstellung in der Württembergischen Landesbibliothek Stuttgart vom 9. Oktober bis 21. Dezember 1991. Stuttgart 1991.

Raupp, Werner E.: „Ein vergnügter Herrnhuter" - Johann Martin Mack, Württembergs erster evangelischer Missionar. In: Schwäbische Heimat 3/1998, S. 357-365.

Raupp, Werner: „Vorwärts für das Reich Gottes, und nur vorwärts". Der württembergische Pietismus und die heimatliche Missionsbewegung in der ersten Hälfte des 19. Jahrhunderts. In: Der ferne Nächste. Bilder der Mission - Mission der Bilder. 1860-1920. Kataloge und Schriften des Landeskirchlichen Museums Bd. 4. Ludwigsburg 1996, S. 29-32.

Rebmann, Jutta: Julie Gundert. Missionarin in Indien und Großmutter Hermann Hesses. Stieglitz 1993.

Rennstich, Karl: Handwerker-Theologen und Industrie-Brüder als Botschafter des Friedens. Entwicklungshilfe der Basler Mission im 19. Jahrhundert. Stuttgart 1985.

Rexer, Martin: Die Fotosammlung Max Lohss. Eine quellenkritische Analyse volkskundlicher Bilder. Magisterarbeit im Fach Empirische Kulturwissenschaft Ludwig-Uhland-Institut. Tübingen 1991.

Richter, Dieter: Die Angst des Reisenden. In: Bausinger,Hermann; Beyrer, Klaus; Korff, Gottfried (Hg.): Reisekultur. Von der Pilgerfahrt zum modernen Tourismus. München 1991, S. 100-108.

Riepl-Schmidt, Maja: Wider das verkochte und verbügelte Leben. Frauenemanzipation in Stuttgart seit 1800. Stuttgart 1990.

Riha, Karl; Zelle, Carsten (Hg.): Johann C. Lavater. Von der Physiognomik. Hundert physiognomische Regeln (1772). Leipzig 1991.

Roller, Franziska: Hilfe als Herrschaft? Über den Umgang mit Kranken in einer protestantischen Missionsanstalt. Tübingen 1995.

Roper, Lyndal: The Holy Household. Women and Morals in Reformation Augsburg. Oxford 1990.

Rosenbaum, Heidi: Formen der Familie. Untersuchungen zum Zusammenhang von Familienverhältnissen, Sozialstruktur und sozialem Wandel in der deutschen Gesellschaft des 19. Jahrhunderts. Frankfurt a. M. 1982.

Rossberg, Anne-Katrin: Ein „fideles Gefängnis". Der Erker als weiblich definierter Raum. In: Von Hoff, Dagmar u. a. (Hg.): Frauen in der Literaturwissenschaft. Rundbrief 45. (Koordinationsstelle Frauenstudien/Frauenforschung Hamburg). Hamburg 1995, S. 8-10.

Sabean, David: „Junge Immen im leeren Korb". Beziehungen zwischen Schwägern in einem schwäbischen Dorf. In: Medick, Hans; Sabean, David (Hg.): Emotionen und materielle Interessen. Sozialanthropologische und historische Beiträge zur Familienforschung. Göttingen 1984, S. 231-250.

Sackstetter, Susanne: Erzähltes Leben: Kollektive und individuelle Selbstdarstellung von Frauen eines württembergischen Dorfes. Tübingen 1986.

Sander, Gilman: Health and Illness: Images of Difference. London 1995.

Sander, Sabine: „...Ganz toll im Kopf und voller Blähungen..." Körper, Gesundheit und Krankheit in den Tagebüchern Philipp Matthäus Hahns. In: Philipp Matthäus Hahn 1739-1790. (Ausstellungen des Württembergischen Landesmuseums Stuttgart und der Städte Ostfildern, Albstadt, Kornwestheim, Leinfelden-Echterdingen, Teil 2: Aufsätze). Stuttgart 1989, S. 99-112.

Sarasin, Philipp: Stadt der Bürger. Struktureller Wandel und bürgerliche Lebenswelt Basel 1870-1900. Basel und Frankfurt am Main 1990.

Saurer, Edith (Hg.): Die Religion der Geschlechter. Historische Aspekte religiöser Mentalitäten.(L' Homme, Schriften 1. Reihe zur feministischen Geschichtswissenschaft.) Wien, Köln, Weimar: Böhlau 1995.

Schaber, Irme: Gerta Taro. Fotoreporterin im spanischen Bürgerkrieg. Eine Biographie. Marburg 1994.

Schäfer-Bossert, Stefanie: Von der Ebenbürtigkeit zur Gehilfin - und zurück! In: Herd und Himmel. Frauen im evangelischen Württemberg. Kataloge und Schriften des Landeskirchlichen Museums Bd. 7. Ludwigsburg 1997, S. 67-72.

Schäfer-Bossert, Stefanie: Weibliche Bilder des Geistlichen und Göttlichen. Von der Christusmystik, weiblichen göttlichen Eigenschaften bis zur Heiligen Sophia - eine Vielfalt weiblicher Bilder. In: „Weib und Seele". Frömmigkeit und Spiritualität evangelischer Frauen in Württemberg. Kataloge und Schriften des Landeskirchlichen Museums Bd. 8. Ludwigsburg 1998, S. 113-126.

Scharfe, Martin: „Lebensläufle". Intentionalität als Realität. Einige Anmerkungen zu pietistischen Biographien. In: Brednich, Rolf Wilhelm u.a. (Hg.): Lebenslauf und Lebenszusammenhang. Autobiographische Materialien in der volkskundlichen Forschung. Vorträge der Arbeitstagung der Deutschen Gesellschaft für Volkskunde in Freiburg i. Br. vom 16. bis 18. März 1981, Freiburg i. Br. 1982, S. 116-130.

Scharfe, Martin: Bagatellen. Zu einer Pathognomik der Kultur. In: Zeitschrift für Volkskunde 1/1995, S. 1-26.

Scharfe, Martin: Die „Stillen im Lande" mit dem lauten Echo. In: Ehalt, Hubert Ch. ; Helmut, Konrad (Hg.): Volksfrömmigkeit: Glaubensvorstellungen und Wirklichkeitsbewältigung im Wandel. Wien, Köln: Böhlau (Kulturstudien; Bd. 10) 1989, S. 245-266.

Scharfe, Martin: Die alte Straße. Fragmente. In: Bausinger, Hermann; Beyrer, Klaus; Korff, Gottfried (Hg.): Reisekultur. Von der Pilgerfahrt zum modernen Tourismus. München 1991, S. 11- 22.

Scharfe, Martin: Die Religion des Volkes. Kleine Kultur- und Sozialgeschichte des Pietismus. Gütersloh 1980.

Scharfe, Martin: Erinnern und Vergessen. Zu einigen Prinzipien der Konstruktion von Kultur. In: Böhnisch-Brednich, Brigitte (Hg.): Erinnern und Vergessen: Vorträge des 27. Deutschen Volkskundekongresses Göttingen 1989. (Beiträge zur Volkskunde in Niedersachsen; Bd. 5: Schriftenreihe der Volkskundlichen Kommission für Niedersachsen e.V.; Bd. 6). Göttingen, Schmerse 1991, S. 19-46.

Scharfe, Martin: Evangelische Andachtsbilder. Studien zu Intention und Funktion des Bildes in der Frömmigkeitsgeschichte vornehmlich des schwäbischen Raumes. (Veröffentlichungen des staatlichen Amtes für Denkmalpflege Stuttgart. Reihe C: Volkskunde, Bd.5). Stuttgart 1968.

Scharfe, Martin: Kindheit à Dieu. Die Konfirmation als Kulturzäsur im Lebenslauf. In: Köstlin, Konrad (Hg.): Kinderkultur. 25. Deutscher Volkskundekongreß in Bremen vom 7. bis 12. Oktober 1985. Bremen 1987, S. 171-182.

Scharfe, Martin: Soll und kann die Erforschung subjektiver Frömmigkeit das Ziel volkskundlicher Forschung sein? In: Mohrmann, Ruth E. (Hg.): Individuum und Frömmigkeit. Volkskundliche Studien zum 19. und 20. Jahrhundert. Münster, New York, München, Berlin 1997, S. 145-151.

Scharfe, Martin: Über „private" und „öffentliche" Zeichen und ihren sozialkulturellen Kontext. (Korreferat) In: Köstlin, Konrad; Bausinger, Hermann (Hg.): Umgang mit Sachen. Zur Kulturgeschichte des Dinggebrauchs. 23. deutscher Volkskunde-Kongreß in Regensburg vom 6.-11. Oktober 1981. (Regensburger Schriften zur Volkskunde, Bd. 1.). Regensburg 1983, S. 282-285.

Schenda, Rudolf: Die Verfleißigung der Deutschen. Materialien zur Indoktrination eines Tugend-Bündels. In: Jeggle, Utz; Korff, Gottfried; Scharfe, Martin; Warneken Bernd-Jürgen (Hg.): Volkskultur in der Moderne. Probleme und Perspektiven empirischer Kulturforschung. Hamburg 1986, S. 88-108.

Schissler, Hanna: Soziale Ungleichheit und historisches Wissen. Der Beitrag der Geschlechtergeschichte. In: Dies. (Hg.): Geschlechterverhältnisse im historischen Wandel. Frankfurt a. M. /New York 1993, S. 9-36.

Schlaffer, Hannelore: Glück und Ende des privaten Briefes. In: Beyrer, Klaus, und Täubrich, Hans-Christian (Hg.): Der Brief. Eine Kulturgeschichte der schriftlichen Kommunikation. Kataloge der Museumsstiftung Post und Telekommunikation. Bd.1. Heidelberg 1996, S. 34-45.

Schlatter, Wilhelm: Geschichte der Basler Mission 1815-1915. Die Heimatgeschichte der Basler Mission. Bd. 1. Basel 1916.

Schlatter, Wilhelm: Geschichte der Basler Mission 1815-1915. Die Geschichte der Basler Mission in Indien und China. Bd. 2. Basel 1916.

Schlatter, Wilhelm: Geschichte der Basler Mission 1815-1915. Die Geschichte der Basler Mission in Afrika. Basel 1916.

Schlientz, Gisela: Die Heilige und die weibliche Schrift. Selbstzeugnisse württembergischer Pietistinnen. In: Herd und Himmel. Frauen im evangelischen Württemberg. Kataloge und Schriften des Landeskirchlichen Museums Bd. 7. Ludwigsburg 1997, S. 159-168.

Schmid, Pia: Sauber und stark, schwach und stillend. Der weibliche Körper im pädagogischen Diskurs der Moderne. In: Akashe-Böhme, Farideh (Hg.): Von der Auffälligkeit des Leibes. Gender Studies. Frankfurt a. M. 1995, S. 55-79.

Schmidt, Adelheid: Aids auf dem schwarzen Kontinent. Afrikabilder in medizinischen Diskursen. Unveröff. Magisterarbeit im Fach Ethnologie. Tübingen 1997.

Schmidt, Martin: Pietismus. Stuttgart, Berlin, Köln, Mainz 1972, S.114.

Schmidt, Uwe: Georg Bernhard Schifterling - Taglöhner, Pfarrer, Journalist und Revolutionär. In: Schwäbische Heimat 2/1998, S. 175-186.

Schmoll, Friedrich: Wetterleuchten. Als Missionar in China von 1902-1922. Ammersbek bei Hamburg 1990.

Schopenhauer, Johanna: Reise durch England und Schottland, hg. von Georg A. Narciß, bearb. von Ludwig Plakolb nach den Sämtlichen Schriften (1830). Stuttgart 1965.

Schorn-Schütte, Luise: „Gefährtin" und „Mitregentin". Zur Sozialgeschichte der evangelischen Pfarrfrau in der Frühen Neuzeit. In: Wunder, Heide; Vanja, Christina (Hg.): Wandel der Geschlechterbeziehungen zu Beginn der Neuzeit. Frankfurt a. M. 1991, S. 109-153.

Schrenk, Elias: Das Jungfrauenleben im Lichte des Evangeliums. (1891). 9. Aufl. Basel 1920.

Schücking, Levin: Die puritanische Familie in literarisch-soziologischer Sicht. Bern, München 1964 (zweite verbesserte Auflage der „Familie im Puritanismus", Leipzig, Berlin 1929) Tanner, Fritz: Die Ehe im Pietismus. Zürich 1952.

Schütze, Ivonne: Mutterliebe - Vaterliebe. Elternrollen in der bürgerlichen Familie des 19. Jahrhunderts. In: Frevert, Ute (Hg.): Bürgerinnen und Bürger. Geschlechterverhältnisse im 19. Jahrhundert. Göttingen 1988, S. 118-133.

Scott, Joan: A useful Category of Historical Analysis. In: Dies.: Gender and the Politics of History. New York 1988, S. 28-50.

Scott, Joan: Von der Frauen- zur Geschlechtergeschichte. In: Schissler, Hanna (Hg.): Geschlechterverhältnisse im historischen Wandel. Frankfurt a. M. 1993, S. 37-58.

Shorter, Edward: Der weibliche Körper als Schicksal. Zur Sozialgeschichte der Frau. New York 1982.

Shorter, Edward: Die Geburt der modernen Familie. Hamburg 1977.

Shorter, Edward: Moderne Leiden. Zur Geschichte der psychosomatischen Krankheiten. Reinbek 1994.

Siebert, Ulla: Frauenreiseforschung als Kulturkritik. In: Jedamski, Doris; Jehle, Hiltgund; Siebert, Ulla (Hg.): „Und tät das Reisen wählen". Frauenreisen-Reisefrauen. Zürich-Dortmund 1994, S. 148-173.

Siebert, Ulla: Grenzlinien. Selbstrepräsentationen von Frauen in Reisetexten 1871 bis 1914. Münster, New York u. a. 1998.

Smith-Rosenberg, Carol: „Meine innig geliebte Freundin!". Beziehungen zwischen Frauen im 19. Jahrhundert. In: Honegger, Claudia; Heintz, Bettina (Hg.): Listen der Ohnmacht. Zur Sozialgeschichte weiblicher Widerstandsformen. Frankfurt a.M. 1981, S. 357-393.

Soeffner, Hans-Georg: Die Ordnung der Rituale. Die Auslegung des Alltags Bd.2. Frankfurt a. M. 1992.

Söhngen, Oskar: Die Musik im evangelischen Pfarrhaus. In: Greiffenhagen, Martin (Hg.): Das evangelische Pfarrhaus. Eine Kultur- und Sozialgeschichte. Stuttgart 1984, S. 295-310.

Sontag, Susan: Krankheit als Metapher. München Wien 1978.

Spickernagel, Ellen: Wohnkultur und Frauenrolle im Biedermeier. In: Wilke, Margrith u. a. (Hg.): 'The wise woman buildeth her house'. Architecture, history and women's studies. (Vrouwenstudies Letteren Groningen Nr. 1), Groningen 1992, S. 26-31.

Staib, Heidi: Mädchenkindheiten - Frauenleitbilder: Wohltätigkeit statt „geschäftigem Müßiggang". In: Merkel, Helga (Hg.): Zwischen Ärgernis und Anerkennung. Mathilde Weber 1829-1901. (Tübinger Kataloge Nr. 39). Tübingen 1993, S. 31-42.

Steck, Wolfgang: Im Glashaus: Die Pfarrfamilie als Sinnbild christlichen und bürgerlichen Lebens. In: Greiffenhagen, Martin (Hg.): Das evangelische Pfarrhaus. Eine Kultur- und Sozialgeschichte. Stuttgart 1984, S. 109-126.

Stellrecht, Irmtraud: Interpretative Ethnologie: Eine Orientierung. In: Schweizer, Thomas; Schweizer, Margarete; Kokot, Waltraud (Hg.): Handbuch der Ethnologie. Festschrift für Ulla Johansen. Berlin 1993, S. 29-78.

Stockhecke, Kerstin: Marie Schmalenbach. Ein biographisches Portrait einer Pfarrfrau aus der Erweckungsbewegung. In: Mooser, Josef; Krull, Regine; Hey, Bernd; Gießelmann, Roland: (Hg.): Frommes Volk und Patrioten. Erweckungsbewegung und soziale Frage im östlichen Westfalen 1800 bis 1900. Bielefeld 1989, S. 93-111.

Stuttgarter Biblisches Nachschlagewerk. Anhang zur Stuttgarter Jubiläumsbibel mit erklärenden Anmerkungen. Wortkonkordanz.

Tanner, Fritz: Die Ehe im Pietismus. Zürich 1952.

Tanner, Jakob: Der Mensch ist, was er ißt. Ernährungsmythen und Wandel der Eßkultur. In: Historische Anthropologie. Kultur - Gesellschaft - Alltag 3/1996, S. 399-419.

Trautwein, Joachim: Freiheitsrechte und Gemeinschaftsordungen um 1800. Pietismus und Separatismus in Württemberg. In: Baden und Württemberg im Zeitalter Napoleons. Bd.2, Aufsätze. Stuttgart 1987.

Treiber, Hubert; Steinert, Heinz: Die Fabrikation des zuverlässigen Menschen. Über die „Wahlverwandtschaft" von Kloster-und Fabrikdisziplin. München 1980.

Turner, Victor: Das Ritual. Struktur und Antistruktur. Frankfurt/New York 1989.

Unseld, Werner: Eintritt ins Leben, Taufe und Konfirmation. Himmlische Güter und weltliche Ordnung. In: Herd und Himmel. Kataloge und Schriften des Landeskirchlichen Museums Bd. 6. Ludwigsburg 1997, S. 19-24.

Unseld, Werner: Verliebt, verlobt, verheiratet. Liebe, Hochzeit, Ehe und Sexualität in ländlichen Verhältnissen. Freilichtmuseum Neuhausen ob Eck. Kleine Schriften 7. Tuttlingen 1991.

Unseld, Werner: Zeit der Versuchungen, Versuchungen der Zeit. In: Herd und Himmel. Kataloge und Schriften des Landeskirchlichen Museums Bd. 6. Ludwigsburg 1997, S. 25-30.

Unseld; Werner: Bilder im evangelischen Haus. Merkzeichen, Sinnbild, Denkmal, Wandschmuck. In: Zwischen Kanzel und Kehrwoche. Glauben und Leben im evangelischen Württemberg. Kataloge und Schriften des Landeskirchlichen Museums. Bd. 1. Ludwigsburg 1994, S. 32-48.

Vogelsanger, Cornelia: Pietismus und afrikanische Kultur an der Goldküste. Die Einstellung der Basler Mission zur Haussklaverei. (Diss.). Zürich 1977.

Völger, Gisela; V. Welck, Karin (Hg.): Die Braut. Geliebt-Verkauft-Getauscht-Geraubt. Zur Rolle der Frau im Kulturvergleich. Bd. 2. Köln 1985.

Volz, Leonore: Talar nicht vorgesehen. Pfarrerin der ersten Stunde. Stuttgart 1994.

Wacker, Regina: „Die Ehe war keine glückliche". Zu schichtspezifischen Handlungsmöglichkeiten von Frauen in Basel an der Wende vom 19. zum 20. Jahrhundert anhand von Scheidungsprotokollen. In: Auf den Spuren weiblicher Vergangenheit. Beiträge der 4. Schweizerischen Historikerinnentagung. Zürich 1988, S. 107-123.

Wahl, Johannes: Karriere, Kinder und Konflikte. Lebenserfahrung und Alltagsplanung württembergischer Pfarrfamilien im 17. Jahrhundert. (Diss. 1995). Tübingen 1995.

Warneck, Gustav: Evangelische Missionslehre. Ein missionstheoretischer Versuch. Gotha, Bd.1-3. Gotha 1892, 1894, 1897, 1900, 1903.

Warneken, Bernd Jürgen: „Populare Autobiographik". Ein Bericht aus dem Tübinger Ludwig-Uhland-Institut. 1987, S. 119-124.

Weber - Kellermann, Ingeborg: Saure Wochen, frohe Feste. Fest und Alltag in der Sprache der Bräuche. München und Luzern 1985.

Weber-Kellermann, Ingeborg: Die deutsche Familie. Versuch einer Sozialgeschichte. Frankfurt a. M. 1974

Weber-Kellermann, Ingeborg: Die helle und die dunkle Schwelle. Wie Kinder Geburt und Tod erleben. München 1994.

Weber-Kellermann, Ingeborg: Frauenleben im 19. Jahrhundert. Empire und Romantik, Biedermeier, Gründerzeit. München 1983.

Weber, Max: Die protestantische Ethik und der Geist des Kapitalismus. In: Ders.: Gesammelte Aufsätze zur Religionssoziologie. Bd. 1. (5. Aufl.). Tübingen 1963, S. 17-206.

„Weib und Seele". Frömmigkeit und Spiritualität evangelischer Frauen in Württemberg. Kataloge und Schriften des Landeskirchlichen Museums Bd. 8. Ludwigsburg 1998.

Weitbrecht, G: Maria und Martha. Ein Buch für Jungfrauen. Stuttgart 1890.

Wiebel-Fanderl, Oliva: Religion als Heimat? Zur lebensgeschichtlichen Bedeutung katholischer Glaubenstraditionen. Wien, Köln, Weimar 1993.

Wiener, Michael: Ikonographie des Wilden. Menschen-Bilder in Ethnographien und Photographie zwischen 1850 und 1918. München 1990.

Wierling, Dorothee: Alltagsgeschichte und Geschichte der Geschlechterbeziehungen. In: Lüdtke, Alf (Hg.): Alltagsgeschichte. Frankfurt a. M., New York 1989, S. 169-190.

Wimmer, Johannes: Gesundheit, Krankheit und Tod im Zeitalter der Aufklärung. Fallstudien aus den habsburgischen Erbländern. Wien, Köln, Weimar: Böhlau 1991.

Wolff, Eberhard: Gesundheitsverein und Medikalisierungsprozeß. Der Homöopathische Verein Heidenheim/Brenz zwischen 1886 und 1945. (Studien und Materialien des Ludwig-Uhland-Instituts der Universität Tübingen). Tübingen 1989.

Wolff, Eberhard: Pockenschutzimpfung und traditionale Medikalkultur. Das Beispiel Württemberg 1801-1918. Tübingen 1995.

Woolf, Virginia: Ein Zimmer für sich allein. London 1981. Titel der Originalausgabe: „A Room of One's Own." London 1928.

Wunder, Heide (Hg.): Eine Stadt der Frauen. Studien und Quellen zur Geschichte der Baslerinnen im späten Mittelalter und zu Beginn der Neuzeit (13.-17. Jh.). Basel und Frankfurt a. M. 1995.

Wunder, Heide: „Er ist die Sonn', sie ist der Mond." Frauen in der Frühen Neuzeit. München 1992.

Wunder, Heide: Von der frumkeit zur Frömmigkeit. Ein Beitrag zur Genese bürgerlicher Weiblichkeit (15.-17. Jahrhundert). In: Becher, Ursula; Rüsen, Jörn (Hg.): Weiblichkeit in geschichtlicher Perspektive. Fallstudien und Reflexionen zu Grundproblemen der historischen Frauenforschung. Frankfurt a. M. 1988, S. 174-188.

Wunder, Heide; Vanja, Christina (Hg.): Wandel der Geschlechterbeziehungen zu Beginn der Neuzeit. Frankfurt a. M. 1991.

Zimmerling, Peter: Starke fromme Frauen. Gießen 1996.

Zsindely, Endre: Krankheit und Heilung im älteren Pietismus. Zürich und Stuttgart 1962.

Zwischen Kanzel und Kehrwoche. Glauben und Leben im evangelischen Württemberg. Kataloge und Schriften des Landeskirchlichen Museums. Bd. 1. Ludwigsburg 1994.

Danksagung

Mein ganz besonderer und herzlicher Dank gilt zuallererst meiner Doktormutter Prof. Dr. Christel Köhle-Hezinger (Jena, ehemals Marburg und Tübingen), ohne die diese Untersuchung weder Anfang noch Ende gefunden hätte. Ihre fachliche Begleitung als Frauen-, Frömmigkeits- und Alltagsforscherin, ihr anhaltendes Interesse, ihre persönliche Unterstützung auf allen Ebenen und, daß sie jederzeit für mich ansprechbar war, war mir immer wieder Motivation und unschätzbare Hilfe.

Mein herzlicher Dank gilt auch Prof. Dr. Martin Scharfe (Marburg, ehemals Tübingen), Bilder-, Pietismus- und Frömmigkeitsforscher, der sich spontan dazu bereit erklärte, als Zweitgutachter zu fungieren und für die Arbeit ein großer Gewinn war, sowie Prof. Dr. Utz Jeggle (Tübingen), der die Arbeit ebenfalls über lange Wegstrecken begleitete, ihre Entstehung mit großem Interesse verfolgte und Zeit für viele hilfreiche Gespräche hatte.

Paul Jenkins M.A. cantab., Historiker und Archivar der Basler Mission, sowie Waltraud Haas, Kennerin der Frauengeschichte der BM und ehemalige Archivarin derselben öffneten mir den Zugang zum Archiv und unterstützten meine Arbeit auf vielfältige Weise. Auch ihnen gilt mein Dank für ihre Zuhör- und Gesprächsbereitschaft sowie ihre große Offenheit, anstehende Fragen kontrovers zu diskutieren. An dieser Stelle möchte ich auch sowohl Jennifer Jenkins M.A. für die freundliche Aufnahme und informative Gespräche danken als auch der Basler Mission selbst und allen ihren Mitarbeiterinnen und Mitarbeitern, insbesondere dem Team des Fotoarchivs. Besonderer Dank gebührt der Präsidentin der Basler Mission Madeleine Strub-Jaccoud, sowie Prof. Dr. Christine Lienemann für ihre Unterstützung bei der Publikation dieser Arbeit. Dank auch an Prof. Dr. Christine Burckhardt-Seebass für ihr unterstützendes Gutachten.

Ohne die inzwischen leider verstorbene Agnes Maisch, ehemals Archivarin des Stadtarchivs Gerlingen, wäre vorliegende Arbeit vielleicht nie entstanden. Sie wies mir den Weg nach Basel und stellte den ersten Kontakt zur Basler Mission her.

Ein großes Dankeschön geht ebenfalls an Armin Kappel M.A. für's Coaching, Hard- und Softwareunterstützung und für seine immense Hilfsbereitschaft; an Adelheid Schmidt M.A. für ihre freundschaftliche Unterstützung und ihr kompetentes Korrigieren;

an Dipl.-Ing. Peter Köhle für Frondienste im Fotolabor unter Extrembedingungen und einiges mehr; an Gisela Hengstenberg M.A. für Freundschaft, Diskussionsbereitschaft und Mitleiden; an Andrea Kittel M.A. und Werner Unseld M.A. vom Landeskirchlichen Museum Ludwigsburg für ihre kollegiale Unterstützung;

an Esther Baur-Sarasin M.A. für freundschaftliche Hilfe im Basler Staatsarchiv; an Dr. Rebecca Schwoch für die Telefonseelsorge; an Lioba Keller-Drescher M.A. für freundschaftliche Hilfe; an meine Korrektoren Uta Scherbarth, Annette Schmollack M.A., Susanne Wilhelm M.A., Dr. Axel Klausmeier, insbesondere an meine kongeniale Endkorrektorin Katja Weiher (Waxmann-Verlag) und vor allem auch an Dr. Ursula Heckel vom Waxmann-Verlag für ihr überaus großes Engagement und Interesse; an Pia Ungerer M.A. für Informationen; an Sandra Schönbrunner für Fotoarbeiten; an Bob C. und John W. für aufopferungsvolle Bürotätigkeiten; an Enrico Panetta für die Überlassung des Fotostudios; an Hendrik Zwietasch vom Württembergischen Landesmuseum für spontane Hilfsbereitschaft und Schwerstarbeit im Fotostudio.

Das Evangelische Studienwerk Villigst unterstützte diese Arbeit nicht nur finanziell im Rahmen eines Promotionsstipendiums und machte sie damit erst möglich.

Ohne das Vertrauen, die Geduld und Freigebigkeit meiner Leihgeberinnen und -geber, die mir wertvolles und unwiederbringliches persönliches Material anvertrauten, hätte die Arbeit ebenfalls nicht in dieser Form entstehen können: Agnes Maisch ✞ (Gerlingen), Hede Lempp (Neuffen), Wiltrud Oehler (Erdmannshausen), Herrn Oehler (Haigerloch), Maja Schmid (Betzingen), Rosemarie Gläsle (Stuttgart), Herrn und Frau Lutz (Gamertingen), Nelli Kicherer (Großbottwar), Irmgard Weller (Waldenbuch), Frau Schwäble (Esslingen), Elfriede Kanz (Friesheim), Frau Hermann (Tübingen), Elfriede Saucr (Geisenheim), Hermann Höschele ✞ (Leonberg), Rosemarie Lauber (Weil der Stadt), Ursula Veigel (Ludwigsburg), Dr. med. Roswitha Blanc-Eidenbenz (Basel), Hermann Schäufele, Pfarrer i.R. (Stuttgart), Hanne Eckardt (Ludwigsburg), Hans Zwißler (Esslingen).

Nicht zuletzt gilt mein Dank natürlich meinen Eltern
und vor allem Peter Puck. Er weiß wofür.

Münchner Beiträge zur Volkskunde

herausgegeben vom
Institut für deutsche und vergleichende Volkskunde
der Universität München

Uta Schier-Oberdorffer
Hex im Keller
Ein überliefertes Kinderspiel im
deutschen und englischen Sprachbereich
Bd. 3, 1985, 313 Seiten, br., 30,00 DM
ISBN 3-89325-850-7

Hans Schuhladen u. Georg R. Schroubek (Hrsg.)
Nahe am Wasser
Eine Frau aus dem Schönhengstgau erzählt aus
ihrem Leben. Eine Dokumentation zur
volkskundlichen Biographieforschung
Bd. 9, 1989, 200 Seiten, br., 39,00 DM
ISBN 3-89325-851-5

Robert Böck
Volksfrömmigkeit und Brauch
Studien zum Volksleben in Altbayern
Bd. 10, 1990, 251 Seiten, br., 39,00 DM
ISBN 3-89325-852-3

Edgar Harvolk
Eichenzweig und Hakenkreuz
Die Deutsche Akademie in München
(1924–1962) und ihre volkskundliche Sektion
Bd. 11, 1990, 148 Seiten, br., 24,00 DM
ISBN 3-89325-853-1

Gabriele Jaroschka
Lernziel: Untertan
Ideologische Denkmuster in Lesebüchern
des Deutschen Kaiserreichs
Bd. 13, 1992, 130 Seiten, br., 29,00 DM
ISBN 3-89325-855-8

Waltraud Pulz
**„Nicht alles nach der Gelahrten Sinn
geschrieben"** –
Das Hebammenanleitungsbuch von Justina
Siegemund. Zur Rekonstruktion geburtshilf-
lichen Überlieferungswissens frühneuzeitlicher
Hebammen und seiner Bedeutung bei der
Herausbildung der modernen Geburtshilfe
Bd. 15, 1994, 217 Seiten, br., 39,00 DM
ISBN 3-89325-857-4

Christoph Pinzl
Eine Bäuerin wie im Buch
Literarisierte Lebensgeschichte –
ein Beispiel aus der Hallertau
Bd. 16, 1995, 166 Seiten, br., 29,00 DM
ISBN 3-89325-857-4

Elisabeth Mühlauer
Welch' ein unheimlicher Gast
Die Cholera-Epidemie 1854 in München
Bd. 17, 1996, 150 Seiten, br., 29,80 DM
ISBN 3-89325-454-4

Beate Spiegel
Adeliger Alltag auf dem Land
Eine Hofmarksherrin, ihre Familie und ihre
Untertanen in Tutzing um 1740
Bd. 18, 1997, 480 Seiten, br., 54,00 DM
ISBN 3-89325-479-X

Irene Götz
Unternehmenskultur
Die Arbeitswelt einer Großbäckerei aus
kulturwissenschaftlicher Sicht
Bd. 19, 1997, 277 Seiten, br., 38,00 DM
ISBN 3-89325-478-1

Helge Gerndt
Studienskript Volkskunde
Eine Handreichung für Studierende
Bd. 20, 3. Aufl. 1997, 200 Seiten, br., 33,00 DM
ISBN 3-89325-508-7

Eva Habel
**Inventur und Inventar im Pfleggericht
Wasserburg**
Entstehung und Aussagekraft einer Quelle zur
historischen Sachkultur im ländlichen Altbayern
des 18. Jh.
Bd. 21, 1997, 360 Seiten, br., 44,00 DM
ISBN 3-89325-541-9

Burkhart Lauterbach, Christoph Köck (Hrsg.)
Volkskundliche Fallstudien
Profile empirischer Kulturforschung heute
Bd. 22, 1998, 222 Seiten, br., 33,00 DM
ISBN 3-89325-626-1
Die Fallstudien profilieren einen Ausschnitt des Arbeitsspektrums und der Arbeitsweisen einer Europäischen Ethnologie, die derzeit ihren Wirkungsradius neu definiert. Diese akademische Disziplin erweist sich dabei als Kulturforschung mit deutlich empirischem Bezug, mit gleichermaßen historischer wie gegenwartsbezogener Perspektive.

Burkhart Lauterbach
Angestelltenkultur
„Beamten"-Vereine in deutschen Industrieunternehmen vor 1933
Bd. 23, 1998, 284 Seiten, br., 38,00 DM
ISBN 3-89325-658-X
Wie gestalten Angestellte ihren Alltag? Welche Strategien wenden sie an, um sich sozial abzugrenzen? Wie konstruieren sie ihre spezifische Identität?
Am Beispiel von firmengebundenen Vereinen, die sich nicht von ungefähr „Beamten"-Vereine nennen, erkundet die Studie die Angestelltenwelt in Kaiserreich und Weimarer Republik.

Daniel Drascek, Irene Götz, Tomislav Helebrant, Christoph Köck, Burkhart Lauterbach (Hrsg.)
Erzählen über Orte und Zeiten
Eine Festschrift für Helge Gerndt und Klaus Roth
Bd. 24, 1999, 366 Seiten, br., 49,90 DM
ISBN 3-89325-815-9
Worin besteht das Gemeinsame von großstädtischen Alltagsphotographien, Formen regionaler Identität und Erzählstilen im Betrieb? Was hat das Erzählen peinlicher Begebenheiten in der interkulturellen Kommunikation mit Antworten auf die Frage, wie herum man ein Hufeisen aufhängt, zu tun? In allen Fällen handelt es sich um Themenbereiche einer volkskundlich orientierten Kommunikationsforschung, die historische und gegenwärtige Formen kommunikativer Alltagskultur betrachtet.

Leopold Kretzenbacher – Vergleichende Volkskunde Europas
Gesamtbibliographie mit Register 1936–1999
Bd. 25, 2000, 108 Seiten, br., 33,00 DM
ISBN 3-89325-840-X
Das kulturwissenschaftliche Programm einer Ethnologia Europea wird durch das wissenschaftliche Werk des Volkskundlers und Kulturhistorikers Leopold Kretzenbacher (geb. 1912) in exemplarischer Weise repräsentiert. Im Zentrum seiner Forschungen steht die volksreligiöse Brauch-, Erzähl- und Bildüberlieferung, die in ihrer Motivgeschichte oft bis in die Antike zurückverfolgt wird.

Irene Götz, Andreas Wittel
Arbeitskulturen im Umbruch
Zur Ethnographie von Arbeit und Organisation
Bd. 26, 2000, 228 Seiten, br., 33,00 DM
ISBN 3-89325-882-5
Was können ethnographische Methoden zum Verständnis einer sich rasch wandelnden postindustriellen Arbeitsgesellschaft beitragen? Dieser Band bündelt neuere Ansätze einer kulturwissenschaftlichen Arbeits-, Organisations- und Unternehmensforschung. Mikroanalysen führen vor, wie die beteiligten Akteure ihre Arbeitswelt als soziokulturellen Raum konstruieren und deuten. Mit welchen gruppen-, regional- und geschlechtsspezifischen Konzepten von Lohn und Leistung, Gleichheit und Hierarchie, von Unternehmenskulturen und -politik wird die tägliche Arbeit gestaltet?

Birgit Speckle
Streit ums Bier in Bayern
Wertvorstellungen um Reinheit, Gemeinschaft und Tradition
Bd. 27, 2001, 290 Seiten, br., 39,00 DM
ISBN 3-89325-919-8

Waxmann Verlag GmbH
Münster · New York · München · Berlin
http://www.waxmann.com